生きるための知識と技能
Knowledge and Skills for Life

OECD生徒の学習到達度調査（PISA）
2018年調査国際結果報告書

国立教育政策研究所 編

はしがき

　本書は，2018 年に実施された OECD（経済協力開発機構）「生徒の学習到達度調査」（PISA：Programme for International Student Assessment）の国際報告書をもとに，日本にとって特に示唆のあるデータを中心に整理・分析したものです。PISA2018 年調査は 2000 年から 3 年ごとに実施された 7 回目の調査で，読解力を中心分野として実施されました。

　国立教育政策研究所は，事業が開始された 1997 年から文部省（現・文部科学省），東京工業大学と密接に連携，協力しながら調査に関わるとともに，国際的に調査内容の調整と実施を担う国際調査コンソーシアムの一員として PISA 調査の発展に貢献してきました。このたび，国際結果が世界的に公表されたことを受けて，日本の多くの方々に調査結果を提供することになりました。

　PISA 調査は，多くの国で義務教育修了段階に当たる 15 歳児を対象に，それまで学校や様々な生活場面で学んできたことを，将来，社会生活を営む上で直面すると思われる様々な課題を解決するために活用する力がどの程度身についているかを測定することを目的としています。

　第 1 回目の調査参加国は，OECD 加盟国を中心に 32 か国であったのが，2 回目以降は，徐々に非加盟国の参加も増え，今回は 79 か国・地域と，よりグローバルな調査に近づきつつあります。

　したがって，参加する国・地域の中には，当該国の 15 歳の生徒ほぼ全員が参加するような国もあれば，数百万人もいる生徒の中から選ばれたごく一部の生徒だけが参加するような国もある状態になっています。統計学的には，どこの国・地域の数値も比較可能なものになっていますが，その数値の背景にある各国・地域の状況は大いに異なっていることを御理解ください。

　また今回からは中心分野である読解力で，コンピュータ使用型調査であることを利用して，生徒の解答結果に応じて出題内容を変える「多段階適応型テスト（Multi Stage Adaptive Testing）」手法が導入されています。これはこれまでの全体の平均に近い習熟度の生徒の能力を測ることに焦点が当たりがちであった調査を，より能力が高い，あるいはより能力の低い生徒の能力をより正確に測ることを目的としています。このため，データの一部が従前の結果と比較可能でなくなっている箇所もあることを御了承ください。

　2000 年の調査以来，日本ではこれまで延べ約 1,400 校，約 48,000 人の生徒の方々の参加，協力により，PISA 調査が要求する厳しい国際的な基準を満たす予備調査及び本調査を実施してきました。本書は日本の教育の現状の一端を他国との比較をしながら明らかにするものとして，示唆に富んだ内容になっています。多くの読者の方々に読んでいただけると幸いです。

　本書は，当研究所において次のように分担執筆しました。

亀岡　　雄（国立教育政策研究所国際研究・協力部長）：調査結果の要約

新木　　聡（同　国際研究・協力部副部長）：調査結果の要約，第 1 章 1.6（1.6.3 除く）第 5 章 5.1.1，5.1.5

大塚　尚子（同　国際研究・協力部総括研究官）：第 1 章（1.4，1.6 除く），第 5 章 5.2.1

吉岡　亮衛（同　研究企画開発部総括研究官）：第 5 章 5.2.2，5.2.3

江草　由佳（同　研究企画開発部総括研究官）：第 5 章 5.1.2, 5.1.3
梅澤　希恵（同　国際研究・協力部研究員）：第 1 章 1.4, 第 2 章, 第 5 章 5.1.4, 5.2.4, 5.2.5
猿田かほる（同　国際調査専門職）：第 3 章
福畠　真治（同　国際調査専門職）：第 4 章, 付録

さらに，以下の方々にそれぞれの専門の立場から監修を頂きました。

山田　文康（静岡大学名誉教授）：第 1 章 1.4, 第 2 章 2.6, 2.7, 第 5 章, 付録
田中　孝一（川村学園女子大学文学部教授）：第 2 章
西村　圭一（東京学芸大学教育学部教授）：第 3 章
猿田　祐嗣（国立教育政策研究所初等中等教育研究部長）：第 4 章
荻原　康仁（同　教育課程研究センター基礎研究部総括研究官）：付録

　また，中山実・東京工業大学工学院教授，室田真男・同リベラルアーツ研究教育院教授，鈴木悠太同准教授には，第 1 章 1.6.3 の学校における調査実施の状況のモニタリングの部分を執筆いただきました。調査実施に当たっては，今岡二郎氏（国立教育政策研究所総務部研究支援係長：当時），図表作成及び編集に当たっては，当研究所の関口好子，二條麗子，中島彩，宇田川佑子の各氏にも多大な御協力を頂きました。

　本書の出版に当たっては明石書店の安田伸氏にも多大な御協力を頂きました。そして何よりも，学期末のお忙しい中，また，各地で地震や集中豪雨など自然災害があったにもかかわらず調査実施に協力していただいた全国の高等学校・中等教育学校・高等専門学校の教職員と熱心に問題に取り組んでくれた生徒さん方に心から感謝申し上げます。加えて，各学校への調査協力依頼等においてお力添えを頂いた文部科学省，都道府県・指定都市教育委員会並びに日本私立中学高等学校連合会等，本調査の企画・実施に御支援いただいたすべての方々に感謝申し上げたいと思います。

　OECD の PISA ホームページ（http://www.pisa.oecd.org/）には，各サイクルの国際調査結果報告書をはじめ，多くの情報が掲載されています。どうぞ併せて御参照ください。

　最後になりますが，PISA 調査は今後も調査を継続する予定であり，既に数学を中心分野とする2021 年調査の実施の準備が進められています。関係の皆様には今後一層の御指導・御協力を賜りたいと思います。

　令和元年 12 月

国立教育政策研究所　国際研究・協力部長
OECD-PISA 調査プロジェクトチーム総括責任者
亀岡　雄

OECD 生徒の学習到達度調査（PISA）

2018 年調査国際結果の要約

PISA 調査の概要

▶参加国が共同で国際的に開発し，実施している 15 歳児を対象とする学習到達度調査。

▶読解力，数学的リテラシー，科学的リテラシーの 3 分野について調査。

▶2018 年に 79 か国・地域（OECD 加盟 37 か国，非加盟 42 か国・地域），約 60 万人の生徒を対象に調査を実施。

・2000 年調査参加国：32 か国（OECD 加盟 28 か国，非加盟 4 か国）

・2003 年調査参加国：41 か国・地域（OECD 加盟 30 か国，非加盟 11 か国・地域）

・2006 年調査参加国：57 か国・地域（OECD 加盟 30 か国，非加盟 27 か国・地域）

・2009 年調査参加国：65 か国・地域（OECD 加盟 34 か国，非加盟 31 か国・地域）

・2012 年調査参加国：65 か国・地域（OECD 加盟 34 か国，非加盟 31 か国・地域）

・2015 年調査参加国：72 か国・地域（OECD 加盟 35 か国，非加盟 37 か国・地域）

▶調査の国際的な実施体制としては，OECD が中心となって，調査参加国の代表が構成する委員会や複数の国際請負機関により運営。日本では，国立教育政策研究所を中心に，文部科学省と連携・協力して PISA 調査を実施。

調査サイクル

●2000 年に第 1 回目の調査を実施。以後 3 年ごとのサイクルで調査を継続し，2018 年調査は第 7 サイクルにあたる。

●各調査サイクルでは中心分野を重点的に調べ，他の 2 つの分野については概括的な状況を調べる。

【中心分野】

- 第 1 サイクル　2000 年調査：読解力
- 第 2 サイクル　2003 年調査：数学的リテラシー
- 第 3 サイクル　2006 年調査：科学的リテラシー
- 第 4 サイクル　2009 年調査：読解力
- 第 5 サイクル　2012 年調査：数学的リテラシー
- 第 6 サイクル　2015 年調査：科学的リテラシー
- 第 7 サイクル　2018 年調査：読解力
- 第 8 サイクル　2021 年調査：数学的リテラシー　……

内　容

- 2018年調査では読解力を中心分野として，数学的リテラシー，科学的リテラシーの3分野を調査。
- 2018年調査では，中心分野である読解力について，既存の問題72問にコンピュータ使用型調査用に開発された新規の問題173問を加えた245問が用いられ，数学的リテラシーについては既存の問題70問，科学的リテラシーについては既存の問題115問が用いられた。
- PISA調査は，義務教育修了段階の15歳児が持っている知識や技能を，実生活の様々な場面でどれだけ活用できるかを見るものであり，特定の学校カリキュラムをどれだけ習得しているかを見るものではない。
- 思考プロセスの習得，概念の理解，及び各分野の様々な状況の中でそれらを生かす力を重視。

各分野の定義

- 読解力は，2009年から2015年調査まで用いられた定義が次のように変更されている。なお，「書かれた」という語が削除されたのは，問題がコンピュータ使用型に移行したことによる。また，信ぴょう性や著者の視点を検討する能力を把握するため，テキストを「評価する」という用語を追加した。
  - 自らの目標を達成し，自らの知識と可能性を発達させ，社会に参加するために，書かれたテキストを理解し，利用し，評価し，熟考し，これに取り組むこと（取り消し線：PISA2015から削除された部分，下線：PISA2018で新たに加えられた部分）。
- 数学的リテラシーは，2012年調査や2015年調査と同じく，次のように定義されている。
  - 様々な文脈の中で数学的に定式化し，数学を活用し，解釈する個人の能力。それには，数学的に推論することや，数学的な概念・手順・事実・ツールを使って事象を記述し，説明し，予測することを含む。この能力は，個人が現実世界において数学が果たす役割を認識したり，建設的で積極的，思慮深い市民に求められる，十分な根拠に基づく判断や意思決定をしたりする助けとなるもの。
- 科学的リテラシーは，2015年調査と同じく，「思慮深い市民として，科学的な考えを持ち，科学に関連する諸問題に関与する能力」と定義付けられている。なお，科学的リテラシーを身に付けた人は，科学やテクノロジーに関する筋の通った議論に自ら進んで携わり，それには科学的能力（コンピテンシー）として，「現象を科学的に説明する」「科学的探究を評価して計画する」「データと証拠を科学的に解釈する」を必要とする。

調査対象

● 15歳児に関する国際定義に従って，日本では，調査対象母集団を「高等学校本科の全日制学科，定時制学科，中等教育学校後期課程，高等専門学校」の1年生，約116万人と定義し，層化二段抽出法によって，調査を実施する学校（学科）を決定し，各学校（学科）から無作為に調査対象生徒を選出した。調査には，全国の183校（185学科），約6,100人の生徒が参加（2018年6月から8月に実施）。

調査方法

● 2018年調査では，3分野の調査2時間と生徒質問調査及びICT活用調査約45分を実施。

● 3分野の調査は，選択肢形式及び自由記述形式等の問題から構成されている。設問は，実生活で遭遇するような状況を説明する文章等に基づいて解答するものとなっている。

● 2018年調査では，各分野の問題の組み合わせによって36種類の問題フォーム（テスト問題群）が準備された。各生徒はそのうちの1種類の問題フォームに，2時間かけて解答。

● 2015年調査より，筆記型調査から学校のパソコンを使用したコンピュータ使用型調査に移行。

● 中心分野である読解力は，全ての生徒が前半あるいは後半の1時間を用いて解答する。残りの1時間は他の2分野（数学，科学）から一つか二つの分野が出題される。生徒によって解答する問題の組み合わせは異なる。

● 2018年調査では，中心分野である読解力で，コンピュータ使用型調査であることを利用して，能力の高い生徒又は低い生徒の能力をより詳細に測ることを目的として，生徒の解答結果に応じて出題内容を変える「多段階適応型テスト（Multi Stage Adaptive Testing）」手法を，さらに，文章処理の正確さと速さを測ることを目的として「読みの流ちょう性課題」を導入。

● 読解力，数学的リテラシー，科学的リテラシーの調査結果を生徒や学校が持つ様々な特性すなわち要因との関連によって分析するため，以下の三つの質問調査を実施。

• 生徒を対象とした，生徒自身及び学習環境等に関する情報を収集する生徒質問調査

• 生徒を対象とした，生徒のコンピュータに対する態度や経験についての情報を収集するICT活用調査（国際オプション）

• 学校長を対象とした，学校（学科）に関する情報を収集する学校質問調査

結果の分析尺度

- PISA 調査では，それぞれの調査分野で測定される知識や技能を習熟度（proficiency）と呼び，調査問題の難易度をもとに，それぞれの調査分野が最初に中心分野であった調査実施年（読解力は 2000 年，数学的リテラシーは 2003 年，科学的リテラシーは 2006 年）の OECD 加盟国の生徒の平均得点が 500 点，約 3 分の 2 の生徒が 400 点から 600 点の間に入るように得点化（OECD 加盟国の平均が 500 点，標準偏差が 100 点）されている。なお，2015 年調査以降はコンピュータ使用型調査へ全面移行されるとともに，尺度化・得点化の方法の変更等がなされている。OECD や国際請負機関により，筆記型からコンピュータ使用型への移行の影響が検証され，2012 年調査までの得点と 2015 年調査以降の得点との比較は可能とされた。

- 調査分野ごとに，習熟度を一定の範囲で区切ったものを習熟度レベル（proficiency level）と呼ぶ。習熟度レベルは，読解力では 2018 年調査より，9 段階（レベル 6 以上，レベル 5，レベル 4，レベル 3，レベル 2，レベル 1a，レベル 1b，レベル 1c，レベル 1c 未満），数学的リテラシーでは 7 段階（レベル 6 以上，レベル 5，レベル 4，レベル 3，レベル 2，レベル 1，レベル 1 未満），科学的リテラシーでは 2015 年調査より，8 段階（レベル 6 以上，レベル 5，レベル 4，レベル 3，レベル 2，レベル 1a，レベル 1b，レベル 1b 未満）となっている。

2018年調査の結果の概要

1．読解力の結果（本文第2章）

（1）習熟度レベル別結果（本文第2.2節）

　表1〜4は，読解力全体及び三つの読解プロセス（「情報を探し出す」「理解する」「評価し，熟考する」）について，得点によって生徒の習熟度レベルをレベル6以上からレベル1c未満の9段階に分け，コンピュータ使用型調査で実施した国のうち18か国における，各レベルの生徒の割合を示したものである（表1参照）。

● 読解力全体について，レベル5以上の生徒の割合が最も多いのはシンガポールであり，26%である。次いで北京・上海・江蘇・浙江の22%，カナダ，香港の15%，フィンランド，エストニア，アメリカの14%となっている。日本は10%である。

● レベル2以上の生徒の割合が最も多いのは北京・上海・江蘇・浙江で，95%である。日本は83%である（本文2.2.2参照）。

● 男女別に見ると，レベル5以上の生徒の割合が最も多いのはシンガポールで男子23%，女子29%である。OECD平均は男子7%，女子10%であり，日本は男子9%，女子11%である。レベル1a以下の生徒の割合が最も少ないのは北京・上海・江蘇・浙江で男子7%，女子4%である。OECD平均は男子28%，女子18%であり，日本は，男子21%，女子13%であった（本文2.2.2参照）。

● 読解プロセスについて（表2〜4参照），レベル5以上の割合が最も多いのは「情報を探し出す」「理解する」「熟考し，評価する」のいずれにおいてもシンガポールで，それぞれ26%，26%，31%である。日本はそれぞれ9%，11%，13%である（本文2.2.3参照）。

● 読解プロセスについて，レベル1a以下の生徒の割合が最も少ないのは，北京・上海・江蘇・浙江で，それぞれ6%，4%，5%である。日本はそれぞれ18%，18%，20%であり，いずれもOECD平均よりも少ない（本文2.2.3参照）。

2018 年調査 国際結果の要約　　OECD 生徒の学習到達度調査（PISA）

表１　読解力全体における習熟度レベル別の生徒の割合（数値はパーセント）

国　名	レベル1c未満	レベル1c	レベル1b	レベル1a	レベル2	レベル3	レベル4	レベル5	レベル6以上
日本	0.1	0.7	4.1	12.0	22.5	28.6	21.9	8.6	1.7
オーストラリア	0.1	1.4	5.6	12.5	21.1	25.4	20.9	10.3	2.7
カナダ	0.0	0.7	3.1	10.0	20.1	27.2	24.0	12.2	2.8
エストニア	0.0	0.3	2.1	8.7	21.2	29.9	24.0	11.1	2.8
フィンランド	0.0	0.8	3.3	9.4	19.2	27.6	25.4	11.9	2.4
フランス	0.0	1.1	5.7	14.0	22.8	26.6	20.5	8.1	1.1
ドイツ	0.1	1.3	5.7	13.6	21.1	25.4	21.5	9.5	1.8
アイルランド	0.0	0.2	2.1	9.5	21.7	30.3	24.1	10.3	1.8
イタリア	0.1	1.7	6.7	14.8	26.3	28.2	16.9	4.9	0.5
韓国	0.1	1.1	4.3	9.6	19.6	27.6	24.6	10.8	2.3
オランダ	0.1	1.3	7.0	15.6	23.7	24.3	18.8	7.9	1.2
ニュージーランド	0.1	1.0	5.2	12.7	20.8	24.6	22.5	10.7	2.4
イギリス	0.0	0.8	4.2	12.3	23.0	27.2	21.0	9.5	2.0
アメリカ	0.1	1.1	5.4	12.7	21.1	24.7	21.4	10.7	2.8
OECD 平均	0.1	1.3	6.2	15.0	23.8	26.1	18.8	7.3	1.3
北京・上海・江蘇・浙江	0.0	0.1	0.7	4.3	14.3	27.9	30.8	17.5	4.2
香港	0.1	0.9	3.5	8.1	17.8	27.7	27.1	12.5	2.3
台湾	0.1	1.2	4.5	12.0	21.8	27.4	22.0	9.3	1.6
シンガポール	0.0	0.5	3.0	7.7	14.2	22.3	26.4	18.5	7.3

表２　「情報を探し出す」における習熟度レベル別生徒の割合（数値はパーセント）

国　名	レベル1c未満	レベル1c	レベル1b	レベル1a	レベル2	レベル3	レベル4	レベル5	レベル6以上
日本	0.1	0.9	4.3	12.2	23.1	28.8	21.4	7.7	1.4
オーストラリア	0.2	1.5	5.5	12.5	21.4	26.5	20.7	9.3	2.3
カナダ	0.1	0.7	3.2	9.8	20.5	28.0	24.1	10.8	2.7
エストニア	0.0	0.2	1.9	7.5	19.9	30.1	25.9	11.8	2.8
フィンランド	0.1	0.8	3.3	8.8	18.1	26.6	26.0	13.1	3.2
フランス	0.4	2.0	6.1	12.8	21.4	25.0	20.8	9.7	1.9
ドイツ	0.3	1.7	6.4	13.6	20.7	23.8	20.2	10.3	2.9
アイルランド	0.0	0.3	2.6	8.8	20.3	30.0	25.4	10.8	1.8
イタリア	0.8	2.6	7.4	15.4	25.3	26.3	16.1	5.2	0.8
韓国	0.2	1.2	4.0	9.0	18.2	26.9	24.8	12.5	3.2
オランダ	0.1	1.0	4.9	13.2	22.3	26.1	21.3	9.5	1.7
ニュージーランド	0.1	1.1	5.1	12.0	20.5	25.8	22.6	10.4	2.3
イギリス	0.2	1.2	4.1	11.6	21.7	27.1	21.5	9.8	2.8
アメリカ	0.2	1.4	5.5	12.5	21.4	25.5	21.3	9.8	2.4
OECD 平均	0.3	1.8	6.4	14.4	23.0	25.9	18.9	7.6	1.6
北京・上海・江蘇・浙江	0.0	0.2	1.2	5.0	14.9	27.7	28.9	16.8	5.2
香港	0.1	0.9	3.5	7.8	16.9	27.2	27.3	13.4	2.9
台湾	0.3	1.7	5.1	11.9	21.6	27.2	21.1	9.3	1.8
シンガポール	0.1	0.5	2.5	6.8	13.5	22.9	27.9	19.3	6.5

OECD 生徒の学習到達度調査（PISA）　2018 年調査 国際結果の要約

表3 「理解する」における習熟度レベル別生徒の割合（数値はパーセント）

国　　名	レベル 1c 未満	レベル 1c	レベル 1b	レベル 1a	レベル 2	レベル 3	レベル 4	レベル 5	レベル 6 以上
日本	0.1	0.9	4.7	11.8	21.6	27.5	22.1	9.5	1.9
オーストラリア	0.2	1.6	5.9	12.6	20.7	24.6	21.0	10.4	3.0
カナダ	0.1	0.7	3.4	10.2	20.0	26.5	23.6	12.1	3.3
エストニア	0.0	0.2	1.9	8.6	20.9	29.1	24.2	11.9	3.1
フィンランド	0.0	0.8	3.9	10.3	19.1	26.4	24.8	12.0	2.6
フランス	0.2	1.5	6.3	14.5	22.1	25.5	20.3	8.3	1.2
ドイツ	0.1	1.5	6.7	14.3	20.6	24.8	20.9	9.3	1.9
アイルランド	0.0	0.4	3.2	10.5	22.6	29.4	23.4	9.2	1.4
イタリア	0.2	1.7	6.7	14.8	25.4	28.1	17.7	5.0	0.5
韓国	0.1	1.0	3.9	8.8	18.3	26.8	25.9	12.3	2.9
オランダ	0.2	1.3	7.2	15.8	23.4	24.1	18.7	8.2	1.1
ニュージーランド	0.1	1.1	5.6	12.3	20.4	24.7	22.3	11.0	2.5
イギリス	0.2	1.2	4.8	12.8	23.3	26.5	20.5	8.7	1.9
アメリカ	0.1	1.4	6.1	13.4	20.8	24.3	21.0	10.2	2.8
OECD 平均	0.1	1.5	6.6	15.1	23.3	25.7	18.8	7.5	1.4
北京・上海・江蘇・浙江	0.0	0.1	0.7	3.7	12.7	27.1	31.9	19.1	4.8
香港	0.1	0.9	3.6	7.7	16.9	26.7	27.2	13.9	3.1
台湾	0.1	1.3	4.7	11.6	20.8	26.9	22.2	10.2	2.0
シンガポール	0.1	0.6	3.0	7.9	14.3	22.4	26.1	18.6	7.1

表4 「評価し，熟考する」における習熟度レベル別生徒の割合（数値はパーセント）

国　　名	レベル 1c 未満	レベル 1c	レベル 1b	レベル 1a	レベル 2	レベル 3	レベル 4	レベル 5	レベル 6 以上
日本	0.1	1.2	5.4	13.0	21.2	25.7	20.3	10.2	2.8
オーストラリア	0.2	1.6	5.5	11.7	19.1	23.6	21.1	12.4	4.9
カナダ	0.1	0.9	3.5	9.5	18.3	25.1	24.1	13.9	4.7
エストニア	0.0	0.4	2.6	9.4	21.0	28.8	23.8	11.1	2.9
フィンランド	0.1	0.7	3.5	10.8	20.1	26.6	24.1	11.4	2.8
フランス	0.1	1.6	6.2	14.5	22.1	25.7	19.8	8.4	1.5
ドイツ	0.2	1.6	6.5	13.6	21.0	24.2	21.0	9.8	2.2
アイルランド	0.0	0.3	2.7	10.2	21.2	28.1	23.1	11.6	2.8
イタリア	0.2	1.7	6.7	15.0	24.0	26.6	18.3	6.5	1.0
韓国	0.2	1.1	4.4	9.5	17.7	25.5	24.6	13.1	3.9
オランダ	1.2	3.8	9.0	14.5	19.8	22.2	19.0	8.8	1.6
ニュージーランド	0.1	1.3	5.8	12.4	19.4	23.5	21.7	12.2	3.5
イギリス	0.1	1.0	4.3	11.8	21.1	25.8	21.4	11.0	3.5
アメリカ	0.1	1.4	5.7	12.4	19.1	23.5	21.3	12.5	4.1
OECD 平均	0.2	1.6	6.6	14.9	22.6	25.0	18.9	8.3	1.9
北京・上海・江蘇・浙江	0.0	0.1	1.0	4.2	12.4	25.3	30.1	20.3	6.6
香港	0.1	0.7	3.2	8.1	16.3	26.6	27.6	14.1	3.3
台湾	0.1	1.1	4.9	12.4	21.2	26.6	21.6	10.0	2.1
シンガポール	0.1	0.6	3.0	7.4	13.4	19.8	24.5	20.1	11.3

2018 年調査 国際結果の要約　　OECD 生徒の学習到達度調査（PISA）

表5　読解力の平均得点の国際比較

	読解力全体	得点	情報を探し出す	得点	理解する	得点	評価し，熟考する	得点
1	北京・上海・江蘇・浙江	555	シンガポール	553	北京・上海・江蘇・浙江	562	北京・上海・江蘇・浙江	565
2	シンガポール	549	北京・上海・江蘇・浙江	553	シンガポール	548	シンガポール	561
3	マカオ	525	マカオ	529	香港	529	マカオ	534
4	香港	524	エストニア	529	マカオ	529	香港	532
5	エストニア	523	香港	528	エストニア	526	カナダ	527
6	カナダ	520	フィンランド	526	韓国	522	韓国	522
7	フィンランド	520	韓国	521	カナダ	520	エストニア	521
8	アイルランド	518	アイルランド	521	フィンランド	518	アイルランド	519
9	韓国	514	カナダ	517	ポーランド	514	フィンランド	517
10	ポーランド	512	ポーランド	514	アイルランド	510	ポーランド	514
11	スウェーデン	506	スウェーデン	511	ニュージーランド	506	オーストラリア	513
12	ニュージーランド	506	イギリス	507	台湾	506	スウェーデン	512
13	アメリカ	505	ニュージーランド	506	日本	505	イギリス	511
14	イギリス	504	ノルウェー	503	スウェーデン	504	アメリカ	511
15	日本	504	アメリカ	501	オーストラリア	502	ニュージーランド	509
16	オーストラリア	503	デンマーク	501	アメリカ	501	デンマーク	505
17	台湾	503	オランダ	500	ノルウェー	498	台湾	504
18	デンマーク	501	日本	499	イギリス	498	ノルウェー	502
19	ノルウェー	499	オーストラリア	499	デンマーク	497	日本	502
20	ドイツ	498	台湾	499	スロベニア	496	ベルギー	497
21	スロベニア	495	スロベニア	498	ドイツ	494	ドイツ	497
22	ベルギー	493	ベルギー	498	ベルギー	492	スロベニア	494
23	フランス	493	ドイツ	498	フランス	490	ポルトガル	494
24	ポルトガル	492	フランス	496	ポルトガル	489	フランス	491
25	チェコ	490	チェコ	492	チェコ	488	チェコ	489
26	OECD 平均	487	ポルトガル	489	OECD 平均	486	OECD 平均	489
27	オランダ	485	OECD 平均	487	オランダ	484	オーストリア	483
28	オーストリア	484	スイス	483	スイス	483	スイス	482
29	スイス	484	ラトビア	483	ラトビア	482	イタリア	482
30	クロアチア	479	アイスランド	482	オーストリア	481	イスラエル	481
31	ラトビア	479	オーストリア	480	アイスランド	480	ロシア	479
32	ロシア	479	ベラルーシ	480	ロシア	480	ラトビア	477
33	イタリア	476	ロシア	479	ハンガリー	479	ハンガリー	477
34	ハンガリー	476	クロアチア	478	イタリア	478	オランダ	476
35	リトアニア	476	リトアニア	474	クロアチア	478	アイスランド	475
36	アイスランド	474	ハンガリー	471	ベラルーシ	477	トルコ	475
37	ベラルーシ	474	ルクセンブルク	470	リトアニア	475	リトアニア	474
38	イスラエル	470	イタリア	470	トルコ	474	クロアチア	474
39	ルクセンブルク	470	トルコ	463	ルクセンブルク	470	ベラルーシ	473
40	トルコ	466	イスラエル	461	イスラエル	469	ルクセンブルク	468
41	スロバキア	458	スロバキア	461	スロバキア	458	ギリシャ	462
42	ギリシャ	457	ギリシャ	458	ギリシャ	457	スロバキア	457
43	チリ	452	マルタ	453	チリ	450	チリ	456
44	マルタ	448	チリ	441	マルタ	441	マルタ	448
45	セルビア	439	セルビア	434	セルビア	439	アラブ首長国連邦	444
46	アラブ首長国連邦	432	アラブ首長国連邦	429	アラブ首長国連邦	433	セルビア	434
47	ウルグアイ	427	コスタリカ	425	ウルグアイ	429	ウルグアイ	433
48	コスタリカ	426	マレーシア	424	コスタリカ	426	キプロス	432
49	キプロス	424	キプロス	424	キプロス	422	メキシコ	426
50	モンテネグロ	421	ウルグアイ	420	モンテネグロ	418	ブラジル	419
51	メキシコ	420	ブルネイ	419	メキシコ	417	マレーシア	418
52	ブルガリア	420	モンテネグロ	417	ブルガリア	415	コロンビア	417
53	マレーシア	415	メキシコ	416	マレーシア	414	カタール	417
54	ブラジル	413	ブルガリア	413	コロンビア	413	ブルガリア	416
55	コロンビア	412	カタール	404	ブラジル	409	モンテネグロ	416
56	ブルネイ	408	コロンビア	404	ブルネイ	409	ペルー	413
57	カタール	407	ペルー	398	ペルー	409	ブルネイ	411
58	アルバニア	405	ブラジル	398	カタール	406	コスタリカ	411
59	ボスニア・ヘルツェゴビナ	403	ボスニア・ヘルツェゴビナ	395	アルバニア	403	アルバニア	403
60	ペルー	401	アルバニア	394	タイ	401	タイ	398
61	タイ	393	タイ	393	ボスニア・ヘルツェゴビナ	400	カザフスタン	389
62	バクー（アゼルバイジャン）	389	カザフスタン	389	カザフスタン	394	ボスニア・ヘルツェゴビナ	387
63	カザフスタン	387	バクー（アゼルバイジャン）	383	バクー（アゼルバイジャン）	386	ジョージア	379
64	ジョージア	380	インドネシア	372	ジョージア	374	インドネシア	378
65	パナマ	377	パナマ	367	パナマ	373	バクー（アゼルバイジャン）	375
66	インドネシア	371	ジョージア	362	インドネシア	370	パナマ	367
67	モロッコ	359	モロッコ	356	モロッコ	358	モロッコ	363
68	コソボ	353	フィリピン	343	コソボ	352	コソボ	353
69	ドミニカ共和国	342	コソボ	340	ドミニカ共和国	342	ドミニカ共和国	351
70	フィリピン	340	ドミニカ共和国	333	フィリピン	335	フィリピン	333

（注）　1．灰色の網掛けは非 OECD 加盟国・地域を示す。
　　　　2．本表では 2018 年調査においてコンピュータ使用型調査を実施した国のみ取り上げている。

（2）読解力の平均得点の国際比較（本文第2.3節）

表5は各国の読解力の平均得点を，読解力全体及び読解プロセスごとに示したものである。

- 読解力の平均得点は，北京・上海・江蘇・浙江，シンガポール，マカオ，香港，エストニア，カナダ，フィンランドの順で，日本の得点は504点であり15番目に高い。OECD加盟国の中では7位から15位の間，参加国全体の中では11位から20位の間に位置している（本文2.3.1参照）。
- 「情報を探し出す」の平均得点は，シンガポール，北京・上海・江蘇・浙江，マカオ，エストニア，香港の順に高く，日本の得点は499点であり18番目に高い（本文2.3.3参照）。
- 「理解する」の平均得点は，北京・上海・江蘇・浙江，シンガポール，香港，マカオ，エストニアの順に高く，日本の得点は505点であり，13番目に高い（本文2.3.3参照）。
- 「評価し，熟考する」の平均得点は，北京・上海・江蘇・浙江，シンガポール，マカオ，香港，カナダの順に高く，日本の得点は502点であり，19番目に高い（本文2.3.3参照）。

（3）読解力の平均得点の経年変化（本文第2.3節）

- 日本においては，2018年の得点は，2003年及び2006年調査を除き，2000年，2009年，2012年，2015年との比較において12〜34点低く，統計的な有意差がある（本文2.3.2参照）。
- 読解力が中心分野であった前回の2009年調査の得点より2018年調査の得点の方が高く，その差が有意であるのはエストニア，アイルランド，イギリス，シンガポールである。2018年の得点が統計的に有意に低いのは，日本以外にオーストラリア，フィンランド，イタリア，韓国，オランダ，ニュージーランドである（本文2.3.2参照）。
- 同じく読解力が中心分野であった2000年調査の得点より2018年調査の得点の方が高く，その差が有意であるのはドイツであり，2018年の得点が統計的に有意に低いのは，日本以外にオーストラリア，カナダ，フィンランド，フランス，イタリア，ニュージーランドである（本文2.3.2参照）。

（4）読解力の平均得点の国内分布及び男女差（本文第2.3節）

- 上位5%に位置する生徒の得点が最も高いのはシンガポールの714点であり，北京・上海・江蘇・浙江，カナダ，エストニアと続く。日本の得点は657点で，15番目に高い。OECD平均は644点である（本文2.3.4参照）。
- 調査参加国全てにおいて女子が男子よりも得点が高く，その差は統計的に有意である。コンピュータ使用型調査参加国のうち，男女差が最も大きいのはカタールで女子が男子より65点高い。日本は，男子493点に対して女子が514点で女子が男子より20点高く，男女差は小さい方から9番目である（本文2.3.5参照）。

（5）読解力の問題の正答率（本文第2.4節）

- 読解力の問題の分析対象である244題について，日本の正答率は61%である。読解プロセス別に日本の正答率を見ると，「情報を探し出す」については66%，「理解する」については63%，「評価し，熟考する」については53%である（本文2.4.1参照）。
- 出題形式別に日本の正答率を求めると，「多肢選択」については68%，「複合的選択肢」については53%，「求答・短答」については62%，「自由記述」については52%である（本文2.4.1参照）。

（6）生徒の背景と到達度（本文第 2.6 節）

- 「読書への関わり」に関する五つの項目のうち，日本は「（2）読書は，大好きな趣味の一つだ」及び「（3）本の内容について人と話すのが好きだ」について「まったくそうだと思う」「そうだと思う」と回答した割合が OECD 平均よりも多い。また読解力の平均得点との関係を見ると，この 2 項目については，「まったくその通りだ」「その通りだ」と「肯定」したグループの方が，「まったくその通りでない」「その通りでない」と「否定」したグループよりも統計的に有意に読解力の平均得点が高い（本文 2.6.1 参照）。

- 「読む本の種類・頻度」に関する 5 項目のうち，日本は「（1）雑誌」「（2）コミック（マンガ）」「（3）フィクション（例：小説，物語）」の 3 項目で「月に数回以上」読むと回答した割合が OECD 平均よりも多い。また，読解力の平均得点との関係を見ると，日本は「（2）コミック（マンガ）」「（3）フィクション（例：小説，物語）」「（4）ノンフィクション（例：伝記，ルポルタージュ）」「（5）新聞」の 4 項目において，「月に数回以上」読むと回答したグループの方が，そうでないグループよりも読解力の平均得点が統計的に有意に高い（本文 2.6.2 参照）。

- 「本を読む媒体の好み」について，日本は四つの選択肢の中で「本は紙で読むことの方が多い」「本は，紙でもデジタル機器でも同じくらい読む」と回答した生徒の割合が OECD 平均よりも多い。また，読解力の平均得点との関係を見ると，日本は四つの選択肢の中で「本は紙で読むことの方が多い」と回答した生徒の読解力の平均得点が最も高い（本文 2.6.3 参照）。

- 「趣味として読書に費やす時間」について，日本は五つの選択肢の中で「趣味として読書はしない」「1 日 31 分～1 時間未満」と回答した生徒の割合が OECD 平均よりも多いが，全体的に OECD 平均との差は小さい。また，読解力の平均得点との関係を見ると，日本は「1 日 1 時間～2 時間」と回答した生徒の平均得点が最も高い（本文 2.6.4 参照）。

- 「デジタルでの読みの活動」に関する 6 項目のうち，日本は「（2）ネット上でチャットをする（例：LINE）」「（3）ネット上でニュースを読む」「（4）ある特定のテーマを調べるためにネットで検索する」の 3 項目について，「月に数回以上」すると回答した生徒の割合が OECD 平均よりも多い。また，読解力の平均得点との関係を見ると，日本は「（1）E メールを読む」「（2）ネット上でチャットをする（例：LINE）」「（3）ネット上でニュースを読む」「（4）ある特定のテーマを調べるためにネットで検索する」「（6）生活情報をネットで検索する（例：スケジュール，イベント，ヒント，料理のレシピ）」の 5 項目について，「月に数回以上」すると回答した生徒の得点が「しない」と回答した生徒の得点よりも統計的に有意に高い（本文 2.6.5 参照）。

- 「PISA の調査問題における難しさの認識」に関する 3 項目について，日本は「（1）分からない言葉が多かった」「（2）自分には難しすぎる文章が多かった」「（3）複数ページを読んでいるうちに，どこを読んでいるのかわからなくなった」の全てで「まったくその通りだ」「その通りだ」と回答した割合が OECD 平均よりも多い。また，読解力の平均得点との関係を見ると，日本は 3 項目全てで「その通りでない」「まったくその通りでない」と「否定」したグループの方が「まったくその通りだ」「その通りだ」と「肯定」したグループよりも統計的に有意に得点が高い（本文 2.6.6 参照）。

- 「ニュースを読む媒体の好み」について，日本は五つの選択肢の中で「（2）ニュースは見るか聞くだけである（例：ラジオ，テレビ，ポッドキャスト）」と回答した生徒の割合が OECD 平均よりも多い。一方で，「（1）ニュースにはまったく関心がない」と回答した生徒の割合は OECD 平均よりも少ない。また，読解力の平均得点との関係を見ると，日本は「（5）ニュー

スは紙でもデジタル機器でも同じくらい読む」と回答した生徒の得点が最も高い（本文 2.6.7 参照）。

● 生徒の読解力に関する習熟度の違いを学校間の違いから見るために，学校ごとの平均得点のばらつきから作成された「学校間の等質性」指標を見ると，日本は 18 か国中 5 番目に小さく，学校間の差異が大きい（本文 2.6.8 参照）。

（7）国語の学習環境（本文第 2.7 節）

● 「国語の授業における読みの指導方略」について，日本の場合，「（2）先生は物語と実生活とを関連づける手助けをしてくれる」「（3）先生は教科書の内容を，すでに持っている知識とどうやって関連づけるかを教えてくれる」「（4）先生は生徒を積極的に参加させる質問をする」の 3 項目において「いつもそうだ」「たいていそうだ」と回答した割合が OECD 平均よりも高い。また読解力の平均得点との関係を見ると，日本は「（1）先生は文章についての意見を言うよう生徒にすすめる」「（2）先生は物語と実生活とを関連づける手助けをしてくれる」「（4）先生は生徒を積極的に参加させる質問をする」の 3 項目について，「指導あり」（「いつもそうだ」「たいていそうだ」）と回答したグループは，「指導なし」と回答したグループよりも統計的に有意に得点が高い（本文 2.7.1 参照）。

● 「国語の授業の雰囲気」指標に関する項目について，日本は 5 項目全てで授業の雰囲気が良好であることを示す回答（「たまにある」「まったく，又はほとんどない」）を行った生徒の割合が OECD 平均よりも多い。指標の平均値を見ると，日本の値は 18 か国の中で 3 番目に値が大きく，授業の雰囲気が良好である（本文 2.7.2 参照）。

● 「国語の授業における教師の支援」指標に関する項目については，日本の場合，「（1）先生は，生徒一人一人の学習に関心を持っている」「（2）生徒が助けて欲しいときは，先生は助けてくれる」「（3）先生は，生徒の学習を助けてくれている」「（4）先生は，生徒がわかるまで何度でも教えてくれる」の 4 項目全てにおいて「たいていそうだ」「いつもそうだ」と回答した生徒の割合が OECD 平均よりも高い。指標の平均値を見ると，日本の値は 18 か国の中で 10 番目に値が大きい。18 か国の中で最もこの値が大きいのは，北京・上海・江蘇・浙江であり，次いでイギリスと続く（本文 2.7.3 参照）。

● 「国語教師からのフィードバックに関する生徒の認識」指標に関する項目については，日本の場合，「（3）先生は，国語の成績を上げる方法を教えてくれる」の項目のみ OECD 平均を上回っている。指標の平均値を見ると，日本の値は 18 か国の中で最も値が小さい。18 か国の中で最も値が大きいのはイギリスであり，次いでニュージーランド，シンガポールと続く（本文 2.7.4 参照）。

２．数学的リテラシー及び科学的リテラシーの結果

（1）数学的リテラシーの結果（本文第３章）

①習熟度レベル別結果（本文第 3.2 節）

● 表６のとおり，レベル５以上の生徒の割合が最も多いのは北京・上海・江蘇・浙江であり，44％である。日本は 18％で８番目に多い（本文 3.2.2 参照）。

● 表６のとおり，レベル２以上の生徒の割合が最も多いのは北京・上海・江蘇・浙江で，98％である。日本は 89％で６番目に多い（本文 3.2.2 参照）。

②数学的リテラシーの平均得点の国際比較（本文第 3.3 節）

● 表８のとおり，日本の平均得点は 527 点である。北京・上海・江蘇・浙江，シンガポール，マカオ，香港，台湾，日本，韓国，エストニア，オランダ，ポーランドの順で高く，日本は６番目に高い。統計的に考えられる日本の平均得点の順位は，参加国全体の中では５位から８位の間，OECD 加盟国の中では１位から３位の間である（本文 3.3.1 参照）。

③数学的リテラシーの平均得点の経年変化（本文第 3.3 節）

● 日本においては，2018 年調査の得点は 2003 年調査，2009 年調査，2012 年調査，2015 年調査との比較ではそれぞれ７点，２点，９点，５点低く，2006 年調査との比較では４点高い。しかし，いずれも統計的な有意差はない（本文 3.3.2 参照）。

● 数学的リテラシーが中心分野であった 2003 年調査の得点より 2018 年調査の得点の方が高く，その差が有意であるのはイタリアで，2003 年調査の得点より低く，その差が有意であるのはオーストラリア，カナダ，フィンランド，フランス，韓国，オランダ，ニュージーランドである（本文 3.3.2 参照）。

④数学的リテラシーの得点の国内分布及び男女差（本文第 3.3 節）

● 上位 5％に位置する生徒の得点が最も高いのは北京・上海・江蘇・浙江であり，716 点である。日本の得点は 664 点で，北京・上海・江蘇・浙江，シンガポール，香港，台湾，マカオ，韓国，スイスに次いで８番目に高く，オランダ，ポーランドがこれに続く。OECD 平均は 634点である（本文 3.3.3 参照）。

● 最も男子が女子よりも得点が高いのはコロンビアで男子が女子より 20 点高く，一方最も女子が男子よりも得点が高いのはカタールで女子が男子より 24 点高い。日本は男子が 532 点に対し女子が 522 点で，男子が女子より 10 点高く，統計的な有意差がある（本文 3.3.4 参照）。

⑤数学的リテラシーの問題の正答率・無答率（本文第 3.4 節）

● 数学的リテラシーの問題 70 題の日本の正答率は，53％である。プロセス別に見ると，「定式化」については 43％，「活用」については 55％，「解釈」については 61％である。また，内容別に見ると，「変化と関係」については 51％，「空間と形」については 47％，「量」については60％，「不確実性とデータ」については 53％である。出題形式別に見ると，「選択肢」につい

表6 数学的リテラシーにおける習熟度レベル別の生徒の割合（数値はパーセント）

国　名	レベル1未満	レベル1	レベル2	レベル3	レベル4	レベル5	レベル6以上
日本	2.9	8.6	18.7	26.4	25.1	14.0	4.3
オーストラリア	7.6	14.8	23.4	25.6	18.2	8.0	2.5
カナダ	5.0	11.3	20.8	25.9	21.7	11.3	4.0
エストニア	2.1	8.1	20.8	29.0	24.6	11.8	3.7
フィンランド	3.8	11.1	22.3	28.9	22.7	9.3	1.8
フランス	8.0	13.2	21.1	25.6	21.0	9.2	1.8
ドイツ	7.6	13.5	20.7	24.0	20.8	10.5	2.8
アイルランド	3.8	11.9	24.7	30.5	20.8	7.2	1.0
イタリア	9.1	14.8	22.9	25.6	18.1	7.5	2.0
韓国	5.4	9.6	17.3	23.4	22.9	14.4	6.9
オランダ	4.5	11.2	19.0	23.2	23.6	14.2	4.3
ニュージーランド	7.6	14.2	22.8	25.0	18.9	8.8	2.7
イギリス	6.4	12.8	22.0	25.5	20.4	9.8	3.1
アメリカ	10.2	16.9	24.2	24.1	16.3	6.8	1.5
OECD 平均	9.1	14.8	22.2	24.4	18.5	8.5	2.4
北京・上海・江蘇・浙江	0.5	1.9	6.9	17.5	28.9	27.8	16.5
香港	2.8	6.4	13.5	22.1	26.3	19.5	9.5
台湾	5.0	9.0	16.1	23.2	23.5	15.6	7.6
シンガポール	1.8	5.3	11.1	19.1	25.8	23.2	13.8

ては 67%,「複合的選択肢」については 59%,「短答」については 51%,「求答」については 56%,「自由記述」については 37% である（本文 3.4.1 参照）。

● 男女別の日本の正答率は，男子は 54%，女子は 52% であり，男子の方が女子よりも 3 ポイント高い（本文 3.4.1 参照）。

● 数学的リテラシーの問題の日本の無答率は，7% である。日本の無答率をプロセス別に見ると，「定式化」については 9%,「活用」については 8%,「解釈」については 3% である。また，内容別に見ると，「変化と関係」については 11%,「空間と形」については 10%,「量」については 4%,「不確実性とデータ」については 3% である。出題形式別に見ると，「選択肢」については 1%,「複合的選択肢」については 1%,「求答」については 0%,「短答」については 7%,「自由記述」については 18% である（本文 3.4.2 参照）。

（2）科学的リテラシーの結果（本文第 4 章）

①習熟度レベル別結果（本文第 4.2 節）

● 表 7 のとおり，レベル 5 以上の生徒の割合が最も多いのは北京・上海・江蘇・浙江であり，32 % である。日本は 13% で 4 番目に多い（本文 4.2.2 参照）。

● 表 7 のとおり，レベル 2 以上の生徒の割合が最も多いのは北京・上海・江蘇・浙江で，98% である。日本は 89% で 5 番目に多い（本文 4.2.2 参照）。

表7　科学的リテラシーにおける習熟度レベル別の生徒の割合（数値はパーセント）

国　名	レベル1b 未満	レベル 1b	レベル 1a	レベル2	レベル3	レベル4	レベル5	レベル6 以上
日本	0.2	1.8	8.9	19.9	29.7	26.5	11.4	1.6
オーストラリア	0.6	4.5	13.7	23.0	27.5	21.2	7.9	1.6
カナダ	0.4	2.6	10.5	22.4	29.3	23.5	9.5	1.8
エストニア	0.1	1.1	7.5	21.5	32.1	25.4	10.2	2.0
フィンランド	0.4	2.8	9.7	21.1	28.9	24.9	10.5	1.8
フランス	0.6	5.0	14.9	24.6	28.3	20.0	5.9	0.6
ドイツ	0.8	5.0	13.8	22.0	26.9	21.5	8.5	1.5
アイルランド	0.3	3.3	13.4	26.9	31.3	19.0	5.4	0.5
イタリア	1.1	6.6	18.2	30.2	27.8	13.4	2.6	0.2
韓国	0.5	3.1	10.6	21.0	28.6	24.5	10.0	1.8
オランダ	0.9	4.8	14.4	22.4	24.9	22.1	9.1	1.5
ニュージーランド	0.6	4.3	13.1	22.0	26.8	21.8	9.5	1.8
イギリス	0.6	3.9	12.9	24.0	28.1	20.8	8.2	1.5
アメリカ	0.5	4.4	13.7	23.6	27.5	21.1	7.9	1.3
OECD 平均	0.7	5.2	16.0	25.8	27.4	18.1	5.9	0.8
北京・上海・江蘇・浙江	0.0	0.3	1.8	8.4	23.4	34.6	24.3	7.2
香港	0.2	2.4	8.9	21.7	33.8	25.0	7.1	0.7
台湾	0.7	3.3	11.2	21.1	28.5	23.5	10.0	1.6
シンガポール	0.2	1.8	7.1	15.1	25.4	29.7	17.0	3.8

②科学的リテラシーの平均得点の国際比較（本文第4.3節）

●表8のとおり，日本の科学的リテラシーの平均得点は529点で，北京・上海・江蘇・浙江，シンガポール，マカオ，エストニア，日本，フィンランドの順で，日本の得点は5番目に高い。統計的に考えられる日本の平均得点の順位は，参加国全体の中では4位から6位の間，OECD加盟国の中では1位から3位の間である（本文4.3.1参照）。

③科学的リテラシーの平均得点の経年変化（本文第4.3節）

●日本においては，2018年の得点は2012年調査の得点よりも18点，2015年調査の得点よりも9点低く，どちらも統計的な有意差がある。また，2006年調査の得点よりも2点，2009年調査の得点よりも10点低いが，どちらも統計的な有意差はない（本文4.3.2参照）。

●科学的リテラシーが中心分野であった2006年調査の得点より2018年の得点が高いのは，アメリカだけであり，統計的な有意差もある。2006年調査の得点より低く，その差が有意であるのはオーストラリア，カナダ，フィンランド，ドイツ，アイルランド，オランダ，ニュージーランド，イギリス，香港，台湾である。また，同じく科学的リテラシーが中心分野であった2015年調査の得点より2018年の得点が高いのは，韓国，アメリカであるが，どちらも統計的な有意差はない。2015年調査の得点より低く，その差が有意であるのは日本，オーストラリア，カナダ，フィンランド，イタリア，台湾である（本文4.3.2参照）。

④科学的リテラシーの得点の国内分布及び男女差（本文第4.3節）

●上位5%に位置する生徒の得点が最も高いのは北京・上海・江蘇・浙江であり，721点であ

る。日本の得点は 673 点で，北京・上海・江蘇・浙江，シンガポール，エストニアに次いで 4 番目に高く，フィンランド，韓国，カナダがこれに続く。OECD 平均は 639 点である（本文 4.3.3 参照）。

●コンピュータ使用型調査参加国のうち，男女差が最も大きいカタールは女子が男子より 39 点高く，逆にペルーは男子が女了より 13 点高い。日本は男子 531 点に対し女子が 528 点で，男子が女子より 3 点高く，統計的な有意差はない（本文 4.3.4 参照）。

⑤科学的リテラシーの問題の正答率・無答率（本文第 4.4 節）

●科学的リテラシーの問題 114 題の日本の正答率は，57% である。科学的能力（コンピテンシー）別に見ると，「現象を科学的に説明する」については 55%，「科学的探究を評価して計画する」について 55%，「データと証拠を科学的に解釈する」について 60% である。また，出題形式別に正答率を求めると，「選択肢」については 66%，「複合的選択肢」については 59%，「求答」については 64%，「論述」については 42% である。

●男女別に正答率を見てみると，日本の男子は 57%，女子は 56% であり，日本は男子の方が女子よりも 1 ポイント高い。

●科学的リテラシー問題の日本の無答率は，3% である。日本の無答率を科学的能力（コンピテンシー））別に見ると，「現象を科学的に説明する」については 4%，「科学的探究を評価し計画する」については 3%，「データと証拠を科学的に解釈する」については 3% である。また，出題形式別に見ると，「選択肢」「複合的選択肢」については 1%，「求答」については 2%，「論述」については 10% である。

⑥ 30 歳時に科学関連の職業に就いていることを期待している生徒の割合の男女差

●科学関連の職業の各グループで見ると，第 1 グループの「科学・工学分野の専門職」に就くことを期待している生徒において，全体・男子・女子のどれにおいても統計的に有意に多くなっている国はアイルランドであり，少なくなっている国は香港である。対して日本は，そのどれにおいても有意な差はない。第 2 グループの「保健専門職」において，全てにおいて統計的に有意に多くなっている国はエストニア，台湾，シンガポールであり，少なくなっている国はない。対して日本は，全体と女子において有意に多くなっている。第 3 グループの「情報通信技術専門職」において，全てにおいて統計的に有意に多くなっている国はカナダ，オランダ，シンガポールであり，OECD 平均も同様である。また，全てにおいて有意に少なくなっている国はない。対して日本は，そのどれにおいても有意な差はない。第 4 グループの「科学関連の技術者・准専門職」において，全てにおいて統計的に有意に多くなっている国はなく，少なくなっているのは台湾であり，OECD 平均も同様である。対して日本は，そのどれにおいても有意な差はない。

表8 数学的リテラシー及び科学的リテラシーの平均得点の国際比較

	数学的リテラシー	得点	科学的リテラシー	得点
1	北京・上海・江蘇・浙江	591	北京・上海・江蘇・浙江	590
2	シンガポール	569	シンガポール	551
3	マカオ	558	マカオ	544
4	香港	551	エストニア	530
5	台湾	531	日本	529
6	日本	527	フィンランド	522
7	韓国	526	韓国	519
8	エストニア	523	カナダ	518
9	オランダ	519	香港	517
10	ポーランド	516	台湾	516
11	スイス	515	ポーランド	511
12	カナダ	512	ニュージーランド	508
13	デンマーク	509	スロベニア	507
14	スロベニア	509	イギリス	505
15	ベルギー	508	オランダ	503
16	フィンランド	507	ドイツ	503
17	スウェーデン	502	オーストラリア	503
18	イギリス	502	アメリカ	502
19	ノルウェー	501	スウェーデン	499
20	ドイツ	500	ベルギー	499
21	アイルランド	500	チェコ	497
22	チェコ	499	アイルランド	496
23	オーストリア	499	スイス	495
24	ラトビア	496	フランス	493
25	フランス	495	デンマーク	493
26	アイスランド	495	ポルトガル	492
27	ニュージーランド	494	ノルウェー	490
28	ポルトガル	492	オーストリア	490
29	オーストラリア	491	ラトビア	487
30	ロシア	488	スペイン	483
31	イタリア	487	リトアニア	482
32	スロバキア	486	ハンガリー	481
33	ルクセンブルク	483	ロシア	478
34	スペイン	481	ルクセンブルク	477
35	リトアニア	481	アイスランド	475
36	ハンガリー	481	クロアチア	472
37	アメリカ	478	ベラルーシ	471
38	ベラルーシ	472	ウクライナ※	469
39	マルタ	472	トルコ	468
40	クロアチア	464	イタリア	468
41	イスラエル	463	スロバキア	464
42	トルコ	454	イスラエル	462
43	ウクライナ※	453	マルタ	457
44	ギリシャ	451	ギリシャ	452
45	キプロス	451	チリ	444
46	セルビア	448	セルビア	440
47	マレーシア	440	キプロス	439
48	アルバニア	437	マレーシア	438
49	ブルガリア	436	アラブ首長国連邦	434
50	アラブ首長国連邦	435	ブルネイ	431
51	ブルネイ	430	ヨルダン※	429
52	ルーマニア※	430	モルドバ※	428
53	モンテネグロ	430	タイ	426
54	カザフスタン	423	ウルグアイ	426
55	モルドバ※	421	ルーマニア※	426
56	バクー（アゼルバイジャン）	420	ブルガリア	424
57	タイ	419	メキシコ	419
58	ウルグアイ	418	カタール	419
59	チリ	417	アルバニア	417
60	カタール	414	コスタリカ	416
61	メキシコ	409	モンテネグロ	415
62	ボスニア・ヘルツェゴビナ	406	コロンビア	413
63	コスタリカ	402	北マケドニア※	413
64	ペルー	400	ペルー	404
65	ヨルダン※	400	アルゼンチン※	404
66	ジョージア	398	ブラジル	404
67	北マケドニア※	394	ボスニア・ヘルツェゴビナ	398
68	レバノン※	393	バクー（アゼルバイジャン）	398
69	コロンビア	391	カザフスタン	397
70	ブラジル	384	インドネシア	396
71	アルゼンチン※	379	サウジアラビア※	386
72	インドネシア	379	レバノン※	384
73	サウジアラビア※	373	ジョージア	383
74	モロッコ	368	モロッコ	377
75	コソボ	366	コソボ	365
76	パナマ	353	パナマ	365
77	フィリピン	353	フィリピン	357
78	ドミニカ共和国	325	ドミニカ共和国	336
	OECD平均	489	OECD平均	489

（注）1．灰色の網掛けは非OECD加盟国・地域を示す。
2．※は，2018年調査において，コンピュータ使用型調査での実施ではなく，筆記型調査で実施した国を示す。

3. 学習の背景要因（本文第5章）

（1）学校の学習環境（本文第5.1節）

● 学校長を対象とした学校質問調査における「教師に起因する学級雰囲気」に関する問いから，日本は，教師に起因する学級の雰囲気が他国と比べて良好であるとは考えていない。一方，学校質問調査における「生徒に起因する学級雰囲気」に関する問いから，日本は，生徒に起因する学級の雰囲気は18か国中4番目に良好である（本文5.1.1参照）。

● 学校長を対象とした学校質問調査における「学校の活動」に関する12の質問項目について，部活動やボランティア等，様々な「学校の活動」の有無別に見た読解力の得点では，日本は，5項目において，活動を行っている学校に通う生徒の得点が高く，またその平均（有無別）の得点差はOECD平均より大きい（本文第5.1.2参照）。

● 生徒質問調査における「学校の無断欠席」「授業のサボり」「学校への遅刻」に関する問いで，最近2週間に学校の無断欠席，授業のサボり，学校への遅刻が「まったくなかった」と回答した日本の生徒の割合は，それぞれ98％，97％，87％で，日本の生徒の学校の無断欠席，授業のサボり，学校への遅刻は，国際的に見て極めて少ない（本文5.1.3参照）。

● 生徒質問調査における「いじめ」に関する問いで，日本は「他の生徒にからかわれた」以外の5項目についてはOECD平均よりも被害の経験が少ない（本文5.1.4参照）。

● 国語の1週間当たりの授業時間を見ると，日本はOECD平均と比べて3分短く，総授業時間については，日本はOECD平均と比べて36分長い。総授業時間に占める3教科（国語，数学，理科）の授業時間の割合については，日本では37.8％（前回は38.6％）であり，OECD平均に比べて1.4ポイント小さい（本文5.1.5参照）。

（2）生徒の背景（本文第5.2節）

● 生徒の生活満足度について見ると，日本の生徒の生活満足度の平均値は6.2であり，全参加国の中で下から4番目に小さい。生活満足度と読解力の得点との関係を見ると，日本を含む台湾，香港，韓国など東アジアの国々は読解力の平均得点がOECD平均を上回り高いものの，生活満足度の平均値はOECD平均を下回っている。

● 生徒の社会経済文化的背景の違い，すなわち，保護者の職業や教育歴，家財や家庭にある本の冊数に関連する生徒の回答から構成された「生徒の社会経済文化的背景」指標（ESCS）から見ると，本指標の標準偏差が，日本は18か国中最も小さい値（0.73）であり，生徒間における家庭の社会経済文化的水準の差は小さい。また，指標値によって分けた生徒の読解力の平均得点の差も，「指標による得点分散の説明率」も相対的に小さい（本文5.2.3参照）。

● 「学校におけるICT機器の利用」について，日本は8項目全てで「はい，使っています」と回答した生徒の割合がOECD平均を下回っている。そのうち，30ポイント以上差が見られるのは，「（5）無線LANを介したインターネット接続」，「（9）プレゼンテーションなどに使うプロジェクター」の2項目である（本文5.2.4参照）。

● 「学校の授業におけるICTの利用状況」について，日本は国語・数学・理科の3教科全てにおいてOECD平均よりも「利用している」（「週に1～30分」「週に31～60分」「週に60分より長い」）と回答した生徒の割合が少ない（本文5.2.4参照）。

● 「学校外におけるインターネットの利用時間」について，OECD 平均は平日が「2 ～ 4 時間」，休日は「6 時間以上」と回答した割合が最も多い一方で，日本は平日・休日ともに「2 ～ 4 時間」の割合が最も多い。2015 年調査と比較すると，日本を含む 14 か国全体で平日・休日ともにインターネットの利用時間は増加傾向にある。また，読解力の平均得点との関係を見ると，日本の場合，平日は「30 分 ～ 1 時間」，休日は「2 ～ 4 時間」と回答した生徒の平均得点が最も高い（本文 5.2.5 参照）。

● 「家庭における ICT 機器の利用」について，日本は「インターネット接続」「携帯電話（インターネット接続あり）」の利用割合が OECD 平均を上回る一方，「デスクトップ・コンピュータ」「ノートパソコン」「タブレット型コンピュータ」の利用割合が OECD 平均を下回る（本文 5.2.5 参照）。

● 「学校外の学習のための ICT 利用」について，日本は 12 項目全てにおいて OECD 平均を下回る。12 項目の中では「(5) 学校の課題について他の生徒と連絡をとるために，SNS（ソーシャル・ネットワーキング・サービス）を利用する（例：LINE)」について「ほぼ毎日」と回答した生徒の割合が最も多い（本文 5.2.5 参照）。

● 「余暇のための ICT 利用」について，日本は「(1) 1 人用ゲームで遊ぶ」「(2) 多人数オンラインゲームで遊ぶ」「(4) ネット上でチャットする（例：LINE)」「(6) SNS（ソーシャル・ネットワーキング・サービス）を介したオンラインゲームで遊ぶ」「(7) インターネットを見て楽しむ（例：You Tube™ などのサイト動画をみる)」「(8) インターネットでニュースを読む（例：時事問題)」の 6 項目において，「ほぼ毎日」「毎日」と回答した生徒の割合が OECD 平均よりも多い。「(1) 1 人用ゲームで遊ぶ」「(4) ネット上でチャットをする（例：LINE)」の 2 項目については，15 か国の中でも日本は「ほぼ毎日」「毎日」と回答した生徒の割合が最も多い（本文 5.2.5 参照）。

PISA調査における日本の結果の推移について

表9～11及び図1～6は，これまでに実施されたPISA調査における日本の主な結果をまとめたものである。なお，中心分野として調査を実施した以降の得点は比較することができるため，科学的リテラシーについては2006年以降，読解力については2000年以降，数学的リテラシーについては2003年以降との比較が統計的に意味のあるものとなる。

さらに，PISA調査の3分野について，それぞれが比較可能な調査年以降の各国の平均得点を表12～14に示す。

1. 読解力

表9　読解力

	2000年調査	2003年調査	2006年調査	2009年調査	2012年調査	2015年調査	2018年調査
日本の得点	522点	498点	498点	520点	538点	516点	504点
OECD平均	500点	494点	492点	493点	496点	493点	487点
OECD加盟国中の順位	8位/28か国	12位/30か国	12位/30か国	5位/34か国	1位/34か国	6位/35か国	11位/37か国
OECD加盟国中の順位の範囲	2～15位	10～18位	9～16位	3～6位	1～2位	3～8位	7～15位
全参加国中の順位	8位/31か国	14位/40か国	15位/57か国	8位/65か国	4位/65か国	8位/70か国	15位/77か国
全参加国中の順位の範囲	3～10位	12～22位	11～21位	5～9位	2～5位	5～10位	11～20位

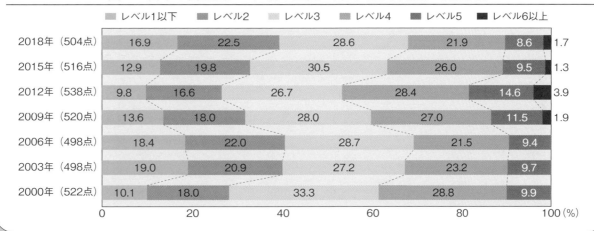

図1　日本の習熟度レベル別の生徒の割合（経年変化）（読解力）

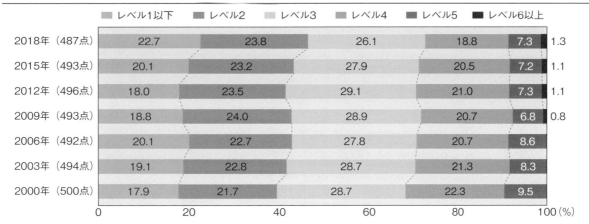

図2　OECD平均の習熟度レベル別の生徒の割合（経年変化）（読解力）

（注）2009年以降は，習熟度レベル6以上を区別するようになったため，2009年以降レベル6以上を表示している。

2. 数学的リテラシー

表10　数学的リテラシー

	2003年調査	2006年調査	2009年調査	2012年調査	2015年調査	2018年調査
日本の得点	534点	523点	529点	536点	532点	527点
OECD平均	500点	498点	496点	494点	490点	489点
OECD加盟国中の順位	4位／30か国	6位／30か国	4位／34か国	2位／34か国	1位／35か国	1位／37か国
OECD加盟国中の順位の範囲	2～7位	4～9位	3～6位	2～3位	1位	1～3位
全参加国中の順位	6位／40か国	10位／57か国	9位／65か国	7位／65か国	5位／70か国	6位／78か国
全参加国中の順位の範囲	3～10位	6～13位	8～12位	6～9位	5～6位	5～8位

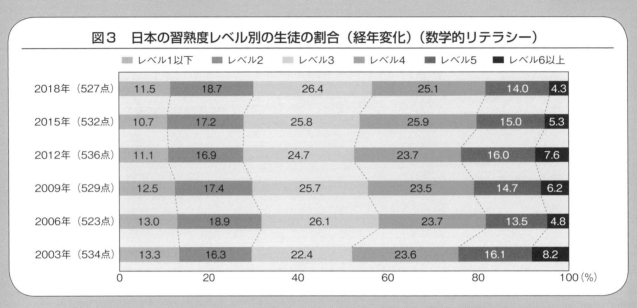

図3　日本の習熟度レベル別の生徒の割合（経年変化）（数学的リテラシー）

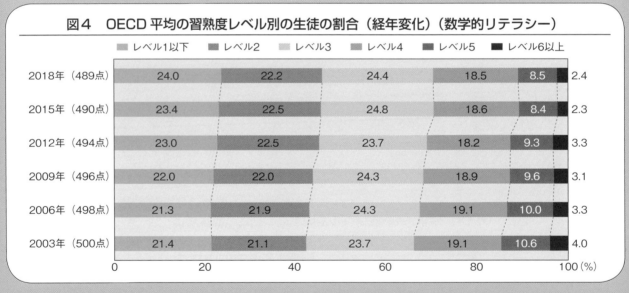

図4　OECD平均の習熟度レベル別の生徒の割合（経年変化）（数学的リテラシー）

3. 科学的リテラシー

表11 科学的リテラシー

	2006年調査	2009年調査	2012年調査	2015年調査	2018年調査
日本の得点	531点	539点	547点	538点	529点
OECD平均	500点	501点	501点	493点	489点
OECD加盟国中の順位	3位/30か国	2位/34か国	1位/34か国	1位/35か国	2位/37か国
OECD加盟国中の順位の範囲	2～5位	2～3位	1～3位	1～2位	1～3位
全参加国中の順位	6位/57か国	5位/65か国	4位/65か国	2位/70か国	5位/78か国
全参加国中の順位の範囲	3位～9位	4～6位	3～6位	2～3位	4～6位

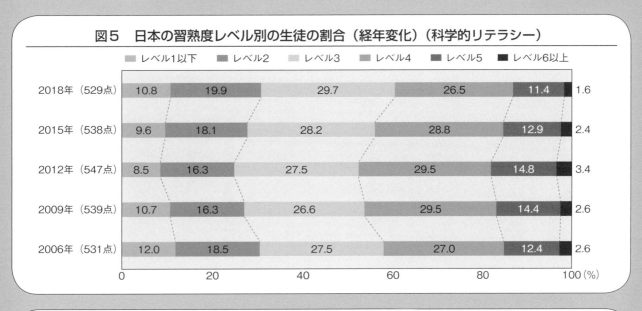

図5 日本の習熟度レベル別の生徒の割合（経年変化）（科学的リテラシー）

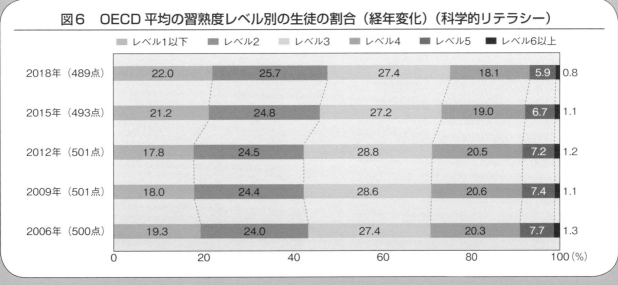

図6 OECD平均の習熟度レベル別の生徒の割合（経年変化）（科学的リテラシー）

2018年調査 国際結果の要約　OECD 生徒の学習到達度調査（PISA）

表12　PISA 調査における読解力の平均得点の国際比較（経年変化）

	2000年	平均得点	2003年	平均得点	2006年	平均得点	2009年	平均得点	2012年	平均得点	2015年	平均得点	2018年	平均得点
1	フィンランド	546	フィンランド	543	韓国	556	上海	556	上海	570	シンガポール	535	北京・上海・江蘇・浙江	555
2	カナダ	534	韓国	534	フィンランド	547	韓国	539	香港	545	香港	527	シンガポール	549
3	ニュージーランド	529	カナダ	528	香港	536	フィンランド	536	シンガポール	542	カナダ	527	マカオ	525
4	オーストラリア	528	オーストラリア	525	カナダ	527	香港	533	日本	538	フィンランド	526	香港	524
5	アイルランド	527	リヒテンシュタイン	525	ニュージーランド	521	シンガポール	526	韓国	536	アイルランド	521	エストニア	523
6	韓国	525	ニュージーランド	522	アイルランド	517	カナダ	524	フィンランド	524	エストニア	519	カナダ	520
7	イギリス	523	アイルランド	515	オーストラリア	513	ニュージーランド	521	アイルランド	523	韓国	517	フィンランド	520
8	日本	522	スウェーデン	514	リヒテンシュタイン	510	日本	520	台湾	523	日本	516	アイルランド	518
9	スウェーデン	516	オランダ	513	ポーランド	508	オーストラリア	515	カナダ	523	ノルウェー	513	韓国	514
10	オーストリア	507	香港	510	スウェーデン	507	オランダ	508	ポーランド	518	ニュージーランド	509	ポーランド	512
11	ベルギー	507	ベルギー	507	オランダ	507	ベルギー	506	エストニア	516	ドイツ	509	スウェーデン	506
12	アイスランド	507	ノルウェー	500	ベルギー	501	ノルウェー	503	リヒテンシュタイン	516	マカオ	509	ニュージーランド	506
13	ノルウェー	505	スイス	499	エストニア	501	エストニア	501	ニュージーランド	512	ポーランド	506	アメリカ	505
14	フランス	505	日本	498	スイス	499	スイス	501	オーストラリア	512	スロベニア	505	イギリス	504
15	アメリカ	504	マカオ	498	日本	498	ポーランド	500	オランダ	511	オランダ	503	日本	504
16	デンマーク	497	ポーランド	497	台湾	496	アイスランド	500	ベルギー	509	オーストラリア	503	オーストラリア	503
17	スイス	494	フランス	496	イギリス	495	アメリカ	500	スイス	509	スウェーデン	500	台湾	503
18	スペイン	493	アメリカ	495	ドイツ	495	リヒテンシュタイン	499	マカオ	509	デンマーク	500	デンマーク	501
19	チェコ	492	デンマーク	492	デンマーク	494	スウェーデン	497	ベトナム	508	フランス	499	ノルウェー	499
20	イタリア	487	アイスランド	492	スロベニア	494	ドイツ	497	ドイツ	508	ベルギー	499	ドイツ	498
21	ドイツ	484	ドイツ	491	マカオ	492	アイルランド	496	フランス	505	ポルトガル	498	スロベニア	495
22	リヒテンシュタイン	483	オーストリア	491	オーストリア	490	フランス	496	ノルウェー	504	イギリス	498	ベルギー	493
23	ハンガリー	480	ラトビア	491	フランス	488	台湾	495	イギリス	499	台湾	497	フランス	493
24	ポーランド	479	チェコ	489	アイスランド	484	デンマーク	495	アメリカ	498	アメリカ	497	ポルトガル	492
25	ギリシャ	474	ハンガリー	482	ノルウェー	484	イギリス	494	デンマーク	496	スペイン	496	チェコ	490
26	ポルトガル	470	スペイン	481	チェコ	483	ハンガリー	494	チェコ	493	ロシア	495	オランダ	485
27	ロシア	462	ルクセンブルグ	479	ハンガリー	482	ポルトガル	489	イタリア	490	北京・上海・江蘇・広東	494	オーストリア	484
28	ラトビア	458	ポルトガル	478	ラトビア	479	マカオ	487	オーストリア	490	スイス	492	スイス	484
29	ルクセンブルグ	441	イタリア	476	ルクセンブルグ	479	イタリア	486	ラトビア	489	ラトビア	488	クロアチア	479
30	メキシコ	422	ギリシャ	472	クロアチア	477	ラトビア	484	ハンガリー	488	チェコ	487	ラトビア	479
31	ブラジル	396	スロバキア	469	ポルトガル	472	スロベニア	483	スペイン	488	クロアチア	487	ロシア	479
32			ロシア	442	リトアニア	470	ギリシャ	483	ルクセンブルグ	488	ベトナム※	487	イタリア	476
33			トルコ	441	イタリア	469	スペイン	481	ポルトガル	488	オーストリア	485	ハンガリー	476
34			ウルグアイ	434	スロバキア	466	チェコ	478	イスラエル	486	イタリア	485	リトアニア	474
35			タイ	420	スペイン	461	スロバキア	477	クロアチア	485	アイスランド	482	アイスランド	474
36			セルビア・モンテネグロ	412	ギリシャ	460	クロアチア	476	スウェーデン	483	ルクセンブルク	481	ベラルーシ	474
37			ブラジル	403	トルコ	447	イスラエル	474	アイスランド	483	イスラエル	479	イスラエル	470
38			メキシコ	400	チリ	442	ルクセンブルグ	472	スロベニア	481	ブエノスアイレス※	475	ルクセンブルク	470
39			インドネシア	382	ロシア	440	オーストリア	470	リトアニア	477	リトアニア	472	ウクライナ※	466
40			チュニジア	375	イスラエル	439	リトアニア	468	ギリシャ	477	ハンガリー	470	トルコ	466
41					タイ	417	トルコ	464	トルコ	475	ギリシャ	467	スロバキア	458
42					ウルグアイ	413	ドバイ	459	ロシア	475	チリ	459	ギリシャ	457
43					メキシコ	410	ロシア	459	スロバキア	463	スロバキア	453	チリ	452
44					ブルガリア	402	チリ	449	キプロス	449	マルタ※	447	マルタ	448
45					セルビア	401	セルビア	442	セルビア	446	キプロス	443	セルビア	439
46					ヨルダン	401	ブルガリア	429	アラブ首長国連邦	442	ウルグアイ	437	アラブ首長国連邦	432
47					ルーマニア	396	ウルグアイ	426	チリ	441	ルーマニア※	434	ルーマニア※	428
48					インドネシア	393	メキシコ	425	タイ	441	アラブ首長国連邦	434	ウルグアイ	427
49					ブラジル	393	ルーマニア	424	コスタリカ	441	ブルガリア	432	コスタリカ	426
50					モンテネグロ	392	タイ	421	ルーマニア	438	トルコ	428	キプロス	424
51					コロンビア	385	トリニダード・トバゴ	416	ブルガリア	436	コスタリカ	427	モルドバ※	424
52					チュニジア	380	コロンビア	413	メキシコ	424	トリニダード・トバゴ※	427	モンテネグロ	421
53					アルゼンチン	374	ブラジル	412	モンテネグロ	422	モンテネグロ	427	メキシコ	420
54					アゼルバイジャン	353	モンテネグロ	408	ウルグアイ	411	コロンビア	425	ブルガリア	420
55					カタール	312	ヨルダン	405	ブラジル	410	メキシコ	423	ヨルダン※	419
56					キルギス	285	チュニジア	404	チュニジア	404	モルドバ※	416	マレーシア	415
57					アメリカ（注3）	m	インドネシア	402	コロンビア	403	タイ	409	ブラジル	413
58							アルゼンチン	398	ヨルダン	399	ヨルダン※	408	コロンビア	412
59							カザフスタン	390	マレーシア	398	ブラジル	407	ブルネイ	408
60							アルバニア	385	インドネシア	396	アルバニア※	405	カタール	407
61							カタール	372	アルゼンチン	396	カタール	402	アルバニア	405
62							パナマ	371	アルバニア	394	ジョージア※	401	ボスニア・ヘルツェゴビナ	403
63							ペルー	370	カザフスタン	393	ペルー	398	アルゼンチン※	402
64							アゼルバイジャン	362	カタール	388	インドネシア※	397	ペルー	401
65							キルギス	314	ペルー	384	チュニジア	361	サウジアラビア※	399
66											ドミニカ共和国	358	タイ	393
67											マケドニア※	352	北マケドニア※	393
68											アルジェリア※	350	バクー(アゼルバイジャン)	389
69											コソボ※	347	カザフスタン	387
70											レバノン※	347	ジョージア	380
71													パナマ	377
72													インドネシア	371
73													モロッコ	359
74													レバノン※	353
75													コソボ	353
76													ドミニカ共和国	342
77													フィリピン	340
	OECD 平均	500	OECD 平均	494	OECD 平均	492	OECD 平均	493	OECD 平均	496	OECD 平均	493	OECD 平均	487

凡例：
- 国名：OECD 加盟国
- 国名：非 OECD 加盟国
- 平均得点：OECD 平均よりも統計的に有意に高い国・地域
- 平均得点：OECD 平均と統計的な有意差がない国・地域
- 平均得点：OECD 平均よりも統計的に有意に低い国・地域

（注）　1．2000 年調査において国際的な実施基準を満たさなかったオランダは除く。

　　　　2．2003 年調査において国際的な実施基準を満たさなかったイギリスは除く。

　　　　3．2006 年調査において，アメリカは，調査実施後に，評価問題の冊子の組み方に不備が明らかとなったため，読解力の結果の分析から除かれている。

　　　　4．2015 年調査において，※は，コンピュータ使用型調査の実施ではなく，筆記型調査で実施した国を示す。また，国際基準を満たさなかったアルゼンチン，カザフスタン，マレーシアは除く。

　　　　5．2018 年調査において，※は，コンピュータ使用型調査の実施ではなく，筆記型調査で実施した国を示す。また，国際基準を満たさなかったベトナム，スペインは除く。

表13　PISA調査における数学的リテラシーの平均得点の国際比較（経年変化）

	2003年	平均得点	2006年	平均得点	2009年	平均得点	2012年	平均得点	2015年	平均得点	2018年	平均得点
1	香港	550	台湾	549	上海	600	上海	613	シンガポール	564	北京・上海・江蘇・浙江	591
2	フィンランド	544	フィンランド	548	シンガポール	562	シンガポール	573	香港	548	シンガポール	569
3	韓国	542	香港	547	香港	555	香港	561	マカオ	544	マカオ	558
4	オランダ	538	韓国	547	韓国	546	台湾	560	台湾	542	香港	551
5	リヒテンシュタイン	536	オランダ	531	台湾	543	韓国	554	日本	532	台湾	531
6	日本	534	スイス	530	フィンランド	541	マカオ	538	北京・上海・江蘇・広東	531	日本	527
7	カナダ	532	カナダ	527	リヒテンシュタイン	536	日本	536	韓国	524	韓国	526
8	ベルギー	529	マカオ	525	スイス	534	リヒテンシュタイン	535	スイス	521	エストニア	523
9	マカオ	527	リヒテンシュタイン	525	日本	529	スイス	531	エストニア	520	オランダ	519
10	スイス	527	日本	523	カナダ	527	オランダ	523	カナダ	516	ポーランド	516
11	オーストラリア	524	ニュージーランド	522	オランダ	526	エストニア	521	オランダ	512	スイス	515
12	ニュージーランド	523	ベルギー	520	マカオ	525	フィンランド	519	デンマーク	511	カナダ	512
13	チェコ	516	オーストラリア	520	ニュージーランド	519	カナダ	518	フィンランド	511	デンマーク	509
14	アイスランド	515	エストニア	515	ベルギー	515	ポーランド	518	スロベニア	510	スロベニア	509
15	デンマーク	514	デンマーク	513	オーストラリア	514	ベルギー	515	ベルギー	507	ベルギー	508
16	フランス	511	チェコ	510	ドイツ	513	ドイツ	514	ドイツ	506	フィンランド	507
17	スウェーデン	509	アイスランド	506	エストニア	512	ベトナム	511	ポーランド	504	スウェーデン	502
18	オーストリア	506	オーストリア	505	アイスランド	507	オーストリア	506	アイルランド	504	イギリス	502
19	ドイツ	503	スロベニア	504	デンマーク	503	スロベニア	504	ノルウェー	502	ノルウェー	501
20	アイルランド	503	ドイツ	504	スロベニア	501	アイルランド	501	オーストリア	497	ドイツ	500
21	スロバキア	498	スウェーデン	502	ノルウェー	498	スロベニア	501	ニュージーランド	495	アイルランド	500
22	ノルウェー	495	アイルランド	501	フランス	497	デンマーク	500	ベトナム※	495	チェコ	499
23	ルクセンブルグ	493	フランス	496	スロバキア	497	ニュージーランド	500	ロシア	494	オーストリア	499
24	ポーランド	490	イギリス	495	オーストリア	496	チェコ	499	スウェーデン	494	ラトビア	496
25	ハンガリー	490	ポーランド	495	ポーランド	495	フランス	495	オーストラリア	494	フランス	495
26	スペイン	485	スロバキア	492	スウェーデン	494	イギリス	494	フランス	493	アイスランド	495
27	ラトビア	483	ハンガリー	491	チェコ	493	アイスランド	493	イギリス	492	ニュージーランド	494
28	アメリカ	483	ルクセンブルグ	490	イギリス	492	ラトビア	491	チェコ	492	ポルトガル	492
29	ロシア	468	ノルウェー	490	ハンガリー	490	ルクセンブルグ	490	ポルトガル	492	オーストラリア	491
30	ポルトガル	466	リトアニア	486	ルクセンブルグ	489	ノルウェー	489	イタリア	490	ロシア	488
31	イタリア	466	ラトビア	486	アメリカ	487	ポルトガル	487	アイスランド	488	イタリア	487
32	ギリシャ	445	スペイン	480	アイルランド	487	イタリア	485	スペイン	486	スロバキア	486
33	セルビア・モンテネグロ	437	アゼルバイジャン	476	ポルトガル	487	スペイン	484	ルクセンブルク	486	ルクセンブルク	483
34	トルコ	423	ロシア	476	スペイン	483	ロシア	482	ラトビア	482	スペイン	481
35	ウルグアイ	422	アメリカ	474	イタリア	483	スロバキア	482	マルタ※	479	リトアニア	481
36	タイ	417	クロアチア	467	ラトビア	482	アメリカ	481	リトアニア	478	ハンガリー	481
37	メキシコ	385	ポルトガル	466	リトアニア	477	リトアニア	479	ハンガリー	477	アメリカ	478
38	インドネシア	360	イタリア	462	ロシア	468	スウェーデン	478	スロバキア	475	ベラルーシ	472
39	チュニジア	359	ギリシャ	459	ギリシャ	466	ハンガリー	477	イスラエル	470	マルタ	472
40	ブラジル	356	イスラエル	442	クロアチア	460	クロアチア	471	クロアチア	464	クロアチア	464
41			セルビア	435	ドバイ	453	イスラエル	466	ブエノスアイレス※	456	イスラエル	463
42			ウルグアイ	427	イスラエル	447	ギリシャ	453	ギリシャ	454	トルコ	454
43			トルコ	424	トルコ	445	セルビア	449	ルーマニア※	444	ウクライナ※	453
44			タイ	417	セルビア	442	トルコ	448	ブルガリア	441	ギリシャ	451
45			ルーマニア	415	アゼルバイジャン	431	ルーマニア	445	キプロス	437	キプロス	451
46			ブルガリア	413	ブルガリア	428	キプロス	440	アラブ首長国連邦	427	セルビア	448
47			チリ	411	ルーマニア	427	ブルガリア	439	チリ	423	マレーシア	440
48			メキシコ	406	ウルグアイ	427	アラブ首長国連邦	434	トルコ	420	アルバニア	437
49			モンテネグロ	399	チリ	421	カザフスタン	432	モルドバ※	420	ブルガリア	436
50			インドネシア	391	タイ	419	タイ	427	ウルグアイ	418	アラブ首長国連邦	435
51			ヨルダン	384	メキシコ	419	チリ	423	モンテネグロ	418	ブルネイ	430
52			アルゼンチン	381	トリニダード・トバゴ	414	マレーシア	421	トリニダード・トバゴ※	417	ルーマニア※	430
53			コロンビア	370	カザフスタン	405	メキシコ	413	タイ	415	モンテネグロ	430
54			ブラジル	370	モンテネグロ	403	モンテネグロ	410	アルバニア※	413	カザフスタン	423
55			チュニジア	365	アルゼンチン	388	ウルグアイ	409	メキシコ	408	モルドバ	421
56			カタール	318	ヨルダン	387	コスタリカ	407	ジョージア※	404	バクー（アゼルバイジャン）	420
57			キルギス	311	ブラジル	386	アルバニア	394	カタール	402	タイ	419
58					コロンビア	381	ブラジル	391	コスタリカ	400	ウルグアイ	418
59					アルバニア	377	アルゼンチン	388	レバノン※	396	チリ	417
60					チュニジア	371	チュニジア	388	コロンビア	390	カタール	414
61					インドネシア	371	ヨルダン	386	ペルー	387	メキシコ	409
62					カタール	368	コロンビア	376	インドネシア※	386	ボスニア・ヘルツェゴビナ	406
63					ペルー	365	カタール	376	ヨルダン※	380	コスタリカ	402
64					パナマ	360	インドネシア	375	ブラジル	377	ペルー	400
65					キルギス	331	ペルー	368	マケドニア※	371	ヨルダン※	400
66									チュニジア	367	ジョージア	398
67									コソボ※	362	北マケドニア※	394
68									アルジェリア※	360	レバノン※	393
69									ドミニカ共和国	328	コロンビア	391
70											ブラジル	384
71											アルゼンチン※	379
72											インドネシア	379
73											サウジアラビア※	373
74											モロッコ	368
75											コソボ	366
76											パナマ	353
77											フィリピン	353
78											ドミニカ共和国	325
	OECD平均	500	OECD平均	498	OECD平均	496	OECD平均	494	OECD平均	490	OECD平均	489

凡例：
- 国　名　OECD加盟国
- 国　名　非OECD加盟国
- 平均得点　OECD平均よりも統計的に有意に高い国・地域
- 平均得点　OECD平均と統計的な有意差がない国・地域
- 平均得点　OECD平均よりも統計的に有意に低い国・地域

（注）　1．2003年調査において国際的な実施基準を満たさなかったイギリスは除く。
　　　　2．2015年調査において，※は，コンピュータ使用型調査の実施ではなく，筆記型調査で実施した国を示す。また，国際基準を満たさなかったアルゼンチン，カザフスタン，マレーシアは除く。
　　　　3．2018年調査において，※は，コンピュータ使用型調査の実施ではなく，筆記型調査で実施した国を示す。また，国際基準を満たさなかったベトナムは除く。

2018 年調査 国際結果の要約　　OECD 生徒の学習到達度調査（PISA）

表14　PISA 調査における科学的リテラシーの平均得点の国際比較（経年変化）

	2006年	平均得点	2009年	平均得点	2012年	平均得点	2015年	平均得点	2018年	平均得点
1	フィンランド	563	上海	575	上海	580	シンガポール	556	北京・上海・江蘇・浙江	590
2	香港	542	フィンランド	554	香港	555	日本	538	シンガポール	551
3	カナダ	534	香港	549	シンガポール	551	エストニア	534	マカオ	544
4	台湾	532	シンガポール	542	日本	547	台湾	532	エストニア	530
5	エストニア	531	日本	539	フィンランド	545	フィンランド	531	日本	529
6	日本	531	韓国	538	エストニア	541	マカオ	529	フィンランド	522
7	ニュージーランド	530	ニュージーランド	532	韓国	538	カナダ	528	韓国	519
8	オーストラリア	527	カナダ	529	ベトナム	528	ベトナム※	525	カナダ	518
9	オランダ	525	エストニア	528	ポーランド	526	香港	523	香港	517
10	リヒテンシュタイン	522	オーストラリア	527	カナダ	525	北京・上海・江蘇・広東	518	台湾	516
11	韓国	522	オランダ	522	リヒテンシュタイン	525	韓国	516	ポーランド	511
12	スロベニア	519	台湾	520	ドイツ	524	ニュージーランド	513	ニュージーランド	508
13	ドイツ	516	ドイツ	520	台湾	523	スロベニア	513	スロベニア	507
14	イギリス	515	リヒテンシュタイン	520	オランダ	522	オーストラリア	510	イギリス	505
15	チェコ	513	スイス	517	アイルランド	522	イギリス	509	オランダ	503
16	スイス	512	イギリス	514	オーストラリア	521	ドイツ	509	ドイツ	503
17	マカオ	511	スロベニア	512	マカオ	521	オランダ	509	オーストラリア	503
18	オーストリア	511	マカオ	511	ニュージーランド	516	スイス	506	アメリカ	502
19	ベルギー	510	ポーランド	508	スイス	515	アイルランド	503	スウェーデン	499
20	アイルランド	508	アイルランド	508	スロベニア	514	ベルギー	502	ベルギー	499
21	ハンガリー	504	イギリス	507	イギリス	514	デンマーク	502	チェコ	497
22	スウェーデン	503	ハンガリー	503	チェコ	508	ポーランド	501	アイルランド	496
23	ポーランド	498	アメリカ	502	オーストリア	506	ポルトガル	501	スイス	495
24	デンマーク	496	チェコ	500	ベルギー	505	ノルウェー	498	フランス	493
25	フランス	495	ノルウェー	500	ラトビア	502	アメリカ	496	デンマーク	493
26	クロアチア	493	デンマーク	499	フランス	499	オーストリア	495	ポルトガル	492
27	アイスランド	491	フランス	498	デンマーク	498	フランス	495	ノルウェー	490
28	ラトビア	490	アイスランド	496	アメリカ	497	スウェーデン	493	オーストリア	490
29	アメリカ	489	スウェーデン	495	スペイン	496	チェコ	493	ラトビア	487
30	スロバキア	488	オーストリア	494	リトアニア	496	スペイン	493	スペイン	483
31	スペイン	488	ラトビア	494	ノルウェー	495	ラトビア	490	リトアニア	482
32	リトアニア	488	ポルトガル	493	ハンガリー	494	ロシア	487	ハンガリー	481
33	ノルウェー	487	リトアニア	491	イタリア	494	ルクセンブルク	483	ロシア	478
34	ルクセンブルク	486	スロバキア	490	クロアチア	491	イタリア	481	ルクセンブルク	477
35	ロシア	479	イタリア	489	ルクセンブルク	491	ハンガリー	477	アイスランド	475
36	イタリア	475	スペイン	488	ポルトガル	489	リトアニア	475	クロアチア	472
37	ポルトガル	474	クロアチア	486	ロシア	486	クロアチア	475	ベラルーシ	471
38	ギリシャ	473	ルクセンブルク	484	スウェーデン	485	ブエノスアイレス※	475	ウクライナ※	469
39	イスラエル	454	ロシア	478	アイスランド	478	アイスランド	473	トルコ	468
40	チリ	438	ギリシャ	470	スロバキア	471	イスラエル	467	イタリア	468
41	セルビア	436	ドバイ	466	イスラエル	470	マルタ※	465	スロバキア	464
42	ブルガリア	434	イスラエル	455	ギリシャ	467	スロバキア	461	イスラエル	462
43	ウルグアイ	428	トルコ	454	トルコ	463	ギリシャ	455	マルタ	457
44	トルコ	424	チリ	447	アラブ首長国連邦	448	チリ	447	ギリシャ	452
45	ヨルダン	422	セルビア	443	ブルガリア	446	ブルガリア	446	チリ	444
46	タイ	421	ブルガリア	439	チリ	445	アラブ首長国連邦	437	セルビア	440
47	ルーマニア	418	ルーマニア	428	セルビア	445	ウルグアイ	435	キプロス	439
48	モンテネグロ	412	ウルグアイ	427	タイ	444	ルーマニア※	435	マレーシア	438
49	メキシコ	410	タイ	425	ルーマニア	439	キプロス	433	アラブ首長国連邦	434
50	インドネシア	393	メキシコ	416	キプロス	438	モルドバ※	428	ブルネイ	431
51	アルゼンチン	391	ヨルダン	415	コスタリカ	429	アルバニア※	427	ヨルダン※	429
52	ブラジル	390	トリニダード・トバゴ	410	カザフスタン	425	トルコ	425	モルドバ※	428
53	コロンビア	388	ブラジル	405	マレーシア	420	トリニダード・トバゴ※	425	タイ	426
54	チュニジア	386	コロンビア	402	ウルグアイ	416	タイ	421	ウルグアイ	426
55	アゼルバイジャン	382	モンテネグロ	401	メキシコ	415	コスタリカ	420	ルーマニア※	426
56	カタール	349	アルゼンチン	401	モンテネグロ	410	カタール	418	ブルガリア	424
57	キルギス	322	チュニジア	401	ヨルダン	409	コロンビア	416	メキシコ	419
58			カザフスタン	400	アルゼンチン	406	メキシコ	416	カタール	419
59			アルバニア	391	ブラジル	405	モンテネグロ	411	アルバニア	417
60			インドネシア	383	コロンビア	399	ジョージア※	411	コスタリカ	416
61			カタール	379	チュニジア	398	ヨルダン※	409	モンテネグロ	415
62			パナマ	376	アルバニア	397	インドネシア※	403	コロンビア	413
63			アゼルバイジャン	373	カタール	384	ブラジル	401	北マケドニア※	413
64			ペルー	369	インドネシア	382	ペルー	397	ペルー	404
65			キルギス	330	ペルー	373	レバノン※	386	アルゼンチン※	404
66							チュニジア	386	ブラジル	404
67							マケドニア※	384	ボスニア・ヘルツェゴビナ	398
68							コソボ※	378	バクー（アゼルバイジャン）	398
69							アルジェリア※	376	カザフスタン	397
70							ドミニカ共和国	332	インドネシア	396
71									サウジアラビア※	386
72									レバノン※	384
73									ジョージア	383
74									モロッコ	377
75									コソボ	365
76									パナマ	365
77									フィリピン	357
78									ドミニカ共和国	336
	OECD 平均	500	OECD 平均	501	OECD 平均	501	OECD 平均	493	OECD 平均	489

凡例：
- 国　名　OECD 加盟国
- 国　名　非 OECD 加盟国
- 平均得点　OECD 平均よりも統計的に有意に高い国・地域
- 平均得点　OECD 平均と統計的な有意差がない国・地域
- 平均得点　OECD 平均よりも統計的に有意に低い国・地域

（注）　1．2015 年調査において，※は，コンピュータ使用型調査の実施ではなく，筆記型調査で実施した国を示す。また，国際基準を満たさなかったアルゼンチン，カザフスタン，マレーシアは除く。

2．2018 年調査において，※は，コンピュータ使用型調査の実施ではなく，筆記型調査で実施した国を示す。また，国際基準を満たさなかったベトナムは除く。

生きるための知識と技能 7

OECD 生徒の学習到達度調査（PISA）
2018 年調査国際結果報告書

目　次

目　次

はしがき	3
OECD 生徒の学習到達度調査（PISA）2018 年調査 国際結果の要約	5
図表一覧	34
PISA2018 年調査　国立教育政策研究所所内プロジェクトチーム	38
PISA2018 年調査　所外協力者	39
PISA2018 年調査　学校での実施状況調査メンバー	39
参考文献	40

第1章　PISA 調査の概要

1.1　調査の概要	42
1.1.1　OECD 国際教育インディケータ事業の一環としての PISA 調査	42
1.1.2　調査の目的	42
1.1.3　PISA 調査の革新への挑戦と他調査への発展	42
1.2　調査の実施	43
1.2.1　参加国・地域	43
1.2.2　調査対象・規模	44
1.2.3　調査のサイクル・全体計画	47
1.2.4　国際的な調査実施体制	47
1.2.5　日本の調査実施体制	49
1.2.6　調査実施までの流れ	49
1.3　調査の特徴	50
1.3.1　教科の枠にとらわれない内容	50
1.3.2　評価の枠組み	53
1.3.3　調査問題	54
1.3.4　質問調査	54
1.4　調査の対象者と標本抽出	55
1.4.1　調査の対象者	55
1.4.2　標本抽出	58
1.4.3　調査の実施率	59
1.4.4　標本の精度	60
1.5　調査の実施と結果の処理	60
1.5.1　2018 年調査の実施	60
1.5.2　採点・入力	63
1.5.3　日本語版国際報告書の作成までの手続き・経緯及び本書を読む際の留意点	64
1.6　調査の質のコントロール	65
1.6.1　翻訳	66
1.6.2　調査の実施	66
1.6.3　調査のモニタリング結果について	66

第2章　読解力

2.1	読解力の枠組み	70
2.1.1	読解力の定義	70
2.1.2	読解力の要素	70
2.1.3	問題の要素と出題形式別問題数	72
2.2	読解力の習熟度レベル別国際比較	73
2.2.1	習熟度レベル	73
2.2.2	習熟度レベル別の生徒の割合	74
2.2.3	読解プロセス別に見た習熟度レベルの割合	79
2.2.4	習熟度レベル別割合の経年変化	83
2.3	読解力の平均得点の国際比較	86
2.3.1	各国の読解力の平均得点	86
2.3.2	各国の読解力の平均得点の経年変化	86
2.3.3	読解プロセス別平均得点の国際比較	90
2.3.4	各国内での読解力の得点の分布	92
2.3.5	読解力の平均得点の男女差	92
2.3.6	読解プロセスにおける平均得点の男女差の国際比較	96
2.4	読解力の問題の分類と正答率	96
2.4.1	問題ごとの正答率	97
2.5	読解力の問題例	106
2.5.1	ラパヌイ島（2018 年調査問題）	106
2.6	生徒の背景と到達度	118
2.6.1	生徒の読書への関わり	118
2.6.2	読む本の種類・頻度	120
2.6.3	本を読む媒体の好み	123
2.6.4	趣味として読書に費やす時間	125
2.6.5	デジタルでの読みの活動	129
2.6.6	PISA の調査問題における難しさの認識	132
2.6.7	ニュースを読む媒体の好み	135
2.6.8	データの特性	137
2.7	国語の学習環境	138
2.7.1	国語の授業における読みの指導方略	138
2.7.2	国語の授業の雰囲気	141
2.7.3	国語の授業における教師の支援	143
2.7.4	国語教師からのフィードバックに関する生徒の認識	144

第3章　数学的リテラシー

3.1　数学的リテラシーの枠組み 148
3.1.1　数学的リテラシーの定義 148
3.1.2　数学的リテラシーの三つの側面 148
3.1.3　問題の側面及び領域と出題形式別問題数 150

3.2　数学的リテラシーの習熟度レベル別国際比較 152
3.2.1　習熟度レベル 152
3.2.2　習熟度レベル別の生徒の割合 154
3.2.3　習熟度レベル別割合の経年変化 158

3.3　数学的リテラシーの平均得点の国際比較 161
3.3.1　各国の数学的リテラシーの平均得点 161
3.3.2　各国の数学的リテラシーの平均得点の経年変化 161
3.3.3　各国内での数学的リテラシーの得点の分布 165
3.3.4　数学的リテラシーの平均得点の男女差 166

3.4　数学的リテラシーの問題の分類と正答率・無答率 169
3.4.1　問題ごとの正答率 169
3.4.2　問題ごとの無答率 170

第4章　科学的リテラシー

4.1　科学的リテラシーの枠組み 178
4.1.1　科学的リテラシーの定義 178
4.1.2　科学的リテラシーの四つの側面 178
4.1.3　問題の側面及び領域と出題形式別問題数 180

4.2　科学的リテラシーの習熟度レベル別国際比較 182
4.2.1　習熟度レベル 182
4.2.2　習熟度レベル別の生徒の割合 182
4.2.3　習熟度レベル別割合の経年変化 187

4.3　科学的リテラシーの平均得点の国際比較 190
4.3.1　各国の科学的リテラシーの平均得点 190
4.3.2　各国の科学的リテラシーの平均得点の経年変化 190
4.3.3　各国内での科学的リテラシーの得点の分布 194
4.3.4　科学的リテラシーの平均得点の男女差 195

4.4　科学的リテラシーの問題の分類と正答率・無答率 198
4.4.1　問題ごとの正答率 198
4.4.2　問題ごとの無答率 199

4.5　30歳時に科学関連の職業に就く期待 206

第5章　学習の背景

5.1　学校の学習環境 214
  5.1.1　学校長が考える学級雰囲気 214
  5.1.2　学校の活動 220
  5.1.3　学校の無断欠席・授業のサボり・学校への遅刻 222
  5.1.4　いじめ 224
  5.1.5　授業時間の違いによる説明 226
5.2　生徒の背景 230
  5.2.1　生徒の生活満足度 230
  5.2.2　「生徒の社会経済文化的背景」指標について 234
  5.2.3　生徒の社会経済文化的背景の違いによる説明 237
  5.2.4　学校における ICT 利用 240
  5.2.5　学校外における ICT 利用 245

付　録

付録 1　母集団の学年分布 258
付録 2　習熟度の尺度化・得点化について 258
付録 3　平均得点の比較について 261
付録 4　モードエフェクトについて 264
付録 5　指標について 265

資　料

資料 1　学校質問調査 268
資料 2　生徒質問調査 272
資料 3　ICT 活用調査 281

図表一覧

第 1 章　PISA 調査の概要

表 1.2.1　PISA 調査参加国・地域 45

図 1.2.1　PISA 調査の全体計画の概略 46

図 1.2.2　PISA 調査の実施体制 48

表 1.3.1　PISA2018 年調査の概要 51

表 1.3.2　PISA 調査分野の変遷 52

表 1.3.3　PISA2018 年調査「3 分野の定義と構成」 53

表 1.4.1　調査対象母集団と標本 56

表 1.4.2　層別の生徒数とその割合，抽出学科数，及び調査予定生徒 ... 58

表 1.4.3　層別の参加学科数（抽出学科，代替学科別）と参加生徒数 ... 59

表 1.5.1　PISA2018 年本調査の実施の流れ 61

表 1.5.2　PISA2018 年本調査で使用した問題フォーム 62

表 1.5.3　コンピュータ使用型調査の問題の形式と採点方法 64

第 2 章　読解力

図 2.1.1　PISA2018 年調査における読解力の枠組みのプロセス ... 71

表 2.1.1　読解力の問題の要素と出題形式別問題数 73

図 2.2.1　PISA2018 年調査における読解力の八つの習熟度レベルと問題との関係 ... 75

表 2.2.1　習熟度レベル別の生徒の割合（読解力）........................ 76

図 2.2.2　レベル 2 を基準とする習熟度レベル別の生徒の割合（読解力）... 77

表 2.2.2　男女別に見た習熟度レベル別の生徒の割合 78

表 2.2.3　読解プロセス別（情報を探し出す）習熟度レベルの割合 ... 80

表 2.2.4　読解プロセス別（理解する）習熟度レベルの割合 81

表 2.2.5　読解プロセス別（評価し，熟考する）習熟度レベルの割合 ... 82

表 2.2.6　習熟度レベル（レベル 1a 以下・レベル 5 以上）別の経年変化（読解力　2000 年〜 2018 年）... 84

表 2.2.7　男女別に見た習熟度レベル（レベル 1a 以下・レベル 5 以上）別の経年変化（読解力 2009 年，2015 年及び 2018 年）........................ 85

表 2.3.1　読解力の平均得点の国際比較 87

表 2.3.2　読解力の平均得点と順位の範囲 88

表 2.3.3　読解力の平均得点の経年変化（2000 年〜 2018 年）... 89

表 2.3.4　「読解プロセス」における各カテゴリーの平均得点 91

表 2.3.5　読解力の得点の国別分布 92

表 2.3.6　読解力の平均得点の男女差 93

表 2.3.7　読解力の平均得点の男女差の経年変化（2009 年，2015 年及び 2018 年）... 94

表 2.3.8　「読解プロセス」における各カテゴリーの平均得点の男女差 ... 95

表 2.4.1　読解力の問題の正答率・無答率（2000 年〜 2018 年）... 98

図表一覧

表 2.6.1　読書への関わり（2009 年〜 2018 年）...119

表 2.6.2　読書への関わり別・「肯定」「否定」別に見た生徒の読解力の平均得点 120

表 2.6.3　読む本の種類・頻度（2009 年〜 2018 年）..122

表 2.6.4　読む本の種類・頻度別・「読む」「読まない」別に見た生徒の読解力の平均得点 123

表 2.6.5　本を読む媒体の好み別の生徒の回答割合 124

表 2.6.6　本を読む媒体の好み別の読解力の平均得点 124

表 2.6.7　趣味としての読書に費やす時間別に見た生徒の割合（2009 年〜 2018 年）..................126

図 2.6.1　楽しみで本を読む生徒の割合の変化（2009 年〜 2018 年）...127

表 2.6.8　趣味としての読書に費やす時間別に見た生徒の読解力の平均得点 128

表 2.6.9　デジタルでの読みの活動（2009 年〜 2018 年）...130

表 2.6.10　デジタルでの読みの活動別に見た生徒の読解力の平均得点 131

表 2.6.11　PISA の調査問題における難しさの認識 134

表 2.6.12　PISA の調査問題における難しさの認識別に見た読解力の平均得点 134

表 2.6.13　ニュースを読む媒体の好み 136

表 2.6.14　ニュースを読む媒体の好み別読解力の平均得点 136

表 2.6.15　読解力の平均得点における学校間と学校内のばらつき 138

表 2.7.1　国語の授業における読みの指導方略別生徒の回答割合 139

表 2.7.2　国語の授業における読みの指導方略別・指導の有無別生徒の読解力の平均得点 140

表 2.7.3　「国語の授業の雰囲気」指標（2009 年〜 2018 年）...142

表 2.7.4　「国語の授業における教師の支援」指標 144

表 2.7.5　「国語教師からのフィードバックに関する生徒の認識」指標 145

第 3 章　数学的リテラシー

図 3.1.1　実際の数学的リテラシーのモデル 150

表 3.1.1　数学的リテラシーの問題の内容と出題形式別問題数 151

図 3.2.1　PISA2018 年調査における数学的リテラシーの六つの習熟度レベルに関する概要説明

....153

表 3.2.1　習熟度レベル別の生徒の割合（数学的リテラシー）..155

図 3.2.2　レベル 2 を基準とする習熟度レベル別の生徒の割合（数学的リテラシー）..................156

表 3.2.2　男女別に見た習熟度レベル別の生徒の割合（数学的リテラシー）..................................157

表 3.2.3　習熟度レベル（レベル 1 以下・レベル 5 以上）別の経年変化（数学的リテラシー

2003 年〜 2018 年）...159

表 3.2.4　男女別に見た習熟度レベル（レベル 1 以下・レベル 5 以上）別の経年変化

（数学的リテラシー　2012 年〜 2018 年）...160

表 3.3.1　数学的リテラシーの平均得点の国際比較 162

表 3.3.2　数学的リテラシーの平均得点と順位の範囲 163

表 3.3.3　数学的リテラシーの平均得点の経年変化（2003 年〜 2018 年）...................................164

表 3.3.4　数学的リテラシーの得点の国別分布 165

表 3.3.5　数学的リテラシーの平均得点の男女差 167

表 3.3.6　数学的リテラシーの平均得点の男女差の経年変化（2009 年〜 2018 年）....................168

35

図表一覧

表 3.4.1　数学的リテラシーの問題の正答率・無答率（2003 年～ 2018 年）.............................. 172

第4章　科学的リテラシー

図 4.1.1　PISA2018 年調査における科学的リテラシーの枠組みの主な特徴 179

図 4.1.2　PISA2018 年調査の大問及び問いを構成し分析するためのツール 179

表 4.1.1　科学的リテラシー問題の側面及び領域と出題形式別問題数 181

図 4.2.1　PISA2018 年調査における科学的リテラシーの七つの習熟度レベルに関する概要説明

.... 183

表 4.2.1　習熟度レベル別の生徒の割合（科学的リテラシー）.. 184

図 4.2.2　レベル 2 を基準とする習熟度レベル別の生徒の割合（科学的リテラシー）.................... 185

表 4.2.2　男女別に見た習熟度レベル別の生徒の割合（科学的リテラシー）.................................... 186

表 4.2.3　習熟度レベル（レベル 1 以下・レベル 5 以上）別の経年変化

（科学的リテラシー　2006 年～ 2018 年）... 188

表 4.2.4　男女別に見た習熟度レベル（レベル 1 以下・レベル 5 以上）別の経年変化

（科学的リテラシー　2006 年～ 2018 年）... 189

表 4.3.1　科学的リテラシーの平均得点の国際比較 191

表 4.3.2　科学的リテラシーの平均得点と順位の範囲 192

表 4.3.3　科学的リテラシーの平均得点の経年変化（2006 年～ 2018 年）....................................... 193

表 4.3.4　科学的リテラシーの得点の国別分布 194

表 4.3.5　科学的リテラシーの平均得点の男女差 196

表 4.3.6　科学的リテラシーの平均得点の男女差の経年変化（2006 年～ 2018 年）....................... 197

表 4.4.1　科学的リテラシーの問題の正答率・無答率（2006 年～ 2018 年）................................... 200

表 4.5.1　30 歳時に科学関連の職業に就いていることを期待している生徒の割合と男女差

（2018 年）... 208

表 4.5.2　30 歳時に科学関連の職業に就いていることを期待している生徒の割合と男女差

（2015 年）... 209

表 4.5.3　30 歳時に科学関連の職業に就いていることを期待している生徒の割合の経年変化........ 210

表 4.5.4　30 歳時に科学関連の職業に就いていることを期待している高成績者の割合と性別 211

第5章　学習の背景

表 5.1.1　学校長が考える教師に起因する学級雰囲気 215

表 5.1.2　「学校長が考える教師に起因する学級雰囲気」の各回答と読解力の得点 216

表 5.1.3　学校長が考える生徒に起因する学級雰囲気 218

表 5.1.4　「学校長が考える生徒に起因する学級雰囲気」の各回答と読解力の得点 219

表 5.1.5　学校の活動別生徒の割合と読解力の得点 221

表 5.1.6　学校の無断欠席 222

表 5.1.7　授業をサボる 223

表 5.1.8　学校への遅刻 223

表 5.1.9　「いじめの被害経験」指標（2015 年～ 2018 年）... 225

表 5.1.10　学校での国語，数学，理科の授業時間と総授業時間（週当たり）................................ 227

図 5.1.1　読解力の平均得点と総授業時間（週当たり） 229

図 5.2.1　生徒の生活満足度（生活満足度レベル別の生徒の割合） 231

表 5.2.1　生徒の生活満足度における経年変化（2015 年〜 2018 年） 232

図 5.2.2　日本の生徒の生活満足度の経年変化（2015 年〜 2018 年） 233

図 5.2.3　PISA2018 年調査 各国の生活満足度と読解力得点 234

図 5.2.4　「生徒の社会経済文化的背景」指標の生成プロセスのモデル図 235

表 5.2.2　「生徒の社会経済文化的背景」指標の平均・標準偏差，指標水準別に見た読解力得点 ... 238

表 5.2.3　「生徒の社会経済文化的背景」指標と読解力得点，数学的リテラシー得点，

　　　　　科学的リテラシー得点との関連 238

図 5.2.5　「生徒の社会経済文化的背景」指標と読解力得点との関連の強さ 239

表 5.2.4　学校における ICT 機器の利用（2015 年〜 2018 年） 241

表 5.2.5　国語の授業における ICT の利用 243

表 5.2.6　数学の授業における ICT の利用 243

表 5.2.7　理科の授業における ICT の利用 244

表 5.2.8　学校外における平日のインターネット利用時間別生徒の割合

　　　　　（2015 年〜 2018 年） 246

表 5.2.9　休日のインターネット利用時間別生徒の割合（2015 年〜 2018 年） 247

表 5.2.10　学校外における平日のインターネット利用時間別読解力の平均得点 249

表 5.2.11　休日のインターネット利用時間別読解力の平均得点 249

表 5.2.12　家庭における ICT 機器の利用（2015 年〜 2018 年） 251

表 5.2.13　学校外における学習のための ICT 利用（2015 年〜 2018 年） 253

表 5.2.14　余暇のための ICT 利用（2015 年〜 2018 年） 255

付　録

付表 1　PISA 調査対象生徒の学年分布 259

付表 2　これまでの調査との比較におけるリンクエラーの推定値

　　　　（2018 年・2015 年・2012 年調査） 262

付表 3　各国のこれまで公表された平均得点と 2015 年調査の尺度化による習熟度平均値の

　　　　相関関係（2006 年調査〜 2015 年調査） 264

PISA2018 年調査
国立教育政策研究所所内プロジェクトチーム

亀岡　　雄　国際研究・協力部長（PISA 調査総括責任者）

石﨑　宏明　研究企画開発部長

杉浦健太郎　研究企画開発部　総括研究官

吉岡　亮衛　研究企画開発部教育研究情報推進室　総括研究官

江草　由佳　研究企画開発部教育研究情報推進室　総括研究官

坂谷内　勝　研究企画開発部教育研究情報推進室　総括研究官

猿田　祐嗣　初等中等教育研究部長

新木　　聡　国際研究・協力部副部長

大塚　尚子　国際研究・協力部　総括研究官

梅澤　希恵　国際研究・協力部　研究員

銀島　　文　教育課程研究センター　総合研究官

萩原　康仁　教育課程研究センター基礎研究部　総括研究官

松原　憲治　教育課程研究センター基礎研究部　総括研究官

泉澤　潤一　教育課程研究センター基礎研究部　主任研究官

巽　好一郎　教育課程研究センター基礎研究部　研究員

長尾　篤志　文部科学省初等中等教育局主任視学官（数学）
　　　　　　（併）教育課程研究センター研究開発部　教育課程調査官

濵野　　清　文部科学省初等中等教育局視学官（社会）
　　　　　　（併）教育課程研究センター研究開発部　教育課程調査官

藤枝　秀樹　文部科学省初等中等教育局視学官（理科）
　　　　　　（併）教育課程研究センター研究開発部　教育課程調査官

菊池　英慈　教育課程研究センター研究開発部　教育課程調査官（国語）

杉本　直美　教育課程研究センター研究開発部　教育課程調査官（国語）

大滝　一登　教育課程研究センター研究開発部　教育課程調査官（国語）

黒田　　諭　教育課程研究センター研究開発部　学力調査官（国語）

笠井　健一　教育課程研究センター研究開発部　教育課程調査官（数学）

水谷　尚人　教育課程研究センター研究開発部　教育課程調査官（数学）

鳴川　哲也　教育課程研究センター研究開発部　教育課程調査官（理科）

遠山　一郎　教育課程研究センター研究開発部　教育課程調査官（理科）

福畠　真治　国際研究・協力部　国際調査専門職

猿田かほる　国際研究・協力部　国際調査専門職

関谷　香織　総務部研究支援課研究支援係長

　なお，現在は所外に異動しているが，PISA2018 年調査（予備調査含む）には，大野彰子　国際研究・協力部長，山田亜紀子　研究企画開発部総括研究官，小田沙織　教育課程研究センター基礎研究部研究員，今岡二郎　総務部企画室研究支援係長が，所内のプロジェクトメンバーとして参加した（肩書は当時）。

PISA2018年調査　所外協力者

山田　文康　静岡大学情報学部　名誉教授（国立教育政策研究所　客員研究員）
田中　孝一　川村学園女子大学文学部　教授（国立教育政策研究所　客員研究員）
山田　兼尚　国立教育政策研究所　名誉所員
西村　圭一　東京学芸大学教育学部　教授
清原　洋一　秀明大学学校教師学部　教授
櫻井　直輝　会津大学短期大学部幼児教育学科　専任講師
　　　　　　（国立教育政策研究所　フェロー）
海津亜希子　国立特別支援教育総合研究所　主任研究員

PISA2018年調査　学校での実施状況調査メンバー

（肩書は2018年調査実施時）

中山　　実　東京工業大学工学院教授
室田　真男　東京工業大学リベラルアーツ研究教育院教授
鈴木　悠太　東京工業大学リベラルアーツ研究教育院准教授

参考文献

OECD（2019a），*PISA 2018 Results（Volume I）：What Students Know and Can Do*，OECD Publishing, Paris.

OECD（2019b），*PISA 2018 Results（Volume II）：Where All Students Can Succeed*，OECD Publishing, Paris.

OECD（2019c），*PISA 2018 Results（Volume III）：What School Life Means for Students' Lives*，OECD Publishing, Paris.

OECD（2019d），*PISA 2018 Assessment and Analytical Framework*，OECD Publishing, Paris.

OECD（2017），*PISA 2015 Technical Report*，OECD Publishing, Paris.

OECD（2016a），*PISA 2015 Results（Volume I）：Excellence and Equity in Education*，OECD Publishing, Paris.

OECD（2016b），*PISA 2015 Assessment and Analytical Framework：Science, Reading, Mathematic and Financial Literacy*，OECD Publishing, Paris.（『PISA2015 年調査 評価の枠組み：OECD 生徒の学習到達度調査』経済協力開発機構（OECD）編著，国立教育政策研究所監訳，明石書店，2016 年）

OECD（2014），*PISA 2012 Technical Report*，OECD Publishing, Paris.

OECD（2009），*PISA Data Analysis Manual SPSS® SECOND EDITION*，OECD Publishing, Paris.

国立教育政策研究所編（2016）『生きるための知識と技能 6　OECD 生徒の学習到達度調査（PISA）―2015 年調査国際結果報告書』明石書店。

第 **1** 章

PISA 調査の概要

1.1 調査の概要

1.1.1 OECD国際教育インディケータ事業の一環としてのPISA調査

OECD（Organisation for Economic Cooperation and Development：経済協力開発機構・本部パリ，1960年発足）は，欧州諸国，アメリカ，日本など37か国の先進工業国を中心に加盟する国際機関であり，「経済成長」「開発途上国援助」及び「自由かつ多角的な貿易の拡大」といった国際的な経済協力を目的としている。教育・人材養成は労働市場や社会，経済と密接に関連していることから，OECDは幼児教育から成人教育までの広い範囲で，将来を見据えた教育政策の在り方を提言している。

近年では経済のグローバル化とともに，世界各国の教育を共通の枠組みに基づいて比較する必要性が認識されるようになり，そのような指標を開発するため，1988年から国際教育インディケータ事業（INES：International Indicators of Education Systems）を実施するようになった。OECDがINES事業の一環として，OECD及びその加盟国をはじめ非加盟国の参加も得て世界的に実施しているのが，この国際的な学習到達度に関する調査「生徒の学習到達度調査」（PISA（ピザ）：Programme for International Student Assessment）である。

1.1.2 調査の目的

PISA調査では，各国の子供たちが将来生活していく上で必要とされる知識や技能が，義務教育修了段階において，どの程度身に付いているかを測定することを主たる目的としている。そのためPISA調査の問題は，学校の教科で扱われているような知識の習得を超えた部分まで含んでいる。生徒がそれぞれ持っている知識や経験をもとに，自らの将来の生活に関係する課題を積極的に考え，知識や技能を活用する能力があるかを見るものである。常に変化する世界にうまく適応するためには，新たな知識や技能を獲得したり，既に持っている知識や技能を更新したりしていく必要がある。PISA調査では，生涯にわたって学習者であり続けられるような知識，技能がどの程度身に付いているかを見るものでもある。

また，定期的に国際的な調査を行うことにより，生徒の学習到達度に関する政策の企画・立案に役立つ指標を開発することも調査の主要な目的の一つである。具体的には，生徒の知識・技能・能力に関する基本指標（Basic Indicators），知識・技能などが社会経済的・教育的要因などとどのように関係しているのかに関する背景指標（Contextual Indicators）及び数回にわたる調査によって得られる経年指標（Trend Indicators）の三つの指標を開発することが目指されている。

1.1.3 PISA調査の革新への挑戦と他調査への発展

PISA調査は，多くの国で義務教育修了段階にある15歳児を対象に，それまで身に付けてきた知識や技能を，実生活の様々な場面で直面する課題にどの程度活用できるかを測り，その結果を各国の教育政策の改善や見直しに活かすことを目的としている。

2000年に開始されたこの調査では，3年ごとに，読解力，数学的リテラシー，科学的リテラシーの3分野が主要分野として実施され，また，各回では，そのうちの一つが中心分野として詳細に調査されてきた。第7回となる2018年調査までの間，一貫して重視されてきたのは，知識や技能を活用できる能力の測定という側面であるが，もう一つ重視されてきたのは，革新への挑戦であり，ここではそれに触れてみたい。

革新への挑戦の一つ目は，コンピュータ使用型調査（CBA：Computer-Based-Assessment）への挑戦である。情報通信技術（ICT）を切り離すことができない現代社会にあって生徒の知識や技能を活用する能力を測るためのより良い手法として，また，よりインタラクティブで多様な文脈の問題を提示できる手法として，コンピュータ使用型調査の開発が進められ，2009年，2012年の国際オプション実施での検証を経て，PISA2015年調査でコンピュータ使用型調査へ全面移行した。これにより，多くの国では筆記型調査が姿を消し，筆記型調査を実施した国は，PISA2015年調査では，15か国及びプエルトリコ（アメリカの1地域），さらにPISA2018年調査では9か国と減少している。

革新への挑戦の二つ目は，革新分野の実施である。PISAでは主要3分野の他に，革新分野（Innovative Domain）として，2003年に問題解決能力（筆記型），2012年に問題解決能力（コンピュータ使用型），2015年に協同問題解決能力，そして2018年にはグローバル・コンピテンス（日本不参加）が実施された。これは，PISA調査が始められた当初から，変化し続ける政策ニーズと教育目標にあわせ，15歳児に必要な能力として測る分野も，3分野を超えた教科横断的分野を追求し続ける，との考え方が取られていることによる。

革新への挑戦の三つ目は，各分野の定義の，時代にあわせた進化である。主要3分野は，中心分野になるたびに，評価の理論枠組みを分野別国際専門委員会で議論し，定義を変化させ，新規問題を開発してきている。これも時代にあわせて必要な能力を絶えず見直し，時代の先端をゆく問題を開発し続ける，という挑戦の表れと言える。

また，最近のOECDによる国際教育調査の特徴として，PISA調査から他の調査への発展と各調査間の連携（synergy）が挙げられる。OECD国際教員指導環境調査（TALIS）は，教員・校長への質問紙調査という形で第1回調査（2008年）に24か国・地域，第2回調査（2013年）に34か国・地域，第3回調査（2018年）に48か国・地域が参加して実施され，職能開発などの教員の環境，学校での指導状況等に関するデータが収集された。また，OECD国際成人力調査（PIAAC）は，16〜65歳の個人を対象とした読解力・数的思考力・ITを活用した問題解決能力を測る調査として，2011年に第1回調査が24か国・地域で実施され，2021年に第2回調査が予定されている。TALIS，PIAAC両調査とも公表時には結果が着目され，各国での教育政策議論に有用なデータが提供された。

1.2 ┃ 調査の実施

1.2.1 参加国・地域

PISA2018年調査に参加した国は79か国・地域であった。うち，OECD加盟国はオーストラリア，オーストリア，ベルギー，カナダ，チリ，コロンビア，チェコ，デンマーク，エストニア，フィンランド，フランス，ドイツ，ギリシャ，ハンガリー，アイスランド，アイルランド，イスラエ

ル，イタリア，日本，韓国，ラトビア，リトアニア，ルクセンブルグ，メキシコ，オランダ，ニュージーランド，ノルウェー，ポーランド，ポルトガル，スロバキア，スロベニア，スペイン，スウェーデン，スイス，トルコ，イギリス，アメリカの37か国で，非加盟国・地域はアルバニア，アルゼンチン，ベラルーシ，ボスニア・ヘルツェゴビナ，バクー（アゼルバイジャン），ブラジル，ブルネイ，ブルガリア，香港，マカオ，北京・上海・江蘇・浙江，台湾，コスタリカ，クロアチア，キプロス，ドミニカ共和国，ジョージア，インドネシア，ヨルダン，カザフスタン，コソボ，レバノン，北マケドニア，マレーシア，マルタ，モルドバ，モンテネグロ，モロッコ，パナマ，ペルー，フィリピン，カタール，ルーマニア，ロシア，サウジアラビア，セルビア，シンガポール，タイ，ウクライナ，アラブ首長国連邦，ウルグアイ，ベトナムの42か国・地域であった。このうちリトアニアは2018年に，コロンビアは2019年にOECDに加盟したため，PISA2018年調査の国際結果の分析ではOECD加盟国として扱っている。また，PISA2018年調査で初めてPISA調査に参加したのはベラルーシ，ボスニア・ヘルツェゴビナ，ブルネイ，モロッコ，フィリピン，サウジアラビア，ウクライナの7か国である。

　また，中国については，2009年，2012年に上海が参加したが，2015年調査では北京・上海・江蘇省・広東省が1地域として参加した。2018年調査では広東省が浙江省へと変わり，北京・上海・江蘇省・浙江省が1地域として参加したため，本報告書では「北京・上海・江蘇・浙江」と示している。

　なお，2018年調査において実施上の国際基準を満たさなかったベトナムのデータの扱いについては，国際結果の算出及び分析から除かれている場合には本報告書でも取り上げていない。これは，2000年調査の結果公表におけるオランダ，2003年調査の結果公表におけるイギリス，2006年調査におけるアメリカ，2015年調査のアルゼンチン，カザフスタン，マレーシアのデータの扱いと同様である。スペインの読解力のデータについては，比較可能性について，OECDによる更なる検証が必要であるため，英語版国際報告書にならい，表中では欠損値として示している。

　国名表記については，以下，文章中における説明や図表での表記における煩雑さを避けるために，アメリカ合衆国をアメリカとするなど，原則として全ての国について略称を用いている。また，香港，マカオ等，国としての参加ではない場合もあるが，同様に煩雑さを避けるために，「国・地域」という表記はやめ，「国」としている。

1.2.2　調査対象・規模

　2018年調査はこれらの国々の多くで義務教育の修了する15歳児を対象に，国際的な対象集団の規定に基づき15歳児が在籍している150校で調査を実施することを基本としてデータを収集した（各国の調査対象母集団と標本等の詳細は第1章1.4を参照）。

　日本では，国際的な基準に基づき全国の高等学校，中等教育学校後期課程，高等専門学校から，生徒数のほか，学校設置者別，普通科・専門学科別等の情報を用いて層化二段抽出した200校（学科）の1年生を対象とした。

　なお，調査対象集団は調査時期との関係で定められている。国際的な規定では2002年1月から12月に生まれた者を対象に2018年3月中旬～4月に調査を実施することになっている。同時に学年始めの6週間は調査を実施することができないこととなっている。このため，日本での調査は2018年6月中旬～8月上旬に実施し，これに連動して日本の調査対象集団は2002年4月2日から2003年4月1日に生まれた者，すなわち高等学校，中等教育学校後期課程，高等専門学校の1年生となった。

表 1.2.1　PISA 調査参加国・地域

第1章

	国・地域名	2018 年	2015 年	2012 年	2009 プラス	2009 年	2006 年	2003 年	2000 プラス	2000 年
OECD加盟国	オーストラリア									
	オーストリア									
	ベルギー									
	カナダ									
	チリ						2010 年加盟			
	コロンビア	2019 年加盟								
	チェコ									
	デンマーク									
	エストニア						2010 年加盟			
	フィンランド									
	フランス									
	ドイツ									
	ギリシャ									
	ハンガリー									
	アイスランド									
	アイルランド									
	イスラエル						2010 年加盟			
	イタリア									
	日本									
	韓国									
	ラトビア		2016 年加盟							
	リトアニア	2018 年加盟								
	ルクセンブルグ									
	メキシコ									
	オランダ									
	ニュージーランド									
	ノルウェー									
	ポーランド									
	ポルトガル									
	スロバキア									
	スロベニア						2010 年加盟			
	スペイン									
	スウェーデン									
	スイス									
	トルコ									
	イギリス									
	アメリカ		(※プエルトリコ)							
	OECD 加盟国計	37 か国	35 か国	34 か国	―	34 か国	30 か国	30 か国	―	28 か国
非OECD加盟国・地域	アルバニア		※							
	アルジェリア		※							
	アルゼンチン	※	※							
	ベラルーシ									
	ボスニア・ヘルツェゴビナ									
	バクー（アゼルバイジャン）									
	ブラジル									
	ブルネイ									
	ブルガリア									
	香港									
	マカオ									
	上海									
	北京・上海・江蘇・浙江									
	北京・上海・江蘇・広東									
	台湾									
	コスタリカ									
	クロアチア									
	キプロス									
	ドミニカ共和国									
	ジョージア		※							
	タミル・ナードゥ州（インド）									
	ヒマーチャル・プラデシュ州（インド）									
	インドネシア		※							
	ヨルダン	※	※							
	カザフスタン		※							
	キルギス									
	コソボ		※							
	レバノン	※	※							
	リヒテンシュタイン									
	北マケドニア	※	※							
	マレーシア									
	マルタ		※							
	モーリシャス									
	ミランダ州（ベネズエラ）									
	モルドバ	※	※							
	モンテネグロ									
	モロッコ									
	パナマ									
	ペルー									
	フィリピン									
	カタール									
	ルーマニア	※	※							
	ロシア									
	サウジアラビア	※								
	セルビア									
	シンガポール									
	タイ									
	ウクライナ	※								
	トリニダード・トバゴ		※							
	チュニジア									
	アラブ首長国連邦									
	ウルグアイ									
	ベトナム	※	※							
	非 OECD 加盟国・地域計	42 か国・地域	37 か国・地域	31 か国・地域	10 か国・地域	31 か国・地域	27 か国・地域	11 か国・地域	9 か国・地域	4 か国
	合　計	79 か国・地域	72 か国・地域	65 か国・地域	10 か国・地域	65 か国・地域	57 か国・地域	41 か国・地域	11 か国・地域	32 か国

（注）　1．網掛けは調査に参加したことを示す。灰色の網掛けは非 OECD 加盟国・地域。
　　　　2．2003 年調査時においては，モンテネグロとセルビアが「セルビア・モンテネグロ」として参加しているため，これを 1 か国としている。
　　　　3．アラブ首長国連邦は 2009 年調査ではドバイのみの参加で，国としての参加は 2009 プラス調査以降。
　　　　4．中国については，2009 年調査・2012 年調査では上海のみの参加で，2015 年調査で「北京・上海・江蘇・広東」が 1 地域としての参加，2018 年調査で「北京・上海・江蘇・浙江」が 1 地域としての参加。
　　　　5．※は，2015 年調査および 2018 年調査において，コンピュータ使用型調査での実施ではなく，筆記型調査で実施した国を示す。
出所：OECD(2019a) をもとに国立教育政策研究所が作成。

第1章　PISA 調査の概要

図 1.2.1　PISA 調査の全体計画の概略

	第1サイクル：PISA2000〈読解力中心〉	第2サイクル：PISA2003〈数学的リテラシー中心〉	第3サイクル：PISA2006〈科学的リテラシー中心〉	第4サイクル：PISA2009〈読解力中心〉	第5サイクル：PISA2012〈数学的リテラシー中心〉	第6サイクル：PISA2015〈科学的リテラシー中心〉	第7サイクル：PISA2018〈読解力中心〉	第8サイクル：PISA2021〈数学的リテラシー中心〉	
1997 年	PISA 調査全体の計画の検討								1997 年
1998 年	調査計画 問題開発 標本抽出								1998 年
1999 年	予備調査 採点 入力 データファイル作成								1999 年
2000 年	本調査 採点・入力・データファイル作成								2000 年
2001 年	結果公表 報告書作成	調査計画 問題開発 標本抽出							2001 年
2002 年		予備調査 採点 入力 データファイル作成							2002 年
2003 年		本調査 採点・入力・データファイル作成							2003 年
2004 年		結果公表 報告書作成	調査計画 問題開発 標本抽出						2004 年
2005 年			予備調査 採点 入力 データファイル作成						2005 年
2006 年			本調査 採点・入力・データファイル作成						2006 年
2007 年			結果公表 報告書作成	調査計画 問題開発 標本抽出					2007 年
2008 年				予備調査 採点 入力 データファイル作成					2008 年
2009 年				本調査 採点・入力・データファイル作成					2009 年
2010 年				結果公表 報告書作成	調査計画 問題開発 標本抽出				2010 年
2011 年					予備調査 採点 入力 データファイル作成				2011 年
2012 年					本調査 採点・入力・データファイル作成				2012 年
2013 年					結果公表 報告書作成	調査計画 問題開発 標本抽出			2013 年
2014 年						予備調査 採点 入力 データファイル作成			2014 年
2015 年						本調査 採点・入力・データファイル作成			2015 年
2016 年						結果公表 報告書作成	調査計画 問題開発 標本抽出		2016 年
2017 年							予備調査 採点 入力 データファイル作成		2017 年
2018 年							本調査 採点・入力・データファイル作成		2018 年
2019 年							結果公表 報告書作成	調査計画 問題開発 標本抽出	2019 年
2020 年								予備調査 採点 入力 データファイル作成	2020 年
2021 年								本調査 採点・入力・データファイル作成	2021 年
2022 年								結果公表 報告書作成	2022 年

コンピュータ使用型調査

1.2.3 調査のサイクル・全体計画

PISA調査は「読解力」（Reading Literacy），「数学的リテラシー」（Mathematical Literacy），「科学的リテラシー」（Scientific Literacy）の3分野について，2000年に第1サイクルが実施されて以降3年ごとのサイクルで実施されており，2018年は第7サイクルとなっている。重点的に調査する中心分野として，2000年に読解力が実施されて以降，2003年に数学的リテラシー，2006年に科学的リテラシーとローテーションで実施され，2018年は読解力が中心分野であった。また，それぞれ本調査の1年前には調査問題及び実施手順を確定するための予備調査を実施している。

PISA調査では，3分野の調査の他に革新分野の調査や様々な国際オプション調査が実施されている。例えば，革新分野については，2003年調査では「問題解決能力」（筆記型），2012年では「問題解決能力」（コンピュータ使用型），2015年調査では「協働問題解決能力」が実施されており，日本はこれらの調査にも参加している。また，国際オプション調査としては，日本は，2009年調査の「デジタル読解力」，2012年調査の「コンピュータ使用型数学的リテラシー」「デジタル読解力」に参加している。

PISA調査の全体計画は図1.2.1に示すとおりである。既に，次回，数学的リテラシーを中心分野とするPISA2021年調査の準備が進んでいるほか，PISA2024年調査の検討も行われている。

1.2.4 国際的な調査実施体制

調査の国際的な実施体制としては以下のとおり，OECDが中心となって，調査に参加する国の代表が構成する委員会などを設置し，調査の進め方や調査を実施する上での技術的な方法，調査問題の内容等を検討している。また，調査問題・手法の開発や調査の国際的な調整・実施には複数の国際請負機関がその役割を担っている（図1.2.2参照）。

① **運営理事会（PGB：PISA Governing Board）**：調査に参加する国の代表委員で構成され，調査に関わる全般的な諸問題について検討し，PISA調査の方針・内容等を決定する。日本からは，国立教育政策研究所及び文部科学省の代表が出席している。

② **複数の国際請負機関（Contractors）**：OECDとの契約に基づき，PISA調査の国際センター（IPC：International Project Centre）として，国際的な調整を図りながらPISA調査の実施に責任を負っている。2018年調査においては，四つのコアと呼ばれるグループが，業務を分担した。各コアの業務及び担当機関名は以下のとおりである。

・コアA：Educational Testing Service（ETS，アメリカ），ドイツ国際教育研究所（DIPF），cApStAn（ベルギー），カナダ統計局，Westat（アメリカ），リエージュ大学，ルクセンブルグ大学，HallStat SPRL（ベルギー）

－監督，運営
－調査設計，問題開発，翻訳計画，調査実施
－データマネージメント，分析
－質問調査開発
－コンピュータプラットフォーム開発

・コアB（評価の理論枠組み開発）：Pearson（イギリス）

第1章　PISA調査の概要

図1.2.2　PISA調査の実施体制

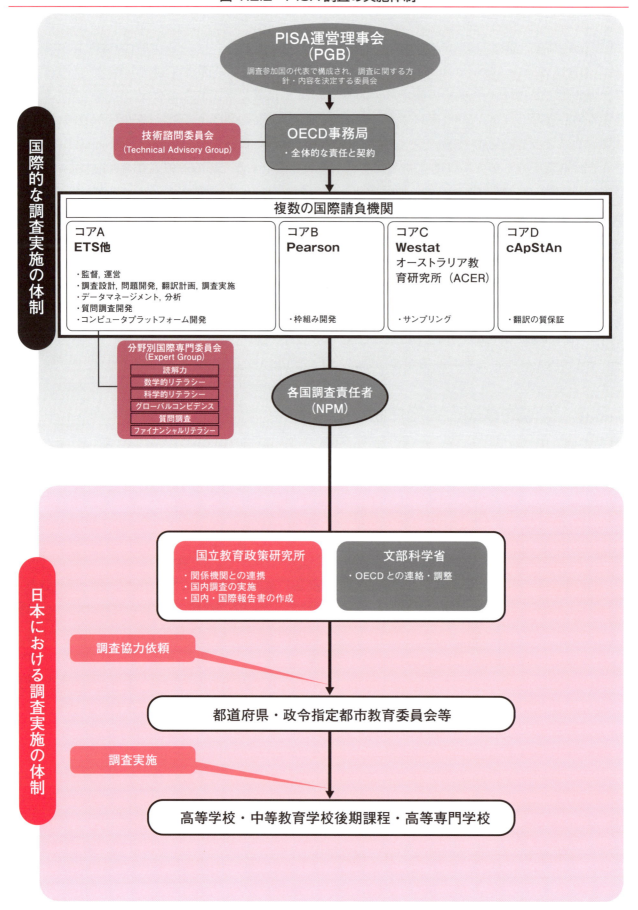

・コア C（サンプリング）：Westat，オーストラリア教育研究所（ACER）

・コア D（翻訳の質保証と管理）：cApStAn（ベルギー）

③ **技術諮問委員会（Technical Advisory Group）**：調査実施上の技術的な事柄について助言・指導する委員会。

④ **分野別国際専門委員会（Expert Group）**：調査の内容について助言・指導する。2018 年調査においては，読解力，数学的リテラシー，科学的リテラシー，グローバルコンピテンスの各分野及び質問調査の各委員会が設置された。

⑤ **各国調査責任者（NPM：National Project Managers）**：調査を実施する参加各国の責任者。

1.2.5　日本の調査実施体制

　日本は，国際的な枠組み，方針，手続きに基づきながら，国立教育政策研究所を中心に，文部科学省と連絡・調整・協力しながら調査実施体制を敷いている。国立教育政策研究所は所内に OECD − PISA 調査プロジェクトチームを組織して国内調査の実施を担当し，国立大学法人東京工業大学は学校における調査の実施状況のモニタリングを担当している。また，読解力，数学的リテラシー，科学的リテラシーの各分野については必要に応じて所外の協力者から幅広い助言を受けながら調査の準備を進めている。さらに，都道府県・政令指定都市教育委員会，学校等関係機関の協力を得ながら調査を実施している。

1.2.6　調査実施までの流れ

　調査問題の開発など調査実施までの流れは，以下の①〜⑲のとおりである。

　なお，参加国はそれぞれの段階において国際センターによる承認を得る必要があるが，日本の場合全ての段階での承認を得るとともに，調査実施状況に関する調査においても問題なく国際基準を満たしているとの評価を得た。

① 国際専門委員会による調査の枠組みの開発及び各国からのコメントの収集

② 各国からの問題案等の収集及び国際センターによる問題の開発・整理

③ 各国による予備調査問題案の評価（本調査に必要な問題の 4 〜 5 倍の量）

④ NPM による予備調査問題案の検討（本調査に必要な問題の約 3 倍の量）

⑤ 国際センターによる整理及び英語・仏語による国際版の確定

⑥ 予備調査問題の各国への配布

⑦ 各国における予備調査問題の翻訳

⑧ 各国専門家による予備調査問題の翻訳の検討

⑨ 国際センターによる各国翻訳版のチェック・承認

⑩ 各国における予備調査の実施（国際センターによる調査実施状況調査）

⑪ 国際専門委員会における予備調査結果を基にした本調査用問題案の検討

⑫ 各国における本調査用問題案の検討

⑬ 文化的バイアス等に関する国際委員会での検討

⑭ NPM による本調査問題案の検討

⑮ 国際センターにおける本調査用問題の整理
⑯ 本調査用問題の各国への送付
⑰ 各国専門家による本調査用問題の検討
⑱ 国際センターによる各国翻訳版のチェック・承認
⑲ 各国における本調査の実施（国際センターによる調査の実施状況のモニタリング）

1.3 調査の特徴

　PISA 調査は読解力，数学的リテラシー，科学的リテラシーの三つの主要分野について，国際的に共同開発された問題を基に 15 歳児の学習到達度を測定するものであり，その尺度として読解力（Reading Literacy），数学的リテラシー（Mathematical Literacy），科学的リテラシー（Scientific Literacy）という概念を用いている。

　「リテラシー」という用語は，評価しようとする分野の知識，技能が幅広い概念であることを表すために用いられている。

　また，PISA 調査では学校の置かれている状況を調査する学校質問調査及び生徒の属性等に関する生徒質問調査も開発し，調査を実施している。

1.3.1 教科の枠にとらわれない内容

　調査で取り上げる読解力，数学的リテラシー，科学的リテラシーの各分野は，学校教育の教科・科目に対応しているとも言えるが，PISA 調査は既に述べたように，特定のカリキュラムの内容を生徒がどの程度習熟しているかを調べることが主目的ではない。目的としているのは，各分野について，成人としての生活を送っていく上で必要な，より広い知識・技能を 15 歳児がどの程度身に付けているかを評価することである。したがって，カリキュラムをまたがる，あるいは教科横断的な能力の評価も PISA 調査の不可欠な部分となっている。このように知識・技能の範囲が広く設定された形で調査を実施する理由として，PISA 調査では以下の 3 点を挙げている。

① 知識の習得において重要なことは，それがより広い概念や技能に基づいており，かつ社会で直面する様々な状況や課題に適用できるようなものであるかということにある。読解力について見ると，図表を含む資料を解釈する能力や，テキストの内容と質について熟考する能力が中心的な技能となる。数学的リテラシーについて見ると，日常生活において数学的技能を用いる際には，単に見慣れた教科書の問題に答える能力よりも，定量的に推論する能力や物事の関係を数学的に表現する能力の方が適している。科学的リテラシーでは，今日の社会で議論となっている科学的な問題，すなわちエネルギー消費，生物多様性，人間の健康などの広い概念や主題を理解する能力の方が，ただ単に植物や動物の分類を知っていることよりも重要である。

② 国際的な調査で学校カリキュラムの内容を基に出題を絞ると，取り上げられる事柄が，参加国に共通のカリキュラム要素だけに限定されてしまう傾向がある。これでは，他の国の教育システムの長所から学ぼうとしている人々にとって，その調査結果があまり価値のないものとなる恐れがある。

PISA 調査の概要　第 1 章

表 1.3.1　PISA2018 年調査の概要

	調査の目的	リテラシーという概念を用いて，義務教育修了段階にある 15 歳児の生徒が持っている知識や技能を，実生活で直面する様々な課題にどれだけ活用できるか測定すること。定期的（3 年）に調査を実施し，得られたデータをもとに，次の三つの指標を開発することを目指す。三つの指標とは①生徒の知識・技能・能力に関する「基本指標」，②生徒の知識・技能などが社会経済的・教育的要因とどのように関係しているかを示す「背景指標」，③変化を見る「経年指標」である。
	調査対象校（学科）	日本では 200 学科 ※国際的な基準に基づき，全国の高等学校本科の全日制学科，定時制学科，中等教育学校後期課程，高等専門学校の中から 200 校（学科）を無作為に抽出。
	調査対象	高等学校 1 年生などを対象 ※調査対象集団は調査実施時期との関係で定められている。国際的な規定では「2002 年 1 月から 12 月に生まれた者を対象に 2018 年 3 月中旬から 4 月に調査を実施。ただし，学年始めの 6 週間は調査実施不可」「調査実施時に 15 歳 3 か月以上で 16 歳 2 か月以下の学校に通う生徒で，かつ第 7 学年以上の学年に在学していること」となっている。このため，日本での調査は 2018 年 6 月 12 日から 8 月 6 日の期間に実施することとし，これに連動し，日本では 2002 年 4 月 2 日から 2003 年 4 月 1 日に生まれた生徒を対象とした（日本ではちょうど高等学校 1 年生に相当）。
	標本抽出法	層化二段抽出法 ※第一段階：15 歳児の在籍する全国の学校から，200 校（学科）を抽出 　第二段階：各学科に属する高等学校 1 年生の名簿から，35 名を無作為抽出
	調査実施期間	2018（平成 30）年 6 月 12 日（火）から 8 月 6 日（月）の期間 ※国際基準では，調査期間は「学年始め（日本では 4 月）から最低 6 週間を経過した後の連続する 6 週間」と定められている。
	調査の規模	日本では約 7,000 人
	調査参加国	79 か国・地域（ＯＥＣＤ加盟 37 か国，非加盟 42 か国・地域）
学習到達度評価テスト（生徒対象）	内容	主要 3 分野：読解力（中心分野），数学的リテラシー，科学的リテラシー
	調査問題の構成	調査問題（大問）は，課題文と問いから構成される。課題文の置かれた文脈は，実際に存在する本物の・真正な状況である。問いは，選択肢問題（幾つかの選択肢から解答を選ぶ）と生徒に自分の解答を構築させる記述式問題（文章あるいは語句で解答）とに大別される。読解力は多段階適応型テストが今回新たに導入されたため，複数の大問が組み合わさった構成。数学と科学については一分野で四つ以上の大問（課題文と小問）をまとめ問題群をつくり，一つの問題群の解答時間は 30 分である。読解力は問題の前に 3 分間の読みの流ちょう性課題に取り組む。
	調査方法	コンピュータ使用型：コンピュータ画面に調査問題を提示し，生徒はキーボードとマウスを使って解答。解答時間は 2 時間。生徒は中心分野（今回は読解力）に 1 時間かけて取り組み，残りの 1 時間は他の 2 分野 (数学，科学) から一つか二つの分野が出題される。生徒によって解答する問題の組み合わせは異なる。
	結果の分析尺度	調査問題の難易度・識別力をもとに，各調査分野で測定される個々の生徒の知識や技能を得点化し，それを複数の境界値で区切り，習熟度レベルを構成する。得点は，それぞれの調査分野が最初に中心分野であった調査実施年（読解力は 2000 年，数学的リテラシーは 2003 年，科学的リテラシーは 2006 年）のＯＥＣＤ加盟国の生徒の平均得点が 500 点，標準偏差が 100 点となるように調整される（約 3 分の 2 の生徒が 400 点から 600 点の間に入る）。 ※ 2015 年調査にはコンピュータ使用型調査への移行に伴い，尺度化・得点化の方法の変更等があった。2015 年，2018 年調査の各国における平均得点を 2012 年までの各国における平均得点と比較する際には注意が必要。
	習熟度レベル	読解力：9 段階（1c 未満，1c，1b，1a，2，3，4，5，6 以上） 数学的リテラシー：7 段階（1 未満，1，2，3，4，5，6 以上） 科学的リテラシー：8 段階（1 b 未満，1 b，1a，2，3，4，5，6 以上）
	採点方法	自由記述のみ，事前に国際センターが定めた採点研修を受けた担当者が，国際的に定められた採点基準に沿って採点を行う。自由記述以外は，コンピュータによる自動採点。
生徒質問調査（生徒対象）	質問の概要	生徒の家庭環境や学習条件等を調査し，学習到達度との関連性を分析するために実施。具体的には，①生徒とその家庭の背景（経済的・社会的・文化的な背景・状況等），②生徒の学習や生活の諸側面（生徒の学習に対する取組の姿勢・関心・意欲・態度，及び学校と家庭における学習習慣や生活状況等）について調査が行われた。
	調査方法	コンピュータ使用型：コンピュータ画面に質問項目を提示し，生徒はキーボードとマウスを使って回答。回答時間は約 40 分。
ＩＣＴ活用調査（生徒対象）	質問の概要	生徒を対象とするコンピュータの利用に関する調査として，学校の内外で利用する機器の種類，利用の内容や頻度等についての調査が行われた。
	調査方法	コンピュータ使用型：コンピュータ画面に質問項目を提示し，生徒はキーボードとマウスを使って回答。回答時間は約 5 分。
学校質問調査（学校長対象）	質問の概要	学校の教育・学習環境や条件等を調査し，生徒の学習到達度との関連性を分析するために実施。具体的には，①学校の管理・運営体制，②生徒数・教員数，③学校の施設・設備，④学校の指導方法，カリキュラム，評価，⑤学校の雰囲気，⑥学校の方針と運営について調査。
	調査方法	ウェブ調査：オンライン上のアドレスにアクセスし，コンピュータ画面に表示される質問項目に対して，学校長がキーボードとマウスを使って回答。回答時間は約 35 分。

第1章　PISA調査の概要

第1章

表 1.3.2　PISA調査分野の変遷

年	参加国・地域	学習到達度評価テスト				質問調査
		3分野（◎印は中心分野）			革新分野	国際オプション	
2000	32	◎読解	数学	科学			・学校質問調査（筆記型） ・生徒質問調査（筆記型） ・ICT活用調査（国際オプション・筆記型）※ ・教科横断的能力調査（国際オプション・筆記型）※
2003	41	読解	◎数学	科学	問題解決能力（筆記型）		・学校質問調査（筆記型） ・生徒質問調査（筆記型） ・ICT活用調査（国際オプション・筆記型） ・教育歴調査（国際オプション・筆記型）※
2006	57	読解	数学	◎科学			・学校質問調査（筆記型） ・生徒質問調査（筆記型） ・ICT活用調査（国際オプション・筆記型） ・保護者質問調査（国際オプション・筆記型）※
2009	65	◎読解	数学	科学	デジタル読解力（コンピュータ使用型）		・学校質問調査（筆記型） ・生徒質問調査（筆記型） ・ICT活用調査（国際オプション・筆記型） ・保護者質問調査（国際オプション・筆記型）※ ・学校の学習のための読書に関する質問（調査問題冊子の最終頁）
2012	65	読解	◎数学	科学	問題解決能力（コンピュータ使用型）	・デジタル読解力（コンピュータ使用型） ・コンピュータ使用型数学・ファイナンシャル・リテラシー（筆記型）※	・学校質問調査（筆記型） ・生徒質問調査（筆記型） ・ICT活用調査（国際オプション・筆記型） ・教育歴調査（国際オプション・筆記型）※ ・保護者質問調査（国際オプション・筆記型）※

2015年調査からコンピュータ使用型調査へと全面移行						
2015	72	読解	数学	◎科学	協同問題解決能力	ファイナンシャル・リテラシー※	・学校質問調査（Web調査） ・生徒質問調査 ・ICT活用調査（国際オプション） ・教育歴調査（国際オプション）※ ・保護者質問調査（国際オプション・筆記型）※ ・教員質問調査（国際オプション・Web調査）※
2018	79	◎読解（MSAT）	数学	科学	グローバル・コンピテンス※（27か国・地域）	ファイナンシャル・リテラシー※	・学校質問調査（Web調査） ・生徒質問調査 ・ICT活用調査（国際オプション） ・教育歴調査（国際オプション）※ ・Well-being（国際オプション）※ ・保護者質問調査（国際オプション・筆記型）※ ・教員質問調査（国際オプション・Web調査）※

MSAT：多段階適応型テスト。Multi Stage Adaptive Testing の略。
※印は日本不参加。

③ 今日，国や文化を超えて生徒が身に付けるべき，広範で総合的な技能というものが存在すると考えられる。これらには，コミュニケーション能力，対人関係能力，問題解決能力，順応性，柔軟性，創造性，情報技術の活用能力などが含まれる。このような技能は教科横断的に発達するものであり，同時に，これを評価するには，学校カリキュラムに必ずしもとらわれない視点が必要となる。

　PISA調査では，常に変化する世界にうまく適応するために必要な新たな知識・技能は，生涯にわたって継続的に習得していかなければならないという考え方に基づいている。子供たちは，成人としての生活を送っていく上で必要とされることの全てを学校だけで学ぶことはできない。そのため，学校以外の場で自発的，継続的な学習が必要となるが，その基礎となるのが読解力，数学的リテラシー，科学的リテラシーなどの知識・技能である。

　PISA調査は，読解力，数学的リテラシー，科学的リテラシーについて，15歳児の知識や技能を3年ごとにデータを収集する継続的な国際比較調査である。長期にわたる調査によって，様々な国の15歳児について，その知識と技能における習熟度の傾向を評価するための大量の情報を集積することが可能となる。各回の調査では一つの分野が「中心」分野として詳細に調査され，到達度が総合的かつ詳細に分析される。

1.3.2　評価の枠組み

　PISA 調査では，主要 3 分野それぞれの定義，及び調査問題を特徴付ける諸側面の構成を示し，「評価の枠組み」として公表している。2018 年調査読解力の評価の枠組みの基本的な概念は 2000 年調査に基づいている。読解力が中心分野になった 2009 年及び 2018 年に，読解力国際専門委員会を中心に枠組みを改めて検討，精査する作業を行っており，定義や構成要素の見直しがなされている。加えて，調査の実施形態が筆記型からコンピュータ使用型へと全面移行した 2015 年調査時に，読解力の「テキストの分類（紙媒体－電子媒体）」は「テキスト表示空間（固定されたテキスト－動的なテキスト）」へ変更された。この枠組みをもとに，国際的な共同作業によって，コンピュータ使用型調査に適した調査問題の新規開発が行われた。数学的リテラシーと科学的リテラシーの定義の内容や枠組みを構成する基本的な考え方に関しては，数学的リテラシーは 2012 年調査，科学的リテラシーは 2015 年調査からの大きな変更点はない。

　表 1.3.3 は，PISA 調査の 3 分野のそれぞれの定義及び調査問題を特徴付ける三つの側面の構成を示したものである。これらの定義では，社会に積極的に参加できる機能的な知識・技能に重点が置かれている。PISA 調査の各分野で扱う三つの側面は次のとおりである。

① 生徒が各分野で習得する必要がある**「知識領域」**（Knowledge domain）
② 生徒が用いなければならない**「関係する能力」**（Competencies involved）
③ 知識・技能の応用やそれが必要とされる**「状況・文脈」**（Context and situation）

表 1.3.3　PISA2018 年調査「3 分野の定義と構成」

	読解力	数学的リテラシー	科学的リテラシー
定義	自らの目標を達成し，自らの知識と可能性を発達させ，社会に参加するために，テキストを理解し，利用し，評価し，熟考し，これに取り組むこと。	様々な文脈の中で数学的に定式化し，数学を活用し，解釈する個人の能力である。それには数学的に推論することや，数学的な概念・手順・事実・ツールを使って事象を記述し，説明し，予測することを含む。この能力は，個人が現実世界において数学が果たす役割を認識したり，建設的で積極的，思慮深い市民に求められる，十分な根拠に基づく判断や意思決定をしたりする助けとなるものである。	思慮深い市民として，科学的な考えを持ち，科学に関連する諸問題に関与する能力
知識領域（内容）	テキスト ・情報源（単一／複数） ・構成とナビゲーション（静的／動的） ・形式（連続型／非連続型／混成型） ・タイプ（記述／叙述／解説／議論／指示／相互作用／処理）	数，代数，幾何に関連する 4 つの包括的な概念 ・変化と関係 ・空間と形 ・量 ・不確実性とデータ	「科学の知識」 ・物理的システム ・生命システム ・地球と宇宙のシステム
関係する能力（プロセス）	認知プロセス ・情報を探し出す ・理解する ・評価し，熟考する	数学的なプロセス ・数学的に状況を定式化する（定式化） ・数学的概念・事実・手順・推論を活用する（活用） ・数学的な結果を解釈し，適用し，評価する（解釈）	能力（コンピテンシー） ・現象を科学的に説明する ・科学的探究を評価して計画する ・データと証拠を科学的に解釈する
状況・文脈	テキストが作成される用途 ・私的 ・公的 ・職業的 ・教育的	数学的リテラシーが適用される状況 ・個人的 ・職業的 ・社会的 ・科学的	科学的リテラシーが適用される状況 ・個人的 ・地域的／国内的 ・地球的 科学の適用領域 ・健康と病気 ・天然資源 ・環境の質 ・災害 ・最先端の科学とテクノロジー

1.3.3 調査問題

　調査は様々な種類の問題から構成されているが，知っている事柄についてあるいは知識の単純な操作によって，幾つかの選択肢から解答を選ぶ選択式問題と，文章，図形，表などについて様々な知識と能力等を組み合わせることによって，文章あるいは語句で解答する記述式問題とに大別される。このうち記述式問題は，知識や経験を基に，将来の実生活に関係する事柄にいかに対処するかなどについて，自分で答えを作り上げ，文章あるいは語句でそれを表現するもので，正解が一つではないこともある。

　また，各生徒が調査問題に解答する実際の時間は2時間であるが，それぞれの分野に関する個々の調査問題を幾つかの問題群に分け，それらを組み合わせることによって，部分的には同じ問題を使用しながら，構成の異なる調査問題を複数使用している。

　さらに，調査結果は各分野における到達度を尺度化し，それぞれ習熟度レベルとして表し，各尺度の任意のレベルで生徒がどのような能力を持っているかが説明される。その際，比較的簡単なレベルの理解を要する問題だけでなく，より高次の思考力を要する問題を含めることにより，生徒の到達度をより広範に測定することが可能になっている（習熟度の得点化やレベル分けの方法については付録2を参照）。

1.3.4 質問調査

　PISA調査では，生徒の家庭環境や学習条件及び学校の状況等，背景的な情報を収集するため，生徒を対象とする生徒質問調査（ICT活用調査も含む）に約45分，学校長を対象とする学校質問調査に約35分をそれぞれかけて回答することを求めている。

　このうち生徒質問調査は，①生徒とその家族の背景（経済的・社会的・文化的な背景・状況等），②生徒の生活の諸側面（生徒の学習への取り組みの姿勢・態度・意欲，及び学校と家庭における学習習慣や生活状況等）について，学校質問調査は，①学校の管理・運営体制，②生徒数・教員数，③学校の施設・設備，④学校の指導方法，カリキュラム，評価，⑤学校の雰囲気，⑥学校の方針と運営について，それぞれ情報を収集している。

　なお，2018年調査では中心分野である読解力の結果の背景要因を探るために，生徒質問調査において，国語の学習に対する取り組みの姿勢・態度・意欲，学習時間，学校における国語の授業の雰囲気や教師の指導等について調査するとともに，学校質問調査において，学校における国語の指導形態，方法，国語の教師（人数，指導の改善に対する関心，指導に対する取り組み姿勢・態度・意欲，教員評価の方法，研修）等について調査した。

　また，国際オプションとして，生徒を対象とするコンピュータの利用に関するICT活用調査も実施し，学校の内外で利用する機器の種類，利用の内容や頻度等について調査した。これらの質問調査によって，読解力，数学的リテラシー，科学的リテラシーの調査結果を生徒や学校が持つ様々な特性すなわち要因との関連によって分析するための重要なデータを得ることができる。

1.4 調査の対象者と標本抽出

1.4.1 調査の対象者

　PISA 調査では，調査結果を国際的に比較できるようにするため，調査参加国が従わなければならない国際ルールを設けている。ここでは，このルールに従って行われた，調査の対象者となる生徒集団（母集団）の決定，対象となる生徒集団から実際に PISA 調査に参加する生徒の選出（標本抽出），日本における調査の実施率，PISA 調査における標本の精度について説明する。

　PISA 調査の対象となる生徒集団は，多くの国で義務教育修了段階である 15 歳児であり，PISA 調査の国際ルールでは，「調査実施時に 15 歳 3 か月以上で 16 歳 2 か月以下の学校に通う生徒で，かつ第 7 学年以上の学年に在学していること（日本では中学 1 年以上の学年に在学相当）」と定義されている。他の国際調査，例えば IEA（国際教育到達度評価学会）の国際数学・理科教育動向調査（TIMSS）では，「特定の学年の生徒」を対象としており，実際に調査に参加する生徒の年齢範囲が国によって様々であるが，PISA 調査はこれとは異なり，年齢を基準として調査の対象者を定義することで「特定の年齢の生徒」に対する調査となっている。このため，年齢と学年とがほぼ対応している日本のような国とは異なり，他の参加国では複数の学年段階の生徒が調査に参加している（付録 1「母集団の学年分布」を参照）。

　PISA2018 年調査における日本の調査対象者は，国際ルールで調査期間が「その国の学年始業時（日本では 4 月）から最低 6 週間を経過した後の連続する 6 週間」とされているため，ちょうど高等学校 1 年生に相当する 2002 年 4 月 2 日から 2003 年 4 月 1 日に生まれた生徒を対象に，2018 年 6 月 12 日から 8 月 6 日の間に調査を実施することとした。

　調査対象者は「学校に通う生徒」であるため，日本では，高等学校本科の全日制学科，定時制学科，中等教育学校後期課程，及び高等専門学校に通う生徒を対象とし，特別支援学校，インターナショナルスクール，及び専修学校や各種学校に通う生徒については，調査実施が困難であることから，就学人口には含めるが，国際ルールで認められている範囲内で調査対象外とした。国際ルールでは，調査対象外とする生徒の割合については，①調査実施が地理的に困難である等の理由により学校単位で対象外にする必要がある生徒の割合が 0.5％を超えないように，全ての生徒が機能的，知的，言語的なハンディキャップによって調査が困難であるとの理由により学校単位で対象外にする必要がある生徒の割合が 2.0％を超えないこと（表 1.4.1 の「学校除外割合」は①と②を合計したもの），③各学校内で機能的，知的，言語的なハンディキャップによって調査が困難である生徒を対象外にする場合の生徒の割合が 2.5％を超えないこと，④①から③を合計した生徒の割合が 5.0％を超えないこと（表 1.4.1 の「生徒除外割合」は①から③を合計したもの）することが参加国に求められた。

　日本の調査対象者の総数は，平成 28 年度の文部科学省『学校基本調査報告書』に基づき，1,159,226 人（表 1.4.1 の 3 列目），標本抽出の対象となる「学校除外後対象母集団」は 1,131,483 人（表 1.4.1 の 4 列目）であった。調査対象母集団（就学人口）に対する対象外となった生徒の割合（表 1.4.1 の 6 列目）は 2.4％であった。

第1章　PISA調査の概要

表 1.4.1 ［1/2］　調査対象母集団と標本

国　名	母集団						カバー率
	当該年齢推定人口	当該年齢就学人口[1]	調査対象母集団	学校除外後対象母集団	学校除外割合(%)[2]	生徒除外割合(%)[3]	指標：当該年齢推定人口におけるカバー率（%）[4]
OECD 加盟国							
オーストラリア	288 195	284 687	284 687	279 077	2.0	5.7	89.4
オーストリア	84 473	80 108	80 108	79 505	0.8	2.5	88.9
ベルギー	126 031	122 808	122 808	120 931	1.5	1.9	93.6
カナダ	388 205	400 139	395 448	387 498	2.0	6.9	86.3
チリ	239 492	215 580	215 470	213 319	1.0	1.9	89.3
コロンビア	856 081	645 339	645 339	644 389	0.1	0.5	61.9
チェコ	92 013	90 835	90 835	89 325	1.7	1.7	95.4
デンマーク	68 313	67 414	67 414	66 761	1.0	5.7	87.8
エストニア	12 257	12 120	12 120	11 707	3.4	5.0	93.1
フィンランド	58 325	57 552	57 552	57 056	0.9	3.4	96.3
フランス	828 196	798 480	798 480	784 748	1.7	2.6	91.3
ドイツ	739 792	739 792	739 792	724 344	2.1	2.7	99.3
ギリシャ	102 868	100 203	100 203	98 937	1.3	2.1	92.7
ハンガリー	96 838	91 297	91 297	89 305	2.2	3.7	89.6
アイスランド	4 232	4 177	4 177	4 142	0.8	6.0	91.6
アイルランド	61 999	61 188	61 188	61 129	0.1	3.9	96.2
イスラエル	136 848	128 419	128 419	126 105	1.8	3.9	80.9
イタリア	616 185	544 279	544 279	543 531	0.1	0.8	84.6
日本	1 186 849	1 159 226	1 159 226	1 131 483	2.4	2.4	90.9
韓国	517 040	517 040	517 040	514 551	0.5	0.6	88.1
ラトビア	17 977	17 677	17 677	16 985	3.9	4.3	88.6
リトアニア	27 075	25 998	25 998	25 504	1.9	3.3	90.3
ルクセンブルク	6 291	5 952	5 952	5 796	2.6	7.9	87.1
メキシコ	2 231 751	1 697 100	1 697 100	1 689 087	0.5	1.2	66.4
オランダ	208 704	204 753	204 753	194 406	5.1	6.2	91.2
ニュージーランド	59 700	58 131	58 131	57 274	1.5	6.8	88.8
ノルウェー	60 968	60 794	60 794	59 942	1.4	7.9	91.1
ポーランド	354 020	331 850	331 850	324 997	2.1	3.8	90.0
ポルトガル	112 977	110 732	110 732	110 023	0.6	2.4	87.3
スロバキア	51 526	50 100	50 100	49 513	1.2	1.3	86.2
スロベニア	17 501	18 236	18 236	17 899	1.8	3.5	97.9
スペイン	454 168	436 560	436 560	434 192	0.5	2.6	91.8
スウェーデン	108 622	107 824	107 824	106 332	1.4	11.1	85.7
スイス	80 590	78 059	78 059	74 832	4.1	6.7	88.9
トルコ	1 218 693	1 038 993	1 038 993	995 065	4.2	5.7	72.6
イギリス	703 991	697 603	697 603	64 076	2.0	5.5	84.8
アメリカ	4 133 719	4 058 637	4 058 637	4 033 880	0.6	3.8	86.1
非 OECD 加盟国							
アルバニア	36 955	30 160	30 160	30 160	0.0	0.0	75.7
アルゼンチン	702 788	678 151	678 151	672 554	0.8	1.5	80.6
バクー（アゼルバイジャン）	43 798	22 672	22 672	22 218	2.0	2.0	46.3
ベラルーシ	89 440	82 580	82 580	81 140	1.7	2.3	87.6
ボスニア・ヘルツェゴビナ	35 056	32 313	32 313	32 070	0.8	1.1	82.3
ブラジル	3 132 463	2 980 084	2 980 084	2 905 312	2.5	2.9	65.0
ブルネイ	7 081	7 384	7 384	7 384	0.0	0.8	97.4
北京・上海・江蘇・浙江	1 221 746	1 097 296	1 097 296	1 064 017	3.0	3.2	81.2
ブルガリア	66 499	51 674	51 674	51 286	0.8	2.2	72.0
コスタリカ	72 444	58 789	58 789	58 789	0.0	0.5	62.8
クロアチア	39 812	30 534	30 534	30 125	1.3	3.1	89.1
キプロス	8 285	8 285	8 277	8 139	1.7	6.0	92.2
ドミニカ共和国	192 198	148 033	148 033	145 278	1.9	1.9	73.0
ジョージア	46 605	41 750	41 750	40 732	2.4	2.9	82.6
香港	51 935	51 328	51 328	50 685	1.3	1.3	98.4
インドネシア	4 439 086	3 684 980	3 684 980	3 681 088	0.1	0.1	84.9
ヨルダン	212 777	132 291	132 291	132 201	0.1	0.5	54.0
カザフスタン	230 646	230 018	230 018	220 204	4.3	5.9	92.0
コソボ	30 494	27 288	27 288	27 201	0.3	0.8	84.4
レバノン	61 979	59 687	59 687	58 387	2.2	2.2	86.7
マカオ	4 300	3 845	3 845	3 831	0.4	0.4	88.8
マレーシア	537 800	455 358	455 358	451 855	0.8	1.4	72.3
マルタ	4 039	4 056	4 056	4 019	0.9	2.3	97.2
モルドバ	29 716	29 467	29 467	29 389	0.3	1.0	95.1
モンテネグロ	7 484	7 432	7 432	7 392	0.5	0.7	94.7
モロッコ	601 250	415 806	415 806	407 514	2.0	2.0	64.3
北マケドニア	18 812	18 812	18 812	18 514	1.6	2.1	94.7
パナマ	72 084	60 057	60 057	59 472	1.0	1.2	53.5
ペルー	580 690	484 352	484 352	473 869	2.2	2.5	73.1
フィリピン	2 063 564	1 734 997	1 692 950	1 650 660	2.5	2.6	67.9
カタール	16 492	16 408	16 408	16 163	1.5	2.7	92.3
ルーマニア	203 940	171 685	171 685	167 032	2.7	3.3	72.6
ロシア	1 343 738	1 339 706	1 339 706	1 291 592	3.6	4.7	93.6
サウジアラビア	418 788	406 768	375 914	366 974	2.4	2.4	84.5
セルビア	69 972	66 729	66 729	65 554	1.8	2.4	88.5
シンガポール	46 229	45 178	45 178	44 626	1.2	1.7	95.3
台湾	246 260	240 241	240 241	238 263	0.8	1.4	92.1
タイ	795 130	696 833	696 833	686 819	1.4	1.6	72.4
ウクライナ	351 424	321 833	320 630	312 284	2.6	3.1	86.7
アラブ首長国連邦	59 275	59 203	59 178	58 331	1.4	2.0	91.8
ウルグアイ	50 965	46 768	46 768	46 768	0.0	0.4	78.0
ベトナム[7]	1 332 000	1 251 842	1 251 842	1 245 673	0.5	0.5	69.5

（注）　1．当該年齢就学人口とは，第 7 学年以上の 15 歳の生徒数である。元となるデータの違いによって，当該年齢就学人口が当該年齢推定人口より多い国がある。
　　　　2．学校除外割合とは，調査対象母集団から標本抽出前に除外された学校に在籍する生徒の割合である。
　　　　3．生徒除外割合とは，調査対象母集団から除外された生徒の割合。標本抽出後に学校内で調査対象から除外された生徒の割合と学校除外割合とを足した値である。
　　　　4．当該年齢推定人口のカバー率とは，調査を受けた生徒の当該年齢推定人口に占める割合を推定したもので，重み付けした実施生徒数を当該年齢推定人口で割ることによって求めた値である。

PISA 調査の概要　第1章

表 1.4.1 ［2/2］　調査対象母集団と標本

国名	標本				実施率	
	実施校数	実施生徒数	男子割合（%）	女子割合（%）	学校実施率（%）[5]	生徒の実施率（%）[6]
OECD 加盟国						
オーストラリア	740	14 081	50.8	49.2	95.8	85.1
オーストリア	291	6 802	50.8	49.2	99.9	92.5
ベルギー	285	8 431	49.8	50.2	94.6	91.1
カナダ	804	22 440	50.4	49.6	88.6	84.0
チリ	255	7 601	50.6	49.4	99.7	93.1
コロンビア	244	7 480	49.0	51.0	97.0	92.8
チェコ	330	6 996	51.1	48.9	98.8	91.9
デンマーク	344	7 607	50.0	50.0	93.3	86.4
エストニア	231	5 316	50.0	50.0	100.0	92.1
フィンランド	214	5 649	50.9	49.1	100.0	92.8
フランス	250	6 295	50.7	49.3	99.8	92.6
ドイツ	221	5 431	53.8	46.2	98.2	90.4
ギリシャ	240	6 371	50.7	49.3	96.5	95.7
ハンガリー	236	5 129	49.5	50.5	99.0	94.0
アイスランド	140	3 285	49.7	50.3	97.6	86.7
アイルランド	157	5 577	49.7	50.3	100.0	86.5
イスラエル	173	6 614	47.3	52.7	99.8	90.5
イタリア	531	11 679	51.7	48.3	97.8	86.3
日本	183	6 109	48.8	51.2	93.5	96.3
韓国	188	6 650	52.4	47.6	100.0	97.4
ラトビア	308	5 303	49.2	50.8	89.4	89.3
リトアニア	363	6 885	51.1	48.9	99.6	92.7
ルクセンブルク	44	5 230	50.7	49.3	100.0	95.5
メキシコ	286	7 299	48.0	52.0	95.8	96.1
オランダ	150	4 668	50.1	49.9	87.0	83.3
ニュージーランド	189	6 128	50.4	49.6	90.9	82.6
ノルウェー	250	5 802	50.5	49.5	98.7	91.2
ポーランド	239	5 603	50.0	50.0	98.6	86.0
ポルトガル	255	5 690	50.7	49.3	91.4	76.1
スロバキア	373	5 947	49.7	50.3	96.1	93.2
スロベニア	340	6 374	51.2	48.8	99.1	90.7
スペイン	1 082	35 849	50.6	49.4	98.8	89.8
スウェーデン	219	5 487	50.0	50.0	99.2	86.5
スイス	228	5 822	52.7	47.3	99.5	94.3
トルコ	186	6 890	50.4	49.6	100.0	98.8
イギリス	461	13 668	48.6	51.4	86.6	83.1
アメリカ	162	4 811	51.1	48.9	76.4	84.8
非 OECD 加盟国						
アルバニア	323	6 333	51.0	49.0	97.0	98.3
アルゼンチン	445	11 836	49.3	50.7	95.7	86.3
バクー（アゼルバイジャン）	197	6 827	52.6	47.4	100.0	88.9
ベラルーシ	234	5 803	52.0	48.0	100.0	97.4
ボスニア・ヘルツェゴビナ	213	6 480	51.2	48.8	100.0	95.6
ブラジル	586	10 606	50.0	50.0	92.7	88.8
ブルネイ	55	6 828	50.5	49.5	100.0	99.0
北京・上海・江蘇・浙江	361	12 058	52.2	47.8	99.4	99.2
ブルガリア	197	5 294	53.1	46.9	98.9	93.1
コスタリカ	205	7 221	49.4	50.6	100.0	97.1
クロアチア	183	6 609	49.7	50.3	100.0	92.0
キプロス	90	5 503	—	—	97.8	93.4
ドミニカ共和国	235	5 674	49.8	50.2	100.0	89.9
ジョージア	322	5 572	52.2	47.8	99.3	95.1
香港	136	5 706	51.3	48.7	78.6	85.3
インドネシア	398	12 098	49.2	50.8	99.4	95.6
ヨルダン	313	8 963	49.1	50.9	100.0	97.7
カザフスタン	616	19 507	51.4	48.6	100.0	99.1
コソボ	211	5 058	50.0	50.0	96.5	96.2
レバノン	313	5 614	46.2	53.8	97.5	91.2
マカオ	45	3 775	50.7	49.3	100.0	99.4
マレーシア	191	6 111	48.7	51.3	100.0	97.5
マルタ	50	3 363	52.2	47.8	99.9	85.7
モルドバ	236	5 367	51.4	48.6	100.0	98.0
モンテネグロ	61	6 666	52.1	47.9	100.0	96.2
モロッコ	179	6 814	52.3	47.7	100.0	97.2
北マケドニア	117	5 569	52.5	47.5	99.9	92.5
パナマ	251	6 256	49.6	50.4	97.3	89.8
ペルー	342	6 086	51.0	49.0	100.0	98.7
フィリピン	187	7 233	47.0	53.0	100.0	97.1
カタール	188	13 828	50.7	49.3	100.0	90.8
ルーマニア	170	5 075	51.5	48.5	100.0	97.7
ロシア	264	7 608	49.6	50.4	100.0	96.2
サウジアラビア	234	6 136	51.6	48.4	99.9	97.2
セルビア	187	6 609	50.9	49.1	99.3	93.6
シンガポール	164	6 646	51.0	49.0	98.1	94.6
台湾	189	7 196	50.2	49.8	98.8	94.6
タイ	290	8 633	46.8	53.2	100.0	98.7
ウクライナ	250	5 998	52.6	47.4	100.0	95.7
アラブ首長国連邦	754	19 265	49.3	50.7	99.4	95.6
ウルグアイ	188	5 247	47.9	52.1	99.4	87.0
ベトナム[7]	151	5 377	48.2	51.8	100.0	98.8

（注）　5．学校実施率とは，調査実施校から推定される生徒数が，抽出校全体から推定される生徒数に占める割合である（調査ができない学校が増えると値が小さくなる）。
　　　　6．生徒実施率とは，調査に参加した生徒から推定される生徒数が，調査実施校から推定される生徒数に占める割合である（欠席者が多いと値が小さくなる）。
　　　　7．ベトナムは，国際基準を満たさなかったため，参考値として掲載している。
出所：OECD（2019a）の表から作成。なお，男子割合と女子割合については，OECD PISA2018 データベースをもとに国立教育政策研究所が作成。

第1章　PISA 調査の概要

1.4.2　標本抽出

　PISA 調査のような様々な国が同じ国際ルールの下で調査を行う場合，調査対象者となる生徒全員（母集団）に対して調査を実施すること（全数調査）は，物理的にも経済的にも不可能である。そこで PISA 調査では，国際ルールに従って，調査対象者の全体である「母集団」から一部の生徒を「標本」として選び出し（標本抽出），その際に用いた標本抽出法に基づいて，調査結果から一定の誤差の範囲内で調査対象者全体である「母集団」の値を推定する手法がとられている。

　PISA 調査で採用されている標本抽出法は，「層化二段抽出法」である。その手順は，まず調査対象者が在籍する学校をその特徴（公立／私立等）に基づいてグループ分けし（その際のグループを「層」と呼ぶ），母集団に対する各層の生徒割合に基づいて抽出すべき学校数を決定する。そして，第一段階の抽出として，各層ごとに，在籍する生徒の人数に比例した確率で学校を無作為に抽出し（確率比例抽出），第二段階の抽出として，第一段階で抽出された学校内で一定数の生徒（日本における PISA 調査では，各学校 35 名）を無作為抽出する。この方法によって，母集団の生徒一人一人の抽出される確率が等しくなる。

　日本における標本抽出では，国際センターの承認を得て，「学校」ではなく，普通科や商業科といった「学科」（「農業」「工業」等の大学科であり，「農業経営科」「園芸科」「機械科」「自動車科」等の小学科ではない）を抽出単位とし，層化については，「設置者」と「学科の種類」に基づいて，四つの層に学科をグループ分けした。「設置者」は「公立」と「国立・私立」の２グループ，「学科の種類」は「専門学科等」（職業系の「農業」「工業」「商業」「水産」「家庭」「看護・情報・福祉」及び「総合学科」を含む）と「普通科等」（「普通科と，理数科，外国語科などの「その他」の学科を含む」）の２グループとし，これらの組合せで「公立／普通科等」「公立／専門学科等」「国立・私立／普通科等」「国立・私立／専門学科等」の四つの層を設けた。なお，高等専門学校については，「専門学科等」として扱っている。

　日本の抽出学科の総数については，150 学科を抽出した 2000 年，2003 年調査の結果を踏まえ，2006 年調査からは 200 学科に増やしている。2018 年調査では，標本抽出段階で利用できた平成 28 年度の文部科学省『学校基本調査報告書』に基づき，母集団に対する各層の生徒割合（表 1.4.2 の「生徒割合」）に比例させて，「公立／普通科等」が 90 学科，「公立／専門学科等」が 39 学科，「国立・私立／普通科等」が 57 学科，「国立・私立／専門学科等」が 10 学科の合計 196 学科で国際センターより承認を得た。

　抽出された各学科の１年生から 35 人を無作為に抽出するため，調査予定生徒数は学科の数に 35 をかけた値である（表 1.4.2 の「調査予定生徒数」）。

表 1.4.2　層別の生徒数とその割合，抽出学科数，及び調査予定生徒

	生徒数	生徒割合	抽出学科数 [注1]	調査予定生徒数 [注2]
公立／普通科等	528,570	46.7%	90	3,150
公立／専門学科等	231,395	20.5%	39	1,365
国立・私立／普通科等	325,229	28.7%	57	1,995
国立・私立／専門学科等	46,289	4.1%	10	350
合計	1,131,483	100.0%	196	6,860

（注1）抽出学科については当初計 200 学科で国際センターから承認を得ていたが，その後，4 校について統廃合となったことが判明したため，PISA2018 年調査のサンプリングの規定により，これらを除く 196 学科が抽出学科となった。
（注2）調査予定生徒数についても（注1）で示した 196 学科で計算した（各学科 35 名として計算）。

各層の抽出学科数が決まった後，確率比例抽出による学科の抽出を行った。日本では，平成28年度の文部科学省『学校基本調査報告書』のデータを用い，まず，1）各学科を層別に分け，在籍する高校1年生の人数で昇順ないしは降順に並べた学科のリストを各層ごとに作成した。次に，2）層別になったリストで，上から高校1年生の人数を足した累積生徒数を各学科で計算し，3）層に含まれる生徒数の合計（各層のリストの最後の学科の累積生徒数）を各層の抽出学科数で割った値（抽出間隔I）を計算し，この抽出間隔Iに0から1未満の乱数を掛け合わせた値（K0）を求め，累積生徒数がこのK0以上に最初になった学科を第1番目の抽出学科とし，後はKn=I×（n－1）＋K0の値以上に累積生徒数が最初になった学科を第n番目の抽出学科とした（この抽出作業は各層で独立して行われた）。なお，国際ルールでは，抽出学科が何らかの理由で調査に参加できない場合に代替学科が認められており，層別のリスト上で抽出学科の下の学科が第1代替学科，上の学科が第2代替学科とされた（第3代替は認められていない）。

1.4.3　調査の実施率

日本では，2017（平成29）年度末までに抽出学科に対する調査依頼を行い，調査を2018（平成30）年6月12日から8月6日に実施した。日本でのPISA調査に参加した学科数と生徒数の内訳は表1.4.3のとおりである。

表1.4.3　層別の参加学科数（抽出学科，代替学科別）と参加生徒数

	抽出学科	代替学科	合計学科数	参加生徒数
公立／普通科等	87／90	1	88	2938
公立／専門学科等	39／39	0	39	1294
国立・私立／普通科等	41／57	7	48	1615
国立・私立／専門学科等	8／10	0	8	262
合計	175／196	8	183	6109

（注）自然災害等により，調査中止の2校は含まれていない。

196の抽出学科の内，175学科（重み付け後の生徒の割合89.3%，「重み付け」については「1.4.4 標本の精度」を参照）が調査実施を承諾し，参加・協力できない21学科について代替学科に依頼した結果，8学科が承諾し，合わせて183学科（重み付け後の生徒の割合93.5%）で調査を実施した。国際ルールでは，抽出学科のみで85%以上の調査実施が求められ，それに達しない場合は代替学科を含めて標本の質が検討されるが，いずれにしても抽出学科の実施率が65%未満の場合，その国のデータはPISA調査のデータとして認められないこととされた。日本の場合，抽出学科の実施率のみで，国際ルールが求める基準を上回った（表1.4.1の「学校実施率」）。

生徒数については，調査実施を承諾した学科内で無作為抽出された生徒数6,423人（参加した学科の生徒数が35人未満の場合等があるため，196学科×35名の6,860人にはならない）に対して6,109人が調査に参加した（重み付け後の生徒の割合96.3%）。国際ルールでは，調査実施学科で抽出された全生徒の割合で80%以上の実施が要求されたが，日本はその基準を上回った（表1.4.1の「生徒実施率」）。

1.4.4 標本の精度

　PISA 調査では，標本から母集団全体の結果を推定するために，調査を実施できた一人一人の生徒が母集団において何人分の生徒に相当するかを示す「重み付け」を行っている。「重み」は，母集団から学校を抽出し，さらに生徒を抽出するという標本抽出の手続に沿って，母集団から 1 人の生徒が抽出される確率を計算し，その逆数で求められるが，調査に参加しなかった学校や欠席した生徒に関する補正を加え，生徒の「重み」の合計が最終的に母集団の大きさとなるように調整されている。PISA 調査は，参加各国の母集団に関する推定値を求めることが目的であるため，次章以降で示す調査結果は重み付け後の値である。

　また，PISA 調査のような標本調査では，平均値を計算する際に，母集団の平均値の推定値とともに，その推定値の精度を表す「標準誤差」が一緒に示されている。標本は，母集団の一部が偶然（無作為に）選ばれたものであり，同じ母集団に対して 1,000 回標本調査を行えば，1,000 個の異なる推定値が計算される。母集団から同じ抽出法で何度も抽出して調査を実施した場合，その度に母集団の推定値である平均値とその標準誤差を用いて求められる「平均値 ± 1.96 × 標準誤差」の範囲のうち，95％が母集団の真の平均を含むことがわかっており（この範囲を平均値の 95％信頼区間という），標本から母集団を考える際には「標準誤差」が重要になってくる。

　標本抽出で「層化二段抽出法」を用いている PISA 調査では，母集団から標本を単純無作為で抽出（その国の全対象者から等確率で無作為に抽出）する場合とは，「標準誤差」の推定方法が異なっている。例えば平均値について，母集団が大きく，単純無作為抽出の場合，標本の標準偏差を標本の大きさ（調査される生徒数）の平方根で割った値が標準誤差となる。一方，「層化二段抽出法」の場合は，「層化」することで単純無作為抽出の場合よりも精度が上がる側面と，「二段抽出」，つまり学校（学科）が抽出されてからそこに在籍する生徒が抽出されることで，学校ごとの平均値に違いがあれば，平均値の推定の精度が下がる側面がある。一般的には，層化二段抽出法を用いた際の標準誤差は，単純無作為抽出に基づいた標準誤差の値よりも大きくなる。このため，PISA 調査においては，標準誤差の推定に均衡反復複製法（Balanced Repeated Replication Method）と呼ばれる方法が用いられている（詳細については，OECD から公表される『PISA 2018 Technical Report』を参照）。

1.5 調査の実施と結果の処理

　以下では，PISA2018 年調査において，コンピュータ使用型調査参加国が取り組んだ主要 3 分野の調査の実施と結果の処理について述べる。

1.5.1 2018 年調査の実施

　2018 年調査の予備調査は，調査参加国において 2017 年 3 月から 7 月に任意の学校を対象とし，それぞれ約 2,000 人分のデータが収集された。予備調査の結果を基に国際センターにより質問調査項目及び調査問題の精選作業が行われ，各国の合意の下で本調査用の調査問題及び質問調査が用意された。

PISA 調査の概要　第1章

2018 年本調査は，生徒がふだん学校で使用しているコンピュータを用いて実施した。まず，各学校の教員が調査問題の入った USB メモリから調査配信プログラムを立ち上げ，次に，生徒が練習問題等（約 20 分）に引き続き調査問題及び質問調査に取り組む。それらの解答は，調査終了後，自動的に USB メモリに保存され，回収される。生徒一人一人に，調査問題と質問調査が入っている USB メモリが用意され，生徒は，36 種類ある問題フォームから，事務局が事前に割り当てた 1 種類に 2 時間かけて解答する。調査問題への解答は，前半 1 時間行った後，5 分程度の休憩を挟んで後半 1 時間行い，計 2 時間行った。

表 1.5.1　PISA2018 年本調査の実施の流れ

内　容	生徒に必要な時間
調査会場の準備（※ 1）	―
生徒の入室・着席，ログイン操作，調査の受け方と練習問題（※ 2）	約 15 分
導入	約 5 分
学習到達度評価テスト第 1 章	60 分
休憩	5 分以内
第 2 章の導入	約 5 分
学習到達度評価テスト第 2 章	60 分
第 2 章終了	約 5 分
休憩	10 分
質問調査	最大 55 分（生徒質問調査 40 分，ICT 活用調査 5 分。生徒の進度に合わせて調査実施者が時間を調整）
調査の終了，生徒のログイン用紙回収，生徒の解散	約 5 分
調査会場の復元（※ 3）	―
合計	3 時間 50 分程度

※ 1．調査会場の準備には，人数分のコンピュータの起動，調査用 USB メモリの挿入，調査プログラムの起動，ログイン画面の表示，生徒のログイン用紙とペンの机上配布のための時間を含む。準備が完了するまでの時間はコンピュータの性能にも左右されるため，事前に必要時間を確認。
※ 2．各生徒が日頃用いているユーザーアカウントを調査に使用する場合は，生徒に必要な時間がさらに 30 ～ 40 分程度必要となる。
※ 3．調査プログラムの終了，コンピュータのシャットダウン，調査用 USB メモリの回収，返送する調査資材の確認のための時間を含む。なお，返送する調査資材の確認は別室で行うことも可能。

36 種類の調査フォームの構成は各分野に関する問題が幾つかの問題群（クラスターと呼ばれるまとまり）に分けられ，問題群の組合せを変えることによって異なる問題フォームが構成されている。調査問題（大問）は，課題文と問いから構成される。課題文の置かれた文脈は，可能な限り，実際に存在する現実的な状況に即している。問いは，選択肢問題（幾つかの選択肢から解答を選ぶ）と生徒に自分の解答を構築させる記述式問題（文章あるいは語句で解答）とに大別される。読解力は多段階適応型テスト（Multi Stage Adaptive Testing，略称 MSAT）が今回新たに導入されたため，問題群ではなく，複数の大問が組み合わさった構成となっている。数学的リテラシーと科学的リテラシーについては一分野で四つ以上の大問（課題文と小問）をまとめ問題群をつくり，一つの問題群の解答時間は 30 分を想定している。

中心分野である読解力は全ての生徒が前半あるいは後半の 1 時間を用いて解答する。2018 年本調査では，より高い精度で生徒の習熟度を推定することを目的として，読解力のみ「多段階適応型

表 1.5.2　PISA2018 年本調査で使用した問題フォーム

フォーム	問題群 1	問題群 2	問題群 3	問題群 4
1	読解力（MSAT）		数学 1	数学 2
2	読解力（MSAT）		数学 2	数学 3
3	読解力（MSAT）		数学 3	数学 4
4	読解力（MSAT）		数学 4	数学 5
5	読解力（MSAT）		数学 5	数学 6a
6	読解力（MSAT）		数学 6a	数学 1
7	数学 1	数学 3	読解力（MSAT）	
8	数学 2	数学 4	読解力（MSAT）	
9	数学 3	数学 5	読解力（MSAT）	
10	数学 4	数学 6a	読解力（MSAT）	
11	数学 5	数学 1	読解力（MSAT）	
12	数学 6a	数学 2	読解力（MSAT）	
13	読解力（MSAT）		科学 1	科学 2
14	読解力（MSAT）		科学 2	科学 3
15	読解力（MSAT）		科学 3	科学 4
16	読解力（MSAT）		科学 4	科学 5
17	読解力（MSAT）		科学 5	科学 6
18	読解力（MSAT）		科学 6	科学 1

フォーム	問題群 1	問題群 2	問題群 3	問題群 4
19	科学 1	科学 3	読解力（MSAT）	
20	科学 2	科学 4	読解力（MSAT）	
21	科学 3	科学 5	読解力（MSAT）	
22	科学 4	科学 6	読解力（MSAT）	
23	科学 5	科学 1	読解力（MSAT）	
24	科学 6	科学 2	読解力（MSAT）	
25	読解力（MSAT）		科学 1	数学 1
26	読解力（MSAT）		数学 2	科学 2
27	読解力（MSAT）		科学 3	数学 3
28	読解力（MSAT）		数学 4	科学 4
29	読解力（MSAT）		科学 5	数学 5
30	読解力（MSAT）		数学 6a	科学 6
31	数学 1	科学 1	読解力（MSAT）	
32	科学 2	数学 2	読解力（MSAT）	
33	数学 3	科学 3	読解力（MSAT）	
34	科学 4	数学 4	読解力（MSAT）	
35	数学 5	科学 5	読解力（MSAT）	
36	科学 6	数学 6a	読解力（MSAT）	

（注）MSAT=Multi Stage Adaptive Testing（多段階適応型テスト）

テスト」と「読みの流ちょう性課題」が初めて導入された。多段階適応型テストは「コア」「ステージ 1」「ステージ 2」の三段階で構成される。全ての生徒が最初に 8 種類の共通問題群（これをコア問題群と呼ぶ。問題の重複あり）の一つが割り当てられ，これに解答する。この共通問題群における自動採点の正答数に応じて，問題の難易度の異なる（高い／低い）大問群が出題される（ステージ 1）。コアとステージ 1 での自動採点の正答数に応じて，続くステージ 2 で出題される大問群が決定される。ただし，一部の生徒については，正答数に応じた大問群とは異なる設定となっていた。2018 年本調査の読解力では小問 245 問を使用した。各生徒は，コアで 2 つの大問に，ステージ 1 で 3 つの大問，ステージ 2 で 2 つの大問に取り組んだ。生徒によって取り組む問題が異なるが，33 〜 40 小問を 1 時間かけて解答している。

　「読みの流ちょう性課題」は文章処理の形で読みの流ちょう性，つまり文章処理の正確さと速さを測るものである。主たる目的は習熟度レベルが低い生徒の読解力についての追加情報を得ることである。本調査では，65 の読みの流ちょう性課題の文章を用いて，11 の文章を含む 5 つの問題群と 10 の文章を含む 1 つの問題群を作成した。各生徒には，読解力の調査問題を開始する直前に読みの流ちょう性の二つの問題群，合計 21 または 22 の文章が出題された。読みの流ちょう性は，制限時間 3 分間であり，3 分間で完了しなかった文章は未実施となる。生徒の言葉と文章の構造を理解する基礎的な読解力とともに，現実の世界の状況と論理の観点から，文章の意味が通じるか否かを即座に判断する力が測定された。生徒は「このテストでは，いくつかの文章を読み，それらの意

味が通るかどうかを判断します。文章の意味が通る場合は『はい』をクリックしてください。文章の意味が通らない場合は『いいえ』をクリックしてください」という指示を読み解答した。以下は課題のサンプルである。

赤い車はパンクしていた。	はい	いいえ
飛行機は犬でできている。	はい	いいえ
その幸福な生徒は昨夜その本を読んだ。	はい	いいえ
猫が一晩中外にいたとすれば，その猫は午前2時には家の中にいなかっただろう。	はい	いいえ
その女性とその少年よりも背が高いその男性は，女性と少年のいずれよりも背が低い。	はい	いいえ

　また，生徒質問調査（ICT活用調査含む）及び学校質問調査が使用された。2018年調査で使用した学校質問調査及び生徒質問調査は，本書巻末の資料に掲載している。

　2018年調査は多くの国で2018年3月から5月に実施されたが，国際的な取決めで学年度初めの6週間は調査が実施できないことから，日本では，2018年6月中旬～8月上旬に全国の高等学校・中等教育学校後期課程・高等専門学校から抽出された200学科のうち183学科で調査を実施した。調査対象として抽出された者は6,423人であったが，実際に調査に参加した生徒は，調査当日の欠席者及び中途退室者等を除く6,109人で，これらが国際的な分析の対象となった。

　また，調査対象生徒に国語，数学，理科を教えていない各調査対象校の教師が調査実施者となり，国際的に同一の指示を行うために，事前に用意された調査実施台本を基に指示を与えて調査を実施した。調査は全体で約4時間であったが，その内訳は，調査に関する説明の後，まず，調査問題に1時間取り組み，その後5分程度の休憩をとり，更に1時間行った後，更に5分程度の休憩をとり，最後に生徒質問調査・ICT活用調査に約45分かけて回答するというものであった。また，学校質問調査（Web調査）については，学校長あるいは教頭・副校長が事前に約35分かけて回答した。

1.5.2　採点・入力

　コンピュータ使用型調査の採点方法は，生徒の解答データを収集後，いったん採点用のソフトウェアにデータを読み込み，各採点者はコンピュータの画面で採点を行うというものである。自由記述形式の問題のみ人が採点し，それ以外の問題は，コンピュータによる自動採点を行った。採点については主観的な判断を最小限にするため，事前に採点ガイド（コード化・採点基準のマニュアル）が用意され，各国の調査・採点担当者を集めた採点に関するトレーニング・セッションが開かれ，それを基に各国で採点者のトレーニングを行った後，採点作業を行った。

　読解力，数学的リテラシー，科学的リテラシーの調査問題については，採点ガイドに記載された各問いのねらい，生徒の解答の採点方法及び想定される生徒の解答例等を基に採点作業を行った。採点者間の採点の一致度を見るために，各国とも，一部の解答については，複数の採点者が独立して採点を行い，採点者間の一致度を国際センターがチェックし，採点の質を担保した。

第1章　PISA調査の概要

表 1.5.3　コンピュータ使用型調査の問題の形式と採点方法

問題形式	問題の特徴	採点方法
選択肢形式（多肢選択形式）	与えられた選択肢の中から一つの答えを選択する問題。ラジオボタン（○）等をクリックして解答する。 ◎20分 ◎21分 ◎24分 ◎28分	コンピュータによる自動採点。
複合的多肢選択形式	「できる／できない」又は「はい／いいえ」のどちらかをラジオボタンをクリックして答える問いが連続している問題。 できる　できない ○　　○ ○　　○ ○　　○	コンピュータによる自動採点。
選択肢形式（その他）	文章等の一部，又は複数がプルダウンメニューになっており，各プルダウンメニューのリストから一つの答えを選択し，解答する問題。 ― 川西町 松田町 白崎町 木村町 竹下町 青山町 森本町 谷町 林町 横宮町 坂中町 畑町 水上町 どの町も条件に合わない。	コンピュータによる自動採点。
求答形式	数値を入力して答える問題。又は，クリックやドラッグ＆ドロップ，反転表示等，指示された操作を使って解答する問題。	コンピュータによる自動採点。
自由記述形式	答えを導いた考え方や求め方，理由を説明するなど，長めの語句や文章を入力して答える問題。	1名の採点者が採点ガイドに基づいてコードを付ける。一部のあらかじめ決められた解答については，複数の採点者が採点する（コードを付ける）。

1.5.3　日本語版国際報告書の作成までの手続き・経緯及び本書を読む際の留意点

　PISA2018年調査の国際比較の結果に関する第1次報告書の構成については，PISA運営理事会（PGB）や各国調査責任者（NPM）会合で検討された。その構成案に基づき国際センターはOECD事務局に分析結果を送り，OECD事務局で報告書案を作成した。報告書案に対する各国からのコメントに基づき修正が加えられ，PISA調査の第7回目の国際結果報告書として令和元年12月3日パリ時間午前9時にOECDから公表されることとなった。国際的な公表にあわせて日本国内にもその結果を広く紹介するために，OECDによる国際報告書の作成作業と並行して，国立教育政

PISA 調査の概要　第1章

策研究所にて，本報告書の取りまとめに当たった。

　日本語版国際結果報告書の作成にあたっては，OECD の国際結果の報告書に盛り込まれる内容を踏まえ，日本の結果を中心とする形に図表等の構成を変えるとともに，日本にとって貴重な情報となる分析結果を中心に構成することとした。なお，本報告書で取り上げたのは最終調整前の数値（2019 年 11 月 1 日現在）であるため，OECD から最終的に公表される数値とは必ずしも一致しない場合がある。

　図表に関しては，PISA2018 年調査に参加し，国際基準を満たした全ての国の結果を掲載することを基本方針とした。ただし紙幅の関係もあり，表に全ての国を掲載することができない場合には，前々回 2012 年調査の日本語版国際結果報告書で取り上げた，上海を除く 16 か国・地域（日本，オーストラリア，カナダ，フィンランド，フランス，ドイツ，アイルランド，イタリア，韓国，ニュージーランド，イギリス，アメリカ，オランダ，香港，台湾，シンガポール）及び 2015 年調査で主要 3 分野の平均得点が高かったエストニアや 2018 年調査で平均得点が高い北京・上海・江蘇・浙江の 18 か国・地域の結果を取り上げた。

　OECD から公表される国際報告書においては，キプロスのデータが掲載されている図表に脚注がついている。いわゆる "キプロス問題" におけるトルコ及び EU 加盟国の全 OECD 加盟国それぞれの政治的な立場が脚注として下記のように表記されている。しかしながら，本報告書においては煩雑さを避けるために，各図表の脚注からその表記を省略した。

トルコによる脚注：
　本書中の「キプロス」についての情報は，キプロス島の南部に関するものである。トルコ及びギリシャ系のキプロス島住民を代表する単一の政府は存在しない。トルコは，北キプロス・トルコ共和国を承認している。国際連合において永続的かつ公正な解決が見出されるまで，トルコは「キプロス問題」についてその立場を保持する。

EU 加盟国の全 OECD 加盟国及び EU による脚注：
　キプロス共和国は，トルコ以外の全ての国際連合加盟国に承認されている。本書中の情報は，キプロス共和国の実質的な統治下にある地域に関するものである。

　なお，前述のとおり，本文中及び図表での国名については略称を用いるとともに，国としての参加ではない場合でも，煩雑さを避けるために「国」としている。

1.6 ┃ 調査の質のコントロール

　PISA 調査はその結果が国際比較となるように，調査の企画，問題開発，翻訳，対象集団の抽出，実施，採点，入力等において様々な遵守事項等が定められている。また，各国の PISA 調査の実施機関や調査責任者が十分に調査の内容，手順を理解して進めているかどうかをチェックするために各国の調査実施機関に対するモニタリングが国際センターにより行われた。以下においては，問題等の翻訳，採点，調査の実施に関する質のコントロールがどのように行われたかを紹介する。

1.6.1 翻訳

　既に述べたようなプロセスで質問調査及び調査問題が開発されたが，調査問題の国際標準版は英語及びフランス語で用意され，厳密な翻訳のガイドラインをもとにそれぞれ別個に翻訳した後，両者を対象比較して整理することが求められた。また，翻訳したものは国際センターの管理下で翻訳のチェックが行われ，承認を得るという手続きが必要であった。採点ガイドや調査実施の手引き等の翻訳版も同様に国際センターのチェックを受け，承認を得ることが必要とされた。

1.6.2 調査の実施

　調査の実施に当たってもできるだけ国際的に同じ方法で実施するために，調査実施の際の指示については一切変更できないこととされ，また，遅刻者や途中退席者，調査の開始及び終了時間等を記録することも求められた。

1.6.3 調査のモニタリング結果について

　PISA調査はその結果が国際比較できるように，調査（実施及びデータ収集）に当たっても様々な取決め事項を定めている。したがって，調査実施に当たって，取決め事項が果たして遵守されていたかどうかを明らかにすることは，得られたデータを国際比較する上で必須である。

　このため，国際センターがPISA調査をモニタリングするPQM（PISA Quality Monitor）を各国で数名ずつ委嘱した。PQMはその性質上PISA調査を実施する団体とは利害関係のない者，団体が担当することとなっており，日本では東京工業大学に所属する教員3名がPQMを担当した。PQMはPISA調査の国際センターに対してのみ，その業務の責任を負い，国内の調査実施機関から何かを指示されることはない。

（1）事前研修

　調査に先立って，まず，PQMメンバー3名は国際センターの担当者からインターネット電話で個別にインタビューを受けて指名された。そして，所定のモニタリング・マニュアルが与えられ，事前課題に対する評価など事前学習を求められた。その上で，マニュアルに基づいて均質のモニタリングができるようにインターネットセミナー（Webinar）で研修を受けた。

（2）モニタリングの実施

　できるだけ調査全体の縮図が得られるよう，国際センターが調査協力校から設置主体，学校種別を考慮しながらモニタリング対象校の選定を行った。全てコンピュータ使用型調査が導入され，全国200校の調査対象校から，国際センターが15校をモニタリング対象校として抽出した。それぞれのPQMは，国際センターから指定されたモニタリング対象校及び日程について，指示を受けて独立して調査に当たった。モニタリング対象校の調査実施者にはPQMから数日前に訪問することを連絡して，学校への入校許可を得た上で訪問調査した。調査実施日にはPQMは所定の時刻に訪問し，国際センターが定めた所定のマニュアルに基づいてモニタリング活動を行った。

　各学校では，PQMはまず学校側の調査責任者に面談し，調査資料の到着時期，保管場所，保管

状況，内容物の確認などを行った。ついで，教師，生徒，保護者の協力状況，調査の準備状況，調査場所の適切さ等について確認をした。学校での調査に用いるコンピュータの配置状況及び調査プログラムの起動状況を確認した。さらに，調査実施状況を調査場所（教室）の後部から観察し，調査実施者や生徒の行動，態度をマニュアルに従って経過時間とともに記録した。モニタリング対象校ごとに観察から得られた状況に基づいて，PQM は個別のコメントをまとめた。モニタリング調査結果は，国際センターの指示に従い，調査実施日中に，あらかじめモニタリング対象校ごとに指定された Web サイトに入力した。調査期間は，2018 年 6 月中旬から 8 月上旬にかけての約 2 か月間であった。

（3）モニタリングの結果

モニタリングした全ての場所で調査資料は予定通り事前に配送され，調査開始直前まで金庫など安全な場所に保管されるなど，保管状況は適切であった。PISA 調査の実施に関しては，モニタリング対象校においては，教師，生徒，保護者の理解と協力もおおむね良好であった。ただし，PISA の調査では，学校ごとに 35 名ずつ無作為に抽出されるため，学期中の調査のための調整が必要であったとの意見も聞かれた。学校のコンピュータ教室で調査を実施した場合には，コンピュータシステムの管理上の都合で，事前準備が必要な学校もあったようである。これが難しい場合は，国内の PISA 事務局（国立教育政策研究所）が調達したコンピュータシステムで実施していた。

生徒は，調査実施者が対象校の教員であることから調査には協力的であり，調査には真摯に取り組んでいた。

以上のように，日本国内での調査は国際基準に基づき適切に実行され，求められる水準を維持したと判断した。

（4）幾つかの問題と今後の検討課題

調査は国際基準に沿って行われたが，実施上の問題も見られた。これまでの調査でも指摘してきた事項も多いが，PQM が国際センターに送ったコメントやその他の感想から，以下に主なものを記す。

①調査時期と調査時間の問題

調査はコンピュータ使用型調査として実施されたが，調査される内容や形式はこれまでと同じ様式である。このため，従来からの確認される問題が 2018 年の調査でも見られた。

前述のように，6 月から 8 月上旬の時期は，学校では学期末である。学校行事も多いため，無作為に抽出された生徒を対象に調査を行うための学校側の配慮が見られた。テスト休み期間や夏期休暇などの休日に実施するなど，学校，生徒の双方の協力があって実施されている。

調査は 1 時間の評価テスト二つに加えて，45 分の生徒質問紙調査，更にそれらの説明時間を加えると，全体では 3 時間半程度にも及ぶ。調査時間中は離席もできないために，高校入学間もない生徒への負担は大きい。筆記型調査とコンピュータ使用型調査が同時調査されていた時期では，コンピュータ使用型調査での調査時間が少し短縮されていたため，負担軽減が期待された。しかし，今回のコンピュータ使用型調査では，以前の筆記型調査と同様に一斉調査形式で実施されるため，解答者側の自由度に変化はない。

②コンピュータ使用型調査

　調査は，USB メモリにインストールされたプログラムに従って実施された。入力の多くは，マウスやキーボードで入力，解答する形式であった。コンピュータシステムあるいは USB メモリの不都合と見られる調査プログラムの停止は皆無ではなく，モニタリング対象校で何件かの発生が見られた。また，生徒が誤って，評価テスト開始前に開始してしまった事例もあった。調査では，メモは許可されたが，与えられた紙面は限られていた。さらに，解答は大問内では後戻りは許されたが，基本的には順次解答が求められる形式であった。このため，不注意で解答を進めてしまった場合でも，解答を終えることになっていた。

　また，コンピュータ使用型調査でも，調査プログラムの起動や評価テスト終了時の解答画面進行など，複数の調査補佐が必要であった。

③調査における生徒のコンピュータ操作

　前述のように，全ての調査はデスクトップ型あるいはノート型コンピュータを使って実施された。多くの学校では，学校のコンピュータ室のパソコンを利用して実施されたため，生徒がコンピュータでの解答操作において，戸惑ったり，操作についての質問は聞かれなかった。調査に参加した生徒は，本調査の操作に関しては十分なスキルを持っていると思われた。なお，PISA 調査は複数の大問で構成されており，大問ごとに解答を完結させる必要がある。このため，全体の問題内容を見てから解答箇所を選択して解答する方略では，十分に解答できない可能性がある。すなわち，調査における生徒の解答方略が調査結果に影響する恐れが考えられる。

第2章

読解力

2.1 | 読解力の枠組み

2.1.1 読解力の定義

　PISA2018 年調査において，読解力は「自らの目標を達成し，自らの知識と可能性を発展させ，社会に参加するために，テキストを理解し，利用し，評価し，熟考し，これに取り組むこと」と定義付けられている。2018 年の定義は，2009 年調査から 2015 年調査まで用いられた定義から，「書かれた」という語を削除し，「評価し」という語を追加している。「書かれた」が削除されたのは，問題がコンピュータ使用型に移行したことによる。また，読むことは目標指向であることが多く，読み手はテキストの中の議論の信ぴょう性，著者の視点，テキストと読み手の目標との関連性などの要素を検討しなければならない。こうした概念を組み入れるために「評価」が追加されている。

　読解力は 2000 年調査，2009 年調査に引き続き，今回が 3 回目の中心分野である。

2.1.2 読解力の要素

（1）読解プロセス

「読みの流ちょう性」：テキストの全体的な意味を理解するために，語句とテキストを正確かつすみやかに読み，こうした語句やテキストを表現し処理する個人の能力。

「情報を探し出す」：読み手がテキスト中の，またはテキストをまたいだ情報の選択を行うために，テキスト中の情報にアクセスし取り出したり，関連するテキストを探索し選び出したりすること。

「理解する」：テキストの文字どおりの意味を理解し，単純な関連付けの推論から，より複雑な整合関係まで様々なタイプの推論を生成すること。

「評価し，熟考する」：テキストの文字どおりの意味を超えて判断すること。テキストの内容と形式について熟考し，情報の質と妥当性を批判的に評価すること。

「課題管理プロセス」：読解力には特定の状況における読みの必要性を正確に説明し，課題に関連した読解の目標を設定し，こうした目標に向けた進捗のモニタリングを行い，活動の全体にわたり目標と方略を自己調整する能力が含まれる。PISA 調査では，実施上の制約により直接的に独立した形では評価しないが，背景質問調査の一部において読解方略に関する読み手の認識は評価される。

（2）情報源

　PISA2018 年調査の枠組みにおいて，情報源はテキスト単位である。「単一情報源テキスト」は，明確な著者名，執筆時期又は出版日，並びに参照すべき題名や番号が分かっているテキストであり，「複数情報源テキスト」は，複数の著者により，異なる時期に発表されている，あるいは異なる題名又は参照番号が付されているテキストである。複数ページにわたるウェブサイトでも，別の著者または日付にはっきり言及していない限りは単一情報源テキストとなる。

図 2.1.1　PISA2018年調査における読解力の枠組みのプロセス

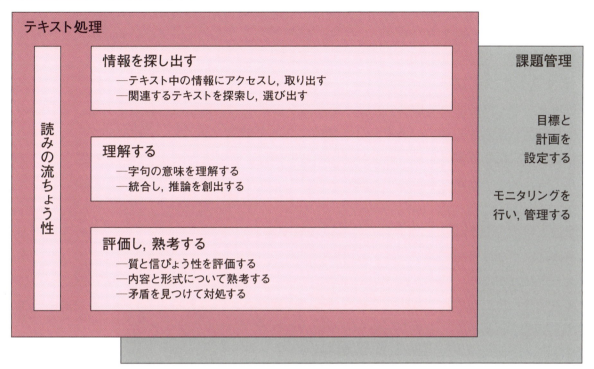

出所：OECD(2019d) の図 2.2 から作成。

　なお，PISA2018年評価の枠組みでは，構成が単純でナビゲーションツールの密度が低い（一般に，一つまたは複数ページが順番に配置されている）「静的」なテキストと，構成がもっと複雑で順番が一律でなく，ハイパーリンクなどナビゲーションツールの密度が高い「動的」なテキストとを区別する。

(3) テキスト形式

① 「連続型テキスト」(continuous text) は，段落にまとめられた複数の文で構成される。例えば，新聞報道，論文，小説，短編小説，書評，手紙などがある。

② 「非連続型テキスト」(non-continuous text) は，多くが複数のリストで構成され，単独の簡単なリストの場合もあるが，大抵は複数の簡単なリストが組み合わされた構成になっている。例としては，リスト，表，グラフ，図，広告，予定表，カタログ，索引，書類などがある。

③ 「混成型テキスト」(mixed text) は，「連続型テキスト」と「非連続型テキスト」を組み合わせたものである。例としては，写真が添えられた段落，説明用凡例が添えられたグラフなどがある。

(4) 状況

　「状況」という語は，主に読み手がテキストに取り組む状況と目的を定義するために用いられる。「私的状況」は個人的な関心（実際的関心と知的関心の両方）を満たすことを目的とし，「公的状況」はより大きな社会の活動と関心事に関連するテキストを読む状況である。「教育的状況」は，教育目的のために意図されたテキストを利用する。「職業的状況」は，差し迫った何らかの課題を完遂することに関わるものである。

第2章　読解力

なお，多くのテキストは，複数の状況を横断して分類できる点には留意が必要である。例えば，テキストは楽しみと教育の両方を目的とする（私的状況及び教育的状況）こともあれば，一般向けの情報でもある職業上のアドバイスの提供を目的とする（職業的状況及び公的状況）こともある。

(5) テキストのタイプ

テキストのタイプに関する構成概念は，テキストの目的と内部組織の両方を指す。実社会のテキストはタイプを横断する傾向にあり，分類することが一般的に難しい。一方で，PISA調査の評価枠組みでは，広範な種類の読解の提供を確保するために，テキストの主要な特徴に基づき，テキストのタイプに従って分類することが有用である。

① 「記述」は，情報が事物の空間的な特性について言及するタイプのテキストである。例としては，旅行記または日記における特定の場所の描写，カタログ，地図，オンラインのフライトスケジュールなどがある。

② 「叙述」は，情報が事物の時間的な特性について言及しているテキストのタイプである。例としては，小説，短編小説，演劇，伝記などが挙げられる。

③ 「解説」は，情報が複合的概念や心的構成概念として，またはそれらを構成している諸要素として提示されるテキストのタイプである。例としては，学術論文，生体の機能モデルを示す図，オンライン百科事典の項目などが挙げられる。

④ 「議論」は，複数の概念間又は主張間の関係を示すテキストのタイプである。例としては，投稿文，ポスター広告，オンライン・フォーラムへの投稿などが挙げられる。

⑤ 「指示」は，何をするべきかという指示を与えるテキストのタイプである。命令テキストと呼ばれることもある。例としては，料理のレシピ，応急処置の手順を示す一連の図表などが挙げられる。

⑥ 「処理」は，何かをしてもらうよう要請する，会議を運営する，友人と面会するなどの具体的な目標の達成を目的とするテキストのタイプである。例としては，取り決めの依頼と確認のための同僚または友人間の日常的な電子メールやテキストメッセージのやり取りなどが挙げられる。

2.1.3　問題の要素と出題形式別問題数

読解力の問題は，複数の小問から成る大問として構成されている。全大問の数は50で，全小問数は245題である。表2.1.1は，問題の要素・出題形式別にその小問単位の問題数を示したものである。全ての読解力の問題の要素は，「情報源別」「テキスト形式別」「テキストのタイプ別」「読解プロセス別」「状況別」に示すことができる。

問題を情報源別に分類すると，「単一」が104題（43%），「複数」が141題（57%）である。

テキスト形式別に見ると，「連続型」が158題（65%），「非連続型」が30題（12%），「混成型」が56題（23%），「複合型」が1題（0.4%）である。

テキストのタイプ別に見ると，「解説」が73題（30%），「叙述」が45題（18%），「議論」が39題（16%），記述が30題（12%），「指示」が12題（5%），「処理」が20題（8%），「相互作用」が5題（2%），「複合」が21題（9%）である。

読解プロセス別に見ると，「情報を探し出す」が50題（20%），「理解する」が131題（54%），

読解力　第2章

表 2.1.1　読解力の問題の要素と出題形式別問題数

要　素		全問題数	出題形式				
			多肢選択形式	複合的選択肢形式	求答形式	短答形式	自由記述形式
情報源別	単一	104	48	9	5	4	38
	複数	141 (1)	78	23	1	1	38 (1)
	計	245 (1)	126	32	6	5	76 (1)
テキスト形式別	連続型	158	87	21	2	1	47
	非連続型	30	11	3	4	3	9
	混成型	56 (1)	28	8		1	19 (1)
	複合型	1					1
	計	245 (1)	126	32	6	5	76 (1)
テキストのタイプ別	解説	73 (1)	43	3	2	1	24 (1)
	叙述	45	27	1			17
	議論	39	19	8	2		10
	記述	30	15	3		2	10
	指示	12	5	2	2	1	2
	処理	20	12	5			3
	相互作用	5	3	1			1
	複合	21	2	9		1	9
	計	245 (1)	126	32	6	5	76 (1)
読解プロセス別	情報を探し出す	50 (1)	25	5	6	3	11 (1)
	理解する	131	70	19		2	40
	評価し，熟考する	64	31	8			25
	計	245 (1)	126	32	6	5	76 (1)
状況別	私的	60	31	5	2	1	21
	公的	98 (1)	53	14	2	1	28 (1)
	職業的	26	8	6	1	1	10
	教育的	54	34	5	1	2	12
	複合的	7		2			5
	計	245 (1)	126	32	6	5	76 (1)

(注)　1.　求答：短い語句又は数値で解答する。正解は一つ。
　　　2.　短答：短い語句又は数値で解答する。正解は複数。
　　　3.　読解力の問題全245題のうち，国際分析からデータが除かれた1題については（　）で付し，分析から外した。

「評価し，熟考する」が64題（26％）である。

　状況別に見ると，「私的」が60題（25％），「公的」が98題（40％），「職業的」が26題（11％），「教育的」が54題（22％），「複合的」が7題（3％）である。

2.2 | 読解力の習熟度レベル別国際比較

2.2.1　習熟度レベル

　読解力が2回目の中心分野であった2009年調査においては，読解力の得点によって生徒を八つの習熟度レベルに分け，これによって各国の生徒がどの習熟度レベルにどの程度達しているかを示した。3回目の中心分野となった2018年調査においては，レベル1b以下を詳細に報告するため，「1c」が加わり，得点によって次の九つの習熟度レベルに分けられている。一つのレベルはおよそ

73 点の幅から成る。

```
レベル 6 以上      ：  698 点以上
レベル 5         ：  626 点以上 698 点未満
レベル 4         ：  553 点以上 626 点未満
レベル 3         ：  481 点以上 553 点未満
レベル 2         ：  408 点以上 481 点未満
レベル 1a        ：  335 点以上 408 点未満
レベル 1b        ：  262 点以上 335 点未満
レベル 1c        ：  189 点以上 262 点未満
レベル 1c 未満     ：  189 点未満
```

　2018 年調査において公開された問題を用いて，国際的に易しかった問題と難しかった問題を，生徒の得点との関係で示したものが図 2.2.1 である。読解力のそれぞれの習熟度レベルにいる生徒の特徴を述べるために，第 2 章 2.5 で後述する問題の得点を示している。問題の難易度を表す得点とは，同じ得点をとった生徒がその問題に正答する確率が 0.62 であることを意味する。また，ある習熟度レベルにいる生徒は，その習熟度レベルに対応する一連の問題に少なくとも平均で 50%正答すると期待される。そして，ある習熟度レベルの生徒はそれより下の習熟度レベルを全て身に付けていると想定している。

　例えば，「ラパヌイ島」の問 6 は複合的選択肢形式の問題で，正答の場合問題の難易度は 665 点である。この問題はかなり難易度が高い問題であり，習熟度レベル 5 で得点が 665 点の生徒がその問題に完全正答する確率は 0.62 である。一方，「ラパヌイ島」の問 2 は自由記述形式の問題であり，習熟度レベル 3 で得点が 513 点の生徒がその問題に正答する確率は 0.62 である。

　読解力の習熟度レベル 6 以上からレベル 1c までの生徒の特徴は，図 2.2.1 のとおりである。

　なお，各レベルの特徴は，そのレベルに位置する個々の問題の特徴の記述をまとめる形で作成されている。PISA 調査においては，生徒が知識を得たり，幅広い実際的な問題を解決するために自身の読解力を発揮し始める習熟度レベルがレベル 2 であると判断されている。したがって，次節で報告する習熟度レベル別の生徒の分析は，レベル 2 以上あるいはレベル 1a 以下の割合に一つの注目点が置かれている。

2.2.2　習熟度レベル別の生徒の割合

　表 2.2.1 は OECD 加盟国及び非加盟国 77 か国の読解力について，九つの習熟度レベル別に各国の生徒の割合を示したものである。国名はレベル 5 以上の生徒の割合が多い順に上から並べている。なお，以下で示す習熟度レベルの割合は累積したものではなく，生徒が達した最高のレベル別の割合について示したものである。例えば，レベル 5 の割合にはレベル 6 の生徒は含まれていない。

　OECD 平均はレベル 6 以上が 1%，レベル 5 が 7%，レベル 4 が 19%，レベル 3 が 26%，レベル 2 が 24%，レベル 1a が 15%，レベル 1b が 6%，レベル 1c が 1%，レベル 1c 未満が 0.1%であり，日本はそれぞれレベル 6 以上が 2%，レベル 5 が 9%，レベル 4 が 22%，レベル 3 が 29%，レベル 2 が 23%，レベル 1a が 12%，レベル 1b が 4%，レベル 1c が 0.7%，レベル 1c 未満が 0.1% である。

　コンピュータ使用型調査参加国のうち，レベル 5 以上の生徒の割合が最も多いのはシンガポール

読解力　第2章

図 2.2.1　PISA2018 年調査における読解力の八つの習熟度レベルと問題との関係

第2章

問題の難易度	得点の上限・下限	習熟度レベル	各レベルにいる生徒の特徴

レベル6以上の生徒

レベル6以上

698点

関心の対象となる情報が深く埋め込まれ、課題に間接的に関連している長くて抽象的なテキストを理解すること。情報の使い方を決定するために、複合的な基準を用いるとともに、離れた場所にあるいくつかの情報から推論を生成し、複数かつ潜在的に矛盾する視点を示す情報を比較し、対比し、統合すること。

テキストの外部にある基準を用い、内容に関連するテキストの情報源について深く熟考すること。情報の妥当性に関連して、情報の出典、明示された利害関係やその他の手掛かりに基づく推論により、テキスト間の相違や矛盾を特定し、解決しつつ、テキスト間で情報を比較し、対比すること。

このレベルの課題は、一般的に複数の基準を組み合わせる詳細な計画を立てるとともに、課題とテキストを結びつける推論を生成することが求められる。このレベルで使われる題材は、複数かつ一致しないかもしれない視点がある、一つか複数の複雑で抽象的なテキストが含まれる。問題となる情報は、テキストの中やテキスト全体にわたって深く埋め込まれ、競合する情報により細部においては曖昧な形態をとっている可能性がある。

697点

レベル5

| (665点) ラパヌイ島　問6 |
| (654点) ラパヌイ島　問3 |
| (634点) ラパヌイ島　問4 |

レベル5の生徒

関連する情報が見落としやすくなっていても、テキストのどの情報が関連あるか推測しつつ、長文を理解すること。長いテキストに関する深い理解に基づく因果関係やその他の形式の推論を行うこと。複数のテキストと情報源に分散しているいくつかの情報と質問の関係を推測しながら、間接的な質問にも回答することができる。

熟考する課題は、特定の情報を利用して、仮説の生成または批判的な評価が必要となる。複雑であったり抽象的な陳述に応用するために、内容と目的、あるいは事実と意見を明確に区別すること。情報の内容・情報源の両方に関する明示的または暗示的な手掛かりに基づいて中立性と偏見を評価すること。また、テキストで提供される主張あるいは結論の信頼性について、結論を導き出すこと。

このレベルの課題では、読解のすべての側面について、抽象的あるいは直観に反する概念を扱い、目標に到達するまで幾つかの手順を行うことを要する。また、このレベルの課題では、情報を比較・対比するために、テキスト全体を行ったり来たりしながら、幾つかの長いテキストを処理することが必要な場合がある。

626点

625点

レベル4

| (597点) ラパヌイ島　問5 |
| (588点) ラパヌイ島　問7 |
| (559点) ラパヌイ島　問1 |

レベル4の生徒

単一または複数テキストの場面で、ある程度長い一節を理解すること。テキストを全体として考慮することによって、テキストのある一節にある言葉のニュアンスを捉えること。他の解釈における課題では、生徒はアドホックなカテゴリーの理解と応用を示すこと。視点を比較し、複数の情報源に基づいて推論を導き出すこと。

もっともらしい間違いがある中で、埋め込まれた幾つかの情報を探し、取り出し、統合すること。問題となる情報の関連性を評価するために、課題文を基に推論を生成すること。前の課題の内容を記憶する必要のある課題を処理すること。

それに加えて、このレベルでは、特定の陳述とその個人の全体的な立場やその話題に関する結論との関係を評価することが出来る。テキストの顕著な特徴（例：タイトルやイラスト）に基づいて、著者が主張を伝えるために使用している戦略を熟考すること。幾つかのテキスト中で行われている明示的な主張を比較・対比し、顕著な基準に基づいて情報源の信頼性を評価すること。

レベル4のテキストは、多くの場合、長いか、複雑であり、内容や形式は一般的ではない。課題の多くは、複数テキスト設定である。テキストと課題には、間接的あるいは暗黙の手掛かりが含まれている。

553点

552点

レベル3

| (513点) ラパヌイ島　問2 |

レベル3の生徒

明確な内容あるいはまとまった手掛かりがない場合でも、単一または複数テキストの文字通りの意味を説明すること。内容を統合し、基本的、さらにはより高度な推論の両方を生成することができる。また、必要な情報が単一ページに掲載されている場合、主題を認識し、関係を理解し、一つの単語や節の意味を解釈するために、テキストの幾つかの部分を統合することもできる。

間接的な記述に基づき情報を探し、明白な場所になかったり、注意をそらすような間違いがあっても対象の情報を取り出すこと。場合によっては、複合的な基準に基づき、幾つかの情報の関係性を認識すること。

単一のあるいはいくつかのテキストを熟考し、明示的な情報に基づいて各著者の見解を比較し、対比すること。このレベルの熟考の課題では、比較を行ったり、説明を生成したり、テキストの特徴を評価したりすること。熟考の課題の中には、見慣れたトピックを扱う詳細な理解を示すことが必要なものがある一方で、あまり見慣れない内容の基礎的な理解が必要なものもある。

レベル3の課題は、情報を比較したり、対比したり、カテゴリー化したりする上で多くの内容を考慮することが必要になる。多くの場合、必要な情報は目立たないか、かなり多くの競合する情報がある。このレベルのテキストには、予想に反する概念あるいは否定的な表現などの他の障害が含まれる可能性がある。

481点

480点

レベル2

レベル2の生徒

中程度の長さのテキストにある、主題を特定すること。基本的な推論をすることによる情報が明確でない場合や、テキストに注意をそらす情報が含まれている場合、テキストの限られた部分で関係を理解したり、意図を解釈したりすること。

明示的であるが複雑な記述に基づいて一連のページの中から一つを選択してアクセスし、部分的に明示的な複数の基準に基づいて一つ以上の情報を取り出すこと。明示的な手掛かりがある場合、中程度の長さのテキスト内で、全体的な目的、または特定の詳細な目的を熟考すること。単純な視覚的またはデザインされた表現を熟考すること。短い、明示的な文に基づいて主張を比較し、それを裏付ける理由を評価すること。

レベル2の課題は、テキスト内の単一情報に基づく比較・対比を含む。このレベルの典型的な熟考の課題は、テキストと個人的な経験や態度を利用した外部知識を比較するか、幾つかの関連付けを行う必要がある。

408点

407点

レベル1a

レベル1aの生徒

文章や短い一節の文字通りの意味を理解すること。また、見慣れたトピックについてテキストから主なテーマあるいは著者の目的を認識し、幾つかの隣接する情報あるいは与えられた情報と、自身の既に持っている知識を単純に結びつけること。

簡単な記述に基づきいくつかある中から関連するページを選択し、短いテキスト内の一つ以上の独立した情報を取り出すこと。

明示的な手掛かりを含む単純なテキストにおいて、全体的な目的及び情報の相対的な重要性（例えば、主題か本質的でない部分か）を熟考すること。

このレベルの多くの課題は、何を行う必要があるのか、どのようにそれを行うか、読み手はテキスト内のどこに注意を向けるべきかに関して明示的な手掛かりが含まれている。

335点

334点

| 「読みの流ちょう性」で「いいえ」と解答する課題（「飛行機は犬でできている」など意味が通らない文章） |

レベル1b

レベル1bの生徒

単純な文章の文字通りの意味を評価すること。また、設問及び／あるいはテキスト内の隣接する情報を単純に結びつけることにより、テキストの文字通りの意味を解釈すること。

一つの文、短いテキスト、または簡単な表の中に、わかりやすい、明白に述べられた一つの情報を探し、取り出すことができる。明示的な手掛かりがある場合、簡単な記述に基づいて、いくつかある中から関連するページにアクセスすること。

このレベルの課題は、課題と文中の関連要素を考慮するよう明示的に指示している。このレベルのテキストは、短く、通常、情報や絵、見慣れたシンボルの繰り返しなどによって、読み手を補助している。競合する情報は最小限しかない。

262点

261点

| 「読みの流ちょう性」で「はい」と解答する課題（「赤い車はパンクしていた」など意味が通る文章） |

レベル1c

レベル1cの生徒

文字通りの水準で、短く構文的に単純な文の意味を理解・肯定し、限られた時間内で明確で単純な目的のために読むこと。

このレベルの課題には、単純な語彙と構文構造が含まれる。

189点

（注）　1．　左側の問題はコンピュータ使用型調査でのみ出題されており、得点が高いほど難しい問題であることを示す。例えば665点の問題とは、習熟度レベル5で得点が665点の生徒がその問題を解ける確率が0.62 であることを示す。
　　　　2．　右側の生徒の特徴においては、高いレベルにいるほど読解力を十分に身に付けていることを示す。
出所：OECD(2019a) の図，OECD(2019d) の図から作成。

第 2 章　読解力

表 2.2.1　習熟度レベル別の生徒の割合（読解力）

国　名	習熟度レベル																	
	レベル1c未満		レベル1c		レベル1b		レベル1a		レベル2		レベル3		レベル4		レベル5		レベル6以上	
	割合	標準誤差	割合	標準誤差	割合	標準誤差	割合	標準誤差	割合	標準誤差	割合	標準誤差	割合	標準誤差	割合	標準誤差	割合	標準誤差
シンガポール	0.0	(0.0)	0.5	(0.1)	3.0	(0.3)	7.7	(0.4)	14.2	(0.5)	22.3	(0.7)	26.4	(0.6)	18.5	(0.7)	7.3	(0.4)
北京・上海・江蘇・浙江	0.0	(0.0)	0.1	(0.1)	0.7	(0.2)	4.3	(0.5)	14.3	(0.8)	27.9	(1.0)	30.8	(1.0)	17.5	(0.9)	4.2	(0.6)
カナダ	0.0	(0.0)	0.7	(0.1)	3.1	(0.2)	10.0	(0.4)	20.1	(0.6)	27.2	(0.5)	24.0	(0.5)	12.2	(0.5)	2.8	(0.2)
香港	0.1	(0.1)	0.9	(0.2)	3.5	(0.4)	8.1	(0.4)	17.8	(0.7)	27.7	(0.7)	27.1	(0.8)	12.5	(0.6)	2.3	(0.3)
フィンランド	0.0	(0.0)	0.8	(0.2)	3.3	(0.4)	9.4	(0.6)	19.2	(0.7)	27.6	(0.8)	25.4	(0.8)	11.9	(0.6)	2.4	(0.3)
エストニア	0.0	c	0.3	(0.1)	2.1	(0.2)	8.7	(0.5)	21.2	(0.9)	29.9	(0.9)	24.0	(0.8)	11.1	(0.6)	2.8	(0.3)
マカオ	0.0	(0.0)	0.3	(0.1)	2.2	(0.2)	8.2	(0.6)	19.4	(0.8)	29.8	(0.8)	26.1	(0.7)	11.7	(0.6)	2.1	(0.3)
アメリカ	0.1	(0.1)	1.1	(0.2)	5.4	(0.5)	12.7	(0.6)	21.1	(0.8)	24.7	(0.8)	21.4	(0.8)	10.7	(0.7)	2.8	(0.4)
スウェーデン	0.2	(0.1)	1.5	(0.2)	5.1	(0.5)	11.6	(0.7)	20.6	(0.8)	25.5	(0.8)	22.3	(0.8)	10.9	(0.7)	2.4	(0.3)
韓国	0.1	(0.1)	1.1	(0.2)	4.3	(0.4)	9.6	(0.7)	19.6	(0.7)	27.6	(0.8)	24.6	(0.8)	10.8	(0.6)	2.3	(0.4)
ニュージーランド	0.1	(0.1)	1.0	(0.2)	5.2	(0.5)	12.7	(0.6)	20.8	(0.7)	24.6	(0.7)	22.5	(0.7)	10.7	(0.6)	2.4	(0.3)
オーストラリア	0.1	(0.1)	1.4	(0.2)	5.6	(0.3)	12.5	(0.4)	21.1	(0.5)	25.4	(0.6)	20.9	(0.5)	10.3	(0.4)	2.7	(0.2)
ポーランド	0.0	(0.0)	0.5	(0.1)	3.3	(0.4)	10.8	(0.6)	22.4	(0.8)	27.7	(0.8)	23.0	(0.8)	10.1	(0.7)	2.1	(0.3)
アイルランド	0.0	(0.0)	0.2	(0.1)	2.1	(0.3)	9.5	(0.6)	21.7	(0.8)	30.3	(0.9)	24.1	(0.8)	10.3	(0.6)	1.8	(0.3)
イギリス	0.0	(0.0)	0.8	(0.1)	4.2	(0.4)	12.3	(0.7)	23.0	(0.7)	27.2	(0.7)	21.0	(0.8)	9.5	(0.6)	2.0	(0.2)
ドイツ	0.1	(0.1)	1.3	(0.3)	5.7	(0.5)	13.6	(0.8)	21.1	(0.8)	25.4	(0.8)	21.5	(0.9)	9.5	(0.6)	1.8	(0.2)
ノルウェー	0.1	(0.1)	1.7	(0.2)	5.6	(0.4)	11.9	(0.6)	21.5	(0.7)	26.4	(0.9)	21.6	(0.8)	9.6	(0.6)	1.6	(0.2)
台湾	0.1	(0.1)	1.2	(0.2)	4.5	(0.4)	12.0	(0.6)	21.8	(0.7)	27.4	(0.8)	22.0	(0.9)	9.3	(0.7)	1.6	(0.3)
イスラエル	0.7	(0.2)	5.0	(0.5)	10.4	(0.7)	15.0	(0.9)	19.4	(0.7)	21.6	(0.8)	17.5	(0.8)	8.4	(0.6)	2.0	(0.3)
日本	0.1	(0.0)	0.7	(0.2)	4.1	(0.4)	12.0	(0.7)	22.5	(0.9)	28.6	(1.0)	21.9	(0.8)	8.6	(0.6)	1.7	(0.3)
ベルギー	0.1	(0.1)	1.2	(0.2)	6.0	(0.4)	14.0	(0.6)	22.4	(0.7)	26.5	(0.7)	20.4	(0.7)	8.3	(0.5)	1.3	(0.2)
フランス	0.0	(0.0)	1.1	(0.2)	5.7	(0.4)	14.0	(0.7)	22.8	(0.8)	26.6	(0.8)	20.5	(0.7)	8.1	(0.4)	1.1	(0.2)
オランダ	0.1	(0.1)	1.3	(0.2)	7.0	(0.6)	15.6	(0.7)	23.7	(0.8)	24.3	(1.0)	18.8	(0.8)	7.9	(0.6)	1.2	(0.2)
OECD平均	0.1	(0.0)	1.3	(0.0)	6.2	(0.1)	15.0	(0.1)	23.8	(0.1)	26.1	(0.1)	18.8	(0.1)	7.3	(0.1)	1.3	(0.0)
デンマーク	0.0	(0.0)	0.5	(0.1)	3.5	(0.3)	11.9	(0.5)	23.9	(0.8)	30.1	(0.9)	21.6	(0.8)	7.3	(0.5)	1.1	(0.2)
チェコ	0.1	(0.1)	0.7	(0.2)	5.0	(0.5)	15.0	(0.8)	25.0	(0.8)	26.9	(0.9)	19.1	(0.8)	7.2	(0.5)	1.1	(0.2)
スイス	0.1	(0.1)	1.3	(0.3)	7.1	(0.6)	15.1	(0.7)	23.4	(0.9)	26.3	(0.8)	18.5	(0.8)	6.9	(0.6)	1.2	(0.2)
スロベニア	0.0	(0.1)	0.6	(0.2)	4.3	(0.4)	12.9	(0.5)	24.5	(0.8)	29.5	(0.9)	20.3	(0.7)	6.8	(0.5)	1.0	(0.2)
ルクセンブルク	0.2	(0.1)	2.4	(0.2)	9.2	(0.4)	17.6	(0.6)	23.7	(0.7)	23.5	(0.7)	15.9	(0.6)	6.4	(0.4)	1.3	(0.2)
オーストリア	0.0	(0.0)	0.9	(0.2)	6.4	(0.6)	16.3	(0.8)	23.5	(0.8)	26.2	(0.9)	19.3	(0.8)	6.7	(0.5)	0.7	(0.1)
ポルトガル	0.0	(0.0)	0.9	(0.2)	5.0	(0.5)	14.3	(0.7)	23.3	(0.7)	28.2	(0.8)	21.0	(0.9)	6.5	(0.6)	0.8	(0.2)
アイスランド	0.1	(0.1)	2.3	(0.3)	8.0	(0.7)	15.9	(0.8)	24.6	(0.9)	25.1	(0.8)	16.9	(0.7)	6.2	(0.6)	0.9	(0.2)
ハンガリー	0.1	(0.1)	1.2	(0.2)	7.0	(0.6)	17.0	(0.8)	25.2	(0.9)	26.3	(0.9)	17.5	(0.8)	5.2	(0.5)	0.5	(0.1)
ロシア	0.0	(0.0)	1.0	(0.2)	5.6	(0.6)	15.5	(0.9)	28.1	(0.9)	28.0	(0.8)	16.4	(0.7)	4.8	(0.5)	0.6	(0.1)
イタリア	0.1	(0.1)	1.7	(0.3)	6.7	(0.6)	14.8	(0.7)	26.3	(0.9)	28.2	(0.9)	16.9	(0.7)	4.9	(0.4)	0.4	(0.1)
マルタ	0.7	(0.2)	4.8	(0.4)	11.9	(0.7)	18.5	(0.9)	23.7	(0.9)	21.7	(0.9)	13.4	(0.9)	4.5	(0.5)	0.9	(0.2)
リトアニア	0.0	(0.0)	1.0	(0.2)	6.3	(0.4)	17.0	(0.6)	26.1	(0.9)	27.7	(0.7)	16.9	(0.6)	4.5	(0.4)	0.4	(0.1)
ラトビア	0.0	(0.0)	0.6	(0.1)	5.2	(0.4)	16.6	(0.6)	27.4	(0.8)	28.8	(0.8)	16.6	(0.7)	4.4	(0.4)	0.4	(0.1)
アラブ首長国連邦	0.6	(0.1)	5.8	(0.3)	14.9	(0.5)	21.6	(0.4)	23.4	(0.5)	18.1	(0.5)	10.8	(0.6)	4.1	(0.4)	0.7	(0.1)
クロアチア	0.0	(0.0)	0.7	(0.2)	5.0	(0.5)	15.9	(0.8)	28.3	(0.9)	29.0	(1.0)	16.4	(0.8)	4.3	(0.4)	0.4	(0.1)
スロバキア	0.1	(0.1)	2.3	(0.3)	9.2	(0.7)	19.8	(0.7)	26.9	(0.7)	23.5	(0.9)	13.6	(0.7)	4.1	(0.4)	0.5	(0.1)
ベラルーシ	0.0	(0.0)	0.8	(0.2)	5.8	(0.5)	16.8	(0.8)	28.7	(0.8)	28.0	(1.0)	16.0	(0.7)	3.7	(0.4)	0.3	(0.1)
ギリシャ	0.1	(0.1)	2.1	(0.3)	9.3	(0.7)	19.0	(0.9)	27.3	(0.8)	25.2	(1.0)	13.3	(0.7)	3.3	(0.4)	0.3	(0.1)
トルコ	0.0	(0.0)	0.7	(0.2)	6.3	(0.6)	19.1	(0.7)	30.2	(0.9)	26.9	(1.0)	13.5	(0.6)	3.1	(0.5)	0.2	(0.1)
カタール	1.2	(0.1)	8.5	(0.3)	17.6	(0.4)	23.6	(0.5)	23.4	(0.4)	15.8	(0.4)	7.3	(0.3)	2.2	(0.2)	0.4	(0.1)
チリ	0.1	(0.1)	1.7	(0.2)	8.9	(0.6)	21.0	(0.9)	29.5	(0.9)	24.4	(0.9)	11.8	(0.6)	2.4	(0.3)	0.2	(0.1)
セルビア	0.1	(0.1)	2.7	(0.4)	12.2	(0.8)	22.7	(0.8)	27.8	(0.8)	21.8	(0.8)	10.1	(0.7)	2.4	(0.3)	0.2	(0.1)
ブルガリア	0.3	(0.1)	4.6	(0.6)	17.1	(1.1)	25.1	(0.9)	24.9	(1.0)	17.3	(0.9)	8.4	(0.7)	2.2	(0.3)	0.2	(0.1)
ブラジル	0.4	(0.1)	5.3	(0.4)	17.7	(0.6)	26.7	(0.6)	24.5	(0.6)	16.3	(0.6)	7.4	(0.5)	1.7	(0.2)	0.2	(0.1)
キプロス	0.3	(0.1)	4.3	(0.3)	15.0	(0.6)	24.1	(0.8)	26.9	(0.7)	19.3	(0.6)	8.4	(0.4)	1.7	(0.2)	0.1	(0.1)
ウルグアイ	0.3	(0.1)	4.0	(0.4)	13.6	(0.8)	24.0	(0.9)	28.1	(1.1)	20.1	(0.8)	8.3	(0.5)	1.5	(0.2)	0.1	(0.1)
ブルネイ	0.3	(0.1)	5.4	(0.4)	19.1	(0.5)	27.0	(0.7)	24.5	(0.6)	15.5	(0.5)	6.9	(0.3)	1.3	(0.2)	0.0	(0.0)
コロンビア	0.2	(0.1)	3.6	(0.4)	15.8	(0.9)	30.3	(1.0)	27.7	(1.0)	15.8	(0.9)	5.7	(0.5)	0.9	(0.2)	0.0	(0.0)
ペルー	0.4	(0.1)	5.5	(0.5)	19.6	(0.9)	28.9	(0.9)	25.8	(0.7)	14.3	(0.7)	4.8	(0.5)	0.7	(0.2)	0.0	(0.0)
モンテネグロ	0.1	(0.1)	2.8	(0.3)	13.5	(0.5)	28.0	(0.7)	30.5	(0.6)	18.3	(0.6)	6.0	(0.4)	0.8	(0.2)	0.0	(0.0)
メキシコ	0.0	(0.1)	2.5	(0.4)	13.1	(0.8)	29.1	(1.1)	31.7	(1.0)	17.5	(0.9)	5.3	(0.6)	0.7	(0.2)	0.0	(0.0)
コスタリカ	0.1	(0.0)	1.8	(0.3)	11.3	(0.7)	28.9	(1.1)	32.1	(1.1)	19.4	(1.1)	5.9	(0.8)	0.6	(0.2)	0.0	c
マレーシア	0.2	(0.1)	3.6	(0.4)	14.2	(0.8)	27.9	(0.9)	31.4	(1.0)	17.9	(0.9)	4.3	(0.6)	0.5	(0.2)	0.0	(0.0)
カザフスタン	0.1	(0.1)	3.5	(0.3)	22.2	(0.7)	38.4	(0.7)	23.9	(0.6)	8.9	(0.3)	2.6	(0.2)	0.4	(0.1)	0.0	(0.0)
アルバニア	0.1	(0.1)	2.9	(0.4)	16.4	(0.7)	32.8	(0.9)	29.9	(0.8)	14.0	(0.7)	3.5	(0.4)	0.4	(0.1)	0.0	(0.0)
ジョージア	0.4	(0.1)	7.0	(0.5)	24.2	(0.9)	32.8	(0.9)	22.9	(0.8)	10.1	(0.6)	2.4	(0.3)	0.2	(0.1)	0.0	(0.0)
パナマ	1.0	(0.2)	8.4	(0.8)	23.4	(0.9)	31.5	(1.0)	23.0	(0.8)	9.9	(0.9)	2.6	(0.4)	0.2	(0.1)	0.0	(0.0)
ボスニア・ヘルツェゴビナ	0.1	(0.1)	2.8	(0.4)	17.5	(1.0)	33.2	(1.1)	28.8	(1.1)	14.3	(0.9)	3.0	(0.4)	0.2	(0.1)	0.0	c
タイ	0.1	(0.1)	3.6	(0.5)	20.6	(1.1)	35.3	(1.1)	26.0	(1.0)	11.6	(0.9)	2.7	(0.4)	0.2	(0.1)	0.0	(0.0)
バクー（アゼルバイジャン）	0.1	(0.1)	3.7	(0.4)	19.6	(0.8)	37.0	(1.1)	28.6	(0.9)	9.2	(0.6)	1.6	(0.4)	0.1	(0.1)	0.0	(0.0)
ドミニカ共和国	1.1	(0.3)	15.9	(0.9)	33.3	(1.1)	28.8	(1.0)	15.0	(0.9)	4.9	(0.5)	0.9	(0.2)	0.1	(0.1)	0.0	(0.0)
インドネシア	0.2	(0.1)	6.3	(0.6)	26.7	(1.0)	36.7	(1.1)	21.8	(1.0)	7.2	(0.8)	1.1	(0.2)	0.1	(0.1)	0.0	(0.0)
フィリピン	0.5	(0.1)	15.1	(0.9)	38.3	(1.1)	26.7	(0.8)	13.1	(0.7)	5.1	(0.7)	1.1	(0.3)	0.1	(0.0)	0.0	(0.0)
モロッコ	0.3	(0.1)	8.8	(0.7)	30.8	(1.8)	33.4	(0.9)	20.6	(1.2)	5.6	(0.5)	0.5	(0.1)	0.0	(0.0)	0.0	c
コソボ	0.3	(0.1)	8.7	(0.6)	31.7	(0.8)	38.0	(1.0)	17.5	(0.7)	3.6	(0.3)	0.2	(0.1)	0.0	(0.0)	0.0	c
アルゼンチン※	1.3	(0.2)	6.7	(0.5)	17.4	(0.9)	26.7	(0.9)	25.7	(0.8)	16.2	(0.7)	5.3	(0.5)	0.7	(0.2)	0.0	(0.0)
ヨルダン※	1.1	(0.2)	4.0	(0.5)	11.1	(0.7)	25.3	(0.8)	33.8	(1.0)	20.5	(0.9)	4.3	(0.5)	0.3	(0.1)	0.0	(0.0)
レバノン※	6.3	(0.6)	16.9	(1.0)	23.0	(0.9)	21.6	(0.9)	17.4	(0.9)	10.5	(0.7)	3.7	(0.5)	0.7	(0.2)	0.0	(0.0)
北マケドニア※	1.6	(0.2)	7.3	(0.5)	18.3	(0.8)	27.9	(1.0)	26.6	(0.9)	14.4	(0.6)	3.5	(0.3)	0.3	(0.2)	0.0	(0.0)
モルドバ※	0.4	(0.1)	3.9	(0.4)	13.5	(0.7)	25.2	(0.8)	28.0	(0.9)	20.8	(0.9)	7.2	(0.6)	1.0	(0.3)	0.1	(0.1)
ルーマニア※	0.8	(0.3)	4.3	(0.6)	12.9	(1.0)	22.8	(1.2)	28.1	(1.1)	20.9	(1.3)	8.7	(1.0)	1.3	(0.3)	0.1	(0.1)
サウジアラビア※	0.5	(0.2)	5.3	(0.6)	17.0	(0.9)	29.4	(0.9)	30.4	(1.1)	14.6	(0.8)	2.6	(0.3)	0.1	(0.1)	0.0	c
ウクライナ※	0.2	(0.1)	1.8	(0.3)	7.2	(0.7)	16.7	(0.9)	27.7	(0.8)	28.5	(1.0)	14.5	(0.8)	3.2	(0.4)	0.2	(0.1)

（注）1．灰色の網掛けは非 OECD 加盟国・地域を示す。
　　　2．習熟度レベル 5 以上の生徒の割合が多い順に上から国を並べている。
　　　3．表中の c は欠損値（生徒が少ないため値を推計できない）。
　　　4．※は，2018 年調査において，コンピュータ使用型調査での実施ではなく，筆記型調査で実施した国を示す。
　　　5．各習熟度レベルの得点の範囲は，74 頁参照。
出所：OECD(2019a) の表から作成。

読解力　第2章

図2.2.2　レベル2を基準とする習熟度レベル別の生徒の割合（読解力）

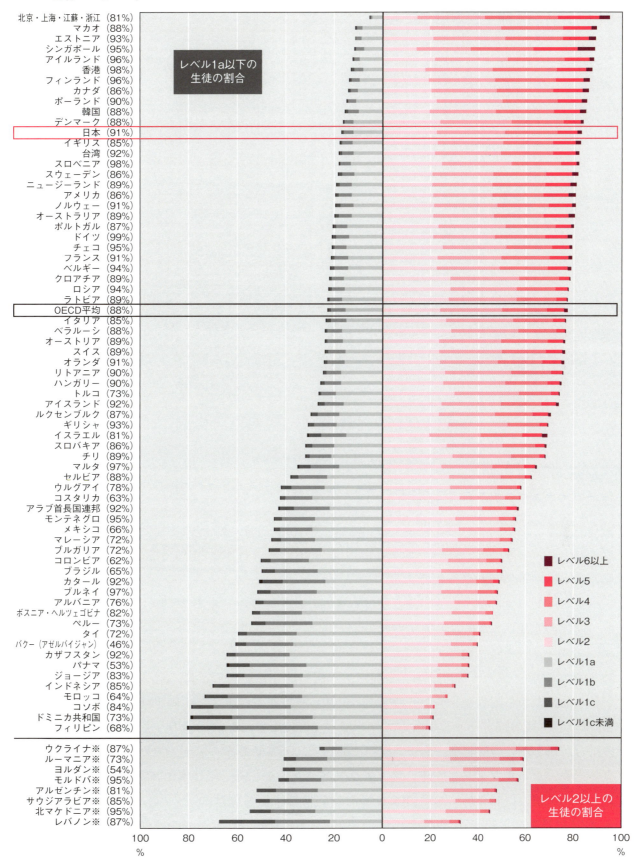

（注）1. 習熟度レベル2以上の生徒の割合が多い順に上から国名を並べている。
　　　2. ※は、2018年調査において、コンピュータ使用型調査での実施ではなく、筆記型調査で実施した国を示す。
　　　3. 国名の右側の数値は、カバー率を示す。カバー率とは、調査を受けた生徒の当該年齢推定人口に占める割合を推定したもの。
出所：OECD(2019a) の図から作成。

表 2.2.2　男女別に見た習熟度レベル別の生徒の割合

国　名		レベル1c未満		レベル1c		レベル1b		レベル1a		レベル2		レベル3		レベル4		レベル5		レベル6以上	
		割合	標準誤差	割合	標準誤差	割合	標準誤差	割合	標準誤差	割合	標準誤差	割合	標準誤差	割合	標準誤差	割合	標準誤差	割合	標準誤差
日本	男子	0.1	(0.1)	1.0	(0.3)	5.7	(0.7)	14.0	(0.9)	22.7	(1.2)	26.9	(1.2)	20.5	(1.1)	7.7	(0.8)	1.4	(0.3)
	女子	0.0	c	0.3	(0.1)	2.5	(0.4)	10.1	(0.8)	22.3	(1.2)	30.3	(1.3)	23.1	(1.1)	9.4	(0.8)	1.9	(0.3)
オーストラリア	男子	0.2	(0.1)	2.2	(0.3)	7.6	(0.5)	14.4	(0.6)	21.9	(0.7)	24.4	(0.7)	18.5	(0.6)	8.8	(0.5)	2.1	(0.3)
	女子	0.0	(0.0)	0.6	(0.1)	3.5	(0.3)	10.6	(0.4)	20.3	(0.6)	26.4	(0.7)	23.4	(0.7)	11.9	(0.5)	3.3	(0.3)
カナダ	男子	0.0	(0.0)	1.0	(0.2)	4.3	(0.3)	12.5	(0.6)	21.6	(0.8)	26.2	(0.6)	21.9	(0.6)	10.3	(0.5)	2.1	(0.2)
	女子	0.0	(0.0)	0.5	(0.1)	1.9	(0.2)	7.4	(0.4)	18.6	(0.7)	28.1	(0.7)	24.0	(0.7)	14.1	(0.6)	3.6	(0.3)
エストニア	男子	0.0	c	0.5	(0.2)	2.9	(0.4)	11.0	(0.8)	23.8	(1.1)	30.1	(1.3)	21.0	(1.0)	8.5	(0.7)	2.1	(0.4)
	女子	0.0	c	0.1	(0.1)	1.2	(0.3)	6.4	(0.7)	18.5	(1.1)	29.7	(1.3)	27.0	(1.3)	13.6	(0.9)	3.5	(0.4)
フィンランド	男子	0.1	(0.1)	1.2	(0.3)	5.3	(0.6)	13.0	(0.9)	23.2	(1.1)	27.1	(1.2)	21.1	(0.9)	8.0	(0.7)	1.1	(0.3)
	女子	0.0	(0.0)	0.4	(0.2)	1.3	(0.3)	5.6	(0.5)	15.2	(0.9)	28.1	(1.1)	29.9	(1.1)	15.9	(0.9)	3.6	(0.6)
フランス	男子	0.1	(0.1)	1.7	(0.3)	7.7	(0.6)	16.0	(0.8)	23.2	(0.9)	25.0	(0.9)	18.1	(0.9)	7.1	(0.7)	1.1	(0.3)
	女子	0.0	(0.0)	0.6	(0.1)	3.8	(0.5)	12.0	(0.9)	22.5	(1.2)	28.2	(1.2)	22.8	(1.0)	9.0	(0.9)	1.2	(0.2)
ドイツ	男子	0.1	(0.1)	1.7	(0.3)	7.6	(0.7)	15.1	(1.0)	21.8	(1.1)	24.6	(1.0)	19.8	(1.1)	7.7	(0.7)	1.7	(0.3)
	女子	0.1	(0.1)	0.8	(0.3)	3.6	(0.5)	11.9	(1.1)	20.4	(1.3)	26.4	(1.1)	23.4	(1.1)	11.6	(0.9)	1.9	(0.4)
アイルランド	男子	0.0	(0.0)	0.3	(0.1)	3.1	(0.4)	11.7	(0.9)	23.9	(1.0)	28.9	(1.0)	21.8	(1.0)	8.8	(0.8)	1.5	(0.4)
	女子	0.0	c	0.1	(0.1)	1.2	(0.3)	7.3	(0.9)	19.6	(1.2)	31.7	(1.3)	26.3	(1.2)	11.9	(0.7)	2.0	(0.4)
イタリア	男子	0.2	(0.1)	2.5	(0.4)	8.6	(0.8)	16.4	(1.0)	26.4	(1.2)	26.7	(1.2)	14.8	(0.9)	4.1	(0.5)	0.4	(0.1)
	女子	0.1	(0.1)	0.8	(0.2)	4.7	(0.7)	13.1	(0.9)	26.2	(1.1)	29.9	(1.2)	19.2	(0.9)	5.7	(0.6)	0.6	(0.2)
韓国	男子	0.1	(0.1)	1.5	(0.3)	5.9	(0.7)	11.2	(1.0)	20.6	(0.9)	26.4	(1.1)	22.4	(1.2)	9.7	(0.9)	2.2	(0.5)
	女子	0.0	(0.1)	0.7	(0.3)	2.5	(0.5)	7.9	(0.8)	18.5	(1.0)	29.0	(1.1)	27.0	(1.2)	12.0	(0.8)	2.5	(0.4)
オランダ	男子	0.2	(0.1)	2.0	(0.4)	9.5	(0.9)	17.7	(1.1)	24.0	(1.2)	22.1	(1.3)	16.8	(1.1)	6.8	(0.8)	1.0	(0.3)
	女子	0.0	(0.0)	0.6	(0.2)	4.5	(0.5)	13.6	(0.9)	23.5	(1.1)	26.5	(1.4)	20.8	(1.1)	9.0	(0.9)	1.4	(0.3)
ニュージーランド	男子	0.1	(0.1)	1.6	(0.4)	7.4	(0.7)	14.4	(0.9)	21.4	(1.0)	23.6	(1.0)	20.5	(1.0)	9.2	(0.7)	1.8	(0.4)
	女子	0.0	(0.0)	0.4	(0.2)	3.0	(0.5)	10.9	(0.8)	20.2	(1.1)	25.7	(1.1)	24.5	(1.0)	12.3	(0.8)	2.9	(0.5)
イギリス	男子	0.0	(0.0)	1.1	(0.3)	5.4	(0.5)	14.0	(0.9)	23.5	(0.9)	26.5	(0.8)	19.7	(1.0)	8.1	(0.9)	1.6	(0.4)
	女子	0.0	(0.0)	0.6	(0.2)	3.0	(0.4)	10.7	(0.8)	21.0	(0.9)	27.9	(1.1)	22.3	(1.0)	10.7	(0.8)	2.4	(0.4)
アメリカ	男子	0.1	(0.1)	1.6	(0.4)	7.2	(0.7)	14.0	(1.0)	21.3	(1.1)	24.2	(1.1)	20.3	(1.1)	9.5	(0.9)	2.4	(0.5)
	女子	0.0	(0.1)	0.5	(0.2)	3.5	(0.5)	11.5	(0.9)	20.8	(1.1)	25.4	(1.1)	23.0	(1.2)	12.0	(1.0)	3.3	(0.5)
OECD 平均	男子	0.1	(0.0)	2.0	(0.1)	8.3	(0.1)	17.2	(0.2)	24.5	(0.2)	24.4	(0.2)	16.4	(0.2)	6.0	(0.1)	1.0	(0.0)
	女子	0.0	(0.0)	0.7	(0.0)	4.1	(0.1)	12.7	(0.1)	23.2	(0.2)	27.8	(0.2)	21.2	(0.2)	8.7	(0.1)	1.6	(0.1)
北京・上海・江蘇・浙江	男子	0.0	c	0.2	(0.1)	1.1	(0.3)	5.3	(0.7)	15.3	(1.1)	28.1	(1.2)	29.7	(1.3)	16.5	(0.9)	3.8	(0.5)
	女子	0.0	(0.0)	0.0	(0.0)	0.4	(0.1)	3.3	(0.5)	13.3	(0.9)	27.7	(1.4)	32.1	(1.3)	18.6	(1.2)	4.7	(0.8)
香港	男子	0.1	(0.1)	1.5	(0.4)	5.2	(0.5)	10.1	(0.8)	19.5	(0.9)	27.4	(1.0)	24.2	(1.0)	10.2	(0.8)	1.6	(0.3)
	女子	0.0	(0.0)	0.2	(0.1)	1.7	(0.4)	6.0	(0.7)	16.0	(1.0)	28.0	(1.0)	30.1	(1.1)	14.9	(0.9)	3.0	(0.4)
台湾	男子	0.2	(0.1)	1.9	(0.3)	6.0	(0.6)	13.2	(0.9)	22.5	(1.0)	26.0	(0.9)	20.3	(1.1)	8.6	(0.9)	1.2	(0.4)
	女子	0.0	(0.1)	0.5	(0.2)	3.0	(0.4)	10.7	(0.8)	21.1	(1.0)	28.9	(1.3)	23.8	(1.2)	9.9	(1.1)	2.0	(0.5)
シンガポール	男子	0.1	(0.1)	0.7	(0.2)	4.2	(0.4)	9.2	(0.6)	14.6	(0.7)	22.3	(0.9)	25.7	(0.9)	17.0	(0.9)	6.1	(0.5)
	女子	0.0	(0.1)	0.2	(0.2)	1.8	(0.3)	6.1	(0.5)	13.8	(0.7)	22.4	(1.0)	27.0	(1.0)	20.0	(1.0)	8.6	(0.6)

(注) 灰色の網掛けは非 OECD 加盟国・地域を示す。
出所：OECD(2019b) の表より抜粋。

であり，26％である。次いで北京・上海・江蘇・浙江の22％，カナダ，香港の15％，フィンランド，エストニア，マカオ，アメリカの14％となっている。日本は10％で20番目である。OECD平均の9％を上回るのは23か国である。

　レベル6以上で見ると，生徒の割合が最も多いのはシンガポールの7％で，次いで北京・上海・江蘇・浙江の4％，カナダ，アメリカ，エストニア，オーストラリアの3％となり，日本は2％で18番目である。

　図2.2.2はコンピュータ使用型調査参加国，筆記型調査参加国ごとに，レベル2以上の生徒の割合が多い順に上から国名を並べたものである。図の右側がレベル2以上の生徒の割合，左側がレベル1a以下の生徒の割合を示している。コンピュータ使用型調査参加国のうち，レベル2以上の生徒の割合が最も多いのは北京・上海・江蘇・浙江で，95％である。以下，マカオ，エストニア，シンガポール，アイルランド，香港，フィンランド，カナダと続く。日本は83％で12番目に多い。コンピュータ使用型調査参加国でOECD平均の77％を上回る国は28か国である。

　表2.2.2は日本を含む18か国の読解力について，男女別に習熟度レベル別の生徒の割合を示したものである。レベル5以上の生徒の割合についてみてみると，OECD平均は男子7％，女子10％であり，この割合が最も多いのはシンガポールで男子23％，女子29％である。日本は男子9％，女子11％である。レベル1a以下の生徒の割合についてみてみると，OECD平均は男子28％，女子18％であり，この割合が最も少ないのは北京・上海・江蘇・浙江で男子7％，女子4％である。日本

読解力　第2章

は，男子21%，女子13%であった。

　以上のことから，18か国の中でもシンガポール，北京・上海・江蘇・浙江，カナダ，香港は，レベル5以上の習熟度レベルに属している生徒の割合が多く，1a以下の習熟度レベルに属している生徒の割合が少ないことがわかる。また，18か国の中でも北京・上海・江蘇・浙江，マカオ，エストニアなどはレベル2以上の生徒の割合が多く，1a以下の習熟度レベルに属している生徒の割合が少ない。

2.2.3　読解プロセス別に見た習熟度レベルの割合

　表2.2.3，表2.2.4及び表2.2.5は読解プロセスの三つのカテゴリー，すなわち「情報を探し出す」「理解する」「評価し，熟考する」について，九つの習熟度レベル別に各国の生徒の割合を示したものである。国名はレベル5以上の生徒の割合が多い順に並べている。

　表2.2.3の「情報を探し出す」における習熟度レベル別の生徒の割合を見ると，OECD平均はレベル6以上が2%，レベル5が8%，レベル4が19%，レベル3が26%，レベル2が23%，レベル1aが14%，レベル1bが6%，レベル1cが2%，レベル1c未満が0.3%であり，日本はそれぞれレベル6以上が1%，レベル5が8%，レベル4が21%，レベル3が29%，レベル2が23%，レベル1aが12%，レベル1bが4%，レベル1cが0.9%，レベル1c未満が0.1%である。

　レベル5以上の生徒の割合が最も多いのはシンガポールであり，26%である。次いで北京・上海・江蘇・浙江，香港，フィンランド，韓国，エストニアと続き，日本は9%で25番目であり，OECD平均の9%と同程度であった。OECD平均を上回るのは，日本を除く24か国である。レベル6以上で見ると，生徒の割合が最も多いのはシンガポールの7%で，次いで北京・上海・江蘇・浙江，フィンランド，韓国，香港，ドイツ，エストニア，スウェーデン，イギリス，カナダ，ポーランドと続き，日本は1%で25番目である。

　レベル1a以下の生徒の割合が最も少ないのは北京・上海・江蘇・浙江であり，6%である。次いでマカオ，エストニア，シンガポールで，日本は18%で14番目に少ない。OECD平均の23%を下回るのは，日本を含む28か国である。

　次に，表2.2.4の「理解する」における習熟度レベル別の生徒の割合を見ると，OECD平均はレベル6以上が1%，レベル5が8%，レベル4が19%，レベル3が26%，レベル2が23%，レベル1aが15%，レベル1bが7%，レベル1cが2%，レベル1c未満が0.1%であり，日本はそれぞれレベル6以上が2%，レベル5が10%，レベル4が22%，レベル3が28%，レベル2が22%，レベル1aが12%，レベル1bが5%，レベル1cが1%，レベル1c未満が0.1%である。

　レベル5以上の生徒の割合が最も多いのはシンガポールであり，26%である。次いで北京・上海・江蘇・浙江，香港，カナダ，韓国，エストニア，フィンランド，マカオと続き，日本は11%で16番目である。OECD平均の9%を上回るのは，日本を含む23か国である。レベル6以上で見ると，生徒の割合が最も多いのはシンガポールの7%で，次いで北京・上海・江蘇・浙江，カナダ，エストニア，香港，オーストラリア，韓国，アメリカ，フィンランド，ニュージーランドと続き，日本は2%で17番目である。

　レベル1a以下の生徒の割合が最も少ないのは北京・上海・江蘇・浙江であり，4%である。次いでマカオ，エストニア，シンガポール，香港，韓国，アイルランド，カナダ，ポーランド，フィンランド，日本と続き，日本は18%で11番目に少ない。OECD平均の23%を下回るのは29か国である。

　表2.2.5の「評価し，熟考する」における習熟度レベル別の生徒の割合を見ると，OECD平均は

第2章　読解力

表 2.2.3　読解プロセス別（情報を探し出す）習熟度レベルの割合

国　名	レベル1c未満 割合	標準誤差	レベル1c 割合	標準誤差	レベル1b 割合	標準誤差	レベル1a 割合	標準誤差	レベル2 割合	標準誤差	レベル3 割合	標準誤差	レベル4 割合	標準誤差	レベル5 割合	標準誤差	レベル6以上 割合	標準誤差
シンガポール	0.1	(0.0)	0.5	(0.1)	2.5	(0.3)	6.8	(0.5)	13.5	(0.6)	22.9	(0.6)	27.9	(0.7)	19.3	(0.6)	6.5	(0.5)
北京・上海・江蘇・浙江	0.0	(0.0)	0.2	(0.1)	1.2	(0.2)	5.0	(0.5)	14.9	(0.8)	27.7	(1.0)	28.9	(1.0)	16.8	(0.8)	5.2	(0.6)
香港	0.1	(0.1)	0.9	(0.2)	3.5	(0.4)	7.8	(0.5)	16.9	(0.8)	27.2	(0.8)	27.3	(1.0)	13.4	(0.8)	2.9	(0.4)
フィンランド	0.1	(0.0)	0.8	(0.2)	3.3	(0.3)	8.8	(0.7)	18.1	(0.9)	26.6	(0.8)	26.0	(0.9)	13.1	(0.7)	3.2	(0.4)
韓国	0.2	(0.1)	1.2	(0.2)	4.0	(0.4)	9.0	(0.5)	18.2	(0.8)	26.9	(0.9)	24.8	(0.9)	12.5	(0.7)	3.2	(0.4)
エストニア	0.0	(0.0)	0.2	(0.1)	1.9	(0.3)	7.5	(0.6)	19.9	(0.8)	30.1	(0.8)	25.9	(1.0)	11.8	(0.5)	2.8	(0.3)
スウェーデン	0.2	(0.1)	1.5	(0.3)	4.8	(0.5)	10.8	(0.7)	19.9	(0.8)	25.6	(0.8)	22.9	(0.9)	11.6	(0.7)	2.8	(0.4)
カナダ	0.1	(0.0)	0.7	(0.1)	3.2	(0.2)	9.8	(0.5)	20.5	(0.6)	28.0	(0.6)	24.1	(0.7)	10.8	(0.5)	2.7	(0.4)
ポーランド	0.1	(0.1)	0.9	(0.2)	3.2	(0.3)	10.5	(0.6)	21.6	(0.8)	27.8	(0.8)	22.7	(0.8)	10.7	(0.7)	2.6	(0.4)
マカオ	0.0	(0.0)	0.2	(0.1)	1.8	(0.3)	7.1	(0.4)	19.0	(0.8)	31.1	(0.9)	27.5	(0.8)	11.4	(0.6)	1.8	(0.3)
ドイツ	0.3	(0.1)	1.7	(0.3)	6.4	(0.5)	13.6	(0.8)	20.7	(0.8)	23.8	(1.0)	20.2	(0.8)	10.3	(0.7)	2.9	(0.4)
ニュージーランド	0.1	(0.1)	1.1	(0.2)	5.1	(0.5)	12.0	(0.6)	20.5	(0.8)	25.8	(0.8)	22.6	(1.0)	10.4	(0.7)	2.3	(0.3)
ノルウェー	0.2	(0.1)	1.7	(0.4)	5.5	(0.5)	11.6	(0.6)	20.6	(0.9)	26.3	(0.9)	21.4	(0.7)	10.5	(0.7)	2.2	(0.4)
アイルランド	0.0	(0.0)	0.3	(0.1)	2.6	(0.3)	8.8	(0.5)	20.3	(0.7)	30.0	(0.8)	25.4	(0.9)	10.8	(0.7)	1.8	(0.3)
イギリス	0.2	(0.1)	1.2	(0.2)	4.1	(0.4)	11.6	(0.6)	21.7	(0.6)	27.1	(0.7)	21.5	(0.7)	9.8	(0.6)	2.4	(0.4)
アメリカ	0.2	(0.1)	1.4	(0.3)	5.5	(0.4)	12.5	(0.7)	21.4	(0.7)	25.5	(0.9)	21.3	(0.9)	9.8	(0.5)	2.4	(0.4)
オーストラリア	0.2	(0.1)	1.5	(0.4)	5.5	(0.4)	12.5	(0.5)	21.4	(0.6)	26.5	(0.6)	20.7	(0.5)	9.3	(0.5)	2.3	(0.2)
フランス	0.4	(0.1)	2.0	(0.4)	6.1	(0.4)	12.8	(0.7)	21.4	(0.7)	25.0	(1.0)	20.8	(0.9)	9.7	(0.9)	1.9	(0.3)
オランダ	0.1	(0.1)	1.0	(0.2)	4.9	(0.5)	13.2	(0.7)	22.3	(0.9)	26.1	(1.0)	21.3	(0.9)	9.5	(0.8)	1.7	(0.2)
台湾	0.3	(0.1)	1.7	(0.2)	5.1	(0.4)	11.9	(0.6)	21.6	(0.7)	27.2	(0.8)	21.1	(0.8)	9.3	(0.7)	1.8	(0.3)
ベルギー	0.1	(0.1)	1.2	(0.2)	5.6	(0.5)	13.2	(0.6)	21.3	(0.7)	26.3	(0.7)	21.5	(0.6)	9.1	(0.5)	1.6	(0.3)
チェコ	0.3	(0.2)	1.3	(0.4)	5.3	(0.6)	14.0	(0.8)	23.4	(0.8)	26.2	(0.9)	19.6	(0.8)	8.1	(0.6)	1.7	(0.3)
イスラエル	1.9	(0.4)	6.1	(0.7)	10.5	(0.7)	15.0	(0.7)	19.1	(0.7)	21.0	(0.9)	16.7	(0.9)	7.9	(0.6)	1.9	(0.2)
スロベニア	0.1	(0.1)	1.1	(0.2)	4.6	(0.3)	12.9	(0.6)	22.8	(1.0)	28.0	(1.0)	20.8	(1.0)	7.8	(0.5)	1.9	(0.3)
OECD 平均	0.3	(0.0)	1.8	(0.1)	6.4	(0.1)	14.4	(0.1)	23.0	(0.1)	25.9	(0.1)	18.9	(0.1)	7.6	(0.1)	1.6	(0.0)
日本	0.1	(0.1)	0.9	(0.2)	4.3	(0.5)	12.2	(0.7)	23.1	(0.7)	28.8	(1.0)	21.4	(0.9)	7.7	(0.6)	1.4	(0.2)
デンマーク	0.1	(0.0)	0.7	(0.2)	3.9	(0.3)	11.7	(0.6)	23.7	(0.9)	30.1	(0.8)	21.3	(0.8)	7.4	(0.5)	1.2	(0.3)
アイスランド	0.2	(0.1)	2.2	(0.3)	7.0	(0.5)	14.6	(0.8)	23.8	(0.9)	25.8	(1.0)	18.0	(0.9)	7.0	(0.6)	1.3	(0.3)
スイス	0.2	(0.1)	1.9	(0.3)	7.1	(0.6)	14.8	(0.8)	23.3	(1.0)	26.0	(0.9)	18.6	(0.9)	6.8	(0.7)	1.4	(0.3)
ポルトガル	0.2	(0.1)	1.4	(0.2)	6.0	(0.4)	13.9	(0.8)	22.9	(1.0)	27.3	(1.0)	20.3	(1.0)	7.0	(0.6)	1.1	(0.2)
オーストリア	0.3	(0.1)	1.6	(0.3)	7.2	(0.7)	16.2	(0.7)	23.2	(0.8)	25.8	(0.8)	18.4	(0.9)	6.4	(0.5)	0.9	(0.2)
ルクセンブルク	0.3	(0.1)	2.8	(0.2)	8.7	(0.7)	16.8	(0.6)	23.4	(0.8)	24.7	(0.6)	16.2	(0.7)	6.0	(0.4)	1.1	(0.2)
ロシア	0.2	(0.1)	1.9	(0.3)	6.0	(0.6)	15.3	(0.9)	25.9	(0.9)	26.6	(0.8)	17.0	(0.8)	6.0	(0.6)	1.1	(0.2)
ラトビア	0.0	(0.0)	0.8	(0.2)	5.5	(0.4)	15.7	(0.7)	26.6	(0.8)	27.7	(0.8)	17.1	(0.8)	5.8	(0.5)	0.8	(0.2)
クロアチア	0.2	(0.1)	1.5	(0.3)	6.3	(0.6)	15.8	(0.8)	26.0	(0.8)	27.2	(0.9)	16.9	(0.7)	5.4	(0.5)	0.7	(0.2)
イタリア	0.8	(0.2)	2.6	(0.5)	7.4	(0.6)	15.4	(0.7)	25.3	(0.8)	26.3	(1.0)	16.1	(1.0)	5.2	(0.5)	0.8	(0.2)
マルタ	1.2	(0.3)	5.0	(0.5)	10.2	(0.6)	16.9	(0.8)	23.3	(1.0)	23.3	(1.0)	14.1	(0.8)	4.9	(0.5)	0.9	(0.2)
ベラルーシ	0.2	(0.1)	1.3	(0.3)	5.6	(0.4)	15.4	(0.8)	26.2	(0.9)	28.6	(1.0)	17.3	(0.8)	5.0	(0.5)	0.5	(0.2)
リトアニア	0.1	(0.1)	1.7	(0.3)	6.9	(0.5)	16.5	(0.7)	25.6	(0.8)	27.2	(0.8)	16.6	(0.6)	4.8	(0.4)	0.5	(0.1)
スロバキア	0.5	(0.2)	3.0	(0.4)	8.6	(0.6)	17.9	(0.8)	25.9	(1.0)	24.7	(1.0)	14.3	(0.7)	4.6	(0.4)	0.4	(0.1)
アラブ首長国連邦	1.4	(0.1)	6.4	(0.4)	14.4	(0.5)	21.4	(0.5)	23.1	(0.6)	18.2	(0.6)	10.3	(0.5)	4.0	(0.3)	0.9	(0.1)
ハンガリー	0.2	(0.1)	1.8	(0.3)	7.5	(0.5)	16.4	(0.8)	25.7	(0.9)	27.2	(1.0)	16.5	(0.8)	4.3	(0.5)	0.4	(0.1)
ギリシャ	0.6	(0.2)	3.1	(0.5)	8.9	(0.7)	17.4	(0.8)	26.1	(0.9)	25.6	(1.0)	14.2	(0.7)	3.7	(0.4)	0.3	(0.1)
トルコ	0.1	(0.0)	1.3	(0.2)	6.7	(0.6)	18.6	(0.9)	30.4	(0.9)	27.2	(0.9)	12.7	(0.6)	2.9	(0.4)	0.2	(0.1)
カタール	3.0	(0.2)	9.1	(0.3)	16.8	(0.4)	22.2	(0.6)	22.0	(0.5)	16.0	(0.4)	8.0	(0.3)	2.5	(0.2)	0.4	(0.1)
セルビア	0.8	(0.2)	4.7	(0.5)	13.0	(0.8)	21.0	(0.8)	25.6	(0.9)	21.4	(0.9)	10.5	(0.7)	2.7	(0.4)	0.3	(0.1)
キプロス	1.3	(0.2)	6.2	(0.4)	14.5	(0.6)	21.4	(0.7)	24.8	(0.8)	19.7	(0.7)	9.4	(0.5)	2.4	(0.3)	0.3	(0.1)
ブルガリア	1.2	(0.3)	7.2	(0.8)	17.4	(1.0)	22.8	(0.9)	23.5	(1.0)	16.9	(1.0)	8.5	(0.6)	2.3	(0.3)	0.3	(0.1)
チリ	0.5	(0.2)	3.2	(0.4)	11.0	(0.7)	21.6	(0.9)	28.4	(0.9)	22.7	(0.9)	10.3	(0.7)	2.2	(0.3)	0.2	(0.1)
ブラジル	1.7	(0.2)	8.6	(0.5)	19.7	(0.7)	24.4	(0.8)	22.5	(0.7)	15.0	(0.6)	6.5	(0.5)	1.6	(0.2)	0.2	(0.1)
ブルネイ	0.5	(0.2)	4.2	(0.3)	16.1	(0.4)	26.4	(0.8)	25.7	(0.8)	17.4	(0.6)	8.1	(0.4)	1.6	(0.2)	0.1	(0.0)
ウルグアイ	0.8	(0.2)	5.4	(0.6)	14.8	(1.0)	23.5	(0.8)	26.6	(0.9)	19.4	(0.9)	8.1	(0.5)	1.4	(0.2)	0.1	(0.1)
コロンビア	0.7	(0.2)	5.5	(0.6)	18.2	(0.9)	28.8	(1.0)	25.2	(0.9)	15.0	(0.8)	5.5	(0.5)	1.0	(0.2)	0.1	(0.0)
モンテネグロ	0.8	(0.2)	4.7	(0.3)	14.0	(0.5)	26.0	(0.7)	28.9	(0.7)	18.2	(0.5)	6.3	(0.4)	1.0	(0.2)	0.0	(0.0)
ペルー	1.0	(0.2)	6.6	(0.6)	19.3	(0.9)	27.8	(1.0)	24.5	(0.8)	14.6	(0.8)	5.2	(0.6)	0.9	(0.2)	0.1	(0.0)
マレーシア	0.4	(0.1)	3.7	(0.4)	13.1	(0.8)	24.6	(0.9)	30.3	(0.9)	20.3	(1.0)	6.7	(0.6)	0.9	(0.2)	0.0	(0.0)
コスタリカ	0.5	(0.2)	2.9	(0.4)	12.4	(0.8)	25.9	(1.0)	30.7	(0.9)	20.1	(1.0)	6.5	(0.8)	0.9	(0.2)	0.0	(0.0)
カザフスタン	0.5	(0.1)	5.0	(0.4)	21.5	(0.8)	34.8	(0.8)	23.5	(0.9)	10.2	(0.4)	3.6	(0.3)	0.8	(0.1)	0.1	(0.0)
メキシコ	0.3	(0.1)	3.6	(0.5)	14.2	(0.9)	28.5	(1.0)	29.8	(0.9)	17.3	(0.8)	5.4	(0.7)	0.8	(0.2)	0.0	(0.0)
パナマ	3.1	(0.6)	11.5	(0.8)	24.0	(0.9)	27.6	(1.0)	20.6	(1.0)	9.4	(0.8)	3.2	(0.5)	0.6	(0.2)	0.0	(0.0)
ボスニア・ヘルツェゴビナ	0.9	(0.2)	6.3	(0.7)	19.6	(1.2)	29.0	(0.9)	25.7	(1.1)	14.1	(0.8)	4.1	(0.4)	0.3	(0.1)	0.0	(0.0)
タイ	0.5	(0.2)	5.1	(0.5)	20.6	(1.1)	32.1	(1.1)	25.4	(1.1)	12.5	(0.9)	3.5	(0.5)	0.3	(0.1)	0.0	(0.0)
アルバニア	0.6	(0.2)	5.3	(0.5)	18.9	(0.8)	31.8	(1.0)	27.5	(0.9)	12.6	(0.7)	3.0	(0.3)	0.3	(0.1)	0.0	(0.0)
バクー（アゼルバイジャン）	0.7	(0.2)	6.4	(0.5)	20.9	(0.7)	33.9	(1.0)	26.2	(1.0)	9.6	(0.7)	1.9	(0.5)	0.2	(0.1)	0.0	(0.0)
フィリピン	3.1	(0.4)	16.0	(0.9)	31.0	(1.1)	26.5	(0.8)	14.7	(0.8)	6.6	(0.7)	1.9	(0.4)	0.2	(0.1)	0.0	(0.0)
ジョージア	2.6	(0.4)	11.8	(0.7)	25.1	(0.9)	29.7	(1.0)	19.6	(0.7)	8.8	(0.7)	2.1	(0.3)	0.2	(0.1)	0.0	(0.0)
ドミニカ共和国	3.7	(0.4)	19.0	(1.1)	31.3	(1.0)	25.8	(1.1)	13.8	(0.8)	4.9	(0.5)	1.2	(0.3)	0.2	(0.1)	0.0	(0.0)
インドネシア	1.0	(0.0)	8.1	(0.7)	24.8	(1.1)	33.7	(1.2)	22.0	(1.0)	8.3	(0.7)	1.9	(0.4)	0.2	(0.1)	0.0	(0.0)
モロッコ	1.3	(0.2)	11.6	(1.0)	29.4	(1.3)	30.2	(1.1)	19.7	(1.2)	6.7	(0.6)	0.1	(0.1)	0.0	(0.0)	0.0	c
コソボ	1.9	(0.3)	13.6	(0.8)	32.6	(1.2)	33.3	(0.9)	15.1	(0.6)	3.2	(0.3)	0.3	(0.1)	0.0	(0.0)	0.0	c
アルゼンチン※	m	m	m	m	m	m	m	m	m	m	m	m	m	m	m	m	m	m
ヨルダン※	m	m	m	m	m	m	m	m	m	m	m	m	m	m	m	m	m	m
レバノン※	m	m	m	m	m	m	m	m	m	m	m	m	m	m	m	m	m	m
北マケドニア※	m	m	m	m	m	m	m	m	m	m	m	m	m	m	m	m	m	m
モルドバ※	m	m	m	m	m	m	m	m	m	m	m	m	m	m	m	m	m	m
ルーマニア※	m	m	m	m	m	m	m	m	m	m	m	m	m	m	m	m	m	m
サウジアラビア※	m	m	m	m	m	m	m	m	m	m	m	m	m	m	m	m	m	m
ウクライナ※	m	m	m	m	m	m	m	m	m	m	m	m	m	m	m	m	m	m

（注）1. 灰色の網掛けは非 OECD 加盟国・地域を示す。
2. 習熟度レベル5以上の生徒の割合が多い順に上から国を並べている。
3. 表中のcは欠損値（生徒が少ないため値を推計できない）。
4. ※は，2018 年調査において，コンピュータ使用型調査での実施ではなく，筆記型調査で実施した国を示す。
5. 各習熟度レベルの得点の範囲は，74 頁参照。

出所：OECD(2019a) の表から作成。

読解力　第2章

表 2.2.4　読解プロセス別（理解する）習熟度レベルの割合

国　名	レベル1c未満 割合	標準誤差	レベル1c 割合	標準誤差	レベル1b 割合	標準誤差	レベル1a 割合	標準誤差	レベル2 割合	標準誤差	レベル3 割合	標準誤差	レベル4 割合	標準誤差	レベル5 割合	標準誤差	レベル6以上 割合	標準誤差
シンガポール	0.1	(0.0)	0.6	(0.1)	3.0	(0.3)	7.9	(0.4)	14.3	(0.5)	22.4	(0.7)	26.1	(0.5)	18.6	(0.7)	7.1	(0.4)
北京・上海・江蘇・浙江	0.0	c	0.1	(0.1)	0.7	(0.2)	3.7	(0.4)	12.7	(0.8)	27.1	(1.0)	31.9	(1.1)	19.1	(1.0)	4.8	(0.6)
香港	0.1	(0.1)	0.9	(0.2)	3.6	(0.4)	7.7	(0.5)	16.9	(0.7)	26.7	(0.9)	27.2	(0.9)	13.9	(0.7)	3.1	(0.3)
カナダ	0.1	(0.0)	0.7	(0.1)	3.4	(0.2)	10.2	(0.4)	20.0	(0.5)	26.5	(0.5)	23.6	(0.6)	12.1	(0.4)	3.3	(0.3)
韓国	0.1	(0.1)	1.0	(0.2)	3.9	(0.4)	8.8	(0.6)	18.3	(0.7)	26.8	(0.9)	25.9	(0.8)	12.3	(0.8)	2.9	(0.5)
エストニア	0.0	(0.0)	0.2	(0.1)	1.9	(0.3)	8.6	(0.6)	20.9	(0.9)	29.1	(1.1)	24.2	(1.0)	11.9	(0.5)	3.1	(0.4)
フィンランド	0.0	(0.0)	0.8	(0.1)	3.9	(0.3)	10.3	(0.6)	19.1	(0.7)	26.4	(0.8)	24.8	(0.7)	12.0	(0.6)	2.6	(0.4)
マカオ	0.1	(0.0)	0.3	(0.1)	2.0	(0.3)	7.6	(0.5)	18.7	(0.7)	29.8	(1.0)	27.0	(1.0)	12.3	(0.7)	2.3	(0.4)
ニュージーランド	0.1	(0.1)	1.1	(0.2)	5.6	(0.5)	12.3	(0.6)	20.4	(0.6)	24.7	(0.7)	22.3	(0.7)	11.0	(0.5)	2.5	(0.3)
オーストラリア	0.2	(0.1)	1.6	(0.2)	5.9	(0.3)	12.6	(0.4)	20.7	(0.5)	24.6	(0.5)	21.0	(0.4)	10.4	(0.4)	3.0	(0.3)
ポーランド	0.1	(0.1)	0.7	(0.2)	3.3	(0.3)	10.6	(0.6)	21.5	(0.8)	27.6	(0.9)	23.2	(0.9)	10.6	(0.6)	2.4	(0.4)
アメリカ	0.1	(0.1)	1.4	(0.2)	6.1	(0.6)	13.4	(0.7)	20.8	(0.8)	24.3	(0.8)	21.0	(0.9)	10.2	(0.4)	2.8	(0.4)
スウェーデン	0.1	(0.1)	1.4	(0.2)	5.3	(0.5)	12.2	(0.7)	20.9	(0.7)	25.1	(0.9)	22.1	(0.9)	10.6	(0.7)	2.2	(0.3)
台湾	0.1	(0.1)	1.3	(0.2)	4.7	(0.4)	11.6	(0.6)	20.8	(0.8)	26.9	(0.9)	22.2	(0.8)	10.2	(0.7)	2.0	(0.4)
ノルウェー	0.2	(0.1)	1.7	(0.2)	6.0	(0.4)	12.4	(0.6)	21.2	(0.7)	25.4	(0.8)	21.1	(0.7)	10.0	(0.6)	1.9	(0.3)
日本	0.1	(0.1)	0.9	(0.2)	4.7	(0.5)	11.8	(0.7)	21.6	(0.8)	27.5	(0.8)	22.1	(0.9)	9.5	(0.6)	1.9	(0.2)
ドイツ	0.1	(0.1)	1.5	(0.2)	6.7	(0.5)	14.3	(0.8)	20.6	(1.0)	24.8	(0.8)	20.9	(0.9)	9.3	(0.7)	1.9	(0.3)
イギリス	0.2	(0.1)	1.2	(0.2)	4.8	(0.3)	12.8	(0.6)	23.3	(0.8)	26.5	(0.6)	20.5	(0.7)	8.7	(0.5)	1.9	(0.3)
アイルランド	0.0	(0.0)	0.4	(0.1)	3.2	(0.4)	10.5	(0.6)	22.6	(0.8)	29.4	(0.8)	23.4	(0.8)	9.2	(0.6)	1.4	(0.3)
イスラエル	1.0	(0.2)	5.1	(0.6)	10.1	(0.7)	15.2	(0.8)	19.6	(0.8)	21.3	(0.8)	17.4	(0.8)	8.4	(0.6)	1.9	(0.3)
ベルギー	0.1	(0.1)	1.5	(0.2)	6.4	(0.5)	14.4	(0.7)	21.6	(0.7)	25.9	(0.7)	20.2	(0.7)	8.6	(0.5)	1.3	(0.2)
フランス	0.2	(0.1)	1.5	(0.2)	6.3	(0.5)	14.5	(0.6)	22.1	(0.8)	25.5	(0.7)	20.3	(0.8)	8.3	(0.7)	1.2	(0.2)
オランダ	0.2	(0.1)	1.3	(0.3)	7.2	(0.6)	15.8	(0.8)	23.4	(0.9)	24.1	(1.0)	18.7	(1.0)	8.2	(0.6)	1.1	(0.2)
OECD平均	0.1	(0.0)	1.5	(0.0)	6.6	(0.1)	15.1	(0.1)	23.3	(0.1)	25.7	(0.1)	18.8	(0.1)	7.5	(0.1)	1.4	(0.0)
チェコ	0.1	(0.1)	1.1	(0.2)	5.8	(0.6)	15.1	(0.7)	24.4	(0.9)	26.2	(0.9)	18.6	(0.7)	7.6	(0.6)	1.1	(0.1)
デンマーク	0.0	(0.0)	0.7	(0.1)	4.3	(0.3)	12.9	(0.5)	23.9	(0.8)	29.0	(0.8)	20.5	(0.8)	7.4	(0.4)	1.3	(0.3)
スイス	0.1	(0.1)	1.5	(0.2)	7.3	(0.7)	15.7	(0.9)	23.1	(0.9)	25.4	(1.0)	18.3	(0.8)	7.2	(0.4)	1.3	(0.2)
ルクセンブルク	0.2	(0.1)	2.4	(0.2)	9.9	(0.5)	17.7	(0.6)	22.5	(0.7)	23.1	(0.7)	15.8	(0.7)	6.9	(0.5)	1.4	(0.2)
アイスランド	0.1	(0.1)	1.7	(0.4)	7.1	(0.4)	16.1	(0.8)	24.2	(1.0)	25.5	(1.0)	17.0	(0.8)	7.0	(0.5)	1.2	(0.3)
スロベニア	0.1	(0.0)	0.6	(0.1)	4.5	(0.3)	13.1	(0.5)	24.0	(0.8)	29.2	(0.9)	20.6	(0.9)	6.8	(0.4)	1.1	(0.2)
ポルトガル	0.1	(0.1)	1.1	(0.2)	6.1	(0.6)	14.4	(0.6)	22.2	(0.9)	28.1	(0.7)	20.7	(0.7)	6.4	(0.5)	0.8	(0.2)
オーストリア	0.1	(0.1)	1.2	(0.2)	7.2	(0.6)	16.5	(0.8)	23.2	(0.9)	26.1	(0.7)	18.8	(0.8)	6.3	(0.4)	0.7	(0.1)
ハンガリー	0.1	(0.1)	1.3	(0.2)	7.0	(0.7)	16.5	(0.8)	24.3	(0.8)	26.5	(1.1)	18.0	(0.9)	5.9	(0.5)	0.6	(0.2)
ロシア	0.1	(0.0)	1.3	(0.2)	5.7	(0.6)	14.9	(0.8)	27.0	(0.9)	28.0	(0.8)	17.2	(0.8)	5.2	(0.5)	0.7	(0.1)
リトアニア	0.1	(0.1)	1.5	(0.2)	7.2	(0.4)	16.8	(0.6)	24.9	(0.6)	26.7	(0.8)	17.3	(0.7)	4.9	(0.3)	0.6	(0.1)
イタリア	0.2	(0.1)	1.7	(0.3)	6.7	(0.4)	15.4	(0.7)	25.4	(0.9)	28.1	(0.9)	17.7	(0.8)	5.0	(0.5)	0.5	(0.1)
マルタ	0.9	(0.2)	5.8	(0.5)	13.1	(0.7)	19.1	(0.8)	22.5	(0.9)	20.6	(0.8)	12.7	(0.7)	4.4	(0.6)	0.9	(0.2)
ラトビア	0.0	(0.0)	0.5	(0.1)	5.0	(0.4)	15.8	(0.7)	26.9	(0.9)	29.2	(0.8)	17.2	(0.7)	4.9	(0.4)	0.4	(0.1)
スロバキア	0.3	(0.1)	2.6	(0.4)	9.6	(0.6)	19.4	(0.8)	26.1	(0.9)	22.9	(0.8)	13.8	(0.6)	4.6	(0.4)	0.6	(0.1)
アラブ首長国連邦	0.8	(0.1)	5.7	(0.3)	14.6	(0.4)	21.3	(0.4)	23.3	(0.6)	18.5	(0.6)	10.8	(0.5)	4.1	(0.3)	0.8	(0.1)
ベラルーシ	0.1	(0.1)	1.0	(0.2)	5.8	(0.5)	16.0	(0.7)	27.3	(0.9)	28.3	(0.9)	16.7	(0.7)	4.5	(0.4)	0.3	(0.1)
クロアチア	0.1	(0.0)	0.7	(0.2)	5.2	(0.5)	15.9	(0.7)	28.3	(0.9)	28.9	(0.9)	16.4	(0.8)	4.2	(0.5)	0.3	(0.1)
ギリシャ	0.2	(0.1)	2.8	(0.4)	9.3	(0.8)	18.6	(0.9)	26.6	(0.8)	24.8	(0.9)	13.6	(0.7)	3.7	(0.4)	0.4	(0.1)
トルコ	0.0	(0.0)	0.5	(0.1)	5.3	(0.5)	17.6	(0.8)	29.1	(0.9)	28.2	(0.9)	15.1	(0.7)	3.8	(0.4)	0.1	(0.1)
セルビア	0.4	(0.1)	3.7	(0.5)	12.8	(0.8)	21.4	(0.7)	26.4	(0.8)	21.1	(0.9)	10.8	(0.6)	3.0	(0.3)	0.3	(0.1)
カタール	1.6	(0.2)	8.4	(0.3)	17.7	(0.4)	23.7	(0.5)	23.0	(0.4)	15.7	(0.4)	7.3	(0.3)	2.3	(0.1)	0.4	(0.1)
ブルガリア	0.8	(0.2)	6.4	(0.7)	17.8	(1.0)	23.4	(0.9)	23.6	(1.1)	17.0	(0.9)	8.4	(0.6)	2.3	(0.2)	0.3	(0.1)
チリ	0.1	(0.1)	1.9	(0.3)	9.7	(0.6)	20.8	(0.8)	29.2	(0.8)	24.2	(0.8)	11.6	(0.6)	2.4	(0.3)	0.2	(0.1)
ウルグアイ	0.4	(0.2)	4.3	(0.4)	13.5	(0.8)	23.2	(0.9)	26.8	(1.0)	20.9	(0.9)	8.9	(0.7)	1.7	(0.4)	0.1	(0.1)
ブラジル	0.7	(0.4)	6.0	(0.4)	18.3	(0.8)	26.0	(0.7)	24.0	(0.6)	16.0	(0.6)	7.2	(0.6)	1.7	(0.2)	0.2	(0.1)
キプロス	0.6	(0.1)	5.1	(0.4)	15.2	(0.6)	23.4	(0.7)	26.2	(0.9)	19.3	(0.7)	8.5	(0.5)	1.6	(0.2)	0.1	(0.1)
モンテネグロ	0.5	(0.1)	4.4	(0.3)	14.7	(0.5)	26.3	(0.7)	28.3	(0.7)	18.0	(0.6)	6.6	(0.4)	1.1	(0.1)	0.0	(0.0)
ブルネイ	0.2	(0.1)	4.2	(0.3)	19.2	(0.4)	28.1	(0.8)	24.6	(0.7)	15.9	(0.4)	6.7	(0.3)	1.1	(0.2)	0.0	(0.0)
コロンビア	0.2	(0.1)	3.5	(0.4)	16.0	(0.9)	30.1	(1.1)	27.3	(1.0)	16.2	(0.9)	5.8	(0.5)	0.8	(0.1)	0.0	(0.0)
ペルー	0.3	(0.1)	4.1	(0.4)	17.0	(1.0)	29.1	(1.0)	27.6	(0.8)	15.9	(0.8)	5.1	(0.5)	0.8	(0.2)	0.0	(0.0)
メキシコ	0.1	(0.1)	2.5	(0.4)	14.1	(0.8)	29.3	(0.9)	31.2	(0.9)	17.0	(0.8)	5.1	(0.5)	0.7	(0.1)	0.0	(0.0)
カザフスタン	0.2	(0.1)	3.8	(0.3)	20.2	(0.6)	35.4	(0.7)	25.5	(0.6)	10.8	(0.4)	3.4	(0.3)	0.6	(0.1)	0.1	(0.0)
コスタリカ	0.1	(0.1)	2.0	(0.4)	11.7	(0.8)	28.0	(1.1)	31.7	(0.9)	19.9	(1.1)	6.1	(0.8)	0.5	(0.1)	0.0	(0.0)
アルバニア	0.4	(0.1)	4.3	(0.4)	17.2	(0.8)	30.9	(0.8)	28.5	(0.9)	14.4	(0.7)	3.7	(0.3)	0.5	(0.1)	0.0	(0.0)
マレーシア	0.2	(0.1)	3.1	(0.4)	15.2	(0.8)	28.0	(0.9)	31.0	(0.9)	17.8	(0.9)	4.2	(0.4)	0.5	(0.2)	0.0	(0.0)
ボスニア・ヘルツェゴビナ	0.5	(0.1)	5.0	(0.5)	18.7	(1.0)	30.0	(0.9)	27.0	(0.9)	14.6	(0.8)	3.8	(0.4)	0.4	(0.1)	0.0	(0.0)
タイ	0.2	(0.1)	3.4	(0.4)	18.8	(1.1)	32.9	(1.3)	27.2	(1.0)	13.3	(0.9)	3.9	(0.5)	0.4	(0.1)	0.0	(0.0)
ジョージア	1.6	(0.3)	9.9	(0.7)	23.2	(0.9)	29.7	(0.8)	22.1	(0.8)	10.5	(0.6)	2.7	(0.3)	0.3	(0.1)	0.0	(0.0)
パナマ	1.4	(0.3)	9.5	(0.7)	24.0	(1.0)	30.3	(0.9)	22.5	(0.9)	9.6	(0.7)	2.4	(0.4)	0.3	(0.1)	0.0	(0.0)
バクー（アゼルバイジャン）	0.4	(0.1)	5.5	(0.4)	20.8	(0.8)	34.4	(1.0)	26.8	(0.9)	9.8	(0.7)	2.0	(0.5)	0.2	(0.1)	0.0	(0.0)
ドミニカ共和国	1.3	(0.2)	15.2	(1.0)	33.1	(1.0)	29.4	(1.1)	14.9	(0.9)	5.1	(0.5)	0.9	(0.2)	0.1	(0.1)	0.0	c
インドネシア	0.5	(0.2)	7.4	(0.7)	26.5	(1.1)	35.0	(1.1)	21.4	(1.1)	7.5	(0.7)	1.6	(0.3)	0.1	(0.1)	0.0	(0.0)
フィリピン	1.4	(0.2)	17.2	(0.9)	37.0	(1.0)	25.8	(0.9)	12.9	(0.7)	4.7	(0.7)	1.0	(0.3)	0.0	(0.0)	0.0	c
モロッコ	0.4	(0.1)	9.0	(0.7)	31.6	(1.4)	32.8	(1.0)	19.8	(1.3)	5.8	(0.6)	0.6	(0.2)	0.0	(0.0)	0.0	c
コソボ	0.6	(0.2)	9.4	(0.5)	31.8	(0.9)	36.4	(1.1)	17.7	(0.8)	3.8	(0.4)	0.3	(0.1)	0.0	(0.0)	0.0	c
アルゼンチン※	m	m	m	m	m	m	m	m	m	m	m	m	m	m	m	m	m	m
ヨルダン※	m	m	m	m	m	m	m	m	m	m	m	m	m	m	m	m	m	m
レバノン※	m	m	m	m	m	m	m	m	m	m	m	m	m	m	m	m	m	m
北マケドニア※	m	m	m	m	m	m	m	m	m	m	m	m	m	m	m	m	m	m
モルドバ※	m	m	m	m	m	m	m	m	m	m	m	m	m	m	m	m	m	m
ルーマニア※	m	m	m	m	m	m	m	m	m	m	m	m	m	m	m	m	m	m
サウジアラビア※	m	m	m	m	m	m	m	m	m	m	m	m	m	m	m	m	m	m
ウクライナ※	m	m	m	m	m	m	m	m	m	m	m	m	m	m	m	m	m	m

（注）1. 灰色の網掛けは非 OECD 加盟国・地域を示す。
2. 習熟度レベル5以上の生徒の割合が多い順に上から国を並べている。
3. 表中の c は欠損値（生徒が少ないため値を推計できない）。
4. ※は，2018年調査において，コンピュータ使用型調査での実施ではなく，筆記型調査で実施した国を示す。
5. 各習熟度レベルの得点の範囲は，74頁参照。
出所：OECD(2019a) の表から作成。

第2章　読解力

表 2.2.5　読解プロセス別（評価し，熟考する）習熟度レベルの割合

国　名	レベル1c未満 割合	標準誤差	レベル1c 割合	標準誤差	レベル1b 割合	標準誤差	レベル1a 割合	標準誤差	レベル2 割合	標準誤差	レベル3 割合	標準誤差	レベル4 割合	標準誤差	レベル5 割合	標準誤差	レベル6以上 割合	標準誤差
シンガポール	0.1	(0.0)	0.6	(0.1)	3.0	(0.3)	7.4	(0.4)	13.4	(0.5)	19.8	(0.7)	24.5	(0.7)	20.1	(0.9)	11.3	(0.6)
北京・上海・江蘇・浙江	0.0	(0.0)	0.1	(0.1)	1.0	(0.2)	4.2	(0.5)	12.4	(0.7)	25.3	(0.9)	30.1	(1.0)	20.3	(0.9)	6.6	(0.7)
カナダ	0.1	(0.0)	0.9	(0.1)	3.5	(0.3)	9.5	(0.4)	18.3	(0.6)	25.1	(0.7)	24.1	(0.6)	13.9	(0.5)	4.7	(0.4)
香港	0.1	(0.0)	0.7	(0.1)	3.2	(0.4)	8.1	(0.6)	16.3	(0.8)	26.6	(0.9)	27.6	(0.8)	14.1	(0.9)	3.3	(0.5)
オーストラリア	0.2	(0.1)	1.6	(0.2)	5.5	(0.3)	11.7	(0.4)	19.1	(0.5)	23.6	(0.6)	21.1	(0.6)	12.4	(0.4)	4.9	(0.4)
韓国	0.2	(0.1)	1.1	(0.2)	4.4	(0.5)	9.5	(0.7)	17.7	(0.7)	25.5	(0.9)	24.6	(0.8)	13.1	(0.7)	3.9	(0.6)
マカオ	0.0	(0.0)	0.3	(0.1)	2.1	(0.3)	7.6	(0.5)	17.6	(0.8)	28.1	(0.9)	27.7	(0.9)	13.4	(0.6)	3.2	(0.4)
アメリカ	0.1	(0.1)	1.4	(0.2)	5.7	(0.5)	12.4	(0.9)	19.1	(0.9)	23.5	(1.0)	21.3	(1.0)	12.5	(0.9)	4.1	(0.5)
スウェーデン	0.1	(0.1)	1.2	(0.3)	5.2	(0.5)	11.9	(0.6)	19.7	(0.6)	24.0	(0.8)	22.0	(0.8)	12.3	(0.8)	3.5	(0.4)
ニュージーランド	0.1	(0.1)	1.3	(0.2)	5.8	(0.5)	12.4	(0.7)	19.4	(0.7)	23.5	(0.7)	21.7	(0.7)	12.2	(0.6)	3.5	(0.4)
イギリス	0.1	(0.1)	1.0	(0.1)	4.3	(0.4)	11.8	(0.6)	21.1	(0.7)	25.8	(0.6)	21.4	(0.9)	11.0	(0.6)	3.5	(0.4)
アイルランド	0.1	(0.0)	0.3	(0.1)	2.7	(0.4)	10.2	(0.6)	21.2	(0.7)	28.1	(0.8)	23.1	(0.8)	11.6	(0.7)	2.8	(0.3)
フィンランド	0.1	(0.0)	0.7	(0.2)	3.5	(0.3)	10.8	(0.6)	20.1	(0.7)	26.6	(0.8)	24.1	(0.7)	11.4	(0.7)	2.8	(0.4)
エストニア	0.0	(0.0)	0.4	(0.1)	2.6	(0.4)	9.4	(0.5)	21.0	(0.8)	28.8	(1.2)	23.8	(1.1)	11.1	(0.7)	2.9	(0.4)
イスラエル	1.0	(0.2)	4.4	(0.5)	9.6	(0.7)	13.8	(0.9)	18.3	(0.7)	21.1	(0.8)	18.7	(0.8)	10.1	(0.7)	3.0	(0.3)
ポーランド	0.1	(0.0)	0.6	(0.2)	3.3	(0.4)	10.7	(0.7)	21.7	(1.0)	27.4	(1.1)	23.2	(0.9)	10.7	(0.8)	2.4	(0.4)
日本	0.1	(0.1)	1.2	(0.3)	5.4	(0.5)	13.0	(0.8)	21.2	(0.8)	25.7	(0.9)	20.3	(0.8)	10.2	(0.6)	2.8	(0.3)
ノルウェー	0.1	(0.1)	1.3	(0.3)	5.4	(0.5)	12.3	(0.7)	21.2	(0.8)	26.2	(0.8)	21.1	(0.7)	10.2	(0.6)	2.2	(0.3)
台湾	0.1	(0.1)	1.1	(0.2)	4.9	(0.4)	12.4	(0.7)	21.2	(0.8)	26.6	(0.7)	21.6	(0.9)	10.0	(0.7)	2.1	(0.4)
ドイツ	0.2	(0.1)	1.6	(0.3)	6.5	(0.6)	13.6	(0.8)	21.0	(0.9)	24.2	(1.0)	21.0	(1.0)	9.8	(0.7)	2.2	(0.3)
ベルギー	0.2	(0.1)	2.1	(0.3)	6.0	(0.5)	12.8	(0.6)	20.6	(0.7)	25.4	(0.7)	21.0	(0.8)	9.7	(0.6)	2.1	(0.2)
オランダ	1.2	(0.4)	3.8	(0.5)	9.0	(0.6)	14.5	(0.8)	19.8	(0.8)	22.2	(0.9)	19.0	(0.9)	8.8	(0.7)	1.6	(0.3)
OECD平均	0.2	(0.0)	1.6	(0.0)	6.6	(0.1)	14.9	(0.1)	22.6	(0.1)	25.0	(0.1)	18.9	(0.1)	8.3	(0.1)	1.9	(0.1)
フランス	0.1	(0.1)	1.6	(0.3)	6.2	(0.5)	14.5	(0.7)	22.1	(0.9)	25.7	(0.9)	19.8	(0.9)	8.4	(0.6)	1.5	(0.3)
デンマーク	0.0	(0.0)	0.4	(0.1)	3.4	(0.3)	11.7	(0.7)	22.8	(0.9)	30.1	(0.9)	22.0	(0.9)	8.1	(0.5)	1.3	(0.2)
ポルトガル	0.1	(0.1)	1.0	(0.2)	5.6	(0.5)	14.2	(0.7)	22.5	(0.9)	26.6	(0.8)	20.8	(1.0)	7.9	(0.7)	1.5	(0.3)
ルクセンブルク	0.3	(0.2)	3.0	(0.4)	10.3	(0.5)	18.0	(0.6)	22.1	(0.8)	21.7	(0.7)	15.4	(0.6)	7.3	(0.5)	1.9	(0.2)
スイス	0.1	(0.1)	1.6	(0.3)	7.5	(0.5)	15.9	(0.8)	23.3	(0.9)	24.7	(0.9)	17.8	(0.8)	7.6	(0.7)	1.5	(0.3)
チェコ	0.1	(0.1)	0.8	(0.2)	5.4	(0.6)	15.4	(0.8)	24.6	(0.9)	25.9	(0.9)	18.6	(0.8)	7.7	(0.5)	1.4	(0.2)
オーストリア	0.1	(0.1)	1.4	(0.3)	7.5	(0.6)	16.5	(0.8)	22.1	(0.8)	25.0	(0.9)	18.6	(0.8)	7.6	(0.6)	1.2	(0.2)
スロベニア	0.1	(0.1)	0.7	(0.2)	4.6	(0.5)	13.5	(0.6)	24.6	(1.0)	28.4	(1.3)	19.5	(0.9)	7.4	(0.6)	1.1	(0.2)
イタリア	0.1	(0.1)	1.7	(0.3)	6.7	(0.7)	15.0	(0.9)	24.0	(1.0)	26.6	(1.0)	18.3	(0.8)	6.5	(0.6)	1.0	(0.2)
ハンガリー	0.1	(0.1)	1.0	(0.2)	7.4	(0.6)	17.6	(1.0)	24.4	(1.1)	25.0	(1.0)	17.4	(0.8)	6.3	(0.6)	0.9	(0.2)
アラブ首長国連邦	0.8	(0.1)	4.9	(0.4)	13.6	(0.5)	20.4	(0.7)	22.1	(0.6)	18.8	(0.6)	12.4	(0.6)	5.4	(0.4)	1.6	(0.2)
アイスランド	0.1	(0.1)	1.4	(0.3)	8.0	(0.6)	16.7	(1.0)	24.6	(1.1)	26.1	(0.9)	16.3	(0.8)	6.0	(0.5)	0.7	(0.2)
リトアニア	0.1	(0.1)	1.2	(0.3)	7.0	(0.5)	17.9	(0.7)	25.5	(1.0)	25.6	(0.9)	16.4	(0.6)	5.5	(0.5)	0.9	(0.2)
ロシア	0.1	(0.0)	1.1	(0.2)	5.6	(0.5)	15.8	(0.9)	27.4	(0.9)	27.5	(1.0)	16.3	(0.9)	5.4	(0.6)	0.8	(0.2)
マルタ	0.5	(0.2)	4.2	(0.4)	12.9	(0.7)	19.2	(0.9)	23.3	(0.8)	21.2	(0.9)	12.8	(0.8)	4.9	(0.5)	1.0	(0.2)
トルコ	0.0	(0.0)	1.0	(0.2)	6.5	(0.6)	17.7	(0.8)	27.0	(0.9)	26.3	(0.8)	15.7	(0.7)	5.1	(0.6)	0.8	(0.2)
クロアチア	0.1	(0.1)	1.0	(0.2)	6.5	(0.6)	17.5	(0.8)	27.4	(0.9)	26.6	(1.0)	15.7	(0.8)	4.9	(0.5)	0.5	(0.1)
ギリシャ	0.3	(0.1)	2.6	(0.4)	9.3	(0.8)	17.8	(0.9)	25.6	(1.0)	24.6	(0.9)	14.7	(0.9)	4.4	(0.5)	0.6	(0.2)
ラトビア	0.0	(0.0)	0.6	(0.2)	5.5	(0.5)	17.1	(0.7)	27.5	(0.9)	28.0	(1.1)	16.4	(0.8)	4.4	(0.4)	0.5	(0.1)
スロバキア	0.3	(0.1)	2.7	(0.4)	9.2	(0.7)	19.6	(0.8)	26.2	(0.8)	23.3	(0.8)	13.9	(0.6)	4.3	(0.5)	0.5	(0.2)
ベラルーシ	0.1	(0.1)	1.0	(0.2)	6.4	(0.5)	17.4	(0.9)	27.3	(1.0)	27.5	(0.8)	15.7	(0.8)	4.2	(0.5)	0.4	(0.1)
チリ	0.1	(0.1)	2.2	(0.4)	9.8	(0.7)	20.3	(1.0)	26.7	(0.9)	23.5	(0.9)	12.9	(0.7)	3.9	(0.4)	0.6	(0.1)
カタール	1.2	(0.1)	6.7	(0.3)	17.1	(0.4)	23.6	(0.5)	22.9	(0.5)	16.2	(0.4)	8.3	(0.3)	3.1	(0.2)	0.9	(0.1)
ブラジル	0.4	(0.1)	4.6	(0.4)	17.6	(0.7)	26.0	(0.8)	23.5	(0.7)	16.6	(0.7)	8.2	(0.5)	2.7	(0.3)	0.5	(0.1)
ブルガリア	0.6	(0.2)	5.8	(0.6)	18.3	(1.2)	24.3	(0.9)	23.5	(0.9)	15.9	(0.9)	8.5	(0.7)	2.7	(0.4)	0.5	(0.2)
ウルグアイ	0.3	(0.1)	3.8	(0.5)	13.7	(1.0)	23.3	(0.9)	26.1	(1.0)	20.4	(0.9)	9.7	(0.7)	2.5	(0.4)	0.3	(0.1)
キプロス	0.4	(0.1)	3.9	(0.4)	14.0	(0.6)	23.1	(0.7)	26.1	(0.8)	20.4	(0.7)	9.5	(0.5)	2.5	(0.3)	0.2	(0.1)
セルビア	0.2	(0.1)	3.0	(0.4)	13.5	(1.0)	24.1	(0.9)	27.0	(1.0)	20.0	(1.0)	9.6	(0.7)	2.4	(0.4)	0.3	(0.1)
ペルー	0.7	(0.2)	5.3	(0.5)	17.2	(0.9)	26.8	(1.1)	24.3	(0.8)	16.3	(0.7)	7.0	(0.6)	2.1	(0.4)	0.3	(0.1)
コロンビア	0.4	(0.1)	4.3	(0.5)	16.1	(1.0)	27.8	(1.0)	25.5	(1.0)	16.4	(0.9)	7.3	(0.6)	2.0	(0.3)	0.2	(0.1)
ブルネイ	0.2	(0.1)	3.8	(0.4)	19.6	(0.5)	29.3	(0.6)	22.8	(0.6)	14.8	(0.7)	7.4	(0.4)	2.0	(0.3)	0.1	(0.1)
コスタリカ	0.7	(0.2)	4.4	(0.4)	17.0	(0.9)	28.7	(1.0)	25.9	(0.8)	15.2	(0.9)	6.4	(0.9)	1.6	(0.5)	0.1	(0.1)
メキシコ	0.2	(0.1)	2.6	(0.4)	12.7	(0.8)	27.6	(1.0)	30.2	(0.9)	18.7	(0.8)	6.5	(0.7)	1.4	(0.3)	0.1	(0.1)
アルバニア	0.5	(0.1)	4.6	(0.5)	18.1	(0.8)	30.0	(0.9)	27.2	(0.8)	14.1	(0.6)	4.5	(0.4)	0.8	(0.2)	0.1	(0.0)
マレーシア	0.1	(0.1)	2.3	(0.3)	14.4	(0.9)	29.3	(1.1)	30.3	(1.0)	17.6	(0.9)	5.1	(0.4)	0.8	(0.1)	0.0	(0.0)
モンテネグロ	0.2	(0.1)	3.3	(0.4)	14.6	(0.7)	28.8	(0.8)	29.4	(0.8)	17.3	(0.7)	5.5	(0.3)	0.8	(0.1)	0.0	(0.0)
カザフスタン	0.4	(0.1)	4.8	(0.5)	21.6	(0.7)	34.9	(0.8)	24.2	(0.7)	10.3	(0.5)	3.2	(0.3)	0.6	(0.1)	0.0	(0.0)
タイ	0.3	(0.1)	4.0	(0.5)	19.4	(1.1)	33.3	(1.1)	25.8	(1.1)	12.6	(1.0)	4.1	(0.6)	0.5	(0.1)	0.0	(0.0)
ジョージア	1.0	(0.3)	8.3	(0.7)	23.8	(0.9)	30.4	(1.0)	22.3	(0.7)	10.6	(0.9)	3.0	(0.5)	0.5	(0.1)	0.0	(0.0)
パナマ	1.9	(0.3)	10.5	(0.8)	25.8	(0.9)	30.0	(1.1)	19.9	(0.8)	8.8	(0.8)	2.8	(0.5)	0.4	(0.2)	0.0	(0.0)
ドミニカ共和国	1.1	(0.3)	12.6	(0.9)	32.4	(1.1)	30.2	(1.0)	16.0	(0.9)	6.1	(0.7)	1.4	(0.3)	0.2	(0.1)	0.0	(0.0)
フィリピン	2.6	(0.4)	18.8	(1.3)	35.3	(1.2)	23.9	(1.0)	12.3	(0.8)	5.3	(0.6)	1.6	(0.3)	0.2	(0.1)	0.0	(0.0)
インドネシア	0.4	(0.2)	5.2	(0.5)	24.6	(1.2)	37.1	(1.0)	22.6	(1.1)	8.1	(0.8)	1.8	(0.4)	0.2	(0.1)	0.0	(0.0)
ボスニア・ヘルツェゴビナ	0.6	(0.2)	5.6	(0.6)	22.0	(1.1)	32.0	(1.0)	25.5	(1.2)	11.6	(0.8)	2.5	(0.4)	0.1	(0.1)	0.0	(0.0)
バクー（アゼルバイジャン）	0.8	(0.2)	7.8	(0.6)	23.6	(0.9)	33.4	(0.9)	23.9	(1.0)	8.6	(0.7)	1.8	(0.5)	0.2	(0.1)	0.0	(0.0)
モロッコ	0.3	(0.1)	7.3	(0.7)	30.7	(1.4)	34.3	(1.0)	19.6	(1.3)	6.6	(0.6)	1.0	(0.2)	0.0	(0.0)	0.0	c
コソボ	0.3	(0.1)	8.0	(0.8)	33.8	(1.1)	37.2	(1.2)	16.3	(0.9)	4.1	(0.4)	0.4	(0.2)	0.0	(0.0)	0.0	c
アルゼンチン※	m	m	m	m	m	m	m	m	m	m	m	m	m	m	m	m	m	m
ヨルダン※	m	m	m	m	m	m	m	m	m	m	m	m	m	m	m	m	m	m
レバノン※	m	m	m	m	m	m	m	m	m	m	m	m	m	m	m	m	m	m
北マケドニア※	m	m	m	m	m	m	m	m	m	m	m	m	m	m	m	m	m	m
モルドバ※	m	m	m	m	m	m	m	m	m	m	m	m	m	m	m	m	m	m
ルーマニア※	m	m	m	m	m	m	m	m	m	m	m	m	m	m	m	m	m	m
サウジアラビア※	m	m	m	m	m	m	m	m	m	m	m	m	m	m	m	m	m	m
ウクライナ※	m	m	m	m	m	m	m	m	m	m	m	m	m	m	m	m	m	m

（注）　1．灰色の網掛けは非 OECD 加盟国・地域を示す。
　　　　2．習熟度レベル 5 以上の生徒の割合が多い順に上から国を並べている。
　　　　3．表中の c は欠損値（生徒が少ないため値を推計できない）。
　　　　4．※は，2018 年調査において，コンピュータ使用型調査での実施ではなく，筆記型調査で実施した国を示す。
　　　　5．各習熟度レベルの得点の範囲は，74 頁参照。
出所：OECD(2019a) の表から作成。

レベル6以上が2%，レベル5が8%，レベル4が19%，レベル3が25%，レベル2が23%，レベル1aが15%，レベル1bが7%，レベル1cが2%，レベル1c未満が0.2%であり，日本はそれぞれレベル6以上が3%，レベル5が10%，レベル4が20%，レベル3が26%，レベル2が21%，レベル1aが13%，レベル1bが5%，レベル1cが1%，レベル1c未満が0.1%である。

レベル5以上の生徒の割合が最も多いのはシンガポールであり，31%である。次いで北京・上海・江蘇・浙江，カナダ，香港，オーストラリア，韓国，マカオ，アメリカと続き，日本は13%で17番目である。OECD平均の10%を上回るのは22か国である。レベル6以上で見ると，生徒の割合が最も多いのはシンガポールの11%で，次いで北京・上海・江蘇・浙江，オーストラリア，カナダ，アメリカ，韓国，スウェーデン，イギリス，ニュージーランドと続き，日本は3%で16番目である。

レベル1a以下の生徒の割合が最も少ないのは北京・上海・江蘇・浙江であり，5%である。次いでマカオ，シンガポール，香港，エストニア，アイルランドと続き，日本は20%で20番目に少ない。OECD平均の23%を下回るのは，日本を含む27か国である。

2.2.4　習熟度レベル別割合の経年変化

表2.2.6は日本を含む18か国の読解力における習熟度レベル1a以下の生徒の割合，及び習熟度レベル5以上の生徒の割合について，2009年調査以降の変化を示したものであり，太字は統計的な有意差があることを示している。

日本は，2018年と2015年を比較すると，レベル5以上の生徒の割合が0.5ポイント少なくなっているが，統計的な有意差はない。2018年と2012年，2009年を比較すると，レベル5以上の生徒の割合はそれぞれ8ポイント，3ポイント少なくなっており，統計的な有意差がある。またレベル1a以下について，同様に2018年と2015年，2012年を比較すると，それぞれ4ポイント，7ポイント多くなっており，統計的な有意差がある。2018年と2009年を比較すると，レベル1a以下の割合は3ポイント多くなっているものの，統計的な有意差はない。

レベル5以上の生徒の割合が，2015年，2012年，2009年いずれの調査年との比較においても多いのは，オーストラリア，カナダ，エストニア，アイルランド，イギリス，アメリカ，シンガポールである。そのうち，いずれの調査年との比較においても統計的な有意差があるのは，エストニア，シンガポールである。一方，いずれの調査年との比較においても少ないのは，日本，フランス，イタリア，オランダ，ニュージーランドである。そのうち，統計的な有意差があるのは，日本の2012年，2009年との比較及びフランスの2012年，2015年との比較である。

レベル1a以下の生徒の割合が，いずれの調査年との比較においても少ない国はない。一方，いずれの調査年との比較においても多いのは，日本，オーストラリア，カナダ，フィンランド，ドイツ，イタリア，韓国，オランダ，ニュージーランド，アメリカ，香港，台湾である。そのうち，いずれの調査年との比較においても統計的な有意差があるのは，カナダ，フィンランド，オランダである。

表2.2.7は日本を含む18か国の読解力について，それぞれの国内における男女別に見た習熟度レベル1a以下の生徒の割合及び習熟度レベル5以上の生徒の割合を，2018年と2015年，2009年で比較したものであり，太字は統計的な有意差があることを示している。

日本は，2018年と2009年を比べると，レベル5以上の割合が，男子で1ポイント，女子で6ポイント少なくなっており，女子は統計的な有意差がある。レベル1a以下の生徒の割合について

第2章　読解力

表2.2.6　習熟度レベル（レベル1a以下・レベル5以上）別の経年変化（読解力　2000年～2018年）

国　名	習熟度レベル							
	2018年		2018年-2009年		2018年-2012年		2018年-2015年	
	レベル1a以下	レベル5以上	レベル1a以下	レベル5以上	レベル1a以下	レベル5以上	レベル1a以下	レベル5以上
	割合／標準誤差	割合／標準誤差	割合の差／標準誤差	割合の差／標準誤差	割合の差／標準誤差	割合の差／標準誤差	割合の差／標準誤差	割合の差／標準誤差
日本	16.8 (1.0)	10.3 (0.7)	3.2 (1.7)	-3.2 (1.2)	7.0 (1.6)	-8.2 (1.6)	3.9 (1.7)	-0.5 (1.3)
オーストラリア	19.6 (0.5)	13.0 (0.5)	5.4 (1.1)	0.3 (1.1)	5.4 (1.1)	1.3 (1.1)	1.6 (1.2)	2.0 (1.1)
カナダ	13.8 (0.5)	15.0 (0.6)	3.5 (0.9)	2.2 (1.2)	2.9 (0.9)	2.1 (1.4)	3.1 (1.1)	1.0 (1.6)
エストニア	11.1 (0.6)	13.9 (0.7)	-2.3 (1.3)	7.8 (1.2)	1.9 (1.1)	5.5 (1.3)	0.4 (1.1)	2.8 (1.4)
フィンランド	13.5 (0.7)	14.2 (0.7)	5.4 (1.0)	-0.3 (1.5)	2.2 (1.1)	0.7 (1.6)	2.5 (1.1)	0.5 (1.7)
フランス	20.9 (0.7)	9.2 (0.7)	1.2 (1.6)	-0.4 (1.3)	2.0 (1.5)	-3.7 (1.3)	-0.5 (1.5)	-3.3 (1.2)
ドイツ	20.7 (1.1)	11.3 (0.7)	2.2 (1.7)	3.7 (1.1)	6.2 (1.6)	2.4 (1.2)	4.5 (1.7)	-0.4 (1.3)
アイルランド	11.8 (0.7)	12.1 (0.7)	-5.4 (1.4)	5.1 (1.3)	2.2 (1.3)	0.7 (1.4)	1.6 (1.3)	1.4 (1.5)
イタリア	23.3 (1.0)	5.3 (0.5)	2.2 (1.7)	-0.5 (0.7)	3.8 (1.9)	-1.3 (0.7)	2.3 (2.2)	-0.3 (0.8)
韓国	15.1 (0.9)	13.1 (0.9)	9.3 (1.3)	0.2 (1.6)	7.5 (1.4)	-1.0 (1.7)	1.5 (1.4)	0.5 (1.6)
オランダ	24.1 (1.0)	9.1 (0.6)	9.8 (2.2)	-0.7 (1.3)	10.1 (2.1)	-0.7 (1.2)	6.0 (2.1)	-1.8 (1.1)
ニュージーランド	19.0 (0.8)	13.1 (0.6)	4.6 (1.4)	-2.6 (1.4)	2.7 (1.5)	-0.9 (1.4)	1.7 (1.6)	-0.5 (1.6)
イギリス	17.3 (0.9)	11.5 (0.8)	-1.1 (1.5)	3.4 (1.0)	0.7 (1.9)	2.7 (1.2)	-0.6 (1.7)	2.3 (1.2)
アメリカ	19.3 (1.1)	13.5 (0.9)	1.6 (1.7)	3.7 (1.5)	2.7 (1.8)	5.6 (1.4)	0.3 (1.8)	4.0 (1.5)
OECD平均（35か国）	22.6 (0.2)	8.7 (0.1)	3.2 (1.0)	1.4 (0.5)	3.7 (1.2)	0.6 (0.5)	1.9 (1.3)	0.6 (0.6)
北京・上海・江蘇・浙江	5.2 (0.6)	21.7 (1.1)	m　m	m　m	m　m	m　m	m　m	m　m
香港	12.6 (0.8)	14.8 (0.7)	4.3 (1.1)	2.4 (1.4)	5.8 (1.1)	-2.0 (1.7)	3.3 (1.1)	3.3 (1.6)
台湾	17.8 (0.8)	10.9 (0.8)	2.2 (1.4)	5.7 (1.3)	6.3 (1.5)	-0.9 (1.4)	0.6 (1.5)	4.0 (1.4)
シンガポール	11.2 (0.5)	25.8 (0.7)	-1.2 (0.7)	10.1 (1.8)	1.4 (0.7)	4.6 (2.0)	0.1 (0.8)	7.5 (2.2)

国　名	習熟度レベル							
	2018年		2015年		2012年		2009年	
	レベル1a以下	レベル5以上	レベル1a以下	レベル5以上	レベル1a以下	レベル5以上	レベル1a以下	レベル5以上
	割合／標準誤差	割合／標準誤差	割合／標準誤差	割合／標準誤差	割合／標準誤差	割合／標準誤差	割合／標準誤差	割合／標準誤差
日本	16.8 (1.0)	10.3 (0.7)	12.9 (1.0)	10.8 (0.9)	9.8 (0.9)	18.5 (1.3)	13.6 (1.1)	13.4 (0.9)
オーストラリア	19.6 (0.5)	13.0 (0.5)	18.1 (0.5)	11.0 (0.5)	14.2 (0.5)	11.7 (0.5)	14.2 (0.6)	12.8 (0.8)
カナダ	13.8 (0.5)	15.0 (0.6)	10.7 (0.6)	14.0 (0.7)	10.9 (0.5)	12.9 (0.6)	10.3 (0.5)	12.8 (0.5)
エストニア	11.1 (0.6)	13.9 (0.7)	10.6 (0.7)	11.0 (0.7)	9.1 (0.6)	8.3 (0.7)	13.3 (1.0)	6.1 (0.6)
フィンランド	13.5 (0.7)	14.2 (0.7)	11.1 (0.8)	13.7 (0.7)	11.3 (0.7)	13.5 (0.6)	8.1 (0.5)	14.5 (0.8)
フランス	20.9 (0.7)	9.2 (0.7)	21.5 (0.9)	12.5 (0.7)	18.9 (1.0)	12.9 (0.8)	19.8 (1.2)	9.6 (1.0)
ドイツ	20.7 (1.1)	11.3 (0.7)	16.2 (0.9)	11.7 (0.7)	14.5 (0.7)	8.9 (0.7)	18.5 (1.1)	7.6 (0.6)
アイルランド	11.8 (0.7)	12.1 (0.7)	10.2 (0.8)	10.7 (0.7)	9.6 (0.9)	11.4 (0.7)	17.2 (1.0)	7.0 (0.5)
イタリア	23.3 (1.0)	5.3 (0.5)	21.0 (1.0)	5.7 (0.5)	19.5 (0.7)	6.7 (0.3)	21.0 (0.6)	5.8 (0.3)
韓国	15.1 (0.9)	13.1 (0.9)	13.7 (1.0)	12.7 (1.0)	7.6 (0.8)	14.1 (1.2)	5.8 (0.8)	12.9 (1.1)
オランダ	24.1 (1.0)	9.1 (0.6)	18.1 (1.0)	10.9 (0.6)	14.0 (1.2)	9.8 (0.8)	14.3 (1.5)	9.8 (1.1)
ニュージーランド	19.0 (0.8)	13.1 (0.6)	17.3 (0.8)	13.6 (0.9)	16.3 (0.8)	14.0 (0.8)	14.3 (0.7)	15.7 (0.8)
イギリス	17.3 (0.9)	11.5 (0.8)	17.9 (0.9)	9.2 (0.6)	16.6 (1.3)	8.8 (0.7)	18.4 (0.8)	8.0 (0.5)
アメリカ	19.3 (1.1)	13.5 (0.9)	19.0 (1.1)	9.6 (0.7)	16.6 (1.3)	7.9 (0.7)	17.6 (1.1)	9.9 (0.9)
OECD平均（35か国）	22.6 (0.2)	8.7 (0.1)	20.8 (0.2)	8.0 (0.1)	18.9 (0.2)	8.0 (0.1)	19.4 (0.2)	7.2 (0.1)
北京・上海・江蘇・浙江	5.2 (0.6)	21.7 (1.1)	m　m	m　m	m　m	m　m	m　m	m　m
香港	12.6 (0.8)	14.8 (0.7)	9.3 (0.8)	11.6 (0.9)	6.8 (0.7)	16.8 (1.2)	8.3 (0.7)	12.4 (0.8)
台湾	17.8 (0.8)	10.9 (0.8)	17.2 (0.8)	6.9 (0.8)	11.5 (0.9)	11.8 (0.8)	15.6 (0.9)	5.2 (0.8)
シンガポール	11.2 (0.5)	25.8 (0.7)	11.1 (0.5)	18.4 (0.7)	9.9 (0.4)	21.2 (0.6)	12.5 (0.5)	15.7 (0.5)

（注）1.　灰色の網掛けは非OECD加盟国・地域を示す。
　　　2.　表中のmは欠損値（データなし）。
　　　3.　OECD平均（35か国）は，OECD加盟国からオーストリアを除いたもの。
出所：OECD(2019a) の表より抜粋。

読解力　第2章

表2.2.7　男女別に見た習熟度レベル（レベル1a以下・レベル5以上）別の経年変化（読解力　2009年，2015年及び2018年）

第2章

国　名		2018年 習熟度レベル				生徒の割合の変化（2018年-2009年）				2009年			
		レベル1a以下		レベル5以上		レベル1a以下		レベル5以上		レベル1a以下		レベル5以上	
		割合	標準誤差	割合	標準誤差	割合の差	標準誤差	割合の差	標準誤差	割合	標準誤差	割合	標準誤差
日本	男子	20.8	(1.4)	9.1	(1.0)	2.0	(2.3)	-1.0	(1.4)	18.9	(1.8)	10.1	(1.1)
	女子	12.9	(1.0)	11.3	(0.9)	**4.9**	(1.4)	**-5.6**	(1.7)	8.0	(1.0)	16.9	(1.4)
オーストラリア	男子	24.4	(0.7)	10.9	(0.6)	**4.7**	(1.1)	1.1	(1.0)	19.7	(0.8)	9.8	(0.8)
	女子	14.7	(0.5)	15.2	(0.6)	**5.7**	(0.8)	-0.4	(1.1)	9.1	(0.6)	15.6	(0.9)
カナダ	男子	17.8	(0.7)	12.4	(0.6)	**3.4**	(1.0)	**3.0**	(0.8)	14.5	(0.7)	9.4	(0.5)
	女子	9.6	(0.5)	17.6	(0.7)	**3.6**	(0.7)	1.5	(1.0)	6.0	(0.4)	16.2	(0.7)
エストニア	男子	14.5	(0.9)	10.6	(0.8)	**-4.4**	(1.8)	**7.2**	(1.0)	18.9	(1.5)	3.4	(0.6)
	女子	7.6	(0.8)	17.1	(1.0)	0.3	(1.2)	**8.2**	(1.4)	7.3	(0.9)	8.9	(1.0)
フィンランド	男子	19.6	(1.1)	9.1	(0.8)	**6.6**	(1.4)	1.0	(1.1)	13.0	(0.9)	8.1	(0.8)
	女子	7.3	(0.6)	19.6	(0.9)	**4.1**	(0.8)	-1.4	(1.4)	3.2	(0.5)	20.9	(1.1)
フランス	男子	25.4	(1.0)	8.2	(0.7)	-0.2	(2.0)	1.3	(1.1)	25.7	(1.7)	6.9	(0.8)
	女子	16.3	(0.9)	10.2	(0.9)	2.2	(1.4)	-1.9	(1.6)	14.1	(1.0)	12.1	(1.3)
ドイツ	男子	24.4	(1.2)	9.4	(0.8)	0.4	(2.0)	**5.0**	(1.0)	24.0	(1.5)	4.4	(0.5)
	女子	16.4	(1.3)	13.5	(0.9)	3.7	(1.7)	2.5	(1.4)	12.7	(1.1)	11.0	(1.0)
アイルランド	男子	15.1	(1.0)	10.3	(0.9)	**-8.0**	(2.0)	**5.8**	(1.1)	23.1	(1.7)	4.5	(0.6)
	女子	8.5	(0.7)	13.8	(0.8)	**-2.7**	(1.2)	**4.3**	(1.2)	11.2	(1.0)	9.5	(0.9)
イタリア	男子	27.7	(1.3)	4.5	(0.5)	-1.2	(1.6)	0.6	(0.6)	28.9	(0.9)	3.9	(0.3)
	女子	18.6	(1.0)	6.3	(0.7)	**5.9**	(1.2)	**-1.6**	(0.8)	12.7	(0.7)	7.9	(0.5)
韓国	男子	18.7	(1.4)	11.9	(1.2)	**9.9**	(1.9)	2.6	(1.7)	8.8	(1.4)	9.3	(1.2)
	女子	11.2	(1.0)	14.5	(1.1)	**8.7**	(1.1)	-2.4	(1.9)	2.4	(0.5)	16.9	(1.6)
オランダ	男子	29.4	(1.4)	7.8	(0.8)	**11.5**	(2.3)	0.0	(1.3)	17.9	(1.9)	7.8	(1.0)
	女子	18.8	(1.0)	10.4	(0.9)	**8.0**	(1.8)	-1.4	(1.5)	10.8	(1.4)	11.8	(1.3)
ニュージーランド	男子	23.5	(1.1)	11.0	(0.7)	2.9	(1.6)	-0.9	(1.3)	20.6	(1.2)	11.9	(1.1)
	女子	14.4	(0.9)	15.3	(0.9)	**6.6**	(1.1)	**-4.5**	(1.5)	7.8	(0.7)	19.7	(1.1)
イギリス	男子	20.6	(1.1)	9.7	(1.0)	-2.5	(1.6)	2.8	(1.2)	23.1	(1.2)	6.9	(0.7)
	女子	14.2	(1.0)	13.1	(1.0)	0.2	(1.3)	**4.0**	(1.3)	14.0	(0.9)	9.1	(0.8)
アメリカ	男子	22.9	(1.4)	11.9	(1.2)	1.5	(2.0)	**3.7**	(1.5)	21.4	(1.4)	8.2	(1.0)
	女子	15.5	(1.1)	15.3	(1.2)	1.8	(1.6)	3.6	(1.7)	13.6	(1.1)	11.6	(1.2)
OECD平均	男子	27.7	(0.2)	7.0	(0.1)	**2.0**	(0.3)	**2.0**	(0.2)	25.7	(0.2)	5.0	(0.1)
	女子	17.5	(0.2)	10.3	(0.1)	**4.4**	(0.2)	**0.8**	(0.2)	13.1	(0.2)	9.5	(0.2)
北京・上海・江蘇・浙江	男子	6.5	(0.9)	20.3	(1.1)	m	m	m	m	m	m	m	m
	女子	3.7	(0.5)	23.3	(1.4)	m	m	m	m	m	m	m	m
香港	男子	17.0	(1.1)	11.8	(0.9)	**5.7**	(1.6)	2.9	(1.4)	11.3	(1.2)	8.9	(1.0)
	女子	7.9	(0.7)	18.0	(1.0)	**3.0**	(1.0)	1.6	(1.5)	4.9	(0.7)	16.4	(1.0)
台湾	男子	21.3	(1.2)	9.9	(1.0)	-0.3	(1.8)	**6.6**	(1.3)	21.6	(1.3)	3.2	(0.8)
	女子	14.3	(0.9)	11.9	(1.5)	**4.8**	(1.3)	4.8	(2.0)	9.5	(0.9)	7.2	(1.4)
シンガポール	男子	14.2	(0.6)	23.1	(1.0)	-1.9	(1.0)	**10.9**	(1.2)	16.2	(0.7)	12.2	(0.7)
	女子	8.1	(0.6)	28.6	(0.9)	-0.5	(0.8)	**9.3**	(1.3)	8.7	(0.7)	19.3	(0.9)

国　名		2018年 習熟度レベル				生徒の割合の変化（2018年-2015年）				2015年			
		レベル1a以下		レベル5以上		レベル1a以下		レベル5以上		レベル1a以下		レベル5以上	
		割合	標準誤差	割合	標準誤差	割合の差	標準誤差	割合の差	標準誤差	割合	標準誤差	割合	標準誤差
日本	男子	20.8	(1.4)	9.1	(1.0)	**5.9**	(1.9)	-1.0	(1.5)	14.9	(1.3)	10.1	(1.2)
	女子	12.9	(1.0)	11.3	(0.9)	2.1	(1.4)	-0.1	(1.4)	10.8	(1.0)	11.5	(1.1)
オーストラリア	男子	24.4	(0.7)	10.9	(0.6)	1.6	(1.0)	**1.9**	(0.9)	22.8	(0.7)	9.0	(0.6)
	女子	14.7	(0.5)	15.2	(0.6)	1.4	(0.9)	**2.1**	(0.9)	13.3	(0.7)	13.1	(0.7)
カナダ	男子	17.8	(0.7)	12.4	(0.6)	**4.0**	(1.1)	1.1	(1.0)	13.9	(0.9)	11.3	(0.7)
	女子	9.6	(0.5)	17.6	(0.7)	**2.1**	(0.8)	0.9	(1.2)	7.5	(0.6)	16.8	(1.0)
エストニア	男子	14.5	(0.9)	10.6	(0.8)	0.2	(1.5)	1.9	(1.1)	14.2	(1.2)	8.7	(0.7)
	女子	7.6	(0.8)	17.1	(1.0)	0.7	(1.2)	**3.6**	(1.3)	6.9	(0.7)	13.5	(0.9)
フィンランド	男子	19.6	(1.1)	9.1	(0.8)	**3.5**	(1.6)	-0.1	(1.1)	16.1	(1.1)	9.2	(0.8)
	女子	7.3	(0.6)	19.6	(0.9)	1.5	(0.9)	1.0	(1.4)	5.7	(0.7)	18.6	(1.1)
フランス	男子	25.4	(1.0)	8.2	(0.7)	-0.7	(1.7)	**-2.2**	(1.0)	26.1	(1.4)	10.4	(0.7)
	女子	16.3	(0.9)	10.2	(0.9)	-0.6	(1.4)	**-4.4**	(1.4)	16.9	(1.0)	14.5	(1.1)
ドイツ	男子	24.4	(1.2)	9.4	(0.8)	**5.6**	(1.8)	-0.4	(1.1)	18.8	(1.2)	9.8	(0.8)
	女子	16.4	(1.3)	13.5	(0.9)	2.8	(1.6)	-0.1	(1.3)	13.6	(0.9)	13.6	(1.0)
アイルランド	男子	15.1	(1.0)	10.3	(0.9)	2.8	(1.5)	-0.4	(1.3)	12.3	(1.0)	10.7	(0.9)
	女子	8.5	(0.7)	13.8	(0.8)	0.5	(1.1)	**3.1**	(1.3)	8.0	(0.8)	10.7	(1.0)
イタリア	男子	27.7	(1.3)	4.5	(0.5)	3.6	(1.9)	-0.4	(0.8)	24.1	(1.4)	4.9	(0.6)
	女子	18.6	(1.0)	6.3	(0.7)	0.7	(1.7)	-0.1	(0.9)	17.9	(1.4)	6.4	(0.6)
韓国	男子	18.7	(1.4)	11.9	(1.2)	-0.5	(2.0)	2.3	(1.6)	19.2	(1.5)	9.6	(1.1)
	女子	11.2	(1.0)	14.5	(1.1)	**3.5**	(1.4)	-1.5	(1.8)	7.6	(1.0)	16.0	(1.4)
オランダ	男子	29.4	(1.4)	7.8	(0.8)	**7.7**	(2.0)	-1.5	(1.0)	21.7	(1.4)	9.3	(0.7)
	女子	18.8	(1.0)	10.4	(0.9)	**4.3**	(1.5)	-2.1	(1.3)	14.5	(1.1)	12.4	(1.0)
ニュージーランド	男子	23.5	(1.1)	11.0	(0.7)	1.3	(1.6)	-0.1	(1.2)	22.2	(1.2)	11.1	(1.0)
	女子	14.4	(0.9)	15.3	(0.9)	2.0	(1.3)	-1.0	(1.5)	12.4	(1.0)	16.3	(1.1)
イギリス	男子	20.6	(1.1)	9.7	(1.0)	-0.3	(1.6)	2.3	(1.2)	20.9	(1.1)	7.4	(0.7)
	女子	14.2	(1.0)	13.1	(1.0)	-0.6	(1.5)	2.1	(1.2)	14.8	(1.0)	11.0	(1.0)
アメリカ	男子	22.9	(1.4)	11.9	(1.2)	0.3	(2.0)	**3.5**	(1.4)	22.6	(1.4)	8.4	(0.8)
	女子	15.5	(1.1)	15.3	(1.2)	0.1	(1.7)	**4.5**	(1.6)	15.3	(1.3)	10.8	(1.1)
OECD平均	男子	27.7	(0.2)	7.0	(0.1)	**2.5**	(0.3)	**0.5**	(0.2)	25.2	(0.2)	6.5	(0.1)
	女子	17.5	(0.2)	10.3	(0.1)	**1.2**	(0.3)	**0.7**	(0.2)	16.3	(0.2)	9.6	(0.1)
北京・上海・江蘇・浙江	男子	6.5	(0.9)	20.3	(1.1)	m	m	m	m	m	m	m	m
	女子	3.7	(0.5)	23.3	(1.4)	m	m	m	m	m	m	m	m
香港	男子	17.0	(1.1)	11.8	(0.9)	**4.5**	(1.6)	2.7	(1.3)	12.6	(1.2)	9.2	(0.9)
	女子	7.9	(0.7)	18.0	(1.0)	2.0	(1.0)	**4.0**	(1.7)	5.9	(0.7)	14.0	(1.4)
台湾	男子	21.3	(1.2)	9.9	(1.0)	0.4	(1.7)	**4.5**	(1.3)	20.9	(1.2)	5.4	(0.9)
	女子	14.3	(0.9)	11.9	(1.5)	0.8	(1.3)	3.4	(1.9)	13.5	(0.9)	8.6	(1.2)
シンガポール	男子	14.2	(0.6)	23.1	(1.0)	0.6	(0.9)	**7.0**	(1.2)	13.7	(0.7)	16.2	(0.9)
	女子	8.1	(0.6)	28.6	(0.9)	-0.3	(0.8)	**7.9**	(1.4)	8.4	(0.6)	20.7	(1.0)

（注）　1．灰色の網掛けは非OECD加盟国・地域を示す。
　　　　2．表中のmは欠損値（データなし）。
　　　　3．太字は統計的な有意差があることを示す。
出所：OECD(2019b)の表より抜粋。

は，男子が 2 ポイント，女子が 5 ポイント多くなっており，女子に統計的な有意差がある。

レベル 5 以上の生徒の割合について 2018 年と 2009 年を比較すると，男子，女子ともに統計的に有意に高くなった国は，エストニア，アイルランド，イギリス，アメリカ，台湾，シンガポールである。男子，女子ともに統計的に有意に低くなった国はない。一方，レベル 1a 以下の生徒の割合について，男子，女子ともに統計的に有意に低くなったのは，アイルランドのみである。男子，女子ともに割合が多くなり，統計的な有意差があるのは，オーストラリア，カナダ，フィンランド，韓国，オランダ，香港である。

日本は，2018 年と 2015 年を比べると，レベル 5 以上の割合が，男子で 1 ポイント，女子で 0.1 ポイント少なくなっているが，いずれも統計的な有意差はない。レベル 1a 以下の生徒の割合については，男子が 6 ポイント，女子が 2 ポイント多くなっており，男子は統計的な有意差がある。

レベル 5 以上の生徒の割合について 2018 年と 2015 年を比較すると，男子，女子ともに統計的に有意に高くなった国は，オーストラリア，アメリカ，香港，シンガポールであり，男子，女子ともに統計的に有意に低くなったのはフランスである。一方，レベル 1a 以下の生徒の割合について，男子，女子ともに少なくなったのは，フランス，イギリスだが，どちらも統計的な有意差がない。男子，女子ともに割合が多くなり，統計的な有意差があるのはカナダ，オランダである。

2.3 読解力の平均得点の国際比較

2.3.1 各国の読解力の平均得点

表 2.3.1 は，生徒の読解力の平均得点と，平均得点に統計的な有意差がない国を示したものである。日本の平均得点は 504 点である。日本と統計的な有意差がない国は，スウェーデン，ニュージーランド，アメリカ，イギリス，オーストラリア，台湾，デンマーク，ノルウェー，ドイツであり，OECD 平均を上回る国は，25 か国である。

表 2.3.2 は，生徒の読解力の平均得点と 95％信頼区間，また統計的に考えられる平均得点の上位及び下位の順位を OECD 加盟国及び全ての参加国の中で示したものである。

読解力の平均得点は，北京・上海・江蘇・浙江，シンガポール，マカオ，香港，エストニア，カナダ，フィンランドの順で，日本の得点は 15 番目に高い。ただし，平均得点には標準誤差が含まれるため，統計的に考えられる日本の平均得点の順位は，参加国全体の中では 11 位から 20 位の間，OECD 加盟国の中では 7 位から 15 位の間である。OECD 平均より得点が統計的に有意に高い国は，非 OECD 加盟 5 か国を含む 24 か国である。一方，OECD 平均より得点が統計的に有意に低い国は，OECD 加盟 13 か国を含む 49 か国である。

2.3.2 各国の読解力の平均得点の経年変化

表 2.3.3 は日本を含む 18 か国について，2000 年，2003 年，2006 年，2009 年，2012 年，2015 年，2018 年調査における各国の読解力の平均得点と，2018 年とそれぞれの調査年の得点差（例えば 2018 年 − 2000 年）を示したものであり，太字は統計的な有意差があることを示している。日本に

読解力　第2章

表2.3.1　読解力の平均得点の国際比較

平均得点	国名	平均得点に統計的な有意差がない国
555	北京・上海・江蘇・浙江	シンガポール
549	シンガポール	北京・上海・江蘇・浙江
525	マカオ	香港，エストニア，フィンランド
524	香港	マカオ，エストニア，カナダ，フィンランド，アイルランド
523	エストニア	マカオ，香港，カナダ，フィンランド，アイルランド
520	カナダ	香港，エストニア，フィンランド，アイルランド，韓国
520	フィンランド	マカオ，香港，エストニア，カナダ，アイルランド，韓国
518	アイルランド	香港，エストニア，カナダ，フィンランド，韓国，ポーランド
514	韓国	カナダ，フィンランド，アイルランド，ポーランド，スウェーデン，アメリカ
512	ポーランド	アイルランド，韓国，スウェーデン，ニュージーランド，アメリカ
506	スウェーデン	韓国，ポーランド，ニュージーランド，アメリカ，イギリス，日本，オーストラリア，台湾，デンマーク，ノルウェー，ドイツ
506	ニュージーランド	ポーランド，スウェーデン，アメリカ，イギリス，日本，オーストラリア，台湾，デンマーク
505	アメリカ	韓国，ポーランド，スウェーデン，ニュージーランド，イギリス，日本，オーストラリア，台湾，デンマーク，ノルウェー，ドイツ
504	イギリス	スウェーデン，ニュージーランド，アメリカ，日本，オーストラリア，台湾，デンマーク，ノルウェー，ドイツ
504	日本	スウェーデン，ニュージーランド，アメリカ，イギリス，オーストラリア，台湾，デンマーク，ノルウェー，ドイツ
503	オーストラリア	スウェーデン，ニュージーランド，アメリカ，イギリス，日本，台湾，デンマーク，ノルウェー，ドイツ
503	台湾	スウェーデン，ニュージーランド，アメリカ，イギリス，日本，オーストラリア，デンマーク，ノルウェー，ドイツ
501	デンマーク	スウェーデン，ニュージーランド，アメリカ，イギリス，日本，オーストラリア，台湾，ノルウェー，ドイツ
499	ノルウェー	スウェーデン，アメリカ，イギリス，日本，オーストラリア，台湾，デンマーク，ドイツ，スロベニア
498	ドイツ	スウェーデン，アメリカ，イギリス，日本，オーストラリア，台湾，デンマーク，ノルウェー，スロベニア，ベルギー，フランス，ポルトガル
495	スロベニア	ノルウェー，ドイツ，ベルギー，フランス，ポルトガル，チェコ
493	ベルギー	ドイツ，スロベニア，フランス，ポルトガル，チェコ
493	フランス	ドイツ，スロベニア，ベルギー，ポルトガル，チェコ
492	ポルトガル	ドイツ，スロベニア，ベルギー，フランス，チェコ，オランダ
490	チェコ	スロベニア，ベルギー，フランス，ポルトガル，オランダ，オーストリア，スイス
487	OECD 平均	
485	オランダ	ポルトガル，チェコ，オーストリア，スイス，クロアチア，ラトビア，ロシア
484	オーストリア	チェコ，オランダ，スイス，クロアチア，ラトビア，ロシア
484	スイス	チェコ，オランダ，オーストリア，クロアチア，ラトビア，ロシア，イタリア
479	クロアチア	オランダ，オーストリア，スイス，ラトビア，ロシア，イタリア，ハンガリー，リトアニア，アイスランド，ベラルーシ，イスラエル
479	ラトビア	オランダ，オーストリア，スイス，クロアチア，ロシア，イタリア，ハンガリー，リトアニア，ベラルーシ
479	ロシア	オランダ，オーストリア，スイス，クロアチア，ラトビア，イタリア，ハンガリー，リトアニア，アイスランド，ベラルーシ，イスラエル
476	イタリア	スイス，クロアチア，ラトビア，ロシア，ハンガリー，リトアニア，アイスランド，ベラルーシ，イスラエル
476	ハンガリー	クロアチア，ラトビア，ロシア，イタリア，リトアニア，アイスランド，ベラルーシ，イスラエル
476	リトアニア	クロアチア，ラトビア，ロシア，イタリア，ハンガリー，アイスランド，ベラルーシ，イスラエル
474	アイスランド	クロアチア，ロシア，イタリア，ハンガリー，リトアニア，ベラルーシ，イスラエル，ルクセンブルク
474	ベラルーシ	クロアチア，ラトビア，ロシア，イタリア，ハンガリー，リトアニア，アイスランド，イスラエル，ルクセンブルク，ウクライナ※
470	イスラエル	クロアチア，ロシア，イタリア，ハンガリー，リトアニア，アイスランド，ベラルーシ，ルクセンブルク，ウクライナ※，トルコ
470	ルクセンブルク	アイスランド，ベラルーシ，イスラエル，ウクライナ※，トルコ
466	ウクライナ※	ベラルーシ，イスラエル，ルクセンブルク，トルコ，スロバキア，ギリシャ
466	トルコ	イスラエル，ルクセンブルク，ウクライナ※，ギリシャ
458	スロバキア	ウクライナ※，ギリシャ，チリ
457	ギリシャ	ウクライナ※，トルコ，スロバキア，チリ
452	チリ	スロバキア，ギリシャ，マルタ
448	マルタ	チリ
439	セルビア	アラブ首長国連邦，ルーマニア※
432	アラブ首長国連邦	セルビア，ルーマニア※，ウルグアイ，コスタリカ
428	ルーマニア※	セルビア，アラブ首長国連邦，ウルグアイ，コスタリカ，キプロス，モルドバ※，モンテネグロ，メキシコ，ブルガリア，ヨルダン※
427	ウルグアイ	アラブ首長国連邦，ルーマニア※，コスタリカ，キプロス，モルドバ※，メキシコ，ブルガリア
426	コスタリカ	アラブ首長国連邦，ルーマニア※，ウルグアイ，キプロス，モルドバ※，モンテネグロ，メキシコ，ブルガリア，ヨルダン※
424	キプロス	ルーマニア※，ウルグアイ，コスタリカ，モルドバ※，モンテネグロ，メキシコ，ブルガリア，ヨルダン※
424	モルドバ※	ルーマニア※，ウルグアイ，コスタリカ，キプロス，モンテネグロ，メキシコ，ブルガリア，ヨルダン※
421	モンテネグロ	ルーマニア※，コスタリカ，キプロス，モルドバ※，メキシコ，ブルガリア，ヨルダン※
420	メキシコ	ルーマニア※，ウルグアイ，コスタリカ，キプロス，モルドバ※，モンテネグロ，ブルガリア，ヨルダン※，マレーシア，コロンビア
420	ブルガリア	ルーマニア※，ウルグアイ，コスタリカ，キプロス，モルドバ※，モンテネグロ，メキシコ，ヨルダン※，マレーシア，ブラジル，コロンビア
419	ヨルダン※	ルーマニア※，コスタリカ，キプロス，モルドバ※，メキシコ，ブルガリア，マレーシア，ブラジル，コロンビア
415	マレーシア	メキシコ，ブルガリア，ヨルダン※，ブラジル，コロンビア
413	ブラジル	ブルガリア，ヨルダン※，マレーシア，コロンビア
412	コロンビア	メキシコ，ブルガリア，ヨルダン※，マレーシア，ブラジル，ブルネイ，カタール，アルバニア
408	ブルネイ	コロンビア，カタール，アルバニア，ボスニア・ヘルツェゴビナ
407	カタール	コロンビア，ブルネイ，アルバニア，ボスニア・ヘルツェゴビナ，アルゼンチン※
405	アルバニア	コロンビア，ブルネイ，カタール，ボスニア・ヘルツェゴビナ，アルゼンチン※，ペルー，サウジアラビア※
403	ボスニア・ヘルツェゴビナ	ブルネイ，カタール，アルバニア，アルゼンチン※，ペルー，サウジアラビア※
402	アルゼンチン※	カタール，アルバニア，ボスニア・ヘルツェゴビナ，ペルー，サウジアラビア※
401	ペルー	アルバニア，ボスニア・ヘルツェゴビナ，アルゼンチン※，サウジアラビア※，タイ
399	サウジアラビア※	アルバニア，ボスニア・ヘルツェゴビナ，アルゼンチン※，ペルー，タイ
393	タイ	ペルー，サウジアラビア※，北マケドニア※，バクー（アゼルバイジャン），カザフスタン
393	北マケドニア※	タイ，バクー（アゼルバイジャン）
389	バクー（アゼルバイジャン）	タイ，北マケドニア※，カザフスタン
387	カザフスタン	タイ，バクー（アゼルバイジャン）
380	ジョージア	パナマ
377	パナマ	ジョージア，インドネシア
371	インドネシア	パナマ
359	モロッコ	レバノン※，コソボ
353	レバノン※	モロッコ，コソボ
353	コソボ	モロッコ，レバノン※
342	ドミニカ共和国	フィリピン
340	フィリピン	ドミニカ共和国

平均得点	OECD 平均よりも統計的に有意に高い国・地域
平均得点	OECD 平均と統計的な有意差がない国・地域
平均得点	OECD 平均よりも統計的に有意に低い国・地域

国名	OECD 加盟国
国名	非 OECD 加盟国

（注）　※は，2018 年調査において，コンピュータ使用型調査での実施ではなく，筆記型調査で実施した国を示す。
出所：OECD(2019a) の表から作成。

第 2 章　読解力

表 2.3.2　読解力の平均得点と順位の範囲

国　名	平均得点	95% 信頼区間	順位の範囲 OECD 加盟国 上 位	順位の範囲 OECD 加盟国 下 位	すべての参加国 上 位	すべての参加国 下 位
北京・上海・江蘇・浙江	555	550 - 561			1	2
シンガポール	549	546 - 553			1	2
マカオ	525	523 - 528			3	5
香港	524	519 - 530			3	7
エストニア	523	519 - 527	1	3	3	7
カナダ	520	517 - 524	1	4	4	8
フィンランド	520	516 - 525	1	5	4	9
アイルランド	518	514 - 522	1	5	5	9
韓国	514	508 - 520	2	7	6	11
ポーランド	512	507 - 517	4	8	8	12
スウェーデン	506	500 - 512	6	14	10	19
ニュージーランド	506	502 - 510	6	12	10	17
アメリカ	505	498 - 512	6	15	10	20
イギリス	504	499 - 509	7	15	11	20
日本	504	499 - 509	7	15	11	20
オーストラリア	503	499 - 506	8	14	12	19
台湾	503	497 - 508			11	20
デンマーク	501	498 - 505	9	15	13	20
ノルウェー	499	495 - 504	10	17	14	22
ドイツ	498	492 - 504	10	19	14	24
スロベニア	495	493 - 498	14	18	19	23
ベルギー	493	488 - 497	15	20	20	26
フランス	493	488 - 497	15	21	20	26
ポルトガル	492	487 - 497	15	21	20	26
チェコ	490	485 - 495	16	22	21	27
OECD 平均	487					
オランダ	485	480 - 490	20	24	24	30
オーストリア	484	479 - 490	20	24	24	30
スイス	484	478 - 490	19	25	24	31
クロアチア	479	474 - 484			27	36
ラトビア	479	476 - 482	23	27	28	34
ロシア	479	472 - 485			26	36
イタリア	476	472 - 481	23	29	29	37
ハンガリー	476	472 - 480	24	29	29	37
リトアニア	476	473 - 479	24	28	29	36
アイスランド	474	471 - 477	25	29	31	38
ベラルーシ	474	469 - 479			30	38
イスラエル	470	463 - 478	25	31	31	40
ルクセンブルク	470	468 - 472	29	31	36	39
ウクライナ※	466	459 - 473			36	41
トルコ	466	461 - 470	30	32	38	41
スロバキア	458	454 - 462	32	34	40	43
ギリシャ	457	450 - 465	31	34	40	43
チリ	452	447 - 457	33	34	42	44
マルタ	448	445 - 452			43	44
セルビア	439	433 - 446			45	46
アラブ首長国連邦	432	427 - 436			45	48
ルーマニア※	428	418 - 438			45	55
ウルグアイ	427	422 - 433			46	52
コスタリカ	426	420 - 433			46	54
キプロス	424	422 - 427			48	53
モルドバ※	424	419 - 429			47	54
モンテネグロ	421	419 - 423			50	55
メキシコ	420	415 - 426	35	36	49	57
ブルガリア	420	412 - 428			48	58
ヨルダン※	419	413 - 425			49	57
マレーシア	415	409 - 421			53	58
ブラジル	413	409 - 417			55	59
コロンビア	412	406 - 419	35	36	54	61
ブルネイ	408	406 - 410			58	61
カタール	407	406 - 409			59	62
アルバニア	405	402 - 409			59	64
ボスニア・ヘルツェゴビナ	403	397 - 409			59	65
アルゼンチン※	402	396 - 407			60	66
ペルー	401	395 - 406			61	66
サウジアラビア※	399	393 - 405			61	66
タイ	393	387 - 399			64	69
北マケドニア※	393	391 - 395			66	68
バクー（アゼルバイジャン）	389	384 – 394			66	69
カザフスタン	387	384 - 390			68	69
ジョージア	380	376 – 384			70	71
パナマ	377	371 - 383			70	72
インドネシア	371	366 - 376			71	72
モロッコ	359	353 - 366			73	74
レバノン※	353	345 – 362			73	75
コソボ	353	351 - 355			74	75
ドミニカ共和国	342	336 - 347			76	77
フィリピン	340	333 – 346			76	77

国名	OECD 加盟国
国名	非 OECD 加盟国

平均得点	OECD 平均よりも統計的に有意に高い国・地域
平均得点	OECD 平均と統計的な有意差がない国・地域
平均得点	OECD 平均よりも統計的に有意に低い国・地域

（注）※は，2018 年調査において，コンピュータ使用型調査での実施ではなく，筆記型調査で実施した国を示す。
出所：OECD(2019a) の表から作成。

表 2.3.3 読解力の平均得点の経年変化（2000 年〜 2018 年）

国名	2018年		平均得点の変化 (2018年-2015年)		平均得点の変化 (2018年-2012年)		平均得点の変化 (2018年-2009年)		平均得点の変化 (2018年-2006年)		平均得点の変化 (2018年-2003年)		平均得点の変化 (2018年-2000年)	
	平均得点	標準誤差	得点差	標準誤差	得点差	標準誤差	得点差	標準誤差	得点差	標準誤差	得点差	標準誤差	得点差	標準誤差
日本	504	(2.7)	-12	(5.7)	-34	(5.9)	-16	(5.6)	6	(6.9)	6	(9.1)	-18	(7.1)
オーストラリア	503	(1.6)	0	(4.6)	-9	(4.4)	-12	(4.5)	-10	(5.9)	-23	(8.2)	-26	(5.6)
カナダ	520	(1.8)	-7	(4.9)	-3	(4.6)	-4	(4.2)	-7	(6.1)	-8	(8.2)	-14	(4.7)
エストニア	523	(1.8)	4	(4.9)	7	(4.6)	22	(4.8)	22	(6.3)	m	m	m	m
フィンランド	520	(2.3)	-6	(5.2)	-4	(5.0)	-16	(4.8)	-27	(6.1)	-23	(8.3)	-26	(5.3)
フランス	493	(2.3)	-7	(5.2)	-13	(5.2)	-3	(5.4)	5	(7.0)	-4	(8.5)	-12	(5.4)
ドイツ	498	(3.0)	-11	(5.8)	-9	(5.6)	1	(5.3)	3	(7.5)	7	(9.0)	14	(5.6)
アイルランド	518	(2.2)	-3	(5.2)	-5	(5.1)	22	(5.1)	1	(6.7)	3	(8.5)	-9	(5.6)
イタリア	476	(2.4)	-8	(5.3)	-13	(4.9)	-10	(4.6)	8	(6.3)	1	(8.7)	-11	(5.5)
韓国	514	(2.9)	-3	(6.0)	-22	(6.2)	-25	(5.7)	-42	(7.1)	-20	(8.9)	-11	(5.6)
オランダ	485	(2.7)	-18	(5.3)	-26	(5.7)	-24	(6.8)	-22	(6.6)	-28	(8.7)	m	m
ニュージーランド	506	(2.0)	-4	(5.0)	-6	(4.9)	-15	(4.7)	-15	(6.4)	-16	(8.4)	-23	(5.3)
イギリス	504	(2.6)	6	(5.5)	5	(5.7)	10	(4.9)	9	(6.3)	m	m	m	m
アメリカ	505	(3.6)	8	(6.3)	8	(6.4)	6	(6.2)	m	m	10	(9.1)	1	(8.9)
OECD 平均 (23 か国)	492	(0.5)	-5	(4.0)	-9	(3.8)	-6	(3.6)	-2	(5.3)	-5	(7.8)	-7	(4.1)
OECD 平均 (35 か国)	487	(0.4)	-3	(4.0)	-6	(3.8)	-4	(3.6)	m	m	m	m	m	m
北京・上海・江蘇・浙江	555	(2.7)	m	m	m	m	m	m	m	m	m	m	m	m
香港	524	(2.7)	-2	(5.5)	-20	(5.4)	-9	(4.9)	-12	(6.4)	15	(9.0)	-1	(5.7)
台湾	503	(2.8)	6	(5.5)	-21	(5.6)	7	(5.2)	6	(6.8)	m	m	m	m
シンガポール	549	(1.6)	14	(4.5)	7	(4.3)	24	(4.0)	m	m	m	m	m	m

国名	2018年		2015年		2012年		2009年		2006年		2003年		2000年	
	平均得点	標準誤差	平均得点	標準誤差	平均得点	標準誤差	平均得点	標準誤差	平均得点	標準誤差	平均得点	標準誤差	平均得点	標準誤差
日本	504	(2.7)	516	(3.2)	538	(3.7)	520	(3.5)	498	(3.6)	498	(3.9)	522	(5.2)
オーストラリア	503	(1.6)	503	(1.7)	512	(1.6)	515	(2.3)	513	(2.1)	525	(2.1)	528	(3.5)
カナダ	520	(1.8)	527	(2.3)	523	(1.9)	524	(1.5)	527	(2.4)	528	(1.7)	534	(1.6)
エストニア	523	(1.8)	519	(2.2)	516	(2.0)	501	(2.6)	501	(2.9)	m	m	m	m
フィンランド	520	(2.3)	526	(2.5)	524	(2.4)	536	(2.3)	547	(2.1)	543	(1.6)	546	(2.6)
フランス	493	(2.3)	499	(2.5)	505	(2.8)	496	(3.4)	488	(4.1)	496	(2.7)	505	(2.7)
ドイツ	498	(3.0)	509	(3.0)	508	(2.8)	497	(2.7)	495	(4.4)	491	(3.4)	484	(2.5)
アイルランド	518	(2.2)	521	(2.5)	523	(2.6)	496	(3.0)	517	(3.5)	515	(2.6)	527	(3.2)
イタリア	476	(2.4)	485	(2.7)	490	(2.0)	486	(1.6)	469	(2.4)	476	(3.0)	487	(2.9)
韓国	514	(2.9)	517	(3.5)	536	(3.9)	539	(3.5)	556	(3.8)	534	(3.1)	525	(2.4)
オランダ	485	(2.7)	503	(2.4)	511	(3.5)	508	(5.1)	507	(2.9)	513	(2.9)	m	m
ニュージーランド	506	(2.0)	509	(2.4)	512	(2.4)	521	(2.4)	521	(3.0)	522	(2.5)	529	(2.8)
イギリス	504	(2.6)	498	(2.8)	499	(3.5)	494	(2.3)	495	(2.3)	m	m	m	m
アメリカ	505	(3.6)	497	(3.4)	498	(3.7)	500	(3.7)	m	m	495	(3.2)	504	(7.0)
OECD 平均 (23 か国)	492	(0.5)	497	(0.6)	501	(0.6)	499	(0.6)	494	(0.7)	497	(0.6)	499	(0.7)
OECD 平均 (35 か国)	487	(0.4)	490	(0.5)	493	(0.5)	491	(0.5)	m	m	m	m	m	m
北京・上海・江蘇・浙江	555	(2.7)	m	m	m	m	m	m	m	m	m	m	m	m
香港	524	(2.7)	527	(2.7)	545	(2.8)	533	(2.1)	536	(2.4)	510	(3.7)	525	(2.9)
台湾	503	(2.8)	497	(2.5)	523	(3.0)	495	(2.6)	496	(3.4)	m	m	m	m
シンガポール	549	(1.6)	535	(1.6)	542	(1.4)	526	(1.1)	m	m	m	m	m	m

（注）1. 太字は統計的な有意差があることを示す。
2. 表中の m は欠損値（データなし）。
3. OECD 平均（23 か国）は，OECD 加盟国から，オーストリア，チリ，コロンビア，エストニア，イスラエル，リトアニア，ルクセンブルク，オランダ，スロバキア，スロベニア，トルコ，イギリス，アメリカを除いたもの。
4. OECD 平均（35 か国）は，OECD 加盟国からオーストリアを除いたもの。
出所：OECD(2019a) の表より抜粋。

おいて 2018 年の得点は，2003 年及び 2006 年調査を除き，2000 年，2009 年，2012 年，2015 年との比較において 12 ～ 34 点低く，統計的な有意差がある。

　得点差について，読解力が中心分野であった 2000 年と 2009 年について見ると，2000 年と比べて 2018 年の得点が統計的に有意に高いのはドイツであり，2018 年の得点が統計的に有意に低いのは，日本以外にオーストラリア，カナダ，フィンランド，フランス，イタリア，ニュージーランドである。2009 年と比べて 2018 年の得点が高く，その差が有意であるのは，エストニア，アイルランド，イギリス，シンガポールであり，2018 年の得点が統計的に有意に低いのは，日本以外にオーストラリア，フィンランド，イタリア，韓国，オランダ，ニュージーランドである。

　また，2003 年と比べて 2018 年の得点が統計的に有意に高い国はなく，統計的に有意に低い国はオーストラリア，フィンランド，韓国，オランダである。2006 年と比べて 2018 年の得点が統計的に有意に高い国はエストニアであり，2018 年の得点が統計的に有意に低い国はフィンランド，韓国，オランダ，ニュージーランドである。また，2012 年と比べて 2018 年の得点が統計的に有意に高い国はなく，統計的に有意に低い国は，日本以外に，オーストラリア，フランス，イタリア，韓国，オランダ，香港，台湾である。さらに，2015 年と比べて 2018 年の得点が統計的に有意に高いのは，シンガポールのみであり，2015 年と比べて得点が低く，その差が有意であるのは，日本以外にはオランダのみである。

2.3.3　読解プロセス別平均得点の国際比較

　表 2.3.4 はコンピュータ使用型調査に参加した 69 か国について，各国の読解力全体の平均得点と，読解プロセスにおける各カテゴリーの平均得点を示したものである。国は，読解力全体の平均得点が高い順に上から示している。なお，読解プロセスにおける各カテゴリーの平均得点は，カテゴリー間で異なる能力を測定しているため単純に比較することはできない。

　「情報を探し出す」の平均得点は，シンガポール，北京・上海・江蘇・浙江，マカオ，エストニア，香港の順で，日本の得点は 499 点であり 18 番目に高い。

　「理解する」の平均得点は，北京・上海・江蘇・浙江，シンガポール，香港，マカオ，エストニアの順で，日本の得点は 505 点であり，13 番目に高い。

　「評価し，熟考する」の平均得点は，北京・上海・江蘇・浙江，シンガポール，マカオ，香港，カナダの順で，日本の得点は 502 点であり，19 番目に高い。

読解力　第2章

表 2.3.4 「読解プロセス」における各カテゴリーの平均得点

国　名	読解力全体の平均得点	読解プロセス別の平均得点		
		情報を探し出す	理解する	評価し，熟考する
北京・上海・江蘇・浙江	555	553	562	565
シンガポール	549	553	548	561
マカオ	525	529	529	534
香港	524	528	529	532
エストニア	523	529	526	521
カナダ	520	517	520	527
フィンランド	520	526	518	517
アイルランド	518	521	510	519
韓国	514	521	522	522
ポーランド	512	514	514	514
スウェーデン	506	511	504	512
ニュージーランド	506	506	506	509
アメリカ	505	501	501	511
イギリス	504	507	498	511
日本	504	499	505	502
オーストラリア	503	499	502	513
台湾	503	499	506	504
デンマーク	501	501	497	505
ノルウェー	499	503	498	502
ドイツ	498	498	494	497
スロベニア	495	498	496	494
ベルギー	493	498	492	497
フランス	493	496	490	491
ポルトガル	492	489	489	494
チェコ	490	492	488	489
OECD 平均	487	487	486	489
オランダ	485	500	484	476
オーストリア	484	480	481	483
スイス	484	483	483	482
クロアチア	479	478	478	474
ラトビア	479	483	482	477
ロシア	479	479	480	479
イタリア	476	470	478	482
ハンガリー	476	471	479	477
リトアニア	476	474	475	474
アイスランド	474	482	480	475
ベラルーシ	474	480	477	473
イスラエル	470	461	469	481
ルクセンブルク	470	470	470	468
トルコ	466	463	474	475
スロバキア	458	461	458	457
ギリシャ	457	458	457	462
チリ	452	441	450	456
マルタ	448	453	441	448
セルビア	439	434	439	434
アラブ首長国連邦	432	429	433	444
ウルグアイ	427	420	429	433
コスタリカ	426	425	426	411
キプロス	424	424	422	432
モンテネグロ	421	417	418	416
メキシコ	420	416	417	426
ブルガリア	420	413	415	416
マレーシア	415	424	414	418
ブラジル	413	398	409	419
コロンビア	412	404	413	417
ブルネイ	408	419	409	411
カタール	407	404	406	417
アルバニア	405	394	403	403
ボスニア・ヘルツェゴビナ	403	395	400	387
ペルー	401	398	409	413
タイ	393	393	401	398
バクー（アゼルバイジャン）	389	383	386	375
カザフスタン	387	389	394	389
ジョージア	380	362	374	379
パナマ	377	367	373	367
インドネシア	371	372	370	378
モロッコ	359	356	358	363
コソボ	353	340	352	353
ドミニカ共和国	342	333	342	351
フィリピン	340	343	335	333

（注）1．灰色の網掛けは非 OECD 加盟国・地域を示す。
　　　2．表はコンピュータ使用型調査参加国のみ示している。
　　　3．読解プロセスにおける各カテゴリーの平均得点は，カテゴリー間で異なる能力を測定しているため単純に比較することはできない。
出所：OECD(2019a) の表から作成。

第2章　読解力

表 2.3.5　読解力の得点の国別分布

国　名	下位 5% 値		下位 10% 値		下位 25% 値		中央値		上位 25% 値		上位 10% 値		上位 5% 値	
	得点	標準誤差	得点	標準誤差	得点	標準誤差	得点	標準誤差	得点	標準誤差	得点	標準誤差	得点	標準誤差
日本	337	(5.1)	374	(4.5)	438	(3.7)	508	(3.0)	572	(3.1)	627	(3.7)	657	(4.1)
オーストラリア	315	(2.7)	357	(2.8)	429	(2.2)	507	(1.9)	580	(2.0)	640	(2.2)	673	(2.6)
カナダ	349	(2.8)	388	(2.4)	452	(2.3)	524	(2.2)	592	(2.0)	646	(2.3)	677	(2.8)
エストニア	367	(3.8)	402	(3.5)	460	(2.6)	524	(2.3)	587	(2.3)	643	(3.1)	676	(3.7)
フィンランド	345	(4.7)	387	(4.2)	455	(3.2)	527	(2.8)	591	(2.5)	643	(3.0)	672	(3.3)
フランス	319	(4.3)	355	(3.5)	423	(3.0)	497	(3.0)	567	(3.3)	622	(3.6)	651	(4.0)
ドイツ	316	(5.0)	354	(4.5)	424	(4.4)	504	(4.1)	576	(3.5)	632	(3.5)	663	(3.6)
アイルランド	364	(4.1)	398	(3.5)	456	(2.8)	520	(2.4)	583	(2.6)	635	(2.8)	663	(3.8)
イタリア	306	(5.5)	345	(4.6)	413	(3.2)	481	(2.9)	545	(3.0)	598	(3.4)	628	(3.5)
韓国	329	(5.8)	377	(4.9)	449	(3.8)	522	(3.1)	585	(3.1)	640	(3.9)	669	(4.1)
オランダ	309	(5.2)	344	(4.4)	410	(3.5)	486	(3.7)	562	(3.4)	621	(3.3)	651	(3.4)
ニュージーランド	322	(4.8)	362	(3.7)	432	(3.2)	511	(2.9)	584	(2.1)	640	(2.9)	671	(2.9)
イギリス	334	(4.4)	372	(4.3)	435	(3.2)	506	(2.7)	575	(3.1)	632	(3.5)	664	(3.8)
アメリカ	321	(5.7)	361	(5.3)	430	(4.4)	510	(4.1)	584	(4.3)	643	(3.9)	676	(4.6)
OECD 平均	318	(0.7)	354	(0.7)	419	(0.6)	490	(0.5)	558	(0.5)	614	(0.5)	644	(0.6)
北京・上海・江蘇・浙江	406	(5.9)	441	(4.2)	498	(3.5)	559	(2.9)	617	(3.1)	666	(3.5)	692	(4.8)
香港	342	(6.7)	390	(5.5)	463	(3.7)	533	(2.9)	595	(2.6)	645	(2.5)	673	(3.3)
台湾	325	(4.2)	367	(3.8)	435	(3.4)	508	(3.1)	576	(3.7)	630	(3.8)	661	(4.5)
シンガポール	352	(3.8)	398	(3.9)	478	(2.3)	559	(2.1)	628	(2.0)	684	(2.5)	714	(2.6)

（注）　灰色の網掛けは非 OECD 加盟国・地域を示す。
出所：OECD(2019a) の表より抜粋。

2.3.4　各国内での読解力の得点の分布

　表 2.3.5 は日本を含む 18 か国について，各国内での読解力の得点の分布を示したものである。各国内の上位 5%，上位 10%，上位 25%，中央値，下位 25%，下位 10%，下位 5% に位置する生徒の得点を表している。

　上位 5% に位置する生徒の得点が最も高いのはシンガポールの 714 点であり，北京・上海・江蘇・浙江，カナダ，エストニアと続く。日本の得点は 657 点で，15 番目に高い。OECD 平均は 644 点である。

　上位 10%，上位 25%，中央値，下位 25%，下位 10%，下位 5% に位置する日本の生徒の得点は，それぞれ 627 点，572 点，508 点，438 点，374 点，337 点で，いずれも OECD 平均より高い。OECD 平均はそれぞれ 614 点，558 点，490 点，419 点，354 点，318 点である。

　なお，日本で上位 5% と上位 10% に位置する生徒は，第 2 章 2.2.1 で記述した習熟度レベル 5 に，上位 25% に位置する生徒はレベル 4 に，中央値に位置する生徒はレベル 3 に，下位 25% に位置する生徒はレベル 2 に，下位 10% と下位 5% に位置する生徒はレベル 1a に属している。

2.3.5　読解力の平均得点の男女差

　表 2.3.6 は，読解力の平均得点を男女別に表し，併わせて男女の得点の差を示している。国は上から男女の得点差が小さい順に示している。なお，平均得点及び差は整数値に丸めた値であるため，表中のそれぞれの得点差とは必ずしも一致しない。

　全ての調査参加国において女子が男子よりも得点が高く，その差は統計的に有意である。コンピュータ使用型調査参加国のうち，男女差が最も大きいのはカタールで女子が男子より 65 点高く，男女差が最も小さいコロンビアは女子が男子より 10 点高い。日本は，男子 493 点に対して女子が

読解力　第2章

表2.3.6　読解力の平均得点の男女差

国　名	男子		女子		男女差（男子 - 女子）	
	平均得点	標準誤差	平均得点	標準誤差	得点差	標準誤差
コロンビア	407	(4.0)	417	(3.3)	-10	(3.3)
ペルー	395	(3.4)	406	(3.2)	-11	(3.0)
メキシコ	415	(3.1)	426	(3.0)	-11	(2.5)
北京・上海・江蘇・浙江	549	(3.1)	562	(2.8)	-13	(2.4)
パナマ	370	(3.4)	384	(3.1)	-14	(2.7)
コスタリカ	419	(3.1)	434	(4.3)	-14	(3.3)
チリ	442	(3.4)	462	(2.9)	-20	(3.6)
イギリス	494	(3.2)	514	(3.1)	-20	(3.6)
日本	493	(3.8)	514	(3.0)	-20	(4.3)
ベルギー	482	(2.9)	504	(2.8)	-22	(3.2)
台湾	492	(4.1)	514	(3.9)	-22	(5.7)
マカオ	514	(1.9)	536	(1.8)	-22	(2.8)
ベラルーシ	463	(2.8)	486	(2.8)	-23	(2.9)
ウルグアイ	415	(3.3)	438	(3.0)	-23	(3.2)
シンガポール	538	(2.0)	561	(1.9)	-23	(2.3)
アイルランド	506	(3.0)	530	(2.5)	-23	(3.3)
アメリカ	494	(4.2)	517	(3.6)	-24	(3.5)
韓国	503	(4.0)	526	(3.6)	-24	(4.9)
ポルトガル	480	(2.8)	504	(2.9)	-24	(2.8)
イタリア	464	(3.1)	489	(2.7)	-25	(3.1)
フランス	480	(2.8)	505	(2.8)	-25	(3.1)
コソボ	340	(1.5)	366	(1.5)	-25	(2.0)
ロシア	466	(3.2)	491	(3.3)	-25	(2.2)
トルコ	453	(3.0)	478	(2.7)	-25	(3.8)
インドネシア	358	(3.2)	383	(2.7)	-25	(3.0)
バクー（アゼルバイジャン）	377	(2.6)	403	(2.8)	-26	(2.1)
ブラジル	400	(2.5)	426	(2.2)	-26	(2.1)
ドイツ	486	(3.4)	512	(3.2)	-26	(3.0)
モロッコ	347	(3.2)	373	(3.1)	-26	(2.0)
マレーシア	402	(3.1)	428	(3.3)	-26	(3.0)
ハンガリー	463	(2.8)	489	(3.2)	-26	(4.1)
カザフスタン	374	(1.7)	401	(1.6)	-27	(1.6)
フィリピン	325	(3.4)	352	(3.5)	-27	(2.3)
オーストリア	471	(3.7)	499	(3.7)	-28	(5.2)
ニュージーランド	491	(2.7)	520	(2.7)	-29	(3.7)
オランダ	470	(3.5)	499	(2.6)	-29	(3.2)
カナダ	506	(2.1)	535	(2.0)	-29	(2.1)
ルクセンブルク	456	(1.5)	485	(1.6)	-29	(2.2)
デンマーク	486	(2.3)	516	(2.3)	-29	(3.0)
OECD 平均	472	(0.5)	502	(0.5)	-30	(0.5)
ボスニア・ヘルツェゴビナ	389	(2.9)	418	(3.5)	-30	(3.0)
ブルネイ	393	(1.2)	423	(1.2)	-30	(1.6)
モンテネグロ	407	(1.6)	437	(1.2)	-30	(2.0)
スイス	469	(3.4)	500	(3.2)	-31	(2.9)
エストニア	508	(2.4)	538	(2.2)	-31	(2.6)
ドミニカ共和国	326	(3.1)	357	(2.9)	-31	(2.4)
オーストラリア	487	(2.2)	519	(2.0)	-31	(2.6)
ポーランド	495	(3.0)	528	(2.9)	-33	(2.6)
ラトビア	462	(2.2)	495	(2.0)	-33	(2.7)
クロアチア	462	(3.3)	495	(2.9)	-33	(3.7)
チェコ	474	(3.1)	507	(2.9)	-33	(3.1)
スウェーデン	489	(3.2)	523	(3.4)	-34	(2.8)
スロバキア	441	(2.7)	475	(3.0)	-34	(3.4)
香港	507	(3.5)	542	(2.8)	-35	(3.3)
セルビア	422	(3.7)	458	(3.5)	-36	(3.6)
アルバニア	387	(2.2)	425	(2.2)	-38	(2.2)
ジョージア	362	(2.6)	399	(2.4)	-38	(2.5)
リトアニア	457	(1.8)	496	(1.8)	-39	(2.2)
タイ	372	(4.2)	411	(3.4)	-39	(4.3)
ブルガリア	401	(4.8)	441	(4.1)	-40	(4.6)
アイスランド	454	(2.5)	494	(2.6)	-41	(3.8)
スロベニア	475	(1.7)	517	(1.9)	-42	(2.6)
ギリシャ	437	(4.2)	479	(3.7)	-42	(3.5)
ノルウェー	476	(2.6)	523	(2.6)	-47	(2.9)
キプロス	401	(1.8)	448	(1.8)	-47	(2.2)
イスラエル	445	(5.6)	493	(3.7)	-48	(5.8)
マルタ	425	(2.4)	474	(2.4)	-49	(3.3)
フィンランド	495	(2.9)	546	(2.3)	-52	(2.7)
アラブ首長国連邦	403	(2.4)	460	(2.8)	-57	(3.6)
カタール	375	(1.1)	440	(1.1)	-65	(1.5)
アルゼンチン※	393	(3.4)	409	(3.1)	-16	(2.6)
レバノン※	338	(5.0)	366	(4.4)	-28	(3.6)
ウクライナ※	450	(4.2)	484	(3.6)	-33	(3.9)
ルーマニア※	411	(4.9)	445	(5.6)	-34	(3.6)
モルドバ※	404	(2.6)	445	(2.7)	-40	(2.4)
ヨルダン※	393	(5.0)	444	(2.5)	-51	(5.3)
北マケドニア※	368	(1.5)	420	(1.7)	-52	(2.3)
サウジアラビア※	373	(4.0)	427	(3.3)	-54	(4.5)

（注）1．表の平均得点及び差は整数値に丸めた値であり，表中のそれぞれの得点差とは必ずしも一致しない。
　　　2．灰色の網掛けは非 OECD 加盟国・地域を示す。
　　　3．太字は統計的な有意差があることを示す。
　　　4．男女差が小さい順に上から国を並べている。
　　　5．※は，2018 年調査において，コンピュータ使用型調査での実施ではなく，筆記型調査で実施した国を示す。
出所：OECD(2019a) の表から作成。

第2章　読解力

表2.3.7　読解力の平均得点の男女差の経年変化（2009年，2015年及び2018年）

国　名	2018年						平均得点の男女別変化及び男女差の変化（2018年-2009年）						2009年					
	男子		女子		男女差（男子-女子）		男子		女子		男女差（男子-女子）		男子		女子		男女差（男子-女子）	
	平均得点	標準誤差	平均得点	標準誤差	得点差	標準誤差	得点差	標準誤差	得点差	標準誤差	得点差	標準誤差	平均得点	標準誤差	平均得点	標準誤差	得点差	標準誤差
日本	493	(3.8)	514	(3.0)	**-20**	(4.3)	-8	(7.6)	**-26**	(5.9)	**18**	(8.0)	501	(5.6)	540	(3.7)	**-39**	(6.8)
オーストラリア	487	(2.2)	519	(2.0)	**-31**	(2.6)	-9	(5.0)	**-14**	(4.8)	5	(4.0)	496	(2.9)	533	(2.6)	**-37**	(3.1)
カナダ	506	(2.1)	535	(2.0)	**-29**	(2.1)	-1	(4.5)	-7	(4.4)	5	(2.9)	507	(1.8)	542	(1.7)	**-34**	(1.9)
エストニア	508	(2.4)	538	(2.2)	**-31**	(2.6)	**28**	(5.2)	**15**	(5.0)	**14**	(3.6)	480	(2.9)	524	(2.8)	**-44**	(2.5)
フィンランド	495	(2.9)	546	(2.3)	**-52**	(2.7)	-14	(5.2)	**-17**	(4.9)	4	(3.6)	508	(2.6)	563	(2.4)	**-55**	(2.3)
フランス	480	(2.8)	505	(2.8)	**-25**	(3.1)	5	(6.2)	-10	(5.7)	**15**	(4.8)	475	(4.3)	515	(3.4)	**-40**	(3.7)
ドイツ	486	(3.4)	512	(3.2)	**-26**	(3.0)	8	(6.1)	-5	(5.6)	**14**	(4.9)	478	(3.6)	518	(2.9)	**-40**	(3.9)
アイルランド	506	(3.0)	530	(2.5)	**-23**	(3.3)	**30**	(6.3)	**14**	(5.3)	**16**	(5.8)	476	(4.2)	515	(3.1)	**-39**	(4.7)
イタリア	464	(3.1)	489	(2.7)	**-25**	(3.1)	1	(5.3)	**-20**	(4.8)	**21**	(4.2)	464	(2.3)	510	(1.9)	**-46**	(2.8)
韓国	503	(4.0)	526	(3.6)	**-24**	(4.9)	**-20**	(7.2)	**-32**	(6.3)	12	(7.7)	523	(4.9)	558	(3.8)	**-35**	(5.9)
オランダ	470	(3.5)	499	(2.6)	**-29**	(3.2)	**-26**	(7.2)	**-21**	(6.9)	-5	(4.0)	496	(5.1)	521	(5.3)	**-24**	(2.4)
ニュージーランド	491	(2.7)	520	(2.7)	**-29**	(3.7)	-7	(5.7)	**-24**	(5.2)	**17**	(5.6)	499	(3.6)	544	(2.6)	**-46**	(4.3)
イギリス	494	(3.2)	514	(3.1)	**-20**	(3.6)	**12**	(5.9)	7	(5.5)	5	(5.8)	481	(3.5)	507	(2.9)	**-25**	(4.5)
アメリカ	494	(4.2)	517	(3.6)	**-24**	(3.5)	6	(6.9)	5	(6.3)	1	(4.9)	488	(4.2)	513	(3.8)	**-25**	(3.4)
OECD平均（35か国）	472	(0.5)	502	(0.5)	**-30**	(0.5)	1	(3.6)	**-9**	(3.6)	**9**	(0.8)	472	(0.6)	511	(0.5)	**-39**	(0.6)
北京・上海・江蘇・浙江	549	(3.1)	562	(2.8)	**-13**	(2.4)	m	m	m	m	m	m	m	m	m	m	m	m
香港	507	(3.5)	542	(2.8)	**-35**	(3.3)	-10	(6.0)	-8	(5.3)	-2	(5.6)	518	(3.3)	550	(2.8)	**-33**	(4.4)
台湾	492	(4.1)	514	(3.9)	**-22**	(5.7)	**15**	(6.5)	0	(6.4)	15	(7.8)	477	(3.7)	514	(3.6)	**-37**	(5.3)
シンガポール	538	(2.0)	561	(1.9)	**-23**	(2.3)	**28**	(4.4)	**20**	(4.3)	8	(3.3)	511	(1.7)	542	(1.5)	**-31**	(2.3)

国　名	2018年						平均得点の男女別変化及び男女差の変化（2018年-2015年）						2015年					
	男子		女子		男女差（男子-女子）		男子		女子		男女差（男子-女子）		男子		女子		男女差（男子-女子）	
	平均得点	標準誤差	平均得点	標準誤差	得点差	標準誤差	得点差	標準誤差	得点差	標準誤差	得点差	標準誤差	平均得点	標準誤差	平均得点	標準誤差	得点差	標準誤差
日本	493	(3.8)	514	(3.0)	**-20**	(4.3)	**-16**	(6.9)	-9	(6.0)	-7	(6.1)	509	(4.2)	523	(3.3)	**-13**	(4.3)
オーストラリア	487	(2.2)	519	(2.0)	**-31**	(2.6)	0	(5.0)	0	(5.0)	0	(4.0)	487	(2.3)	519	(2.3)	**-32**	(3.0)
カナダ	506	(2.1)	535	(2.0)	**-29**	(2.1)	-8	(5.1)	-5	(5.1)	-3	(3.0)	514	(2.6)	540	(2.5)	**-26**	(2.1)
エストニア	508	(2.4)	538	(2.2)	**-31**	(2.6)	2	(5.5)	5	(5.0)	-3	(3.9)	505	(2.9)	533	(2.3)	**-28**	(2.9)
フィンランド	495	(2.9)	546	(2.3)	**-52**	(2.7)	-9	(5.7)	-4	(5.4)	-5	(4.0)	504	(3.0)	551	(2.8)	**-47**	(2.9)
フランス	480	(2.8)	505	(2.8)	**-25**	(3.1)	-4	(5.9)	-9	(5.8)	4	(5.4)	485	(3.3)	514	(3.3)	**-29**	(4.4)
ドイツ	486	(3.4)	512	(3.2)	**-26**	(3.0)	-13	(6.4)	-7	(6.0)	-5	(4.4)	499	(3.7)	520	(3.1)	**-21**	(3.3)
アイルランド	506	(3.0)	530	(2.5)	**-23**	(3.3)	-9	(5.9)	3	(5.4)	**-11**	(4.7)	515	(3.2)	527	(2.7)	**-12**	(3.4)
イタリア	464	(3.1)	489	(2.7)	**-25**	(3.1)	-12	(6.1)	-4	(6.0)	-9	(5.6)	477	(3.5)	493	(3.6)	**-16**	(4.7)
韓国	503	(4.0)	526	(3.6)	**-24**	(4.9)	5	(7.4)	-12	(6.6)	**17**	(7.3)	498	(4.8)	539	(4.0)	**-41**	(5.4)
オランダ	470	(3.5)	499	(2.6)	**-29**	(3.2)	**-21**	(6.1)	**-15**	(5.5)	-5	(4.7)	491	(3.0)	515	(2.9)	**-24**	(3.4)
ニュージーランド	491	(2.7)	520	(2.7)	**-29**	(3.7)	-2	(5.8)	-5	(5.6)	3	(5.5)	493	(3.3)	526	(3.0)	**-32**	(4.1)
イギリス	494	(3.2)	514	(3.1)	**-20**	(3.6)	6	(5.8)	5	(6.1)	2	(4.9)	487	(2.9)	509	(3.5)	**-22**	(3.3)
アメリカ	494	(4.2)	517	(3.6)	**-24**	(3.5)	7	(6.9)	10	(6.6)	-3	(5.0)	487	(3.7)	507	(3.9)	**-20**	(3.6)
OECD平均（35か国）	472	(0.5)	502	(0.5)	**-30**	(0.5)	-5	(4.0)	-2	(4.0)	**-3**	(0.8)	477	(0.6)	504	(0.5)	**-27**	(0.6)
北京・上海・江蘇・浙江	549	(3.1)	562	(2.8)	**-13**	(2.4)	m	m	m	m	m	m	m	m	m	m	m	m
香港	507	(3.5)	542	(2.8)	**-35**	(3.3)	-5	(6.3)	1	(6.0)	-6	(5.7)	513	(3.4)	541	(3.6)	**-28**	(4.6)
台湾	492	(4.1)	514	(3.9)	**-22**	(5.7)	7	(6.7)	4	(6.5)	3	(7.7)	485	(3.7)	510	(3.4)	**-25**	(5.1)
シンガポール	538	(2.0)	561	(1.9)	**-23**	(2.3)	**13**	(4.8)	**16**	(4.9)	-3	(3.5)	525	(1.9)	546	(2.3)	**-20**	(2.6)

（注）1．太字は統計的な有意差があることを示す。
　　　2．表中のmは欠損値（データなし）。
　　　3．OECE平均（35か国）は，OECD加盟国からオーストリアを除いたもの。
出所：OECD(2019b) の表より抜粋。

読解力　第2章

表 2.3.8 「読解プロセス」における各カテゴリーの平均得点の男女差

国　名	読解力全体の平均得点の男女差 (男子‐女子)		プロセス別の得点の男女差（男子‐女子）					
			情報を探し出す		理解する		評価し，熟考する	
	得点差	標準誤差	得点差	標準誤差	得点差	標準誤差	得点差	標準誤差
コロンビア	-10	(3.3)	-11	(4.2)	-11	(3.3)	-4	(4.2)
ペルー	-11	(3.0)	-11	(4.1)	-9	(3.2)	-9	(4.2)
メキシコ	-11	(2.5)	-16	(2.8)	-11	(2.8)	-7	(3.0)
北京・上海・江蘇・浙江	-13	(2.4)	-13	(2.6)	-11	(2.6)	-12	(2.9)
パナマ	-14	(2.7)	-18	(3.4)	-13	(3.0)	-13	(3.6)
コスタリカ	-14	(3.3)	-17	(3.9)	-13	(3.3)	-9	(4.8)
チリ	-20	(3.6)	-18	(4.4)	-20	(3.9)	-15	(4.5)
イギリス	-20	(3.6)	-18	(4.9)	-19	(4.0)	-17	(4.2)
日本	-20	(4.3)	-21	(4.4)	-19	(4.5)	-18	(5.1)
ベルギー	-22	(3.2)	-21	(4.0)	-21	(3.2)	-21	(4.2)
台湾	-22	(5.7)	-24	(5.7)	-22	(5.8)	-19	(6.2)
マカオ	-22	(2.8)	-20	(3.0)	-20	(2.8)	-22	(3.5)
ベラルーシ	-23	(2.9)	-18	(3.9)	-26	(3.3)	-19	(3.3)
ウルグアイ	-23	(3.2)	-22	(4.0)	-24	(3.5)	-18	(3.4)
シンガポール	-23	(2.3)	-24	(3.3)	-22	(2.4)	-22	(2.7)
アイルランド	-23	(3.3)	-24	(4.1)	-24	(3.7)	-19	(3.9)
アメリカ	-24	(3.5)	-26	(4.1)	-24	(3.5)	-21	(4.0)
韓国	-24	(4.9)	-22	(5.3)	-21	(5.1)	-20	(5.5)
ポルトガル	-24	(2.8)	-17	(3.4)	-24	(3.3)	-23	(4.1)
イタリア	-25	(3.1)	-24	(3.6)	-23	(3.3)	-24	(3.2)
フランス	-25	(3.1)	-26	(3.7)	-26	(3.5)	-23	(3.8)
コソボ	-25	(2.0)	-25	(2.4)	-23	(2.4)	-17	(2.7)
ロシア	-25	(2.2)	-26	(3.3)	-28	(2.1)	-22	(2.7)
トルコ	-25	(3.8)	-21	(4.2)	-26	(3.5)	-29	(4.2)
インドネシア	-25	(3.0)	-25	(4.0)	-23	(3.2)	-20	(3.6)
バクー（アゼルバイジャン）	-26	(2.1)	-22	(2.5)	-28	(2.6)	-23	(3.2)
ブラジル	-26	(2.1)	-27	(3.4)	-26	(2.6)	-22	(2.6)
ドイツ	-26	(3.0)	-29	(3.6)	-26	(3.1)	-23	(3.7)
モロッコ	-26	(2.0)	-24	(3.5)	-25	(2.2)	-20	(3.0)
マレーシア	-26	(3.0)	-28	(3.3)	-24	(3.3)	-20	(3.5)
ハンガリー	-26	(4.1)	-23	(4.4)	-26	(4.3)	-19	(4.4)
カザフスタン	-27	(1.6)	-21	(2.5)	-29	(2.3)	-25	(3.1)
フィリピン	-27	(2.3)	-28	(3.0)	-28	(2.4)	-24	(3.4)
オーストリア	-28	(5.2)	-31	(5.4)	-29	(5.4)	-17	(5.9)
ニュージーランド	-29	(3.7)	-28	(4.1)	-27	(3.6)	-27	(4.2)
オランダ	-29	(3.2)	-29	(3.7)	-29	(3.3)	-27	(4.2)
カナダ	-29	(2.1)	-28	(2.8)	-28	(2.6)	-26	(2.9)
ルクセンブルク	-29	(2.2)	-29	(2.9)	-29	(2.7)	-21	(3.2)
デンマーク	-29	(2.2)	-31	(3.4)	-28	(3.0)	-26	(3.3)
OECD 平均	**-30**	(0.5)	**-30**	(0.6)	**-30**	(0.6)	**-26**	(0.7)
ボスニア・ヘルツェゴビナ	-30	(3.0)	-29	(3.6)	-32	(3.2)	-31	(3.9)
ブルネイ	-30	(1.6)	-28	(2.6)	-27	(1.9)	-24	(2.3)
モンテネグロ	-30	(2.0)	-34	(2.5)	-34	(2.5)	-26	(2.6)
スイス	-31	(2.9)	-31	(4.0)	-32	(2.9)	-25	(3.2)
エストニア	-31	(2.6)	-26	(2.8)	-33	(2.4)	-27	(3.5)
ドミニカ共和国	-31	(2.4)	-31	(3.6)	-31	(2.6)	-25	(3.2)
オーストラリア	-31	(2.6)	-29	(3.5)	-30	(2.7)	-29	(3.5)
ポーランド	-33	(2.6)	-33	(3.1)	-33	(3.0)	-25	(3.3)
ラトビア	-33	(2.7)	-38	(2.9)	-33	(2.9)	-27	(3.8)
クロアチア	-33	(3.7)	-34	(4.1)	-31	(3.7)	-31	(4.5)
チェコ	-33	(3.1)	-34	(3.8)	-35	(3.4)	-27	(3.6)
スウェーデン	-34	(2.8)	-35	(3.4)	-32	(2.9)	-33	(3.2)
スロバキア	-34	(3.4)	-31	(4.0)	-36	(3.6)	-29	(4.1)
香港	-35	(3.3)	-35	(3.7)	-34	(3.4)	-35	(3.6)
セルビア	-36	(3.6)	-39	(4.3)	-38	(3.7)	-26	(3.9)
アルバニア	-38	(2.2)	-35	(3.4)	-41	(2.7)	-41	(3.1)
ジョージア	-38	(2.5)	-35	(3.1)	-41	(2.9)	-33	(2.7)
リトアニア	-39	(2.2)	-39	(2.9)	-43	(2.7)	-34	(2.8)
タイ	-39	(4.3)	-37	(4.7)	-40	(4.6)	-39	(4.6)
ブルガリア	-40	(4.6)	-40	(5.1)	-42	(4.9)	-34	(5.1)
アイスランド	-41	(3.8)	-44	(4.3)	-40	(3.8)	-34	(4.0)
スロベニア	-42	(2.6)	-47	(2.8)	-41	(2.4)	-36	(3.4)
ギリシャ	-42	(3.5)	-44	(4.0)	-43	(3.7)	-40	(4.3)
ノルウェー	-47	(2.9)	-46	(3.5)	-48	(3.1)	-39	(3.6)
キプロス	-47	(2.2)	-51	(3.1)	-46	(2.4)	-44	(3.0)
イスラエル	-48	(5.8)	-50	(6.4)	-49	(6.0)	-44	(6.2)
マルタ	-49	(3.3)	-49	(4.0)	-50	(3.5)	-42	(3.7)
フィンランド	-52	(2.7)	-52	(3.2)	-53	(2.7)	-47	(3.3)
アラブ首長国連邦	-57	(3.6)	-54	(3.7)	-57	(3.8)	-53	(4.4)
カタール	-65	(1.5)	-67	(2.5)	-65	(1.9)	-60	(2.7)
アルゼンチン※	-16	(2.6)	m	m	m	m	m	m
レバノン※	-28	(3.6)	m	m	m	m	m	m
ウクライナ※	-33	(3.9)	m	m	m	m	m	m
ルーマニア※	-34	(3.6)	m	m	m	m	m	m
モルドバ※	-40	(2.4)	m	m	m	m	m	m
ヨルダン※	-51	(5.3)	m	m	m	m	m	m
北マケドニア※	-52	(2.3)	m	m	m	m	m	m
サウジアラビア※	-54	(4.5)	m	m	m	m	m	m

（注）1．表の平均得点及び差は整数値に丸めた値である。
　　　2．灰色の網掛けは非 OECD 加盟国・地域を示す。
　　　3．太字は統計的な有意差があることを示す。
　　　4．表中の m は欠損値（データなし）。
　　　5．読解力全体の得点における男女の得点差の値が大きい（男子の得点の方が女子の得点より高い）順に上から国を並べている。
　　　6．※は，2018 年調査において，コンピュータ使用型調査での実施ではなく，筆記型調査で実施した国を示す。
出所：OECD(2019b) の表から作成。

514 点で，女子が男子より 20 点高く，男女差は小さい方から 9 番目である。OECD 平均は男子が 472 点に対して女子が 502 点で，女子が男子より 30 点高い。

また，表 2.3.7 は日本を含む 18 か国について，2018 年の読解力の平均得点の男女差を 2009 年，2015 年と比較したものである。

18 か国中で見ると，2018 年の男子の得点が 2009 年に比べて統計的に有意に高いのはエストニア，アイルランド，イギリス，台湾，シンガポールで，統計的に有意に低いのはフィンランド，韓国，オランダである。2018 年の女子の得点が 2009 年に比べて統計的に有意に高い国は，エストニア，アイルランド，シンガポールであり，統計的に有意に低いのは日本，オーストラリア，フィンランド，イタリア，韓国，オランダ，ニュージーランドである。

2018 年の男子の得点が 2015 年に比べて統計的に有意に高いのは，シンガポールであり，統計的に有意に低いのは日本，ドイツ，イタリア，オランダである。2018 年の女子の得点が 2015 年に比べて統計的に有意に高いのは，シンガポールであり，統計的に有意に低いのはオランダである。

男女差について見ると，2018 年と 2009 年の比較で統計的に有意に変化したのは，日本，エストニア，フランス，ドイツ，アイルランド，イタリア，ニュージーランド，シンガポールである。2018 年と 2015 年の比較で統計的に有意に変化したのはアイルランド，韓国である。

2.3.6　読解プロセスにおける平均得点の男女差の国際比較

表 2.3.8 は各国の読解力全体における平均得点の男女差，及び読解プロセスの各カテゴリーの平均得点の男女差を示したものである。国は上から読解力全体の平均得点における男女差が小さい順に示している。

読解プロセスの「情報を探し出す」「理解する」「評価し，熟考する」の三つ全てにおいて，女子の得点が男子の得点よりも高く，「評価し，熟考する」のコロンビア，コスタリカを除き，三つの領域のいずれにおいても統計的に有意な差がある。日本の男女差は，読解力全体で 20 点，「情報を探し出す」で 21 点，「理解する」で 19 点，「評価し，熟考する」で 18 点女子の得点が高く，「情報を探し出す」について最も男女差が大きい。

2.4　読解力の問題の分類と正答率

2018 年調査で出題された読解力の問題は，50 の大問，245 題であるが，技術的な問題により分析対象から 1 題が除外されたため，50 の大問，244 題となっている。そのうち公開問題となったのは一つの大問，7 題である。また，これとは別に冒頭の 3 分間は「読みの流ちょう性」に関する課題が出題された。

今回の調査で出題された問題は大きく継続問題と新規問題に分けられる。継続問題は，2000 年調査で初めて出題された八つの大問，28 題と，2009 年調査で初めて出題された 13 の大問，44 題の計 21 の大問，72 題からなる。新規問題は，29 の大問，173 題からなり，全て 2018 年調査のために新しく開発された問題である。今回公開問題となった一つの大問は，この新規問題である。

表 2.4.1 は読解力に関する各問題を，読解プロセス，状況，テキスト・タイプ，テキストの形式，テキストの構造，出題形式に分類し，2000 年調査以降の日本及び OECD 平均の正答率，2015

読解力　第2章

年調査までの日本の無答率及び男女別正答率，OECD平均の無答率を一覧にして示したものである。なお，2018年の読解力は多段階適応型テストで実施されたため，2015年までとは正答率の算出の仕方が異なる。また，「無答率」には，生徒が解答しなかった場合の「無答」のほか，選択肢を二つ以上選択したものや判読できない解答などが含まれ，表2.4.1ではこれら「無答・他」の割合を「無答率」としている。

2.4.1　問題ごとの正答率

（1）正答率

　読解力の問題の分析対象である244題について，日本の正答率は61%であり，OECD平均の59%を2ポイント上回っている。

　「読みの流ちょう性」については，日本が92%，OECD平均は91%である。なお，小問によって難易度が異なるため，以下に示す読解プロセス別，出題形式別の間でそれぞれの正答率を単純比較することはできない。

　読解プロセス別に見ると，「情報を探し出す」については日本が66%，OECD平均が63%，「理解する」については日本が63%，OECD平均が61%，「評価し，熟考する」については日本が53%，OECD平均が52%である。出題形式別に見ると，「多肢選択」については日本が68%，OECD平均が68%，「複合的選択肢」については日本が53%，OECD平均が49%，「求答・短答」については日本が62%，OECD平均が56%，「自由記述」については，日本が52%，OECD平均が48%である。

　また，日本の正答率がOECD平均より10ポイント以上，上回っている問題は37題ある。最も差が大きいのは「理解する」「複合的選択肢」の問題（「パラシュート降下消防士」問7）でOECD平均より21ポイント上回っている。一方で，10ポイント以上，下回っている問題は14題あり，最も差が大きいのは「理解する」「自由記述」の問題（「イソップ物語」問2）でOECD平均より23ポイント下回っている。

（2）正答率の分布

　正答率の分布を見ると，日本は90%台が11題，80%台が36題，70%台が47題，60%台が45題，50%台が42題，40%台が22題，30%台が20題，20%台が12題，10%台が7題，10%未満が2題である。OECD平均は90%台が6題，80%台が30題，70%台が45題，60%台が47題，50%台が38題，40%台が33題，30%台が21題，20%台が13題，10%台が10題，10%未満が1題である。

　日本の正答率が80%以上だった47題を読解プロセス別に見ると，「情報を探し出す」が13題，「理解する」が28題，「評価し，熟考する」が6題である。また出題形式別に見ると，「多肢選択」が36題，「複合的選択肢」が4題，「求答・短答」については5題，「自由記述」が2題である。一方，日本の正答率が10%未満だった2題は，「情報を探し出す」の「短答」（「電話番号案内」問3）と「評価し，熟考する」の「自由記述」（「電子レンジ」の問6）である。

第 2 章　読解力

表 2.4.1 ［1/8］　読解力の問題の正答率・無答率（2000 年〜 2018 年）

小問のID	大問の名称	小問番号	小問の分類						日本の正答率（%）							OECD 平均の正答率（%）						
			プロセス	用途・状況	テキスト・タイプ	テキストの形式	テキストの構造	出題形式	2000年	2003年	2006年	2009年	2012年	2015年	2018年	2000年	2003年	2006年	2009年	2012年	2015年	2018年
R055Q01	クモ	問1	理解する	公的	解説	連続	単一	多肢選択	84.8	82.4	80.5	80.5		74.5	69.1	84.1	81.4	80.9	81.9		80.3	75.7
R055Q02	クモ	問2	理解する	公的	解説	連続	単一	自由記述	52.3	47.5	43.2	49.3		51.2	51.0	53.2	47.7	46.9	47.6		49.6	49.0
R055Q03	クモ	問3	理解する	公的	解説	連続	単一	自由記述	57.7	52.2	52.9	56.8		49.4	50.7	61.3	58.8	57.5	59.7		56.3	47.1
R055Q05	クモ	問4	理解する	公的	解説	連続	単一	自由記述	60.6	54.1	54.7	58.1		46.2	50.7	77.4	72.4	71.1	73.2		70.3	68.0
R067Q01	イソップ物語	問1	理解する	私的	叙述	連続	単一	多肢選択	84.0	83.6	82.5	84.0		79.1	83.1	88.4	89.2	88.2	88.8		87.0	82.9
R067Q04	イソップ物語	問2	理解する	私的	叙述	連続	単一	自由記述	54.5	50.9	52.0	60.4		53.8	30.9	54.6	56.4	55.6	57.6		56.5	53.5
R067Q05	イソップ物語	問3	評価し、熟考する	私的	叙述	連続	単一	自由記述	58.9	65.4	56.8	66.5		71.9	55.8	62.9	66.5	66.0	67.6		67.7	61.4
R102Q04	ワイシャツ	問1	理解する	私的	解説	連続	単一	自由記述	61.9	53.9	50.9	49.6		46.4	35.2	36.7	31.3	31.9	31.4		26.8	22.1
R102Q05	ワイシャツ	問2	情報を探し出す	私的	解説	非連続	単一	求答	40.4	43.2	41.3	46.8		37.7	30.5	42.4	43.7	43.3	44.3		35.9	27.6
R102Q07	ワイシャツ	問3	評価し、熟考する	私的	解説	混成	単一	多肢選択	79.4	75.7	77.0	76.2		77.9	77.6	85.6	82.0	83.0	83.3		83.9	80.6
R104Q01	電話番号案内	問1	情報を探し出す	公的	指示	非連続	単一	求答	89.0	84.7	81.6	81.2		60.4	60.4	83.1	83.0	80.4	79.3		56.9	55.5
R104Q02	電話番号案内	問2	情報を探し出す	公的	指示	非連続	単一	求答	52.2	40.7	37.5	35.4		36.2	36.7	41.4	34.2	33.0	34.2		41.4	38.7
R104Q05	電話番号案内	問3	情報を探し出す	公的	指示	非連続	単一	短答	29.2	23.0	18.9	16.9		11.1	9.6	28.9	24.8	22.7	19.5		11.7	11.0
R111Q01	交換留学生	問1	評価し、熟考する	教育的	解説	連続	単一	多肢選択	73.1	75.4	71.3	74.1		73.7	66.8	64.2	64.5	63.4	65.1		66.5	62.1
R111Q02B	交換留学生	問2	評価し、熟考する	教育的	解説	連続	単一	自由記述	30.9	38.5	31.4	42.6		45.4	32.6	34.6	33.3	33.8	36.5		37.9	35.6
R111Q06	交換留学生	問3	理解する	教育的	解説	連続	単一	自由記述	66.9	63.9	48.3	59.9		61.5	47.2	44.8	43.0	40.7	42.7		43.2	37.7
R219Q01	求職	問1	情報を探し出す	職業的	記述	非連続	単一	自由記述	72.8	78.7	68.1	—		78.5	78.3	57.6	69.4	68.8	—		74.0	77.4
R219Q01E	求職	問2	理解する	職業的	記述	非連続	単一	自由記述	83.9	69.3	83.2	—		73.4	73.7	70.5	57.3	57.5	—		67.4	77.4
R219Q02	求職 (2009年問2)	問3	理解する	職業的	記述	非連続	単一	自由記述	81.6	82.3	79.4	78.6		79.1	74.7	76.7	78.0	79.1	—		78.1	80.9
R220Q01	南極点	問1	理解する	教育的	複合	混成	複数	短答	52.8	53.8	51.5	49.5	55.2	39.4	42.6	46.2	42.8	42.2	40.3	38.5	22.2	24.2
R220Q02	南極点	問2	評価し、熟考する	教育的	複合	混成	複数	多肢選択	63.1	60.1	54.3	—	57.1	53.8	64.8	64.6	63.0	61.1	62.3	61.0	53.0	61.5
R220Q04	南極点	問3	評価し、熟考する	教育的	解説	連続	複数	多肢選択	60.5	58.0	54.8	57.8	56.8	57.6	63.2	60.7	61.4	58.9	58.9	57.7	61.0	64.1
R220Q05	南極点	問4	理解する	教育的	解説	連続	複数	多肢選択	87.7	81.7	79.9	82.1		83.4	87.4	85.1	82.6	80.9	81.2		81.4	86.1
R220Q06	南極点	問5	理解する	教育的	解説	連続	複数	多肢選択	51.4	51.9	52.1	53.7		55.1	64.3	66.0	66.2	65.9	65.9		62.7	69.7
R227Q01	メガネ技師	問1	評価し、熟考する	職業的	記述	混成	単一	多肢選択	80.1	71.5	70.5	73.7		78.8	73.9	58.1	53.6	52.1	55.0		57.9	56.5
R227Q02	メガネ技師	問2	理解する	職業的	記述	連続	単一	複合的選択肢	71.5	66.4	64.3	63.4		61.9	59.3	60.0	57.1	54.9	55.8		48.8	46.6
R227Q03	メガネ技師	問3	理解する	職業的	記述	連続	単一	自由記述	61.5	55.8	50.0	62.6		63.1	49.6	55.7	53.8	53.2	55.4		55.6	51.6
R227Q06	メガネ技師	問4	理解する	職業的	記述	非連続	単一	短答	81.7	78.3	76.4	82.8		81.3	72.6	75.0	71.0	69.3	73.5		72.6	69.5
R404Q03	睡眠	問1	理解する	公的	解説	連続	単一	多肢選択				79.1	83.3	82.4	78.1				73.0	74.0	73.0	73.4
R404Q06	睡眠	問2	理解する	公的	解説	非連続	単一	多肢選択				56.8	57.5	56.7	51.9				48.9	50.1	47.0	44.5
R404Q07	睡眠	問3	理解する	公的	解説	非連続	単一	複合的選択肢				33.0	34.2	32.4	31.3				33.9	36.5	33.1	31.5
R404Q10A	睡眠	問4	理解する	公的	解説	非連続	単一	自由記述				50.9	56.9	56.8	47.4				43.3	46.6	49.9	47.0
R404Q10B	睡眠	問5	理解する	公的	解説	非連続	単一	自由記述				47.0	52.7	53.2	41.5				37.7	37.4	41.6	37.2
R406Q01	こけし名人	問1	理解する	私的	叙述	連続	単一	自由記述				75.9	78.6	71.9	61.6				66.5	65.6	62.3	57.0
R406Q05	こけし名人	問2	理解する	私的	叙述	連続	単一	自由記述				84.8	86.8	86.4	76.8				73.4	74.1	69.7	63.4
R406Q02	こけし名人	問3	理解する	私的	叙述	連続	単一	自由記述				49.4	54.3	46.3	25.8				32.5	34.7	31.2	26.7
R412Q01	世界の言語	問1	情報を探し出す	教育的	解説	非連続	単一	多肢選択				73.4	77.8	73.6	72.1				85.0	85.4	83.9	81.1
R412Q05	世界の言語	問2	理解する	教育的	解説	連続	単一	多肢選択				47.1	43.5	42.0	38.9				58.0	58.3	57.4	54.4
R412Q08	世界の言語	問3	理解する	教育的	解説	混成	単一	自由記述				51.0	50.8	41.5	23.4				37.7	36.8	38.4	32.5
R412Q06	世界の言語	問4	理解する	教育的	解説	連続	単一	複合的選択肢				61.1	61.6	60.0	57.0				38.0	39.0	39.1	39.6
R420Q01	子どもの将来	問1	情報を探し出す	教育的	解説	非連続	単一	短答				91.8	94.9	90.8	94.6				83.0	84.6	76.4	75.7
R420Q10	子どもの将来	問2	理解する	教育的	解説	非連続	単一	自由記述				76.8	80.3	71.9	72.0				70.9	73.5	66.9	63.5
R420Q06	子どもの将来	問3	評価し、熟考する	教育的	解説	非連続	単一	自由記述				69.5	78.1	72.8	63.7				45.2	45.3	44.6	41.7
R420Q09	子どもの将来	問4	情報を探し出す	教育的	解説	非連続	単一	求答				82.6	84.0	83.1	81.6				76.6	76.5	74.2	72.5
R424Q02	フェアトレード	問1	理解する	教育的	議論	非連続	複数	複合的選択肢				44.7	46.0	43.0	39.2				42.4	44.2	39.2	38.4
R424Q03	フェアトレード	問2	評価し、熟考する	教育的	議論	非連続	複数	多肢選択				68.6	67.2	61.9	61.3				66.6	65.5	54.0	54.5
R424Q07	フェアトレード	問3	評価し、熟考する	教育的	議論	連続	複数	多肢選択				75.2	75.4	75.9	76.2				75.9	76.2	76.3	76.9
R432Q01	本について	問1	情報を探し出す	私的	議論	連続	複数	求答				93.2	93.8	88.9	83.9				85.8	85.9	85.3	80.9
R432Q05	本について	問2	評価し、熟考する	私的	議論	複合	複数	自由記述				80.3	82.4	81.1	70.6				73.4	75.7	72.7	68.1
R432Q06	本について	問3	評価し、熟考する	私的	議論	連続	複数	複合的選択肢				24.6	24.9	16.2	13.2				14.9	15.0	10.0	7.6
R437Q01	ナルキッソス	問1	理解する	私的	叙述	連続	単一	多肢選択				51.1	52.8	36.2	41.2				52.2	52.1	46.5	49.3
R437Q07	ナルキッソス	問2	理解する	私的	叙述	連続	単一	自由記述				26.4	30.4	29.5	28.9				52.7	53.7	17.8	17.6
R437Q06	ナルキッソス	問3	評価し、熟考する	私的	叙述	連続	単一	多肢選択				69.1	66.9	63.1	64.7				17.0	14.8	55.7	53.7
R446Q03	求人案内	問1	情報を探し出す	職業的	記述	非連続	単一	複合的選択肢				91.6	90.8	96.4	95.9				92.6	92.9	91.8	90.5
R446Q06	求人案内	問2	理解する	職業的	記述	非連続	単一	自由記述				90.6	92.0	88.7	85.4				78.1	77.6	72.6	68.7
R453Q01	夏のアルバイト	問1	評価し、熟考する	職業的	指示	連続	単一	多肢選択				76.3	80.4	75.9	80.0				81.1	82.1	81.6	81.0
R453Q04	夏のアルバイト	問2	評価し、熟考する	職業的	指示	連続	単一	自由記述				59.7	66.5	66.0	53.2				62.9	62.4	64.3	63.3
R453Q05	夏のアルバイト	問3	理解する	職業的	指示	連続	単一	複合的選択肢				60.4	62.0	58.1	59.6				62.7	63.3	58.3	53.6
R453Q06	夏のアルバイト	問4	評価し、熟考する	職業的	指示	連続	単一	自由記述				72.5	77.1	78.5	69.5				70.4	72.0	72.3	71.3
R455Q02	チョコレート	問1	評価し、熟考する	私的	記述	連続	単一	自由記述				47.3	63.5	54.2	39.9				35.5	38.5	36.0	40.0
R455Q03	チョコレート	問2	情報を探し出す	私的	記述	連続	単一	短答				86.4	88.8	88.4	84.5				78.3	76.1	77.4	77.6
R455Q04	チョコレート	問3	理解する	私的	記述	連続	単一	多肢選択				60.2	59.5	52.1	50.2				64.4	63.3	60.1	59.9
R455Q05	チョコレート	問4	理解する	私的	記述	連続	単一	複合的選択肢				34.2	32.0	35.5	33.2				25.9	26.1	23.4	23.8

表 2.4.1 [2/8] 読解力の問題の正答率・無答率（2000 年〜 2018 年）

小問のID	大問の名称	小問番号	日本の男子の正答率（%）			日本の女子の正答率（%）			日本の無答率（%）						OECD 平均の無答率（%）					
			2009年	2012年	2015年	2009年	2012年	2015年	2000年	2003年	2006年	2009年	2012年	2015年	2000年	2003年	2006年	2009年	2012年	2015年
R055Q01	クモ	問1	80.0		75.7	80.9		73.2	0.5	1.1	1.2	1.6		0.5	1.1	3.4	2.8	2.9		0.6
R055Q02	クモ	問2	49.2		46.5	49.3		56.0	28.2	34.9	36.4	34.1		27.4	15.2	19.9	19.9	18.5		14.1
R055Q03	クモ	問3	57.8		52.6	55.8		53.2	12.6	18.5	19.0	17.3		16.2	5.7	9.2	9.5	8.3		6.7
R055Q05	クモ	問4	55.9		46.2	60.3		46.1	20.9	26.3	26.8	22.3		22.1	7.2	11.0	11.2	9.7		7.7
R067Q01	イソップ物語	問1	80.8		77.1	87.4		80.9	3.7	0.8	1.0	1.4		0.6	2.9	2.0	1.7	1.6		0.6
R067Q04	イソップ物語	問2	56.5		51.6	64.7		56.0	12.4	11.4	12.0	10.6		6.2	7.6	6.5	6.5	6.1		4.8
R067Q05	イソップ物語	問3	58.8		67.0	74.7		76.6	26.9	24.3	24.6	24.6		18.2	12.4	11.3	11.8	11.3		7.1
R102Q04	ワイシャツ	問1	47.2		45.2	52.1		47.5	15.9	17.9	18.9	18.9		13.6	23.5	23.6	23.2	21.3		16.7
R102Q05	ワイシャツ	問2	46.1		35.4	47.4		40.0	11.2	14.1	14.4	13.4		7.5	6.1	8.9	8.6	7.4		6.3
R102Q07	ワイシャツ	問3	73.6		77.4	78.9		78.5	1.2	2.2	1.7	2.0		0.7	1.7	3.9	2.8	3.3		1.1
R104Q01	電話番号案内	問1	77.7		59.0	84.8		61.7	4.6	5.4	7.0	7.1		3.2	4.9	4.7	4.8	4.7		3.4
R104Q02	電話番号案内	問2	34.5		37.6	36.4		34.7	4.9	7.6	10.3	10.0		1.3	4.1	5.4	5.5	5.5		1.7
R104Q05	電話番号案内	問3	16.9		9.5	16.9		12.9	8.0	10.4	12.5	11.5		0.0	4.3	5.1	5.3	5.1		0.0
R111Q01	交換留学生	問1	69.0		69.3	79.4		78.3	3.4	2.4	2.1	1.6		0.6	3.7	4.2	3.4	3.7		1.1
R111Q02B	交換留学生	問2	39.0		37.3	46.5		53.6	46.8	40.0	41.3	38.1		29.7	21.0	21.0	18.9	18.4		12.4
R111Q06	交換留学生	問3	56.2		78.7	63.7		67.3	19.9	19.8	21.2	19.0		14.9	18.7	20.2	19.2	17.9		12.6
R219Q01	求職	問1	—		72.7	—		74.1	14.8	9.4	10.5	—		13.7	16.1	14.1	14.4	—		9.1
R219Q01E	求職	問2	—		76.1	—		80.7	7.4	14.0	14.5	—		8.9	12.2	18.1	18.2	7.7		11.3
R219Q02	求職(2009年問2)	問3	—		74.2	—		83.7	10.0	11.7	12.6	13.1		10.3	8.5	9.7	8.8	—		8.1
R220Q01	南極点	問1	51.2	58.3	41.2	47.7	51.7	37.7	19.3	24.9	26.5	25.2	22.6	8.2	24.3	26.4	28.3	27.2	28.1	12.2
R220Q02	南極点	問2	—	58.2	55.5		55.9	52.2	3.6	5.6	5.8	—	3.9	1.3	5.6	7.5	6.5	5.7	5.8	2.3
R220Q04	南極点	問3	57.8	58.3	54.2	61.4	55.1	60.8	2.4	3.9	4.5	3.3	3.2	0.6	3.1	5.9	5.0	4.7	5.3	0.9
R220Q05	南極点	問4	79.0		80.7	85.4		85.9	2.3	2.9	3.4	2.4		0.1	2.2	4.3	3.7	3.1		0.5
R220Q06	南極点	問5	54.2		54.5	53.2		55.7	1.8	3.7	3.8	2.9		0.0	2.4	5.1	4.2	3.8		0.0
R227Q01	メガネ技師	問1	71.4		75.1	76.2		82.5	0.4	1.3	0.9	0.9		0.9	1.6	4.2	3.6	3.7		4.1
R227Q02	メガネ技師	問2	58.6		57.5	68.4		66.4	0.4	0.6	0.4	0.5		0.7	0.6	1.0	0.6	0.9		3.8
R227Q03	メガネ技師	問3	59.2		57.5	66.1		68.8	25.9	32.0	34.6	27.4		21.3	20.0	23.1	23.3	21.7		16.9
R227Q06	メガネ技師	問4	79.7		79.9	86.2		82.7	7.5	9.6	10.0	8.5		3.5	5.8	5.8	6.3	6.0		8.4
R404Q03	睡眠	問1	74.7	80.8	81.3	83.7	86.2	83.5				1.8	1.3	1.0				2.8	2.8	1.0
R404Q06	睡眠	問2	52.4	54.7	52.1	61.5	60.6	61.4				1.1	1.0	0.1				2.7	2.5	0.8
R404Q07	睡眠	問3	32.5	31.5	32.7	33.6	37.3	32.0				0.9	0.6	0.7				1.3	1.1	0.4
R404Q10A	睡眠	問4	44.7	53.2	49.1	57.3	61.1	64.6				28.2	24.9	18.9				19.6	18.8	11.9
R404Q10B	睡眠	問5	43.0	49.0	47.6	51.2	57.0	58.8				28.8	24.8	19.6				21.2	20.1	13.6
R406Q01	こけし名人	問1	71.0	75.0	66.6	81.1	82.7	77.2				6.7	4.2	3.3				6.7	6.4	4.6
R406Q05	こけし名人	問2	81.9	83.9	83.7	87.8	90.2	89.3				8.2	5.6	4.6				7.6	7.2	6.2
R406Q02	こけし名人	問3	45.2	50.6	41.3	53.9	58.6	51.3				24.6	22.4	20.5				16.7	16.4	12.7
R412Q01	世界の言語	問1	71.8	79.0	72.0	75.1	76.4	75.1				1.1	0.5	0.2				1.5	1.4	0.7
R412Q05	世界の言語	問2	47.2	44.9	41.1	46.9	42.1	43.0				1.4	0.5	0.7				2.4	2.2	0.7
R412Q08	世界の言語	問3	44.8	49.1	38.6	57.5	52.7	44.4				34.7	22.4	27.7				28.9	27.6	22.5
R412Q06	世界の言語	問4	57.3	60.1	55.4	65.1	63.2	64.7				1.3	1.1	1.0				1.5	1.7	0.7
R420Q02	子どもの将来	問1	89.2	93.3	89.3	94.6	96.6	92.3				3.0	1.7	1.4				3.0	2.7	2.4
R420Q10	子どもの将来	問2	71.1	78.1	71.9	82.7	82.6	71.9				10.8	7.6	7.6				11.7	10.8	10.3
R420Q06	子どもの将来	問3	65.9	76.7	71.2	73.3	79.7	74.4				5.9	5.0	1.1				5.0	4.8	4.7
R420Q09	子どもの将来	問4	81.5	82.6	81.7	83.7	85.6	84.5				3.5	2.4	1.0				3.8	3.9	1.8
R424Q02	フェアトレード	問1	42.3	44.8	44.6	47.2	47.4	41.3				3.2	2.5	1.5				3.6	2.8	1.5
R424Q03	フェアトレード	問2	63.8	65.1	60.4	73.6	69.6	63.5				1.9	2.1	1.5				3.8	3.7	1.5
R424Q07	フェアトレード	問3	72.9	75.2	73.1	77.6	75.6	78.8				2.1	1.7	1.1				4.2	4.1	1.3
R432Q01	本について	問1	91.3	92.2	87.7	95.3	94.7	90.1				2.4	1.8	2.0				3.1	3.0	1.8
R432Q05	本について	問2	74.8	78.6	77.0	85.9	86.6	85.5				6.3	4.1	1.9				3.6	3.3	2.3
R432Q06	本について	問3	22.4	24.6	15.6	27.0	25.3	16.9				1.2	0.7	0.6				4.4	4.2	1.0
R437Q01	ナルキッソス	問1	51.1	51.7	36.9	51.1	54.1	35.6				1.6	1.2	0.2				3.2	3.4	0.5
R437Q07	ナルキッソス	問2	64.4	65.0	64.1	74.1	68.9	62.2				1.0	1.1	0.0				2.3	2.5	17.2
R437Q06	ナルキッソス	問3	23.0	28.7	26.1	30.0	32.2	33.0				36.2	32.7	24.4				22.7	22.3	0.0
R446Q03	求人案内	問1	90.6	89.5	95.6	92.6	92.1	97.2				2.7	2.3	0.2				2.3	2.3	0.2
R446Q06	求人案内	問2	87.7	89.5	86.6	93.7	94.6	90.9				5.2	3.6	2.8				3.2	3.5	2.3
R453Q01	夏のアルバイト	問1	70.6	78.5	73.4	82.1	82.5	78.4				2.0	1.2	0.7				3.5	3.2	0.6
R453Q04	夏のアルバイト	問2	55.6	64.4	62.2	64.1	68.9	69.9				18.9	16.9	14.2				11.6	11.3	8.0
R453Q05	夏のアルバイト	問3	57.7	63.3	58.8	63.1	60.5	57.3				1.0	0.6	0.3				1.4	1.7	0.5
R453Q06	夏のアルバイト	問4	66.3	73.2	74.3	78.9	81.4	82.8				14.0	10.2	6.7				11.9	11.3	7.9
R455Q02	チョコレート	問1	42.7	60.1	51.0	52.1	67.5	57.5				14.5	11.6	8.7				9.8	9.8	7.4
R455Q03	チョコレート	問2	83.4	85.5	85.7	89.5	92.7	91.1				9.8	7.2	3.5				8.1	8.5	4.9
R455Q04	チョコレート	問3	59.7	60.5	54.7	60.7	58.4	49.5				2.8	1.7	0.7				4.2	4.3	0.9
R455Q05	チョコレート	問4	48.5	30.8	36.3	57.8	33.4	34.8				0.8	0.4	0.0				1.0	1.2	0.0

第2章　読解力

表 2.4.1 ［3/8］　読解力の問題の正答率・無答率（2000 年〜 2018 年）

小問のID	大問の名称	小問番号	プロセス	用途・状況	テキスト・タイプ	テキストの形式	テキストの構造	出題形式	日本の正答率 (%) 2000年	2003年	2006年	2009年	2012年	2015年	2018年	OECD平均の正答率 (%) 2000年	2003年	2006年	2009年	2012年	2015年	2018年
R456Q01	ビスケット	問1	理解する	私的	叙述	連続	単一	多肢選択				96.3	96.9	96.6	92.8				96.1	96.2	95.5	92.2
R456Q02	ビスケット	問2	理解する	私的	叙述	連続	単一	自由記述				89.2	93.4	86.8	75.9				82.5	83.5	77.3	75.2
R456Q06	ビスケット	問3	理解する	私的	叙述	連続	単一	自由記述				85.2	88.5	86.9	74.5				83.0	83.8	78.4	72.7
R460Q01	メキシコ湾	問1	情報を探し出す	教育的	記述	連続	単一	自由記述				83.2		81.5	78.1				67.3		66.0	60.0
R460Q05	メキシコ湾	問2	理解する	教育的	記述	連続	単一	多肢選択				88.3		86.2	76.6				83.1		80.3	72.1
R460Q06	メキシコ湾	問3	理解する	教育的	記述	連続	単一	多肢選択				63.5		63.8	59.4				62.1		63.0	59.1
R466Q02	ワークライト社	問1	情報を探し出す	職業的	議論	連続	単一	自由記述				66.9	67.6	64.2	51.9				46.4	44.3	44.8	39.7
R466Q03	ワークライト社	問2	理解する	職業的	議論	混成	単一	複合的選択肢				30.3	33.2	21.8	13.3				16.4	17.0	14.3	10.7
R466Q06	ワークライト社	問3	情報を探し出す	職業的	議論	連続	単一	求答				87.3	87.0	90.7	86.8				80.7	81.4	83.1	78.9
R545Q02	マチュピチュ	問1	理解する	公的	議論	連続	単一	多肢選択							68.8							60.6
R545Q03	マチュピチュ	問2	理解する	公的	議論	連続	単一	複合的選択肢							77.4							68.7
R545Q04	マチュピチュ	問3	情報を探し出す	公的	議論	連続	単一	自由記述							68.1							67.8
R545Q06	マチュピチュ	問4	評価し，熟考する	公的	議論	連続	単一	多肢選択							57.8							61.9
R545Q07	マチュピチュ	問5	評価し，熟考する	公的	議論	連続	単一	多肢選択							66.8							72.1
R560Q10	太平洋ゴミベルト	問1	情報を探し出す	公的	記述	非連続	単一	多肢選択							35.6							39.0
R560Q03	太平洋ゴミベルト	問2	理解する	公的	解説	連続	単一	多肢選択							66.1							57.1
R560Q06	太平洋ゴミベルト	問3	理解する	公的	解説	連続	単一	多肢選択							76.3							72.4
R560Q08	太平洋ゴミベルト	問4	理解する	公的	解説	連続	単一	多肢選択							70.1							60.7
R559Q01	ナリニ・ナドカルニ	問1	理解する	教育的	解説	連続	単一	多肢選択							79.4							79.0
R559Q04	ナリニ・ナドカルニ	問2	理解する	教育的	解説	連続	単一	多肢選択							81.1							85.1
R559Q03	ナリニ・ナドカルニ	問3	理解する	教育的	解説	連続	単一	多肢選択							63.8							66.1
R559Q06	ナリニ・ナドカルニ	問4	理解する	教育的	解説	連続	単一	多肢選択							67.1							58.0
R559Q08	ナリニ・ナドカルニ	問5	理解する	教育的	解説	連続	単一	自由記述							72.8							69.3
R547Q02	本の調査	問1	理解する	教育的	処理	連続	複数	多肢選択							58.7							58.0
R547Q03	本の調査	問2	情報を探し出す	教育的	処理	連続	複数	多肢選択							70.5							63.3
R547Q06	本の調査	問3	理解する	教育的	指示	混成	複数	多肢選択							71.2							61.4
R547Q07	本の調査	問4	理解する	複合	複合	混成	複数	複合的選択肢							39.8							32.4
R547Q09	本の調査	問5	情報を探し出す	複合	複合	混成	複数	自由記述							56.4							37.4
R547Q010	本の調査	問6	理解する	複合	複合	混成	複数	複合的選択肢							47.6							32.7
R540Q01	伝説を造る	問1	情報を探し出す	教育的	解説	混成	単一	多肢選択							55.8							58.5
R540Q03	伝説を造る	問2	評価し，熟考する	教育的	解説	混成	単一	多肢選択							56.9							71.4
R540Q04	伝説を造る	問3	理解する	教育的	解説	混成	単一	自由記述							57.6							45.6
R540Q05	伝説を造る	問4	理解する	教育的	解説	混成	単一	多肢選択							63.1							67.5
R540Q06	伝説を造る	問5	評価し，熟考する	教育的	解説	混成	単一	多肢選択							68.5							66.4
R542Q01	掲示板	問1	理解する	公的	相互作用	混成	複数	多肢選択							92.0							74.9
R542Q02	掲示板	問2	理解する	公的	相互作用	混成	複数	自由記述							73.8							66.1
R542Q05	掲示板	問3	理解する	公的	相互作用	混成	複数	多肢選択							84.6							89.9
R542Q08	掲示板	問4	理解する	公的	相互作用	混成	複数	多肢選択							83.9							72.1
R542Q09	掲示板	問5	理解する	公的	相互作用	混成	複数	複合的選択肢							92.5							80.5
R558Q02	電子レンジ	問1	理解する	公的	議論	連続	複数	複合的選択肢							69.9							68.2
R558Q04	電子レンジ	問2	評価し，熟考する	公的	議論	連続	複数	自由記述							60.2							51.7
R558Q06	電子レンジ	問3	評価し，熟考する	公的	議論	連続	複数	多肢選択							81.5							75.5
R558Q09	電子レンジ	問4	情報を探し出す	公的	議論	連続	複数	多肢選択							56.1							59.2
R558Q10	電子レンジ	問5	評価し，熟考する	公的	議論	連続	複数	複合的選択肢							53.1							46.5
R558Q12	電子レンジ	問6	評価し，熟考する	公的	議論	連続	複数	自由記述							8.9							27.0
R564Q01	セバスチャン・サルガド	問1	評価し，熟考する	公的	叙述	連続	単一	多肢選択							60.0							59.4
R564Q02	セバスチャン・サルガド	問2	理解する	公的	叙述	連続	単一	多肢選択							85.9							83.1
R564Q03	セバスチャン・サルガド	問3	理解する	公的	叙述	連続	単一	多肢選択							63.1							58.3
R564Q04	セバスチャン・サルガド	問4	理解する	公的	叙述	連続	単一	多肢選択							47.7							53.1
R564Q05	セバスチャン・サルガド	問5	理解する	公的	叙述	連続	単一	自由記述							74.4							70.1
R549Q04	手紙が入ったビン	問1	理解する	公的	叙述	連続	複数	多肢選択							63.3							71.1
R549Q05	手紙が入ったビン	問2	理解する	公的	叙述	連続	複数	自由記述							67.0							67.3
R549Q06	手紙が入ったビン	問3	理解する	公的	叙述	連続	複数	多肢選択							48.6							48.3
R549Q10	手紙が入ったビン	問4	理解する	公的	議論	連続	複数	多肢選択							74.9							76.6
R549Q12	手紙が入ったビン	問5	評価し，熟考する	公的	複合	連続	複数	複合的選択肢							50.0							47.6
R549Q13	手紙が入ったビン	問6	理解する	公的	複合	連続	複数	複合的選択肢							38.2							40.8

表 2.4.1 [4/8] 読解力の問題の正答率・無答率（2000 年〜 2018 年）

小問のID	大問の名称	小問番号	日本の男子の正答率（%） 2009年	2012年	2015年	日本の女子の正答率（%） 2009年	2012年	2015年	日本の無答率（%） 2000年	2003年	2006年	2009年	2012年	2015年	OECD平均の無答率（%） 2000年	2003年	2006年	2009年	2012年	2015年
R456Q01	ビスケット	問1	94.8	96.4	96.1	97.9	97.3	97.2				0.6	0.5	0.1				0.9	1.1	0.5
R456Q02	ビスケット	問2	85.9	92.6	85.6	92.6	94.2	88.1				3.9	2.9	2.3				2.0	2.0	2.1
R456Q06	ビスケット	問3	81.0	85.7	83.4	89.6	91.6	90.7				5.2	4.4	3.7				3.4	3.2	3.3
R460Q01	メキシコ湾	問1	80.9		78.9	85.5		84.3				7.2		5.4				6.0	—	6.7
R460Q05	メキシコ湾	問2	86.8		88.1	89.9		84.1				1.1		0.1				2.4	—	0.6
R460Q06	メキシコ湾	問3	61.2		67.8	65.8		59.4				1.0		0.0				3.2	—	0.0
R466Q01	ワークライト社	問1	64.1	66.4	63.0	69.8	69.0	65.4				6.2	5.8	4.1				10.5	10.1	8.5
R466Q03	ワークライト社	問2	28.9	33.4	22.3	31.8	33.0	21.1				0.8	0.5	0.5				2.1	1.9	1.2
R466Q06	ワークライト社	問3	84.3	84.5	89.7	90.4	89.8	91.8				6.3	6.1	1.3				7.6	6.7	3.3
R545Q02	マチュピチュ	問1																		
R545Q03	マチュピチュ	問2																		
R545Q04	マチュピチュ	問3																		
R545Q06	マチュピチュ	問4																		
R545Q07	マチュピチュ	問5																		
R560Q10	太平洋ゴミベルト	問1																		
R560Q03	太平洋ゴミベルト	問2																		
R560Q06	太平洋ゴミベルト	問3																		
R560Q08	太平洋ゴミベルト	問4																		
R559Q01	ナリニ・ナドカルニ	問1																		
R559Q04	ナリニ・ナドカルニ	問2																		
R559Q03	ナリニ・ナドカルニ	問3																		
R559Q06	ナリニ・ナドカルニ	問4																		
R559Q08	ナリニ・ナドカルニ	問5																		
R547Q02	本の調査	問1																		
R547Q03	本の調査	問2																		
R547Q06	本の調査	問3																		
R547Q07	本の調査	問4																		
R547Q09	本の調査	問5																		
R547Q010	本の調査	問6																		
R540Q01	伝説を造る	問1																		
R540Q03	伝説を造る	問2																		
R540Q04	伝説を造る	問3																		
R540Q05	伝説を造る	問4																		
R540Q06	伝説を造る	問5																		
R542Q01	掲示板	問1																		
R542Q02	掲示板	問2																		
R542Q05	掲示板	問3																		
R542Q08	掲示板	問4																		
R542Q09	掲示板	問5																		
R558Q02	電子レンジ	問1																		
R558Q04	電子レンジ	問2																		
R558Q06	電子レンジ	問3																		
R558Q09	電子レンジ	問4																		
R558Q10	電子レンジ	問5																		
R558Q12	電子レンジ	問6																		
R564Q01	セバスチャン・サルガド	問1																		
R564Q02	セバスチャン・サルガド	問2																		
R564Q03	セバスチャン・サルガド	問3																		
R564Q04	セバスチャン・サルガド	問4																		
R564Q05	セバスチャン・サルガド	問5																		
R549Q04	手紙が入ったビン	問1																		
R549Q05	手紙が入ったビン	問2																		
R549Q06	手紙が入ったビン	問3																		
R549Q10	手紙が入ったビン	問4																		
R549Q12	手紙が入ったビン	問5																		
R549Q13	手紙が入ったビン	問6																		

表 2.4.1 [5/8] 読解力の問題の正答率・無答率（2000年〜2018年）

小問のID	大問の名称	小問番号	プロセス	用途・状況	テキスト・タイプ	テキストの形式	テキストの構造	出題形式	日本の正答率(%) 2000年	2003年	2006年	2009年	2012年	2015年	2018年	OECD平均の正答率(%) 2000年	2003年	2006年	2009年	2012年	2015年	2018年
R565Q01	座りすぎ病	問1	理解する	教育的	記述	混成	複数	多肢選択							64.6							79.1
R565Q02	座りすぎ病	問2	評価し、熟考する	教育的	記述	混成	複数	自由記述							40.2							41.0
R565Q03	座りすぎ病	問3	評価し、熟考する	教育的	記述	混成	複数	多肢選択							89.9							84.1
R565Q05	座りすぎ病	問4	評価し、熟考する	教育的	記述	混成	複数	自由記述							57.1							46.0
R565Q08	座りすぎ病	問5	理解する	教育的	記述	混成	複数	多肢選択							88.7							79.6
R565Q09	座りすぎ病	問6	評価し、熟考する	教育的	記述	混成	複数	多肢選択							58.0							53.3
R546Q01	情報を伝える	問1	情報を探し出す	私的	解説	連続	単一	多肢選択							70.7							77.7
R546Q03	情報を伝える	問2	理解する	私的	解説	連続	単一	自由記述							72.8							51.4
R546Q04	情報を伝える	問3	評価し、熟考する	私的	解説	連続	単一	多肢選択							34.2							52.4
R546Q07	情報を伝える	問4	理解する	私的	解説	連続	単一	多肢選択							66.5							73.2
R562Q02	初日の夜	問1	理解する	私的	叙述	連続	単一	多肢選択							77.2							80.2
R562Q03	初日の夜	問2	理解する	私的	叙述	連続	単一	自由記述							32.3							17.1
R562Q05	初日の夜	問3	理解する	私的	叙述	連続	単一	複合的選択肢							71.2							64.0
R562Q06	初日の夜	問4	理解する	私的	叙述	連続	単一	自由記述							48.7							43.7
R562Q07	初日の夜	問5	理解する	私的	叙述	連続	単一	多肢選択							86.4							87.2
R561Q01	オリンピック旗	問1	理解する	公的	処理	連続	複数	多肢選択							52.8							54.2
R561Q03	オリンピック旗	問2	理解する	公的	処理	連続	複数	多肢選択							72.4							71.9
R561Q04	オリンピック旗	問3	評価し、熟考する	公的	処理	連続	複数	複合的選択肢							69.7							73.6
R561Q06	オリンピック旗	問4	情報を探し出す	公的	処理	連続	複数	複合的選択肢							51.0							49.2
R561Q07	オリンピック旗	問5	評価し、熟考する	公的	処理	連続	複数	自由記述							40.2							23.5
R561Q08	オリンピック旗	問6	評価し、熟考する	公的	処理	連続	複数	複合的選択肢							75.5							65.5
R569Q01	清掃活動	問1	理解する	私的	処理	連続	複数	多肢選択							90.1							86.6
R569Q02	清掃活動	問2	理解する	私的	処理	連続	複数	複合的選択肢							86.4							80.2
R569Q03	清掃活動	問3	理解する	私的	処理	連続	複数	多肢選択							96.9							93.6
R569Q04	清掃活動	問4	情報を探し出す	職業的	記述	非連続	複数	多肢選択							97.5							95.6
R569Q06	清掃活動	問5	理解する	職業的	記述	非連続	複数	自由記述							82.0							80.0
R550Q09	クリフパレス	問1	情報を探し出す	公的	解説	混成	複数	自由記述							56.9							59.0
R550Q10	クリフパレス	問2	情報を探し出す	公的	解説	混成	複数	自由記述							58.7							52.4
R550Q04	クリフパレス	問3	理解する	公的	解説	混成	複数	多肢選択							69.9							59.5
R550Q05	クリフパレス	問4	理解する	公的	解説	混成	複数	多肢選択							75.7							70.1
R550Q06	クリフパレス	問5	情報を探し出す	公的	解説	混成	複数	複合的選択肢							53.7							55.1
R550Q07	クリフパレス	問6	理解する	公的	解説	混成	複数	自由記述							22.2							26.1
R553Q02	十代の健康掲示板	問1	理解する	私的	処理	連続	複数	多肢選択							94.5							86.6
R553Q01	十代の健康掲示板	問2	情報を探し出す	私的	処理	連続	複数	多肢選択							94.5							87.5
R553Q04	十代の健康掲示板	問3	理解する	私的	処理	連続	複数	自由記述							63.5							66.7
R553Q06	十代の健康掲示板	問4	評価し、熟考する	私的	処理	連続	複数	自由記述							60.9							62.3
R553Q05	十代の健康掲示板	問5	情報を探し出す	公的	記述	非連続	複数	多肢選択							83.3							83.8
R553Q07	十代の健康掲示板	問6	情報を探し出す	公的	記述	非連続	複数	多肢選択							52.6							47.2
R543Q01	アルフレッド・ノーベル	問1	理解する	教育的	解説	連続	複数	多肢選択							68.0							60.0
R543Q03	アルフレッド・ノーベル	問1	理解する	教育的	解説	連続	複数	多肢選択							79.6							73.7
R543Q04	アルフレッド・ノーベル	問2	評価し、熟考する	教育的	解説	連続	複数	多肢選択							47.4							61.9
R543Q09	アルフレッド・ノーベル	問3	理解する	公的	議論	連続	複数	多肢選択							34.7							47.5
R543Q10	アルフレッド・ノーベル	問4	理解する	公的	議論	連続	複数	多肢選択							58.4							48.3
R543Q13	アルフレッド・ノーベル	問5	情報を探し出す	複合的	複合	連続	複数	複合的選択肢							57.9							49.8
R543Q15	アルフレッド・ノーベル	問6	評価し、熟考する	複合的	複合	連続	複数	自由記述							12.1							10.7
R551Q01	ラパヌイ島	問1	情報を探し出す	私的	叙述	連続	複数	多肢選択							42.4							48.4
R551Q05	ラパヌイ島	問2	理解する	私的	叙述	連続	複数	自由記述							69.7							54.3
R551Q06	ラパヌイ島	問3	評価し、熟考する	公的	議論	連続	複数	複合的選択肢							44.5							47.4
R551Q08	ラパヌイ島	問4	情報を探し出す	公的	解説	連続	複数	多肢選択							45.2							44.3
R551Q09	ラパヌイ島	問5	評価し、熟考する	公的	解説	連続	複数	多肢選択							45.0							34.8
R551Q10	ラパヌイ島	問6	理解する	複合的	複合	連続	複数	複合的選択肢							20.2							18.2
R551Q11	ラパヌイ島	問7	評価し、熟考する	複合的	複合	連続	複数	自由記述							48.6							48.4
R552Q01	フェスティロック	問1	情報を探し出す	私的	処理	連続	複数	多肢選択							78.1							82.2
R552Q09	フェスティロック	問2	評価し、熟考する	私的	叙述	連続	複数	多肢選択							80.1							83.5
R552Q06	フェスティロック	問3	評価し、熟考する	職業的	指示	混成	複数	多肢選択							57.9							56.6
R552Q03	フェスティロック	問4	理解する	私的	叙述	連続	複数	自由記述							51.9							32.9
R552Q11	フェスティロック	問5	評価し、熟考する	複合的	複合	混成	複数	自由記述							26.7							18.4
R552Q04	フェスティロック	問6	理解する	複合的	複合	混成	複数	自由記述							25.2							32.0
R552Q08	フェスティロック	問7	理解する	複合的	複合	混成	複数	自由記述							51.3							51.7
R573Q01	肖像画	問1	理解する	私的	叙述	連続	単一	多肢選択							71.3							70.0
R573Q02	肖像画	問2	理解する	私的	叙述	連続	単一	多肢選択							80.2							79.5
R573Q03	肖像画	問3	理解する	私的	叙述	連続	単一	多肢選択							59.9							60.0
R573Q04	肖像画	問4	理解する	私的	叙述	連続	単一	多肢選択							75.9							68.4
R573Q06	肖像画	問5	理解する	私的	叙述	連続	単一	自由記述							20.2							25.3

読解力　第2章

表 2.4.1 ［6/8］　読解力の問題の正答率・無答率（2000 年〜 2018 年）

小問の ID	大問の名称	小問番号	日本の男子の正答率（%）			日本の女子の正答率（%）			日本の無答率（%）						OECD 平均の無答率（%）					
			2009年	2012年	2015年	2009年	2012年	2015年	2000年	2003年	2006年	2009年	2012年	2015年	2000年	2003年	2006年	2009年	2012年	2015年
R565Q01	座りすぎ病	問1																		
R565Q02	座りすぎ病	問2																		
R565Q03	座りすぎ病	問3																		
R565Q05	座りすぎ病	問4																		
R565Q08	座りすぎ病	問5																		
R565Q09	座りすぎ病	問6																		
R546Q01	情報を伝える	問1																		
R546Q03	情報を伝える	問2																		
R546Q04	情報を伝える	問3																		
R546Q07	情報を伝える	問4																		
R562Q02	初日の夜	問1																		
R562Q03	初日の夜	問2																		
R562Q05	初日の夜	問3																		
R562Q06	初日の夜	問4																		
R562Q07	初日の夜	問5																		
R561Q01	オリンピック旗	問1																		
R561Q03	オリンピック旗	問2																		
R561Q04	オリンピック旗	問3																		
R561Q06	オリンピック旗	問4																		
R561Q07	オリンピック旗	問5																		
R561Q08	オリンピック旗	問6																		
R569Q01	清掃活動	問1																		
R569Q02	清掃活動	問2																		
R569Q03	清掃活動	問3																		
R569Q04	清掃活動	問4																		
R569Q06	清掃活動	問5																		
R550Q09	クリフパレス	問1																		
R550Q10	クリフパレス	問2																		
R550Q04	クリフパレス	問3																		
R550Q05	クリフパレス	問4																		
R550Q06	クリフパレス	問5																		
R550Q07	クリフパレス	問6																		
R553Q02	十代の健康掲示板	問1																		
R553Q01	十代の健康掲示板	問2																		
R553Q04	十代の健康掲示板	問3																		
R553Q06	十代の健康掲示板	問4																		
R553Q05	十代の健康掲示板	問5																		
R553Q07	十代の健康掲示板	問6																		
R543Q01	アルフレッド・ノーベル	問1																		
R543Q03	アルフレッド・ノーベル	問1																		
R543Q04	アルフレッド・ノーベル	問2																		
R543Q09	アルフレッド・ノーベル	問3																		
R543Q10	アルフレッド・ノーベル	問4																		
R543Q13	アルフレッド・ノーベル	問5																		
R543Q15	アルフレッド・ノーベル	問6																		
R551Q01	ラパヌイ島	問1																		
R551Q05	ラパヌイ島	問2																		
R551Q06	ラパヌイ島	問3																		
R551Q08	ラパヌイ島	問4																		
R551Q09	ラパヌイ島	問5																		
R551Q10	ラパヌイ島	問6																		
R551Q11	ラパヌイ島	問7																		
R552Q01	フェスティロック	問1																		
R552Q09	フェスティロック	問2																		
R552Q06	フェスティロック	問3																		
R552Q03	フェスティロック	問4																		
R552Q11	フェスティロック	問5																		
R552Q04	フェスティロック	問6																		
R552Q08	フェスティロック	問7																		
R573Q01	肖像画	問1																		
R573Q02	肖像画	問2																		
R573Q03	肖像画	問3																		
R573Q04	肖像画	問4																		
R573Q06	肖像画	問5																		

第2章

第 2 章　読解力

表 2.4.1［7/8］　読解力の問題の正答率・無答率（2000 年～ 2018 年）

小問のID	大問の名称	小問番号	プロセス	用途・状況	テキスト・タイプ	テキストの形式	テキストの構造	出題形式	日本の正答率 (%) 2000年	2003年	2006年	2009年	2012年	2015年	2018年	OECD平均の正答率 (%) 2000年	2003年	2006年	2009年	2012年	2015年	2018年
R554Q01	文芸誌	問1	理解する	私的	叙述	連続	単一	多肢選択							83.2							85.9
R554Q02	文芸誌	問2	情報を探し出す	私的	叙述	連続	単一	多肢選択							67.3							68.8
R554Q03	文芸誌	問3	理解する	私的	叙述	連続	単一	多肢選択							68.2							68.4
R554Q05	文芸誌	問4	理解する	私的	叙述	連続	単一	多肢選択							70.5							65.5
R554Q07	文芸誌	問5	理解する	私的	叙述	連続	単一	自由記述							27.2							25.0
R563Q09	今週のクイズ	問1	情報を探し出す	公的	解説	混成	複数	自由記述							73.9							62.1
R563Q10	今週のクイズ	問2	情報を探し出す	公的	解説	混成	複数	多肢選択							92.7							89.7
R563Q07	今週のクイズ	問3	情報を探し出す	公的	解説	混成	複数	多肢選択							82.1							75.1
R563Q02	今週のクイズ	問4	情報を探し出す	公的	解説	混成	複数	多肢選択							87.3							82.5
R563Q03	今週のクイズ	問5	理解する	公的	解説	混成	複数	多肢選択							66.4							64.1
R563Q12	今週のクイズ	問6	情報を探し出す	公的	解説	混成	複数	自由記述							—							—
R563Q13	今週のクイズ	問7	情報を探し出す	公的	解説	混成	複数	自由記述							77.2							66.8
R563Q14	今週のクイズ	問8	情報を探し出す	公的	解説	混成	複数	自由記述							55.7							49.2
R567Q03	パラシュート降下部隊士	問1	理解する	職業的	解説	連続	複数	自由記述							67.5							50.8
R567Q04	パラシュート降下部隊士	問2	情報を探し出す	職業的	解説	連続	複数	多肢選択							80.5							76.0
R567Q06	パラシュート降下部隊士	問3	情報を探し出す	職業的	解説	連続	複数	多肢選択							61.3							57.5
R567Q13	パラシュート降下部隊士	問4	情報を探し出す	職業的	指示	混成	複数	多肢選択							79.4							82.0
R567Q08	パラシュート降下部隊士	問5	理解する	職業的	指示	混成	複数	複合的選択肢							84.3							78.3
R567Q10	パラシュート降下部隊士	問6	評価し、熟考する	職業的	指示	混成	複数	多肢選択							82.3							79.6
R567Q11	パラシュート降下部隊士	問7	理解する	職業的	複合	混成	複数	複合的選択肢							62.6							41.8
R566Q03	スケリッグ・ロック	問1	理解する	公的	叙述	連続	複数	自由記述							60.7							46.5
R566Q04	スケリッグ・ロック	問2	評価し、熟考する	公的	叙述	連続	複数	多肢選択							21.5							29.9
R566Q05	スケリッグ・ロック	問3	評価し、熟考する	公的	叙述	連続	複数	多肢選択							33.4							45.6
R566Q14	スケリッグ・ロック	問4	情報を探し出す	公的	記述	非連続	複数	多肢選択							43.1							46.2
R566Q06	スケリッグ・ロック	問5	理解する	公的	解説	非連続	複数	多肢選択							50.5							59.4
R566Q09	スケリッグ・ロック	問6	情報を探し出す	公的	議論	連続	複数	複合的選択肢							12.9							17.6
R566Q12	スケリッグ・ロック	問7	評価し、熟考する	公的	複合	連続	複数	自由記述							51.4							46.1
R556Q01	マイクロファイナンス	問1	情報を探し出す	教育的	解説	連続	複数	多肢選択							74.9							64.2
R556Q03	マイクロファイナンス	問2	評価し、熟考する	教育的	解説	連続	複数	多肢選択							59.7							64.5
R556Q04	マイクロファイナンス	問3	理解する	教育的	議論	連続	複数	多肢選択							31.6							35.1
R556Q05	マイクロファイナンス	問4	評価し、熟考する	教育的	議論	連続	複数	多肢選択							80.4							80.6
R556Q09	マイクロファイナンス	問5	理解する	教育的	議論	連続	複数	自由記述							66.4							60.6
R556Q10	マイクロファイナンス	問6	理解する	教育的	議論	連続	複数	多肢選択							62.6							62.4
R556Q12	マイクロファイナンス	問7	評価し、熟考する	教育的	複合	連続	複数	複合的選択肢							29.6							44.6
R544Q04	ニコラ・テスラ	問1	理解する	公的	議論	連続	複数	多肢選択							76.7							73.5
R544Q06	ニコラ・テスラ	問2	理解する	公的	議論	連続	複数	多肢選択							83.1							76.5
R544Q07	ニコラ・テスラ	問3	評価し、熟考する	公的	議論	連続	複数	自由記述							16.4							24.9
R544Q10	ニコラ・テスラ	問4	評価し、熟考する	公的	叙述	連続	複数	多肢選択							41.1							58.4
R544Q12	ニコラ・テスラ	問5	評価し、熟考する	公的	複合	連続	複数	多肢選択							62.2							60.1
R544Q13	ニコラ・テスラ	問6	評価し、熟考する	公的	複合	連続	複数	自由記述							17.0							17.4
R544Q14	ニコラ・テスラ	問7	評価し、熟考する	公的	複合	連続	複数	複合的選択肢							34.6							35.3
R568Q14	宇宙のゴミ	問1	情報を探し出す	公的	記述	非連続	複数	多肢選択							74.5							73.8
R568Q05	宇宙のゴミ	問2	理解する	公的	解説	連続	複数	多肢選択							82.7							79.4
R568Q06	宇宙のゴミ	問3	理解する	公的	解説	連続	複数	自由記述							57.7							55.4
R568Q15	宇宙のゴミ	問4	情報を探し出す	公的	記述	非連続	複数	多肢選択							51.6							54.6
R568Q08	宇宙のゴミ	問5	情報を探し出す	公的	解説	連続	複数	多肢選択							77.0							73.3
R568Q10	宇宙のゴミ	問6	理解する	公的	解説	連続	複数	多肢選択							41.4							48.1
R568Q13	宇宙のゴミ	問7	評価し、熟考する	公的	解説	連続	複数	自由記述							10.6							21.7
R570Q01	頼みごと	問1	理解する	私的	処理	連続	複数	多肢選択							88.1							86.0
R570Q02	頼みごと	問2	理解する	私的	処理	連続	複数	多肢選択							87.7							93.1
R570Q04	頼みごと	問3	理解する	私的	処理	混成	複数	複合的選択肢							75.8							82.8
R570Q05	頼みごと	問4	理解する	私的	処理	混成	複数	多肢選択							81.2							90.1
R570Q06	頼みごと	問5	理解する	私的	叙述	連続	複数	多肢選択							81.5							71.9
R570Q08	頼みごと	問6	理解する	私的	叙述	連続	複数	多肢選択							80.5							83.4
R570Q10	頼みごと	問7	評価し、熟考する	私的	複合	混成	複数	自由記述							64.6							59.0
R541Q01	プラスチック	問1	評価し、熟考する	公的	議論	混成	複数	多肢選択							52.0							32.0
R541Q03	プラスチック	問2	理解する	公的	議論	混成	複数	多肢選択							75.7							73.4
R541Q04	プラスチック	問3	評価し、熟考する	公的	議論	混成	複数	自由記述							38.5							37.2
R541Q05	プラスチック	問4	理解する	公的	議論	連続	複数	多肢選択							82.3							72.8
R541Q09	プラスチック	問5	評価し、熟考する	公的	議論	連続	複数	自由記述							27.7							17.0
R541Q10	プラスチック	問6	評価し、熟考する	公的	議論	連続	複数	自由記述							67.6							61.8
R541Q11	プラスチック	問7	評価し、熟考する	公的	議論	混成	複数	自由記述							41.4							33.7
								平均	65.2	62.2	59.5	64.9	67.3	63.5	61.3	61.4	59.6	58.7	59.6	59.5	58.2	59.1

（注）　1．小問番号及び小問の分類は，その問いが出題された最新の調査年のものを記載。
2．「-」は国際分析から除外された問題を，空欄はその年に出題されなかった問題を示している。
3．「無答」には，生徒が解答しなかった場合のほか，選択肢を二つ以上選択したものや判読できない解答などが含まれている。本表では，これら「無答・その他」の割合を「無答率」として扱っている。
4．2018 年の読解力は多段階適応型テストで実施されたため，2015 年までと正答率の算出の仕方が異なる。2018 年については，OECD から情報が得られた「日本の正答率」「OECD 平均の正答率」のみを記載している。
5．公開問題は，「ラパヌイ島」の 7 問である。

表 2.4.1 ［8/8］　読解力の問題の正答率・無答率（2000 年～ 2018 年）

小問の ID	大問の名称	小問番号	日本の男子の正答率（%）			日本の女子の正答率（%）			日本の無答率（%）						OECD 平均の無答率（%）					
			2009年	2012年	2015年	2009年	2012年	2015年	2000年	2003年	2006年	2009年	2012年	2015年	2000年	2003年	2006年	2009年	2012年	2015年
R554Q01	文芸誌	問1																		
R554Q02	文芸誌	問2																		
R554Q03	文芸誌	問3																		
R554Q05	文芸誌	問4																		
R554Q07	文芸誌	問5																		
R563Q09	今週のクイズ	問1																		
R563Q10	今週のクイズ	問2																		
R563Q07	今週のクイズ	問3																		
R563Q02	今週のクイズ	問4																		
R563Q03	今週のクイズ	問5																		
R563Q12	今週のクイズ	問6																		
R563Q13	今週のクイズ	問7																		
R563Q14	今週のクイズ	問8																		
R567Q03	パラシュート降下消防士	問1																		
R567Q04	パラシュート降下消防士	問2																		
R567Q06	パラシュート降下消防士	問3																		
R567Q13	パラシュート降下消防士	問4																		
R567Q08	パラシュート降下消防士	問5																		
R567Q10	パラシュート降下消防士	問6																		
R567Q11	パラシュート降下消防士	問7																		
R566Q03	スケリッグ・ロック	問1																		
R566Q04	スケリッグ・ロック	問2																		
R566Q05	スケリッグ・ロック	問3																		
R566Q14	スケリッグ・ロック	問4																		
R566Q06	スケリッグ・ロック	問5																		
R566Q09	スケリッグ・ロック	問6																		
R566Q12	スケリッグ・ロック	問7																		
R556Q01	マイクロファイナンス	問1																		
R556Q03	マイクロファイナンス	問2																		
R556Q04	マイクロファイナンス	問3																		
R556Q05	マイクロファイナンス	問4																		
R556Q09	マイクロファイナンス	問5																		
R556Q10	マイクロファイナンス	問6																		
R556Q12	マイクロファイナンス	問7																		
R544Q04	ニコラ・テスラ	問1																		
R544Q06	ニコラ・テスラ	問2																		
R544Q07	ニコラ・テスラ	問3																		
R544Q10	ニコラ・テスラ	問4																		
R544Q12	ニコラ・テスラ	問5																		
R544Q13	ニコラ・テスラ	問6																		
R544Q14	ニコラ・テスラ	問7																		
R568Q14	宇宙のゴミ	問1																		
R568Q05	宇宙のゴミ	問2																		
R568Q06	宇宙のゴミ	問3																		
R568Q15	宇宙のゴミ	問4																		
R568Q08	宇宙のゴミ	問5																		
R568Q10	宇宙のゴミ	問6																		
R568Q13	宇宙のゴミ	問7																		
R570Q01	頼みごと	問1																		
R570Q02	頼みごと	問2																		
R570Q04	頼みごと	問3																		
R570Q05	頼みごと	問4																		
R570Q06	頼みごと	問5																		
R570Q08	頼みごと	問6																		
R570Q10	頼みごと	問7																		
R541Q01	プラスチック	問1																		
R541Q03	プラスチック	問2																		
R541Q04	プラスチック	問3																		
R541Q05	プラスチック	問4																		
R541Q09	プラスチック	問5																		
R541Q10	プラスチック	問6																		
R541Q11	プラスチック	問7																		
			62.1	65.9	61.9	68.0	69.0	65.5	11.3	12.7	13.5	9.3	6.3	6.0	8.7	10.2	9.9	7.3	6.8	4.9

2.5 読解力の問題例

2018年調査問題における読解力の公開問題は，大問一つ，7題である。その分類と正答率，無答率は表 2.4.1 で示したとおりである。以下，公開問題である「ラパヌイ島」について解説する。

2.5.1 ラパヌイ島（2018年調査問題）

この大問において，生徒は大学教授がラパヌイ島で行ったフィールドワークに関する講演会に参加するにあたり，準備を行おうとしている。生徒が講演会参加への準備のために，下調べを行うことから，教育的状況に分類される。

ラパヌイ島は複数の情報源で構成された大問である。教授のブログからとったウェブページ，本の書評，オンライン科学雑誌の記事の三つのテキストで構成されている。ブログは複数情報源のテキストで動的（ウェブページは問いの中の他の文章へ飛ぶアクティブなリンクを含んでいる）であり，連続型，叙述であると分類される。ブログの記事は，ブログの下部にあるコメント欄が異なる筆者によるものであることから，複数情報源のテキストの一例となる。本の書評とニュースの記事は単一のテキストであり，静的，連続型，議論に分類される。

はじめに，生徒はブログの記事だけを提示される。そして，ブログの内容に限定された，いくつかの問いが出題される。それらの問いに解答した後，生徒は第二のテキストである本の書評を提示される。本の書評を読んだ後は，その内容に限定された問いに解答する。最後に，生徒はオンラインの科学雑誌の記事を提示される。生徒はこの記事の内容に限定された問いに解答するが，その後生徒には全ての情報源から情報の統合を求められる問いが出題される。

このモデルは新規に開発された読解力の問題の中で，いくつかの複数テキストの大問に使用されている。このアプローチが選ばれた理由は，最初に生徒の単一テキストの問題に関連する習熟度をはかり，その上で複数テキストからの情報を扱う能力をはかることを可能にするからである。

これは重要な設計の特徴である。なぜなら生徒が単一テキストで提示された情報をうまく読み取り一つのテキスト内の情報を統合できたとしても，複数のテキスト間の情報を統合することには苦労するかもしれないからである。この設計は大問の少なくともいくつかの部分で，生徒の異なるレベルの習熟度をはかることを可能にする。

ラパヌイ島の大問は中程度から高度の難易度の問題とされている。大問が単一テキストで構成されているのに比べ，大問が三つのテキストで構成されている場合は，多くの情報を処理する必要がある。その上，それらの文章が互いに補強するのか，スタンスが異なるのかを認識して，一つのテキストが他のテキストとどのように関連するのか生徒に考えることを求める。この種の問題や大問全体への認知的取組みでは，単一テキストで全ての情報を提示する大問よりも，より多くの努力が必要であるとされている。

問1のスクリーンショットは，課題文の全ての文章を示している。ただし，生徒がコンピュータ上で全ての文章を見るためには，どの言語のバージョンでも一律に，スクロールを必要とするようになっている。

ラパヌイ島　問1

読解力　第2章

アイテム ID	CR551Q01
読解プロセス	情報を探し出す
出題形式	多肢選択
難易度	559 点 – 習熟度レベル 4

問 1 の正答は，「九か月前」である。

この問いで生徒は，ブログの記事の中から正しい情報を探し出す必要がある。ブログの記事の中にある他の年代の情報の存在（ブログが投稿された日付と，モアイ像の最初の謎が解決された1990 年代）が，この問いの難易度を上げている。

日本の正答率は 42.4％であり，OECD 平均の正答率は 48.4％である。

第2章

109

ラパヌイ島　問2

読解力　第2章

アイテムID	CR551Q05
読解プロセス	理解する
出題形式	自由記述
難易度	513点 – 習熟度レベル3

問2の採点基準は以下のとおりである。

ラパヌイ島に関する問2の採点基準	
コード	解答
正答	
1	（モアイ）像を運ぶために使われた道具が消えたことに言及している答え。 ● モアイ像を運ぶために使われた植物や大木はどうなったのでしょう？　［直接引用］ ● モアイ像を運ぶことができた大木が残っていないこと。 ● 草，低木と数本の小さな木はあるが，巨大な像を動かすのに十分な大きさの木はない。 ● 大木はどこでしょう？　［最小限］ ● 植物はどこでしょう？　［最小限］ ● 像を運ぶのに必要とされた資材はどうなったのかということ。 ● 教授は周りを見渡しても大きな木や植物がないので，何がモアイを動かしたのかと述べている。教授はそれらに何が起きたのかについて不思議に思っている。［違う謎を述べるところから始めているが，正確な要素を含む答え］
誤答／無答	
0	無関係，曖昧，不十分，または不正確な答え。 ● 何も残されていない。［不十分。答えにはモアイを動かした道具についての言及がなければならない］ ● モアイ（巨大な像）がどのように運ばれたのかという謎。［不正確。最初の謎について述べている］ ● どのように像が彫られたか。［不正確］ ● モアイを動かすために使われた植物や大木について述べている。［不十分。植物及び／または木が消滅していることについて，明示的または暗示的に言及していない答え］
9	無答

　この問いでは，生徒はブログの記事で言及されている，ラパヌイ島にかつて生えていて，モアイ像の移動に使用された大木に何が起こったか？　という謎について理解しなければならない。この問いについて，生徒はブログから直接的な引用（「モアイ像の移動に使用された，植物と大木はどうなったのでしょう？」），または正確な言い換えが可能である。

　日本の正答率は69.7％であり，OECD平均の正答率は54.3％である。

第2章 読解力

ラパヌイ島　問3

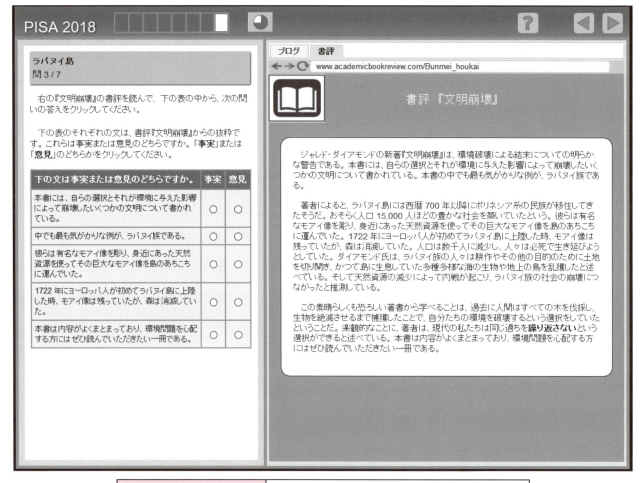

アイテムID	CR551Q06
読解プロセス	評価し，熟考する
出題形式	複合的選択肢
難易度	完全正答 654 – 習熟度レベル 5 部分正答 528 – 習熟度レベル 3

　問3の正答は，上から「事実」「意見」「事実」「事実」「意見」である。この問いで完全正答になるためには，生徒は五つ全ての問いに正答することが求められる。生徒が五つの内四つの問いに正答した場合は部分正答になり，正答が四つよりも少なかった場合は誤答となる。

　この問いでは，生徒はブログの投稿で言及されていた『文明崩壊』の書評を二つ目のテキストとして提示される。生徒はそれぞれの列で「事実」または「意見」を選択し，表を完成させなければならない。生徒は最初に，書評のそれぞれの文について正確な意味を理解し，次に内容が事実なのか，あるいは書評の著者の意見なのかを判断しなくてはいけない。ここでは，生徒は意味だけでなく，内容とそれがどう述べられているかについて，注目する必要がある。

　日本の正答率は44.5%であり，OECD平均の正答率は47.4%である。

ラパヌイ島　問4

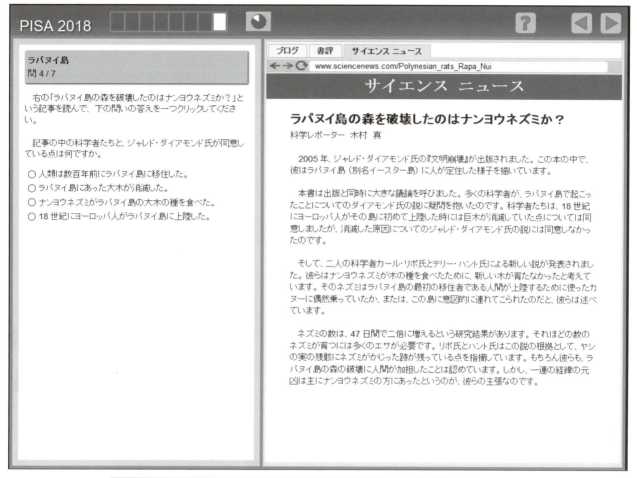

アイテムID	CR551Q08
読解プロセス	情報を探し出す
出題形式	多肢選択
難易度	634点 – 習熟度レベル5

　問4の正答は，「ラパヌイ島にあった大木が消滅した。」である。

　この問いでは，生徒は三つ目のテキストである，オンライン科学雑誌の記事を提示される。生徒はタブの機能を使って，三つ全てのテキストを見ることが可能であり，テキストを切り替えるために，タブをクリックすることができる。問題自体は，テキストを切り替えている間も，画面の左側に固定されている。この問いで生徒は，記事の中にある科学者やジャレド・ダイアモンド氏（2段落目）についての言及を探し出すことと，同意した情報を含む文章を見分けることを求められている。生徒は，全てのテキストを参照可能であるが，この問いは複数情報源の利用を必要とする読解プロセスには分類されない。それは生徒がこのサイエンスニュースのテキストから答えを見つけることができ，また画面左の問題の説明でこの記事だけを参照するように指示されているからである。このように問題の指示中で，他の情報源について考える必要性が取り除かれている。人が定住したことに関する記事中のもっともらしい（しかし間違っている）混乱させる情報の存在が，この問いの難易度を上げている。

　日本の正答率は45.2％であり，OECD平均の正答率は44.3％である。

第 2 章　読解力

ラパヌイ島　問 5

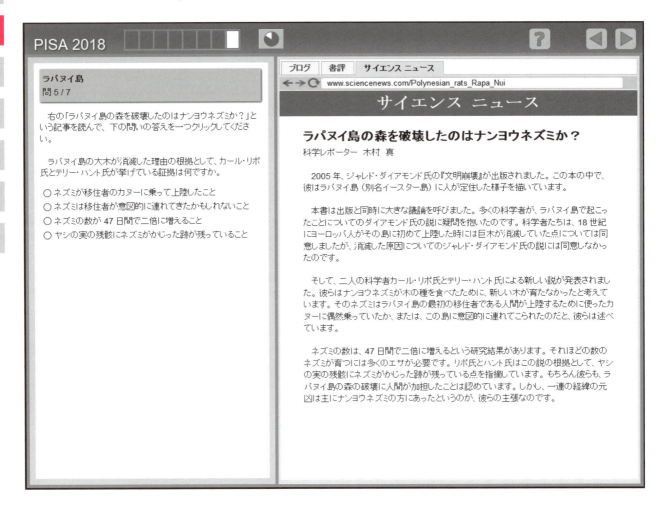

アイテム ID	CR551Q09
読解プロセス	評価し，熟考する
出題形式	多肢選択
難易度	597 点 – 習熟度レベル 4

　問 5 の正答は，「ヤシの実の残骸にネズミがかじった跡が残っていること」である。

　この問いで生徒は，科学者によって提唱された学説をテキストの中でどの情報が支持し，あるいは補強するのかについて理解することが求められている。生徒はテキストの理解を超えて，テキストのどの部分が主張を支持するために使えるかを見分ける必要がある。読解プロセスの中の「評価し，熟考する」の矛盾の発見と対処に分類される多くの問題は，二つの情報源間の矛盾を発見すること，または二つあるいはそれ以上の情報源が補強し合っていると認識することを求める。しかしながら，予備調査前のこの問題についての議論において読解力専門委員会は，どの情報が，カール・リポ氏とテリー・ハント氏によって提唱された説を支持しているのか見分けることは，読解プロセスの中の矛盾の発見と対処であるとの結論に達した。

　日本の正答率は 45.0％であり，OECD 平均の正答率は 34.8％である。

ラパヌイ島 問6

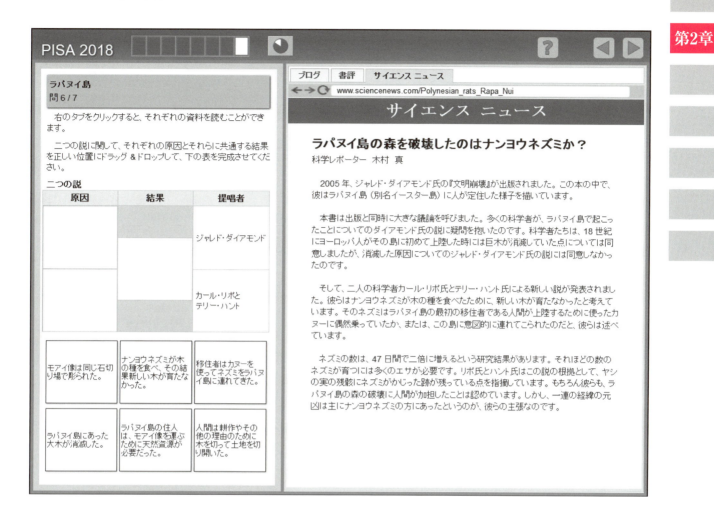

アイテムID	CR551Q10
読解プロセス	理解する
出題形式	複合的選択肢
難易度	665点 – 習熟度レベル5

　問6の正答は、「ジャレド・ダイアモンド」の原因に「人間は耕作やその他の理由のために木を切って土地を切り開いた。」、「カール・リポとテリー・ハント」の原因に「ナンヨウネズミが木の種を食べ、その結果新しい木が育たなかった。」、両者に共通する結果に「ラパヌイ島にあった大木が消滅した。」と解答したものであり、その他の答えは誤答である。

　この問いで生徒は、ジャレド・ダイアモンド氏によって提唱された学説と、カール・リポ氏とテリー・ハント氏による新しい学説について、テキストをまたがって情報の統合をしなければならない。生徒はブログの記事で提供された、モアイ像がどこで彫られたか（同じ石切り場で）という情報を否定し、共通の結果（大木の消滅）について見分けなければならない。さらに、生徒はそれぞれの科学者は何が大木の消滅の原因であると信じているのかを理解しないといけない。

　日本の正答率は20.2%であり、OECD平均の正答率は18.2%である。

ラパヌイ島　問7

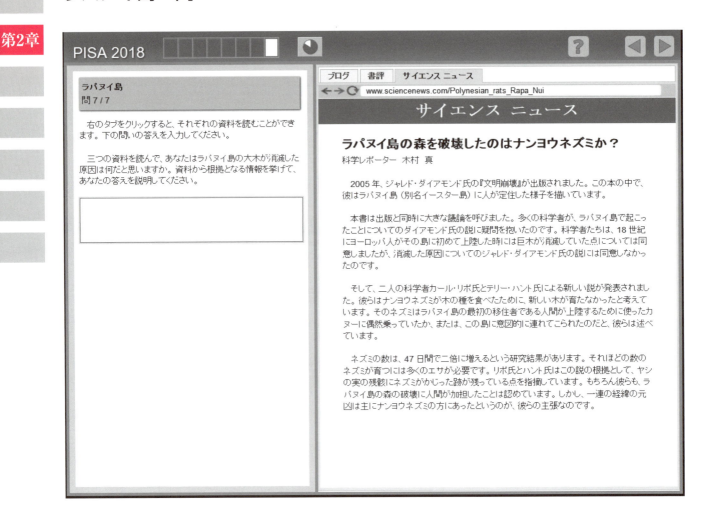

アイテムID	CR551Q11
読解プロセス	評価し，熟考する
出題形式	自由記述
難易度	588点 – 習熟度レベル4

読解力　第2章

問7の採点基準は以下のとおりである。

ラパヌイ島に関する問7の採点基準	
コード	解答
正答	
1	次のうち，一つ以上を述べている。 1. 人々はモアイ像を動かすために大きな木を切り倒しまたは利用し，かつ／または耕作のために土地を切り開いた。 2. ネズミが木の種を食べたために新しい木が育たなかった。 3. 実際に巨木に何が起こったかについては，更に研究を進めなければ分からない。 　● 私は，人々がモアイ像を動かすために多くの木を切りすぎたので，木が消滅したのだと思います。[1] 　● 人々は農業のために土地を切り開いた。[1] 　● 木はモアイを動かすために使われていた。[1] 　● 人々は木を切り倒した。[1] 　● 人々はモアイを移動したかったので，これは彼らの責任です。[1。木を切り倒すことを明示的に述べていないが，人々と（モアイを動かすために）木を切り倒したというひとつの理由を述べているので許容できる答え] 　● 人々の責任です。彼らは環境を破壊した。[1。木を切り倒すことを明示的に述べていないが，木を切り倒した結果を要約した許容できる答え] 　● 私は，ネズミが木の種を食べたことが，恐らく最大の打撃を与えたのだと思います。[2] 　● ネズミが種を食べた。[2] 　● どの説が正しいかという証拠はないので，もっと情報が集まるまで待つ必要があります。[3] 　● 両方とも。人々は耕作のために大きな木を切り倒し，そしてネズミが木の種を食べたのだ！　[1と2]
誤答／無答	
0	無関係，曖昧，不十分，または不正確な答え。 　● ネズミ［不十分］ 　● 木［不十分］ 　● モアイの移動。［曖昧］ 　● どちらも［不十分］ 　● ラパヌイ族は乱獲し，それが内戦の原因となって彼らの文明の崩壊につながった。［無関係］ 　● 木や根を食べたネズミの方が，大きな問題だ。［ネズミが食べたのは種なので不正確］ 　● 人々が破壊した。［曖昧］
9	無答

　この問いで生徒は，テキストにまたがって情報を統合し，どの説を支持するか決定しなくてはならない。この方法をとることで，生徒は異なる学説を理解し，テキストから引用した根拠を含む解答を出さなくてはならない。生徒は，いずれかの学説を支持するか，またはいずれの学説も選ばず更なる研究の必要性に言及することもできる。

　日本の正答率は48.6％であり，OECD平均の正答率は48.4％である。

第2章　読解力

第2章

2.6 | 生徒の背景と到達度

2.6.1 生徒の読書への関わり

　生徒質問調査の問30（ST160）では，「読書について，次のようなことは，あなたにどのくらいあてはまりますか。（「読書」には，本，雑誌，新聞，ウェブサイト，ブログ，メールなどの多様な読み物を含みます。）」と尋ね，次の破線の囲みに示す五つの項目について，生徒に「まったくその通りだ」「その通りだ」「その通りでない」「まったくその通りでない」の四つの選択肢の中から一つを選んでもらった。なお，この項目は，2009年調査との経年比較が可能である。

ST160 読みへの関わり
問30　読書について、次のようなことは、あなたにどのくらいあてはまりますか。
（「読書」には本、雑誌、新聞、ウェブサイト、ブログ、メールなどの多様な読み物を含みます。）
（1）〜（5）のそれぞれについて、あてはまるものを一つ選んでください。

		まったくその通りでない	その通りでない	その通りだ	まったくその通りだ
ST160Q01	（1）どうしても読まなければならない時しか、読まない	○1	○2	○3	○4
ST160Q02	（2）読書は、大好きな趣味の一つだ	○1	○2	○3	○4
ST160Q03	（3）本の内容について人と話すのが好きだ	○1	○2	○3	○4
ST160Q04	（4）読書は時間のムダだ	○1	○2	○3	○4
ST160Q05	（5）読書をするのは、必要な情報を得るためだけだ	○1	○2	○3	○4

　表2.6.1は，18か国について「読書への関わり」に関する項目に対して肯定的に答えた（「まったくそうだと思う」「そうだと思う」と答えた）生徒の割合，及び2009年調査との割合の経年変化（2018年の値から2009年の値を引いた差）を示している。

　2018年について項目別に日本とOECD平均の割合を見ると，「（1）どうしても読まなければならない時しか，読まない」は日本が39％，OECD平均が49％，「（2）読書は，大好きな趣味の一つだ」は日本が45％，OECD平均が34％，「（3）本の内容について人と話すのが好きだ」は日本が43％，OECD平均が37％，「（4）読書は時間のムダだ」は日本が16％，OECD平均が28％，「（5）読書をするのは，必要な情報を得るためだけだ」は日本が28％，OECD平均が50％である。日本は読書を肯定的にとらえる（2）（3）においてOECD平均よりも割合が高いことから，読書を肯定的にとらえる傾向がある。

　18か国の中で見ると，日本は「（5）読書をするのは，必要な情報を得るためだけだ」と考える生徒は18か国中2番目に少なく，「（1）どうしても読まなければならない時しか，読まない」及び「（4）読書は時間のムダだ」と考える生徒の割合は18か国中3番目に少ない。この3項目全てにおいて，18か国中最も割合が大きいのはオランダである。一方で，日本は「（2）読書は，大好きな趣味の一つだ」及び「（3）本の内容について人と話すのが好きだ」と考える生徒が，18か国中5番目に多い。この2項目に関しては，北京・上海・江蘇・浙江，台湾，香港，シンガポール，日本，韓国のアジアが上位を占める傾向がある。

　また，2009年調査と比較すると，日本は「（2）読書は，大好きな趣味の一つだ」が3ポイント，「（5）読書をするのは，必要な情報を得るためだけだ」は4ポイント増え，その差は統計的に有意である。また，「（1）どうしても読まなければならない時しか，読まない」は8ポイント減少し，

読解力　第2章

第2章

表 2.6.1　読書への関わり（2009 年〜 2018 年）

国　名	2018 年									
	「まったくその通りだ」「その通りだ」と回答した生徒の割合									
	（1）どうしても読まなければならない時しか，読まない		（2）読書は，大好きな趣味の一つだ		（3）本の内容について人と話すのが好きだ		（4）読書は時間のムダだ		（5）読書をするのは，必要な情報を得るためだけだ	
	割合	標準誤差	割合	標準誤差	割合	標準誤差	割合	標準誤差	割合	標準誤差
日本	39.3	(0.7)	45.2	(0.7)	43.2	(0.7)	15.6	(0.5)	28.0	(0.5)
オーストラリア	53.8	(0.5)	33.2	(0.5)	34.1	(0.5)	31.5	(0.5)	53.1	(0.5)
カナダ	48.0	(0.6)	36.5	(0.6)	39.2	(0.6)	26.5	(0.5)	47.0	(0.6)
エストニア	43.4	(0.8)	31.4	(0.6)	39.5	(0.8)	27.0	(0.7)	46.5	(0.7)
フィンランド	50.7	(0.8)	25.3	(0.6)	30.7	(0.8)	37.7	(0.9)	51.9	(0.9)
フランス	43.0	(0.7)	30.6	(0.7)	35.4	(1.0)	31.6	(0.7)	48.0	(0.9)
ドイツ	50.3	(0.8)	26.5	(0.8)	23.9	(0.8)	34.2	(0.8)	54.5	(0.9)
アイルランド	51.5	(0.9)	30.8	(0.6)	33.5	(0.7)	26.8	(0.8)	52.0	(0.8)
イタリア	38.4	(0.8)	39.2	(0.7)	40.7	(0.8)	26.1	(0.8)	47.6	(0.7)
韓国	54.0	(0.8)	42.2	(0.7)	45.3	(0.8)	15.5	(0.5)	34.6	(0.7)
オランダ	62.9	(0.8)	18.2	(0.7)	18.9	(0.7)	42.5	(0.8)	59.3	(0.9)
ニュージーランド	52.2	(0.7)	33.7	(0.7)	33.6	(0.7)	27.8	(0.7)	51.9	(0.7)
イギリス	54.2	(0.7)	27.4	(0.7)	30.5	(0.7)	30.8	(0.7)	56.8	(0.7)
アメリカ	54.9	(0.8)	33.0	(0.8)	40.0	(0.9)	28.0	(0.8)	53.5	(0.9)
OECD 平均	49.1	(0.1)	33.7	(0.1)	36.6	(0.1)	28.4	(0.1)	49.7	(0.1)
北京・上海・江蘇・浙江	11.9	(0.6)	83.1	(0.6)	75.7	(0.6)	5.3	(0.3)	27.4	(0.7)
香港	46.1	(0.7)	59.3	(0.8)	48.6	(0.7)	21.2	(0.6)	46.6	(0.7)
台湾	49.7	(0.8)	60.2	(0.7)	53.3	(0.7)	22.6	(0.7)	48.3	(0.7)
シンガポール	45.7	(0.7)	48.9	(0.7)	41.1	(0.6)	22.0	(0.4)	47.8	(0.6)

国　名	経年変化（2018 年− 2009 年）									
	「まったくその通りだ」「その通りだ」と回答した生徒の割合の差									
	（1）どうしても読まなければならない時しか，読まない		（2）読書は，大好きな趣味の一つだ		（3）本の内容について人と話すのが好きだ		（4）読書は時間のムダだ		（5）読書をするのは，必要な情報を得るためだけだ	
	割合の差	標準誤差	割合の差	標準誤差	割合の差	標準誤差	割合の差	標準誤差	割合の差	標準誤差
日本	-8.2	(1.1)	3.2	(1.1)	-0.3	(1.1)	0.4	(0.7)	3.8	(0.9)
オーストラリア	12.9	(0.8)	-2.3	(0.9)	-4.7	(0.9)	5.6	(0.7)	10.8	(0.9)
カナダ	10.7	(0.8)	-2.1	(0.7)	-3.9	(0.8)	4.4	(0.7)	8.3	(0.8)
エストニア	-0.9	(1.2)	2.6	(1.0)	4.3	(1.2)	4.3	(1.0)	-5.5	(1.2)
フィンランド	16.0	(1.2)	-8.6	(1.1)	-3.4	(1.2)	10.4	(1.2)	15.6	(1.2)
フランス	9.1	(1.2)	-0.6	(1.2)	-7.2	(1.6)	5.8	(1.3)	4.5	(1.5)
ドイツ	11.2	(1.1)	-6.1	(1.1)	-8.2	(1.1)	4.7	(1.0)	9.9	(1.2)
アイルランド	12.4	(1.4)	-1.0	(1.1)	-1.3	(1.3)	2.8	(1.2)	7.0	(1.4)
イタリア	9.6	(1.0)	-0.6	(0.9)	-3.5	(0.9)	4.5	(0.9)	-0.2	(0.9)
韓国	-0.8	(1.2)	3.1	(1.1)	6.8	(1.2)	6.0	(0.7)	3.6	(1.1)
オランダ	10.1	(1.6)	-0.9	(1.2)	0.1	(1.1)	8.6	(1.5)	9.9	(1.6)
ニュージーランド	14.2	(1.0)	-3.8	(1.1)	-9.1	(1.1)	9.7	(1.0)	12.2	(1.1)
イギリス	12.4	(1.1)	0.3	(0.9)	-4.5	(1.2)	7.4	(1.0)	8.6	(1.1)
アメリカ	5.2	(1.3)	2.5	(1.4)	-0.8	(1.3)	2.2	(1.2)	6.4	(1.4)
OECD 平均	7.8	(0.2)	0.4	(0.2)	-1.3	(0.2)	4.6	(0.2)	3.4	(0.2)
北京・上海・江蘇・浙江	m	m	m	m	m	m	m	m	m	m
香港	3.2	(1.1)	-5.6	(1.2)	-12.0	(1.1)	12.0	(0.7)	9.0	(1.1)
台湾	-1.0	(1.3)	-3.8	(1.1)	-11.8	(1.1)	12.3	(0.8)	3.5	(1.2)
シンガポール	10.4	(0.9)	-4.7	(1.0)	-6.9	(0.9)	8.8	(0.6)	7.0	(0.9)

（注）1．灰色の網掛けは非 OECD 加盟国・地域を示す。
　　　2．太字は統計的な有意差があることを示す。
　　　3．表中の m は欠損値（データなし）。
　　　4．2009 年調査の OECD 平均は，2018 年調査と比較するために OECD 加盟 37 か国で再計算した値のため，2009 年調査結果で報告された値と異なる。
出所：OECD(2019a) の表より抜粋。

119

第2章　読解力

表2.6.2　読書への関わり別・「肯定」「否定」別に見た生徒の読解力の平均得点

国　名	(1) どうしても読まなければならない時しか，読まない				(2) 読書は，大好きな趣味の一つだ				(3) 本の内容について人と話すのが好きだ				(4) 読書は時間のムダだ				(5) 読書をするのは，必要な情報を得るためだけだ			
	肯定		否定		肯定		否定		肯定		否定		肯定		否定		肯定		否定	
	平均得点	標準誤差	平均得点	標準誤差	平均得点	標準誤差	平均得点	標準誤差	平均得点	標準誤差	平均得点	標準誤差	平均得点	標準誤差	平均得点	標準誤差	平均得点	標準誤差	平均得点	標準誤差
日本	470	(2.8)	**527**	(2.8)	**532**	(3.1)	482	(2.7)	**530**	(3.2)	486	(2.8)	448	(4.2)	**515**	(2.6)	465	(2.9)	**520**	(2.8)
オーストラリア	475	(1.9)	**541**	(2.2)	**543**	(2.6)	487	(1.9)	**541**	(2.6)	487	(1.8)	455	(2.4)	**529**	(1.9)	473	(2.0)	**543**	(2.0)
カナダ	493	(1.8)	**552**	(2.0)	**557**	(2.3)	505	(1.9)	**553**	(2.4)	505	(1.8)	477	(2.2)	**541**	(1.8)	491	(1.9)	**553**	(1.8)
エストニア	500	(2.2)	**544**	(2.4)	**554**	(2.9)	512	(2.1)	**552**	(2.7)	507	(2.0)	476	(2.7)	**543**	(1.9)	502	(2.4)	**545**	(2.3)
フィンランド	487	(2.3)	**560**	(2.5)	**565**	(4.0)	509	(2.0)	**559**	(3.8)	507	(2.1)	473	(2.6)	**554**	(2.2)	490	(2.2)	**559**	(2.4)
フランス	466	(2.4)	**520**	(2.7)	**532**	(3.0)	482	(2.4)	**535**	(3.1)	476	(2.3)	452	(2.8)	**518**	(2.5)	466	(2.5)	**526**	(2.7)
ドイツ	479	(3.4)	**534**	(3.6)	**554**	(4.1)	490	(3.1)	**557**	(4.6)	492	(3.1)	471	(3.3)	**526**	(3.4)	480	(3.2)	**539**	(3.7)
アイルランド	486	(2.4)	**554**	(2.3)	**563**	(3.2)	500	(2.3)	**561**	(2.9)	498	(2.2)	468	(2.9)	**538**	(2.1)	485	(2.1)	**556**	(2.5)
イタリア	459	(3.2)	**492**	(2.4)	**497**	(3.1)	469	(2.8)	**501**	(2.9)	466	(2.8)	442	(3.9)	**493**	(2.3)	457	(3.1)	**501**	(2.7)
韓国	496	(3.3)	**536**	(3.4)	**541**	(3.9)	496	(2.8)	**538**	(3.7)	496	(2.8)	454	(4.5)	**526**	(2.9)	484	(3.3)	**531**	(3.1)
オランダ	466	(2.8)	**525**	(3.2)	**528**	(5.2)	479	(2.6)	**533**	(4.5)	478	(2.8)	447	(3.5)	**519**	(2.7)	461	(2.9)	**527**	(3.2)
ニュージーランド	473	(2.3)	**547**	(2.4)	**546**	(3.3)	490	(2.1)	**546**	(3.0)	489	(2.3)	462	(3.1)	**527**	(2.2)	472	(2.5)	**548**	(2.1)
イギリス	481	(2.5)	**538**	(2.9)	**541**	(4.1)	495	(2.4)	**541**	(3.9)	493	(2.2)	464	(3.0)	**527**	(2.6)	481	(2.6)	**542**	(3.1)
アメリカ	483	(3.5)	**538**	(4.4)	**538**	(4.9)	492	(3.6)	**538**	(4.6)	487	(3.6)	467	(4.0)	**523**	(3.8)	477	(3.4)	**542**	(4.0)
OECD 平均	464	(0.4)	**515**	(0.5)	**519**	(0.6)	477	(0.4)	**520**	(0.6)	474	(0.4)	445	(0.5)	**508**	(0.4)	463	(0.4)	**517**	(0.5)
北京・上海・江蘇・浙江	498	(5.3)	**563**	(2.6)	**562**	(2.8)	526	(4.3)	**563**	(2.8)	534	(3.5)	484	(6.8)	**559**	(2.6)	516	(3.6)	**570**	(2.7)
香港	499	(3.4)	**550**	(2.7)	**542**	(2.7)	503	(3.5)	**538**	(3.1)	516	(3.2)	473	(4.3)	**541**	(2.5)	501	(3.4)	**549**	(2.7)
台湾	467	(2.6)	**540**	(3.1)	**526**	(3.1)	471	(2.8)	**518**	(3.4)	488	(2.8)	439	(3.3)	**523**	(2.9)	471	(2.5)	**535**	(3.4)
シンガポール	513	(2.3)	**582**	(2.1)	**575**	(2.1)	527	(2.1)	**578**	(2.2)	532	(2.0)	491	(3.0)	**567**	(1.7)	512	(2.2)	**585**	(2.1)

（注）　1．灰色の網掛けは非 OECD 加盟国・地域を示す。
　　　　2．「肯定」と「否定」との間に統計的な有意差がある場合に高い得点を太字で示している。
　　　　3．「肯定」は「まったくその通りだ」「その通りだ」と回答した生徒，「否定」は「まったくその通りでない」「その通りでない」と回答した生徒。
出所：OECD PISA2018 データベースをもとに国立教育政策研究所が作成。

その差は統計的に有意である。「（4）読書は時間のムダだ」については，18 か国の中で日本とアメリカのみ統計的に有意な増加が見られない。

　表2.6.2 は，問 30 の五つの項目それぞれについて，回答した選択肢により「肯定」したグループ（「まったくその通りだ」「その通りだ」）と「否定」したグループ（「まったくその通りでない」「その通りでない」）に分け，読解力の平均得点を示している。

　日本についてみると，「肯定」したグループの方が「否定」したグループよりも得点が高かったのは，「（2）読書は，大好きな趣味の一つだ」（「肯定」532 点，「否定」482 点），「（3）本の内容について人と話すのが好きだ」（「肯定」530 点，「否定」486 点）である。一方で，「否定」したグループの方が「肯定」したグループよりも得点が高かったのは，「（1）どうしても読まなければならない時しか，読まない」（「否定」527 点，「肯定」470 点），「（4）読書は時間のムダだ」（「否定」515 点，「肯定」448 点）「（5）読書をするのは，必要な情報を得るためだけだ」（「否定」520 点，「肯定」465 点）である。以上のことから，日本は読書を肯定的にとらえる生徒の方が，得点が高くなる傾向にあることがわかる。

2.6.2　読む本の種類・頻度

　生徒質問調査の問 31（ST167）では，「次のものについて，自分から進んで読むことはどのくらいありますか。（紙とデジタル機器の両方の読書を含みます。）」と尋ね，生徒に「週に数回」「月に数回」「月に 1 回ぐらい」「年に数回」「まったく，又はほとんどない」の五つの選択肢の中から一つを選んでもらった。なお，この質問項目は，2009 年調査との経年比較が可能である。

読解力　第2章

ST167　生徒の読書活動

問31　　次のものについて、<u>自分から進んで読む</u>ことはどのくらいありますか。
　　　　（紙とデジタル機器の両方の読書を含みます。）
　　　　(1)〜(5)のそれぞれについて、あてはまるものを一つ選んでください。

		まったく、 又はほと んどない	年に数回	月に1回 ぐらい	月に数回	週に数回
ST167Q01	(1) 雑誌	○₁	○₂	○₃	○₄	○₅
ST167Q02	(2) コミック（マンガ）	○₁	○₂	○₃	○₄	○₅
ST167Q03	(3) フィクション（例：小説，物語）	○₁	○₂	○₃	○₄	○₅
ST167Q04	(4) ノンフィクション（例：伝記，ルポルタージュ）	○₁	○₂	○₃	○₄	○₅
ST167Q05	(5) 新聞	○₁	○₂	○₃	○₄	○₅

第2章

　表2.6.3 は，18 か国について「本を読む種類・頻度」に関する項目に対して，「週に数回」あるいは「月に数回」（以下，「月に数回以上」とする）と回答した生徒の割合，及び 2009 年調査との割合の経年変化（2018 年の値から 2009 年の値を引いた差）を示している。

　2018 年について項目別に日本と OECD 平均の割合を見ると，「(1) 雑誌」は日本が 31 %，OECD 平均が 19 %，「(2) コミック（マンガ）」は日本 55 %，OECD 平均 15 %，「(3) フィクション（例：小説，物語）」は日本 42 %，OECD 平均 29 %，「(4) ノンフィクション（例：伝記，ルポルタージュ）」は日本が 12 %，OECD 平均 21 %，「(5) 新聞」は日本 22 %，OECD 平均 25 %である。

　18 か国でみると，日本は「(2) コミック（マンガ）」を「月に数回以上」読むと回答した割合が最も多く，「(1) 雑誌」を「月に数回以上」読むと回答した生徒の割合は北京・上海・江蘇・浙江（38 %）に次いで多い。また「(3) フィクション（例：小説，物語）」は北京・上海・江蘇・浙江，香港，韓国，シンガポール，台湾に次いで，日本は 6 番目に多い。一方で，日本は「(4) ノンフィクション（例：伝記，ルポルタージュ）」について 18 か国の中で最も割合が少なく，「(5) 新聞」については，OECD 平均を下回り 18 か国の中で 7 番目に少ない。

　また，2009 年調査と比較すると，日本で「月に数回」以上読むと回答した生徒の割合が最も減少したのは「(5) 新聞」の 36 ポイントであり，その差は統計的に有意である。18 か国全体を通じて，「(5) 新聞」を「月に数回以上」読むと回答した生徒の割合は統計的に有意に減っている。日本は「(1) 雑誌」が 34 ポイント，「(2) コミック（マンガ）」が 18 ポイント減少し，その差は統計的に有意である。「(3) フィクション（例：小説，物語）」と「(4) ノンフィクション（例：伝記，ルポルタージュ）」については統計的に有意な差は見られない。「(3) フィクション（例：小説，物語）」については，経年比較が可能な 17 か国中 13 か国で統計的に有意に割合が減少している中で，日本，韓国，香港は有意な差が見られず，エストニアは統計的に有意に割合が増加している点が特徴的である。

　表2.6.4 は，問 31 の五つの項目それぞれについて，回答した選択肢により「読む」グループ（「週に数回」「月に数回」）と「読まない」グループ（「月に 1 回ぐらい」「年に数回」「まったく，又はほとんどない」）に分け，読解力の平均得点を示している。

　日本についてみると，「(1) 雑誌」については「読む」グループと「読まない」グループで統計的に有意な差は見られないが，それ以外については「読む」グループの方が「読まない」グループよりも得点は高く，その差は統計的に有意である。「読む」グループと「読まない」グループで最も得点差が大きいのは，「(3) フィクション（例：小説，物語）」（「読む」531 点，「読まない」486 点）の 45 点差であり，次いで「(5) 新聞」（「読む」531 点，「読まない」498 点）の 33 点差，「(2) コミック（マンガ）」の 30 点差，「(4) ノンフィクション（例：伝記，ルポルタージュ）」の 17 点差である。18 か国でみると，五つの質問項目の中で最も得点差が大きいのは，「(3) フィクション（例：小説，物語）」のフィンランドで，「読む」グループの方が「読まない」グループよりも 69 点

第2章　読解力

表 2.6.3　読む本の種類・頻度（2009 年～ 2018 年）

国　名	2018 年									
	「月に数回」「週に数回」と回答した生徒の割合									
	（1）雑誌		（2）コミック（マンガ）		（3）フィクション（例：小説，物語）		（4）ノンフィクション（例：伝記，ルポルタージュ）		（5）新聞	
	割合	標準誤差	割合	標準誤差	割合	標準誤差	割合	標準誤差	割合	標準誤差
日本	30.8	(0.7)	54.9	(0.7)	42.2	(0.9)	12.2	(0.5)	21.5	(0.8)
オーストラリア	10.8	(0.3)	9.9	(0.3)	31.4	(0.5)	20.5	(0.4)	16.3	(0.4)
カナダ	9.4	(0.3)	12.8	(0.4)	33.3	(0.6)	19.9	(0.5)	15.4	(0.4)
エストニア	23.7	(0.7)	9.2	(0.4)	27.1	(0.6)	30.5	(0.7)	29.2	(0.7)
フィンランド	15.8	(0.5)	20.3	(0.6)	16.8	(0.6)	16.4	(0.5)	38.0	(0.8)
フランス	23.6	(0.7)	22.0	(0.6)	25.2	(0.7)	17.8	(0.6)	20.4	(0.7)
ドイツ	18.9	(0.6)	10.9	(0.6)	26.6	(0.8)	17.7	(0.6)	28.8	(0.8)
アイルランド	11.8	(0.5)	5.9	(0.3)	26.7	(0.7)	15.1	(0.5)	24.9	(0.6)
イタリア	12.5	(0.5)	10.4	(0.5)	30.5	(0.7)	16.0	(0.5)	22.7	(0.6)
韓国	11.5	(0.4)	46.1	(0.7)	46.4	(0.7)	23.6	(0.8)	21.8	(0.8)
オランダ	18.5	(0.7)	13.0	(0.7)	18.5	(0.9)	13.7	(0.7)	19.3	(0.7)
ニュージーランド	10.8	(0.5)	11.0	(0.5)	31.8	(0.6)	18.8	(0.5)	22.2	(0.6)
イギリス	9.5	(0.4)	7.8	(0.4)	28.9	(0.7)	20.3	(0.6)	17.4	(0.6)
アメリカ	11.0	(0.5)	12.2	(0.5)	32.3	(0.8)	21.2	(0.7)	13.0	(0.8)
OECD 平均	18.5	(0.1)	15.1	(0.1)	29.0	(0.1)	20.7	(0.1)	25.4	(0.1)
北京・上海・江蘇・浙江	37.5	(0.9)	39.4	(0.8)	65.5	(0.8)	34.2	(0.7)	27.0	(0.9)
香港	15.4	(0.6)	33.4	(0.7)	48.3	(0.7)	27.3	(0.6)	42.0	(1.2)
台湾	26.8	(0.7)	34.0	(0.6)	42.3	(0.7)	27.1	(0.7)	27.5	(0.7)
シンガポール	13.2	(0.4)	18.7	(0.6)	44.3	(0.6)	28.2	(0.6)	39.1	(0.6)

国　名	経年変化（2018 年－ 2009 年）									
	「月に数回」「週に数回」と回答した生徒の割合の差									
	（1）雑誌		（2）コミック（マンガ）		（3）フィクション（例：小説，物語）		（4）ノンフィクション（例：伝記，ルポルタージュ）		（5）新聞	
	割合の差	標準誤差	割合の差	標準誤差	割合の差	標準誤差	割合の差	標準誤差	割合の差	標準誤差
日本	-33.8	(1.0)	-17.5	(1.0)	0.2	(1.4)	1.1	(0.7)	-36.0	(1.2)
オーストラリア	-39.1	(0.7)	0.9	(0.5)	-6.9	(0.8)	0.5	(0.5)	-37.4	(0.8)
カナダ	-38.7	(0.5)	-1.6	(0.6)	-8.7	(0.9)	0.0	(0.7)	-32.6	(0.9)
エストニア	-48.6	(1.0)	-4.1	(0.7)	3.1	(1.0)	-1.4	(1.2)	-51.0	(1.0)
フィンランド	-49.1	(1.0)	-39.9	(1.1)	-9.3	(1.0)	0.9	(0.7)	-37.4	(1.1)
フランス	-38.9	(1.1)	-8.4	(1.0)	-3.7	(1.2)	5.8	(0.8)	-26.3	(1.3)
ドイツ	-35.9	(1.0)	-0.5	(0.7)	-6.2	(1.1)	0.5	(1.0)	-33.0	(1.3)
アイルランド	-45.3	(1.0)	-1.6	(0.5)	-3.6	(1.2)	-0.9	(0.8)	-42.6	(1.2)
イタリア	-36.3	(0.7)	-6.9	(0.6)	-4.5	(0.9)	11.0	(0.5)	-30.7	(0.8)
韓国	-9.7	(0.8)	5.6	(1.3)	-0.3	(1.1)	-6.4	(1.2)	-23.2	(1.5)
オランダ	-38.7	(1.6)	-10.1	(1.2)	-3.0	(1.4)	1.1	(0.9)	-29.1	(1.7)
ニュージーランド	-42.3	(1.1)	-0.6	(0.7)	-12.4	(1.0)	-6.6	(0.9)	-31.0	(1.1)
イギリス	-50.1	(0.9)	0.0	(0.5)	-2.7	(1.0)	0.8	(0.8)	-43.7	(1.0)
アメリカ	-35.8	(0.9)	1.9	(0.8)	-4.3	(1.3)	0.6	(1.1)	-24.0	(1.3)
OECD 平均	-40.4	(0.2)	-7.4	(0.1)	-2.0	(0.2)	1.1	(0.1)	-37.1	(0.2)
北京・上海・江蘇・浙江	m	m	m	m	m	m	m	m	m	m
香港	-33.1	(1.0)	3.0	(1.1)	-0.1	(1.1)	-7.7	(1.1)	-42.1	(1.4)
台湾	-19.9	(0.9)	-6.3	(1.0)	-5.5	(1.0)	-10.1	(1.0)	-44.4	(1.0)
シンガポール	-40.7	(0.9)	-14.2	(0.9)	-3.9	(1.0)	-4.9	(1.0)	-44.4	(0.9)

（注）1．灰色の網掛けは非 OECD 加盟国・地域を示す。
　　　2．太字は統計的な有意差があることを示す。
　　　3．表中の m は欠損値（データなし）。
　　　4．2009 年調査の OECD 平均は，2018 年調査と比較するために OECD 加盟 37 か国で再計算した値のため，2009 年調査結果で報告された値と異なる。
出所：OECD(2019a) の表より抜粋。

読解力　第2章

表2.6.4　読む本の種類・頻度別・「読む」「読まない」別に見た生徒の読解力の平均得点

国　名	(1) 雑誌 読む 平均得点	標準誤差	(1) 雑誌 読まない 平均得点	標準誤差	(2) コミック 読む 平均得点	標準誤差	(2) コミック 読まない 平均得点	標準誤差	(3) フィクション 読む 平均得点	標準誤差	(3) フィクション 読まない 平均得点	標準誤差	(4) ノンフィクション 読む 平均得点	標準誤差	(4) ノンフィクション 読まない 平均得点	標準誤差	(5) 新聞 読む 平均得点	標準誤差	(5) 新聞 読まない 平均得点	標準誤差
日本	502	(3.7)	506	(2.8)	**518**	(2.8)	489	(3.2)	**531**	(2.7)	486	(3.2)	**520**	(5.2)	503	(2.6)	**531**	(4.4)	498	(2.6)
オーストラリア	493	(4.0)	**507**	(1.8)	500	(3.9)	506	(1.9)	**543**	(2.4)	489	(1.9)	**523**	(3.5)	501	(1.9)	**514**	(3.6)	504	(1.8)
カナダ	518	(4.0)	**527**	(1.7)	524	(3.7)	526	(1.7)	**557**	(2.3)	511	(1.8)	**538**	(2.6)	523	(1.7)	**537**	(3.3)	524	(1.6)
エストニア	**539**	(3.1)	520	(1.9)	525	(5.7)	525	(1.9)	**550**	(2.6)	515	(2.1)	**552**	(3.0)	513	(2.0)	**542**	(3.1)	517	(1.9)
フィンランド	**556**	(3.8)	519	(2.2)	**541**	(3.3)	521	(2.1)	**582**	(4.2)	513	(2.0)	**550**	(4.3)	520	(2.0)	**541**	(2.9)	515	(2.2)
フランス	**512**	(4.0)	493	(2.4)	**509**	(3.4)	494	(2.5)	**534**	(3.3)	485	(2.3)	**507**	(3.8)	496	(2.5)	504	(4.4)	496	(2.5)
ドイツ	514	(5.2)	509	(3.2)	506	(6.1)	511	(3.3)	**556**	(4.4)	494	(3.2)	514	(5.4)	509	(3.3)	**526**	(4.4)	504	(3.5)
アイルランド	513	(4.5)	520	(2.2)	524	(7.0)	519	(2.2)	**563**	(3.3)	503	(2.1)	**551**	(3.8)	514	(2.1)	519	(3.4)	519	(2.2)
イタリア	481	(4.8)	479	(2.4)	**489**	(5.1)	479	(2.4)	**503**	(3.3)	470	(2.5)	**495**	(4.2)	477	(2.4)	484	(3.8)	478	(2.4)
韓国	511	(5.7)	515	(2.9)	**521**	(3.0)	510	(3.3)	**535**	(3.2)	498	(3.0)	**539**	(4.9)	507	(2.7)	**542**	(4.9)	507	(2.7)
オランダ	**536**	(4.6)	495	(2.6)	**544**	(4.4)	496	(2.6)	**556**	(4.6)	491	(2.7)	**534**	(5.5)	498	(2.6)	**536**	(4.4)	495	(2.7)
ニュージーランド	492	(5.6)	**511**	(2.0)	506	(5.9)	509	(2.1)	**542**	(3.6)	494	(2.1)	**519**	(3.9)	507	(2.1)	509	(4.0)	509	(2.1)
イギリス	511	(5.7)	507	(2.4)	507	(5.8)	508	(2.6)	**538**	(4.1)	495	(2.3)	**527**	(4.5)	503	(2.4)	**519**	(4.6)	505	(2.5)
アメリカ	490	(7.0)	**510**	(3.5)	493	(6.1)	510	(3.7)	**529**	(4.5)	498	(3.9)	507	(5.4)	509	(3.5)	504	(7.1)	509	(3.5)
OECD 平均	**494**	(0.7)	490	(0.4)	492	(0.8)	491	(0.4)	**523**	(0.6)	480	(0.4)	**505**	(0.7)	488	(0.4)	**497**	(0.6)	489	(0.4)
北京・上海・江蘇・浙江	**568**	(3.1)	549	(3.0)	553	(3.1)	557	(3.1)	**570**	(2.8)	530	(3.2)	**572**	(3.5)	547	(2.7)	**571**	(3.7)	550	(2.9)
香港	510	(4.2)	**529**	(2.9)	525	(3.3)	527	(3.0)	**543**	(2.7)	510	(3.6)	**538**	(3.1)	522	(3.2)	**540**	(2.7)	516	(3.7)
台湾	**520**	(4.2)	498	(2.7)	**518**	(3.8)	497	(2.9)	**533**	(3.4)	483	(2.7)	**531**	(3.7)	494	(2.7)	**521**	(4.1)	498	(2.7)
シンガポール	543	(4.2)	**552**	(1.5)	543	(3.7)	552	(1.5)	**570**	(2.3)	534	(2.0)	**566**	(3.0)	544	(1.9)	**568**	(2.5)	539	(1.8)

（注）1. 灰色の網掛けは非 OECD 加盟国・地域を示す。
2. 「読む」と「読まない」との間に統計的な有意差がある場合に高い得点を太字で示している。
3. 「読む」グループは「週に数回」「月に数回」と回答した生徒，「読まない」グループは「月に 1 回ぐらい」「年に数回」「まったく，又はほとんどない」と回答した生徒。
出所：OECD PISA2018 データベースをもとに国立教育政策研究所が作成。

統計的に有意に得点が高い。

2.6.3　本を読む媒体の好み

　生徒質問調査の問 32（ST168）では，「本（内容は問わない）を読むことについて，次のうち，あなたにあてはまるのはどれですか。」と尋ね，生徒に次の破線の囲みに示した四つの選択肢から一つを選んでもらった。なお，この質問項目は 2018 年の新規項目である。

```
ST168 本を読む媒体の好み
問32     本（内容は問わない）を読むことについて、次のうち、あなたにあてはまるのはどれですか。
         あてはまるものを一つ選んでください。
ST168Q01  1. 本をまったく、又はほとんど読まない                                      ○₁
ST168Q01  2. 本は紙で読むことの方が多い                                            ○₂
ST168Q01  3. 本はデジタル機器で読むことの方が多い                                  ○₃
          （例：電子ブックリーダー、タブレット、スマートフォン、コンピュータ）
ST168Q01  4. 本は、紙でもデジタル機器でも同じくらい読む                            ○₄
```

　表 2.6.5 は，18 か国について「本を読む媒体の好み」に関する四つの選択肢ごとの割合を示している。選択肢別に日本と OECD 平均の割合を見ると，「本をまったく，又はほとんど読まない」は日本 26％，OECD 平均 35％，「本は紙で読むことの方が多い」は日本 46％，OECD 平均 37％，「本はデジタル機器で読むことの方が多い（例：電子ブックリーダー，タブレット，スマートフォン，コンピュータ）」は日本 13％，OECD 平均 15％，「本は，紙でもデジタル機器でも同じくらい読む」は日本 16％，OECD 平均 13％であり，日本は「本は紙で読むことの方が多い」「本は，紙でもデジタル機器でも同じくらい読む」において OECD 平均を上回っている。

第2章　読解力

第2章

表 2.6.5　本を読む媒体の好み別の生徒の回答割合

国　名	2018 年 生徒の割合							
	本をまったく，又はほとんど読まない		本は紙で読むことの方が多い		本はデジタル機器で読むことの方が多い（例：電子ブックリーダー，タブレット，スマートフォン，コンピュータ）		本は，紙でもデジタル機器でも同じくらい読む	
	割合	標準誤差	割合	標準誤差	割合	標準誤差	割合	標準誤差
日本	25.7	(0.7)	45.5	(0.9)	13.2	(0.5)	15.6	(0.5)
オーストラリア	35.3	(0.6)	32.2	(0.5)	15.8	(0.5)	16.7	(0.4)
カナダ	30.0	(0.6)	36.8	(0.6)	16.6	(0.4)	16.6	(0.3)
エストニア	33.1	(0.7)	40.3	(0.7)	12.8	(0.5)	13.8	(0.5)
フィンランド	45.5	(0.7)	38.0	(0.8)	8.1	(0.3)	8.5	(0.4)
フランス	38.9	(0.8)	35.6	(0.8)	14.8	(0.5)	10.8	(0.5)
ドイツ	39.9	(0.9)	35.3	(0.9)	11.3	(0.6)	13.5	(0.6)
アイルランド	40.7	(0.8)	33.7	(0.9)	12.0	(0.4)	13.7	(0.4)
イタリア	37.9	(0.7)	37.6	(0.7)	13.4	(0.5)	11.1	(0.5)
韓国	15.8	(0.5)	49.4	(0.8)	22.0	(0.7)	12.9	(0.4)
オランダ	43.8	(1.1)	39.4	(1.1)	9.1	(0.6)	7.7	(0.4)
ニュージーランド	33.0	(0.7)	34.2	(0.8)	15.2	(0.6)	17.6	(0.6)
イギリス	38.0	(0.8)	35.0	(0.7)	15.5	(0.6)	11.6	(0.5)
アメリカ	30.6	(0.8)	35.1	(0.9)	16.3	(0.7)	18.0	(0.6)
OECD 平均	35.3	(0.1)	36.5	(0.1)	14.9	(0.1)	13.4	(0.1)
北京・上海・江蘇・浙江	3.3	(0.4)	35.7	(0.7)	34.7	(0.8)	26.3	(0.6)
香港	12.7	(0.6)	24.1	(0.6)	45.2	(0.7)	18.1	(0.6)
台湾	14.3	(0.5)	23.0	(0.6)	41.9	(0.7)	20.8	(0.6)
シンガポール	21.5	(0.4)	32.0	(0.6)	22.4	(0.5)	24.1	(0.6)

（注）灰色の網掛けは非 OECD 加盟国・地域を示す。
出所：OECD PISA2018 データベースをもとに国立教育政策研究所が作成。

表 2.6.6　本を読む媒体の好み別の読解力の平均得点

国　名	2018 年 読解力の平均得点							
	本をまったく，又はほとんど読まない		本は紙で読むことの方が多い		本はデジタル機器で読むことの方が多い（例：電子ブックリーダー，タブレット，スマートフォン，コンピュータ）		本は，紙でもデジタル機器でも同じくらい読む	
	平均得点	標準誤差	平均得点	標準誤差	平均得点	標準誤差	平均得点	標準誤差
日本	458	(3.4)	536	(2.7)	476	(4.2)	520	(3.3)
オーストラリア	458	(2.3)	544	(2.3)	500	(3.4)	535	(3.0)
カナダ	481	(1.9)	558	(1.9)	516	(3.1)	544	(2.8)
エストニア	488	(2.9)	560	(2.5)	500	(4.8)	530	(3.8)
フィンランド	486	(2.3)	571	(2.6)	498	(5.1)	546	(5.8)
フランス	458	(2.7)	540	(3.1)	474	(3.3)	518	(5.0)
ドイツ	475	(3.7)	552	(3.6)	479	(5.7)	528	(4.9)
アイルランド	479	(2.5)	561	(2.5)	511	(3.5)	542	(3.9)
イタリア	452	(3.0)	510	(2.8)	462	(4.4)	491	(4.5)
韓国	464	(4.0)	533	(3.3)	495	(3.6)	544	(4.8)
オランダ	462	(3.3)	545	(3.4)	496	(6.6)	524	(5.3)
ニュージーランド	464	(3.0)	545	(2.5)	501	(3.9)	528	(3.7)
イギリス	472	(2.7)	545	(2.9)	501	(4.0)	523	(4.9)
アメリカ	465	(3.7)	543	(4.1)	494	(6.2)	526	(5.5)
OECD 平均	456	(0.5)	526	(0.5)	474	(0.7)	506	(0.8)
北京・上海・江蘇・浙江	479	(9.8)	568	(3.5)	530	(3.0)	582	(2.9)
香港	479	(5.8)	541	(3.6)	520	(2.8)	555	(3.5)
台湾	441	(3.7)	541	(3.8)	482	(2.7)	549	(3.9)
シンガポール	504	(2.9)	570	(2.9)	544	(2.6)	572	(2.9)

（注）灰色の網掛けは非 OECD 加盟国・地域を示す。
出所：OECD PISA2018 データベースをもとに国立教育政策研究所が作成。

124

読解力　第2章

18か国で見ると，「本をまったく，又はほとんど読まない」と回答した生徒の割合が最も少ないのは，北京・上海・江蘇・浙江の3%であり，次いで香港（13%），台湾（14%），韓国（16%），シンガポール（22%）と続き，日本（26%）は6番目に少ない。本を読む生徒の中では，18か国中日本を含む16か国で「本は紙で読むことの方が多い」と回答した割合が多く，「本はデジタル機器で読むことの方が多い（例：電子ブックリーダー，タブレット，スマートフォン，コンピュータ）」と回答した生徒の割合の方が多かったのは香港（45%），台湾（42%）のみである。

表2.6.6は，問32の五つの選択肢ごとの読解力の平均得点を示している。日本は，「本は紙で読むことの方が多い」と回答した生徒の平均得点が536点で最も高く，次いで「本は，紙でもデジタル機器でも同じくらい読む」（520点），「本はデジタル機器で読むことの方が多い（例：電子ブックリーダー，タブレット，スマートフォン，コンピュータ）」（476点），「本をまったく，又はほとんど読まない」（458点）と続く。18か国で見ると，日本を含む13か国で「本は紙で読むことの方が多い」と回答した生徒の平均得点が最も高く，韓国，北京・上海・江蘇・浙江，香港，台湾，シンガポールの5か国は「本は，紙でもデジタル機器でも同じくらい読む」と回答した生徒の平均得点が最も高い。

2.6.4　趣味として読書に費やす時間

生徒質問調査の問33（ST175）では，「あなたは，普段，趣味としての読書をどのくらいしますか。（「読書」には，本，雑誌，新聞，ウェブサイト，ブログ，メールなどの多様な読み物を含みます。）」と尋ね，生徒に次の破線の囲みに示した五つの選択肢から一つを選んでもらった。なお，この質問項目は2009年調査との経年比較が可能である（注：「1．趣味として読書はしない」の文言が2009年調査時と若干異なっているが，これは2018年調査で改めて取り上げられた際に，英語をより正確な訳にしたためである）。

ST175　読書量

問33　あなたは、普段、趣味としての読書をどのくらいしますか。
（「読書」には本、雑誌、新聞、ウェブサイト、ブログ、メールなどの多様な読み物を含みます。）
あてはまるものを一つ選んでください。
1. 趣味として読書はしない　　　　○₁
2. 1日30分以下　　　　○₂
3. 1日31分～1時間未満　　　　○₃
4. 1日1時間～2時間　　　　○₄
5. 1日2時間より長い　　　　○₅

表2.6.7は，18か国について「趣味として読書に費やす時間」に関する五つの選択肢ごとの割合を示している。選択肢別に日本とOECD平均の割合を見ると，「趣味として読書はしない」は日本45%，OECD平均42%，「1日30分以下」は日本19%，OECD平均24%，「1日31分～1時間未満」は日本19%，OECD平均17%，「1日1時間～2時間」は日本11%，OECD平均11%であり，「1日2時間より長い」は日本6%，OECD平均6%である。全体的に日本とOECD平均との差は小さいが，「趣味として読書はしない」「1日31分～1時間未満」は日本の方が，「1日30分以下」はOECD平均の方が僅かに高い。

18か国で見ると，「趣味として読書はしない」と回答した生徒の割合が最も少ないのは，北京・上海・江蘇・浙江の5%であり，次いで香港（17%），台湾（22%），シンガポール（29%）と続き，日本は14番目に少ない。本を読む生徒の中では，18か国中日本を含む15か国で「1日2時間より長い」と回答した割合が10%以下なのに対し，台湾（15%），香港（14%），北京・上海・江

第2章　読解力

表 2.6.7　趣味としての読書に費やす時間別に見た生徒の割合（2009 年～ 2018 年）

国　名	2018 年									
	生徒の割合									
	趣味として読書はしない		1 日 30 分以下		1 日 31 分～ 1 時間未満		1 日 1 時間～ 2 時間		1 日 2 時間より長い	
	割合	標準誤差	割合	標準誤差	割合	標準誤差	割合	標準誤差	割合	標準誤差
日本	45.4	(0.7)	19.0	(0.6)	18.5	(0.5)	10.9	(0.3)	6.2	(0.3)
オーストラリア	44.6	(0.5)	25.2	(0.4)	15.0	(0.3)	9.4	(0.3)	5.8	(0.2)
カナダ	40.4	(0.7)	27.2	(0.4)	16.6	(0.4)	10.0	(0.4)	5.9	(0.2)
エストニア	38.6	(0.7)	20.5	(0.6)	21.0	(0.5)	13.4	(0.6)	6.6	(0.4)
フィンランド	43.3	(0.8)	24.7	(0.6)	16.7	(0.5)	10.8	(0.5)	4.6	(0.3)
フランス	45.2	(0.9)	23.6	(0.6)	14.7	(0.5)	11.1	(0.5)	5.4	(0.3)
ドイツ	49.0	(0.9)	23.1	(0.7)	12.9	(0.6)	9.9	(0.4)	5.0	(0.3)
アイルランド	47.7	(0.9)	23.9	(0.7)	15.1	(0.6)	8.9	(0.4)	4.3	(0.3)
イタリア	35.2	(0.8)	23.9	(0.6)	19.9	(0.5)	13.4	(0.5)	7.7	(0.4)
韓国	38.0	(0.7)	21.1	(0.6)	23.2	(0.7)	11.9	(0.4)	5.8	(0.4)
オランダ	53.4	(0.8)	23.5	(0.7)	13.3	(0.6)	7.1	(0.4)	2.7	(0.3)
ニュージーランド	42.6	(0.7)	25.5	(0.5)	16.4	(0.5)	9.4	(0.3)	6.1	(0.4)
イギリス	48.7	(0.7)	26.0	(0.6)	14.9	(0.5)	6.0	(0.3)	4.4	(0.2)
アメリカ	43.6	(0.8)	26.2	(0.7)	15.0	(0.4)	9.4	(0.4)	5.9	(0.4)
OECD 平均	42.0	(0.1)	24.3	(0.1)	16.8	(0.1)	11.0	(0.1)	5.9	(0.1)
北京・上海・江蘇・浙江	5.0	(0.3)	25.1	(0.7)	35.9	(0.6)	20.6	(0.6)	13.4	(0.5)
香港	16.7	(0.6)	24.2	(0.6)	25.1	(0.6)	19.7	(0.5)	14.2	(0.5)
台湾	21.6	(0.6)	26.6	(0.6)	18.8	(0.5)	18.0	(0.5)	14.9	(0.5)
シンガポール	28.7	(0.6)	31.1	(0.6)	20.5	(0.5)	12.1	(0.4)	7.6	(0.4)

国　名	経年変化（2018 年－ 2009 年）				
	生徒の割合の差				
	趣味として読書はしない	1 日 30 分以下	1 日 31 分～ 1 時間未満	1 日 1 時間～ 2 時間	1 日 2 時間より長い
	割合の差	割合の差	割合の差	割合の差	割合の差
日本	1.3	-6.4	2.0	1.3	1.8
オーストラリア	7.9	-5.5	-3.0	0.3	0.3
カナダ	9.2	-3.4	-2.4	-3.3	-0.2
エストニア	0.0	-5.9	2.1	2.8	0.9
フィンランド	10.3	-7.7	-2.0	-1.9	1.4
フランス	6.5	-7.5	-1.8	1.3	1.5
ドイツ	7.7	-1.6	-3.8	-1.4	-0.9
アイルランド	5.8	-2.0	-1.2	-2.8	0.3
イタリア	1.3	-4.6	1.0	-0.3	2.7
韓国	-0.5	-8.7	4.0	3.6	1.6
オランダ	4.8	-7.3	0.8	0.8	0.9
ニュージーランド	11.3	-7.6	-3.3	-0.9	0.5
イギリス	9.1	-5.5	-0.7	-3.8	0.8
アメリカ	1.5	-3.2	-0.1	0.6	1.0
OECD 平均	5.3	-6.1	-0.6	0.0	1.3
北京・上海・江蘇・浙江	m	m	m	m	m
香港	-2.8	-11.7	1.6	5.9	7.0
台湾	4.3	-4.3	-2.6	-0.8	3.4
シンガポール	6.3	2.1	-3.1	-4.0	-1.2

（注）1. 灰色の網掛けは非 OECD 加盟国・地域を示す。
　　　2. 太字は統計的な有意差があることを示す。
　　　3. 表中の m は欠損値（データなし）。
　　　4. 2009 年調査の OECD 平均は，2018 年調査と比較するために OECD 加盟 37 か国で再計算した値のため，2009 年調査結果で報告された値と異なる。
出所：OECD PISA2009 データベース及び PISA2018 データベースをもとに国立教育政策研究所が作成。

読解力　第 2 章

図 2.6.1　楽しみで本を読む生徒の割合の変化（2009 年〜 2018 年）

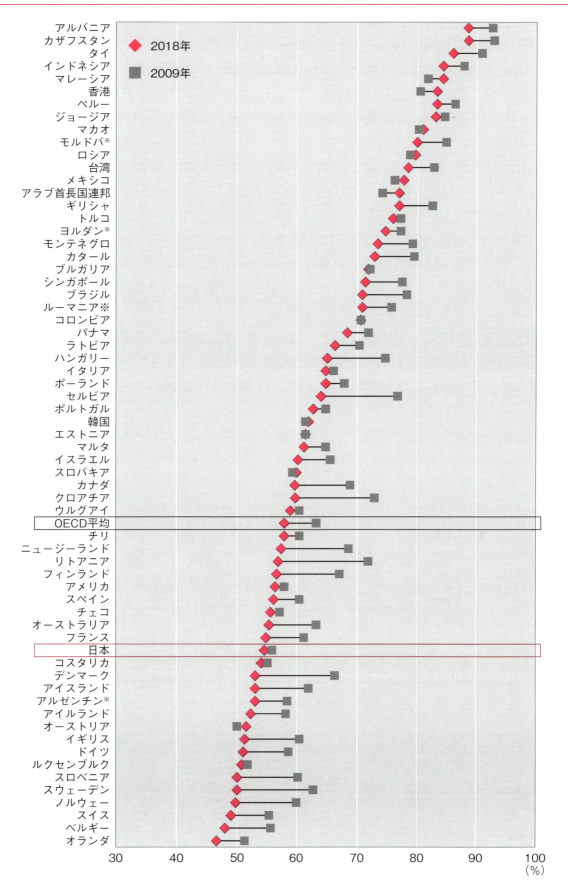

（注）1.「趣味としての読書に費やす時間」に関する質問のうち、「趣味として読書はしない」以外に回答した生徒の割合を合計し「楽しみで本を読む生徒の割合」としている。
　　2. 2009 年の調査と 2018 年調査の双方に参加した国のみを示しており、OECD 平均も双方に参加した OECD 加盟国の値である。
　　3.「楽しみで本を読む生徒の割合」について 2018 年調査の割合が大きい順に上から国を並べている。
　　4. ※は、2018 年調査において、コンピュータ使用型調査での実施ではなく、筆記型調査で実施した国を示す。
出所：OECD(2019a) の表から作成。

蘇・浙江（13%）の3か国は10%以上であることが特徴的である。このようにアジアの国では読書時間は長い傾向があるが，日本にはその傾向は現れていない。

また，2009年調査と比較すると，日本は「趣味として読書はしない」の割合は1ポイント増えているものの，統計的な有意差はない。一方で「1日31分～1時間未満」は2ポイント，「1日1時間～2時間」は1ポイント，「1日2時間より長い」は2ポイント統計的に有意に増えており，「1日30分以下」は6ポイント統計的に有意に減っている。このような傾向は韓国を除いた他の国には認められない。

図2.6.1は，選択肢のうち「1日30分以下」「1日31分～1時間未満」「1日1時間～2時間」「1日2時間より長い」と回答した生徒の割合を合計し，「楽しみで本を読む生徒の割合」を示したもので，2018年調査の割合が多い順に上から国を並べている。2018年の割合が2009年と比べて統計的に有意に高くなった国は，アラブ首長国連邦，香港，マレーシアの3か国であり，統計的に有意に低くなった国は45か国ある。2018年の割合が統計的に有意に低くなった国のうち，最も減少の幅が大きいのはリトアニアであり，次いでデンマーク，クロアチアと続く。日本を含む17か国は，2009年と比べて統計的に有意な差が見られない。

次に，表2.6.8は，問33の趣味として読書に費やす時間別の読解力の平均得点を示している。日本は「1日1時間～2時間」と回答した生徒の平均得点が540点で最も高く，次いで「1日31分～1時間未満」（532点），「1日30分以下」（525点），「1日2時間より長い」（523点），「趣味として読書はしない」（474点）と続く。18か国で見ると，日本を含む10か国で「1日1時間～2時間」と回答した生徒の平均得点が最も高い。「1日31分～1時間未満」と回答した生徒の平均得点最も高かったのはエストニア，イタリア，オランダ，イギリスの4か国，「1日31分～1時間未満」と

表2.6.8　趣味としての読書に費やす時間別に見た生徒の読解力の平均得点

国　名	2018年									
	読解力の平均得点									
	趣味として読書はしない		1日30分以下		1日31分～1時間未満		1日1時間～2時間		1日2時間より長い	
	平均得点	標準誤差	平均得点	標準誤差	平均得点	標準誤差	平均得点	標準誤差	平均得点	標準誤差
日本	474	(2.8)	525	(3.8)	532	(3.6)	540	(4.4)	523	(5.6)
オーストラリア	466	(2.2)	524	(2.3)	548	(3.1)	554	(3.8)	541	(4.9)
カナダ	488	(1.8)	538	(2.5)	555	(2.9)	560	(3.3)	556	(4.4)
エストニア	490	(2.7)	537	(3.4)	552	(3.5)	550	(4.7)	543	(6.1)
フィンランド	482	(2.3)	539	(3.1)	562	(4.1)	575	(5.2)	562	(7.3)
フランス	460	(2.4)	515	(3.8)	539	(4.3)	539	(3.8)	519	(6.2)
ドイツ	474	(3.4)	530	(4.8)	547	(5.1)	548	(6.1)	538	(7.1)
アイルランド	484	(2.2)	539	(3.1)	552	(2.9)	572	(4.7)	570	(6.3)
イタリア	447	(3.6)	486	(3.9)	503	(3.7)	502	(3.7)	498	(5.6)
韓国	485	(3.0)	524	(4.0)	533	(4.3)	544	(4.3)	541	(6.0)
オランダ	453	(2.9)	523	(3.5)	536	(4.7)	534	(5.8)	516	(9.5)
ニュージーランド	470	(2.6)	521	(3.0)	544	(4.2)	562	(5.1)	546	(5.9)
イギリス	477	(2.7)	530	(3.7)	544	(4.3)	541	(5.2)	535	(6.7)
アメリカ	479	(3.6)	522	(4.7)	536	(5.5)	536	(6.9)	535	(8.9)
OECD平均	459	(0.5)	503	(0.6)	519	(0.7)	524	(0.8)	516	(1.1)
北京・上海・江蘇・浙江	500	(5.6)	564	(4.1)	555	(3.2)	561	(3.1)	552	(3.5)
香港	479	(5.7)	524	(4.5)	541	(3.3)	541	(3.2)	537	(3.8)
台湾	447	(2.8)	501	(3.7)	523	(4.2)	534	(3.8)	529	(4.2)
シンガポール	511	(2.8)	554	(2.5)	569	(2.3)	582	(4.4)	580	(5.3)

（注）灰色の網掛けは非OECD加盟国・地域を示す。
出所：OECD PISA2018データベースをもとに国立教育政策研究所が作成。

「1日1時間～2時間」で平均得点が変わらなかったのはフランス，アメリカ，香港の3か国であり，北京・上海・江蘇・浙江のみ「1日30分以下」と回答した生徒の平均得点が最も高かった。このように，全体としては「読書をしない」群から読書時間が増加するとともに読解力の平均得点も単調に増加し，2時間を超えると再び低下するという傾向が見られる。

2.6.5　デジタルでの読みの活動

生徒質問調査の問34（ST176）では，「次のようなことを，あなたはどのくらいしていますか。」と尋ね，次の破線の囲みに示す六つの項目について，生徒に「日に数回」「週に数回」「月に数回」「まったく，又はほとんどない」「これが何かわからない」の五つの選択肢の中から一つを選んでもらった。なお，この項目は，2009年調査との経年比較が可能である。

```
ST176　デジタルでの読みの活動
問34        次のようなことを、あなたはどのくらいしていますか。
            (1)～(6)のそれぞれについて、あてはまるものを一つ選んでください。

                                                          これが何  まったく、  月に数回  週に数回  日に数回
                                                          かわから   又はほと
                                                          ない      んどない

ST176Q01  (1)Eメールを読む                                  ○₁      ○₂      ○₃      ○₄      ○₅
ST176Q02  (2)ネット上でチャットをする(例：LINE)               ○₁      ○₂      ○₃      ○₄      ○₅
ST176Q03  (3)ネット上でニュースを読む                         ○₁      ○₂      ○₃      ○₄      ○₅
ST176Q05  (4)ある特定のテーマで調べるためにネットで検索する      ○₁      ○₂      ○₃      ○₄      ○₅
ST176Q06  (5)ネット上で討論会またはフォーラムに参加する         ○₁      ○₂      ○₃      ○₄      ○₅
ST176Q07  (6)生活情報をネットで検索する(例：スケジュール、イベント、ヒント、料理のレシピ)  ○₁  ○₂  ○₃  ○₄  ○₅
```

表2.6.9は，18か国について「デジタルでの読みの活動」に関する項目に対して「日に数回」「週に数回」「月に数回」（以下，「月に数回以上」）と回答した生徒の割合，及び2009年調査との割合の経年変化（2018年の値から2009年の値を引いた差）を示している。

2018年について項目別に日本とOECD平均の割合を見ると，「(1) Eメールを読む」は日本が42％，OECD平均が66％，「(2) ネット上でチャットをする（例：LINE）」は日本が95％，OECD平均が93％，「(3) ネット上でニュースを読む」は日本が88％，OECD平均が80％，「(4) ある特定のテーマで調べるためにネットで検索する」は日本が95％，OECD平均が90％，「(5) ネット上で討論会またはフォーラムに参加する」は日本が11％，OECD平均が37％，「(6) 生活情報をネットで検索する（例：スケジュール，イベント，ヒント，料理のレシピ）」は日本が75％，OECD平均が84％である。

18か国の中で見ると，日本は「(1) Eメールを読む」「(5) ネット上で討論会またはフォーラムに参加する」「(6) 生活情報をネットで検索する（例：スケジュール，イベント，ヒント，料理のレシピ）」について18か国中最も割合が少ない。一方で，「(4) ある特定のテーマで調べるためにネットで検索する」はエストニア（95％）に次いで2番目，「(3) ネット上でニュースを読む」は北京・上海・江蘇・浙江（91％），イタリア（89％）に次いで3番目に割合が多い。「(2) ネット上でチャットをする（例：LINE）」については18か国中10番目に割合が多い。

また，2009年調査と比較すると，日本は「(2) ネット上でチャットをする（例：LINE）」が71ポイント統計的に有意に増え，18か国の中で最も増加している。次いで「(6) 生活情報をネットで検索する（例：スケジュール，イベント，ヒント，料理のレシピ）」が27ポイント，「(3) ネット上でニュースを読む」が26ポイント，「(4) ある特定のテーマで調べるためにネットで検索する」は18ポイント，「(5) ネット上で討論会またはフォーラムに参加する」は5ポイント増え，こ

第2章　読解力

第2章

表2.6.9　デジタルでの読みの活動（2009年〜2018年）

国　名	2018年「月に数回」「週に数回」「日に数回」と回答した生徒の割合											
	(1) Eメールを読む		(2) ネット上でチャットをする（例：LINE）		(3) ネット上でニュースを読む		(4) ある特定のテーマで調べるためにネットで検索する		(5) ネット上で討論会またはフォーラムに参加する		(6) 生活情報をネットで検索する（例：スケジュール，イベント，ヒント，料理のレシピ）	
	割合	標準誤差	割合	標準誤差	割合	標準誤差	割合	標準誤差	割合	標準誤差	割合	標準誤差
日本	42.0	(0.8)	94.6	(0.7)	87.8	(0.5)	94.7	(0.3)	11.0	(0.5)	74.8	(0.6)
オーストラリア	83.9	(0.5)	90.2	(0.3)	72.3	(0.5)	91.3	(0.3)	53.4	(0.5)	84.1	(0.4)
カナダ	68.8	(0.6)	88.5	(0.3)	73.5	(0.5)	87.7	(0.3)	42.8	(0.5)	82.0	(0.4)
エストニア	77.6	(0.6)	92.9	(0.4)	86.6	(0.5)	94.9	(0.3)	31.9	(0.7)	92.2	(0.4)
フィンランド	77.5	(0.6)	97.1	(0.3)	83.0	(0.6)	90.1	(0.5)	30.3	(0.6)	85.9	(0.5)
フランス	55.8	(0.8)	90.0	(0.5)	82.8	(0.5)	84.4	(0.5)	16.9	(0.5)	88.6	(0.4)
ドイツ	65.0	(0.8)	97.8	(0.2)	81.9	(0.5)	91.8	(0.4)	20.3	(0.7)	86.6	(0.5)
アイルランド	68.3	(0.8)	97.1	(0.3)	84.6	(0.4)	91.2	(0.4)	41.9	(0.7)	82.8	(0.5)
イタリア	48.7	(1.1)	96.2	(0.3)	88.5	(0.4)	92.2	(0.4)	24.1	(0.7)	86.0	(0.5)
韓国	43.5	(0.7)	93.8	(0.4)	80.4	(0.7)	87.8	(0.6)	23.7	(0.7)	84.0	(0.6)
オランダ	83.8	(0.8)	98.2	(0.3)	77.8	(0.8)	92.4	(0.5)	22.3	(0.8)	78.3	(0.8)
ニュージーランド	79.7	(0.6)	94.5	(0.3)	74.7	(0.6)	91.9	(0.4)	57.0	(0.8)	83.9	(0.6)
イギリス	77.4	(0.6)	96.0	(0.3)	81.3	(0.5)	93.2	(0.5)	47.5	(0.7)	84.4	(0.5)
アメリカ	72.6	(1.1)	83.9	(0.6)	72.5	(0.8)	91.4	(0.5)	49.4	(0.9)	85.9	(0.5)
OECD平均	65.9	(0.1)	93.1	(0.1)	79.7	(0.1)	90.3	(0.1)	37.1	(0.1)	84.1	(0.1)
北京・上海・江蘇・浙江	47.5	(0.7)	95.9	(0.3)	90.6	(0.5)	92.7	(0.4)	60.1	(0.8)	84.5	(0.6)
香港	73.6	(0.8)	96.5	(0.2)	83.2	(0.5)	85.7	(0.6)	51.8	(0.7)	84.5	(0.5)
台湾	59.1	(0.7)	94.3	(0.3)	85.2	(0.5)	82.3	(0.5)	46.9	(0.8)	85.8	(0.4)
シンガポール	68.4	(0.5)	97.9	(0.2)	85.5	(0.4)	93.7	(0.3)	55.5	(0.6)	88.6	(0.4)

国　名	経年変化（2018年−2009年）「月に数回」「週に数回」「日に数回」と回答した生徒の割合の差											
	(1) Eメールを読む		(2) ネット上でチャットをする（例：LINE）		(3) ネット上でニュースを読む		(4) ある特定のテーマで調べるためにネットで検索する		(5) ネット上で討論会またはフォーラムに参加する		(6) 生活情報をネットで検索する（例：スケジュール，イベント，ヒント，料理のレシピ）	
	割合の差	標準誤差	割合の差	標準誤差	割合の差	標準誤差	割合の差	標準誤差	割合の差	標準誤差	割合の差	標準誤差
日本	-49.0	(1.0)	71.0	(0.9)	26.4	(1.0)	17.6	(0.8)	4.9	(0.6)	26.9	(1.1)
オーストラリア	-4.9	(0.6)	4.4	(0.5)	14.1	(0.8)	1.2	(0.5)	21.4	(0.8)	10.6	(0.7)
カナダ	-20.5	(0.6)	0.2	(0.5)	13.8	(0.8)	1.2	(0.5)	13.8	(0.7)	8.0	(0.6)
エストニア	-15.9	(0.8)	-2.4	(0.6)	-1.0	(0.8)	1.1	(0.7)	-22.0	(1.1)	2.8	(0.8)
フィンランド	-13.5	(0.7)	6.4	(0.5)	22.0	(1.1)	11.2	(0.8)	-16.9	(1.0)	9.8	(0.9)
フランス	-26.5	(1.0)	2.9	(0.7)	16.5	(0.9)	3.6	(0.9)	-1.7	(0.9)	7.4	(0.9)
ドイツ	-20.6	(1.0)	7.3	(0.5)	3.5	(1.0)	0.5	(0.7)	-7.9	(1.1)	7.9	(0.9)
アイルランド	-3.6	(1.2)	21.2	(1.0)	44.1	(1.1)	12.2	(1.0)	15.4	(1.1)	16.5	(1.0)
イタリア	-23.0	(1.2)	17.0	(0.5)	11.5	(0.6)	7.7	(0.5)	-7.4	(0.7)	22.8	(0.7)
韓国	-11.3	(1.1)	24.4	(1.1)	-4.2	(0.9)	0.2	(0.9)	6.7	(0.9)	1.0	(0.9)
オランダ	-13.0	(0.9)	3.4	(0.6)	13.2	(1.3)	3.9	(1.0)	-4.9	(1.3)	15.0	(1.6)
ニュージーランド	-5.5	(0.8)	21.5	(0.8)	23.0	(1.1)	2.9	(0.9)	26.1	(1.1)	13.6	(0.9)
イギリス	-15.9	(0.7)	3.8	(0.5)	10.3	(0.9)	4.1	(0.6)	10.6	(1.0)	10.1	(0.9)
アメリカ	-7.7	(1.3)	4.5	(1.0)	9.8	(1.1)	7.5	(0.9)	21.7	(1.2)	13.5	(1.0)
OECD平均	-18.0	(0.2)	9.8	(0.1)	11.4	(0.2)	2.5	(0.1)	1.3	(0.2)	11.5	(0.2)
北京・上海・江蘇・浙江	m	m	m	m	m	m	m	m	m	m	m	m
香港	-13.9	(0.9)	3.2	(0.5)	-1.7	(0.8)	-5.6	(0.8)	-26.7	(1.0)	-0.6	(0.7)
台湾	-19.1	(0.9)	4.7	(0.5)	9.6	(0.9)	1.1	(0.8)	3.5	(1.0)	3.1	(0.8)
シンガポール	-20.1	(0.8)	6.4	(0.5)	12.5	(0.7)	5.7	(0.6)	11.1	(1.0)	10.4	(0.7)

（注）1. 灰色の網掛けは非OECD加盟国・地域を示す。
　　　2. 太字は統計的な有意差があることを示す。
　　　3. 表中のmは欠損値（データなし）。
　　　4. 2009年調査のOECD平均は，2018年調査と比較するためにOECD加盟37か国で再計算した値のため，2009年調査結果で報告された値と異なる。
出所：OECD(2019a)の表より抜粋。

読解力　第2章

表2.6.10　デジタルでの読みの活動別に見た生徒の読解力の平均得点

第2章

国　名	2018年 読解力の平均得点											
	(1) Eメールを読む				(2) ネット上でチャットをする (例：LINE)				(3) ネット上でニュースを読む			
	月に数回以上する		しない		月に数回以上する		しない		月に数回以上する		しない	
	平均得点	標準誤差	平均得点	標準誤差	平均得点	標準誤差	平均得点	標準誤差	平均得点	標準誤差	平均得点	標準誤差
日本	512	(3.4)	501	(2.9)	507	(2.7)	476	(9.5)	508	(2.6)	485	(4.7)
オーストラリア	515	(1.9)	461	(3.1)	509	(1.8)	480	(4.8)	515	(1.8)	486	(2.8)
カナダ	534	(1.9)	508	(2.2)	529	(1.7)	510	(3.3)	534	(1.9)	505	(2.1)
エストニア	533	(2.0)	498	(3.2)	529	(1.8)	472	(5.5)	529	(1.8)	501	(4.7)
フィンランド	531	(2.2)	505	(3.7)	527	(2.1)	450	(9.2)	529	(2.1)	503	(4.1)
フランス	504	(3.0)	492	(2.8)	501	(2.4)	470	(5.7)	502	(2.5)	480	(3.8)
ドイツ	518	(3.6)	498	(3.9)	511	(3.1)	463	(15.1)	512	(3.4)	505	(4.7)
アイルランド	526	(2.5)	504	(2.6)	520	(2.2)	493	(10.4)	525	(2.3)	489	(3.4)
イタリア	492	(3.1)	468	(2.9)	484	(2.3)	382	(9.0)	485	(2.3)	445	(5.9)
韓国	521	(3.6)	510	(3.1)	518	(2.8)	466	(7.4)	526	(2.9)	469	(4.2)
オランダ	509	(2.6)	472	(6.1)	504	(2.5)	413	(19.9)	512	(2.4)	472	(4.8)
ニュージーランド	518	(2.3)	476	(3.5)	511	(2.0)	484	(7.9)	517	(2.2)	486	(3.7)
イギリス	516	(2.5)	483	(3.7)	509	(2.4)	476	(9.5)	514	(2.6)	481	(4.1)
アメリカ	519	(4.0)	482	(4.2)	510	(3.4)	504	(5.8)	515	(3.8)	491	(4.7)
OECD平均	499	(0.5)	476	(0.6)	495	(0.4)	445	(1.4)	497	(0.4)	471	(0.7)
北京・上海・江蘇・浙江	551	(2.8)	560	(3.1)	556	(2.7)	551	(7.8)	560	(2.6)	519	(6.4)
香港	534	(2.7)	504	(4.7)	530	(2.7)	432	(9.4)	533	(2.6)	497	(5.6)
台湾	509	(3.2)	497	(2.9)	507	(2.8)	458	(7.1)	512	(2.9)	456	(4.0)
シンガポール	560	(1.9)	531	(2.4)	552	(1.6)	468	(11.2)	556	(1.8)	519	(3.7)

国　名	2018年 読解力の平均得点											
	(4) ある特定のテーマで調べるために ネットで検索する				(5) ネット上で討論会またはフォーラムに 参加する				(6) 生活情報をネットで検索する（例：スケジュール，イベント，ヒント，料理のレシピ）			
	月に数回以上する		しない		月に数回以上する		しない		月に数回以上する		しない	
	平均得点	標準誤差	平均得点	標準誤差	平均得点	標準誤差	平均得点	標準誤差	平均得点	標準誤差	平均得点	標準誤差
日本	509	(2.6)	442	(7.8)	465	(5.8)	511	(2.4)	514	(2.7)	478	(3.4)
オーストラリア	514	(1.8)	427	(4.0)	497	(2.1)	517	(2.3)	514	(1.9)	469	(3.3)
カナダ	533	(1.8)	479	(2.5)	514	(2.2)	536	(1.8)	534	(1.7)	492	(2.8)
エストニア	529	(1.8)	451	(6.6)	510	(2.8)	532	(2.1)	530	(1.8)	466	(5.8)
フィンランド	532	(2.1)	466	(5.2)	516	(3.0)	529	(2.6)	534	(2.1)	470	(4.2)
フランス	509	(2.5)	441	(3.7)	479	(4.2)	503	(2.5)	506	(2.5)	440	(4.0)
ドイツ	516	(3.1)	442	(6.4)	485	(4.9)	518	(3.2)	519	(3.2)	461	(4.7)
アイルランド	525	(2.2)	465	(4.3)	510	(2.7)	527	(2.2)	528	(2.2)	481	(3.4)
イタリア	486	(2.4)	409	(5.8)	456	(3.7)	488	(2.4)	487	(2.4)	433	(5.0)
韓国	526	(2.7)	437	(5.0)	497	(4.0)	521	(3.0)	527	(2.8)	451	(4.7)
オランダ	510	(2.4)	418	(7.1)	483	(4.8)	509	(2.8)	518	(2.5)	448	(5.0)
ニュージーランド	516	(2.0)	437	(5.0)	500	(2.3)	522	(2.5)	516	(2.2)	472	(4.2)
イギリス	513	(2.5)	444	(4.5)	497	(2.8)	519	(2.8)	515	(2.5)	474	(4.0)
アメリカ	515	(3.4)	444	(6.2)	497	(3.9)	521	(3.8)	516	(3.3)	465	(5.9)
OECD平均	498	(0.4)	429	(0.9)	475	(0.6)	500	(0.4)	500	(0.4)	446	(0.7)
北京・上海・江蘇・浙江	560	(2.6)	501	(6.2)	559	(2.9)	551	(3.2)	561	(2.6)	524	(4.6)
香港	536	(2.7)	472	(5.0)	520	(3.3)	534	(3.1)	533	(2.5)	490	(5.7)
台湾	516	(2.9)	450	(3.7)	504	(3.7)	504	(2.8)	513	(2.9)	451	(4.4)
シンガポール	555	(1.7)	488	(5.5)	539	(2.3)	565	(2.4)	555	(1.8)	516	(3.9)

（注）1．灰色の網掛けは非OECD加盟国・地域を示す。
　　　2．「月に数回以上する」と「しない」との間に統計的な有意差がある場合に高い得点を太字で示している。
　　　3．「月に数回以上する」グループは「月に数回」「週に数回」「日に数回」と回答した生徒，「しない」グループは「まったく，又はほとんどない」「これが何かわからない」と回答した生徒。
出所：OECD PISA2018データベースをもとに国立教育政策研究所が作成。

の差は統計的に有意である。一方で，「(1) Eメールを読む」は49ポイント統計的に有意に減っている。「(1) Eメールを読む」は経年比較可能な17か国全てにおいて統計的に有意に減少しているが，その中でも日本は最も減少幅が大きい。このことから日本はこの間にメールからチャットへの大きな転換が起こったこと，同時にデジタルにおける読みの活動分野も広がったことが分かる。

表2.6.10は，問34の六つの項目それぞれについて，回答した選択肢により「月に数回以上する」グループ（「日に数回」「週に数回」「月に数回」）と「しない」グループ（「まったく，又はほとんどない」「これが何かわからない」）に分けた時の読解力の平均得点を示している。

日本についてみると，「月に数回以上する」グループの方が「しない」グループよりも統計的に有意に得点が高かったのは，「(1) Eメールを読む」（「月に数回以上する」512点，「しない」501点），「(2) ネット上でチャットをする（例：LINE）」（「月に数回以上する」507点，「しない」476点），「(3) ネット上でニュースを読む」（「月に数回以上する」508点，「しない」485点），「(4) ある特定のテーマで調べるためにネットで検索する」（「月に数回以上する」509点，「しない」442点），「(6) 生活情報をネットで検索する（例：スケジュール，イベント，ヒント，料理のレシピ）」（「月に数回以上する」514点，「しない」478点）である。最も得点差が大きいのは「(4) ある特定のテーマで調べるためにネットで検索する」で「月に数回以上する」グループの方が66点統計的に有意に高い。一方で，「しない」グループの方が「月に数回以上する」グループよりも統計的に有意に得点が高かったのは，「(5) ネット上で討論会またはフォーラムに参加する」（「しない」511点，「月に数回以上する」465点）であった。以上の傾向は，日本に限らず多くの国に共通している。

18か国でみると，「(5) ネット上で討論会またはフォーラムに参加する」は日本を含む16か国で「しない」グループの方が「月に数回以上する」グループよりも統計的に有意に得点が高く，北京・上海・江蘇・浙江のみ「月に数回以上する」グループの方が統計的に有意に7点高い。台湾は二つのグループ間で得点差がない。その他に「しない」グループの方が「月に数回以上する」グループよりも得点が高いのは，「(1) Eメールを読む」の北京・上海・江蘇・浙江（「月に数回以上する」560点，「しない」551点）のみである。二つのグループ間の差が最も大きかったのは，「(2) ネット上でチャットをする（例：LINE）」のイタリアで「月に数回以上する」グループの方が統計的に有意に102点高い。

2.6.6　PISAの調査問題における難しさの認識

生徒質問調査の問32（ST168）では，「休憩前のPISA調査では，いくつかの文章を読み，読解力の問題に取り組みました。あなたは，これらの文章問題についてどう感じましたか。」と尋ね，三つの項目について生徒に「まったくその通りだ」「その通りだ」「その通りでない」「まったくその通りでない」の四つの選択肢の中から一つを選んでもらった。なお，この質問項目は2018年の新規項目である。

ST163　PISAの調査問題における難しさの認識 問36　　　休憩前のPISA調査では、いくつかの文章を読み、読解力の問題に取り組みました。 　　　　　　あなたは、これらの文章問題についてどう感じましたか。 　　　　　　(1)～(3)のそれぞれについて、あてはまるものを一つ選んでください。	まったくその通りでない	その通りでない	その通りだ	まったくその通りだ
ST163Q02　(1)わからない言葉が多かった	○₁	○₂	○₃	○₄
ST163Q03　(2)自分には難しすぎる文章が多かった	○₁	○₂	○₃	○₄
ST163Q04　(3)複数ページを読んでいるうちに、どこを読んでいるのかわからなくなった	○₁	○₂	○₃	○₄

表2.6.11は，18か国について「PISAの調査問題における難しさの認識」に関する三つの項目に「まったくその通りだ」「その通りだ」と回答した生徒の割合を示している。項目別に日本とOECD平均の割合を見ると，「(1) わからない言葉が多かった」は日本24%，OECD平均18%，「(2) 自分には難しすぎる文章が多かった」は日本30%，OECD平均17%，「(3) 複数ページを読んでいるうちに，どこを読んでいるのかわからなくなった」は日本22%，OECD平均19%であった。日本は，全ての項目においてOECD平均よりも割合が多い。

　18か国で見ると，「(1) わからない言葉が多かった」と回答した生徒の割合が最も多かったのはフランス（25%）と，シンガポール（25%）であり，次いで日本（24%），台湾（22%）と続く。「(2) 自分には難しすぎる文章が多かった」の割合が最も多いのは，台湾（32%）で，日本（30%）は2番目に多い。「(3) 複数ページを読んでいるうちに，どこを読んでいるのかわからなくなった」について最も割合が多いのは，台湾（25%）であり，次いでフランス（23%），シンガポール（22%），日本（22%）と続く。このように日本の場合，いずれの項目でも「難しい」とする割合が高く，特にその傾向は「(2) 自分には難しすぎる文章が多かった」で強い。

　また表2.6.12は，問36の三つの項目について「肯定」したグループ（「まったくその通りだ」「その通りだ」）と「否定」したグループ（「その通りでない」「まったくその通りでない」）ごとの読解力の平均得点を示している。全ての項目において「肯定」したグループの方が「否定」したグループよりも統計的に有意に得点が低い。得点差が最も大きいのは，「(1) わからない言葉が多かった」（「否定」521点，「肯定」452点）の69点であり，次いで「(2) 自分には難しすぎる文章が多かった」（「否定」523点，「肯定」462点）で60点差，「(3) 複数ページを読んでいるうちに，どこを読んでいるのかわからなくなった」（「否定」518点，「肯定」459点）の59点差である。

　18か国で見ると，18か国全てにおいて「否定」したグループの方が「肯定」したグループよりも統計的に有意に得点が高い。「(1) わからない言葉が多かった」について最も得点差が大きいのはドイツ（「否定」522点，「肯定」410点）の113点差であり，次いでニュージーランド（「否定」529点，「肯定」428点）の101点差，アメリカ（「否定」525点，「肯定」430点）と続き，日本の得点差は4番目に小さい。また，「(2) 自分には難しすぎる文章が多かった」について最も得点差が大きいのはニュージーランド（「否定」526点，「肯定」414点）の112点差であり，次いでドイツ（「否定」523点，「肯定」419点）の104点差，アメリカ（「否定」521点，「肯定」418点）の103点差と続き，日本の得点差は4番目に小さい。さらに，「(3) 複数ページを読んでいるうちに，どこを読んでいるのかわからなくなった」について最も得点差が大きいのはニュージーランド（「否定」525点，「肯定」433点）の93点差であり，次いでフィンランド（「否定」532点，「肯定」442点）の90点差，シンガポール（「否定」570点，「肯定」483点）の88点差と続き，日本の得点差は5番目に小さい。日本は18か国の中で「肯定」したグループと「否定」したグループの得点差が小さい傾向が見られるが，同様の傾向は，北京・上海・江蘇・浙江，台湾，香港にも見られる。

第2章　読解力

表 2.6.11　PISA の調査問題における難しさの認識

国　名	2018 年「その通りだ」「まったくその通りだ」と回答した生徒の割合					
	(1) わからない言葉が多かった		(2) 自分には難しすぎる文章が多かった		(3) 複数ページを読んでいるうちに, どこを読んでいるのかわからなくなった	
	割合	標準誤差	割合	標準誤差	割合	標準誤差
日本	23.9	(0.6)	30.0	(0.7)	22.2	(0.6)
オーストラリア	17.0	(0.4)	13.5	(0.3)	16.2	(0.4)
カナダ	14.0	(0.4)	11.2	(0.3)	15.5	(0.4)
エストニア	11.2	(0.4)	12.3	(0.5)	17.1	(0.5)
フィンランド	11.2	(0.5)	12.5	(0.5)	7.5	(0.4)
フランス	24.9	(0.7)	23.2	(0.6)	22.5	(0.6)
ドイツ	10.1	(0.5)	11.0	(0.6)	12.1	(0.6)
アイルランド	18.4	(0.6)	13.0	(0.4)	14.6	(0.5)
イタリア	13.6	(0.6)	12.7	(0.6)	14.5	(0.5)
韓国	20.4	(0.6)	22.4	(0.7)	20.2	(0.6)
オランダ	13.7	(0.6)	11.8	(0.6)	16.5	(0.6)
ニュージーランド	19.3	(0.5)	14.6	(0.5)	17.0	(0.6)
イギリス	20.1	(0.6)	15.9	(0.5)	16.4	(0.5)
アメリカ	17.4	(0.8)	12.7	(0.7)	15.8	(0.7)
OECD 平均	18.4	(0.1)	17.3	(0.1)	18.6	(0.1)
北京・上海・江蘇・浙江	20.7	(0.7)	16.7	(0.6)	14.7	(0.6)
香港	18.9	(0.7)	19.6	(0.6)	19.5	(0.6)
台湾	22.1	(0.7)	32.2	(0.7)	24.8	(0.6)
シンガポール	24.6	(0.5)	19.0	(0.4)	22.3	(0.6)

（注）灰色の網掛けは非 OECD 加盟国・地域を示す。
出所：OECD PISA2018 データベースをもとに国立教育政策研究所が作成。

表 2.6.12　PISA の調査問題における難しさの認識別に見た読解力の平均得点

国　名	2018 年 読解力の平均得点											
	(1) わからない言葉が多かった				(2) 自分には難しすぎる文章が多かった				(3) 複数ページを読んでいるうちに, どこを読んでいるのかわからなくなった			
	肯定		否定		肯定		否定		肯定		否定	
	平均得点	標準誤差	平均得点	標準誤差	平均得点	標準誤差	平均得点	標準誤差	平均得点	標準誤差	平均得点	標準誤差
日本	452	(3.8)	**521**	(2.6)	462	(3.3)	**523**	(2.6)	459	(4.0)	**518**	(2.5)
オーストラリア	429	(3.1)	**522**	(1.8)	417	(3.5)	**520**	(1.8)	436	(3.0)	**520**	(1.9)
カナダ	456	(2.6)	**538**	(1.7)	445	(2.5)	**536**	(1.7)	468	(2.5)	**537**	(1.8)
エストニア	456	(3.8)	**534**	(1.8)	455	(3.6)	**535**	(1.8)	479	(3.4)	**535**	(1.9)
フィンランド	452	(4.0)	**534**	(2.1)	451	(3.6)	**536**	(2.2)	442	(5.1)	**532**	(2.1)
フランス	439	(3.1)	**517**	(2.4)	435	(2.8)	**517**	(2.5)	446	(3.1)	**513**	(2.4)
ドイツ	410	(5.7)	**522**	(3.1)	419	(4.8)	**523**	(3.0)	441	(4.7)	**522**	(3.1)
アイルランド	445	(2.8)	**536**	(2.2)	436	(3.5)	**532**	(2.0)	460	(3.5)	**530**	(2.2)
イタリア	407	(4.0)	**492**	(2.3)	404	(4.0)	**491**	(2.3)	421	(4.2)	**491**	(2.4)
韓国	452	(3.7)	**531**	(2.9)	464	(3.9)	**529**	(3.1)	456	(3.7)	**530**	(3.0)
オランダ	432	(4.8)	**514**	(2.5)	426	(4.6)	**513**	(2.6)	450	(4.4)	**513**	(2.6)
ニュージーランド	428	(3.6)	**529**	(1.9)	414	(3.5)	**526**	(1.9)	433	(3.5)	**525**	(1.9)
イギリス	435	(3.2)	**526**	(2.3)	430	(3.2)	**523**	(2.5)	444	(4.0)	**521**	(2.5)
アメリカ	430	(4.7)	**525**	(3.3)	418	(5.2)	**521**	(3.3)	437	(4.8)	**522**	(3.4)
OECD 平均	426	(0.6)	**505**	(0.4)	425	(0.6)	**505**	(0.4)	439	(0.6)	**503**	(0.4)
北京・上海・江蘇・浙江	510	(3.9)	**567**	(2.7)	510	(4.3)	**565**	(2.6)	511	(4.2)	**563**	(2.6)
香港	472	(5.5)	**539**	(2.5)	478	(4.1)	**538**	(2.7)	488	(4.4)	**535**	(2.6)
台湾	459	(3.6)	**517**	(2.9)	471	(3.2)	**520**	(3.0)	471	(3.7)	**515**	(2.8)
シンガポール	480	(2.7)	**574**	(1.7)	472	(3.0)	**569**	(1.7)	483	(2.3)	**570**	(1.6)

（注）1．灰色の網掛けは非 OECD 加盟国・地域を示す。
　　　2．「肯定」と「否定」との間に統計的な有意差がある場合に高い得点を太字で示している。
　　　3．「肯定」は「まったくその通りだ」「その通りだ」と回答した生徒，「否定」は「まったくその通りでない」「その通りでない」と回答した生徒。
出所：OECD PISA2018 データベースをもとに国立教育政策研究所が作成。

2.6.7　ニュースを読む媒体の好み

　ICT 活用調査の問 18（IC169）では，「ニュース（政治，文化，スポーツ，地元の話題など）を読むことについて，次のうち，あなたにあてはまるものはどれですか。」と尋ね，次の破線の囲みに示す五つの選択肢の中から一つを選んでもらった。なお，この項目は，2018 年調査の新規項目である。

```
IC169 ニュースを読む媒体の好み
問18        ニュース（政治、文化、スポーツ、地元の話題など）を読むことについて、次のうち、あなたにあてはまるものはどれですか。
           あてはまるものを一つ選んでください。
           （1）ニュースにはまったく関心がない                                                      ○₁
           （2）ニュースは見るか聞くかだけである（例：ラジオ、テレビ、ポッドキャスト）                    ○₂
           （3）ニュースはデジタル機器で読むことの方が多い（例：タブレット、スマートフォン、コンピュータ）      ○₃
           （4）ニュースは紙で読むことの方が多い（例：新聞、雑誌）                                   ○₄
           （5）ニュースは紙でもデジタル機器でも同じくらい読む                                       ○₅
```

　表 2.6.13 は，18 か国について「ニュースを読む媒体の好み」に関する五つの選択肢ごとの割合を示している。選択肢別に日本と OECD 平均の割合を見ると，「(1) ニュースにはまったく関心がない」は日本 6%，OECD 平均 15%，「(2) ニュースは見るか聞くかだけである（例：ラジオ，テレビ，ポッドキャスト）」は日本 41%，OECD 平均 27%，「(3) ニュースはデジタル機器で読むことの方が多い（例：タブレット，スマートフォン，コンピュータ）」は日本 39%，OECD 平均 41%，「(4) ニュースは紙で読むことの方が多い（例：新聞，雑誌）」は日本 3%，OECD 平均 5%であり，「(5) ニュースは紙でもデジタル機器でも同じくらい読む」は日本 11%，OECD 平均 11%である。OECD 平均との差が大きいのは，「(1) ニュースにはまったく関心がない」及び「(2) ニュースは見るか聞くかだけである（例：ラジオ，テレビ，ポッドキャスト）」で，前者は OECD 平均の方が割合が多く，後者は日本の方が割合が多い。

　18 か国で見ると，「(1) ニュースにはまったく関心がない」と回答した生徒の割合が最も少ないのは日本であり，次いで台湾（8%），香港（10%）と続く。最も割合が高いのは，オーストラリア，アメリカ（いずれも 19%）である。ニュースに関心がある生徒のうち，比較可能な 13 か国の中で，日本，オーストラリア，ニュージーランドを除く 10 か国で「(3) ニュースはデジタル機器で読むことの方が多い」と回答した割合が最も多い。一方で，日本，オーストラリア，ニュージーランドの 3 か国については，「(2) ニュースは見るか聞くかだけである」及び「(3) ニュースはデジタル機器で読むことの方が多い」の割合が同じくらい多くなっている。

　次に，ニュースを読む媒体の好みと読解力の平均得点との関係を示したのが，表 2.6.14 である。日本について見ると，最も得点が高いのは「(5) ニュースは紙でもデジタル機器でも同じくらい読む」の 524 点であり，次いで「(2) ニュースは見るか聞くかだけである」及び「(3) ニュースはデジタル機器で読むことの方が多い」の 510 点と続く。18 か国で見ると，日本と同様に「(5) ニュースは紙でもデジタル機器でも同じくらい読む」について最も得点が高い国は，比較可能な 15 か国のうち，日本を含む 9 か国である。また，「(3) ニュースはデジタル機器で読むことの方が多い」の平均得点が最も高い国は，オーストラリア，アイルランド，イタリア，ニュージーランド，アメリカの 5 か国であり，フランスのみ「(2) ニュースは見るか聞くかだけである」と回答した生徒の読解力の平均得点が最も高い。

第2章　読解力

表2.6.13　ニュースを読む媒体の好み

国　名	2018年 生徒の割合									
	(1) ニュースにはまったく関心がない		(2) ニュースは見るか聞くかだけである（例：ラジオ，テレビ，ポッドキャスト）		(3) ニュースはデジタル機器で読むことの方が多い（例：タブレット，スマートフォン，コンピュータ）		(4) ニュースは紙で読むことの方が多い（例：新聞，雑誌）		(5) ニュースは紙でもデジタル機器でも同じくらい読む	
	割合	標準誤差	割合	標準誤差	割合	標準誤差	割合	標準誤差	割合	標準誤差
日本	6.4	(0.4)	40.5	(0.8)	39.1	(0.8)	2.9	(0.3)	11.1	(0.4)
オーストラリア	19.1	(0.4)	33.2	(0.5)	32.8	(0.6)	4.0	(0.2)	10.9	(0.4)
カナダ	m	m	m	m	m	m	m	m	m	m
エストニア	10.9	(0.5)	20.3	(0.7)	51.4	(0.8)	3.8	(0.3)	13.6	(0.6)
フィンランド	11.4	(0.4)	12.1	(0.5)	54.9	(0.7)	5.0	(0.3)	16.6	(0.4)
フランス	12.3	(0.5)	28.4	(0.7)	42.9	(0.6)	5.1	(0.4)	11.3	(0.4)
ドイツ	11.9	(0.6)	31.9	(0.7)	39.0	(0.7)	3.9	(0.3)	13.1	(0.7)
アイルランド	18.0	(0.6)	28.4	(0.8)	37.7	(0.9)	4.1	(0.3)	11.9	(0.6)
イタリア	10.1	(0.5)	27.3	(0.7)	44.2	(0.6)	6.3	(0.4)	12.1	(0.4)
韓国	12.4	(0.5)	20.6	(0.5)	58.7	(0.8)	2.5	(0.3)	5.9	(0.4)
オランダ	m	m	m	m	m	m	m	m	m	m
ニュージーランド	18.3	(0.6)	32.2	(0.8)	33.5	(0.8)	3.7	(0.3)	12.2	(0.6)
イギリス	17.9	(0.7)	24.1	(0.6)	46.1	(0.8)	2.8	(0.2)	9.1	(0.5)
アメリカ	19.1	(0.6)	27.4	(0.8)	41.7	(0.8)	3.0	(0.2)	8.8	(0.5)
OECD 平均	15.4	(0.1)	27.4	(0.1)	41.2	(0.1)	4.7	(0.1)	11.3	(0.1)
北京・上海・江蘇・浙江	m	m	m	m	m	m	m	m	m	m
香港	9.5	(0.5)	18.2	(0.6)	51.7	(0.9)	7.1	(0.5)	13.6	(0.6)
台湾	8.1	(0.4)	12.7	(0.4)	59.0	(0.6)	4.3	(0.3)	16.0	(0.5)
シンガポール	11.5	(0.4)	18.0	(0.5)	46.7	(0.6)	6.5	(0.3)	17.3	(0.5)

（注）1．灰色の網掛けは非 OECD 加盟国・地域を示す。
　　　2．表中の m は欠損値（データなし）。
出所：OECD PISA2018 データベースをもとに国立教育政策研究所が作成。

表2.6.14　ニュースを読む媒体の好み別読解力の平均得点

国　名	読解力の平均得点									
	(1) ニュースにはまったく関心がない		(2) ニュースは見るか聞くかだけである（例：ラジオ，テレビ，ポッドキャスト）		(3) ニュースはデジタル機器で読むことの方が多い（例：タブレット，スマートフォン，コンピュータ）		(4) ニュースは紙で読むことの方が多い（例：新聞，雑誌）		(5) ニュースは紙でもデジタル機器でも同じくらい読む	
	平均得点	標準誤差	平均得点	標準誤差	平均得点	標準誤差	平均得点	標準誤差	平均得点	標準誤差
日本	445	(5.6)	510	(2.8)	510	(3.1)	504	(10.8)	524	(4.7)
オーストラリア	471	(3.3)	511	(2.3)	538	(2.8)	479	(6.8)	524	(4.3)
カナダ	m	m	m	m	m	m	m	m	m	m
エストニア	492	(4.5)	521	(3.2)	537	(2.5)	500	(9.0)	540	(4.0)
フィンランド	482	(4.5)	501	(4.6)	540	(2.3)	525	(7.2)	549	(3.8)
フランス	460	(4.3)	516	(3.5)	512	(2.8)	468	(8.0)	511	(5.6)
ドイツ	463	(6.1)	522	(3.4)	510	(4.0)	499	(9.9)	543	(5.6)
アイルランド	476	(3.4)	520	(2.8)	550	(3.0)	491	(6.5)	540	(5.1)
イタリア	430	(4.7)	487	(3.4)	498	(3.3)	461	(6.6)	485	(4.0)
韓国	460	(5.5)	508	(3.3)	529	(2.9)	512	(9.5)	538	(7.7)
オランダ	m	m	m	m	m	m	m	m	m	m
ニュージーランド	473	(3.8)	513	(2.6)	534	(3.4)	483	(8.0)	528	(5.2)
イギリス	476	(4.0)	510	(3.8)	534	(3.0)	480	(9.4)	535	(5.6)
アメリカ	484	(4.7)	502	(4.3)	536	(4.5)	454	(10.2)	508	(5.9)
OECD 平均	457	(0.8)	495	(0.6)	508	(0.6)	467	(1.4)	508	(0.9)
北京・上海・江蘇・浙江	m	m	m	m	m	m	m	m	m	m
香港	473	(7.4)	533	(5.2)	533	(2.9)	531	(5.5)	553	(4.6)
台湾	454	(4.7)	506	(4.0)	504	(3.1)	502	(7.8)	542	(3.6)
シンガポール	502	(4.1)	520	(3.3)	567	(2.3)	554	(5.5)	572	(3.4)

（注）1．灰色の網掛けは非 OECD 加盟国・地域を示す。
　　　2．表中の m は欠損値（データなし）。
出所：OECD PISA2018 データベースをもとに国立教育政策研究所が作成。

2.6.8　データの特性

　PISA調査では，義務教育を修了した15歳の生徒の一部を対象に調査を実施する。以下に述べる学校間や学校内の「分散」，そしてそれに基づく，「学校間分散割合」，「学校間の等質性」指標は，各国でPISA調査に参加した生徒の読解力の得点分布を学校単位で集計することにより，得点の変動に占める学校の影響を検討するためのものである。各国の教育制度が異なるため，15歳時点で所属する学校の特性は各国の制度によるところが大きく，例えば，全ての生徒が選抜を経ない学校に所属するような制度の場合は，学校内の分散が大きく，学校間の分散が小さくなる（すなわち，「学校間分散割合」の値が小さく，「学校間の等質性」指標の値が大きい）傾向にある。逆に選抜を経た場合は，学校内の等質性は高まる一方で学校間の分散が大きくなる傾向にあると言える。つまり本項で示すデータは，学校間の差異を説明するものと一元的に理解できるわけではなく，当該国の制度を参照した上で理解する必要があるのである。換言すれば，本項で示す結果は，PISA調査で収集したデータがどのような特性をもっているのかを，得点のばらつきの程度に着目して表したものと言える。

　表2.6.15は，18か国について，生徒の読解力の得点のばらつきの程度を比べたものである。「分散」が小さい場合，生徒の得点は平均値の近くに分布し，その国における得点のばらつきの程度は小さく，個々の生徒の得点差も相対的に小さいと言える。逆に「分散」が大きい場合，生徒の得点は平均値からかなり離れた範囲にまで分布し，個々の生徒の得点差も相対的に大きいと言える。

　読解力の得点における「分散」のOECD平均は9,890であり，これを100とした場合の各国の「分散」の相対的な大きさを表したものが「OECD相対分散」である。日本の「OECD相対分散」は95.4であり，香港（100.1），フィンランド（100.2），カナダ（101.7）に次いで，全体で4番目にOECD平均に近い値となっている（台湾（104.6）とは同じく4.6ポイント差であった）。この値が大きいのは，シンガポール（120.0），オーストラリア（119.4），アメリカ（117.7）であり，小さいのは北京・上海・江蘇・浙江（76.9），アイルランド（83.2），エストニア（87.9）である。

　「学校間分散割合」とは，生徒の読解力の得点のばらつきを示す「分散」が学校間の違いで何パーセント説明されるかを示したものである。一方，100からこの値を引くことで「学校間の等質性（academic inclusion）」指標が算出される。「学校間の等質性」指標は，値が大きいほど学校間における得点のばらつきが小さく，学校間の差異が小さい（学校同士の等質性が高い）ことを意味する。なお，ここでの「学校間分散」と「学校内分散」は推定値であり，合計しても「分散」と等しくならないため，「学校間分散」と「学校内分散」の合計値で「学校間分散」を割った値を「学校間分散割合」としている。

　日本の「学校間の等質性」指標の値は62.0で，18か国中，オランダ（47.2），ドイツ（53.3），イタリア（56.3），北京・上海・江蘇・浙江（57.9）に次いで5番目に小さい。一方，この指標値が18か国中一番大きいのは，フィンランド（93.3）であり，次いでカナダ（87.4）である。なお，日本は2015年の科学的リテラシーの結果（2015年の科学的リテラシーにおける日本の「学校間の等質性」指標は55.9）に比して，2018年の読解力における「学校間の等質性」指標の値が大きい（学校間の差異が小さい）。

第2章　読解力

表2.6.15　読解力の平均得点における学校間と学校内のばらつき

国　名	読解力の平均得点		分散	OECD相対分散	学校間分散		学校内分散		学校間分散割合	「学校間の等質性」指標	
	平均得点	標準誤差			分散	標準誤差	分散	標準誤差		指標値	標準誤差
日本	504	(2.7)	9433	95.4	3573	(318.9)	5839	(162.4)	36.1	62.0	(2.28)
オーストラリア	503	(1.6)	11807	119.4	2149	(177.3)	9606	(157.6)	21.7	81.7	(1.30)
カナダ	520	(1.8)	10060	101.7	1272	(109.0)	8796	(148.3)	12.9	87.4	(0.99)
エストニア	523	(1.8)	8689	87.9	1641	(255.6)	6872	(177.1)	16.6	80.7	(2.54)
フィンランド	520	(2.3)	9911	100.2	652	(134.6)	9144	(223.2)	6.6	93.3	(1.31)
フランス	w	w	w	w	w	w	w	w	w	w	w
ドイツ	498	(3.0)	11183	113.1	5189	(402.6)	5920	(157.8)	52.5	53.3	(2.11)
アイルランド	518	(2.2)	8227	83.2	1078	(149.2)	7106	(175.1)	10.9	86.8	(1.64)
イタリア	476	(2.4)	9383	94.9	4050	(386.5)	5227	(131.0)	40.9	56.3	(2.48)
韓国	514	(2.9)	10405	105.2	2621	(348.9)	7694	(203.3)	26.5	74.6	(2.63)
オランダ	485	(2.7)	10985	111.1	5804	(460.5)	5183	(162.7)	58.7	47.2	(2.26)
ニュージーランド	506	(2.0)	11300	114.3	1591	(209.3)	9727	(230.1)	16.1	85.9	(1.65)
イギリス	504	(2.6)	10042	101.5	1788	(220.2)	8222	(176.8)	18.1	82.1	(1.92)
アメリカ	505	(3.6)	11641	117.7	1919	(244.3)	9743	(256.1)	19.4	83.5	(1.86)
OECD 平均	487	(0.4)	9890	100.0	2936	(55.0)	6902	(35.1)	29.7	70.0	(0.37)
北京・上海・江蘇・浙江	555	(2.7)	7609	76.9	3195	(316.5)	4389	(159.6)	32.3	57.9	(2.74)
香港	524	(2.7)	9896	100.1	3265	(338.9)	6604	(207.3)	33.0	66.9	(2.31)
台湾	503	(2.8)	10349	104.6	3027	(375.9)	7326	(220.0)	30.6	70.8	(2.83)
シンガポール	549	(1.6)	11869	120.0	3455	(439.3)	8222	(263.4)	34.9	70.4	(3.07)

（注）1.「学校間分散」と「学校内分散」は，推定値であるため，必ずしもその和が全体の指標値にならない。
　　　2.「学校間分散割合」は，注1の理由で，学校間分散を「学校間分散と学校内分散の合計」で割った値に100を乗じたもの。
　　　3.「学校間の等質性」指標は，「100－学校間分散割合」の値。この値が大きいほど学校間での得点のばらつきが小さい。
　　　4. 表中のwは欠損値（当該国からの要請でデータが非表示）。
出所：OECD(2019b) の表より抜粋。

2.7 | 国語の学習環境

2.7.1　国語の授業における読みの指導方略

　生徒質問調査の問26（ST152）では，「あなたが受けている国語の授業で，先生は次のようなことをどのくらいしますか。」と尋ね，「国語の授業における読みの指導方略」に関する四つの項目について，生徒に「いつもそうだ」「たいていそうだ」「たまにある」「ほとんどない」の四つの選択肢から一つを選んでもらった。なお，この項目は2018年調査の新規項目である。

ST152　先生の読みの指導方略
問26　　あなたが受けている国語の授業で、先生は次のようなことをどのくらいしますか。
　　　　（1）〜（4）のそれぞれについて、あてはまるものを一つ選んでください。

	ほとんどない	たまにある	たいていそうだ	いつもそうだ
ST152Q05　（1）先生は文章についての意見を言うよう生徒にすすめる	○₁	○₂	○₃	○₄
ST152Q06　（2）先生は物語と実生活とを関連づける手助けをしてくれる	○₁	○₂	○₃	○₄
ST152Q07　（3）先生は教科書の内容を、すでに持っている知識とどうやって関連づけるかを教えてくれる	○₁	○₂	○₃	○₄
ST152Q08　（4）先生は生徒を積極的に参加させる質問をする	○₁	○₂	○₃	○₄

　表2.7.1は，18か国について「国語の授業における読みの指導方略」に関する四つの項目に「いつもそうだ」「たいていそうだ」と回答した生徒の割合を示している。項目別に日本とOECD平均

表 2.7.1　国語の授業における読みの指導方略別生徒の回答割合

| 国　名 | 2018年「たいていそうだ」「いつもそうだ」と回答した生徒の割合 | | | | | | | |
| | (1) 先生は文章についての意見を言うよう生徒にすすめる | | (2) 先生は物語と実生活とを関連づける手助けをしてくれる | | (3) 先生は教科書の内容を，すでに持っている知識とどうやって関連づけるかを教えてくれる | | (4) 先生は生徒を積極的に参加させる質問をする | |
	割合	標準誤差	割合	標準誤差	割合	標準誤差	割合	標準誤差
日本	55.2	0.9	49.9	0.9	52.8	0.8	66.2	0.8
オーストラリア	63.8	0.6	46.4	0.6	62.4	0.6	62.4	0.5
カナダ	65.1	0.6	51.4	0.7	60.4	0.5	62.8	0.6
エストニア	56.9	0.9	36.5	0.9	45.5	0.7	48.6	0.9
フィンランド	51.5	0.9	30.8	0.7	39.4	0.8	55.2	0.8
フランス	59.8	0.9	34.1	0.8	55.6	0.7	49.8	0.9
ドイツ	57.2	0.9	34.9	0.9	53.3	0.9	48.6	0.9
アイルランド	63.1	0.8	39.0	0.8	55.6	0.8	58.4	0.8
イタリア	52.2	0.8	32.5	0.8	39.2	0.8	55.5	0.8
韓国	63.8	1.1	62.2	0.9	65.2	1.0	67.4	1.0
オランダ	36.0	1.0	23.7	0.8	45.3	1.1	48.6	1.0
ニュージーランド	61.2	0.8	50.5	0.8	60.4	0.8	60.6	0.7
イギリス	66.8	0.8	33.5	0.7	63.9	0.8	64.7	0.8
アメリカ	58.1	1.2	48.7	1.1	60.0	0.9	60.8	1.0
OECD 平均	56.9	0.2	40.8	0.1	52.3	0.1	56.8	0.1
北京・上海・江蘇・浙江	71.8	0.8	71.2	0.8	69.3	0.8	69.8	0.9
香港	55.3	1.2	52.9	0.9	56.5	0.9	60.6	0.9
台湾	49.4	0.9	57.8	0.8	56.2	0.7	54.1	0.8
シンガポール	59.5	0.6	50.3	0.6	61.0	0.7	63.8	0.6

（注）灰色の網掛けは非 OECD 加盟国・地域を示す。
出所：OECD PISA2018 データベースをもとに国立教育政策研究所が作成。

の割合を見ると，「(1) 先生は文章についての意見を言うよう生徒にすすめる」は日本 55%，OECD 平均 57%，「(2) 先生は物語と実生活とを関連づける手助けをしてくれる」は日本 50%，OECD 平均 41%，「(3) 先生は教科書の内容を，すでに持っている知識とどうやって関連づけるかを教えてくれる」は日本 53%，OECD 平均 52%，「(4) 先生は生徒を積極的に参加させる質問をする」は日本 66%，OECD 平均 57% であった。日本は，「(1) 先生は文章についての意見を言うよう生徒にすすめる」以外の 3 項目において OECD 平均よりも割合が高い。

　18 か国で見ると，「(1) 先生は文章についての意見を言うよう生徒にすすめる」について最も割合が高いのは，北京・上海・江蘇・浙江で 72% であり，次いでイギリス（67%），カナダ（65%）と続く，日本は 14 番目である。「(2) 先生は物語と実生活とを関連づける手助けをしてくれる」について最も割合が高いのは，北京・上海・江蘇・浙江で 71% であり，次いで韓国（62%），カナダ（51%），ニュージーランド（51%），日本（50%）と続く。「(3) 先生は教科書の内容を，すでに持っている知識とどうやって関連づけるかを教えてくれる」について最も割合が高いのは，北京・上海・江蘇・浙江で 69% であり，次いで韓国（65%），イギリス（64%），オーストラリア（62%）と続き，日本は 14 番目である。「(4) 先生は生徒を積極的に参加させる質問をする」について最も割合が高いのは，北京・上海・江蘇・浙江で 70% であり，次いで韓国（67%），日本（66%），イギリス（65%），カナダ（63%）と続く。

　次に表 2.7.2 は，問 26 の四つの項目それぞれについて，回答した選択肢により「指導あり」グループ（「いつもそうだ」「たいていそうだ」）と「指導なし」グループ（「たまにある」「ほとんどない」）に分け，読解力の平均得点を示している。日本についてみると，「指導あり」グループの方が「指導なし」グループよりも統計的に有意に平均得点が高いのは，「(1) 先生は文章についての意見

第2章　読解力

表 2.7.2　国語の授業における読みの指導方略別・指導の有無別生徒の読解力の平均得点

国　名	(1) 先生は文章についての意見を言うよう生徒にすすめる				(2) 先生は物語と実生活とを関連づける手助けをしてくれる				(3) 先生は教科書の内容を，すでに持っている知識とどうやって関連づけるかを教えてくれる				(4) 先生は生徒を積極的に参加させる質問をする			
	指導あり		指導なし		指導あり		指導なし		指導あり		指導なし		指導あり		指導なし	
	平均得点	標準誤差	平均得点	標準誤差	平均得点	標準誤差	平均得点	標準誤差	平均得点	標準誤差	平均得点	標準誤差	平均得点	標準誤差	平均得点	標準誤差
日本	**515**	(2.9)	492	(3.4)	**508**	(2.9)	502	(3.3)	508	(3.0)	502	(3.2)	**513**	(2.7)	489	(3.7)
オーストラリア	**519**	(2.0)	484	(2.2)	505	(2.3)	506	(2.0)	**513**	(2.1)	494	(2.1)	**514**	(2.3)	493	(2.0)
カナダ	**536**	(1.8)	506	(2.1)	526	(1.8)	525	(2.2)	**529**	(1.8)	521	(2.2)	**532**	(2.0)	516	(2.0)
エストニア	**540**	(1.8)	505	(2.7)	**528**	(2.8)	524	(2.2)	**532**	(2.4)	519	(2.5)	**531**	(2.4)	519	(2.5)
フィンランド	**543**	(2.5)	506	(2.6)	525	(3.2)	525	(2.2)	**532**	(3.1)	521	(2.1)	**541**	(2.6)	505	(2.3)
フランス	**508**	(2.6)	480	(2.9)	481	(3.3)	**506**	(2.6)	504	(2.6)	490	(2.9)	496	(2.8)	498	(2.8)
ドイツ	**522**	(3.7)	496	(3.4)	505	(4.0)	**515**	(3.4)	514	(3.7)	508	(3.7)	511	(3.8)	511	(3.5)
アイルランド	**531**	(2.2)	500	(3.1)	**523**	(2.8)	517	(2.6)	**526**	(2.3)	511	(2.8)	**528**	(2.5)	507	(2.5)
イタリア	**491**	(3.0)	467	(2.6)	476	(4.0)	**482**	(2.3)	483	(3.5)	478	(2.5)	**490**	(2.8)	467	(2.8)
韓国	**521**	(3.5)	503	(3.1)	**517**	(3.3)	510	(3.4)	**520**	(3.4)	504	(3.1)	**519**	(3.3)	507	(3.3)
オランダ	**515**	(3.2)	496	(3.0)	494	(3.7)	**506**	(2.8)	**508**	(3.1)	499	(3.3)	**511**	(2.8)	495	(3.6)
ニュージーランド	**520**	(2.4)	490	(2.9)	**513**	(2.5)	505	(2.5)	**515**	(2.5)	500	(2.9)	**514**	(2.2)	500	(2.8)
イギリス	**520**	(2.8)	483	(3.1)	499	(3.6)	**512**	(2.6)	**515**	(2.6)	494	(3.3)	**514**	(2.8)	495	(3.1)
アメリカ	**526**	(3.9)	482	(3.8)	**515**	(4.3)	501	(3.7)	**520**	(4.2)	490	(3.6)	**519**	(4.0)	491	(3.9)
OECD 平均	**504**	(0.5)	473	(0.5)	**490**	(0.5)	491	(0.5)	**496**	(0.5)	485	(0.5)	**498**	(0.5)	481	(0.5)
北京・上海・江蘇・浙江	**567**	(2.7)	525	(3.4)	**564**	(2.8)	535	(3.5)	**563**	(2.8)	540	(3.3)	**562**	(3.0)	539	(3.1)
香港	**538**	(2.5)	511	(4.2)	**532**	(2.7)	519	(3.6)	**535**	(2.7)	514	(3.8)	**536**	(2.8)	510	(3.7)
台湾	**514**	(3.6)	494	(3.0)	**515**	(3.2)	488	(3.2)	**514**	(3.2)	491	(3.0)	**509**	(3.3)	498	(3.1)
シンガポール	**566**	(1.9)	527	(2.0)	**555**	(2.1)	546	(2.1)	**560**	(1.9)	536	(2.2)	**559**	(1.8)	534	(2.3)

(注)　1.　灰色の網掛けは非 OECD 加盟国・地域を示す。
　　　2.　「指導あり」と「指導なし」との間に統計的な有意差がある場合に高い得点を太字で示している。
　　　3.　「指導あり」グループは「たいていそうだ」「いつもそうだ」と回答した生徒，「指導なし」グループは「たまにある」「ほとんどない」と回答した生徒。
出所：OECD PISA2018 データベースをもとに国立教育政策研究所が作成。

を言うよう生徒にすすめる」（「指導あり」515 点,「指導なし」492 点),「(2) 先生は物語と実生活とを関連づける手助けをしてくれる」（「指導あり」508 点,「指導なし」502 点),「(4) 先生は生徒を積極的に参加させる質問をする」（「指導あり」513 点,「指導なし」489 点) である。「(3) 先生は教科書の内容を，すでに持っている知識とどうやって関連づけるかを教えてくれる」については，統計的に有意な差は見られない。

18 か国で見ると,「(1) 先生は文章についての意見を言うよう生徒にすすめる」については日本を含む 18 か国全てで「指導あり」グループの方が「指導なし」グループよりも統計的に有意に得点が高い。「(3) 先生は教科書の内容を，すでに持っている知識とどうやって関連づけるかを教えてくれる」については，15 か国で「指導あり」グループの方が統計的に有意に得点が高い。日本，ドイツ，イタリアの 3 か国も「指導あり」グループの方が得点は高いが，統計的に有意な差は見られない。「(4) 先生は生徒を積極的に参加させる質問をする」については，日本を含む 16 か国で「指導あり」グループの方が統計的に有意に得点が高い。フランス，ドイツの 2 か国については統計的に有意な差は見られない。「(2) 先生は物語と実生活とを関連づける手助けをしてくれる」については，日本を含む 10 か国で「指導あり」グループの方が統計的に有意に得点が高いが，フランス，ドイツ，イタリア，オランダ，イギリスの 4 か国では「指導なし」グループの方が統計的に有意に得点が高い。オーストラリア，カナダ，フィンランドについては，統計的に有意な差は見られない。

2.7.2　国語の授業の雰囲気

　生徒質問調査の問 18（ST097）では，「学校の国語の授業で，次のようなことはどのくらいありますか。」と尋ね，「国語の授業の雰囲気」に関する五つの項目について，生徒に「まったく，又はほとんどない」「たまにある」「たいていそうだ」「いつもそうだ」の四つの選択肢から一つを選んでもらった。なお，この指標を構成する五つの項目は，2009 年調査との経年比較が可能である。

```
ST097　国語の授業の雰囲気
問18          学校の国語の授業で、次のようなことはどのくらいありますか。(1)～(5)のそれぞれについて、あてはまるものを一つ選んでください。
                                                                           いつも    たいてい   たまにあ   まったく、
                                                                           そうだ    そうだ     る        又は
                                                                                                          ほとんど
                                                                                                          ない
ST097Q01    (1)生徒は、先生の言うことを聞いていない                            ○₁      ○₂       ○₃       ○₄
ST097Q02    (2)授業中は騒がしくて、荒れている                                  ○₁      ○₂       ○₃       ○₄
ST097Q03    (3)先生は、生徒が静まるまで長い時間待たなければならない                ○₁      ○₂       ○₃       ○₄
ST097Q04    (4)生徒は、勉強があまりよくできない                                ○₁      ○₂       ○₃       ○₄
ST097Q05    (5)生徒は、授業が始まってもなかなか勉強にとりかからない               ○₁      ○₂       ○₃       ○₄
```

　表 2.7.3 は，18 か国における「国語の授業の雰囲気」指標の平均値と，それを構成する項目に対して否定的に答えた（「たまにある」「まったく，又はほとんどない」と回答した）生徒の割合を示し，併せて指標を構成する五つの質問項目について，「まったく，又はほとんどない」と回答した生徒の割合の経年変化（2018 年 − 2009 年）も示している。なお，「国語の授業の雰囲気」指標は，上記の破線で囲われた 5 項目から構成され，その値が大きいほど，国語の授業の雰囲気が良好であることを示す。

　2018 年について項目別に否定的な回答（国語の授業の雰囲気が良好）の日本と OECD 平均の割合を見ると，「(1) 生徒は，先生の言うことを聞いていない」は日本 92%，OECD 平均 71%，「(2) 授業中は騒がしくて，荒れている」は日本 90%，OECD 平均 69%，「(3) 先生は，生徒が静まるまで長い時間待たなければならない」は日本 91%，OECD 平均 74%，「(4) 生徒は，勉強があまりよくできない」は日本 86%，OECD 平均 82%，「(5) 生徒は，授業が始まってもなかなか勉強にとりかからない」は日本 92%，OECD 平均 76% であり，日本はいずれの項目も OECD 平均を上回っている。

　18 か国で見ると，日本は「(1) 生徒は，先生の言うことを聞いていない」「(5) 生徒は，授業が始まってもなかなか勉強にとりかからない」について，韓国（93%，94%）に次いで 2 番目に否定的な回答の割合が多く，「(2) 授業中は騒がしくて，荒れている」については，韓国（92%），北京・上海・江蘇・浙江（91%）に次いで，3 番目に割合が多い。「(3) 先生は，生徒が静まるまで長い時間待たなければならない」については，北京・上海・江蘇・浙江（92%），韓国（92%）に次いで，3 番目に割合が多い。「(4) 生徒は，勉強があまりよくできない」についても，韓国（95%）の割合が最も多く，次いで北京・上海・江蘇・浙江（91%），シンガポール（86%），日本（86%）と続き，日本は 4 番目に割合が多い。

　また，「国語の授業の雰囲気」指標の平均値を見ると，日本の値は 0.78 である。これは 18 か国の中で，韓国（1.07），北京・上海・江蘇・浙江（0.79）に次いで，3 番目に値が大きく，授業の雰囲気が良好であると言える。日本に次いで授業の雰囲気が良好なのは，香港（0.24），エストニア（0.20），台湾（0.18），アメリカ（0.14），シンガポール（0.09）であり，アジア圏において比較的国語の授業の雰囲気が良好であると言える。ただし，日本を含む上位 3 か国とそれ以外の国との差は大きい。

第 2 章　読解力

表 2.7.3　「国語の授業の雰囲気」指標（2009 年〜 2018 年）

国　名	「国語の授業の雰囲気」指標		2018 年調査									
			「たまにある」「まったく，又はほとんどない」と回答した生徒の割合									
			生徒は，先生の言うことを聞いていない		授業中は騒がしくて，荒れている		先生は，生徒が静まるまで長い時間待たなければならない		生徒は，勉強があまりよくできない		生徒は，授業が始まってもなかなか勉強にとりかからない	
	平均値	標準誤差	割合	標準誤差	割合	標準誤差	割合	標準誤差	割合	標準誤差	割合	標準誤差
日本	0.78	(0.03)	91.5	(0.6)	90.3	(0.6)	91.3	(0.5)	85.9	(0.6)	91.6	(0.5)
オーストラリア	-0.20	(0.02)	63.1	(0.6)	57.1	(0.6)	67.5	(0.7)	78.6	(0.5)	73.9	(0.5)
カナダ	-0.09	(0.01)	69.1	(0.6)	61.1	(0.6)	72.9	(0.6)	81.0	(0.4)	70.8	(0.5)
エストニア	0.20	(0.02)	69.5	(0.8)	76.4	(0.8)	80.0	(0.8)	83.3	(0.7)	84.4	(0.6)
フィンランド	-0.11	(0.02)	70.1	(0.9)	63.5	(0.9)	72.5	(0.9)	84.5	(0.7)	74.8	(0.8)
フランス	-0.34	(0.03)	58.2	(1.0)	48.2	(1.0)	61.0	(1.1)	74.8	(0.8)	59.5	(0.9)
ドイツ	0.04	(0.02)	64.0	(0.9)	71.2	(0.9)	70.8	(0.9)	78.5	(0.7)	76.9	(0.7)
アイルランド	0.04	(0.03)	67.0	(1.0)	65.2	(1.0)	74.4	(0.9)	85.0	(0.6)	78.5	(0.8)
イタリア	-0.02	(0.02)	67.1	(0.7)	62.9	(0.7)	69.8	(0.8)	81.4	(0.6)	76.0	(0.7)
韓国	1.07	(0.02)	93.4	(0.4)	92.1	(0.4)	92.1	(0.5)	94.6	(0.4)	93.6	(0.4)
オランダ	-0.20	(0.02)	73.7	(0.9)	64.3	(0.9)	66.0	(1.1)	84.0	(0.7)	60.6	(1.0)
ニュージーランド	-0.16	(0.02)	64.7	(0.7)	58.3	(0.7)	69.8	(0.8)	80.3	(0.6)	72.7	(0.7)
イギリス	0.09	(0.02)	69.8	(0.9)	66.3	(0.9)	74.5	(0.8)	84.8	(0.6)	81.0	(0.6)
アメリカ	0.14	(0.03)	74.3	(1.0)	71.8	(1.0)	78.2	(0.9)	85.3	(0.7)	79.8	(0.8)
OECD 平均	0.04	(0.00)	70.5	(0.1)	68.5	(0.1)	73.6	(0.1)	81.5	(0.1)	75.6	(0.1)
北京・上海・江蘇・浙江	0.79	(0.03)	89.1	(0.5)	91.1	(0.5)	92.3	(0.5)	91.0	(0.5)	90.9	(0.5)
香港	0.24	(0.03)	80.7	(0.8)	81.0	(0.8)	83.9	(0.8)	83.2	(0.7)	78.7	(0.8)
台湾	0.18	(0.02)	77.4	(0.7)	79.5	(0.7)	81.1	(0.7)	82.2	(0.6)	78.8	(0.7)
シンガポール	0.09	(0.01)	73.3	(0.6)	66.9	(0.6)	74.2	(0.5)	86.2	(0.4)	81.7	(0.5)

国　名	経年変化（2018 年－ 2009 年）				
	「たまにある」「まったく，又はほとんどない」と回答した生徒の割合の差				
	生徒は，先生の言うことを聞いていない	授業中は騒がしくて，荒れている	先生は，生徒が静まるまで長い時間待たなければならない	生徒は，勉強があまりよくできない	生徒は，授業が始まってもなかなか勉強にとりかからない
	割合の差	割合の差	割合の差	割合の差	割合の差
日本	-0.1	0.0	-1.5	-1.1	-0.3
オーストラリア	-4.6	-3.7	-3.4	-3.4	-2.5
カナダ	-1.5	0.0	0.6	-1.2	-1.9
エストニア	-0.9	7.0	6.9	3.1	6.1
フィンランド	9.7	11.4	9.4	4.5	6.9
フランス	-6.1	-8.0	-3.1	-1.5	-3.0
ドイツ	-20.6	-12.3	-6.7	-3.7	-4.1
アイルランド	3.3	0.7	4.6	4.2	3.4
イタリア	1.1	-5.0	0.0	0.2	2.3
韓国	3.5	14.9	4.3	4.3	6.2
オランダ	5.6	5.4	2.8	3.5	5.1
ニュージーランド	-2.9	-3.0	1.5	-1.8	-1.4
イギリス	-3.3	-2.1	0.7	-0.8	-0.2
アメリカ	-1.2	-0.2	-0.7	-1.8	-1.8
OECD 平均	-1.5	-0.8	0.9	0.4	0.4
北京・上海・江蘇・浙江	m	m	m	m	m
香港	-6.5	-6.9	-5.5	-4.8	-7.5
台湾	-1.0	-1.1	1.2	-1.6	0.5
シンガポール	-4.3	-3.1	-3.3	-1.3	-1.4

（注）1．灰色の網掛けは非 OECD 加盟国・地域を示す。
　　　2．太字は統計的な有意差があることを示す。
　　　3．表中の m は欠損値（データなし）。
　　　4．2009 年調査の OECD 平均は，2018 年調査と比較するために OECD 加盟 37 か国で再計算した値のため，2009 年調査結果で報告された値と異なる。
出所：OECD(2019c) の表より抜粋。

2.7.3 国語の授業における教師の支援

生徒質問調査の問19（ST100）では，「学校の国語の授業で，次のようなことはどのくらいありますか。」と尋ね，「国語の授業における教師の支援」に関する四つの項目について，生徒に「まったく，又はほとんどない」「たまにある」「たいていそうだ」「いつもそうだ」の四つの選択肢から一つを選んでもらった。なお，この項目は，2018年調査の新規項目である。

```
ST100  国語の先生
問19       学校の国語の授業で、次のようなことはどのくらいありますか。(1)〜(4)のそれぞれについて、あてはまるものを一つ選んでください。
                                                              いつも   たいてい  たまに   まったく、
                                                              そうだ   そうだ    ある     又は
                                                                                         ほとんど
                                                                                         ない
ST100Q01   (1)先生は、生徒一人一人の学習に関心を持っている       ○₁      ○₂       ○₃       ○₄
ST100Q02   (2)生徒が助けて欲しいときは、先生は助けてくれる       ○₁      ○₂       ○₃       ○₄
ST100Q03   (3)先生は、生徒の学習を助けてくれている               ○₁      ○₂       ○₃       ○₄
ST100Q04   (4)先生は、生徒がわかるまで何度でも教えてくれる       ○₁      ○₂       ○₃       ○₄
```

表2.7.4は，18か国における「国語の授業における教師の支援」指標の平均値と，それを構成する項目に対して肯定的に答えた（「たいていそうだ」「いつもそうだ」と回答した）生徒の割合を示している。「国語の授業における教師の支援」指標は，上記の破線に囲まれた4項目から構成され，その値が大きいほど，生徒が国語の授業において教師からの支援があると認識していることを意味している。

2018年について項目別に日本とOECD平均の割合を見ると，「(1)先生は，生徒一人一人の学習に関心を持っている」は日本75%，OECD平均71%，「(2)生徒が助けて欲しいときは，先生は助けてくれる」は日本81%，OECD平均75%，「(3)先生は，生徒の学習を助けてくれている」は日本83%，OECD平均76%，「(4)先生は，生徒がわかるまで何度でも教えてくれる」は日本77%，OECD平均71%であり，日本はいずれの項目もOECD平均を上回っている。

18か国で見ると，「(1)先生は，生徒一人一人の学習に関心を持っている」及び「(2)生徒が助けて欲しいときは，先生は助けてくれる」について最も割合が高いのは，北京・上海・江蘇・浙江（83%，86%）であり，「(3)先生は，生徒の学習を助けてくれている」について最も割合が高いのはイギリス（88%）である。「(4)先生は，生徒がわかるまで何度でも教えてくれる」について最も割合が高いのはシンガポール（78%）であり，日本は2番目に割合が高い。日本は(4)以外の項目でも上位の国との差はそれほど大きくはないことから，「教師の支援」に対する生徒の認識は比較的良い。

また，「国語の授業における教師の支援」指標の平均値を見ると，日本は0.07であり，18か国の中で10番目に値が大きい。18か国の中で最もこの値が大きいのは，北京・上海・江蘇・浙江（0.36）であり，次いでイギリス（0.30），オーストラリア，ニュージーランド（いずれも0.25）と続く。

第 2 章　読解力

表 2.7.4　「国語の授業における教師の支援」指標

国　名	「国語の授業における教師の支援」指標		2018 年							
			「いつもそうだ」「たいていそうだ」と回答した生徒の割合							
			(1) 先生は，生徒一人一人の学習に関心を持っている		(2) 生徒が助けて欲しいときは，先生は助けてくれる		(3) 先生は，生徒の学習を助けてくれている		(4) 先生は，生徒がわかるまで何度でも教えてくれる	
	平均値	標準誤差	割合	標準誤差	割合	標準誤差	割合	標準誤差	割合	標準誤差
日本	0.07	(0.02)	74.9	(0.8)	81.0	(0.7)	83.4	(0.7)	76.5	(0.8)
オーストラリア	0.25	(0.01)	78.7	(0.5)	81.1	(0.5)	85.3	(0.4)	75.5	(0.5)
カナダ	m	m	m	m	m	m	m	m	m	m
エストニア	-0.11	(0.02)	60.2	(0.7)	73.6	(0.8)	75.9	(0.7)	67.5	(0.7)
フィンランド	0.21	(0.02)	73.6	(0.9)	85.3	(0.5)	87.2	(0.5)	74.8	(0.7)
フランス	-0.22	(0.02)	57.3	(0.9)	65.2	(0.8)	68.8	(0.7)	65.8	(0.8)
ドイツ	-0.24	(0.02)	76.4	(0.7)	74.8	(0.8)	81.1	(0.6)	73.7	(0.8)
アイルランド	0.16	(0.02)	79.4	(0.7)	79.6	(0.8)	86.9	(0.6)	75.3	(0.8)
イタリア	0.02	(0.02)	77.7	(0.6)	82.1	(0.5)	86.0	(0.5)	74.9	(0.7)
韓国	0.18	(0.02)	77.0	(0.8)	77.3	(0.7)	82.7	(0.7)	67.8	(0.8)
オランダ	-0.43	(0.02)	83.2	(0.8)	85.5	(0.5)	85.7	(0.5)	76.2	(0.7)
ニュージーランド	0.25	(0.02)	57.0	(0.7)	79.0	(0.6)	81.8	(0.6)	70.3	(0.7)
イギリス	0.30	(0.02)	79.1	(0.7)	81.4	(0.6)	88.0	(0.5)	75.9	(0.8)
アメリカ	0.15	(0.02)	77.0	(0.8)	77.3	(0.7)	82.7	(0.7)	67.8	(0.8)
OECD 平均	0.01	(0.00)	71.0	(0.1)	74.7	(0.1)	75.6	(0.1)	70.5	(0.1)
北京・上海・江蘇・浙江	0.36	(0.02)	83.2	(0.8)	85.5	(0.5)	85.7	(0.5)	76.2	(0.7)
香港	-0.02	(0.02)	73.4	(0.9)	74.3	(0.8)	77.9	(0.8)	70.3	(0.9)
台湾	0.04	(0.02)	57.0	(0.7)	79.0	(0.6)	81.8	(0.6)	70.3	(0.7)
シンガポール	0.24	(0.01)	80.4	(0.6)	83.9	(0.5)	87.6	(0.4)	78.4	(0.5)

（注）　1．灰色の網掛けは非 OECD 加盟国・地域を示す。
　　　　2．表中の m は欠損値（データなし）。
出所：OECD(2019c) の表より抜粋。

2.7.4　国語教師からのフィードバックに関する生徒の認識

　生徒質問調査の問 23（ST104）では，「国語の授業で，次のようなことはどのくらいありますか。」と尋ね，「国語教師からのフィードバックに関する生徒の認識」指標に関する以下三つの項目について，生徒に「いつも，又はほとんどいつも」「たいていそうだ」「たまにある」「まったく，又はほとんどない」の四つの選択肢から一つを選んでもらった。なお，この項目は，2018 年調査の新規項目である。

ST104　先生による助言(国語)
問23　　　　　国語の授業で、次のようなことはどのくらいありますか。(1)～(3)のそれぞれについて、あてはまるものを一つ選んでください。

	まったく、又はほとんどない	たまにある	たいていそうだ	いつも、又はほとんどいつも
ST104Q02　(1)先生は、国語における私の長所を教えてくれる	◯1	◯2	◯3	◯4
ST104Q03　(2)先生は、私の改善の余地がある部分について教えてくれる	◯1	◯2	◯3	◯4
ST104Q04　(3)先生は、国語の成績を上げる方法を教えてくれる	◯1	◯2	◯3	◯4

　表 2.7.5 は，18 か国における「国語教師からのフィードバックに関する生徒の認識」指標の平均値と，それを構成する 3 項目に対して肯定的に答えた（「いつも，又はほとんどいつも」「たいていそうだ」と回答した）生徒の割合を示している。「国語教師からのフィードバックに関する生徒の認識」指標は，上記の破線で囲まれた 3 項目から構成され，その値が大きいほど，生徒が国語の教師からフィードバックを受けていると認識していることを意味する。

　2018 年について項目別に日本と OECD 平均の割合を見ると，「(1) 先生は，国語における私の

読解力　第2章

表 2.7.5　「国語教師からのフィードバックに関する生徒の認識」指標

国　名	「国語教師からのフィードバックに関する生徒の認識」指標 平均値	標準誤差	(1) 先生は，国語における私の長所を教えてくれる 割合	標準誤差	(2) 先生は，私の改善の余地がある部分について教えてくれる 割合	標準誤差	(3) 先生は，国語の成績を上げる方法を教えてくれる 割合	標準誤差
日本	-0.30	(0.02)	18.9	(0.7)	29.5	(0.9)	45.5	(0.9)
オーストラリア	0.35	(0.01)	51.6	(0.5)	57.3	(0.5)	55.9	(0.5)
カナダ	m	m	m	m	m	m	m	m
エストニア	-0.13	(0.02)	34.7	(0.8)	32.3	(0.7)	40.4	(0.9)
フィンランド	-0.16	(0.02)	32.0	(0.9)	33.2	(0.7)	33.0	(0.7)
フランス	-0.21	(0.02)	22.3	(0.6)	36.1	(0.6)	38.5	(0.8)
ドイツ	-0.07	(0.02)	26.1	(0.7)	42.6	(0.9)	40.3	(0.9)
アイルランド	0.30	(0.02)	47.1	(0.9)	54.8	(0.9)	53.5	(0.9)
イタリア	-0.04	(0.02)	25.3	(0.8)	43.6	(0.8)	43.5	(0.9)
韓国	0.18	(0.02)	44.2	(0.9)	50.2	(0.9)	53.4	(0.8)
オランダ	-0.15	(0.02)	29.1	(1.0)	37.2	(1.1)	37.9	(1.2)
ニュージーランド	0.49	(0.02)	56.0	(0.8)	64.4	(0.8)	61.7	(0.8)
イギリス	0.53	(0.02)	57.9	(0.8)	64.4	(0.9)	61.0	(0.9)
アメリカ	0.31	(0.02)	46.7	(1.1)	54.0	(0.9)	53.3	(0.9)
OECD 平均	0.01	(0.00)	33.6	(0.1)	43.0	(0.1)	44.6	(0.1)
北京・上海・江蘇・浙江	0.28	(0.02)	40.5	(0.8)	55.0	(0.8)	49.2	(0.8)
香港	0.12	(0.02)	35.2	(0.9)	46.6	(1.0)	46.0	(1.0)
台湾	0.34	(0.01)	46.3	(0.7)	56.2	(0.7)	56.2	(0.7)
シンガポール	0.42	(0.01)	49.8	(0.6)	60.6	(0.7)	59.1	(0.7)

（注）1. 灰色の網掛けは非 OECD 加盟国・地域を示す。
　　　2. 表中の m は欠損値（データなし）。
出所：OECD（2019c）の表より抜粋。

長所を教えてくれる」は日本 19%，OECD 平均 34%，「(2) 先生は，私の改善の余地がある部分について教えてくれる」は日本 30%，OECD 平均 43%，「(3) 先生は，国語の成績を上げる方法を教えてくれる」は日本 46%，OECD 平均 45% であり，日本は「(3) 先生は，国語の成績を上げる方法を教えてくれる」の項目のみ OECD 平均を上回っている。

18 か国で見ると，日本は「(1) 先生は，国語における私の長所を教えてくれる」及び「(2) 先生は，私の改善の余地がある部分について教えてくれる」において最も割合が少ない。3 項目全てにおいて 18 か国の中で割合が多いのは，イギリスとニュージーランドである。

また，「国語教師からのフィードバックに関する生徒の認識」指標の平均値を見ると，日本は -0.30 であり，18 か国の中で最も値が小さい。18 か国の中で最も値が大きいのはイギリス（0.53）であり，次いでニュージーランド（0.49），シンガポール（0.42）と続く。日本の場合，前項の「国語の授業における教師の支援」については生徒の認識は比較的良好であったが，「教師からのフィードバックに関する生徒の認識」ではあまり良好でないことがわかる。

第3章

数学的リテラシー

3.1 | 数学的リテラシーの枠組み

3.1.1 数学的リテラシーの定義

　数学的リテラシーとは、「様々な文脈の中で数学的に定式化し、数学を活用し、解釈する個人の能力のことである。それには、数学的に推論することや、数学的な概念・手順・事実・ツールを使って事象を記述し、説明し、予測することを含む。この能力は、個人が現実世界において数学が果たす役割を認識したり、建設的で積極的、思慮深い市民に求められる、十分な根拠に基づく判断や意思決定をしたりする助けとなるものである。」と定義付けられている。

　数学的リテラシーは2003年調査時に初めて中心分野になり、構成要素が提示された。そして2012年調査で、数学的リテラシー国際専門委員会を中心に、数学分野や教育観、授業実践の変化を考慮して調査の内容を再検討し、定義と関係する能力（これを数学的なプロセスと呼んでいる）を変更した。数学的リテラシーの定義は、2000年、2003〜2009年、2012年と変化してきている。

3.1.2 数学的リテラシーの三つの側面

　数学的リテラシーの枠組みは、数学的なプロセス、数学的な内容知識、文脈の三つの側面によって特徴付けられる。PISA2018年調査の枠組みは、PISA2012年調査から大きな変更はない。

（1）数学的なプロセス

　数学的なプロセスとは、生徒が問題の置かれている文脈を数学と結び付けて、その問題を解決することを説明するプロセスのことである。

　そこには、コミュニケーション；数学化；表現；推論と論証；問題解決のための方略の考案；記号的、形式的、専門的な表現や操作の使用；数学的ツールの使用といった、七つの認知的能力が関わっている。これらの認知的能力は、数学的な方法で世界を理解し、世界に関わるために、あるいは問題を解決するために、個人が活用したり、学んだりできるものである。これら七つの能力を含む数学的な「プロセス」カテゴリーは、次の3領域である。

「定式化」：生徒が現実世界にある問題場面を数学という分野の中での設定に置き換え、現実世界に数学的な構造・表現・特徴を持ち込み、問題における制約や仮定について推論したり、理解したりすること。

「活　用」：生徒が数学的概念・事実・手順・推論を用いて、数学的に構成された問題を解き、数学的な結論を得ること。

「解　釈」：生徒が数学的な解や結果、結論を振り返り、それらを現実世界という文脈の中で解釈すること。

（2）数学的な内容知識

　PISA 調査の目標は数学的リテラシーを測定することであるため，数学的な内容知識の組織的構造は，幅広く分類される問題の背後にある，具体的な数学的概念や手順の発達を促してきた数学的事象に基づいて提案されている。数学的な内容知識カテゴリーは，次の4領域である。なお，PISA2018 年調査に含まれる内容は，PISA2012 年調査で開発されたものと同じである。

「変化と関係」：適切な関数や方程式を使って変化と関係をモデル化すること，関係を表した記号やグラフを作ったり，解釈したり，変換したりすること。

「空間と形」：遠近法を理解する（例えば，絵画），地図を描いたり読んだりする，テクノロジーを使って，あるいは使わずに形を変換する，様々な視点から三次元の状況を解釈する，形を図に表すこと。

「　量　」：物体，関係，状況，世界に存在するものの属性を数量化し，それらの数量化したものを様々な形で表したものを理解し，数量に基づいた解釈や論証を評価すること。

「不確実性とデータ」：プロセスにおけるばらつきがどこにあるかを見分けること，そのばらつきを数量化したものを理解すること，測定における不確実性と誤差を認識すること，蓋然性について知ること。

（3）文脈

　問題解決者に更なる要求を課す問題解決の側面として広くみなされる。PISA 調査において重要なことは，様々な文脈を幅広く使うということである。そうすることで，可能な限り幅広い個人の興味や，21 世紀の人々が関わる状況に，関連付けやすくなる。

　数学的な文脈カテゴリーは，次の4領域である。

「個人的」：自分自身や家族，友人に焦点を当てる。個人的と見なされる文脈の種類には，（限定するわけではないが）食事の支度，買物，ゲーム，個人の健康，個人の移動手段，スポーツ，旅行，個人のスケジュール，個人の資金などに関わるものが含まれる。

「職業的」：仕事の世界に焦点を当てる。職業として分類される問いは，（限定するわけではないが）測定，建築資材の費用計算や注文，給料・会計，品質管理，日程計画・在庫管理，設計・建築，職に関連した意思決定などと関係している。職業的状況は，熟練を必要としない仕事から非常に専門性の高い仕事に至るまで，あらゆるレベルの仕事に関係がある。とはいえ，PISA 調査の問題は 15 歳の生徒にとってなじみのあるものでなければならない。

「社会的」：地域社会（地方，国，世界は問わない）に焦点を当てる。これには（限定するわけではないが）投票制度，公共交通，政府，公共政策，人口統計，広告，国の統計，経済が含まれる。人は個人のやり方でこれら全てに関わっているが，社会的な文脈カテゴリーでは地域社会的観点に問題の焦点が当てられる。

「科学的」：自然界や，科学，技術に関する問題・話題に数学を適用することに焦点を当てる。このカテゴリーに特有な状況は，（限定するわけではないが）天候や気候，生態学，医薬品，宇宙科学，遺伝学，測定，数学の世界そのものなどである。数学内の問い，す

第3章　数学的リテラシー

なわち，あらゆる構成要素が数学の世界に属しているような問いは，この科学的文脈に分類される。

　以上のような数学的リテラシーの枠組みにおける，数学的なプロセス，数学的な内容知識，文脈の三つの側面の関係を図示したのが，図 3.1.1 である。

図 3.1.1　実際の数学的リテラシーのモデル

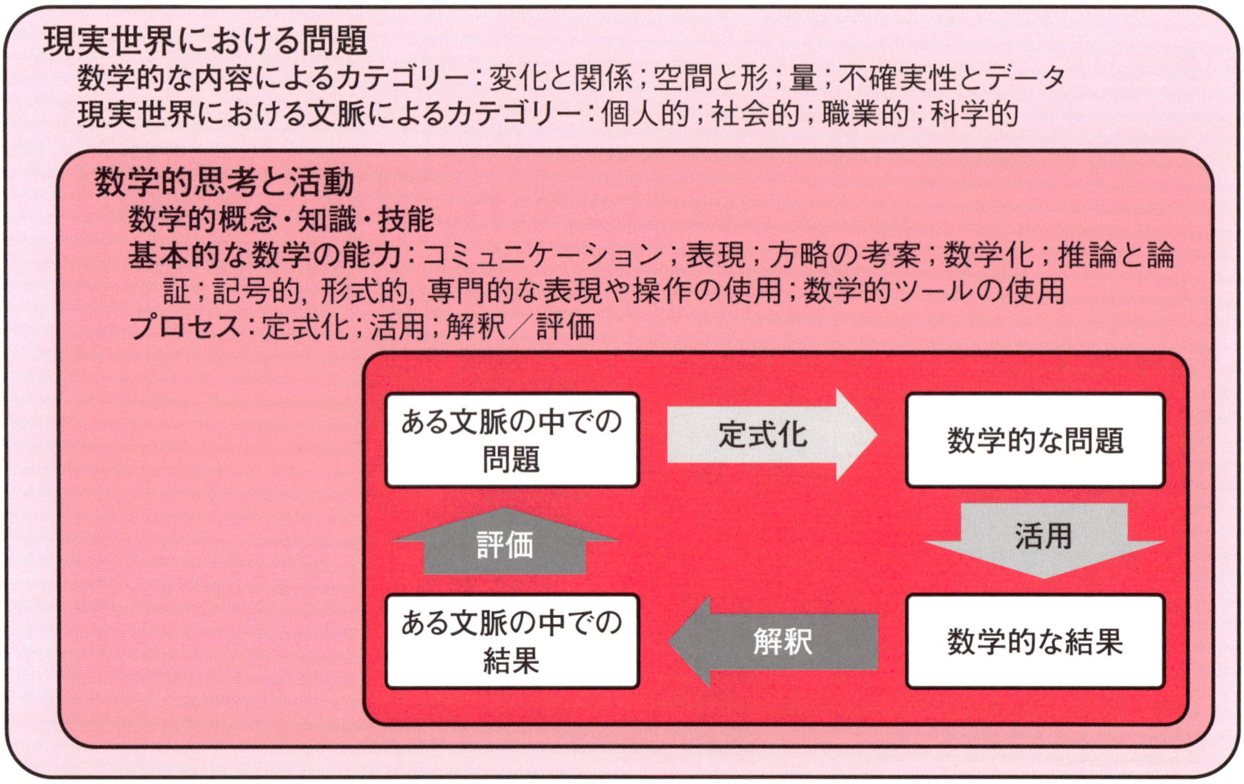

現実世界における問題
　　数学的な内容によるカテゴリー：変化と関係；空間と形；量；不確実性とデータ
　　現実世界における文脈によるカテゴリー：個人的；社会的；職業的；科学的

　　数学的思考と活動
　　　　数学的概念・知識・技能
　　　　基本的な数学の能力：コミュニケーション；表現；方略の考案；数学化；推論と論証；記号的，形式的，専門的な表現や操作の使用；数学的ツールの使用
　　　　プロセス：定式化；活用；解釈／評価

ある文脈の中での問題	→ 定式化 →	数学的な問題
↑ 評価		↓ 活用
ある文脈の中での結果	← 解釈 ←	数学的な結果

出所：OECD（2019d）の図 3.1 から作成。

3.1.3　問題の側面及び領域と出題形式別問題数

　数学的リテラシーの問題を，特定の文脈を持つ大問として構成し，一つの大問を複数の小問から構成することを目指して問題の開発が行われた。しかし予備調査の結果等も踏まえ，最終的には小問一題から成る大問も含めることとなった。数学が広範囲の文脈に関連することを示すために，大問は可能な限り数学的でない名前で示している。

　数学的リテラシーの問題は，大問が 40，小問が 70 題であった。表 3.1.1 は数学的リテラシーの問題の側面及び領域と出題形式別に，小問単位の問題数を示したものである。

　PISA2018 年調査は，2012 年調査までで用いられた問題のみから構成されている。一つの問題群は回答に 30 分かかると想定され，約 12 題の小問から構成された。

　全 70 題の内訳をプロセス別に見ると，「定式化」が 22 題（31%），「活用」が 29 題（41%），「解釈」が 19 題（27%）である。

　内容別に見ると，「変化と関係」が 17 題（24%），「空間と形」が 17 題（24%），「量」が 18 題（26%），「不確実性とデータ」が 18 題（26%）である。

数学的リテラシー　第3章

表 3.1.1　数学的リテラシーの問題の内容と出題形式別問題数

数学的リテラシーの側面	数学的リテラシーの領域	全問題数	出題形式				
			選択肢形式	複合的選択肢形式	求答形式	短答形式	自由記述形式
プロセス	定式化	22	4	2	1	9	6
	活用	29	7	5	0	11	6
	解釈	19	5	7	0	3	4
	計	70	16	14	1	23	16
内容	変化と関係	17	2	4	0	5	6
	空間と形	17	3	3	1	5	5
	量	18	6	4	0	6	2
	不確実性とデータ	18	5	3	0	7	3
	計	70	16	14	1	23	16
文脈	個人的	11	4	2	0	3	2
	職業的	13	1	4	1	4	3
	社会的	26	9	4	0	10	3
	科学的	20	2	4	0	6	8
	計	70	16	14	1	23	16

（注）　1.　求答：短い語句又は数値で解答する。正解は一つ。
　　　　2.　短答：短い語句又は数値で解答する。正解は複数。
出所：OECD PISA2018 データベースをもとに国立教育政策研究所が作成。

　文脈別に見ると，「個人的」が 11 題（16%），「職業的」が 13 題（19%），「社会的」が 26 題（37%），「科学的」が 20 題（29%）である。

　それぞれの問題は，選択肢の問題（「選択肢」：選択肢を 1 回選ぶ問題，「複合的選択肢」：複数の項目に対して選択肢を連続して選ぶ問題）と記述式の問題（「求答」：答えが問題のある部分に含まれる問題，「短答」：答えを求めるのに計算が必要な問題，「自由記述」：答えの求め方や考え方を説明する問題）のいずれかに分類される。出題形式別に見ると，選択肢の問題は 16 題（23%），複合的選択肢の問題は 14 題（20%），求答の問題は 1 題（1%），短答の問題は 23 題（33%），自由記述の問題は 16 題（23%）である。

3.2 | 数学的リテラシーの習熟度レベル別国際比較

3.2.1 習熟度レベル

数学的リテラシーについては，2018年調査で出題されたそれぞれの問題の難易度を基に個々の生徒の習熟度を得点化し，七つの習熟度レベルに分けた。これによって，各国のレベルごとの生徒の割合が分かるようにした。七つの習熟度レベルは次の得点に対応し，一つのレベルはおよそ62点の幅から成る。

レベル 6 以上	：669 点以上
レベル 5	：607 点以上 669 点未満
レベル 4	：545 点以上 607 点未満
レベル 3	：482 点以上 545 点未満
レベル 2	：420 点以上 482 点未満
レベル 1	：358 点以上 420 点未満
レベル 1 未満	：358 点未満

数学的リテラシーの習熟度がレベル6以上からレベル1のそれぞれに該当する生徒の特徴は，図3.2.1のとおりである。

なお，各レベルの特徴は，そのレベルに位置する個々の問題の特徴をまとめる形で作成されている。PISA調査においては，現実世界における単純な状況で数学を使用する能力と自発性を発揮し始める習熟度レベルがレベル2以上であると判断されている。したがって，次節で報告する習熟度レベル別の生徒の分析は，レベル2以上あるいはレベル1以下の割合に一つの注目点が置かれている。

数学的リテラシー　第3章

図 3.2.1　PISA2018年調査における数学的リテラシーの六つの習熟度レベルに関する概要説明

得点の上限・下限	習熟度レベル	各レベルにいる生徒の特徴
669点	レベル6以上	**レベル6以上の生徒** 　複雑な問題状況の探究や，モデル化に基づいて情報を概念化したり，一般化したり，利用したりすること。あまり標準的ではない文脈の中で知識を用いること。様々な情報源や表現を結び付け，それらを柔軟に解釈すること。高度な数学的思考・推論を行うこと。記号的・形式的な操作や関係に関する熟達した知識・技能を用いながら，洞察や理解を適用し，見たことのない状況に取り組むための新たなアプローチや方略を発展させること。自らの行動を振り返り，自分の出した結論，解釈，論証と，それらの元の状況に対する適切性についての自らの行動や省察を明確に形成して，正確に伝えること。
668点 607点	レベル5	**レベル5の生徒** 　制約を見つけ出し，仮定を明確にしながら，複雑な状況において，モデルを発展させて使うこと。これらのモデルに関連した複雑な問題に対処するために，適切な問題解決の方略を選択し，比較し，評価すること。広く十分に発達した思考や推論の技能，適切に結び付けられた表現，記号的・形式的な特徴付け，状況に付随する洞察を用いて，戦略的に問題に取り組むこと。自らの考えを振り返り始め，自らの解釈や結論を記述して伝えること。
606点 545点	レベル4	**レベル4の生徒** 　制約のある，又は仮定の設定を必要とする，複雑だが具体的な状況において，明示されたモデルを効果的に使うこと。現実世界における状況の側面に直接結び付けながら，記号表現を含む様々な表現を選択したり，統合したりすること。単純な文脈において，ある種の洞察を持ち，限られた範囲の技能を活用して推論すること。自らの解釈，論証，行動に基づく，説明や論証を構築して伝えること。
544点 482点	レベル3	**レベル3の生徒** 　一連の意思決定を要する手続を含む，明確に述べられた手順を実行すること。簡単なモデルを作ったり，簡単な問題解決の方略を選択して適用したりする上での基盤となる十分な解釈を行うこと。様々な情報源に基づいて表現を解釈し，用い，それらの表現から直接的に推論すること。一般に，百分率，分数，小数を扱ったり，比例関係をある程度用いたりすること。生徒の結論は，基礎的な解釈や推論を行ったことを反映している。
481点 420点	レベル2	**レベル2の生徒** 　直接的な推論以上のことは要求されない文脈において，状況を解釈し認識すること。一つの情報源から関連する情報を引き出し，一つの表現様式で利用すること。基本的なアルゴリズム，公式，手順，作法を適用し，正の整数に関する問題を解決すること。結果に対する文字通りの解釈を行うこと。
419点 358点	レベル1	**レベル1の生徒** 　関連する情報が全て与えられ，問いも明確に定義されている見慣れた文脈において，問いに答えること。明示的な状況において，直接的な指示に従って，情報を見つけ出し，決まりきった手順を実行すること。ほとんどの場合で単純な行動を実行し，与えられた課題文に直接従うこと。

（注）　右側の生徒の特徴においては，高いレベルにいるほど数学的リテラシーを十分に身に付けていることを示す。
出所：OECD(2019a)の図，OECD(2019d)の図から作成。

3.2.2 習熟度レベル別の生徒の割合

表 3.2.1 は OECD 加盟国，非加盟国の数学的リテラシーについて，七つの習熟度レベル別に各国の生徒の割合を示したものである。国名はレベル 5 以上の生徒の割合の多い順に上から並べている。なお，以下で示す習熟度レベルの割合は累積したものではなく，生徒が達した最高のレベル別の割合について示したものである。例えば，レベル 5 の割合にはレベル 6 以上の生徒は含まれていない。

OECD 平均は，レベル 6 以上が 2%，レベル 5 が 9%，レベル 4 が 19%，レベル 3 が 24%，レベル 2 が 22%，レベル 1 が 15%，レベル 1 未満が 9% であり，日本はそれぞれ，4%，14%，25%，26%，19%，9%，3% である。

コンピュータ使用型調査参加国のうちレベル 5 以上の生徒の割合が最も多いのは北京・上海・江蘇・浙江であり，44% である。次いでシンガポールの 37%，香港の 29%，マカオの 28%，台湾の 23%，韓国の 21%，オランダの 18% と続き，日本は 18% で 8 番目である。OECD 平均の 11% を上回るのは 25 か国である。

レベル 6 以上で見ると，生徒の割合が最も多いのは北京・上海・江蘇・浙江の 17% で，次いでシンガポールの 14%，香港の 10%，マカオの 8%，台湾の 8%，韓国の 7%，スイスの 5% と続き，日本は 4% で 8 番目である。

図 3.2.2 はコンピュータ使用型調査参加国，筆記型調査参加国ごとに，レベル 2 以上の生徒の割合が多い順に上から国名を並べたものである。図の右側がレベル 2 以上の生徒の割合，左側がレベル 1 以下の生徒の割合を示している。コンピュータ使用型調査参加国のうち，レベル 2 以上の生徒の割合が最も多いのは北京・上海・江蘇・浙江で，98% である。以下，マカオ，シンガポール，香港，エストニア，日本，台湾，デンマークと続く。日本は 89% で 6 番目に多い。コンピュータ使用型調査参加国で OECD 平均の 76% を上回るのは 31 か国である。

表 3.2.2 は日本を含む 18 か国の数学的リテラシーについて，男女別に習熟度レベル別の生徒の割合を示したものである。レベル 5 以上の習熟度レベルに属している生徒の割合は男子の方が多く，レベル 1 以下の習熟度レベルに属している生徒の割合はやや男子の方が多いという傾向が見られる。

レベル 5 以上の生徒の割合について見てみると，OECD 平均は男子 12%，女子 10% であり，この割合が最も多いのは北京・上海・江蘇・浙江で男子 47%，女子 41% である。日本は男子 22%，女子 15% である。レベル 1 以下の生徒の割合について見てみると，OECD 平均は男子 24%，女子 24% であり，この割合が最も少ないのは北京・上海・江蘇・浙江で男子 3%，女子 2% である。日本は男子 12%，女子 11% である。

以上より，18 か国の中でも，北京・上海・江蘇・浙江，シンガポール，香港，台湾，日本，韓国などは，レベル 5 以上の習熟度レベルに属している生徒の割合が多く，レベル 1 以下の生徒の割合が少ないことがわかる。また，18 か国の中でも，オランダはレベル 5 以上の習熟度レベルに属している生徒の割合が多いこと，エストニア，フィンランドはレベル 1 以下の生徒の割合が少ないことに特徴がある。

表 3.2.1　習熟度レベル別の生徒の割合（数学的リテラシー）

国　名	習熟度レベル												
	レベル1未満		レベル1		レベル2		レベル3		レベル4		レベル5		レベル6以上	
	割合	標準誤差	割合	標準誤差	割合	標準誤差	割合	標準誤差	割合	標準誤差	割合	標準誤差	割合	標準誤差
北京・上海・江蘇・浙江	0.5	(0.1)	1.9	(0.3)	6.9	(0.5)	17.5	(0.8)	28.9	(1.0)	27.8	(1.0)	16.5	(1.1)
シンガポール	1.8	(0.2)	5.3	(0.4)	11.1	(0.5)	19.1	(0.7)	25.8	(0.8)	23.2	(0.7)	13.8	(0.8)
香港	2.8	(0.4)	6.4	(0.6)	13.5	(0.7)	22.1	(0.7)	26.3	(0.9)	19.5	(0.8)	9.5	(0.8)
マカオ	1.0	(0.2)	4.0	(0.4)	12.3	(0.8)	24.8	(0.9)	30.3	(1.2)	20.0	(0.8)	7.7	(0.6)
台湾	5.0	(0.4)	9.0	(0.5)	16.1	(0.7)	23.2	(0.8)	23.5	(0.8)	15.6	(0.8)	7.6	(0.8)
韓国	5.4	(0.5)	9.6	(0.6)	17.3	(0.8)	23.4	(0.7)	22.9	(0.8)	14.4	(0.7)	6.9	(0.8)
オランダ	4.5	(0.6)	11.2	(0.7)	19.0	(1.0)	23.2	(1.1)	23.6	(0.9)	14.2	(0.8)	4.3	(0.5)
日本	2.9	(0.4)	8.6	(0.6)	18.7	(0.8)	26.4	(0.9)	25.1	(1.0)	14.0	(0.8)	4.3	(0.5)
スイス	4.8	(0.4)	12.0	(0.8)	19.5	(0.9)	24.4	(1.0)	22.3	(0.9)	12.1	(0.7)	4.9	(0.5)
ポーランド	4.2	(0.5)	10.5	(0.6)	20.7	(0.8)	26.5	(0.8)	22.3	(0.7)	11.7	(0.7)	4.1	(0.5)
ベルギー	6.9	(0.7)	12.8	(0.6)	18.6	(0.7)	23.8	(0.8)	22.2	(0.7)	12.5	(0.6)	3.2	(0.4)
エストニア	2.1	(0.3)	8.1	(0.6)	20.8	(0.8)	29.0	(0.8)	24.6	(0.8)	11.8	(0.7)	3.7	(0.4)
カナダ	5.0	(0.4)	11.3	(0.5)	20.8	(0.6)	25.9	(0.6)	21.7	(0.7)	11.3	(0.5)	4.0	(0.3)
スロベニア	4.8	(0.6)	11.7	(0.7)	21.6	(0.9)	26.4	(0.9)	22.0	(0.8)	10.5	(0.8)	3.1	(0.4)
ドイツ	7.6	(0.7)	13.5	(0.8)	20.7	(0.9)	24.0	(0.8)	20.8	(0.8)	10.5	(0.8)	2.8	(0.3)
イギリス	6.4	(0.5)	12.8	(0.6)	22.0	(0.8)	25.5	(0.7)	20.4	(0.7)	9.8	(0.6)	3.1	(0.4)
チェコ	6.6	(0.7)	13.8	(0.7)	22.1	(0.8)	25.2	(0.9)	19.6	(0.7)	9.5	(0.5)	3.1	(0.3)
スウェーデン	6.0	(0.6)	12.8	(0.8)	21.9	(0.9)	25.7	(0.8)	21.0	(0.8)	10.0	(0.7)	2.6	(0.3)
オーストリア	7.3	(0.7)	13.8	(0.8)	20.8	(1.0)	24.9	(0.9)	20.6	(0.8)	10.0	(0.8)	2.5	(0.3)
ノルウェー	6.5	(0.5)	12.4	(0.6)	21.8	(0.8)	26.5	(0.8)	20.6	(0.9)	9.8	(0.6)	2.4	(0.4)
デンマーク	3.7	(0.4)	10.9	(0.6)	22.0	(0.8)	28.8	(0.8)	23.0	(0.8)	9.5	(0.6)	2.1	(0.3)
ポルトガル	9.3	(0.6)	14.0	(0.8)	20.9	(0.8)	24.5	(1.1)	19.7	(0.8)	9.1	(0.6)	2.5	(0.3)
ニュージーランド	7.6	(0.5)	14.2	(0.6)	22.8	(0.8)	25.0	(0.7)	18.9	(0.7)	8.8	(0.4)	2.7	(0.3)
フィンランド	3.8	(0.4)	11.1	(0.6)	22.3	(0.9)	28.9	(1.0)	22.7	(0.8)	9.3	(0.5)	1.8	(0.3)
フランス	8.0	(0.5)	13.2	(0.6)	21.1	(0.8)	25.6	(0.8)	21.0	(0.8)	9.2	(0.6)	1.8	(0.3)
OECD 平均	9.1	(0.1)	14.8	(0.1)	22.2	(0.1)	24.4	(0.1)	18.5	(0.1)	8.5	(0.1)	2.4	(0.1)
ルクセンブルク	10.9	(0.6)	16.4	(0.6)	21.7	(0.8)	22.6	(0.7)	17.7	(0.7)	8.6	(0.5)	2.3	(0.3)
スロバキア	10.7	(0.9)	14.4	(0.6)	21.4	(0.9)	24.2	(0.9)	18.6	(0.9)	8.4	(0.6)	2.3	(0.3)
オーストラリア	7.6	(0.5)	14.8	(0.5)	23.4	(0.5)	25.6	(0.5)	18.2	(0.5)	8.0	(0.4)	2.5	(0.3)
アイスランド	7.4	(0.5)	13.3	(0.7)	22.0	(1.0)	26.7	(1.0)	20.2	(0.9)	8.5	(0.6)	1.9	(0.3)
イタリア	9.1	(0.8)	14.8	(0.9)	22.9	(1.0)	25.6	(0.9)	18.1	(0.8)	7.5	(0.4)	2.0	(0.3)
イスラエル	17.7	(1.1)	16.4	(0.8)	20.7	(0.7)	21.0	(0.8)	15.4	(0.8)	7.0	(0.6)	1.8	(0.3)
マルタ	14.3	(0.7)	15.9	(0.8)	21.5	(1.0)	23.2	(1.1)	16.6	(0.7)	6.7	(0.6)	1.8	(0.3)
ラトビア	4.4	(0.5)	12.9	(0.8)	25.8	(0.9)	29.4	(1.0)	19.0	(0.8)	7.1	(0.5)	1.4	(0.2)
リトアニア	9.3	(0.6)	16.4	(0.7)	24.2	(0.7)	25.2	(0.9)	16.5	(0.8)	6.8	(0.5)	1.7	(0.3)
アメリカ	10.2	(0.8)	16.9	(0.9)	24.2	(1.0)	24.1	(1.0)	16.3	(0.9)	6.8	(0.7)	1.5	(0.3)
アイルランド	3.8	(0.5)	11.9	(0.7)	24.7	(0.8)	30.5	(0.9)	20.8	(0.8)	7.2	(0.6)	1.0	(0.2)
ロシア	6.8	(0.7)	14.9	(0.8)	25.0	(0.9)	27.5	(0.9)	17.8	(0.8)	6.6	(0.6)	1.5	(0.2)
ハンガリー	9.6	(0.7)	16.1	(0.8)	23.6	(0.9)	25.2	(1.0)	17.5	(0.8)	6.5	(0.5)	1.4	(0.3)
ベラルーシ	11.4	(0.7)	18.0	(0.7)	24.7	(0.9)	23.4	(0.7)	15.2	(0.7)	6.1	(0.5)	1.2	(0.2)
スペイン	8.7	(0.4)	16.0	(0.5)	24.4	(0.4)	26.0	(0.6)	17.5	(0.5)	6.2	(0.3)	1.1	(0.1)
アラブ首長国連邦	24.2	(0.9)	21.3	(0.6)	21.5	(0.5)	17.2	(0.6)	10.4	(0.4)	4.2	(0.3)	1.2	(0.1)
セルビア	18.1	(1.1)	21.6	(0.8)	24.1	(0.8)	19.2	(0.8)	11.7	(0.7)	4.2	(0.4)	1.0	(0.2)
クロアチア	11.0	(0.8)	20.2	(0.8)	27.4	(0.9)	23.3	(0.8)	13.0	(0.8)	4.3	(0.5)	0.8	(0.2)
トルコ	13.8	(0.9)	22.9	(0.8)	27.3	(0.8)	20.4	(0.8)	10.9	(0.5)	3.9	(0.4)	0.9	(0.3)
キプロス	17.2	(0.6)	19.7	(0.7)	24.7	(0.9)	22.0	(0.8)	12.1	(0.5)	3.7	(0.4)	0.7	(0.1)
ブルガリア	21.9	(1.4)	22.5	(0.8)	23.7	(1.0)	18.2	(1.0)	9.4	(0.7)	3.3	(0.5)	0.9	(0.2)
ギリシャ	15.3	(1.1)	20.5	(0.9)	26.8	(0.9)	22.5	(1.0)	11.1	(0.6)	3.2	(0.4)	0.5	(0.2)
ブルネイ	22.1	(0.8)	25.7	(0.8)	24.0	(0.6)	16.2	(0.5)	8.9	(0.5)	2.7	(0.3)	0.4	(0.1)
カタール	29.7	(0.7)	24.0	(0.5)	21.9	(0.5)	14.6	(0.4)	6.9	(0.3)	2.4	(0.2)	0.6	(0.1)
マレーシア	16.1	(0.9)	25.4	(1.0)	28.3	(0.9)	19.3	(0.9)	8.5	(0.7)	2.2	(0.4)	0.3	(0.1)
アルバニア	16.9	(0.9)	25.5	(0.9)	28.6	(1.0)	19.3	(0.8)	7.5	(0.7)	2.0	(0.2)	0.3	(0.1)
タイ	25.0	(1.3)	27.7	(1.0)	24.6	(1.0)	14.3	(0.8)	6.1	(0.7)	1.9	(0.3)	0.3	(0.1)
バクー（アゼルバイジャン）	24.7	(1.0)	26.1	(0.8)	25.2	(0.9)	15.7	(0.7)	6.4	(0.6)	1.7	(0.3)	0.3	(0.1)
カザフスタン	22.3	(0.8)	26.8	(0.6)	26.6	(0.6)	16.0	(0.6)	6.3	(0.4)	1.6	(0.2)	0.3	(0.1)
モンテネグロ	19.9	(0.7)	26.3	(0.7)	27.3	(0.7)	17.9	(0.5)	6.9	(0.4)	1.6	(0.2)	0.2	(0.1)
チリ	24.7	(1.1)	27.2	(0.9)	25.5	(0.9)	15.6	(0.9)	5.7	(0.5)	1.1	(0.2)	0.1	(0.0)
ウルグアイ	24.6	(1.1)	26.1	(1.3)	26.5	(1.0)	15.8	(1.0)	6.0	(0.6)	1.0	(0.2)	0.1	(0.1)
ジョージア	33.7	(1.2)	27.3	(1.1)	21.6	(0.8)	11.9	(0.8)	4.4	(0.5)	0.9	(0.3)	0.1	(0.1)
ブラジル	41.0	(1.0)	27.1	(0.7)	18.2	(0.7)	9.3	(0.5)	3.4	(0.3)	0.8	(0.2)	0.1	(0.0)
ペルー	32.0	(1.2)	28.3	(0.8)	23.1	(0.9)	11.6	(0.7)	4.1	(0.4)	0.8	(0.2)	0.1	(0.0)
ボスニア・ヘルツェゴビナ	28.7	(1.3)	28.9	(1.0)	24.2	(0.9)	13.1	(0.8)	4.3	(0.5)	0.7	(0.2)	0.1	(0.0)
コロンビア	35.5	(1.7)	29.9	(1.2)	21.1	(0.9)	10.0	(0.7)	3.1	(0.4)	0.5	(0.1)	0.0	(0.0)
メキシコ	26.0	(1.2)	30.3	(0.9)	26.4	(0.9)	13.1	(0.8)	3.7	(0.5)	0.5	(0.1)	0.0	(0.0)
インドネシア	40.6	(1.6)	31.3	(1.2)	18.6	(1.0)	6.8	(0.7)	2.3	(0.4)	0.4	(0.2)	0.0	(0.0)
コスタリカ	27.8	(1.3)	32.2	(1.2)	25.6	(1.2)	11.2	(1.0)	2.8	(0.5)	0.3	(0.1)	0.0	(0.0)
コソボ	47.0	(1.0)	29.6	(1.1)	16.5	(0.8)	5.4	(0.4)	1.4	(0.2)	0.1	(0.1)	0.0	(0.0)
モロッコ	47.1	(1.9)	28.5	(1.0)	16.9	(1.0)	6.2	(0.6)	1.2	(0.2)	0.1	(0.1)	0.0	(0.0)
フィリピン	54.4	(1.7)	26.3	(0.9)	13.6	(1.0)	4.7	(0.6)	0.9	(0.3)	0.1	(0.1)	0.0	(0.0)
パナマ	53.7	(1.4)	27.5	(1.0)	13.5	(0.8)	4.3	(0.6)	0.9	(0.2)	0.1	(0.1)	0.0	(0.0)
ドミニカ共和国	69.3	(1.4)	21.3	(1.0)	7.3	(0.6)	1.8	(0.4)	0.3	(0.1)	0.0	(0.0)	0.0	c
ウクライナ※	15.6	(1.1)	20.3	(1.0)	26.2	(1.0)	21.5	(1.0)	11.5	(0.8)	4.0	(0.5)	1.0	(0.3)
ルーマニア※	22.6	(1.6)	23.9	(1.2)	24.5	(1.1)	17.3	(1.1)	8.5	(1.0)	2.7	(0.5)	0.4	(0.2)
モルドバ※	26.1	(0.9)	24.2	(0.9)	23.5	(0.9)	16.5	(0.7)	7.3	(0.6)	2.0	(0.3)	0.4	(0.1)
レバノン※	38.0	(1.7)	21.8	(1.0)	19.1	(1.1)	13.1	(0.9)	6.0	(0.5)	1.7	(0.3)	0.3	(0.1)
北マケドニア※	35.2	(0.8)	25.8	(0.8)	21.3	(0.7)	12.1	(0.7)	4.5	(0.4)	1.0	(0.2)	0.1	(0.1)
ヨルダン※	30.7	(1.4)	28.6	(0.8)	24.0	(0.9)	12.4	(0.8)	3.6	(0.5)	0.6	(0.2)	0.1	(0.1)
アルゼンチン※	40.5	(1.6)	28.5	(1.0)	19.6	(0.9)	8.8	(0.7)	2.3	(0.3)	0.3	(0.1)	0.0	(0.0)
サウジアラビア※	42.8	(1.6)	29.9	(1.0)	18.8	(1.1)	6.8	(0.6)	1.5	(0.3)	0.2	(0.1)	0.0	(0.0)

（注）　1. 灰色の網掛けは非 OECD 加盟国・地域を示す。
　　　　2. 習熟度レベル 5 以上の生徒の割合が多い順に上から国を並べている。
　　　　3. 表中の c は欠損値（生徒が少ないため値を推計できない）。
　　　　4. ※は，2018 年調査において，コンピュータ使用型調査での実施ではなく，筆記型調査で実施した国を示す。
　　　　5. 各習熟度レベルの得点の範囲は，152 頁参照。
出所：OECD(2019a) の表から作成。

第 3 章　数学的リテラシー

図 3.2.2　レベル 2 を基準とする習熟度レベル別の生徒の割合（数学的リテラシー）

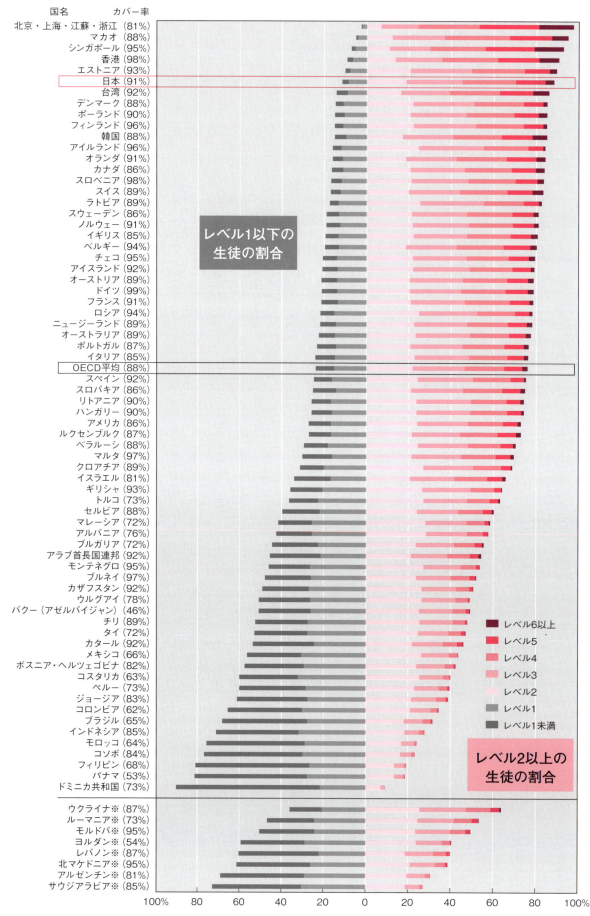

（注）1．習熟度レベル 2 以上の生徒の割合が多い順に上から国を並べている。
　　　2．※は，2018 年調査において，コンピュータ使用型調査での実施ではなく，筆記型調査で実施した国を示す。
　　　3．国名の右側の数値は，カバー率を示す。カバー率とは，調査を受けた生徒の当該年齢推定人口に占める割合を推定したもの。
出所：OECD(2019a) の図から作成。

数学的リテラシー　第3章

表 3.2.2　男女別に見た習熟度レベル別の生徒の割合（数学的リテラシー）

国　名		習熟度レベル												
		レベル1未満		レベル1		レベル2		レベル3		レベル4		レベル5		レベル6以上	
		割合	標準誤差	割合	標準誤差	割合	標準誤差	割合	標準誤差	割合	標準誤差	割合	標準誤差	割合	標準誤差
日本	男子	3.2	(0.5)	8.5	(0.8)	17.5	(1.2)	24.4	(1.2)	25.0	(1.4)	15.8	(1.1)	5.7	(0.8)
	女子	2.6	(0.5)	8.7	(0.8)	19.9	(1.0)	28.3	(1.2)	25.2	(1.2)	12.3	(0.9)	3.0	(0.5)
オーストラリア	男子	8.0	(0.6)	14.3	(0.7)	22.3	(0.7)	24.9	(0.7)	18.8	(0.7)	8.7	(0.5)	3.1	(0.4)
	女子	7.3	(0.5)	15.4	(0.6)	24.5	(0.8)	26.2	(0.7)	17.5	(0.7)	7.3	(0.5)	1.8	(0.3)
カナダ	男子	5.1	(0.5)	11.3	(0.6)	20.2	(0.7)	24.9	(0.6)	21.8	(0.9)	12.0	(0.6)	4.7	(0.4)
	女子	4.9	(0.5)	11.2	(0.7)	21.4	(1.0)	26.9	(0.9)	21.7	(1.0)	10.6	(0.6)	3.3	(0.4)
エストニア	男子	2.2	(0.4)	7.9	(0.8)	19.9	(1.0)	27.3	(1.2)	24.9	(1.0)	13.1	(0.9)	4.6	(0.6)
	女子	1.9	(0.4)	8.4	(0.7)	21.6	(1.2)	30.6	(1.3)	24.2	(1.2)	10.5	(0.8)	2.7	(0.4)
フィンランド	男子	4.5	(0.6)	12.3	(1.0)	23.0	(1.2)	27.0	(1.3)	21.3	(1.0)	9.9	(0.7)	2.0	(0.4)
	女子	3.1	(0.5)	9.9	(0.8)	21.6	(1.3)	30.9	(1.3)	24.1	(1.2)	8.7	(0.7)	1.6	(0.3)
フランス	男子	8.1	(0.7)	13.1	(0.9)	20.4	(1.3)	24.4	(1.2)	21.0	(0.9)	10.6	(0.8)	2.3	(0.4)
	女子	8.0	(0.7)	13.3	(0.9)	21.8	(1.2)	26.8	(1.1)	21.1	(1.2)	7.8	(0.8)	1.2	(0.3)
ドイツ	男子	7.7	(0.8)	13.5	(1.0)	19.8	(1.0)	23.0	(1.1)	21.1	(1.0)	11.4	(0.9)	3.5	(0.5)
	女子	7.5	(0.9)	13.5	(1.1)	21.9	(1.5)	25.2	(1.2)	20.5	(1.0)	9.5	(1.0)	2.0	(0.3)
アイルランド	男子	4.0	(0.6)	11.7	(0.8)	23.6	(1.2)	29.7	(1.1)	21.1	(1.1)	8.5	(0.9)	1.4	(0.3)
	女子	3.7	(0.6)	12.0	(1.0)	25.9	(1.2)	31.3	(1.1)	20.6	(1.1)	5.9	(0.7)	0.7	(0.2)
イタリア	男子	8.9	(1.0)	13.8	(1.1)	20.6	(1.2)	25.0	(1.2)	19.7	(1.0)	9.3	(0.8)	2.7	(0.5)
	女子	9.3	(1.0)	15.8	(1.2)	25.3	(1.3)	26.3	(1.1)	16.4	(0.9)	5.6	(0.7)	1.3	(0.3)
韓国	男子	5.6	(0.8)	10.0	(0.9)	16.9	(1.0)	22.0	(1.1)	22.8	(1.1)	14.7	(1.0)	8.0	(1.1)
	女子	5.1	(0.7)	9.2	(0.8)	17.8	(1.1)	24.9	(1.2)	23.0	(1.1)	14.1	(1..0)	5.8	(0.9)
オランダ	男子	4.7	(0.8)	11.7	(1.0)	19.0	(1.3)	22.3	(1.6)	22.6	(1.3)	14.5	(0.9)	5.3	(0.7)
	女子	4.3	(0.6)	10.8	(1.1)	19.1	(1.4)	24.2	(1.2)	24.5	(1.4)	13.9	(1.1)	3.2	(0.5)
ニュージーランド	男子	7.6	(0.7)	13.8	(0.9)	21.6	(0.9)	23.9	(1.1)	19.5	(0.9)	10.2	(0.8)	3.3	(0.4)
	女子	7.5	(0.6)	14.6	(0.8)	23.9	(1.2)	26.1	(1.2)	18.3	(1.1)	7.5	(0.7)	2.1	(0.4)
イギリス	男子	6.1	(0.7)	12.1	(0.9)	20.7	(1.1)	25.0	(1.2)	21.3	(0.9)	11.0	(0.9)	3.9	(0.5)
	女子	6.8	(0.7)	13.5	(0.8)	23.3	(1.0)	25.9	(0.9)	19.6	(1.0)	8.6	(0.8)	2.3	(0.4)
アメリカ	男子	10.4	(1.0)	15.9	(1.0)	22.5	(1.3)	24.3	(1.4)	17.1	(1.3)	7.8	(0.9)	1.9	(0.5)
	女子	9.9	(1.0)	18.0	(1.1)	26.0	(1.3)	23.8	(1.5)	15.6	(1.4)	5.7	(0.9)	1.0	(0.3)
OECD平均	男子	9.2	(0.2)	14.7	(0.2)	21.5	(0.2)	23.6	(0.2)	18.7	(0.2)	9.4	(0.1)	2.9	(0.1)
	女子	9.0	(0.1)	15.0	(0.2)	22.9	(0.2)	25.2	(0.2)	18.3	(0.2)	7.7	(0.1)	1.8	(0.1)
北京・上海・江蘇・浙江	男子	0.6	(0.2)	1.9	(0.4)	6.5	(0.6)	16.0	(1.0)	27.6	(1.3)	28.3	(1.3)	19.1	(1.3)
	女子	0.4	(0.1)	1.9	(0.4)	7.3	(0.8)	19.1	(1.1)	30.3	(1.2)	27.3	(1.1)	13.6	(1.2)
香港	男子	3.5	(0.6)	7.1	(0.7)	14.1	(1.1)	21.2	(1.0)	25.1	(1.1)	18.9	(1.0)	10.2	(0.9)
	女子	2.0	(0.5)	5.7	(0.7)	12.9	(0.9)	23.0	(1.2)	27.5	(1.3)	20.1	(1.0)	8.8	(0.9)
台湾	男子	5.6	(0.5)	9.3	(0.7)	15.4	(0.9)	21.5	(1.0)	23.1	(1.1)	16.5	(1.1)	8.6	(1.2)
	女子	4.3	(0.6)	8.8	(0.7)	16.9	(0.9)	24.8	(1.2)	23.9	(1.3)	14.7	(1.1)	6.5	(1.1)
シンガポール	男子	2.0	(0.3)	5.8	(0.5)	11.0	(0.9)	18.0	(1.0)	24.4	(1.1)	23.5	(0.9)	15.3	(0.8)
	女子	1.6	(0.4)	4.9	(0.5)	11.2	(0.7)	20.1	(1.0)	27.2	(0.9)	22.9	(1.0)	12.2	(1.0)

（注）1．灰色の網掛けは非 OECD 加盟国・地域を示す。
出所：OECD(2019a) の表より抜粋。

3.2.3 習熟度レベル別割合の経年変化

表3.2.3は日本を含む18か国の数学的リテラシーにおける習熟度レベル1以下の生徒の割合，及び習熟度レベル5以上の生徒の割合について，数学的リテラシーが中心分野であった2003年調査以降の変化を示したものであり，太字は統計的な有意差があることを示している。

日本は，習熟度レベル5以上の生徒の割合について，2003年及び2012年との比較において，統計的に有意に減少している。習熟度レベル1以下の生徒の割合については，2003年以降のいずれの調査年との比較においても，統計的な有意差はない。

レベル5以上の生徒の割合がいずれの調査年との比較においても増加している国はない。一方，レベル5以上の生徒の割合がいずれの調査年との比較においても減少しているのは，オーストラリア，フィンランド，フランスで，オーストラリアとフィンランドは2015年以外のいずれの調査年との比較においても統計的な有意差があり，フランスは2003年との比較において統計的な有意差がある。

レベル1以下の生徒の割合がいずれの調査年との比較においても増加しているのは，オーストラリア，カナダ，フィンランドで，オーストラリアとカナダは2003年，2006年，2009年との比較において統計的な有意差があり，フィンランドは2015年以外のいずれの調査年との比較においても統計的な有意差がある。一方，レベル1以下の生徒の割合がいずれの調査年との比較においても統計的に有意に減少している国はない。

表3.2.4は18か国の数学的リテラシーについて，それぞれ男女別に見た習熟度レベル1以下の生徒の割合及び習熟度レベル5以上の生徒の割合を，2018年と2012年，2015年調査で比較したものであり，太字は統計的な有意差があることを示している。

日本は，2012年に比べてレベル5以上の生徒の割合は男子が6ポイント，女子が4ポイントそれぞれ減少し，男子には統計的な有意差がある。レベル1以下の生徒の割合については，男子，女子のいずれもほとんど変化がなく，統計的な有意差はない。2015年と比べると，レベル5以上の割合は男子，女子のいずれも2ポイント減少しているが，いずれも統計的な有意差はない。レベル1以下の生徒の割合については，男子が2ポイント増加し，女子ではほとんど変化がないが，いずれも統計的な有意差はない。

2012年との比較において，レベル5以上の生徒の割合について，男子，女子ともに統計的に有意に増加している国はない。一方，男子，女子ともに統計的に有意に減少しているのはオーストラリア，フィンランド，ドイツ，韓国，台湾である。レベル1以下の生徒の割合について，男子，女子ともに統計的に有意に増加しているのはフィンランド，韓国である。一方，男子，女子ともに統計的に有意に減少している国はない。

2015年との比較において，レベル5以上の生徒の割合について，男子，女子ともに統計的に有意に増加している国も減少している国もない。レベル1以下の生徒の割合についても，男子，女子ともに統計的に有意に増加している国も有意に減少している国もない。

表3.2.3 習熟度レベル（レベル1以下・レベル5以上）別の経年変化（数学的リテラシー 2003年～2018年）

国 名	2003年				2006年				2009年			
	レベル1以下		レベル5以上		レベル1以下		レベル5以上		レベル1以下		レベル5以上	
	割合	標準誤差	割合	標準誤差	割合	標準誤差	割合	標準誤差	割合	標準誤差	割合	標準誤差
日本	13.3	(1.2)	24.3	(1.5)	13.0	(1.1)	18.3	(1.0)	12.5	(1.0)	20.9	(1.2)
オーストラリア	14.3	(0.7)	19.8	(0.8)	13.0	(0.6)	16.4	(0.8)	15.9	(0.7)	16.4	(0.9)
カナダ	10.1	(0.5)	20.3	(0.7)	10.8	(0.6)	17.9	(0.7)	11.5	(0.5)	18.3	(0.6)
エストニア	m	m	m	m	12.1	(1.0)	12.5	(0.8)	12.6	(0.9)	12.1	(0.8)
フィンランド	6.8	(0.5)	23.4	(0.8)	6.0	(0.6)	24.4	(1.0)	7.8	(0.5)	21.7	(0.9)
フランス	16.6	(1.1)	15.1	(0.9)	22.3	(1.3)	12.5	(0.9)	22.5	(1.3)	13.7	(1.0)
ドイツ	21.6	(1.2)	16.2	(0.9)	19.9	(1.4)	15.4	(1.0)	18.6	(1.1)	17.8	(0.9)
アイルランド	16.8	(1.0)	11.4	(0.8)	16.4	(1.2)	10.2	(0.8)	20.8	(1.0)	6.7	(0.6)
イタリア	31.9	(1.5)	7.0	(0.5)	32.8	(0.9)	6.2	(0.5)	24.9	(0.6)	9.0	(0.5)
韓国	9.5	(0.8)	24.8	(1.4)	8.9	(1.0)	27.1	(1.5)	8.1	(1.0)	25.6	(1.6)
オランダ	10.9	(1.1)	25.5	(1.3)	11.5	(1.0)	21.1	(1.1)	13.4	(1.4)	19.9	(1.5)
ニュージーランド	15.1	(0.8)	20.7	(0.7)	14.0	(0.8)	18.9	(0.9)	15.4	(0.9)	18.9	(0.9)
イギリス	m	m	m	m	19.8	(0.8)	11.1	(0.6)	20.2	(0.9)	9.8	(0.7)
アメリカ	25.7	(1.2)	10.1	(0.7)	28.1	(1.7)	7.6	(0.8)	23.4	(1.3)	9.9	(1.0)
OECD平均（30か国）	21.6	(0.2)	14.4	(0.2)	21.3	(0.2)	13.2	(0.2)	m	m	m	m
OECD平均（37か国）	m	m	m	m	23.8	(0.2)	12.2	(0.1)	m	m	m	m
北京・上海・江蘇・浙江	m	m	m	m	m	m	m	m	m	m	m	m
香港	10.4	(1.2)	30.7	(1.5)	9.5	(0.9)	27.7	(1.2)	8.8	(0.7)	30.7	(1.2)
台湾	m	m	m	m	12.0	(1.1)	31.9	(1.4)	12.8	(0.8)	28.6	(1.5)
シンガポール	m	m	m	m	m	m	m	m	9.8	(0.6)	35.6	(0.8)

国 名	2012年				2015年				2018年			
	レベル1以下		レベル5以上		レベル1以下		レベル5以上		レベル1以下		レベル5以上	
	割合	標準誤差	割合	標準誤差	割合	標準誤差	割合	標準誤差	割合	標準誤差	割合	標準誤差
日本	11.1	(1.0)	23.7	(1.5)	10.7	(0.8)	20.3	(1.3)	11.5	(0.8)	18.3	(1.1)
オーストラリア	19.7	(0.6)	14.8	(0.6)	22.0	(0.6)	11.3	(0.6)	22.4	(0.7)	10.5	(0.5)
カナダ	13.8	(0.5)	16.4	(0.6)	14.4	(0.7)	15.1	(0.8)	16.3	(0.7)	15.3	(0.7)
エストニア	10.5	(0.6)	14.6	(0.8)	11.2	(0.7)	14.2	(0.8)	10.2	(0.6)	15.5	(0.8)
フィンランド	12.3	(0.7)	15.3	(0.7)	13.6	(0.8)	11.7	(0.7)	15.0	(0.7)	11.1	(0.6)
フランス	22.4	(0.9)	12.9	(0.8)	23.5	(0.9)	11.4	(0.7)	21.3	(0.8)	11.0	(0.8)
ドイツ	17.7	(1.0)	17.5	(0.9)	17.2	(1.0)	12.9	(0.8)	21.1	(1.1)	13.3	(0.8)
アイルランド	16.9	(1.0)	10.7	(0.5)	15.0	(0.9)	9.8	(0.6)	15.7	(0.8)	8.2	(0.7)
イタリア	24.7	(0.8)	9.9	(0.6)	23.3	(1.1)	10.5	(0.8)	23.8	(1.1)	9.5	(0.8)
韓国	9.1	(0.9)	30.9	(1.8)	15.5	(1.1)	20.9	(1.3)	15.0	(0.9)	21.4	(1.1)
オランダ	14.8	(1.3)	19.3	(1.2)	16.7	(0.9)	15.5	(1.3)	15.8	(1.1)	18.4	(1.0)
ニュージーランド	22.6	(0.8)	15.0	(0.9)	21.6	(1.0)	11.4	(0.7)	21.8	(0.8)	11.6	(0.5)
イギリス	21.8	(1.3)	11.8	(0.8)	21.9	(1.0)	10.6	(0.7)	19.2	(1.0)	12.9	(0.8)
アメリカ	25.8	(1.4)	8.8	(0.8)	29.4	(1.4)	5.9	(0.7)	27.1	(1.4)	8.3	(0.8)
OECD平均（30か国）	22.2	(0.2)	12.9	(0.2)	22.9	(0.2)	10.8	(0.1)	22.1	(0.2)	11.4	(0.1)
OECD平均（37か国）	24.4	(0.2)	12.1	(0.1)	24.6	(0.2)	10.3	(0.1)	24.0	(0.2)	10.9	(0.1)
北京・上海・江蘇・浙江	m	m	m	m	m	m	m	m	2.4	(0.4)	44.3	(1.3)
香港	8.5	(0.8)	33.7	(1.4)	9.0	(0.8)	26.5	(1.1)	9.2	(0.8)	29.0	(1.1)
台湾	12.8	(0.8)	37.2	(1.2)	12.7	(0.7)	28.1	(1.2)	14.0	(0.8)	23.2	(1.1)
シンガポール	8.3	(0.5)	40.0	(0.7)	7.6	(0.4)	34.8	(0.8)	7.1	(0.4)	36.9	(0.8)

国 名	2018年 - 2003年				2018年 - 2006年				2018年 - 2009年				2018年 - 2012年				2018年 - 2015年			
	レベル1以下		レベル5以上		レベル1以下		レベル5以上		レベル1以下		レベル5以上		レベル1以下		レベル5以上		レベル1以下		レベル5以上	
	割合の差	標準誤差	割合の差	標準誤差	割合の差	標準誤差	割合の差	標準誤差	割合の差	標準誤差	割合の差	標準誤差	割合の差	標準誤差	割合の差	標準誤差	割合の差	標準誤差	割合の差	標準誤差
日本	-1.9	(1.4)	**-5.9**	(2.1)	-1.6	(1.4)	0.0	(1.9)	-1.0	(1.4)	-2.5	(2.2)	0.4	(1.3)	**-5.3**	(2.2)	0.8	(1.1)	-2.0	(1.8)
オーストラリア	8.1	(1.2)	**-9.3**	(1.0)	9.5	(1.3)	**-6.0**	(1.1)	6.6	(1.6)	**-6.0**	(1.2)	2.8	(1.4)	-4.3	(1.9)	0.5	(1.0)	-0.9	(0.9)
カナダ	6.1	(1.3)	**-5.0**	(1.3)	5.5	(1.3)	-2.6	(1.4)	4.8	(1.3)	**-3.0**	(1.5)	2.4	(1.3)	-1.1	(1.4)	1.9	(1.1)	0.3	(1.2)
エストニア	m	m	m	m	-1.9	(1.4)	2.9	(1.5)	-2.4	(1.4)	3.4	(1.7)	-0.3	(1.2)	0.9	(1.6)	-1.0	(1.1)	1.3	(1.2)
フィンランド	8.2	(1.1)	**-12.3**	(1.1)	9.0	(1.3)	**-13.3**	(1.3)	7.1	(1.4)	**-10.5**	(1.3)	2.7	(1.4)	-4.1	(1.2)	1.4	(1.2)	-0.6	(1.0)
フランス	4.6	(1.5)	**-4.1**	(1.3)	-1.0	(1.7)	-1.5	(1.3)	-1.3	(1.7)	-2.7	(1.4)	-1.1	(1.4)	-1.9	(1.2)	-2.2	(1.3)	-0.4	(1.1)
ドイツ	-0.5	(1.5)	**-2.9**	(1.4)	1.2	(1.9)	-2.1	(1.5)	2.5	(1.8)	**-4.5**	(1.4)	3.4	(1.7)	**-4.1**	(1.5)	3.9	(1.5)	0.4	(1.2)
アイルランド	-1.1	(1.5)	**-3.1**	(1.1)	-0.7	(1.8)	-2.0	(1.1)	**-5.1**	(1.8)	1.6	(1.1)	-1.2	(1.7)	**-2.4**	(1.0)	0.7	(1.4)	-1.6	(0.9)
イタリア	**-8.1**	(2.1)	2.5	(1.0)	**-9.0**	(1.9)	3.3	(1.1)	-1.1	(1.9)	0.6	(1.1)	-0.8	(1.9)	-0.4	(1.1)	0.6	(1.7)	-1.0	(1.2)
韓国	5.5	(1.3)	-3.4	(2.0)	6.1	(1.4)	**-5.7**	(2.3)	6.9	(1.5)	-4.2	(2.5)	5.9	(1.4)	**-9.5**	(2.5)	-0.5	(1.4)	0.5	(1.9)
オランダ	4.8	(1.6)	**-7.1**	(1.8)	4.2	(1.6)	-2.7	(1.8)	2.3	(1.9)	-1.4	(2.2)	1.0	(1.7)	-0.8	(1.9)	-1.0	(1.4)	**2.9**	(1.4)
ニュージーランド	6.7	(1.5)	**-9.1**	(1.6)	7.7	(1.6)	**-7.4**	(1.2)	6.4	(1.8)	**-7.3**	(1.3)	-0.9	(1.7)	**-3.4**	(1.2)	0.1	(1.4)	0.2	(1.0)
イギリス	m	m	m	m	-0.5	(1.6)	1.7	(1.1)	-1.0	(1.8)	**3.0**	(1.2)	-2.6	(1.9)	1.0	(1.4)	-2.6	(1.5)	**2.2**	(1.1)
アメリカ	1.4	(2.1)	-1.8	(1.1)	-1.0	(2.6)	0.6	(1.2)	3.7	(2.5)	-1.7	(1.3)	1.3	(2.4)	-0.5	(1.2)	-2.3	(2.1)	**2.4**	(1.1)
OECD平均（30か国）	0.5	(0.8)	**-3.0**	(0.5)	0.8	(1.0)	-1.8	(0.6)	m	m	m	m	0.0	(1.1)	**-1.4**	(0.6)	-0.8	(0.6)	0.6	(0.4)
OECD平均（37か国）	m	m	m	m	0.2	(1.0)	-1.3	(0.5)	m	m	m	m	-0.4	(1.1)	**-1.1**	(0.6)	-0.6	(0.6)	**0.6**	(0.3)
北京・上海・江蘇・浙江	m	m	m	m	m	m	m	m	m	m	m	m	m	m	m	m	m	m	m	m
香港	-1.2	(1.4)	-1.7	(2.1)	-0.4	(1.3)	1.2	(2.1)	0.4	(1.1)	-1.7	(2.3)	0.7	(1.2)	**-4.7**	(2.3)	0.2	(1.1)	2.4	(1.7)
台湾	m	m	m	m	2.0	(1.4)	**-8.7**	(2.2)	1.2	(1.1)	**-5.4**	(2.4)	1.1	(1.2)	**-14.0**	(2.1)	1.3	(1.1)	**-4.9**	(1.8)
シンガポール	m	m	m	m	m	m	m	m	**-2.7**	(0.7)	1.3	(2.7)	-1.1	(0.7)	-3.1	(2.4)	-0.4	(0.6)	2.1	(1.6)

（注） 1. 灰色の網掛けは非OECD加盟国・地域を示す。
2. 太字は統計的な有意差があることを示す。
3. 表中のmは欠損値（データなし）。
4. OECD平均（30か国）は，OECD加盟37か国から，チリ，コロンビア，エストニア，イスラエル，リトアニア，スロベニア，イギリスを除いたもの。
出所：OECD(2019a) の表より抜粋。

第3章　数学的リテラシー

表3.2.4　男女別に見た習熟度レベル（レベル1以下・レベル5以上）別の経年変化（数学的リテラシー　2012年～2018年）

国　名		2018年				2015年				2012年			
		レベル1以下		レベル5以上		レベル1以下		レベル5以上		レベル1以下		レベル5以上	
		割合	標準誤差	割合	標準誤差	割合	標準誤差	割合	標準誤差	割合	標準誤差	割合	標準誤差
日本	男子	11.6	(1.0)	21.5	(1.5)	9.8	(1.0)	23.5	(1.7)	10.9	(1.2)	27.8	(1.9)
	女子	11.3	(1.1)	15.3	(1.1)	11.6	(1.0)	17.1	(1.2)	11.2	(1.1)	19.1	(1.6)
オーストラリア	男子	22.2	(0.9)	11.8	(0.8)	22.1	(0.9)	13.0	(0.7)	18.3	(0.8)	17.0	(1.0)
	女子	22.7	(0.8)	9.1	(0.6)	21.9	(1.0)	9.6	(0.8)	21.1	(0.8)	12.4	(0.6)
カナダ	男子	16.4	(0.8)	16.7	(0.9)	14.0	(0.9)	17.2	(1.1)	13.4	(0.7)	19.0	(0.9)
	女子	16.1	(0.9)	13.9	(0.8)	14.7	(0.9)	13.0	(0.8)	14.3	(0.7)	13.8	(0.7)
エストニア	男子	10.1	(0.9)	17.7	(1.0)	12.1	(1.0)	15.8	(1.0)	10.6	(0.9)	16.3	(0.9)
	女子	10.3	(0.8)	13.3	(0.9)	10.4	(0.7)	12.5	(1.1)	10.4	(0.7)	13.0	(1.0)
フィンランド	男子	16.8	(1.1)	11.9	(0.8)	15.7	(1.1)	12.2	(0.8)	14.1	(0.9)	16.3	(1.0)
	女子	13.1	(0.9)	10.3	(0.7)	11.2	(0.9)	11.2	(0.9)	10.4	(0.8)	14.1	(0.9)
フランス	男子	21.2	(1.1)	12.9	(1.0)	23.8	(1.4)	13.3	(0.9)	22.3	(1.1)	15.3	(1.1)
	女子	21.3	(1.1)	9.1	(0.8)	23.1	(1.1)	9.6	(0.9)	22.4	(1.0)	10.6	(0.8)
ドイツ	男子	21.2	(1.2)	14.9	(1.0)	15.1	(1.3)	15.5	(1.1)	16.8	(1.1)	19.9	(1.2)
	女子	21.0	(1.4)	11.5	(0.9)	19.3	(1.1)	10.3	(0.8)	18.7	(1.3)	14.9	(1.1)
アイルランド	男子	15.7	(1.1)	9.9	(0.9)	14.1	(1.2)	12.9	(1.0)	15.2	(1.4)	12.7	(0.9)
	女子	15.7	(1.1)	6.6	(0.8)	15.8	(1.0)	6.5	(0.8)	18.7	(1.2)	8.5	(0.7)
イタリア	男子	22.6	(1.4)	12.0	(1.1)	20.7	(1.2)	13.2	(1.0)	22.8	(0.9)	13.0	(0.8)
	女子	25.1	(1.4)	6.9	(0.8)	25.8	(1.6)	7.8	(0.9)	26.7	(1.0)	6.7	(0.5)
韓国	男子	15.6	(1.3)	22.7	(1.5)	17.8	(1.5)	21.7	(1.9)	9.2	(1.2)	35.3	(2.4)
	女子	14.4	(1.2)	19.9	(1.4)	13.0	(1.3)	20.0	(1.4)	9.1	(1.1)	25.8	(2.0)
オランダ	男子	16.4	(1.4)	19.7	(1.2)	17.2	(1.1)	17.0	(0.9)	13.9	(1.4)	21.5	(1.4)
	女子	15.1	(1.3)	17.1	(1.2)	16.2	(1.0)	14.1	(1.0)	15.8	(1.5)	16.9	(1.4)
ニュージーランド	男子	21.4	(1.1)	13.5	(0.9)	21.7	(1.4)	13.6	(1.1)	21.8	(1.1)	17.9	(1.3)
	女子	22.2	(1.0)	9.5	(0.8)	21.6	(1.4)	9.2	(0.8)	23.6	(1.1)	12.0	(1.1)
イギリス	男子	18.1	(1.1)	14.9	(1.2)	20.6	(1.1)	12.5	(1.0)	19.7	(1.4)	13.4	(1.3)
	女子	20.3	(1.1)	10.9	(0.8)	23.2	(1.3)	8.8	(0.8)	23.8	(1.5)	10.3	(1.0)
アメリカ	男子	26.3	(1.6)	9.7	(1.1)	28.6	(1.6)	6.8	(0.7)	26.5	(1.5)	9.6	(0.9)
	女子	27.9	(1.5)	6.8	(0.9)	30.1	(1.8)	5.0	(0.7)	25.2	(1.6)	7.9	(1.1)
OECD平均（37か国）	男子	23.9	(0.2)	12.3	(0.2)	24.2	(0.2)	12.0	(0.2)	23.5	(0.2)	14.0	(0.2)
	女子	24.0	(0.2)	9.5	(0.1)	25.0	(0.2)	8.6	(0.1)	25.3	(0.2)	10.1	(0.2)
北京・上海・江蘇・浙江	男子	2.5	(0.5)	47.4	(1.6)	m	m	m	m	m	m	m	m
	女子	2.3	(0.4)	40.9	(1.6)	m	m	m	m	m	m	m	m
香港	男子	10.5	(1.0)	29.0	(1.3)	9.8	(1.0)	28.3	(1.4)	8.5	(1.0)	37.9	(2.0)
	女子	7.7	(1.0)	28.9	(1.5)	8.2	(1.0)	24.7	(1.8)	8.5	(1.0)	28.8	(1.8)
台湾	男子	14.8	(0.9)	25.1	(1.7)	13.0	(1.0)	30.1	(1.9)	14.3	(1.3)	40.0	(1.9)
	女子	13.1	(1.0)	21.2	(1.8)	12.4	(0.9)	26.1	(1.7)	11.4	(0.9)	34.5	(2.3)
シンガポール	男子	7.8	(0.5)	38.8	(0.9)	8.6	(0.6)	35.6	(1.1)	9.7	(0.7)	40.3	(0.8)
	女子	6.5	(0.5)	35.0	(1.2)	6.4	(0.6)	34.0	(1.0)	6.7	(0.6)	39.8	(1.0)

国　名		2018年				生徒の割合の変化（2018年 - 2012年）				生徒の割合の変化（2018年 - 2015年）			
		レベル1以下		レベル5以上		レベル1以下		レベル5以上		レベル1以下		レベル5以上	
		割合	標準誤差	割合	標準誤差	割合の差	標準誤差	割合の差	標準誤差	割合の差	標準誤差	割合の差	標準誤差
日本	男子	11.6	(1.0)	21.5	(1.5)	0.7	(1.6)	**-6.3**	(2.4)	1.8	(1.4)	-2.0	(2.3)
	女子	11.3	(1.1)	15.3	(1.1)	0.1	(1.5)	**-3.8**	(1.9)	-0.3	(1.4)	-1.8	(1.6)
オーストラリア	男子	22.2	(0.9)	11.8	(0.8)	**3.9**	(1.2)	**-5.3**	(1.5)	0.1	(1.3)	-1.3	(1.0)
	女子	22.7	(0.8)	9.1	(0.6)	1.5	(1.1)	**-3.3**	(0.9)	0.8	(1.3)	-0.5	(1.0)
カナダ	男子	16.4	(0.8)	16.7	(0.9)	**3.0**	(1.1)	-2.3	(1.2)	**2.4**	(1.2)	-0.4	(1.4)
	女子	16.1	(0.9)	13.9	(0.8)	1.9	(1.1)	0.1	(1.1)	1.4	(1.2)	0.9	(1.2)
エストニア	男子	10.1	(0.9)	17.7	(1.0)	-0.5	(1.2)	1.4	(1.4)	-1.9	(1.3)	1.9	(1.4)
	女子	10.3	(0.8)	13.3	(0.9)	-0.1	(1.1)	0.3	(1.3)	0.0	(1.1)	0.7	(1.4)
フィンランド	男子	16.8	(1.1)	11.9	(0.8)	**2.8**	(1.4)	**-4.4**	(1.3)	1.1	(1.5)	-0.3	(1.1)
	女子	13.1	(0.9)	10.3	(0.7)	**2.7**	(1.2)	**-3.8**	(1.2)	1.8	(1.3)	-0.8	(1.2)
フランス	男子	21.2	(1.1)	12.9	(1.0)	-1.1	(1.5)	-2.4	(1.5)	-2.6	(1.7)	-0.4	(1.4)
	女子	21.3	(1.1)	9.1	(0.8)	-1.1	(1.5)	-1.5	(1.1)	-1.8	(1.5)	-0.6	(1.2)
ドイツ	男子	21.2	(1.2)	14.9	(1.0)	**4.4**	(1.6)	**-5.0**	(1.6)	**6.0**	(1.7)	-0.6	(1.5)
	女子	21.0	(1.4)	11.5	(0.9)	2.3	(1.9)	**-3.5**	(1.5)	1.7	(1.7)	1.2	(1.2)
アイルランド	男子	15.7	(1.1)	9.9	(0.9)	0.5	(1.8)	**-2.8**	(1.3)	1.5	(1.6)	**-3.0**	(1.4)
	女子	15.7	(1.1)	6.6	(0.8)	-3.0	(1.6)	-2.0	(1.1)	-0.1	(1.5)	0.0	(1.1)
イタリア	男子	22.6	(1.4)	12.0	(1.1)	-0.2	(1.7)	-1.0	(1.3)	1.9	(1.6)	-1.2	(1.5)
	女子	25.1	(1.4)	6.9	(0.8)	-1.6	(1.6)	0.2	(1.0)	-0.7	(2.2)	-0.9	(1.2)
韓国	男子	15.6	(1.3)	22.7	(1.5)	**6.4**	(1.8)	**-12.6**	(2.8)	-2.2	(1.9)	1.0	(2.4)
	女子	14.4	(1.2)	19.9	(1.4)	**5.3**	(1.7)	**-5.9**	(2.4)	1.4	(1.8)	-0.1	(2.0)
オランダ	男子	16.4	(1.4)	19.7	(1.2)	2.6	(1.9)	-1.9	(1.9)	-0.8	(1.8)	2.7	(1.5)
	女子	15.1	(1.3)	17.1	(1.2)	-0.7	(2.0)	0.2	(1.9)	-1.1	(1.6)	3.0	(1.6)
ニュージーランド	男子	21.4	(1.1)	13.5	(0.9)	-0.4	(1.6)	**-4.3**	(1.6)	-0.3	(1.8)	-0.1	(1.4)
	女子	22.2	(1.0)	9.5	(0.8)	-1.4	(1.5)	-2.5	(1.3)	0.6	(1.7)	0.4	(1.1)
イギリス	男子	18.1	(1.1)	14.9	(1.2)	-1.6	(1.8)	1.5	(1.7)	-2.4	(1.6)	2.4	(1.6)
	女子	20.3	(1.1)	10.9	(0.8)	-3.6	(1.8)	0.6	(1.3)	-2.9	(1.7)	2.2	(1.2)
アメリカ	男子	26.3	(1.6)	9.7	(1.1)	-0.2	(2.2)	0.0	(1.4)	-2.3	(2.3)	2.9	(1.4)
	女子	27.9	(1.5)	6.8	(0.9)	2.7	(2.2)	-1.1	(1.4)	-2.2	(2.3)	1.7	(1.1)
OECD平均（37か国）	男子	23.9	(0.2)	12.3	(0.2)	0.5	(0.3)	**-1.7**	(0.2)	-0.2	(0.3)	0.3	(0.2)
	女子	24.0	(0.2)	9.5	(0.1)	**-1.2**	(0.3)	-0.5	(0.2)	**-1.0**	(0.3)	**0.9**	(0.2)
北京・上海・江蘇・浙江	男子	2.5	(0.5)	47.4	(1.6)	m	m	m	m	m	m	m	m
	女子	2.3	(0.4)	40.9	(1.6)	m	m	m	m	m	m	m	m
香港	男子	10.5	(1.0)	29.0	(1.3)	2.0	(1.4)	**-8.9**	(2.4)	0.8	(1.4)	0.7	(1.9)
	女子	7.7	(1.0)	28.9	(1.5)	-0.8	(1.4)	0.1	(2.4)	-0.5	(1.4)	4.2	(2.3)
台湾	男子	14.8	(0.9)	25.1	(1.7)	0.5	(1.6)	**-14.9**	(2.6)	1.8	(1.4)	-5.0	(2.6)
	女子	13.1	(1.0)	21.2	(1.8)	1.7	(1.4)	**-13.3**	(2.9)	0.7	(1.3)	-4.9	(2.4)
シンガポール	男子	7.8	(0.5)	38.8	(0.9)	**-2.0**	(0.9)	-1.5	(1.3)	-0.9	(0.8)	3.1	(1.5)
	女子	6.5	(0.5)	35.0	(1.2)	-0.2	(0.8)	**-4.7**	(1.6)	0.1	(0.8)	1.1	(1.6)

（注）1.　灰色の網掛けは非OECD加盟国・地域を示す。
　　　2.　太字は統計的な有意差があることを示す。
　　　3.　表中のmは欠損値（データなし）。
出所：OECD(2019b) の表より抜粋。

3.3 数学的リテラシーの平均得点の国際比較

3.3.1 各国の数学的リテラシーの平均得点

表 3.3.1 は，各国の数学的リテラシーの平均得点と，その平均得点に統計的な有意差がない国を示したものである。日本の平均得点は 527 点である。日本と統計的な有意差がない国は，台湾，韓国，エストニアである。OECD 平均の 489 点を上回る国は，29 か国である。

表 3.3.2 は，生徒の数学的リテラシーの問題の平均得点とその 95% 信頼区間，また，統計的に考えられる平均得点の上位及び下位の順位を OECD 加盟国及び全ての参加国の中で示したものである。

数学的リテラシーの平均得点は，北京・上海・江蘇・浙江，シンガポール，マカオ，香港，台湾，日本，韓国，エストニア，オランダ，ポーランドの順で高く，日本は 6 番目に高い。ただし，平均得点には標準誤差が含まれるため，統計的に考えられる日本の平均得点の順位は，参加国全体の中では 5 位から 8 位の間，OECD 加盟国の中では 1 位から 3 位の間である。OECD 平均より得点が統計的に有意に高い国は，非 OECD 加盟国 5 か国を含む 27 か国である。一方，OECD 平均より得点が統計的に有意に低い国は，OECD 加盟国 11 か国を含む 46 か国である。

3.3.2 各国の数学的リテラシーの平均得点の経年変化

表 3.3.3 は日本を含む 18 か国について，2003 年，2006 年，2009 年，2012 年，2015 年，2018 年調査における各国の数学的リテラシーの平均得点と，2018 年とそれぞれの得点差（例えば 2018 年 − 2003 年）を示したものであり，太字は統計的な有意差があることを示している。

日本は 2018 年の得点が，2003 年，2009 年，2012 年，2015 年調査との比較ではそれぞれ 7 点，2 点，9 点，5 点低く，2006 年調査との比較では 4 点高いが，いずれも統計的な有意差はない。

得点差について，数学的リテラシーが中心分野であった 2003 年の得点より 2018 年の得点が高く，その差が有意であるのはイタリアで，2003 年の得点より低く，その差が有意であるのはオーストラリア，カナダ，フィンランド，フランス，韓国，オランダ，ニュージーランドである。2018 年の得点が 2006 年の得点より高く，その差が有意であるのはイタリアで，2006 年の得点より低く，その差が有意であるのはオーストラリア，カナダ，フィンランド，韓国，オランダ，ニュージーランド，台湾である。また 2018 年の得点が 2009 年の得点より高く，その差が有意であるのはエストニア，アイルランドで，2009 年の得点より低く，その差が有意であるのはオーストラリア，カナダ，フィンランド，ドイツ，韓国，ニュージーランド，台湾である。さらに 2018 年の得点が 2012 年の得点より高く，その差が有意である国はなく，2012 年の得点より低く，その差が有意であるのはオーストラリア，フィンランド，ドイツ，韓国，台湾である。そして 2018 年の得点が 2015 年の得点より高く，その差が有意であるのはイギリスで，2015 年の得点より低く，その差が有意であるのは台湾である。

第3章　数学的リテラシー

表 3.3.1　数学的リテラシーの平均得点の国際比較

平均得点	国名	平均得点に統計的な有意差がない国
591	北京・上海・江蘇・浙江	
569	シンガポール	
558	マカオ	香港
551	香港	マカオ
531	台湾	日本，韓国
527	日本	台湾，韓国，エストニア
526	韓国	台湾，日本，エストニア，オランダ
523	エストニア	日本，韓国，オランダ
519	オランダ	韓国，エストニア，ポーランド，スイス
516	ポーランド	オランダ，スイス，カナダ
515	スイス	オランダ，ポーランド，カナダ，デンマーク
512	カナダ	ポーランド，スイス，デンマーク，スロベニア，ベルギー，フィンランド
509	デンマーク	スイス，カナダ，スロベニア，ベルギー，フィンランド
509	スロベニア	カナダ，デンマーク，ベルギー，フィンランド
508	ベルギー	カナダ，デンマーク，スロベニア，フィンランド，スウェーデン，イギリス
507	フィンランド	カナダ，デンマーク，スロベニア，ベルギー，スウェーデン，イギリス
502	スウェーデン	ベルギー，フィンランド，イギリス，ノルウェー，ドイツ，アイルランド，チェコ，オーストリア，ラトビア
502	イギリス	ベルギー，フィンランド，スウェーデン，ノルウェー，ドイツ，アイルランド，チェコ，オーストリア，ラトビア，フランス
501	ノルウェー	スウェーデン，イギリス，ドイツ，アイルランド，チェコ，オーストリア，ラトビア，フランス，アイスランド
500	ドイツ	スウェーデン，イギリス，ノルウェー，アイルランド，チェコ，オーストリア，ラトビア，フランス，アイスランド，ニュージーランド
500	アイルランド	スウェーデン，イギリス，ノルウェー，ドイツ，チェコ，オーストリア，ラトビア，フランス，アイスランド，ニュージーランド
499	チェコ	スウェーデン，イギリス，ノルウェー，ドイツ，アイルランド，オーストリア，ラトビア，フランス，アイスランド，ニュージーランド，ポルトガル
499	オーストリア	スウェーデン，イギリス，ノルウェー，ドイツ，アイルランド，チェコ，ラトビア，フランス，アイスランド，ニュージーランド，ポルトガル
496	ラトビア	スウェーデン，イギリス，ノルウェー，ドイツ，アイルランド，チェコ，オーストリア，フランス，アイスランド，ニュージーランド，ポルトガル，オーストラリア
495	フランス	イギリス，ノルウェー，ドイツ，アイルランド，チェコ，オーストリア，ラトビア，アイスランド，ニュージーランド，ポルトガル，オーストラリア
495	アイスランド	ノルウェー，ドイツ，アイルランド，チェコ，オーストリア，ラトビア，フランス，ニュージーランド，ポルトガル，オーストラリア
494	ニュージーランド	ドイツ，アイルランド，チェコ，オーストリア，ラトビア，フランス，アイスランド，ポルトガル，オーストラリア
492	ポルトガル	チェコ，オーストリア，ラトビア，フランス，アイスランド，ニュージーランド，オーストラリア，ロシア，イタリア，スロバキア
491	オーストラリア	ラトビア，フランス，アイスランド，ニュージーランド，ポルトガル，ロシア，イタリア，スロバキア
489	OECD 平均	
488	ロシア	ポルトガル，オーストラリア，イタリア，スロバキア，ルクセンブルク，スペイン，リトアニア，ハンガリー
487	イタリア	ポルトガル，オーストラリア，ロシア，スロバキア，ルクセンブルク，スペイン，リトアニア，ハンガリー，アメリカ
486	スロバキア	ポルトガル，オーストラリア，ロシア，イタリア，ルクセンブルク，スペイン，リトアニア，ハンガリー，アメリカ
483	ルクセンブルク	ロシア，イタリア，スロバキア，スペイン，リトアニア，ハンガリー，アメリカ
481	スペイン	ロシア，イタリア，スロバキア，ルクセンブルク，リトアニア，ハンガリー，アメリカ
481	リトアニア	ロシア，イタリア，スロバキア，ルクセンブルク，スペイン，ハンガリー，アメリカ
481	ハンガリー	ロシア，イタリア，スロバキア，ルクセンブルク，スペイン，リトアニア，アメリカ
478	アメリカ	イタリア，スロバキア，ルクセンブルク，スペイン，リトアニア，ハンガリー，ベラルーシ，マルタ
472	ベラルーシ	アメリカ，マルタ
472	マルタ	アメリカ，ベラルーシ
464	クロアチア	イスラエル
463	イスラエル	クロアチア
454	トルコ	ウクライナ※，ギリシャ，キプロス，セルビア
453	ウクライナ※	トルコ，ギリシャ，キプロス，セルビア
451	ギリシャ	トルコ，ウクライナ※，キプロス，セルビア
451	キプロス	トルコ，ウクライナ※，ギリシャ，セルビア
448	セルビア	トルコ，ウクライナ※，ギリシャ，キプロス，マレーシア
440	マレーシア	セルビア，アルバニア，ブルガリア，アラブ首長国連邦，ルーマニア※
437	アルバニア	マレーシア，ブルガリア，アラブ首長国連邦，ルーマニア※
436	ブルガリア	マレーシア，アルバニア，アラブ首長国連邦，ブルネイ，ルーマニア※，モンテネグロ
435	アラブ首長国連邦	マレーシア，アルバニア，ブルガリア，ルーマニア※
430	ブルネイ	ブルガリア，ルーマニア※，モンテネグロ
430	ルーマニア※	マレーシア，アルバニア，ブルガリア，アラブ首長国連邦，ブルネイ，モンテネグロ，カザフスタン，モルドバ※，バクー（アゼルバイジャン），タイ
430	モンテネグロ	ブルガリア，ブルネイ，ルーマニア※
423	カザフスタン	ルーマニア※，モルドバ※，バクー（アゼルバイジャン），タイ，ウルグアイ，チリ
421	モルドバ※	ルーマニア※，カザフスタン，バクー（アゼルバイジャン），タイ，ウルグアイ，チリ
420	バクー（アゼルバイジャン）	ルーマニア※，カザフスタン，モルドバ※，タイ，ウルグアイ，チリ，カタール
419	タイ	ルーマニア※，カザフスタン，モルドバ※，バクー（アゼルバイジャン），ウルグアイ，チリ，カタール
418	ウルグアイ	カザフスタン，モルドバ※，バクー（アゼルバイジャン），タイ，チリ，カタール
417	チリ	カザフスタン，モルドバ※，バクー（アゼルバイジャン），タイ，ウルグアイ，カタール
414	カタール	バクー（アゼルバイジャン），タイ，ウルグアイ，チリ，メキシコ
409	メキシコ	カタール，ボスニア・ヘルツェゴビナ，コスタリカ
406	ボスニア・ヘルツェゴビナ	メキシコ，コスタリカ，ペルー，ヨルダン※
402	コスタリカ	メキシコ，ボスニア・ヘルツェゴビナ，ペルー，ヨルダン※，ジョージア，レバノン※
400	ペルー	ボスニア・ヘルツェゴビナ，コスタリカ，ヨルダン※，ジョージア，北マケドニア※，レバノン※
400	ヨルダン※	ボスニア・ヘルツェゴビナ，コスタリカ，ペルー，ジョージア，北マケドニア※，レバノン※
398	ジョージア	コスタリカ，ペルー，ヨルダン※，北マケドニア※，レバノン※，コロンビア
394	北マケドニア※	ペルー，ヨルダン※，ジョージア，レバノン※，コロンビア
393	レバノン※	コスタリカ，ペルー，ヨルダン※，ジョージア，北マケドニア※，コロンビア
391	コロンビア	ジョージア，北マケドニア※，レバノン※
384	ブラジル	アルゼンチン※，インドネシア
379	アルゼンチン※	ブラジル，インドネシア，サウジアラビア※
379	インドネシア	ブラジル，アルゼンチン※，サウジアラビア※
373	サウジアラビア※	アルゼンチン※，インドネシア，モロッコ
368	モロッコ	サウジアラビア※，コソボ
366	コソボ	モロッコ
353	パナマ	フィリピン
353	フィリピン	パナマ
325	ドミニカ共和国	

平均得点	OECD 平均よりも統計的に有意に高い国・地域
平均得点	OECD 平均と統計的な有意差がない国・地域
平均得点	OECD 平均よりも統計的に有意に低い国・地域

国名	OECD 加盟国
国名	非 OECD 加盟国

（注）※は，2018 年調査において，コンピュータ使用型調査での実施ではなく，筆記型調査で実施した国を示す。
出所：OECD(2019a) の表から作成。

数学的リテラシー　第3章

表 3.3.2　数学的リテラシーの平均得点と順位の範囲

国 名	平均得点	95%信頼区間	順位の範囲 OECD加盟国 上位	下位	すべての参加国 上位	下位
北京・上海・江蘇・浙江	591	586 - 596			1	1
シンガポール	569	566 - 572			2	2
マカオ	558	555 - 561			3	4
香港	551	545 - 557			3	4
台湾	531	525 - 537			5	7
日本	527	522 - 532	1	3	5	8
韓国	526	520 - 532	1	4	5	9
エストニア	523	520 - 527	1	4	6	9
オランダ	519	514 - 524	2	6	7	11
ポーランド	516	511 - 521	4	8	9	13
スイス	515	510 - 521	4	9	9	14
カナダ	512	507 - 517	5	11	10	16
デンマーク	509	506 - 513	6	11	11	16
スロベニア	509	506 - 512	7	11	12	16
ベルギー	508	504 - 513	7	13	12	18
フィンランド	507	503 - 511	7	13	12	18
スウェーデン	502	497 - 508	10	19	15	24
イギリス	502	497 - 507	10	19	15	24
ノルウェー	501	497 - 505	11	19	16	24
ドイツ	500	495 - 505	11	21	16	26
アイルランド	500	495 - 504	12	21	17	26
チェコ	499	495 - 504	12	21	17	26
オーストリア	499	493 - 505	12	23	17	28
ラトビア	496	492 - 500	15	23	20	28
フランス	495	491 - 500	15	24	20	29
アイスランド	495	491 - 499	16	24	21	29
ニュージーランド	494	491 - 498	18	24	22	29
ポルトガル	492	487 - 498	18	26	23	31
オーストラリア	491	488 - 495	20	25	25	31
OECD 平均	489	-	-	-	-	-
ロシア	488	482 - 494			27	35
イタリア	487	481 - 492	23	29	28	35
スロバキア	486	481 - 491	23	29	28	35
ルクセンブルク	483	481 - 486	25	29	31	36
スペイン	481	479 - 484	26	31	32	37
リトアニア	481	477 - 485	26	31	32	37
ハンガリー	481	477 - 486	26	31	31	37
アメリカ	478	472 - 485	27	31	32	39
ベラルーシ	472	467 - 477			37	40
マルタ	472	468 - 475			37	39
クロアチア	464	459 - 469			39	41
イスラエル	463	456 - 470	32	32	39	42
トルコ	454	449 - 458	33	34	42	46
ウクライナ※	453	446 - 460			41	46
ギリシャ	451	445 - 457	33	34	42	46
キプロス	451	448 - 453			42	46
セルビア	448	442 - 454			42	47
マレーシア	440	435 - 446			46	50
アルバニア	437	432 - 442			47	51
ブルガリア	436	429 - 444			47	53
アラブ首長国連邦	435	431 - 439			47	51
ブルネイ	430	428 - 432			50	53
ルーマニア※	430	420 - 440			47	56
モンテネグロ	430	427 - 432			50	53
カザフスタン	423	419 - 427			53	57
モルドバ※	421	416 - 425			54	59
バクー（アゼルバイジャン）	420	414 - 425			54	60
タイ	419	412 - 425			53	60
ウルグアイ	418	413 - 423			54	60
チリ	417	413 - 422	35	35	55	60
カタール	414	412 - 417			58	61
メキシコ	409	404 - 414	36	36	60	63
ボスニア・ヘルツェゴビナ	406	400 - 412			61	65
コスタリカ	402	396 - 409			61	66
ペルー	400	395 - 405			62	67
ヨルダン※	400	393 - 406			62	68
ジョージア	398	392 - 403			63	68
北マケドニア※	394	391 - 398			65	69
レバノン※	393	386 - 401			63	69
コロンビア	391	385 - 397	37	37	66	70
ブラジル	384	380 - 388			69	72
アルゼンチン※	379	374 - 385			70	73
インドネシア	379	373 - 385			70	73
サウジアラビア※	373	367 - 379			71	74
モロッコ	368	361 - 374			73	75
コソボ	366	363 - 369			74	75
パナマ	353	348 - 358			76	77
フィリピン	353	346 - 359			76	77
ドミニカ共和国	325	320 - 330			78	78

国名	OECD 加盟国	平均得点	OECD 平均よりも統計的に有意に高い国・地域
国名	非 OECD 加盟国	平均得点	OECD 平均と統計的な有意差がない国・地域
		平均得点	OECD 平均よりも統計的に有意に低い国・地域

（注）※は，2018 年調査において，コンピュータ使用型調査での実施ではなく，筆記型調査で実施した国を示す。
出所：OECD(2019a) の表から作成。

163

第3章　数学的リテラシー

表3.3.3　数学的リテラシーの平均得点の経年変化（2003年〜2018年）

国　名	平均得点の変化 (2018年 - 2003年)		平均得点の変化 (2018年 - 2006年)		平均得点の変化 (2018年 - 2009年)		平均得点の変化 (2018年 - 2012年)		平均得点の変化 (2018年 - 2015年)		2018年	
	得点差	標準誤差	得点差	標準誤差	得点差	標準誤差	得点差	標準誤差	得点差	標準誤差	平均得点	標準誤差
日本	-7	(5.5)	4	(5.2)	-2	(5.5)	-9	(5.5)	-5	(4.5)	527	(2.5)
オーストラリア	**-33**	(4.0)	**-29**	(4.3)	**-23**	(4.8)	**-13**	(4.2)	-3	(3.4)	491	(1.9)
カナダ	**-20**	(4.1)	**-15**	(4.4)	**-15**	(4.5)	-6	(4.5)	-4	(4.0)	512	(2.4)
エストニア	m	m	9	(4.5)	**11**	(4.7)	3	(4.3)	4	(3.6)	523	(1.7)
フィンランド	**-37**	(3.9)	**-41**	(4.4)	**-33**	(4.6)	**-11**	(4.3)	-4	(3.8)	507	(2.0)
フランス	**-15**	(4.4)	0	(5.1)	-1	(5.2)	0	(4.8)	2	(3.9)	495	(2.3)
ドイツ	-3	(5.1)	-4	(5.7)	**-13**	(5.3)	**-13**	(5.1)	-6	(4.6)	500	(2.6)
アイルランド	-3	(4.3)	-2	(4.8)	**12**	(4.9)	-2	(4.6)	-4	(3.8)	500	(2.2)
イタリア	**21**	(5.0)	**25**	(4.8)	4	(4.9)	1	(4.8)	-3	(4.6)	487	(2.8)
韓国	**-16**	(5.3)	**-22**	(5.8)	**-20**	(6.2)	**-28**	(6.5)	2	(5.4)	526	(3.1)
オランダ	**-19**	(5.0)	**-11**	(4.9)	-7	(6.5)	-4	(5.5)	7	(4.2)	519	(2.6)
ニュージーランド	**-29**	(4.0)	**-27**	(4.3)	**-25**	(4.6)	-5	(4.4)	-1	(3.7)	494	(1.7)
イギリス	m	m	6	(4.6)	9	(5.0)	8	(5.3)	**9**	(4.3)	502	(2.6)
アメリカ	-5	(5.2)	4	(6.1)	-9	(6.0)	-3	(5.9)	9	(5.1)	478	(3.2)
OECD平均（30か国）	**-5**	(2.9)	-3	(3.3)	m	m	-2	(3.4)	2	(2.4)	494	(0.4)
OECD平均（37か国）	m	m	-1	(3.2)	m	m	-1	(3.4)	2	(2.4)	489	(0.4)
北京・上海・江蘇・浙江	m	m	m	m	m	m	m	m	m	m	591	(2.5)
香港	1	(6.1)	4	(5.1)	-3	(5.4)	**-10**	(5.5)	3	(4.8)	551	(3.0)
台湾	m	m	**-18**	(5.9)	**-12**	(5.7)	**-29**	(5.5)	**-11**	(4.8)	531	(2.9)
シンガポール	m	m	m	m	7	(4.1)	-4	(3.9)	5	(3.2)	569	(1.6)

国　名	2003年		2006年		2009年		2012年		2015年		2018年	
	平均得点	標準誤差	平均得点	標準誤差	平均得点	標準誤差	平均得点	標準誤差	平均得点	標準誤差	平均得点	標準誤差
日本	534	(4.0)	523	(3.3)	529	(3.3)	536	(3.6)	532	(3.0)	527	(2.5)
オーストラリア	524	(2.1)	520	(2.2)	514	(2.5)	504	(1.6)	494	(1.6)	491	(1.9)
カナダ	532	(1.8)	527	(2.0)	527	(1.6)	518	(1.8)	516	(2.3)	512	(2.4)
エストニア	m	m	515	(2.7)	512	(2.6)	521	(2.0)	520	(2.0)	523	(1.7)
フィンランド	544	(1.9)	548	(2.3)	541	(2.2)	519	(1.9)	511	(2.3)	507	(2.0)
フランス	511	(2.5)	496	(3.2)	497	(3.1)	495	(2.5)	493	(2.1)	495	(2.3)
ドイツ	503	(3.3)	504	(3.9)	513	(2.9)	514	(2.9)	506	(2.9)	500	(2.6)
アイルランド	503	(2.4)	501	(2.8)	487	(2.5)	501	(2.2)	504	(2.1)	500	(2.2)
イタリア	466	(3.1)	462	(2.3)	483	(1.9)	485	(2.0)	490	(2.8)	487	(2.8)
韓国	542	(3.2)	547	(3.8)	546	(4.0)	554	(4.6)	524	(3.7)	526	(3.1)
オランダ	538	(3.1)	531	(2.6)	526	(4.7)	523	(3.5)	512	(2.2)	519	(2.6)
ニュージーランド	523	(2.3)	522	(2.4)	519	(2.3)	500	(2.2)	495	(2.3)	494	(1.7)
イギリス	m	m	495	(2.1)	492	(2.4)	494	(3.3)	492	(2.5)	502	(2.6)
アメリカ	483	(2.9)	474	(4.0)	487	(3.6)	481	(3.6)	470	(3.2)	478	(3.2)
OECD平均（30か国）	499	(0.6)	497	(0.5)	m	m	496	(0.5)	491	(0.5)	494	(0.4)
OECD平均（37か国）	m	m	490	(0.5)	m	m	490	(0.5)	487	(0.4)	489	(0.4)
北京・上海・江蘇・浙江	m	m	m	m	m	m	m	m	m	m	591	(2.5)
香港	550	(4.5)	547	(2.7)	555	(2.7)	561	(3.2)	548	(3.0)	551	(3.0)
台湾	m	m	549	(4.1)	543	(3.4)	560	(3.3)	542	(3.0)	531	(2.9)
シンガポール	m	m	m	m	562	(1.4)	573	(1.3)	564	(1.5)	569	(1.6)

（注）　1．灰色の網掛けは非OECD加盟国・地域を示す。
　　　　2．太字は統計的な有意差があることを示す。
　　　　3．表中のmは欠損値（データなし）。
　　　　4．OECD平均（30か国）は，OECD加盟37か国から，チリ，コロンビア，エストニア，イスラエル，リトアニア，スロベニア，イギリスを除いたもの。
出所：OECD(2019a) の表より抜粋。

3.3.3　各国内での数学的リテラシーの得点の分布

表 3.3.4 は日本を含む 18 か国について，各国の数学的リテラシーの得点の分布を示したものである。各国内の上位 5%，上位 10%，上位 25%，中央値，下位 25%，下位 10%，下位 5% に位置する生徒の得点を表している。

上位 5% に位置する生徒の得点が最も高いのは北京・上海・江蘇・浙江であり，716 点である。日本の得点は 664 点で，北京・上海・江蘇・浙江，シンガポール，香港，台湾，マカオ，韓国，スイスに次いで 8 番目に高く，オランダ，ポーランドがこれに続く。OECD 平均は 634 点である。

上位 10%，上位 25%，中央値，下位 25%，下位 10%，下位 5% に位置する日本の生徒の得点は，それぞれ 637 点，589 点，530 点，468 点，413 点，380 点である。OECD 平均はそれぞれ 605 点，553 点，492 点，427 点，370 点，337 点である。つまり，日本で上位 10% に位置する生徒は，OECD 平均では上位 5% に位置する。

なお，日本で上位 5% と上位 10% に位置する生徒は第 3 章 3.2.1 で記述した習熟度レベル 5 に，上位 25% に位置する生徒はレベル 4 に，中央値に位置する生徒はレベル 3 に，下位 25% に位置する生徒はレベル 2 に，下位 10% と下位 5% に位置する生徒は共にレベル 1 に属している。

表 3.3.4　数学的リテラシーの得点の国別分布

国　名	下位 5%値		下位 10%値		下位 25%値		中央値		上位 25%値		上位 10%値		上位 5%値	
	得点	標準誤差	得点	標準誤差	得点	標準誤差	得点	標準誤差	得点	標準誤差	得点	標準誤差	得点	標準誤差
日本	380	(4.3)	413	(3.9)	468	(3.1)	530	(2.9)	589	(2.8)	637	(3.8)	664	(4.5)
オーストラリア	339	(3.8)	371	(3.0)	428	(2.2)	492	(2.1)	555	(2.0)	609	(2.7)	641	(3.6)
カナダ	358	(3.2)	392	(3.0)	449	(2.8)	513	(2.6)	576	(2.7)	629	(2.7)	661	(3.2)
エストニア	390	(3.1)	419	(2.9)	468	(2.4)	524	(2.0)	579	(2.2)	628	(2.7)	657	(3.6)
フィンランド	368	(3.6)	399	(3.4)	451	(2.5)	510	(2.5)	565	(2.4)	612	(2.5)	639	(3.3)
フランス	333	(4.3)	370	(3.4)	433	(3.2)	502	(3.0)	562	(3.2)	611	(3.3)	638	(3.6)
ドイツ	337	(4.6)	373	(4.2)	433	(3.6)	504	(3.5)	570	(3.3)	621	(3.2)	650	(3.4)
アイルランド	367	(3.6)	397	(3.3)	447	(2.6)	502	(2.5)	554	(2.3)	599	(3.0)	625	(3.5)
イタリア	327	(5.5)	363	(4.7)	423	(3.1)	490	(3.5)	552	(3.3)	605	(3.9)	635	(4.9)
韓国	354	(5.0)	393	(4.4)	460	(3.8)	530	(3.4)	596	(3.6)	651	(4.6)	684	(5.9)
オランダ	362	(5.0)	394	(4.8)	453	(4.0)	524	(3.0)	588	(2.7)	638	(3.6)	664	(3.7)
ニュージーランド	339	(3.7)	372	(3.0)	430	(2.5)	496	(2.3)	560	(2.2)	614	(2.2)	645	(3.7)
イギリス	346	(4.1)	381	(4.0)	439	(2.9)	504	(2.7)	567	(3.0)	620	(3.3)	651	(4.2)
アメリカ	326	(5.0)	357	(4.6)	414	(4.0)	479	(3.8)	543	(3.9)	598	(4.3)	629	(4.6)
OECD 平均	337	(0.7)	370	(0.6)	427	(0.5)	492	(0.5)	553	(0.5)	605	(0.6)	634	(0.7)
北京・上海・江蘇・浙江	452	(5.2)	486	(4.2)	540	(3.0)	596	(2.7)	647	(3.0)	691	(3.2)	716	(3.6)
香港	387	(6.2)	426	(5.4)	490	(4.2)	557	(3.1)	617	(2.8)	667	(3.5)	696	(4.5)
台湾	358	(4.6)	397	(3.9)	466	(3.8)	537	(3.1)	601	(3.5)	656	(4.4)	686	(5.3)
シンガポール	401	(3.4)	441	(2.9)	508	(2.4)	576	(2.0)	636	(2.1)	684	(2.7)	713	(3.0)

（注）　灰色の網掛けは非 OECD 加盟国・地域を示す。
出所：OECD (2019a) の表より抜粋。

第3章　数学的リテラシー

3.3.4　数学的リテラシーの平均得点の男女差

　表3.3.5は，数学的リテラシーの平均得点を男女別に表し，あわせて男女の得点の差を示している。国は上から男女差（男子 − 女子）の値が大きい（男子の得点の方が女子の得点より高い）順に示している。

　最も男子が女子よりも得点が高いのはコロンビアで男子が女子より20点高く，一方最も女子が男子よりも得点が高いのはカタールで女子が男子より24点高い。男女差で統計的な有意差があるのは46か国で，そのうち男子が女子より高いのは32か国，女子が男子より高いのは14か国である。日本は男子532点に対し女子が522点で，男子が女子より10点高く，統計的な有意差がある。OECD平均は男子が492点に対し女子が487点であり，男子が女子より5点高く，統計的な有意差がある。

　また，表3.3.6は日本を含む18か国について，2018年と2009年，2012年，2015年における数学的リテラシーの平均得点の男女差を比較したものである。

　日本は，2018年調査と2009年，2012年，2015年調査とのいずれの比較においても，男女ともに統計的な有意差はない。各年での男女差については，2012年，2015年，2018年において統計的な有意差がある。日本の男女差は，2012年以降小さくなっている。

　18か国中で見ると，2018年の男子の得点が2009年に比べて統計的に有意に高いのはエストニアで，統計的に有意に低いのはフランス，ドイツ，韓国，ニュージーランド，台湾である。また，2018年の女子の得点が2009年に比べて統計的に有意に高いのはエストニアで，統計的に有意に低いのはドイツ，韓国，ニュージーランド，アメリカ，台湾である。男女差の差が2009年と2018年の比較で統計的に有意に変化したのは日本，オーストラリア，カナダ，イタリア，韓国，ニュージーランドである。

　2018年の男子の得点が2012年に比べて統計的に有意に高いのはエストニアで，統計的に有意に低いのはカナダ，ニュージーランド，アメリカ，台湾である。また，2018年の女子の得点が2012年に比べて有意に高いのはエストニア，イギリスで，統計的に有意に低いのはニュージーランド，台湾である。男女差の差が2012年と2018年の比較で統計的に有意に変化したのは日本，オーストラリア，カナダ，エストニア，イギリスである。

　2018年の男子の得点が2015年に比べて統計的に有意に高い国はエストニア，イギリス，アメリカ，シンガポールであり，統計的に有意に低いのはカナダ，ニュージーランドである。また，2018年の女子の得点が2015年に比べて有意に高いのはエストニア，イギリス，アメリカであり，統計的に有意に低いのはニュージーランドである。男女差の差が2015年と2018年の比較で統計的に有意に変化したのは日本，オーストラリア，カナダ，ニュージーランド，シンガポールである。

数学的リテラシー　第3章

表3.3.5　数学的リテラシーの平均得点の男女差

国　名	男 子 平均得点	男 子 標準誤差	女 子 平均得点	女 子 標準誤差	男女差（男子 - 女子）得点差	男女差（男子 - 女子）標準誤差
コロンビア	401	(3.8)	381	(3.1)	**20**	(3.5)
コスタリカ	411	(3.1)	394	(4.5)	**18**	(3.9)
ペルー	408	(3.3)	392	(2.6)	**16**	(2.9)
イタリア	494	(3.3)	479	(3.1)	**16**	(3.5)
アルゼンチン※	387	(3.2)	372	(2.7)	**15**	(2.2)
オーストリア	505	(3.9)	492	(3.8)	**13**	(5.1)
イギリス	508	(3.2)	496	(3.0)	**12**	(3.6)
ベルギー	514	(2.9)	502	(2.7)	**12**	(3.3)
メキシコ	415	(2.9)	403	(2.7)	**12**	(2.6)
北京・上海・江蘇・浙江	597	(2.9)	586	(2.6)	**11**	(2.4)
日本	532	(3.4)	522	(2.9)	**10**	(3.9)
ポルトガル	497	(3.0)	488	(3.1)	9	(3.1)
ニュージーランド	499	(2.5)	490	(2.3)	9	(3.3)
ハンガリー	486	(3.0)	477	(3.2)	9	(4.1)
クロアチア	469	(3.0)	460	(3.4)	9	(3.8)
アメリカ	482	(3.9)	474	(3.3)	9	(3.2)
ブラジル	388	(2.6)	379	(2.0)	9	(2.2)
エストニア	528	(2.2)	519	(2.0)	8	(2.5)
ウルグアイ	422	(3.3)	414	(3.0)	8	(3.3)
モンテネグロ	434	(1.9)	425	(2.2)	8	(3.2)
パナマ	357	(3.4)	349	(3.0)	8	(3.3)
バクー（アゼルバイジャン）	423	(3.1)	416	(3.2)	8	(2.8)
ルクセンブルク	487	(1.5)	480	(1.7)	7	(2.3)
チリ	421	(3.3)	414	(2.7)	7	(3.6)
スイス	519	(3.0)	512	(3.5)	7	(2.9)
ドイツ	503	(3.0)	496	(3.1)	7	(2.9)
ウクライナ※	456	(4.3)	449	(3.9)	7	(3.8)
ラトビア	500	(2.2)	493	(2.5)	7	(2.6)
スペイン	485	(2.1)	478	(1.5)	6	(2.1)
フランス	499	(2.7)	492	(2.8)	6	(2.9)
ベラルーシ	475	(3.2)	469	(3.1)	6	(3.3)
オーストラリア	494	(2.4)	488	(2.5)	6	(3.0)
アイルランド	503	(2.9)	497	(2.7)	6	(3.4)
ルーマニア※	432	(4.9)	427	(5.6)	5	(3.7)
OECD 平均	492	(0.5)	487	(0.5)	**5**	(0.6)
トルコ	456	(3.2)	451	(2.9)	5	(4.0)
カナダ	514	(2.5)	510	(2.7)	5	(2.3)
ロシア	490	(3.2)	485	(3.1)	**5**	(2.2)
スロバキア	488	(3.2)	484	(3.2)	5	(3.9)
コソボ	368	(2.1)	364	(1.9)	4	(2.8)
シンガポール	571	(1.6)	567	(2.3)	4	(2.3)
韓国	528	(4.1)	524	(4.0)	4	(5.3)
デンマーク	511	(2.3)	507	(2.3)	4	(2.9)
マカオ	560	(2.2)	556	(2.2)	4	(3.1)
台湾	533	(4.3)	529	(4.1)	4	(6.1)
チェコ	501	(2.9)	498	(3.2)	4	(3.6)
セルビア	450	(3.9)	447	(3.4)	3	(3.8)
ボスニア・ヘルツェゴビナ	408	(3.3)	405	(3.7)	3	(3.3)
ポーランド	516	(2.9)	515	(3.1)	1	(3.0)
オランダ	520	(3.5)	519	(2.7)	1	(3.3)
カザフスタン	424	(2.0)	422	(2.6)	1	(2.8)
モロッコ	368	(3.7)	367	(3.4)	1	(2.5)
スロベニア	509	(1.9)	509	(1.8)	1	(2.5)
ギリシャ	452	(3.9)	451	(3.2)	0	(3.6)
レバノン※	394	(5.0)	393	(4.0)	0	(3.8)
スウェーデン	502	(3.1)	503	(3.1)	-1	(3.1)
ブルガリア	435	(4.9)	437	(3.9)	-2	(4.5)
モルドバ※	420	(2.7)	422	(2.9)	-2	(2.7)
リトアニア	480	(2.4)	482	(2.7)	-2	(3.3)
ドミニカ共和国	324	(3.0)	327	(2.9)	-3	(2.8)
ジョージア	396	(3.3)	400	(2.6)	-4	(3.0)
アルバニア	435	(2.8)	440	(2.7)	-5	(2.7)
香港	548	(3.6)	554	(3.4)	-6	(3.6)
フィンランド	504	(2.5)	510	(2.2)	**-6**	(2.6)
ヨルダン※	397	(5.2)	403	(3.1)	-6	(5.4)
マレーシア	437	(3.5)	443	(3.2)	**-7**	(3.4)
ノルウェー	497	(2.5)	505	(2.6)	**-7**	(2.6)
北マケドニア※	391	(1.9)	398	(2.1)	**-7**	(2.5)
ブルネイ	426	(1.7)	434	(1.3)	**-8**	(1.9)
キプロス	447	(1.9)	455	(1.7)	**-8**	(2.3)
アラブ首長国連邦	430	(2.4)	439	(2.8)	**-9**	(3.1)
イスラエル	458	(5.2)	467	(3.5)	-9	(5.4)
インドネシア	374	(3.6)	383	(3.5)	**-10**	(3.3)
アイスランド	490	(2.5)	500	(2.9)	**-10**	(3.7)
フィリピン	346	(4.0)	358	(3.7)	**-12**	(3.4)
マルタ	466	(2.4)	478	(2.7)	**-13**	(3.5)
サウジアラビア※	367	(3.8)	380	(4.0)	**-13**	(5.0)
タイ	410	(4.9)	426	(3.7)	**-16**	(5.3)
カタール	402	(1.4)	426	(1.5)	**-24**	(1.7)

（注）　1．表の平均得点及び差は整数値に丸めた値であり，表中のそれぞれの得点差とは必ずしも一致しない。
　　　　2．灰色の網掛けは非 OECD 加盟国・地域を示す。
　　　　3．太字は統計的な有意差があることを示す。
　　　　4．男女の得点差の値（男子－女子）が大きい順に上から国を並べている。
　　　　5．※は，2018 年調査において，コンピュータ使用型調査での実施ではなく，筆記型調査で実施した国を示す。
出所：OECD(2019b) の表から作成。

表 3.3.6　数学的リテラシーの平均得点の男女差の経年変化（2009年〜2018年）

国　名	2018年						2015年						2012年						2009年					
	男子		女子		男女差(男子-女子)		男子		女子		男女差(男子-女子)		男子		女子		男女差(男子-女子)		男子		女子		男女差(男子-女子)	
	平均得点	標準誤差	平均得点	標準誤差	得点差	標準誤差	平均得点	標準誤差	平均得点	標準誤差	得点差	標準誤差	平均得点	標準誤差	平均得点	標準誤差	得点差	標準誤差	平均得点	標準誤差	平均得点	標準誤差	得点差	標準誤差
日本	532	(3.4)	522	(2.9)	10	(3.9)	539	(3.8)	525	(3.1)	14	(3.6)	545	(4.6)	527	(3.6)	18	(4.3)	534	(5.3)	524	(3.9)	9	(6.5)
オーストラリア	494	(2.4)	488	(2.5)	6	(3.0)	497	(2.1)	491	(2.5)	6	(3.4)	510	(2.4)	498	(2.0)	12	(3.1)	519	(3.0)	509	(2.8)	10	(2.9)
カナダ	514	(2.5)	510	(2.7)	5	(2.3)	520	(2.9)	511	(2.6)	9	(2.8)	523	(2.1)	513	(2.1)	10	(2.0)	533	(2.0)	521	(1.7)	12	(1.8)
エストニア	528	(2.2)	519	(2.0)	8	(2.5)	522	(2.7)	517	(2.3)	5	(2.9)	523	(2.6)	518	(2.2)	5	(2.6)	516	(2.9)	508	(2.9)	9	(2.6)
フィンランド	504	(2.5)	510	(2.2)	-6	(2.6)	507	(2.6)	515	(2.6)	-8	(2.4)	517	(2.6)	520	(2.2)	-3	(2.9)	542	(2.5)	539	(2.5)	3	(2.6)
フランス	499	(2.7)	492	(2.8)	6	(2.9)	496	(2.9)	490	(2.6)	6	(3.6)	499	(3.4)	491	(2.5)	9	(3.4)	505	(3.8)	489	(3.4)	16	(3.8)
ドイツ	503	(3.0)	496	(3.1)	7	(2.9)	514	(3.5)	498	(3.4)	17	(2.8)	520	(3.4)	507	(3.4)	14	(2.8)	520	(3.6)	505	(3.3)	16	(3.9)
アイルランド	503	(2.9)	497	(2.7)	6	(3.4)	512	(3.3)	495	(2.6)	16	(3.8)	509	(3.3)	494	(2.6)	15	(3.8)	491	(3.4)	483	(3.0)	8	(3.9)
イタリア	494	(3.3)	479	(3.1)	16	(3.5)	500	(3.5)	480	(3.4)	20	(4.3)	494	(2.4)	476	(2.2)	18	(2.5)	490	(2.3)	475	(2.2)	15	(2.7)
韓国	528	(4.1)	524	(4.0)	4	(5.3)	521	(5.2)	528	(3.9)	-7	(5.6)	562	(5.8)	544	(5.1)	18	(6.2)	548	(6.2)	544	(4.5)	3	(7.4)
オランダ	520	(3.5)	519	(2.7)	1	(3.3)	513	(2.6)	511	(2.5)	2	(2.4)	528	(3.6)	518	(3.9)	10	(2.8)	534	(4.8)	517	(5.1)	17	(2.4)
ニュージーランド	499	(2.5)	490	(2.3)	9	(3.3)	499	(3.4)	491	(2.7)	9	(4.2)	507	(3.2)	492	(2.9)	15	(4.3)	523	(3.2)	515	(2.9)	8	(4.1)
イギリス	508	(3.2)	496	(3.0)	12	(3.6)	498	(2.9)	487	(3.1)	12	(3.4)	500	(3.8)	488	(3.8)	12	(4.7)	503	(3.2)	482	(3.3)	20	(4.4)
アメリカ	482	(3.9)	474	(3.3)	9	(3.2)	474	(3.6)	465	(3.4)	9	(3.1)	484	(3.8)	479	(3.9)	5	(2.8)	497	(4.0)	477	(3.8)	20	(3.2)
OECD平均（37か国）	492	(0.5)	487	(0.5)	5	(0.6)	491	(0.5)	483	(0.5)	8	(0.6)	496	(0.5)	485	(0.5)	11	(0.6)	497	(0.6)	486	(0.5)	11	(0.6)
北京・上海・江蘇・浙江	597	(2.9)	586	(2.6)	11	(2.4)	m	m	m	m	m	m	m	m	m	m	m	m	m	m	m	m	m	m
香港	548	(3.6)	554	(3.4)	-6	(3.6)	549	(3.6)	547	(4.3)	2	(5.1)	568	(4.6)	553	(3.9)	15	(5.7)	561	(4.2)	547	(3.4)	14	(5.6)
台湾	533	(4.3)	529	(4.1)	4	(6.1)	545	(4.7)	539	(4.1)	6	(6.4)	563	(5.4)	557	(5.7)	6	(8.9)	546	(4.8)	541	(4.8)	5	(6.8)
シンガポール	571	(1.6)	567	(2.3)	4	(2.3)	564	(2.1)	564	(1.7)	0	(2.5)	572	(1.9)	575	(1.8)	-3	(2.5)	565	(1.9)	559	(2.0)	5	(2.5)

国　名	2018年						平均得点の男女別変化及び男女差の変化（2018年-2009年）						平均得点の男女別変化及び男女差の変化（2018年-2012年）						平均得点の男女別変化及び男女差の変化（2018年-2015年）					
	男子		女子		男女差(男子-女子)		男子		女子		男女差の差		男子		女子		男女差の差		男子		女子		男女差(男子-女子)	
	平均得点	標準誤差	平均得点	標準誤差	得点差	標準誤差	得点差	標準誤差	得点差	標準誤差	得点差	標準誤差	得点差	標準誤差	得点差	標準誤差	得点差	標準誤差	得点差	標準誤差	得点差	標準誤差	得点差	標準誤差
日本	532	(3.4)	522	(2.9)	10	(3.9)	-1	(7.2)	-2	(6.0)	1	(7.6)	-13	(6.6)	-5	(5.7)	-8	(5.8)	-7	(5.6)	-3	(4.8)	-4	(5.3)
オーストラリア	494	(2.4)	488	(2.5)	6	(3.0)	-25	(5.2)	-21	(5.2)	-4	(4.2)	-16	(4.8)	-10	(4.6)	-6	(4.3)	-2	(4.0)	-3	(4.2)	0	(4.5)
カナダ	514	(2.5)	510	(2.7)	5	(2.3)	-18	(4.8)	-11	(4.8)	-7	(2.9)	-9	(4.7)	-3	(4.8)	-5	(3.0)	-6	(4.5)	-2	(4.4)	-4	(3.6)
エストニア	528	(2.2)	519	(2.0)	8	(2.5)	11	(5.1)	12	(5.0)	0	(3.6)	4	(4.8)	1	(4.5)	3	(3.6)	6	(4.2)	2	(3.9)	3	(3.8)
フィンランド	504	(2.5)	510	(2.2)	-6	(2.6)	-37	(5.0)	-29	(4.9)	-9	(3.7)	-13	(5.0)	-10	(4.5)	-3	(3.9)	-3	(4.3)	-5	(4.1)	1	(3.6)
フランス	499	(2.7)	492	(2.8)	6	(2.9)	-7	(5.9)	3	(5.6)	-10	(4.7)	-1	(5.5)	1	(5.0)	-2	(4.4)	3	(4.6)	2	(4.5)	0	(4.6)
ドイツ	503	(3.0)	496	(3.1)	7	(2.9)	-17	(5.8)	-9	(5.7)	-9	(4.8)	-17	(5.4)	-10	(5.6)	-7	(4.0)	-11	(5.1)	-1	(4.9)	-10	(4.1)
アイルランド	503	(2.9)	497	(2.7)	6	(3.4)	12	(5.7)	13	(5.4)	-2	(5.2)	-6	(5.0)	3	(5.1)	-9	(4.8)	-4	(4.7)	1	(4.3)	-9	(4.8)
イタリア	494	(3.3)	479	(3.1)	16	(3.5)	4	(5.4)	3	(5.4)	1	(4.4)	0	(5.3)	3	(5.1)	-3	(4.3)	-6	(5.4)	-1	(5.2)	-4	(5.5)
韓国	528	(4.1)	524	(4.0)	4	(5.3)	-20	(8.3)	-21	(7.0)	1	(9.1)	-34	(7.9)	-20	(7.3)	-14	(8.2)	7	(7.1)	-4	(6.1)	11	(7.7)
オランダ	520	(3.5)	519	(2.7)	1	(3.3)	-15	(6.9)	1	(6.7)	-16	(4.1)	-8	(6.0)	1	(5.8)	-9	(4.3)	6	(4.9)	8	(4.3)	-1	(4.1)
ニュージーランド	499	(2.5)	490	(2.3)	9	(3.3)	-24	(5.4)	-25	(5.1)	1	(5.3)	-8	(5.3)	-2	(5.0)	-6	(5.4)	-1	(4.8)	-1	(4.2)	0	(5.4)
イギリス	508	(3.2)	496	(3.0)	12	(3.6)	5	(5.7)	13	(5.7)	-8	(5.7)	8	(6.3)	8	(5.9)	0	(5.9)	10	(4.9)	9	(4.9)	1	(4.9)
アメリカ	482	(3.9)	474	(3.3)	9	(3.2)	-15	(6.6)	-3	(6.1)	-12	(4.5)	-1	(6.4)	5	(6.1)	-6	(4.2)	9	(5.8)	8	(5.3)	0	(4.5)
OECD平均（37か国）	492	(0.5)	487	(0.5)	5	(0.6)	-5	(3.6)	1	(3.6)	-6	(0.8)	-4	(3.4)	2	(3.4)	-5	(0.8)	1	(2.4)	3	(2.4)	-3	(0.8)
北京・上海・江蘇・浙江	597	(2.9)	586	(2.6)	11	(2.4)	m	m	m	m	m	m	m	m	m	m	m	m	m	m	m	m	m	m
香港	548	(3.6)	554	(3.4)	-6	(3.6)	-13	(6.6)	7	(6.0)	-19	(6.6)	-20	(6.7)	1	(6.2)	-21	(6.8)	-1	(5.6)	7	(5.9)	-8	(6.3)
台湾	533	(4.3)	529	(4.1)	4	(6.1)	-13	(7.4)	-11	(7.2)	-1	(9.1)	-30	(7.6)	-28	(7.8)	-2	(10.7)	-12	(6.8)	-10	(6.2)	-2	(8.8)
シンガポール	571	(1.6)	567	(2.3)	4	(2.3)	6	(4.3)	8	(4.7)	-1	(3.4)	-1	(4.1)	-8	(4.4)	7	(3.4)	7	(3.5)	3	(3.7)	4	(3.4)

（注）　1．表の平均得点及び差は整数値に丸めた値であり，表中のそれぞれの得点差とは必ずしも一致しない。
　　　　2．灰色の網掛けは非OECD加盟国・地域を示す。
　　　　3．太字は統計的な有意差があることを示す。
　　　　4．表中のmは欠損値（データなし）。
出所：OECD(2016b)の表より抜粋。

数学的リテラシー　第3章

3.4 | 数学的リテラシーの問題の分類と正答率・無答率

第3章

　2018年調査で出題された数学的リテラシーの問題は，大問が40，小問が70題であり，全て非公開である。

　表3.4.1は数学的リテラシーに関する各問題について，内容，文脈，プロセス，出題形式に分類し，2003年調査以降の日本及びOECD平均の正答率，2018年調査における日本の男女別正答率，2003年調査以降の日本及びOECD平均の無答率を一覧にして示したものである。なお，「無答率」には，生徒が解答しなかった場合の「無答」のほか，選択肢を二つ以上選択したものや判読できない解答など（ただし，2015年調査，2018年調査では該当する問題はなかった）が含まれ，表3.4.1及び本文では，これら「無答・他」の割合を「無答率」としている。

3.4.1　問題ごとの正答率

（1）正答率

　数学的リテラシー問題70題の日本の正答率は53%であり，OECD平均の45%を8ポイント上回っている。なお，小問によって難易度が異なるため，プロセス別，内容別，出題形式別の間でそれぞれの正答率を単純比較することはできない。プロセス別に見ると，「定式化」については日本が43%，OECD平均が33%，「活用」については日本が55%，OECD平均が48%，「解釈」については日本が61%，OECD平均が55%である。また，内容別に見ると，「変化と関係」については日本が51%，OECD平均が45%，「空間と形」については日本が47%，OECD平均が34%，「量」については日本が60%，OECD平均が55%，「不確実性とデータ」については日本が53%，OECD平均が47%である。出題形式別に見ると，「選択肢」については日本が67%，OECD平均が57%，「複合的選択肢」については日本が59%，OECD平均が49%，「短答」については日本が51%，OECD平均が47%，「求答」については日本が56%，OECD平均が40%，「自由記述」については日本が37%，OECD平均が27%である。

　また，日本の正答率がOECD平均より10ポイント以上，上回っている問題は23題ある。最も差が大きいのは「空間と形」「複合的選択肢」の問題（「屋根のトラス構造」問2）でOECD平均より40ポイント上回っている。一方で，10ポイント以上，下回っている問題は4題あり，最も差が大きいのは「変化と関係」「短答」の問題（「炭素税」問2）でOECD平均より22ポイント下回っている。

（2）正答率の分布

　日本の正答率の分布を見ると，90%台が2題，80%台が9題，70%台が7題，60%台が8題，50%台が14題，40%台が12題，30%台が6題，20%台が3題，10%台が8題，10%未満が1題であった。OECD平均は90%台が0題，80%台が5題，70%台が5題，60%台が12題，50%台が5題，40%台が15題，30%台が10題，20%台が8題，10%台が5題で，10%未満は5題である。

　日本の正答率が80%以上だった11題をプロセス別に見ると，「定式化」が1題，「活用」が5

169

第3章　数学的リテラシー

題，「解釈」が5題である。また，内容別に見ると，「変化と関係」が1題，「空間と形」が4題，「量」が5題，「不確実性とデータ」が1題である。出題形式別に見ると「選択肢」が5題，「複合的選択肢」が2題，「短答」が3題，「自由記述」が1題である。一方，日本の正答率が30%未満だった12題は，プロセス別に見ると「定式化」が7題，「活用」が5題である。内容別に見ると「変化と関係」が4題，「空間と形」が5題，「量」が1題，「不確実性とデータ」が2題である。出題形式別に見ると「短答」が5題，「自由記述」が7題である。

（3）男女別正答率

　男女別に日本の正答率を見てみると，男子は54%，女子は52%であり，男子が女子よりも正答率が3ポイント高い。個々の問題について日本の男女差を見てみると，男子の正答率の方が女子よりも高い問題は48題で，そのうち男子の方が女子よりも5ポイント以上高いのは25題である。女子の正答率の方が男子よりも高い問題は22題で，そのうち女子の方が男子よりも5ポイント以上高いのは5題である。

3.4.2　問題ごとの無答率

（1）無答率

　数学的リテラシー問題70題の日本の無答率は7%であり，OECD平均の6%を1ポイント上回っている。プロセス別に見ると，「定式化」については日本が9%，OECD平均が8%，「活用」については日本が8%，OECD平均が7%，「解釈」については日本が3%，OECD平均が3%である。また，内容別に見ると，「変化と関係」については日本が11%，OECD平均が10%，「空間と形」については日本が10%，OECD平均が8%，「量」については日本が4%，OECD平均が4%，「不確実性とデータ」については日本が3%，OECD平均が3%である。出題形式別に見ると，「選択肢」については日本が1%，OECD平均が1%，「複合的選択肢」については日本が1%，OECD平均が2%，「求答」については日本が0%，OECD平均が0%，「短答」については日本が7%，OECD平均が6%，「自由記述」については日本が18%，OECD平均が16%である。

　また，日本の無答率がOECD平均より10ポイント以上，下回っている問題は1題あり，「空間と形」「自由記述」の問題（「屋根のトラス構造」問3）でOECD平均より12ポイント下回っている。一方で，10ポイント以上，上回っている問題は3題あり，最も差が大きいのは「空間と形」「短答」の問題（「アーチ橋」問2）でOECD平均より20ポイント上回っている。

（2）無答率の分布

　日本の無答率の分布を見ると，40%台が2題，30%台が3題，20%台が1題，10%台が10題，1%以上10%未満が28題，1%未満が26題である。OECD平均は40%台が1題，30%台が0題，20%台が5題，10%台が9題，1%以上10%未満が36題，1%未満が19題である。

　日本の無答率が20%以上だった6題をプロセス別に見ると，「定式化」が4題，「活用」が2題である。また，内容別に見ると，「変化と関係」が3題，「空間と形」が3題である。出題形式別に見ると「短答」が1題，「自由記述」が5題である。一方，日本の無答率が10%未満だった54題をプロセス別に見ると，「定式化」が17題，「活用」が20題，「解釈」が17題である。また，内容別に見ると，「変化と関係」が11題，「空間と形」が12題，「量」が15題，「不確実性とデータ」

が16題である。出題形式別に見ると「選択肢」が16題，「複合的選択肢」が14題，「求答」が1題，「短答」が19題，「自由記述」が4題である。

表 3.4.1 ［1/4］　数学的リテラシーの問題の正答率・無答率（2003 年～ 2018 年）

ItemID	大問の名称	小問番号	小問の分類				日本の正答率（%）						OECD 平均の正答率（%）						日本の男女の正答率（%）（2018 年）		
			内容	文脈	プロセス	出題形式	2003 年	2006 年	2009 年	2012 年	2015 年	2018 年	2003 年	2006 年	2009 年	2012 年	2015 年	2018 年	男子	女子	男女差（男 - 女）
M033Q01	部屋の配置図	問 1	空間と形	個人的	解釈	選択肢	85.8	84.8	84.6	86.2	87.2	86.7	76.8	76.7	75.3	75.8	79.3	80.7	85.5	87.9	-2.4
M474Q01	タイム	問 1	量	個人的	活用	選択肢	88.5	87.2	87.6	89.8	84.7	85.8	74.1	73.6	73.1	74.3	67.3	67.4	86.0	85.5	0.5
M155Q02	人口ピラミッド	問 1	変化と関係	科学的	活用	自由記述	62.7	62.6	64.5	64.6	67.3	66.2	60.7	60.9	61.5	61.6	61.3	61.1	66.9	65.5	1.4
M155Q01	人口ピラミッド	問 2	変化と関係	科学的	解釈	複合的選択肢	46.5	36.1	76.1	79.2	71.0	68.1	64.9	64.0	66.3	67.7	67.3	68.0	65.5	70.6	-5.0
M155Q03	人口ピラミッド	問 3	変化と関係	科学的	活用	自由記述	24.1	26.6	25.3	27.4	26.3	24.9	16.8	19.1	18.5	18.7	19.7	20.0	27.7	22.2	5.4
M155Q04	人口ピラミッド	問 4	変化と関係	科学的	解釈	複合的選択肢	64.0	59.0	60.3	58.5	60.4	57.8	56.5	55.7	54.9	55.9	52.3	52.9	55.8	59.9	-4.1
M411Q01	飛び込み競技	問 1	量	社会的	活用	短答	52.6	43.1	47.3	56.3	58.8	57.1	51.4	50.4	47.9	51.1	48.0	48.4	53.0	61.2	-8.2
M411Q02	飛び込み競技	問 2	不確実性とデータ	社会的	解釈	選択肢	55.5	53.8	50.4	54.0	55.3	50.3	46.0	44.7	44.8	45.7	43.5	42.7	49.5	51.2	-1.7
M803Q01	ラベル貼り	問 1	不確実性とデータ	職業的	定式化	短答	49.3	49.5	47.5	55.8	52.2	49.8	28.1	29.7	27.3	29.2	25.2	25.6	49.4	50.1	-0.6
M442Q02	点字	問 1	量	社会的	解釈	複合的選択肢	63.8	60.7	62.2	63.2	51.7	50.7	41.8	39.1	38.4	38.3	27.0	29.1	48.5	52.8	-4.3
M462Q01	第三の辺	問 1	空間と形	科学的	活用	自由記述	15.7	13.8	12.2	12.8	11.6	8.9	14.1	11.9	11.4	12.2	9.6	9.3	11.6	6.2	5.4
M034Q01	ブロック	問 1	空間と形	職業的	定式化	求答	59.0	57.6	57.6	58.7	53.1	55.8	43.3	43.3	42.4	42.4	38.1	40.2	55.0	56.5	-1.5
M305Q01	地図	問 1	空間と形	社会的	活用	選択肢	71.1	66.4	—	59.9	48.3	49.6	64.1	61.6	—	60.4	41.9	40.4	53.1	46.5	6.6
M496Q01	現金引き出し	問 1	量	社会的	定式化	複合的選択肢	60.6	57.2	59.8	60.3	55.3	50.7	53.1	50.1	51.5	53.0	45.3	46.2	57.5	44.5	12.9
M496Q02	現金引き出し	問 2	量	社会的	活用	短答	74.4	73.0	75.5	72.4	73.0	72.0	65.6	64.0	65.7	66.7	65,2	65.6	77.1	67.4	9.7
M423Q01	コイン投げ	問 1	不確実性とデータ	個人的	解釈	選択肢	81.7	80.7	82.3	78.8	77.3	80.4	81.7	79.9	79.1	79.0	79.0	78.7	84.0	77.1	6.9
M192Q01	容器	問 1	変化と関係	科学的	定式化	複合的選択肢						55.7						41.0	63.2	48.8	14.4
M406Q01	競技用トラック	問 1	空間と形	社会的	活用	自由記述	45.5	42.8	39.2	39.6	40.2	41.8	28.7	27.4	26.7	25.6	21.8	21.0	46.0	37.8	8.3
M406Q02	競技用トラック	問 2	空間と形	社会的	定式化	自由記述	31.0	26.8	30.1	36.9	22.7	19.8	19.3	17.0	16.7	16.9	11.6	11.2	22.4	17.4	5.0
M603Q01	番号のチェック	問 1	量	科学的	活用	複合的選択肢	53.3	52.8	50.2	51.4	45.2	43.6	47.1	45.0	43.5	45.1	36.8	36.4	45.1	42.1	2.9
M571Q01	車が止まるまで	問 1	変化と関係	科学的	解釈	選択肢	53.3	49.6	49.0	52.3	53.6	52.9	48.8	47.4	46.6	47.7	43.9	44.6	55.9	50.2	5.7
M564Q01	ペアリフト	問 1	量	社会的	定式化	選択肢	55.1	49.8	51.2	51.0	52.4	49.9	49.3	46.9	46.4	46.1	47.6	47.4	50.1	49.7	0.3
M564Q02	ペアリフト	問 2	不確実性とデータ	社会的	定式化	選択肢	56.9	55.0	55.6	57.8	55.9	57.9	45.6	46.2	45.8	45.8	46.3	46.1	62.2	53.8	8.4
M447Q01	タイルの並べ方	問 1	空間と形	社会的	活用	選択肢	87.1	85.0	87.0	86.2	81.6	81.1	70.2	68.6	67.4	68.3	64.3	64.6	81.8	80.5	1.4
M273Q01	パイプラインの長さ	問 1	空間と形	職業的	活用	複合的選択肢	64.6	65.1	66.0	64.3	56.6	56.0	54.9	53.5	52.7	51.5	43.6	44.1	57.7	54.2	3.5
M408Q01	宝くじ	問 1	不確実性とデータ	社会的	解釈	複合的選択肢	36.0	36.4	40.1	38.7	40.9	39.9	41.6	44.0	40.2	39.4	36.7	35.4	45.3	34.5	10.8
M420Q01	交通手段	問 1	不確実性とデータ	個人的	解釈	複合的選択肢	42.9	43.0	44.1	44.5	39.1	42.1	49.9	48.7	50.6	50.0	48.2	49.0	44.8	39.5	5.3
M446Q01	温度計コオロギ	問 1	変化と関係	科学的	定式化	短答	79.3	76.4	78.9	78.5	77.0	79.5	68.2	67.3	69.0	68.6	66.6	66.9	78.8	80.2	-1.4
M446Q02	温度計コオロギ	問 2	変化と関係	科学的	定式化	自由記述	13.3	10.9	13.0	15.0	14.0	12.0	6.8	7.0	7.1	6.8	6.8	7.1	14.2	9.8	4.4
M559Q01	電話料金	問 1	量	社会的	解釈	選択肢	68.2	62.3	63.5	66.3	65.5	62.6	61.0	63.5	63.3	63.1	60.3	59.3	64.6	60.6	4.0
M828Q02	二酸化炭素	問 1	不確実性とデータ	科学的	活用	短答	28.5	31.9	55.5	55.1	71.9	46.4	54.3	54.6	56.0	56.0	61.5	61.5	45.1	47.8	-2.6
M828Q03	二酸化炭素	問 2	量	科学的	活用	短答	9.1	6.7	6.2	8.7	13.1	12.9	32.1	28.9	28.5	28.0	30.3	30.2	15.7	10.2	5.5
M464Q01	フェンス	問 1	空間と形	社会的	定式化	短答	41.4	36.2	38.9	36.7	37.1	36.7	25.1	24.7	23.2	23.7	22.1	23.4	40.0	33.5	6.5
M800Q01	テレビゲーム	問 1	量	個人的	活用	選択肢	97.1	95.2	95.6	95.8	97.8	95.3	91.8	89.4	89.0	88.4	89.5	88.9	94.6	96.1	-1.5

数学的リテラシー　第3章

表 3.4.1 ［2/4］　数学的リテラシーの問題の正答率・無答率（2003 年～ 2018 年）

ItemID	大問の名称	小問番号	小問の分類				日本の無答率（%）						OECD 平均の無答率（%）					
			内容	文脈	プロセス	出題形式	2003年	2006年	2009年	2012年	2015年	2018年	2003年	2006年	2009年	2012年	2015年	2018年
M033Q01	部屋の配置図	問1	空間と形	個人的	解釈	選択肢	0.8	0.7	1.0	0.6	0.0	0.2	1.5	1.4	1.1	1.1	0.7	0.5
M474Q01	タイム	問1	量	個人的	活用	選択肢	0.6	0.2	0.6	0.1	0.2	0.0	1.3	1.1	1.1	1.1	0.5	0.5
M155Q02	人口ピラミッド	問1	変化と関係	科学的	活用	自由記述	22.4	21.5	20.0	18.8	10.7	10.8	18.9	16.9	15.4	15.1	11.8	11.8
M155Q01	人口ピラミッド	問2	変化と関係	科学的	解釈	複合的選択肢	9.7	8.3	9.5	7.8	2.2	2.7	14.1	12.6	12.4	11.7	6.3	7.1
M155Q03	人口ピラミッド	問3	変化と関係	科学的	活用	自由記述	49.1	49.4	48.4	44.3	34.5	38.7	42.7	39.3	38.6	37.0	28.1	28.7
M155Q04	人口ピラミッド	問4	変化と関係	科学的	解釈	複合的選択肢	2.7	2.0	2.3	1.5	0.9	0.9	6.4	3.7	4.5	3.6	1.9	2.1
M411Q01	飛び込み競技	問1	量	社会的	活用	短答	6.7	8.0	8.1	4.2	3.8	4.4	6.6	6.7	7.2	6.2	5.7	5.8
M411Q02	飛び込み競技	問2	不確実性とデータ	社会的	解釈	選択肢	2.3	4.7	7.1	4.6	0.9	1.6	6.5	7.1	7.7	7.9	2.0	2.4
M803Q01	ラベル貼り	問1	不確実性とデータ	職業的	定式化	短答	12.1	15.1	15.3	14.6	3.4	4.6	17.6	18.2	19.6	18.7	3.8	3.4
M442Q02	点字	問1	量	社会的	解釈	複合的選択肢	10.0	10.2	11.2	8.9	4.4	4.4	14.5	14.2	14.2	12.9	9.3	9.1
M462Q01	第三の辺	問1	空間と形	科学的	活用	自由記述	30.8	33.9	29.6	28.5	39.5	44.1	20.3	24.2	24.6	23.9	24.3	24.4
M034Q01	ブロック	問1	空間と形	職業的	定式化	求答	4.5	3.0	2.9	2.1	0.0	0.0	5.9	4.8	5.0	4.9	0.0	0.0
M305Q01	地図	問1	空間と形	社会的	活用	選択肢	1.8	2.0	—	2.8	1.2	0.6	3.3	2.6	—	2.7	0.8	1.0
M496Q01	現金引き出し	問1	量	社会的	定式化	複合的選択肢	1.9	0.9	1.2	0.4	0.4	0.4	1.9	1.2	1.1	1.0	0.3	0.3
M496Q02	現金引き出し	問2	量	社会的	活用	短答	9.2	10.1	9.1	7.0	2.3	3.8	8.3	9.4	8.9	7.8	3.0	3.0
M423Q01	コイン投げ	問1	不確実性とデータ	個人的	解釈	選択肢	1.4	0.5	0.5	0.5	0.4	0.1	1.9	1.2	1.1	1.3	0.3	0.4
M192Q01	容器	問1	変化と関係	科学的	定式化	複合的選択肢						0.2						1.1
M406Q01	競技用トラック	問1	空間と形	社会的	活用	自由記述	20.0	26.3	22.4	20.4	12.4	14.4	21.6	22.3	22.0	21.2	14.2	15.0
M406Q02	競技用トラック	問2	空間と形	社会的	定式化	自由記述	40.7	48.7	45.0	42.3	27.3	31.1	41.8	42.0	41.4	40.1	26.7	27.3
M603Q01	番号のチェック	問1	量	科学的	活用	複合的選択肢	1.6	1.3	1.7	1.0	1.0	0.8	2.7	2.2	2.4	2.2	1.2	1.0
M571Q01	車が止まるまで	問1	変化と関係	科学的	解釈	選択肢	3.9	5.5	4.9	3.5	1.8	1.1	8.8	7.7	9.0	7.7	2.7	3.0
M564Q01	ペアリフト	問1	量	社会的	定式化	選択肢	0.9	0.9	0.8	0.7	0.2	0.2	2.3	1.5	1.6	1.3	0.3	0.2
M564Q02	ペアリフト	問2	不確実性とデータ	社会的	定式化	選択肢	2.5	2.6	1.9	1.8	0.0	0.0	4.1	2.9	2.9	2.5	0.0	0.0
M447Q01	タイルの並べ方	問1	空間と形	社会的	活用	選択肢	1.4	2.4	2.7	1.3	0.5	1.0	5.8	4.8	5.0	3.9	1.4	1.1
M273Q01	パイプラインの長さ	問1	空間と形	職業的	活用	複合的選択肢	1.4	1.5	1.5	0.8	0.9	0.6	4.8	3.9	3.6	4.3	1.1	1.1
M408Q01	宝くじ	問1	不確実性とデータ	社会的	解釈	複合的選択肢	0.7	0.6	0.9	0.5	0.5	0.5	1.6	0.9	1.3	1.2	0.5	0.5
M420Q01	交通手段	問1	不確実性とデータ	個人的	解釈	複合的選択肢	0.7	0.3	0.7	0.4	0.2	0.4	2.0	0.7	0.9	0.8	0.3	0.3
M446Q01	温度計コオロギ	問1	変化と関係	科学的	定式化	短答	8.5	10.5	8.0	7.6	3.1	3.8	8.2	7.1	6.4	7.1	4.1	4.4
M446Q02	温度計コオロギ	問2	変化と関係	科学的	定式化	自由記述	32.7	34.2	30.4	27.6	25.0	28.8	34.3	30.0	29.3	29.4	25.7	25.8
M559Q01	電話料金	問1	量	社会的	解釈	選択肢	2.2	2.5	2.2	1.2	0.5	1.5	4.0	3.4	3.9	3.5	0.8	0.8
M828Q02	二酸化炭素	問1	不確実性とデータ	科学的	活用	短答	14.0	18.1	16.4	13.6	6.2	6.5	16.9	17.6	15.5	16.0	7.4	7.3
M828Q03	二酸化炭素	問2	量	科学的	活用	短答	23.6	31.1	27.9	20.6	9.5	13.4	24.7	25.1	23.8	23.5	15.6	16.4
M464Q01	フェンス	問1	空間と形	社会的	定式化	短答	24.8	30.7	30.1	32.9	2.6	4.3	19.4	19.1	20.3	18.8	3.8	3.8
M800Q01	テレビゲーム	問1	量	個人的	活用	選択肢	0.6	0.5	0.4	0.3	0.0	0.0	1.1	1.0	0.9	1.0	0.0	0.0

第3章

173

第3章　数学的リテラシー

表3.4.1 [3/4]　数学的リテラシーの問題の正答率・無答率（2003年〜2018年）

ItemID	大問の名称	小問番号	内容	文脈	プロセス	出題形式	2003年	2006年	2009年	2012年	2015年	2018年	2003年	2006年	2009年	2012年	2015年	2018年	男子	女子	男女差(男-女)
			小問の分類				日本の正答率 (%)						OECD 平均の正答率 (%)						日本の男女の正答率 (%) (2018年)		
M982Q01	雇用統計	問1	不確実性とデータ	社会的	活用	短答				85.2	78.7	79.0				87.3	85.1	84.5	80.1	77.8	2.3
M982Q02	雇用統計	問2	不確実性とデータ	社会的	活用	短答				41.1	45.9	40.2				30.7	32.9	32.5	38.3	41.9	-3.6
M982Q03	雇用統計	問3	不確実性とデータ	社会的	解釈	複合的選択肢				75.7	74.7	70.9				65.0	64.5	64.0	73.2	68.8	4.5
M982Q04	雇用統計	問4	不確実性とデータ	社会的	定式化	選択肢				74.9	72.2	70.6				51.5	47.8	47.2	70.5	70.6	-0.2
M992Q01	スペーサー	問1	空間と形	職業的	定式化	短答				88.8	84.4	81.3				77.6	73.4	72.4	83.2	79.6	3.6
M992Q02	スペーサー	問2	空間と形	職業的	定式化	短答				43.4	34.1	30.0				18.2	14.7	14.3	33.2	27.1	6.2
M992Q03	スペーサー	問3	変化と関係	職業的	定式化	自由記述				17.6	13.3	11.1				8.1	6.3	6.5	10.3	11.8	-1.5
M915Q01	炭素税	問1	不確実性とデータ	社会的	活用	選択肢				57.7	65.8	63.1				40.2	41.4	40.2	61.9	64.2	-2.3
M915Q02	炭素税	問2	変化と関係	社会的	活用	短答				65.6	44.7	43.8				68.2	65.9	65.7	50.4	37.6	12.8
M906Q01	アシナガキアリ	問1	量	科学的	活用	選択肢				59.5	62.0	60.0				60.7	60.7	60.4	64.1	56.3	7.8
M906Q02	アシナガキアリ	問2	量	科学的	活用	自由記述				42.0	46.2	46.4				42.1	43.5	18.6	49.2	43.8	5.3
M00KQ01	車椅子バスケットボール	問1	空間と形	個人的	定式化	自由記述				11.7	12.3	12.8				14.9	12.3	12.6	15.5	10.3	5.1
M909Q01	スピード違反の罰金	問1	量	社会的	解釈	短答				94.2	93.7	93.8				89.3	84.4	85.8	92.5	95.1	-2.7
M909Q02	スピード違反の罰金	問2	量	社会的	活用	選択肢				69.8	63.3	63.0				63.1	58.0	57.4	63.9	62.0	1.9
M909Q03	スピード違反の罰金	問3	変化と関係	社会的	解釈	短答				58.3	54.8	49.4				35.7	30.9	30.5	52.2	46.5	5.7
M949Q01	屋根のトラス構造	問1	空間と形	職業的	活用	複合的選択肢				84.5	84.1	83.8				67.5	67.7	67.4	84.0	83.6	0.4
M949Q02	屋根のトラス構造	問2	空間と形	職業的	活用	複合的選択肢				72.1	70.3	71.5				31.7	31.8	31.3	71.5	71.5	0.0
M949Q03	屋根のトラス構造	問3	空間と形	職業的	定式化	自由記述				64.9	65.7	60.7				32.6	29.1	29.4	61.4	60.0	1.4
M00GQ01	広告塔	問1	空間と形	個人的	定式化	短答				21.6	20.3	18.4				8.8	6.9	6.9	24.5	12.2	12.2
M955Q01	移住	問1	不確実性とデータ	社会的	解釈	短答				77.4	74.7	68.9				72.1	70.8	70.3	64.0	73.9	-9.9
M955Q02	移住	問2	不確実性とデータ	社会的	解釈	自由記述				34.6	36.7	37.5				34.2	34.1	34.1	38.9	36.1	2.7
M955Q03	移住	問3	不確実性とデータ	社会的	活用	短答				16.5	16.3	16.9				12.0	10.3	10.5	19.3	14.5	4.7
M998Q02	自転車レンタル	問1	変化と関係	個人的	解釈	自由記述				85.4	83.0	85.7				71.6	71.4	70.1	83.1	88.2	-5.1
M998Q04	自転車レンタル	問2	変化と関係	個人的	活用	複合的選択肢				50.6	49.9	48.0				40.4	38.4	39.7	50.7	45.2	5.6
M905Q01	テニスボール	問1	量	職業的	解釈	複合的選択肢				87.1	83.8	85.6				77.7	75.1	77.0	85.7	85.6	0.1
M905Q02	テニスボール	問2	量	職業的	解釈	自由記述				62.4	33.3	30.2				50.0	39.9	39.2	30.6	29.7	0.9
M919Q01	Z'Sのファングッズ	問1	量	個人的	活用	短答				87.9	85.9	85.8				84.5	82.5	82.5	85.9	85.7	0.3
M919Q02	Z'Sのファングッズ	問2	量	個人的	定式化	短答				42.0	34.0	31.3				44.7	44.4	44.6	30.2	32.2	-2.1
M954Q01	薬の投与	問1	変化と関係	科学的	活用	短答				76.2	76.6	77.9				65.4	66.5	69.0	75.0	80.6	-5.6
M954Q02	薬の投与	問2	変化と関係	科学的	活用	自由記述				58.5	53.8	53.2				33.6	34.2	35.4	53.9	52.6	1.3
M954Q04	薬の投与	問3	変化と関係	科学的	活用	短答				33.0	27.4	24.9				26.3	25.4	26.2	26.9	23.0	3.9
M943Q01	アーチ橋	問1	変化と関係	職業的	定式化	選択肢				59.8	63.4	59.8				50.0	52.0	52.4	61.9	57.9	3.9
M943Q02	アーチ橋	問2	空間と形	職業的	定式化	短答				16.8	13.4	10.1				5.3	3.7	3.6	13.3	7.2	6.0
M953Q02	インフルエンザの検査	問1	不確実性とデータ	科学的	解釈	自由記述				52.9	48.4	51.3				49.8	42.1	41.1	49.6	52.9	-3.3
M953Q03	インフルエンザの検査	問2	不確実性とデータ	科学的	定式化	短答				60.1	62.7	59.2				51.8	53.2	55.5	58.2	60.2	-2.0
M953Q04	インフルエンザの検査	問3	不確実性とデータ	科学的	定式化	自由記述				20.7	29.1	26.2				18.2	19.5	21.2	31.7	20.6	11.1
平均							55.1	52.7	54.9	56.6	54.4	52.9	49.5	48.7	47.8	47.6	45.1	45.1	54.2	51.7	2.5

（注）　1．小問番号及び小問の分類は，その問いが出題された最新の調査年のものを記載。
　　　　2．表中の「-」は，国際分析から除外された問題を，「空欄」は，その年に出題されなかった問題を示している。
　　　　3．「無答」には，生徒が解答しなかった場合のほか，選択肢を二つ以上選択したものや判読できない解答などが含まれている。本表では，これら「無答・その他」の割合を「無答率」として扱っている。

数学的リテラシー　第3章

表3.4.1［4/4］　数学的リテラシーの問題の正答率・無答率（2003年〜2018年）

ItemID	大問の名称	小問番号	小問の分類				日本の無答率（%）						OECD平均の無答率（%）					
			内容	文脈	プロセス	出題形式	2003年	2006年	2009年	2012年	2015年	2018年	2003年	2006年	2009年	2012年	2015年	2018年
M982Q01	雇用統計	問1	不確実性とデータ	社会的	活用	短答				1.3	0.2	1.0				1.6	1.0	1.0
M982Q02	雇用統計	問2	不確実性とデータ	社会的	活用	短答				2.4	1.1	1.9				2.6	1.7	1.9
M982Q03	雇用統計	問3	不確実性とデータ	社会的	解釈	複合的選択肢				0.6	0.0	0.4				1.1	0.4	0.5
M982Q04	雇用統計	問4	不確実性とデータ	社会的	定式化	選択肢				0.9	0.7	0.6				2.4	0.9	1.0
M992Q01	スペーサー	問1	空間と形	職業的	定式化	短答				1.4	0.6	1.6				3.0	2.0	2.4
M992Q02	スペーサー	問2	空間と形	職業的	定式化	短答				7.1	4.5	6.3				8.7	4.8	5.4
M992Q03	スペーサー	問3	変化と関係	職業的	定式化	自由記述				36.0	40.5	42.6				38.8	38.9	40.0
M915Q01	炭素税	問1	不確実性とデータ	社会的	活用	選択肢				7.3	0.6	1.7				4.5	1.2	1.5
M915Q02	炭素税	問2	変化と関係	社会的	活用	短答				8.2	4.2	8.2				6.8	5.8	6.3
M906Q01	アシナガキアリ	問1	量	科学的	活用	選択肢				1.4	0.3	0.6				2.8	0.7	0.7
M906Q02	アシナガキアリ	問2	量	科学的	活用	自由記述				24.2	15.7	16.7				22.8	16.7	17.0
M00KQ02	車椅子バスケットボール	問1	空間と形	個人的	定式化	自由記述				6.1	0.0	0.0				9.6	0.0	0.0
M909Q01	スピード違反の罰金	問1	量	社会的	解釈	短答				2.4	1.4	1.5				2.5	2.3	2.0
M909Q02	スピード違反の罰金	問2	量	社会的	活用	選択肢				2.1	1.5	0.9				3.4	1.6	1.6
M909Q03	スピード違反の罰金	問3	変化と関係	社会的	解釈	短答				14.7	7.7	8.6				15.5	7.4	7.5
M949Q01	屋根のトラス構造	問1	空間と形	職業的	活用	複合的選択肢				0.4	0.3	0.2				1.7	0.6	0.5
M949Q02	屋根のトラス構造	問2	空間と形	職業的	活用	複合的選択肢				0.3	0.5	0.2				1.7	0.9	0.8
M949Q03	屋根のトラス構造	問3	空間と形	職業的	定式化	自由記述				19.1	14.1	17.8				30.6	30.1	29.8
M00GQ01	広告塔	問1	空間と形	個人的	定式化	短答				7.7	6.7	5.3				9.7	5.7	5.5
M955Q01	移住	問1	不確実性とデータ	社会的	解釈	短答				2.2	1.9	1.1				3.8	1.8	1.6
M955Q02	移住	問2	不確実性とデータ	社会的	解釈	自由記述				10.8	5.2	5.2				9.4	6.8	6.5
M955Q03	移住	問3	不確実性とデータ	社会的	活用	短答				19.6	12.9	16.1				17.1	12.0	11.8
M998Q02	自転車レンタル	問1	変化と関係	個人的	解釈	自由記述				2.4	1.4	1.1				3.5	2.1	2.4
M998Q04	自転車レンタル	問2	変化と関係	個人的	活用	複合的選択肢				0.7	0.0	0.0				2.0	0.0	0.0
M905Q01	テニスボール	問1	量	職業的	解釈	複合的選択肢				2.0	0.4	0.6				4.0	0.6	0.5
M905Q02	テニスボール	問2	量	職業的	解釈	自由記述				10.9	9.0	10.2				12.1	9.7	10.9
M919Q01	Z'Sのファングッズ	問1	量	個人的	活用	短答				1.8	1.2	1.4				2.4	1.2	1.3
M919Q02	Z'Sのファングッズ	問2	量	個人的	定式化	短答				2.9	1.9	2.6				3.8	2.7	2.9
M954Q01	薬の投与	問1	変化と関係	科学的	活用	短答				6.0	4.8	4.2				7.5	5.3	5.2
M954Q02	薬の投与	問2	変化と関係	科学的	活用	自由記述				14.4	14.7	11.8				18.3	16.0	15.0
M954Q04	薬の投与	問3	変化と関係	科学的	活用	短答				17.4	16.9	17.2				17.0	13.0	12.7
M943Q01	アーチ橋	問1	変化と関係	職業的	定式化	選択肢				5.0	0.7	0.2				9.6	1.1	1.1
M943Q02	アーチ橋	問2	空間と形	職業的	定式化	短答				34.7	37.9	39.4				28.5	19.0	19.0
M953Q02	インフルエンザの検査	問1	不確実性とデータ	科学的	解釈	自由記述				17.5	37.9	12.9				9.6	7.7	7.4
M953Q03	インフルエンザの検査	問2	不確実性とデータ	科学的	定式化	短答				6.5	0.6	1.5				9.3	2.2	2.2
M953Q04	インフルエンザの検査	問3	不確実性とデータ	科学的	定式化	自由記述				36.5	0.0	0.0				29.0	0.0	0.0
平均							10.5	11.8	11.4	9.5	6.1	6.7	11.4	10.8	11.0	10.1	6.2	6.2

第4章

科学的リテラシー

4.1 科学的リテラシーの枠組み

4.1.1 科学的リテラシーの定義

科学的リテラシーとは，「思慮深い市民として，科学的な考えを持ち，科学に関連する諸問題に関与する能力」と定義付けられている。なお，科学的リテラシーを身に付けた人は，科学やテクノロジーに関する筋の通った議論に自ら進んで携わり，それには科学的能力（コンピテンシー）として，「現象を科学的に説明する」「科学的探究を評価して計画する」「データと証拠を科学的に解釈する」を必要とする。

4.1.2 科学的リテラシーの四つの側面

PISA 調査における科学的リテラシーの枠組みは，次に示す要素が相互に関連した観点から特徴付けられている。

（1）文脈

「科学的リテラシー」の重要な側面の一つは，様々な文脈において科学に取り組むことである。調査問題で用いられている文脈は，生徒の関心・生活との関連性を考慮され，生徒が 15 歳までに獲得している可能性の高い知識と理解に基づいて選択されている。PISA 調査において科学的リテラシーの評価を行う調査問題は，以下に示す状況に焦点を当てている。なお，前回の 2015 年調査では表題をより一貫させるため，2006 年調査時の「個人的，社会的，地球的」から変更されている。

「**個　人　的**」：自分自身，家族，仲間集団に関連する状況。
「**地域的／国内的**」：地域社会に関連する状況。
「**地　球　的**」：世界中で営まれる生活に関連する状況。

また，その適用領域として，「健康と病気」「天然資源」「環境の質」「災害」「最先端の科学とテクノロジー」を取り上げている。

（2）科学的能力（コンピテンシー）

前回の 2015 年調査から，科学的リテラシーに必要なコンピテンシーとして，以下の三つの能力を示している。

「**現象を科学的に説明する**」：自然やテクノロジーの領域にわたり，現象についての説明を認識し，提案し，評価する。
　　　　　そのために，次の能力を発揮する。適切な科学的知識を想起し，適用する。説明的モデルと表現を特定し，利用し，生み出す。適切な予測をして，その正当性

を証明する。説明的仮説を提示する。科学的知識が社会に対して持つ潜在的な含意を説明する。

「科学的探究を評価して計画する」：科学的な調査を説明及び評価し，科学的に問いに取り組む方法を提案する。

そのために，次の能力を発揮する。与えられた科学的研究で探究される問いを特定する。科学的に調査できる問いを区別する。与えられた問いを科学的に探究する方法を提案する。与えられた問いを科学的に探究する方法を評価する。データの信頼性や説明の客観性及び一般化可能性を確保するために，科学者が用いる方法を説明し，評価する。

図 4.1.1　PISA2018 年調査における科学的リテラシーの枠組みの主な特徴

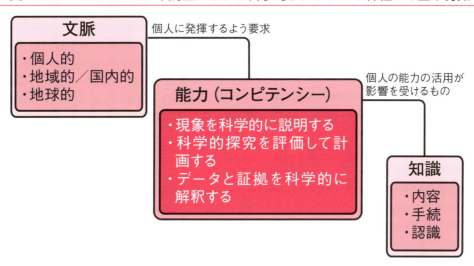

出所：OECD（2019d）の図 4.1 から作成。

図 4.1.2　PISA2018 年調査の大問及び問いを構成し分析するためのツール

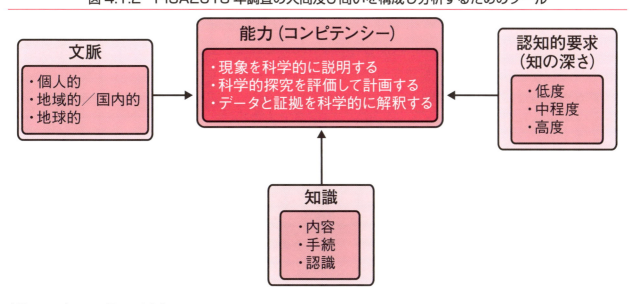

出所：OECD（2019d）の図 4.3 から作成。

「データと証拠を科学的に解釈する」：様々な表現における科学的なデータ，主張，論（アーギュメント）を分析及び評価し，適切な結論を導き出す（アーギュメントとは，事実と理由付けを提示しながら，自らの主張を相手に伝える過程を指す）。

そのために，次の能力を発揮する。ある表現から別の表現へデータを変換する。データを分析及び解釈し，適切な結論を導き出す。科学関連のテキストにおける仮定，証拠，推論を見極める。科学的な証拠及び理論に基づくアーギュメントと，その他の熟考に基づくアーギュメントを区別する。様々なソース（例えば，新聞，インターネット，定期刊行物）からの科学的アーギュメント及び証拠を評価する。

（3）科学的知識

PISA 調査の目的は，生徒の生活に関連する状況において，どの程度生徒が彼らの知識を活用することができるかを明らかにすることである。2006 年調査では，「科学的知識」を「科学の知識」と「科学についての知識」に分類していたが，前回の 2015 年調査では，「科学の知識」を「内容に関する知識」とし，「科学についての知識」は概念をより明確化するために「手続に関する知識」及び「認識に関する知識」という二つの構成要素に分けた。「科学的知識」は，次の三つに分類されている。

「内容に関する知識」：自然界と技術的人工物の両方に関する知識。内容に関する知識は，物理，化学，生物学，地球・宇宙及びテクノロジーといった主な領域から選ばれている。
「手続に関する知識」：内容に関する知識がどのように生み出されるかに関する知識。
「認識に関する知識」：科学的な手続の根底にある根本原理及びその手続を用いることの正当性に関する理解。

（4）知の深さ

前回の PISA2015 年調査の科学的リテラシーの枠組みにおいて，三つの科学的能力（コンピテンシー）全てにわたり，新しく認知的要求レベルが定義された。問いは，知識及び能力（コンピテンシー）とともに，知の深さ（Depth of Knowledge）によって分類される。認知的要求は，心的プロセス（mental process）の種類に言及し必要とされる知の深さを示しているが，問いの難易度を示すわけではない。したがって，認知的要求としては単なる知識の再生であるにもかかわらずに，それぞれの知識は容易に再生されるものの，知識に関する多くの問いを関連付けて評価するよう生徒に求めるために，認知的要求としては難しくなる場合もある。

知の深さは，以下に示す三つのレベルからなる。

「低　度」：事実の再生やグラフや表からある情報を見つけるなど一つの手続を行う。
「中程度」：現象を記述あるいは説明するために概念的知識を使用したり適用したりする（例えば，グラフを解釈する）など，二つ以上の段階を踏む適切な手続を行う。
「高　度」：二つ以上の知識を再生し，それらの関連性について対立する利点を比較し評価するなど複雑な手続を行う。

4.1.3　問題の側面及び領域と出題形式別問題数

科学的リテラシーの問題は，複数の小問から成る大問として構成されている。大問が 34，小問が

科学的リテラシー　第4章

表 4.1.1　科学的リテラシー問題の側面及び領域と出題形式別問題数

科学的リテラシーの側面		科学的リテラシーの領域	全問題数	出題形式			
				選択肢形式	複合的選択肢形式	求答形式	論述形式
文脈	文脈	個人的	11	4	4	0	3
		地域的／国内的	70 (1)	24	25	2	19 (1)
		地球的	34	4	19	2	9
		計	115 (1)	32	48	4	31 (1)
	適用領域	健康と病気	16	4	6	0	6
		天然資源	32 (1)	8	12	1	11 (1)
		環境の質	25	10	7	1	7
		災害	12	2	8	1	1
		最先端の科学とテクノロジー	30	8	15	1	6
		計	115 (1)	32	48	4	31 (1)
科学的能力（コンピテンシー）		現象を科学的に説明する	49 (1)	13	19	0	17 (1)
		科学的探究を評価して計画する	30	7	13	2	8
		データと証拠を科学的に解釈する	36	12	16	2	6
		計	115 (1)	32	48	4	31 (1)
科学的知識	内容に関する知識	物理的システム	17 (1)	6	6	0	5 (1)
		生命システム	18	6	6	0	6
		地球と宇宙のシステム	14	1	10	0	3
		小計	49 (1)	13	22	0	14 (1)
	手続に関する知識	物理的システム	14	8	4	1	1
		生命システム	22	10	5	1	6
		地球と宇宙のシステム	11	1	6	1	3
		小計	47	19	15	3	10
	認識に関する知識	物理的システム	7	0	3	0	4
		生命システム	7	0	4	0	3
		地球と宇宙のシステム	5	0	4	1	0
		小計	19	0	11	1	7
		計	115 (1)	32	48	4	31 (1)

（注）科学的リテラシー問題全 115 題のうち，国際分析から日本のデータが外された 1 題については（　）で付し，分析から外した。
出所：OECD PISA2018 データベースをもとに国立教育政策研究所が作成。

115 題であった。表 4.1.1 は，側面及び領域と出題形式別に小問単位の問題数を示したものである。

　問題を文脈別に分類すると，「個人的」が 11 題（9％），「地域的／国内的」が 70 題（61％），「地球的」が 34 題（30％）である。適用領域で見ると，「健康と病気」16 題（14％），「天然資源」32 題（28％），「環境の質」25 題（22％），「災害」12 題（10％），「最先端の科学とテクノロジー」30 題（26％）である。

　科学的能力（コンピテンシー）別では，「現象を科学的に説明する」が 49 題（43％），「科学的探究を評価して計画する」が 30 題（26％），「データと証拠を科学的に解釈する」が 36 題（31％）である。

　科学的知識に関しては，「内容に関する知識」49 題（43％）と「手続に関する知識」47 題（41％），「認識に関する知識」19 題（16％）である。それぞれを細かく見ていくと，「内容に関する知識」の中で，「物理的システム」が 17 題（15％），「生命システム」が 18 題（16％），「地球と宇宙のシステム」が 14 題（12％），「手続に関する知識」の中で，「物理的システム」が 14 題（12％），「生命システム」が 22 題（19％），「地球と宇宙のシステム」が 11 題（10％），「認識に関する知識」の中で，「物理的システム」が 7 題（6％），「生命システム」が 7 題（6％），「地球と宇宙のシステム」が 5 題（4％），である。

　また，出題形式別に見ると，「選択肢形式」が 32 題（29％），「複合的選択肢形式」が 48 題（36％），「求答形式」が 4 題（4％），「論述形式」が 31 題（31％）である。

第4章　科学的リテラシー

4.2 科学的リテラシーの習熟度レベル別国際比較

4.2.1 習熟度レベル

　科学的リテラシーが初めて中心分野となった 2006 年調査においては，科学的リテラシーについて，得点によって生徒を七つの習熟度レベルに分け，これによって各国の生徒がどの習熟度レベルにどの程度達しているかを示した。前回の 2015 年調査において，習熟度レベル 1 未満を詳細に報告するため，レベル 1 をレベル 1a とし，新たにレベル 1b が加えられた。したがって，習熟度レベルは得点によって次の 8 段階に分けられている。なお，一つのレベルはおよそ 75 点の幅から成る。

レベル 6 以上	：708 点以上
レベル 5	：633 点以上 708 点未満
レベル 4	：559 点以上 633 点未満
レベル 3	：484 点以上 559 点未満
レベル 2	：410 点以上 484 点未満
レベル 1a	：335 点以上 410 点未満
レベル 1b	：261 点以上 335 点未満
レベル 1b 未満	：261 点未満

　科学的リテラシーの習熟度レベル 6 以上からレベル 1b までの生徒の特徴は，図 4.2.1 のとおりである。

　なお，各レベルの特徴は，そのレベルに位置する個々の問題の特徴に関する記述をまとめる形で作成されている。PISA 調査においては，実生活と社会生活で効果的，生産的に科学的能力（コンピテンシー）を発揮し始める習熟度レベルがレベル 2 であると判断されている。したがって，次節で報告する習熟度レベル別の生徒の分析は，レベル 2 以上あるいはレベル 1a 以下の割合に一つの注目点が置かれている。

4.2.2 習熟度レベル別の生徒の割合

　表 4.2.1 は OECD 加盟国，非加盟国の科学的リテラシーについて，八つの習熟度レベル別に各国の生徒の割合を示したものである。国名はレベル 5 以上の生徒の割合が多い順から並べている。なお，以下で示す習熟度レベルの割合は累積したものではなく，生徒が達した最高のレベルの割合について示したものである。例えば，レベル 5 の割合にはレベル 6 以上の生徒は含まれていない。

　OECD 平均はレベル 6 以上が 1%，レベル 5 が 6%，レベル 4 が 18%，レベル 3 が 27%，レベル 2 が 26%，レベル 1a が 16%，レベル 1b が 5%，レベル 1b 未満が 1% であり，日本はそれぞれレベル 6 以上が 2%，レベル 5 が 11%，レベル 4 が 27%，レベル 3 が 30%，レベル 2 が 20%，レベル

科学的リテラシー　第4章

図4.2.1　PISA2018年調査における科学的リテラシーの七つの習熟度レベルに関する概要説明

得点の 上限・下限	習熟度レベル	各レベルにいる生徒の特徴

第4章

レベル6以上

レベル6以上の生徒

自然科学・生命科学・地球科学・宇宙科学から，相互に関連する一連の科学の考え方や概念を引き出すことができる。新しい科学的な事象・プロセスに対する説明的仮説を提案したり，予測をするために，内容に関する知識・手続に関する知識・認識に関する知識を用いることができる。データや証拠を解釈する際に，情報が関連するものかどうかを区別したり，通常の学校のカリキュラム外の知識を使うことができる。科学的な証拠と理論に基づく論（アーギュメント）と，その他の考えに基づく論（アーギュメント）とを区別することができる。複雑な実験・野外調査・シミュレーションに関する，競合する複数の計画を評価し，自身の選択を正当化することができる。

708点

707点

レベル5

レベル5の生徒

複数の要因が関連した，馴染みのないより複雑な事象・プロセスを説明するために，科学に関する抽象的な考え・概念を使うことができる。代替的な実験計画を評価し，自身の選択を正当化するために，より洗練された認識に関する知識を用いることができる。情報を解釈したり予測したりするために，理論的な知識を用いることができる。与えられた問いを科学的に探究する手段を評価したり，科学的なデータにおける不確実性の発生原因や影響を含む一連のデータの解釈において，その限界を特定することができる。

633点

632点

レベル4

レベル4の生徒

より複雑，もしくはより馴染みのない出来事やプロセスの説明を構築するために，与えられるか記憶された，より複雑あるいはより抽象的な内容に関する知識を扱うことができる。制約のある文脈において，2つ以上の独立した変数を含む実験を行うことができる。手続きに関する知識や認識に関する知識の要素を扱うことによって，実験計画を正当化することができる。中程度に複雑なデータ，もしくはより馴染みのない文脈から引き出されたデータを解釈し，データを超えた適切な結論を導き出すことができる。また，そのような自身の選択を正当化することができる。

559点

558点

レベル3

レベル3の生徒

馴染みのある現象の説明を特定，もしくは構築するために，中程度に複雑な内容に関する知識を扱うことができる。より馴染みのない，もしくはより複雑な状況において，関連するヒントや支援を使って，説明をすることができる。制約のある文脈において，単純な実験を行うために，手続き的な知識・認識的な知識の要素を用いることができる。科学的な問題と非科学的な問題とを区別することができ，科学的な主張を擁護する証拠を明らかにすることができる。

484点

483点

レベル2

レベル2の生徒

適切な科学的説明を特定し，データを解釈し，単純な実験計画で求められている問いを明らかにするために，日常的な内容に関する知識や基礎的な手続きに関する知識を扱うことができる。単純な一連のデータから妥当な結論を明らかにするために，基礎的で日常的な科学的知識を用いることができる。科学的に探究されうる課題を特定することによって，基礎的な認識に関する知識があることを示す。

410点

409点

レベル1a

レベル1aの生徒

単純な科学的現象に関する説明を，理解し特定するために，基礎的または日常的な内容に関する知識・手続きに関する知識を扱うことができる。支援を受けながら，2つ以下の変数を用いて，構造化した科学的探究に取り組むことができる。単純な因果や相互に関連した関係性を特定したり，簡単な図表や可視化されたデータを解釈することができる。馴染みのある，個人的・地域的/国内的・地球的文脈において，所与のデータに対して最適な科学的説明を選択することができる。

335点

334点

レベル1b

レベル1bの生徒

馴染みがある，もしくは単純な現象の側面を理解するために，基礎的もしくは日常的な科学の知識を用いることができる。データの単純なパターンを特定したり，基礎的な科学に関する用語を理解し，科学的な手順を遂行するために明示された指示に従うことができる。

261点

（注）1．右側の生徒の特徴においては，高いレベルにいるほど科学的リテラシーを十分に身に付けていることを示す。
　　　2．アーギュメントとは，事実と理由付けを提示しながら，自らの主張を相手に伝える過程を指す。
出所：OECD（2019a）の図，OECD（2019d）の図から作成。

第4章　科学的リテラシー

表 4.2.1　習熟度レベル別の生徒の割合（科学的リテラシー）

国　名	レベル1b 未満 割合	標準誤差	レベル1b 割合	標準誤差	レベル1a 割合	標準誤差	レベル2 割合	標準誤差	レベル3 割合	標準誤差	レベル4 割合	標準誤差	レベル5 割合	標準誤差	レベル6 以上 割合	標準誤差
北京・上海・江蘇・浙江	0.0	(0.0)	0.3	(0.1)	1.8	(0.3)	8.4	(0.6)	23.4	(0.9)	34.6	(1.0)	24.3	(1.1)	7.2	(0.7)
シンガポール	0.2	(0.1)	1.8	(0.2)	7.1	(0.4)	15.1	(0.7)	25.4	(0.7)	29.7	(0.7)	17.0	(0.5)	3.8	(0.3)
マカオ	0.1	(0.1)	0.8	(0.2)	5.1	(0.5)	17.2	(0.7)	32.3	(1.0)	30.8	(0.9)	11.9	(0.6)	1.7	(0.3)
日本	0.2	(0.1)	1.8	(0.3)	8.9	(0.6)	19.9	(0.8)	29.7	(1.1)	26.5	(0.9)	11.4	(0.7)	1.6	(0.3)
フィンランド	0.4	(0.1)	2.8	(0.3)	9.7	(0.6)	21.1	(0.7)	28.9	(0.8)	24.9	(0.8)	10.5	(0.6)	1.8	(0.3)
エストニア	0.1	(0.1)	1.1	(0.2)	7.5	(0.5)	21.5	(0.7)	32.1	(0.9)	25.4	(0.8)	10.2	(0.5)	2.0	(0.2)
韓国	0.5	(0.1)	3.1	(0.3)	10.6	(0.7)	21.0	(0.8)	28.6	(0.9)	24.5	(0.9)	10.0	(0.6)	1.8	(0.3)
台湾	0.7	(0.2)	3.3	(0.3)	11.2	(0.6)	21.1	(0.9)	28.5	(0.9)	23.5	(0.8)	10.0	(0.8)	1.6	(0.3)
カナダ	0.4	(0.1)	2.6	(0.2)	10.5	(0.4)	22.4	(0.6)	29.3	(0.7)	23.5	(0.7)	9.5	(0.5)	1.8	(0.2)
ニュージーランド	0.6	(0.2)	4.3	(0.4)	13.1	(0.6)	22.0	(0.6)	26.8	(0.7)	21.8	(0.7)	9.5	(0.5)	1.8	(0.3)
オランダ	0.9	(0.2)	4.8	(0.5)	14.4	(0.8)	22.4	(0.8)	24.9	(1.1)	22.1	(1.0)	9.1	(0.7)	1.5	(0.3)
ドイツ	0.8	(0.2)	5.0	(0.5)	13.8	(0.7)	22.0	(0.9)	26.9	(0.9)	21.5	(1.0)	8.5	(0.6)	1.5	(0.3)
イギリス	0.6	(0.2)	3.9	(0.4)	12.9	(0.6)	24.0	(0.8)	28.1	(0.8)	20.8	(0.7)	8.2	(0.6)	1.5	(0.2)
オーストラリア	0.6	(0.1)	4.5	(0.4)	13.7	(0.5)	23.0	(0.6)	27.5	(0.6)	21.2	(0.6)	7.9	(0.4)	1.6	(0.2)
ポーランド	0.2	(0.1)	2.5	(0.3)	11.1	(0.7)	24.9	(0.8)	30.0	(1.0)	22.0	(0.8)	8.1	(0.7)	1.2	(0.2)
アメリカ	0.5	(0.1)	4.4	(0.5)	13.7	(0.8)	23.6	(0.9)	27.5	(0.9)	21.1	(0.9)	7.9	(0.7)	1.3	(0.3)
スウェーデン	0.6	(0.2)	4.6	(0.5)	13.8	(0.7)	24.0	(0.7)	28.0	(0.8)	20.7	(0.9)	7.3	(0.5)	1.0	(0.2)
ベルギー	0.6	(0.1)	5.3	(0.5)	14.2	(0.6)	22.2	(0.7)	28.4	(0.8)	21.3	(0.7)	7.3	(0.4)	0.7	(0.2)
香港	0.2	(0.1)	2.4	(0.3)	8.9	(0.6)	21.7	(0.8)	33.8	(0.9)	25.0	(0.9)	7.1	(0.6)	0.7	(0.2)
スイス	0.4	(0.1)	4.6	(0.5)	15.2	(0.8)	24.9	(0.9)	27.8	(0.9)	19.3	(1.0)	6.9	(0.7)	0.9	(0.2)
チェコ	0.4	(0.1)	3.9	(0.4)	14.5	(0.8)	25.9	(1.0)	28.7	(1.0)	19.1	(0.8)	6.6	(0.5)	1.0	(0.2)
スロベニア	0.2	(0.1)	2.5	(0.3)	11.9	(0.6)	24.6	(0.8)	31.8	(1.0)	21.8	(0.9)	6.7	(0.5)	0.6	(0.2)
ノルウェー	1.1	(0.2)	5.7	(0.4)	14.1	(0.8)	25.0	(0.9)	28.6	(0.7)	18.7	(0.7)	6.1	(0.5)	0.7	(0.1)
OECD 平均	0.7	(0.0)	5.2	(0.1)	16.0	(0.1)	25.8	(0.1)	27.4	(0.1)	18.1	(0.1)	5.9	(0.1)	0.8	(0.0)
フランス	0.6	(0.2)	5.0	(0.4)	14.9	(0.8)	24.6	(0.9)	28.3	(0.7)	20.0	(0.9)	5.9	(0.5)	0.6	(0.1)
オーストリア	0.6	(0.2)	4.8	(0.4)	16.5	(0.9)	25.0	(0.8)	27.6	(0.8)	19.2	(0.8)	5.8	(0.4)	0.5	(0.1)
アイルランド	0.3	(0.1)	3.3	(0.3)	13.4	(0.7)	26.9	(0.9)	31.3	(0.9)	19.0	(0.7)	5.4	(0.5)	0.5	(0.2)
イスラエル	3.2	(0.4)	10.7	(0.7)	19.2	(0.9)	23.1	(0.9)	22.9	(0.8)	15.1	(0.8)	5.2	(0.4)	0.7	(0.2)
ポルトガル	0.4	(0.1)	4.4	(0.6)	14.7	(0.6)	26.2	(0.9)	29.4	(1.0)	19.2	(0.9)	5.1	(0.5)	0.5	(0.2)
デンマーク	0.7	(0.2)	4.1	(0.3)	13.9	(0.6)	26.6	(0.7)	30.1	(0.9)	19.1	(0.8)	5.0	(0.5)	0.5	(0.2)
ルクセンブルク	0.8	(0.2)	6.8	(0.2)	19.2	(0.6)	25.7	(0.8)	25.6	(0.8)	16.6	(0.6)	4.9	(0.5)	0.5	(0.2)
ハンガリー	0.6	(0.2)	5.7	(0.6)	17.8	(0.9)	26.1	(1.0)	28.1	(0.9)	17.0	(0.7)	4.3	(0.5)	0.4	(0.1)
リトアニア	0.5	(0.2)	4.7	(0.4)	17.0	(0.8)	28.4	(0.8)	28.7	(0.8)	16.3	(0.6)	4.0	(0.3)	0.5	(0.1)
マルタ	3.4	(0.4)	10.8	(0.7)	19.4	(0.7)	24.9	(0.9)	23.7	(0.9)	13.5	(0.7)	3.9	(0.4)	0.5	(0.1)
スペイン	0.6	(0.1)	4.5	(0.4)	16.2	(0.5)	28.4	(0.5)	29.4	(0.5)	16.8	(0.4)	3.9	(0.2)	0.3	(0.1)
アイスランド	0.5	(0.2)	5.9	(0.5)	18.6	(0.8)	28.3	(0.9)	27.7	(1.0)	15.2	(0.8)	3.6	(0.4)	0.3	(0.1)
ラトビア	0.3	(0.1)	3.4	(0.4)	14.8	(0.7)	29.5	(0.8)	31.5	(1.1)	16.8	(0.8)	3.5	(0.4)	0.3	(0.1)
スロバキア	1.4	(0.2)	7.9	(0.6)	19.9	(0.7)	28.5	(0.7)	25.3	(0.8)	13.2	(0.6)	3.4	(0.3)	0.3	(0.1)
クロアチア	0.6	(0.2)	5.6	(0.5)	19.1	(0.9)	30.0	(0.8)	26.9	(0.9)	14.2	(0.7)	3.3	(0.4)	0.3	(0.1)
ロシア	0.4	(0.2)	4.1	(0.5)	16.7	(0.9)	31.7	(0.9)	30.0	(0.9)	14.0	(0.8)	2.9	(0.4)	0.2	(0.1)
アラブ首長国連邦	3.7	(0.4)	14.4	(0.5)	24.7	(0.6)	25.6	(0.5)	19.2	(0.5)	9.5	(0.5)	2.6	(0.2)	0.3	(0.1)
イタリア	1.1	(0.2)	6.6	(0.4)	18.2	(0.9)	30.2	(1.0)	27.8	(1.1)	13.4	(0.7)	2.6	(0.4)	0.2	(0.1)
ベラルーシ	0.5	(0.2)	5.0	(0.5)	18.7	(0.9)	31.3	(0.9)	28.8	(0.8)	13.1	(0.8)	2.5	(0.4)	0.1	(0.1)
トルコ	0.3	(0.1)	4.7	(0.4)	20.1	(0.8)	32.8	(1.0)	27.3	(1.0)	12.3	(0.7)	2.3	(0.4)	0.1	(0.1)
ブルネイ	1.9	(0.2)	14.2	(0.6)	29.7	(0.8)	25.5	(0.5)	17.4	(0.5)	9.0	(0.4)	2.1	(0.3)	0.1	(0.1)
カタール	5.2	(0.3)	16.6	(0.4)	26.5	(0.6)	24.9	(0.5)	17.0	(0.4)	7.5	(0.3)	2.0	(0.2)	0.2	(0.1)
キプロス	2.0	(0.3)	11.9	(0.6)	25.0	(0.8)	28.9	(1.0)	21.4	(0.7)	9.1	(0.4)	1.5	(0.2)	0.1	(0.1)
セルビア	1.9	(0.3)	11.1	(0.8)	25.3	(1.0)	29.9	(0.9)	21.1	(0.9)	9.1	(0.5)	1.5	(0.2)	0.1	(0.0)
ブルガリア	3.0	(0.5)	15.3	(1.0)	28.3	(0.9)	25.0	(0.7)	16.7	(1.1)	7.4	(0.6)	1.4	(0.3)	0.1	(0.1)
ギリシャ	1.2	(0.3)	8.1	(0.8)	22.4	(1.0)	31.6	(0.9)	26.0	(1.0)	9.3	(0.6)	1.3	(0.2)	0.0	(0.0)
チリ	1.0	(0.3)	8.8	(0.7)	25.5	(1.0)	33.1	(1.0)	22.6	(1.0)	7.9	(0.6)	1.0	(0.2)	0.0	(0.0)
ブラジル	4.0	(0.4)	19.9	(0.7)	31.4	(0.8)	25.3	(0.7)	13.9	(0.7)	4.6	(0.4)	0.8	(0.1)	0.0	(0.0)
タイ	1.3	(0.3)	11.6	(0.8)	31.6	(1.1)	31.7	(0.9)	17.8	(1.0)	5.3	(0.4)	0.7	(0.2)	0.0	(0.0)
ウルグアイ	2.1	(0.4)	13.2	(0.8)	28.6	(1.0)	30.6	(1.0)	18.7	(0.9)	6.1	(0.5)	0.7	(0.2)	0.0	(0.0)
マレーシア	0.7	(0.2)	8.3	(0.9)	27.6	(1.0)	35.9	(1.0)	21.5	(0.9)	5.4	(0.5)	0.6	(0.2)	0.0	(0.0)
コロンビア	2.1	(0.3)	15.3	(1.1)	33.0	(1.1)	29.6	(1.2)	15.4	(0.8)	4.2	(0.4)	0.4	(0.1)	0.0	(0.0)
カザフスタン	2.2	(0.3)	17.8	(0.7)	40.3	(0.8)	26.9	(0.8)	9.9	(0.5)	2.5	(0.3)	0.4	(0.1)	0.0	(0.0)
モンテネグロ	2.2	(0.3)	14.6	(0.6)	31.4	(0.8)	31.5	(0.7)	15.0	(0.6)	4.0	(0.3)	0.3	(0.1)	0.0	(0.0)
メキシコ	1.0	(0.3)	11.6	(1.0)	34.2	(1.3)	33.9	(0.9)	15.5	(0.9)	3.5	(0.5)	0.3	(0.1)	0.0	c
ペルー	2.7	(0.4)	17.3	(0.9)	34.5	(1.1)	29.0	(0.8)	13.2	(0.8)	3.1	(0.5)	0.2	(0.1)	0.0	(0.0)
アルバニア	1.5	(0.2)	11.7	(0.7)	33.7	(1.0)	34.8	(1.1)	15.1	(0.7)	2.9	(0.3)	0.2	(0.1)	0.0	(0.0)
ボスニア・ヘルツェゴビナ	2.9	(0.4)	18.2	(0.9)	35.6	(1.0)	29.4	(1.2)	11.7	(0.9)	1.9	(0.3)	0.1	(0.1)	0.0	c
バクー（アゼルバイジャン）	2.5	(0.3)	17.3	(1.0)	38.0	(1.0)	29.9	(0.9)	10.3	(0.7)	1.8	(0.4)	0.1	(0.1)	0.0	c
コスタリカ	1.3	(0.3)	12.0	(0.8)	34.5	(1.2)	34.4	(1.2)	14.9	(1.2)	2.8	(0.6)	0.1	(0.1)	0.0	c
パナマ	10.5	(0.9)	27.3	(1.1)	33.5	(1.3)	19.7	(0.8)	7.4	(0.7)	1.5	(0.3)	0.1	(0.1)	0.0	c
ジョージア	5.8	(0.5)	22.9	(0.9)	35.7	(0.9)	24.3	(0.9)	9.5	(0.6)	1.7	(0.3)	0.1	(0.1)	0.0	c
インドネシア	1.8	(0.3)	16.8	(1.0)	41.4	(1.1)	29.2	(1.1)	9.2	(0.6)	1.6	(0.3)	0.1	(0.1)	0.0	(0.0)
フィリピン	7.5	(0.8)	35.3	(1.4)	35.2	(1.2)	15.4	(0.8)	5.6	(0.7)	1.0	(0.3)	0.1	(0.1)	0.0	c
モロッコ	2.7	(0.4)	26.1	(1.4)	40.7	(1.1)	24.0	(1.4)	6.1	(0.7)	0.4	(0.1)	0.0	(0.0)	0.0	c
ドミニカ共和国	13.6	(1.0)	39.6	(1.3)	31.6	(1.0)	12.3	(0.9)	2.6	(0.4)	0.3	(0.1)	0.0	(0.0)	0.0	c
コソボ	4.2	(0.4)	29.3	(0.9)	43.1	(1.0)	19.2	(0.7)	3.9	(0.4)	0.4	(0.1)	0.0	(0.0)	0.0	c
ウクライナ※	1.0	(0.2)	6.3	(0.6)	19.2	(0.9)	30.0	(1.1)	26.7	(1.1)	13.4	(0.8)	3.2	(0.5)	0.3	(0.1)
ルーマニア※	2.9	(0.5)	13.1	(1.2)	28.0	(1.4)	29.8	(1.0)	18.9	(1.3)	6.4	(0.8)	0.9	(0.2)	0.0	(0.0)
モルドバ※	2.4	(0.3)	12.7	(0.7)	27.4	(0.9)	29.7	(0.9)	20.2	(0.8)	6.6	(0.5)	0.8	(0.2)	0.0	(0.0)
北マケドニア※	4.5	(0.4)	15.5	(0.9)	29.4	(0.8)	28.2	(0.9)	16.4	(0.7)	5.2	(0.4)	0.8	(0.2)	0.0	(0.0)
ヨルダン※	3.2	(0.4)	11.0	(0.8)	26.2	(0.9)	32.4	(1.1)	20.7	(0.9)	6.0	(0.5)	0.6	(0.2)	0.0	(0.0)
レバノン※	8.9	(0.8)	23.6	(1.2)	29.7	(1.0)	21.8	(1.0)	11.8	(0.8)	3.6	(0.4)	0.5	(0.2)	0.0	(0.0)
アルゼンチン※	4.6	(0.4)	18.2	(1.0)	30.4	(1.1)	27.0	(0.9)	15.0	(0.8)	4.1	(0.4)	0.5	(0.2)	0.0	(0.0)
サウジアラビア※	4.9	(0.6)	21.7	(1.0)	35.6	(1.0)	26.6	(1.0)	9.6	(0.7)	1.5	(0.3)	0.1	(0.0)	0.0	c

（注）　1. 灰色の網掛けは非 OECD 加盟国・地域を示す。
　　　　2. 習熟度レベル 5 以上の生徒の割合が多い順に上から国を並べている。
　　　　3. 表中の c は欠損値（生徒が少ないため値を推計できない）。
　　　　4. ※は，2018 年調査において，コンピュータ使用型調査での実施ではなく，筆記型調査で実施した国を示す。
　　　　5. 各習熟度レベルの得点の範囲は，182 頁参照。
出所：OECD（2019a）の表から作成。

科学的リテラシー　第4章

図 4.2.2　レベル2を基準とする習熟度レベル別の生徒の割合（科学的リテラシー）

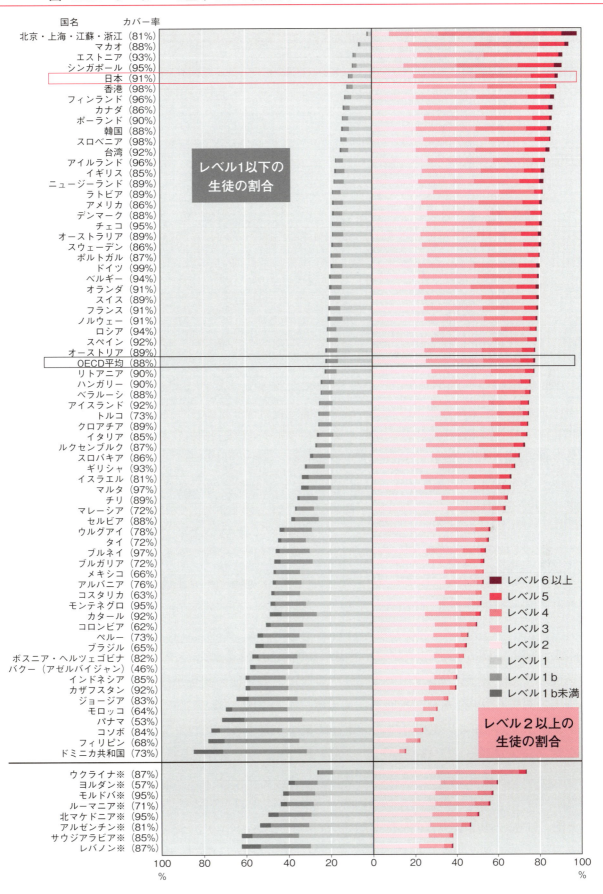

（注）1. 習熟度レベル2以上の生徒の割合が多い順に上から国を並べている。
　　 2. ※は，2018年調査において，コンピュータ使用型調査での実施ではなく，筆記型調査で実施した8か国を示す。
　　 3. 国名の右側の数値は，カバー率を示す。カバー率とは，調査を受けた生徒の当該年齢推定人口に占める割合を推定したもの。
出所：OECD（2019a）の図から作成。

第4章　科学的リテラシー

表 4.2.2　男女別に見た習熟度レベル別の生徒の割合（科学的リテラシー）

国　名		習熟度レベル														
		レベル1b 未満		レベル1b		レベル1a		レベル2		レベル3		レベル4		レベル5		レベル6 以上	
		割合	標準誤差	割合	標準誤差	割合	標準誤差	割合	標準誤差	割合	標準誤差	割合	標準誤差	割合	標準誤差	割合	標準誤差
日本	男子	0.2	(0.1)	2.2	(0.4)	9.6	(0.8)	18.9	(1.0)	27.7	(1.3)	27.0	(1.3)	12.4	(1.0)	2.0	(0.4)
	女子	0.2	(0.1)	1.4	(0.3)	8.2	(0.9)	20.8	(1.2)	31.6	(1.4)	26.1	(1.2)	10.4	(0.8)	1.3	(0.3)
オーストラリア	男子	0.7	(0.2)	5.1	(0.5)	13.9	(0.7)	22.1	(0.8)	26.6	(0.8)	21.1	(0.7)	8.6	(0.6)	1.9	(0.3)
	女子	0.6	(0.1)	3.8	(0.4)	13.6	(0.6)	23.9	(0.7)	28.4	(0.9)	21.2	(0.8)	7.2	(0.5)	1.2	(0.2)
カナダ	男子	0.4	(0.1)	2.9	(0.3)	11.4	(0.6)	22.3	(0.8)	27.9	(0.9)	23.1	(0.8)	10.0	(0.7)	1.9	(0.3)
	女子	0.4	(0.1)	2.2	(0.3)	9.5	(0.6)	22.5	(0.8)	30.8	(0.8)	23.9	(0.9)	9.0	(0.6)	1.7	(0.3)
エストニア	男子	0.2	(0.1)	1.3	(0.3)	8.0	(0.7)	22.0	(1.1)	31.7	(1.3)	24.9	(1.2)	9.9	(0.8)	2.1	(0.5)
	女子	0.0	(0.0)	0.9	(0.3)	7.1	(0.7)	21.0	(1.2)	32.5	(1.5)	26.0	(1.1)	10.6	(0.8)	1.8	(0.3)
フィンランド	男子	0.6	(0.2)	3.9	(0.5)	12.2	(0.8)	22.9	(1.0)	27.0	(1.1)	22.4	(1.0)	9.4	(0.8)	1.7	(0.4)
	女子	0.3	(0.2)	1.7	(0.3)	7.0	(0.8)	19.2	(0.9)	30.9	(1.2)	27.5	(1.3)	11.6	(0.9)	1.9	(0.4)
フランス	男子	0.7	(0.2)	5.7	(0.6)	15.2	(0.9)	24.3	(1.2)	26.7	(0.9)	20.0	(0.9)	6.6	(0.7)	0.9	(0.2)
	女子	0.5	(0.2)	4.3	(0.6)	14.6	(1.0)	24.9	(1.2)	30.1	(1.1)	20.0	(1.1)	5.2	(0.7)	0.4	(0.2)
ドイツ	男子	0.8	(0.3)	5.7	(0.7)	14.2	(0.8)	21.5	(1.1)	25.7	(1.0)	20.9	(1.1)	9.2	(0.9)	1.8	(0.3)
	女子	0.7	(0.3)	4.2	(0.6)	13.3	(1.0)	22.7	(1.2)	28.3	(1.4)	22.1	(1.3)	7.7	(0.8)	1.1	(0.3)
アイルランド	男子	0.4	(0.2)	3.6	(0.5)	14.1	(1.0)	26.7	(1.1)	30.0	(1.0)	18.5	(1.0)	6.2	(0.7)	0.6	(0.2)
	女子	0.3	(0.1)	3.0	(0.4)	12.8	(1.1)	27.0	(1.5)	32.6	(1.1)	19.4	(1.0)	4.5	(0.6)	0.4	(0.2)
イタリア	男子	1.2	(0.4)	7.0	(0.7)	17.7	(1.1)	29.1	(1.5)	27.8	(1.4)	14.1	(1.0)	3.0	(0.5)	0.2	(0.1)
	女子	0.9	(0.3)	6.1	(0.7)	18.9	(1.2)	31.4	(1.3)	27.9	(1.4)	12.6	(0.9)	2.1	(0.4)	0.2	(0.1)
韓国	男子	0.5	(0.2)	3.2	(0.5)	10.8	(0.9)	20.7	(1.0)	27.2	(1.2)	24.5	(1.2)	10.8	(0.8)	2.2	(0.5)
	女子	0.4	(0.2)	2.9	(0.5)	10.4	(0.9)	21.3	(1.3)	30.1	(1.5)	24.4	(1.3)	9.1	(0.9)	1.3	(0.3)
オランダ	男子	1.0	(0.4)	5.3	(0.6)	15.4	(1.1)	22.9	(1.1)	23.9	(1.3)	21.0	(1.0)	9.1	(0.9)	1.5	(0.4)
	女子	0.8	(0.3)	4.2	(0.5)	13.4	(1.0)	22.0	(1.1)	25.8	(1.5)	23.2	(1.5)	9.1	(0.9)	1.5	(0.3)
ニュージーランド	男子	0.8	(0.2)	5.2	(0.6)	13.4	(0.8)	20.5	(0.9)	25.6	(1.1)	21.6	(1.1)	10.7	(0.8)	2.2	(0.4)
	女子	0.5	(0.1)	3.5	(0.4)	12.8	(0.8)	23.4	(1.0)	28.1	(1.2)	22.1	(0.9)	8.3	(0.7)	1.3	(0.3)
イギリス	男子	0.6	(0.2)	3.9	(0.5)	13.0	(0.9)	23.8	(1.1)	27.7	(0.9)	20.7	(0.8)	8.7	(0.7)	1.7	(0.4)
	女子	0.7	(0.3)	3.8	(0.6)	12.9	(0.9)	24.2	(1.0)	28.5	(1.1)	20.9	(1.0)	7.8	(0.7)	1.2	(0.3)
アメリカ	男子	0.7	(0.3)	5.1	(0.7)	13.7	(1.0)	22.7	(1.1)	26.4	(1.2)	21.2	(1.2)	8.7	(1.0)	1.5	(0.4)
	女子	0.3	(0.2)	3.6	(0.6)	13.8	(1.1)	24.6	(1.2)	28.7	(1.3)	20.9	(1.2)	7.0	(0.8)	1.0	(0.3)
OECD 平均	男子	0.8	(0.0)	5.8	(0.1)	16.6	(0.2)	25.3	(0.2)	26.2	(0.2)	18.0	(0.2)	6.4	(0.1)	1.0	(0.0)
	女子	0.6	(0.0)	4.7	(0.1)	15.5	(0.2)	26.2	(0.2)	28.6	(0.2)	18.3	(0.2)	5.5	(0.1)	0.7	(0.0)
北京・上海・江蘇・浙江	男子	0.1	(0.1)	0.3	(0.1)	1.8	(0.4)	7.9	(0.7)	21.7	(1.1)	33.6	(1.3)	25.8	(1.2)	9.0	(0.8)
	女子	0.0	(0.0)	0.2	(0.1)	1.7	(0.3)	8.9	(0.9)	25.4	(1.2)	35.8	(1.4)	22.6	(1.4)	5.4	(0.9)
香港	男子	0.2	(0.1)	3.0	(0.4)	10.1	(0.9)	22.5	(1.1)	32.1	(1.4)	24.2	(1.3)	7.2	(0.8)	0.7	(0.3)
	女子	0.1	(0.1)	1.8	(0.4)	7.7	(0.7)	20.9	(1.0)	35.7	(1.1)	25.9	(1.1)	7.1	(0.7)	0.7	(0.2)
台湾	男子	0.8	(0.2)	3.7	(0.5)	11.5	(0.9)	20.5	(1.1)	26.9	(1.2)	23.8	(1.1)	10.8	(1.0)	1.9	(0.4)
	女子	0.5	(0.2)	2.9	(0.4)	10.9	(0.9)	21.7	(1.2)	30.2	(1.4)	23.3	(1.3)	9.2	(1.3)	1.4	(0.5)
シンガポール	男子	0.2	(0.1)	2.1	(0.4)	7.6	(0.6)	14.6	(0.8)	23.5	(1.0)	29.3	(0.9)	18.2	(0.8)	4.4	(0.5)
	女子	0.1	(0.1)	1.4	(0.2)	6.6	(0.6)	15.7	(0.9)	27.3	(1.0)	30.0	(1.1)	15.7	(0.7)	3.1	(0.5)

（注）灰色の網掛けは非 OECD 加盟国・地域を示す。
出所：OECD（2019a）の表より抜粋。

1a が 9％，レベル 1b が 2％，レベル 1b 未満が 0.2％である。

　コンピュータ使用型調査参加国のうちレベル 5 以上の生徒の割合が最も多いのは北京・上海・江蘇・浙江であり，32％である。次いでシンガポールの 21％，マカオの 14％であり，日本は 13％で 4 番目である。レベル 6 以上で見ると，生徒の割合が最も多いのは北京・上海・江蘇・浙江の 7％で，次いでシンガポールの 4％，そして，エストニア，カナダ，韓国，フィンランド，ニュージーランド，マカオ，日本，台湾，オーストラリア，オランダ，ドイツ，イギリスの 2％と続く。

　同様にコンピュータ使用型調査参加国のうちレベル 1a 以下の生徒の割合が最も少ないのは，北京・上海・江蘇・浙江で 2％である。次いでマカオ，エストニア，シンガポール，日本，香港，フィンランド，カナダと続き，日本は 11％で 5 番目に少ない。OECD 平均の 22％を下回るコンピュータ使用型調査参加国は 31 か国である。

　図 4.2.2 はコンピュータ使用型調査参加国，筆記型調査参加国ごとに，レベル 2 以上の生徒の割合が多い順に上から国名を並べたものである。図の右側がレベル 2 以上の生徒の割合，左側がレベル 1a 以下の生徒の割合を示している。コンピュータ使用型調査参加国のうち，レベル 2 以上の生

徒の割合が最も多いのは北京・上海・江蘇・浙江で，98%である。以下，マカオ，エストニア，シンガポール，日本，香港，フィンランド，カナダと続く。日本は89%で5番目に多い。コンピュータ使用型調査参加国でOECD平均の78%を上回る国は31か国である。

表4.2.2は日本を含む18か国の科学的リテラシーについて，男女別に習熟度レベル別の生徒の割合を示したものである。レベル5以上の生徒の割合についてみてみると，OECD平均は男子7%，女子6%であり，この割合が最も多いのは北京・上海・江蘇・浙江で男子35%，女子28%である。日本は男子14%，女子12%である。レベル1a以下の生徒の割合についてみてみると，OECD平均は男子23%，女子21%であり，男子・女子ともにこの割合が最も少ないのは北京・上海・江蘇・浙江であり，どちらも2%である。日本は，男子が12%，女子は10%であった。

以上のことから，18か国の中でも北京・上海・江蘇・浙江，シンガポール，日本は，上位の習熟度レベルに属している生徒の割合が多く，レベル1a以下の習熟度レベルに属している生徒の割合が少ないことがわかる。また，マカオ，エストニアなどはレベル2以上の生徒の割合が多く，レベル1a以下の習熟度レベルに属している生徒の割合が少ないことに特徴がある。

4.2.3　習熟度レベル別割合の経年変化

表4.2.3は日本を含む18か国の科学的リテラシーにおける習熟度レベル1以下の生徒の割合，及び習熟度レベル5以上の生徒の割合について，科学的リテラシーが中心分野であった2006年調査以降の変化を示したものであり，太字は統計的な有意差があることを示している。なお，2006年から2012年調査の「レベル1以下」と2015年調査以降の「レベル1a以下」を経年比較するため，この節においては，これらを全て「レベル1以下」と表記を統一している。

日本に関して，2018年のレベル5以上の割合は，2006年，2009年，2012年，2015年の比較において，約2～5ポイント減っているが，2006年，2015年との比較においては，統計的な有意差はない。またレベル1以下については，2009年，2012年，2015年との差では約1～2ポイント多くなっているものの，2006年との比較においては約1ポイント少なくなっている。しかし，いずれの調査年との比較においても，統計的な有意差はない。

2018年のレベル5以上の割合が，2006年，2009年，2012年，2015年いずれの調査年との比較においても統計的な有意差があるのはオーストラリア，フィンランド，イタリア，台湾であり，台湾以外の国はどれも少なくなっているが，台湾だけは，2006年と2015年との比較においては少なくなっており，2009年と2012年との比較においては多くなっている。

レベル1以下の生徒の割合が，2006年，2009年，2012年，2015年いずれの調査年との比較においても統計的な有意差があるのはカナダ，香港，台湾であり，どれも多くなっている。

表4.2.4は日本を含む18か国の科学的リテラシーについて，それぞれの国内における男女別に見た習熟度レベル1以下の生徒の割合及び習熟度レベル5以上の生徒の割合を，2006年，2015年と2018年で比較したものであり，太字は統計的な有意差があることを示している。

日本は，2006年に比べてレベル5以上の割合が男子で3ポイント少なく，女子でも1ポイント少なくなっているが，いずれも統計的な有意差はない。レベル1以下の生徒の割合については，男子が1ポイント，女子が2ポイント少なくなっているが，いずれも統計的な有意差はない。次に，2015年に比べてレベル5以上の割合が男子で4ポイント少なく，女子でも1ポイント少なくなっているが，いずれも統計的な有意差はない。レベル1以下の生徒の割合については，男子が3ポイ

表 4.2.3　習熟度レベル（レベル 1 以下・レベル 5 以上）別の経年変化
（科学的リテラシー　2006 年～ 2018 年）

国　名	2006 年 レベル1以下 割合	標準誤差	2006 年 レベル5以上 割合	標準誤差	2009 年 レベル1以下 割合	標準誤差	2009 年 レベル5以上 割合	標準誤差	2012 年 レベル1以下 割合	標準誤差	2012 年 レベル5以上 割合	標準誤差	2015 年 レベル1以下 割合	標準誤差	2015 年 レベル5以上 割合	標準誤差	2018 年 レベル1以下 割合	標準誤差	2018 年 レベル5以上 割合	標準誤差
日本	12.0	(1.0)	15.1	(0.8)	10.7	(1.0)	16.9	(0.9)	8.5	(0.9)	18.2	(1.2)	9.6	(0.7)	15.3	(1.0)	10.8	(0.8)	13.1	(0.9)
オーストラリア	12.9	(0.6)	14.6	(0.7)	12.6	(0.6)	14.5	(0.8)	13.6	(0.5)	13.6	(0.5)	17.6	(0.6)	11.2	(0.5)	18.9	(0.6)	9.5	(0.5)
カナダ	10.0	(0.6)	14.4	(0.5)	9.6	(0.5)	12.1	(0.5)	10.4	(0.5)	11.3	(0.5)	11.1	(0.5)	12.4	(0.6)	13.4	(0.5)	11.3	(0.6)
エストニア	7.7	(0.6)	11.5	(0.8)	8.3	(0.8)	10.4	(0.8)	5.0	(0.5)	12.8	(0.7)	8.8	(0.7)	13.5	(0.7)	8.8	(0.6)	12.2	(0.6)
フィンランド	4.1	(0.5)	20.9	(0.8)	6.0	(0.5)	18.7	(0.9)	7.7	(0.6)	17.1	(0.7)	11.5	(0.7)	14.3	(0.6)	12.9	(0.7)	12.3	(0.7)
フランス	21.2	(1.4)	8.0	(0.7)	19.3	(1.3)	8.1	(0.8)	18.7	(1.0)	7.9	(0.8)	22.1	(0.9)	8.0	(0.5)	20.5	(0.8)	6.6	(0.5)
ドイツ	15.4	(1.3)	11.8	(0.7)	14.8	(1.0)	12.8	(0.8)	12.2	(0.9)	12.2	(0.9)	17.0	(1.0)	10.6	(0.6)	19.6	(0.8)	10.0	(0.6)
アイルランド	15.5	(1.1)	9.4	(0.8)	15.2	(1.1)	8.7	(0.8)	11.1	(0.9)	10.7	(0.6)	15.3	(1.0)	7.1	(0.5)	17.0	(0.8)	5.8	(0.6)
イタリア	25.3	(0.9)	4.6	(0.3)	20.6	(0.9)	5.8	(0.3)	18.7	(0.7)	6.1	(0.4)	23.2	(1.0)	4.1	(0.4)	25.9	(1.0)	2.7	(0.4)
韓国	11.2	(1.1)	10.3	(1.1)	6.3	(0.8)	11.6	(1.1)	6.6	(0.8)	11.7	(1.1)	14.4	(0.9)	10.6	(0.8)	14.2	(0.8)	11.8	(0.8)
オランダ	13.0	(1.0)	13.1	(0.9)	13.2	(1.6)	12.7	(1.2)	13.1	(1.1)	11.8	(1.1)	18.5	(1.0)	11.1	(0.6)	20.0	(1.1)	10.6	(0.8)
ニュージーランド	13.7	(0.7)	17.6	(0.8)	13.4	(0.7)	17.6	(0.8)	16.3	(0.9)	13.4	(0.7)	17.4	(0.9)	12.8	(0.7)	18.0	(0.8)	11.3	(0.6)
イギリス	16.7	(0.8)	13.7	(0.6)	15.0	(0.8)	11.4	(0.7)	15.0	(1.1)	11.2	(0.7)	17.4	(0.8)	10.9	(0.7)	17.4	(0.9)	9.7	(0.7)
アメリカ	24.4	(1.6)	9.1	(0.7)	18.1	(1.1)	9.2	(1.0)	18.1	(1.3)	7.5	(0.7)	20.3	(1.1)	8.5	(0.6)	18.6	(1.2)	9.1	(0.7)
OECD 平均（36 か国）	21.0	(0.2)	8.4	(0.1)	18.8	(0.2)	8.0	(0.1)	18.7	(0.2)	8.0	(0.1)	22.1	(0.2)	7.4	(0.1)	22.0	(0.2)	6.8	(0.1)
北京・上海・江蘇・浙江	m	m	m	m	m	m	m	m	m	m	m	m	m	m	m	m	2.1	(0.3)	31.5	(1.3)
香港	8.7	(0.8)	15.9	(0.9)	6.6	(0.7)	16.2	(1.0)	5.6	(0.6)	16.7	(1.0)	9.4	(0.7)	7.4	(0.6)	11.6	(0.8)	7.8	(0.7)
台湾	11.6	(1.0)	14.6	(0.9)	11.1	(0.8)	8.8	(0.9)	9.8	(0.8)	8.3	(0.6)	12.4	(0.8)	15.4	(1.1)	15.1	(0.8)	11.7	(0.9)
シンガポール	m	m	m	m	11.5	(0.5)	19.9	(0.6)	9.6	(0.5)	22.7	(0.8)	9.6	(0.4)	24.2	(0.6)	9.0	(0.4)	20.7	(0.6)

国　名	2018 年 レベル1以下 割合	標準誤差	2018 年 レベル5以上 割合	標準誤差	2018年-2006年 レベル1以下 割合の差	標準誤差	2018年-2006年 レベル5以上 割合の差	標準誤差	2018年-2009年 レベル1以下 割合の差	標準誤差	2018年-2009年 レベル5以上 割合の差	標準誤差	2018年-2012年 レベル1以下 割合の差	標準誤差	2018年-2012年 レベル5以上 割合の差	標準誤差	2018年-2015年 レベル1以下 割合の差	標準誤差	2018年-2015年 レベル5以上 割合の差	標準誤差
日本	10.8	(0.8)	13.1	(0.9)	-1.2	(1.4)	-2.0	(1.6)	0.2	(1.4)	-3.9	(1.7)	2.4	(1.4)	-5.2	(2.0)	1.2	(1.0)	-2.3	(1.4)
オーストラリア	18.9	(0.6)	9.5	(0.5)	6.0	(1.2)	-5.1	(1.0)	6.3	(1.3)	-5.1	(1.1)	5.2	(1.4)	-4.1	(1.0)	1.2	(0.8)	-1.7	(0.7)
カナダ	13.4	(0.5)	11.3	(0.6)	3.4	(1.0)	-3.1	(1.0)	3.9	(1.0)	-0.8	(1.0)	3.0	(1.1)	0.0	(1.1)	2.3	(0.8)	-1.0	(0.9)
エストニア	8.8	(0.6)	12.2	(0.6)	1.1	(1.0)	0.7	(1.2)	0.4	(1.1)	1.8	(1.2)	3.7	(1.0)	-0.6	(1.3)	0.0	(0.9)	-1.3	(0.9)
フィンランド	12.9	(0.7)	12.3	(0.7)	8.8	(1.0)	-8.6	(1.3)	6.9	(1.0)	-6.4	(1.4)	5.2	(1.2)	-4.8	(1.5)	1.4	(1.0)	-2.1	(0.9)
フランス	20.5	(0.8)	6.6	(0.5)	-0.7	(1.8)	-1.5	(0.9)	1.2	(1.8)	-1.6	(1.0)	1.8	(1.7)	-1.3	(1.1)	-1.6	(1.2)	-1.4	(0.9)
ドイツ	19.6	(0.8)	10.0	(0.6)	4.2	(1.8)	-1.8	(1.0)	4.8	(1.6)	-2.8	(1.1)	7.4	(1.7)	-2.2	(1.2)	2.6	(1.4)	-0.6	(0.9)
アイルランド	17.0	(0.8)	5.8	(0.6)	1.5	(1.6)	-3.6	(0.9)	1.9	(1.6)	-2.9	(1.0)	5.9	(1.6)	-4.9	(0.9)	1.7	(1.3)	-1.2	(0.7)
イタリア	25.9	(1.0)	2.7	(0.4)	0.6	(2.0)	-1.9	(0.5)	5.2	(1.9)	-3.1	(0.5)	7.2	(2.3)	-3.3	(0.6)	2.7	(1.5)	-1.3	(0.5)
韓国	14.2	(0.8)	11.8	(0.8)	2.9	(1.5)	1.5	(1.5)	7.8	(1.3)	0.2	(1.5)	7.5	(1.3)	0.1	(1.7)	-0.2	(1.2)	1.2	(1.2)
オランダ	20.0	(1.1)	10.6	(0.8)	7.1	(1.7)	-2.5	(1.3)	6.9	(2.1)	-2.1	(1.6)	6.9	(1.9)	-1.2	(1.5)	1.5	(1.5)	-0.5	(1.0)
ニュージーランド	18.0	(0.8)	11.3	(0.6)	4.3	(1.2)	-6.3	(1.1)	4.7	(1.3)	-6.3	(1.2)	1.8	(1.4)	-2.0	(1.2)	0.6	(1.2)	-1.5	(1.0)
イギリス	17.4	(0.9)	9.7	(0.7)	0.7	(1.5)	-4.1	(1.0)	2.4	(1.6)	-1.7	(1.1)	2.5	(1.9)	-1.5	(1.2)	0.0	(1.2)	-1.2	(0.9)
アメリカ	18.6	(1.2)	9.1	(0.7)	-5.7	(2.1)	0.0	(1.2)	0.5	(1.8)	0.0	(1.4)	0.5	(2.0)	1.7	(1.3)	-1.7	(1.6)	0.6	(1.0)
OECD 平均（36 か国）	22.0	(0.2)	6.8	(0.1)	1.0	(1.1)	-1.6	(0.3)	3.2	(1.2)	-1.3	(0.4)	3.3	(1.5)	-1.2	(0.4)	-0.1	(0.3)	-0.7	(0.1)
北京・上海・江蘇・浙江	2.1	(0.3)	31.5	(1.3)	m	m	m	m	m	m	m	m	m	m	m	m	m	m	m	m
香港	11.6	(0.8)	7.8	(0.7)	2.8	(1.3)	-8.1	(1.3)	4.9	(1.3)	-8.4	(1.3)	6.0	(1.3)	-8.9	(1.4)	2.1	(1.1)	0.5	(1.0)
台湾	15.1	(0.8)	11.7	(0.9)	3.5	(1.4)	-3.0	(1.4)	4.1	(1.2)	2.8	(1.4)	5.3	(1.3)	3.3	(1.3)	2.7	(1.1)	-3.7	(1.4)
シンガポール	9.0	(0.4)	20.7	(0.6)	m	m	m	m	-2.5	(0.7)	0.8	(1.9)	-0.6	(0.8)	-2.0	(2.3)	-0.6	(0.6)	-3.4	(0.9)

（注）1．灰色の網掛けは非 OECD 加盟国・地域を示す。
　　　2．太字は統計的な有意差があることを示す。
　　　3．表中の m は欠損値（データなし）。
　　　4．経年変化を見るため，習熟度レベルは「レベル 1 以下」で統一している。
　　　5．OECD 平均（36 か国）は，OECD 加盟 37 か国から，オーストリアを除いたもの。
出所：OECD（2019a）の表より抜粋。

表4.2.4 男女別に見た習熟度レベル（レベル1以下・レベル5以上）別の経年変化（科学的リテラシー　2006年〜2018年）

国　名		2018年				2015年				2006年			
		レベル1以下		レベル5以上		レベル1以下		レベル5以上		レベル1以下		レベル5以上	
		割合の差	標準誤差	割合の差	標準誤差	割合の差	標準誤差	割合の差	標準誤差	割合の差	標準誤差	割合の差	標準誤差
日本	男子	11.9	(1.0)	14.4	(1.2)	8.9	(0.9)	18.1	(1.5)	12.8	(1.4)	17.0	(1.1)
	女子	9.8	(1.0)	11.7	(0.9)	10.3	(0.8)	12.5	(1.0)	11.3	(1.5)	13.1	(1.0)
オーストラリア	男子	19.6	(0.8)	10.5	(0.7)	18.7	(0.7)	12.8	(0.7)	13.9	(0.8)	15.6	(1.0)
	女子	18.1	(0.8)	8.4	(0.6)	16.6	(0.7)	9.5	(0.5)	11.8	(0.8)	13.6	(0.8)
カナダ	男子	14.8	(0.7)	11.9	(0.9)	12.0	(0.7)	13.4	(0.7)	10.6	(0.8)	15.7	(0.7)
	女子	12.1	(0.7)	10.8	(0.6)	10.1	(0.6)	11.4	(0.7)	9.4	(0.7)	13.2	(0.7)
エストニア	男子	9.5	(0.8)	11.9	(0.8)	9.9	(0.9)	15.0	(0.9)	8.6	(0.9)	11.8	(1.0)
	女子	8.0	(0.7)	12.5	(0.8)	7.6	(0.7)	12.0	(0.9)	6.7	(0.7)	11.2	(1.0)
フィンランド	男子	16.7	(1.1)	11.1	(0.8)	14.5	(0.9)	13.2	(0.8)	5.0	(0.6)	21.6	(1.1)
	女子	8.9	(0.7)	13.5	(0.9)	8.2	(0.7)	15.5	(0.9)	3.2	(0.6)	20.2	(1.0)
フランス	男子	21.6	(1.0)	7.5	(0.7)	23.3	(1.2)	9.4	(0.7)	22.0	(1.7)	9.6	(0.9)
	女子	19.4	(1.0)	5.6	(0.7)	20.8	(1.1)	6.6	(0.6)	20.4	(1.5)	6.5	(0.9)
ドイツ	男子	20.8	(1.0)	11.1	(0.8)	15.9	(1.2)	12.4	(0.9)	14.9	(1.5)	13.7	(1.1)
	女子	18.2	(1.3)	8.7	(0.8)	18.1	(1.0)	8.7	(0.6)	15.8	(1.5)	9.8	(0.8)
アイルランド	男子	18.1	(1.2)	6.8	(0.8)	15.7	(1.2)	9.0	(0.8)	16.5	(1.5)	10.3	(1.0)
	女子	16.0	(1.1)	4.9	(0.6)	14.9	(1.1)	5.0	(0.5)	14.5	(1.1)	8.5	(0.8)
イタリア	男子	25.8	(1.4)	3.2	(0.5)	21.5	(1.2)	5.3	(0.5)	25.5	(1.2)	5.4	(0.5)
	女子	25.9	(1.2)	2.2	(0.4)	24.9	(1.6)	2.8	(0.4)	25.0	(1.1)	3.8	(0.4)
韓国	男子	14.5	(1.1)	13.1	(1.0)	17.3	(1.4)	11.6	(1.2)	12.4	(1.5)	11.1	(1.4)
	女子	13.8	(1.2)	10.4	(1.0)	11.2	(1.0)	9.6	(0.8)	10.1	(1.3)	9.5	(1.1)
オランダ	男子	21.6	(1.5)	10.6	(0.9)	19.3	(1.3)	12.8	(0.8)	12.2	(1.1)	15.0	(1.1)
	女子	18.4	(1.2)	10.6	(0.9)	17.8	(1.0)	9.4	(0.7)	13.7	(1.4)	11.2	(0.8)
ニュージーランド	男子	19.3	(1.0)	13.0	(0.8)	18.4	(1.2)	14.8	(0.8)	15.3	(1.1)	18.4	(1.1)
	女子	16.8	(1.0)	9.6	(0.8)	16.5	(1.1)	10.9	(0.8)	12.2	(0.8)	16.9	(1.1)
イギリス	男子	17.5	(1.1)	10.4	(0.8)	17.5	(1.0)	11.5	(0.8)	16.7	(1.0)	16.0	(0.9)
	女子	17.4	(1.1)	9.0	(0.8)	17.3	(1.0)	10.2	(0.9)	16.7	(1.0)	11.5	(0.8)
アメリカ	男子	19.5	(1.3)	10.2	(1.1)	20.6	(1.2)	9.7	(0.9)	25.8	(2.0)	10.0	(1.0)
	女子	17.8	(1.4)	8.1	(0.9)	20.1	(1.3)	7.3	(0.8)	23.0	(1.5)	8.2	(0.9)
OECD平均（37か国）	男子	23.2	(0.2)	7.3	(0.1)	22.6	(0.2)	6.3	(0.1)	21.3	(0.2)	9.3	(0.1)
	女子	20.8	(0.2)	6.2	(0.1)	21.5	(0.2)	6.3	(0.1)	20.4	(0.2)	7.5	(0.1)
北京・上海・江蘇・浙江	男子	2.1	(0.4)	34.8	(1.4)	m	m	m	m	m	m	m	m
	女子	2.0	(0.4)	27.9	(1.6)	m	m	m	m	m	m	m	m
香港	男子	13.3	(1.0)	7.9	(1.0)	10.6	(1.0)	8.4	(0.9)	9.3	(1.1)	17.6	(1.3)
	女子	9.7	(0.9)	7.7	(0.8)	8.2	(0.9)	6.3	(0.8)	8.2	(0.9)	14.3	(1.2)
台湾	男子	16.0	(1.1)	12.7	(1.3)	12.8	(1.0)	16.6	(1.6)	11.7	(1.2)	15.8	(1.3)
	女子	14.3	(1.0)	10.6	(1.5)	12.1	(1.0)	14.1	(1.6)	11.6	(1.3)	13.4	(1.3)
シンガポール	男子	9.9	(0.6)	22.6	(0.8)	10.2	(0.6)	26.5	(0.9)	m	m	m	m
	女子	8.1	(0.6)	18.8	(0.8)	8.9	(0.6)	21.7	(0.9)	m	m	m	m

国　名		2018年				生徒の割合の変化（2018年-2006年）				生徒の割合の変化（2018年-2015年）			
		レベル1以下		レベル5以上		レベル1以下		レベル5以上		レベル1以下		レベル5以上	
		割合の差	標準誤差	割合の差	標準誤差	割合の差	標準誤差	割合の差	標準誤差	割合の差	標準誤差	割合の差	標準誤差
日本	男子	11.9	(1.0)	14.4	(1.2)	-0.8	(1.7)	-2.5	(1.7)	3.0	(1.4)	-3.6	(2.0)
	女子	9.8	(1.0)	11.7	(0.9)	-1.5	(1.9)	-1.4	(1.4)	-0.5	(1.3)	-0.8	(1.4)
オーストラリア	男子	19.6	(0.8)	10.5	(0.7)	**5.7**	(1.1)	**-5.1**	(1.2)	1.0	(1.1)	**-2.3**	(0.9)
	女子	18.1	(0.8)	8.4	(0.6)	**6.3**	(1.0)	**-5.1**	(1.1)	1.4	(1.0)	-1.1	(0.8)
カナダ	男子	14.8	(0.7)	11.9	(0.9)	**4.2**	(1.0)	**-3.8**	(1.1)	**2.7**	(1.0)	-1.5	(1.2)
	女子	12.1	(0.7)	10.8	(0.6)	**2.6**	(0.9)	**-2.4**	(1.0)	**1.9**	(0.9)	-0.6	(1.0)
エストニア	男子	9.5	(0.8)	11.9	(0.8)	0.9	(1.2)	0.1	(1.2)	-0.4	(1.2)	**-3.1**	(1.2)
	女子	8.0	(0.7)	12.5	(0.8)	1.3	(1.0)	1.3	(1.3)	0.4	(1.0)	0.5	(1.2)
フィンランド	男子	16.7	(1.1)	11.1	(0.8)	**11.7**	(1.2)	**-10.5**	(1.4)	2.2	(1.4)	**-2.2**	(1.1)
	女子	8.9	(0.7)	13.5	(0.9)	**5.7**	(0.9)	**-6.7**	(1.4)	0.7	(1.0)	-2.0	(1.3)
フランス	男子	21.6	(1.0)	7.5	(0.7)	-0.4	(2.0)	-2.2	(1.2)	-1.7	(1.6)	-1.9	(1.2)
	女子	19.4	(1.0)	5.6	(0.7)	-1.0	(1.9)	-0.9	(1.1)	-1.4	(1.5)	-1.0	(0.9)
ドイツ	男子	20.8	(1.0)	11.1	(0.8)	**5.8**	(1.8)	-2.6	(1.4)	**4.9**	(1.6)	-1.3	(1.2)
	女子	18.2	(1.3)	8.7	(0.8)	2.4	(2.0)	-1.1	(1.1)	0.1	(1.6)	0.0	(1.0)
アイルランド	男子	18.1	(1.2)	6.8	(0.8)	1.5	(1.9)	**-3.6**	(1.3)	2.4	(1.7)	**-2.3**	(1.1)
	女子	16.0	(1.1)	4.9	(0.6)	1.5	(1.6)	**-3.6**	(1.0)	1.1	(1.6)	-0.1	(0.8)
イタリア	男子	25.8	(1.4)	3.2	(0.5)	0.4	(1.9)	**-2.2**	(0.7)	**4.3**	(1.8)	**-2.1**	(0.7)
	女子	25.9	(1.2)	2.2	(0.4)	0.9	(1.6)	**-1.6**	(0.6)	1.0	(2.0)	-0.6	(0.6)
韓国	男子	14.5	(1.1)	13.1	(1.0)	2.1	(1.9)	2.0	(1.7)	-2.7	(1.8)	1.5	(1.6)
	女子	13.8	(1.2)	10.4	(1.0)	**3.7**	(1.7)	0.9	(1.5)	2.5	(1.5)	0.8	(1.3)
オランダ	男子	21.6	(1.5)	10.6	(0.9)	**9.4**	(1.8)	**-4.3**	(1.5)	2.3	(2.0)	-2.2	(1.2)
	女子	18.4	(1.2)	10.6	(0.9)	**4.7**	(1.8)	-0.6	(1.2)	0.6	(1.6)	1.2	(1.2)
ニュージーランド	男子	19.3	(1.0)	13.0	(0.8)	**4.0**	(1.5)	**-5.4**	(1.4)	0.9	(1.6)	-1.8	(1.2)
	女子	16.8	(1.0)	9.6	(0.8)	**4.6**	(1.3)	**-7.2**	(1.3)	0.3	(1.5)	-1.3	(1.1)
イギリス	男子	17.5	(1.1)	10.4	(0.8)	0.8	(1.5)	**-5.6**	(1.2)	0.0	(1.5)	-1.1	(1.2)
	女子	17.4	(1.1)	9.0	(0.8)	0.7	(1.5)	**-2.5**	(1.1)	0.1	(1.5)	-1.2	(1.2)
アメリカ	男子	19.5	(1.3)	10.2	(1.1)	**-6.3**	(2.4)	0.2	(1.4)	-1.1	(1.8)	0.4	(1.4)
	女子	17.8	(1.4)	8.1	(0.9)	**-5.2**	(2.0)	0.2	(1.2)	-2.3	(1.9)	0.7	(1.2)
OECD平均（37か国）	男子	23.2	(0.2)	7.3	(0.1)	**1.8**	(0.3)	**-1.9**	(0.2)	0.6	(0.3)	**-1.2**	(0.2)
	女子	20.8	(0.2)	6.2	(0.1)	0.4	(0.3)	**-1.4**	(0.2)	**-0.8**	(0.3)	-0.1	(0.2)
北京・上海・江蘇・浙江	男子	2.1	(0.4)	34.8	(1.4)	m	m	m	m	m	m	m	m
	女子	2.0	(0.4)	27.9	(1.6)	m	m	m	m	m	m	m	m
香港	男子	13.3	(1.0)	7.9	(1.0)	**4.0**	(1.5)	**-9.7**	(1.6)	2.7	(1.4)	-0.5	(1.3)
	女子	9.7	(0.9)	7.7	(0.8)	1.5	(1.2)	**-6.6**	(1.5)	1.5	(1.2)	1.5	(1.1)
台湾	男子	16.0	(1.1)	12.7	(1.3)	**4.3**	(1.6)	-3.1	(1.8)	**3.2**	(1.4)	-3.9	(2.1)
	女子	14.3	(1.0)	10.6	(1.5)	2.7	(1.6)	-2.8	(2.0)	2.2	(1.4)	-3.5	(2.2)
シンガポール	男子	9.9	(0.6)	22.6	(0.8)	m	m	m	m	-0.3	(0.8)	**-3.9**	(1.2)
	女子	8.1	(0.6)	18.8	(0.8)	m	m	m	m	-0.8	(0.8)	**-2.9**	(1.2)

（注）1．灰色の網掛けは非OECD加盟国・地域を示す。
　　　2．太字は統計的な有意差があることを示す。
　　　3．表中のmは欠損値（データなし）。
　　　4．経年変化を見るため，習熟度レベルは「レベル1以下」で統一している。
出所：OECD(2019a)の表より抜粋。

ント多く，女子が 1 ポイント少なくなっており，男子は統計的な有意差がある。

2006 年及び 2015 年との比較において，レベル 5 以上の生徒の割合について，男子，女子ともに多くなったのは韓国であるが，統計的に有意に高くなった国はない。一方，男子，女子ともに統計的に有意に低くなった国はない。

2006 年及び 2015 年との比較において，レベル 1 以下の生徒の割合について，男子，女子ともに少なくなったのは，フランス，アメリカだが，アメリカの 2006 年男女のみ統計的な有意差がある。一方，男子，女子ともに割合が多くなり，統計的な有意差があるのはカナダである。

4.3 | 科学的リテラシーの平均得点の国際比較

4.3.1 各国の科学的リテラシーの平均得点

表 4.3.1 は，生徒の科学的リテラシーの平均得点と，平均得点に統計的な有意差がない国を示したものである。日本の平均得点は 529 点である。日本と統計的な有意差がない国は，エストニアであり，OECD 平均を上回る国は，28 か国である。

表 4.3.2 は，生徒の科学的リテラシーの平均得点と 95％信頼区間，また統計的に考えられる平均得点の上位及び下位の順位を OECD 加盟国及び全ての参加国の中で示したものである。

科学的リテラシーの平均得点は，北京・上海・江蘇・浙江，シンガポール，マカオ，エストニア，日本，フィンランドの順で，日本の得点は 5 番目に高い。ただし，平均得点には標準誤差が含まれるため，統計的に考えられる日本の平均得点の順位は，参加国全体の中では 4 位から 6 位の間，OECD 加盟国の中では 1 位から 3 位の間である。OECD 平均より得点が統計的に有意に高い国は，非 OECD 加盟 5 か国を含む 25 か国である。一方，OECD 平均より得点が統計的に有意に低い国は，OECD 加盟 36 か国を含む 49 か国である。

4.3.2 各国の科学的リテラシーの平均得点の経年変化

表 4.3.3 は日本を含む 18 か国について，2006 年，2009 年，2012 年，2015 年，2018 年調査における各国の科学的リテラシーの平均得点と，2018 年とそれぞれの調査年の得点差（例えば 2018 年 − 2006 年）を示したものであり，太字は統計的な有意差があることを示している。日本においては，2018 年の得点は 2012 年調査の得点よりも 18 点，2015 年調査の得点よりも 9 点低く，どちらも統計的な有意差がある。また，2006 年調査の得点よりも 2 点，2009 年調査の得点よりも 10 点低いが，どちらも統計的な有意差はない。

得点差について 2006 年と比べて 2018 年の得点が高いのは，アメリカだけであり，統計的な有意差もある。2006 年と比べて 2018 年の得点が低く，その差が有意であるのはオーストラリア，カナダ，フィンランド，ドイツ，アイルランド，オランダ，ニュージーランド，イギリス，香港，台湾である。また，2009 年と比べて 2018 年の得点が高く，その差が有意であるのはシンガポールだけで，2012 年と比べて 2018 年の得点が高いのは，アメリカだけであるが，統計的な有意差はない。また，2015 年と比べて 2018 年の得点が高いのは，韓国，アメリカであるが，どちらも統計的な有

科学的リテラシー　第4章

表 4.3.1　科学的リテラシーの平均得点の国際比較

平均得点	国名	平均得点に統計的な有意差がない国
590	北京・上海・江蘇・浙江	
551	シンガポール	
544	マカオ	
530	エストニア	日本
529	日本	エストニア
522	フィンランド	韓国，カナダ，香港，台湾
519	韓国	フィンランド，カナダ，香港，台湾
518	カナダ	フィンランド，韓国，香港，台湾
517	香港	フィンランド，韓国，カナダ，台湾，ポーランド
516	台湾	フィンランド，韓国，カナダ，香港，ポーランド
511	ポーランド	香港，台湾，ニュージーランド，スロベニア，イギリス
508	ニュージーランド	ポーランド，スロベニア，イギリス，オランダ，ドイツ，アメリカ
507	スロベニア	ポーランド，ニュージーランド，イギリス，オランダ，ドイツ，オーストラリア，アメリカ
505	イギリス	ポーランド，ニュージーランド，スロベニア，オランダ，ドイツ，オーストラリア，アメリカ，スウェーデン，ベルギー
503	オランダ	ニュージーランド，スロベニア，イギリス，ドイツ，オーストラリア，アメリカ，スウェーデン，ベルギー，チェコ
503	ドイツ	ニュージーランド，スロベニア，イギリス，オランダ，オーストラリア，アメリカ，スウェーデン，ベルギー，チェコ，アイルランド，スイス
503	オーストラリア	スロベニア，イギリス，オランダ，ドイツ，アメリカ，スウェーデン，ベルギー
502	アメリカ	ニュージーランド，スロベニア，イギリス，オランダ，ドイツ，オーストラリア，スウェーデン，ベルギー，チェコ，アイルランド，スイス
499	スウェーデン	イギリス，オランダ，ドイツ，オーストラリア，アメリカ，ベルギー，チェコ，アイルランド，スイス，フランス，デンマーク，ポルトガル
499	ベルギー	イギリス，オランダ，ドイツ，オーストラリア，アメリカ，スウェーデン，チェコ，アイルランド，スイス，フランス
497	チェコ	オランダ，ドイツ，アメリカ，スウェーデン，ベルギー，アイルランド，スイス，フランス，デンマーク，ポルトガル，ノルウェー，オーストリア
496	アイルランド	ドイツ，アメリカ，スウェーデン，ベルギー，チェコ，スイス，フランス，デンマーク，ポルトガル，ノルウェー，オーストリア
495	スイス	ドイツ，アメリカ，スウェーデン，ベルギー，チェコ，アイルランド，フランス，デンマーク，ポルトガル，ノルウェー，オーストリア
493	フランス	スウェーデン，ベルギー，チェコ，アイルランド，スイス，デンマーク，ポルトガル，ノルウェー，オーストリア
493	デンマーク	スウェーデン，チェコ，アイルランド，スイス，フランス，ポルトガル，ノルウェー，オーストリア
492	ポルトガル	スウェーデン，チェコ，アイルランド，スイス，フランス，デンマーク，ノルウェー，オーストリア，ラトビア
490	ノルウェー	チェコ，アイルランド，スイス，フランス，デンマーク，ポルトガル，オーストリア，ラトビア
490	オーストリア	チェコ，アイルランド，スイス，フランス，デンマーク，ポルトガル，ノルウェー，ラトビア
489	OECD 平均	
487	ラトビア	ポルトガル，ノルウェー，オーストリア，スペイン
483	スペイン	ラトビア，リトアニア，ロシア
482	リトアニア	スペイン，ハンガリー，ロシア
481	ハンガリー	スペイン，リトアニア，ロシア，ルクセンブルク
478	ロシア	スペイン，リトアニア，ハンガリー，ルクセンブルク，アイスランド，クロアチア，ベラルーシ
477	ルクセンブルク	ハンガリー，ロシア，アイスランド，クロアチア
475	アイスランド	ロシア，ルクセンブルク，クロアチア，ベラルーシ，ウクライナ※
472	クロアチア	ロシア，ルクセンブルク，アイスランド，ベラルーシ，ウクライナ※，トルコ，イタリア
471	ベラルーシ	ロシア，アイスランド，クロアチア，ウクライナ※，トルコ，イタリア
469	ウクライナ※	アイスランド，クロアチア，ベラルーシ，トルコ，イタリア，スロバキア，イスラエル
468	トルコ	クロアチア，ベラルーシ，ウクライナ※，イタリア，スロバキア，イスラエル
468	イタリア	クロアチア，ベラルーシ，ウクライナ※，トルコ，スロバキア，イスラエル
464	スロバキア	ウクライナ※，トルコ，イタリア，イスラエル
462	イスラエル	ウクライナ※，トルコ，イタリア，スロバキア，マルタ
457	マルタ	イスラエル，ギリシャ
452	ギリシャ	マルタ
444	チリ	セルビア，キプロス，マレーシア
440	セルビア	チリ，キプロス，マレーシア，アラブ首長国連邦
439	キプロス	チリ，セルビア，マレーシア
438	マレーシア	チリ，セルビア，キプロス，アラブ首長国連邦
434	アラブ首長国連邦	セルビア，マレーシア，ブルネイ，ヨルダン※，モルドバ※，ルーマニア※
431	ブルネイ	アラブ首長国連邦，ヨルダン※，モルドバ※，タイ，ウルグアイ，ルーマニア※，ブルガリア
429	ヨルダン※	アラブ首長国連邦，ブルネイ，モルドバ※，タイ，ウルグアイ，ルーマニア※，ブルガリア
428	モルドバ※	アラブ首長国連邦，ブルネイ，ヨルダン※，タイ，ウルグアイ，ルーマニア※，ブルガリア
426	タイ	ブルネイ，ヨルダン※，モルドバ※，ウルグアイ，ルーマニア※，ブルガリア，メキシコ
426	ウルグアイ	ブルネイ，ヨルダン※，モルドバ※，タイ，ルーマニア※，ブルガリア，メキシコ
426	ルーマニア※	アラブ首長国連邦，ブルネイ，ヨルダン※，モルドバ※，タイ，ウルグアイ，ブルガリア，メキシコ，カタール，アルバニア，コスタリカ
424	ブルガリア	ブルネイ，ヨルダン※，モルドバ※，タイ，ウルグアイ，ルーマニア※，メキシコ，カタール，アルバニア，コスタリカ
419	メキシコ	タイ，ウルグアイ，ルーマニア※，ブルガリア，カタール，アルバニア，コスタリカ，モンテネグロ，コロンビア
419	カタール	ルーマニア※，ブルガリア，メキシコ，アルバニア，コスタリカ，モンテネグロ，コロンビア
417	アルバニア	ルーマニア※，ブルガリア，メキシコ，カタール，コスタリカ，モンテネグロ，コロンビア，北マケドニア※
416	コスタリカ	ルーマニア※，ブルガリア，メキシコ，カタール，アルバニア，モンテネグロ，コロンビア，北マケドニア※
415	モンテネグロ	メキシコ，アルバニア，コスタリカ，コロンビア，北マケドニア※
413	コロンビア	メキシコ，カタール，アルバニア，コスタリカ，モンテネグロ，北マケドニア※
413	北マケドニア※	アルバニア，コスタリカ，モンテネグロ，コロンビア
404	ペルー	アルゼンチン※，ブラジル，ボスニア・ヘルツェゴビナ，バクー（アゼルバイジャン）
404	アルゼンチン※	ペルー，ブラジル，ボスニア・ヘルツェゴビナ，バクー（アゼルバイジャン）
404	ブラジル	ペルー，アルゼンチン※，ボスニア・ヘルツェゴビナ，バクー（アゼルバイジャン）
398	ボスニア・ヘルツェゴビナ	ペルー，アルゼンチン※，ブラジル，バクー（アゼルバイジャン），カザフスタン，インドネシア
398	バクー（アゼルバイジャン）	ペルー，アルゼンチン※，ブラジル，ボスニア・ヘルツェゴビナ，カザフスタン，インドネシア
397	カザフスタン	ボスニア・ヘルツェゴビナ，バクー（アゼルバイジャン），インドネシア
396	インドネシア	ボスニア・ヘルツェゴビナ，バクー（アゼルバイジャン），カザフスタン
386	サウジアラビア※	レバノン※，ジョージア
384	レバノン※	サウジアラビア※，ジョージア，モロッコ
383	ジョージア	サウジアラビア※，レバノン※，モロッコ
377	モロッコ	レバノン※，ジョージア
365	コソボ	パナマ
365	パナマ	コソボ，フィリピン
357	フィリピン	パナマ
336	ドミニカ共和国	

平均得点	OECD 平均よりも統計的に有意に高い国・地域
平均得点	OECD 平均と統計的な有意差がない国・地域
平均得点	OECD 平均よりも統計的に有意に低い国・地域

国名	OECD 加盟国
国名	非 OECD 加盟国

（注）　※は，2018 年調査において，コンピュータ使用型調査での実施ではなく，筆記型調査で実施した国を示す。
出所：OECD(2019a) の表から作成。

第4章　科学的リテラシー

表4.3.2　科学的リテラシーの平均得点と順位の範囲

国 名	平均得点	95%信頼区間	順位の範囲			
			OECD加盟国		すべての参加国	
			上 位	下 位	上 位	下 位
北京・上海・江蘇・浙江	590	585 - 596			1	1
シンガポール	551	548 - 554			2	2
マカオ	544	541 - 546			3	4
エストニア	530	526 - 534	1	2	4	5
日本	529	524 - 534	1	3	4	6
フィンランド	522	517 - 527	2	5	5	9
韓国	519	514 - 525	3	5	6	10
カナダ	518	514 - 522	3	5	6	10
香港	517	512 - 522			11	11
台湾	516	510 - 521			11	13
ポーランド	511	506 - 516	5	9	9	14
ニュージーランド	508	504 - 513	6	10	10	15
スロベニア	507	505 - 509	6	11	11	16
イギリス	505	500 - 510	6	14	11	19
オランダ	503	498 - 509	7	16	12	21
ドイツ	503	497 - 509	7	16	12	21
オーストラリア	503	499 - 506	8	15	13	20
アメリカ	502	496 - 509	7	18	12	23
スウェーデン	499	493 - 505	9	19	14	24
ベルギー	499	494 - 503	11	19	16	24
チェコ	497	492 - 502	12	21	17	26
アイルランド	496	492 - 500	13	21	18	26
スイス	495	489 - 501	13	23	18	28
フランス	493	489 - 497	16	23	21	28
デンマーク	493	489 - 496	16	23	21	28
ポルトガル	492	486 - 497	16	24	21	29
ノルウェー	490	486 - 495	18	24	23	29
オーストリア	490	484 - 495	18	25	23	30
OECD平均	489	-	-	-	-	-
ラトビア	487	484 - 491	21	25	26	30
スペイン	483	480 - 486	24	27	29	32
リトアニア	482	479 - 485	25	27	30	33
ハンガリー	481	476 - 485	24	28	29	34
ロシア	478	472 - 483			37	36
ルクセンブルク	477	474 - 479	27	29	32	36
アイスランド	475	472 - 479	28	30	33	37
クロアチア	472	467 - 478			40	37
ベラルーシ	471	466 - 476			40	39
ウクライナ※	469	463 - 475			42	40
トルコ	468	464 - 472	30	32	36	41
イタリア	468	463 - 473	30	33	36	42
スロバキア	464	460 - 469	30	33	39	42
イスラエル	462	455 - 469	30	33	38	43
マルタ	457	453 - 460			44	46
ギリシャ	452	445 - 458	34	35	43	45
チリ	444	439 - 448	35	35	44	47
セルビア	440	434 - 446			49	47
キプロス	439	436 - 442			48	50
マレーシア	438	432 - 443			50	51
アラブ首長国連邦	434	430 - 438			52	53
ブルネイ	431	429 - 433			53	51
ヨルダン※	429	424 - 435			56	53
モルドバ※	428	424 - 433			55	56
タイ	426	420 - 432			58	53
ウルグアイ	426	421 - 431			57	57
ルーマニア※	426	417 - 435			60	59
ブルガリア	424	417 - 431			59	60
メキシコ	419	414 - 424	36	37	55	62
カタール	419	417 - 421			60	60
アルバニア	417	413 - 421			63	60
コスタリカ	416	409 - 422			63	61
モンテネグロ	415	413 - 418			63	63
コロンビア	413	407 - 419	36	37	58	64
北マケドニア※	413	410 - 416			63	66
ペルー	404	399 - 409			67	67
アルゼンチン※	404	398 - 410			68	68
ブラジル	404	400 - 408			67	68
ボスニア・ヘルツェゴビナ	398	393 - 404			70	69
バクー（アゼルバイジャン）	398	393 - 402			70	69
カザフスタン	397	394 - 400			70	70
インドネシア	396	391 - 401			70	70
サウジアラビア※	386	381 - 392			73	73
レバノン※	384	377 - 391			74	73
ジョージア	383	378 - 387			74	74
モロッコ	377	371 - 382			74	75
コソボ	365	363 - 367			76	75
パナマ	365	359 - 370			77	77
フィリピン	357	351 - 363			77	77
ドミニカ共和国	336	331 - 341			78	78

国名	OECD加盟国	平均得点	OECD平均よりも統計的に有意に高い国・地域
国名	非OECD加盟国	平均得点	OECD平均と統計的な有意差がない国・地域
		平均得点	OECD平均よりも統計的に有意に低い国・地域

（注）※は，2018年調査において，コンピュータ使用型調査での実施ではなく，筆記型調査で実施した国を示す。
出所：OECD(2019a)の表から作成。

科学的リテラシー　第4章

表4.3.3　科学的リテラシーの平均得点の経年変化（2006年～2018年）

国　名	平均得点の変化 （2018年 - 2006年）		平均得点の変化 （2018年 - 2009年）		平均得点の変化 （2018年 - 2012年）		平均得点の変化 （2018年 - 2015年）		2018年	
	得点差	標準誤差	得点差	標準誤差	得点差	標準誤差	得点差	標準誤差	平均得点	標準誤差
日本	-2	(5.5)	-10	(5.6)	**-18**	(6.0)	**-9**	(4.2)	529	(2.6)
オーストラリア	**-24**	(4.5)	**-24**	(4.7)	**-19**	(4.7)	**-7**	(2.8)	503	(1.8)
カナダ	**-16**	(4.6)	**-11**	(4.5)	-7	(4.9)	**-10**	(3.4)	518	(2.2)
エストニア	-1	(4.7)	2	(4.9)	**-11**	(4.8)	-4	(3.2)	530	(1.9)
フィンランド	**-41**	(4.7)	**-32**	(5.0)	**-24**	(5.2)	**-9**	(3.8)	522	(2.5)
フランス	-2	(5.3)	-5	(5.6)	-6	(5.3)	-2	(3.4)	493	(2.2)
ドイツ	**-13**	(5.9)	**-17**	(5.4)	**-21**	(5.8)	-6	(4.2)	503	(2.9)
アイルランド	**-12**	(5.2)	**-12**	(5.3)	**-26**	(5.2)	-6	(3.6)	496	(2.2)
イタリア	-7	(4.7)	**-21**	(4.7)	**-26**	(5.1)	**-13**	(3.8)	468	(2.4)
韓国	-3	(5.6)	**-19**	(5.7)	**-19**	(6.1)	3	(4.5)	519	(2.8)
オランダ	**-21**	(5.3)	**-19**	(7.1)	**-19**	(6.0)	-5	(3.9)	503	(2.8)
ニュージーランド	**-22**	(4.9)	**-24**	(4.9)	-7	(5.0)	-5	(3.5)	508	(2.1)
イギリス	**-10**	(4.9)	-9	(5.1)	-9	(5.8)	-5	(3.9)	505	(2.6)
アメリカ	13	(6.4)	0	(6.1)	5	(6.4)	6	(4.8)	502	(3.3)
OECD平均（36か国）	-6	(3.5)	**-9**	(3.6)	**-9**	(4.1)	-2	(1.6)	489	(0.4)
北京・上海・江蘇・浙江	m	m	m	m	m	m	m	m	590	(2.7)
香港	**-26**	(5.0)	**-32**	(5.2)	**-38**	(5.4)	-7	(3.9)	517	(2.5)
台湾	**-17**	(5.7)	-5	(5.3)	-8	(5.5)	**-17**	(4.2)	516	(2.9)
シンガポール	m	m	9	(4.1)	-1	(4.5)	-5	(2.4)	551	(1.5)

国　名	2006年		2009年		2012年		2015年		2018年	
	平均得点	標準誤差	平均得点	標準誤差	平均得点	標準誤差	平均得点	標準誤差	平均得点	標準誤差
日本	531	(3.4)	539	(3.4)	547	(3.6)	538	(3.0)	529	(2.6)
オーストラリア	527	(2.3)	527	(2.5)	521	(1.8)	510	(1.5)	503	(1.8)
カナダ	534	(2.0)	529	(1.6)	525	(1.9)	528	(2.1)	518	(2.2)
エストニア	531	(2.5)	528	(2.7)	541	(1.9)	534	(2.1)	530	(1.9)
フィンランド	563	(2.0)	554	(2.3)	545	(2.2)	531	(2.4)	522	(2.5)
フランス	495	(3.4)	498	(3.6)	499	(2.6)	495	(2.1)	493	(2.2)
ドイツ	516	(3.8)	520	(2.8)	524	(3.0)	509	(2.7)	503	(2.9)
アイルランド	508	(3.2)	508	(3.3)	522	(2.5)	503	(2.4)	496	(2.2)
イタリア	475	(2.0)	489	(1.8)	494	(1.9)	481	(2.5)	468	(2.4)
韓国	522	(3.4)	538	(3.4)	538	(3.7)	516	(3.1)	519	(2.8)
オランダ	525	(2.7)	522	(5.4)	522	(3.5)	509	(2.3)	503	(2.8)
ニュージーランド	530	(2.7)	532	(2.6)	516	(2.1)	513	(2.4)	508	(2.1)
イギリス	515	(2.3)	514	(2.5)	514	(3.4)	509	(2.6)	505	(2.6)
アメリカ	489	(4.2)	502	(3.6)	497	(3.8)	496	(3.2)	502	(3.3)
OECD平均（36か国）	494	(0.5)	498	(0.5)	498	(0.5)	491	(0.4)	489	(0.4)
北京・上海・江蘇・浙江	m	m	m	m	m	m	m	m	590	(2.7)
香港	542	(2.5)	549	(2.8)	555	(2.6)	523	(2.5)	517	(2.5)
台湾	532	(3.6)	520	(2.6)	523	(2.3)	532	(2.7)	516	(2.9)
シンガポール	m	m	542	(1.4)	551	(1.5)	556	(1.2)	551	(1.5)

（注）1. 灰色の網掛けは非OECD加盟国・地域を示す。
　　　2. 太字は統計的な有意差があることを示す。
　　　3. 表中のmは欠損値（データなし）。
　　　4. OECD平均（36か国）は，OECD加盟37か国から，オーストリアを除いたもの。
出所：OECD(2019a) の表より抜粋。

第 4 章　科学的リテラシー

意差はない。次に，2009 年と比べて 2018 年の得点が低く差が有意なのはオーストラリア，カナダ，フィンランド，ドイツ，アイルランド，イタリア，韓国，オランダ，ニュージーランド，香港で，2012 年と比べて 2018 年の得点が低く，その差が有意であるのは日本，オーストラリア，エストニア，フィンランド，ドイツ，アイルランド，イタリア，韓国，オランダ，香港である。2015年と比べて 2018 年の得点が低く，その差が有意であるのは日本，オーストラリア，カナダ，フィンランド，イタリア，台湾である。

4.3.3　各国内での科学的リテラシーの得点の分布

　表 4.3.4 は日本を含む 18 か国について，それぞれの国内での科学的リテラシーの得点の分布を示したものである。各国内の上位 5%，上位 10%，上位 25%，中央値，下位 25%，下位 10%，下位 5% に位置する生徒の得点を表している。

　上位 5% に位置する生徒の得点が最も高いのは北京・上海・江蘇・浙江であり，721 点である。日本の得点は 673 点で，北京・上海・江蘇・浙江，シンガポール，エストニアに次いで 4 番目に高く，フィンランド，韓国，カナダがこれに続く。OECD 平均は 639 点である。

　上位 10%，上位 25%，中央値，下位 25%，下位 10%，下位 5% に位置する日本の生徒の得点は，それぞれ 646 点，595 点，534 点，466 点，405 点，371 点である。OECD 平均はそれぞれ 609点，555 点，491 点，423 点，365 点，333 点である。つまり，日本で上位 10% に位置する生徒は，OECD 平均では上位 5% に位置する。

　日本で上位 5% 及び上位 10% に位置する生徒は，第 4 章 4.2.1 で記述した習熟度レベル 5 に，上

表 4.3.4　科学的リテラシーの得点の国別分布

国　名	下位 5% 値 得点	標準誤差	下位 10% 値 得点	標準誤差	下位 25% 値 得点	標準誤差	中央値 得点	標準誤差	上位 25% 値 得点	標準誤差	上位 10% 値 得点	標準誤差	上位 5% 値 得点	標準誤差
日本	371	(4.5)	405	(4.4)	466	(3.7)	534	(2.9)	595	(3.0)	646	(3.5)	673	(3.9)
オーストラリア	334	(2.7)	369	(2.6)	432	(2.2)	506	(2.3)	575	(2.2)	631	(2.7)	664	(3.8)
カナダ	357	(2.6)	393	(2.3)	453	(2.5)	520	(2.6)	586	(2.6)	640	(2.5)	671	(3.6)
エストニア	384	(3.9)	417	(3.5)	469	(2.9)	531	(2.4)	591	(2.4)	644	(2.7)	674	(3.0)
フィンランド	356	(4.4)	393	(4.1)	458	(3.2)	526	(2.9)	590	(2.8)	643	(2.9)	673	(3.8)
フランス	330	(4.2)	364	(3.5)	425	(3.1)	497	(3.1)	563	(2.9)	615	(3.2)	644	(3.8)
ドイツ	328	(5.2)	363	(4.0)	430	(3.9)	508	(3.9)	577	(3.5)	633	(3.3)	665	(3.3)
アイルランド	348	(4.1)	380	(3.5)	435	(2.6)	498	(2.6)	558	(2.6)	610	(3.2)	639	(4.2)
イタリア	316	(4.7)	348	(3.9)	407	(3.1)	470	(3.0)	532	(3.0)	583	(3.7)	612	(4.7)
韓国	352	(4.9)	388	(4.1)	453	(3.7)	524	(3.3)	589	(3.1)	642	(3.8)	672	(4.4)
オランダ	329	(5.5)	364	(5.2)	428	(4.5)	508	(3.7)	581	(3.1)	636	(3.5)	666	(3.8)
ニュージーランド	336	(4.5)	371	(3.7)	437	(2.8)	512	(2.7)	582	(2.7)	640	(2.9)	670	(3.3)
イギリス	340	(4.7)	374	(3.8)	437	(3.2)	507	(2.7)	575	(3.2)	632	(3.2)	664	(3.7)
アメリカ	336	(6.1)	371	(4.9)	433	(4.4)	505	(3.9)	574	(3.8)	629	(3.9)	660	(3.8)
OECD 平均	333	(0.7)	365	(0.6)	423	(0.5)	491	(0.5)	555	(0.5)	609	(0.5)	639	(0.6)
北京・上海・江蘇・浙江	448	(5.0)	482	(4.0)	536	(3.4)	594	(2.8)	649	(3.1)	695	(3.7)	721	(3.9)
香港	364	(4.6)	401	(4.3)	461	(3.2)	522	(2.7)	577	(2.5)	623	(3.3)	650	(4.0)
台湾	346	(4.3)	382	(3.9)	449	(3.7)	521	(3.2)	587	(3.7)	641	(4.0)	670	(4.1)
シンガポール	376	(3.5)	416	(3.2)	487	(2.7)	560	(2.1)	621	(1.6)	670	(1.8)	698	(2.7)

（注）　灰色の網掛けは非 OECD 加盟国・地域を示す。
出所：OECD(2019a) の表より抜粋。

位25%に位置する生徒はレベル4に，中央値に位置する生徒はレベル3に，下位25%に位置する生徒はレベル2に，下位10%及び下位5%に位置する生徒はレベル1aに属している。

4.3.4 科学的リテラシーの平均得点の男女差

表4.3.5は，科学的リテラシーの平均得点を男女別に表し，合わせて男女の得点の差を示している。国は上から男女差（男子－女子）の値が大きい（男子の得点の方が女子の得点より高い）順に示している。

コンピュータ使用型調査参加国のうち，男女差が最も大きいカタールは女子が男子より39点高く，逆にペルーは男子が女子より13点高い。コンピュータ使用型調査参加国の中で，男女差に統計的な有意差があるのは35か国で，そのうち男子が女子より高い国は5か国で，女子が男子より高い国は30か国である。日本は男子531点に対し女子が528点で，男子が女子より3点高く，統計的な有意差はない。OECD平均は男子が488点に対し女子が490点で，女子が男子より2点高い。

また，表4.3.6は日本を含む18か国について，2018年と科学的リテラシーが中心分野であった2006年，2015年調査における科学的リテラシーの平均得点の男女差を比較したものである。

18か国中で見ると，2018年の男子の得点が2006年に比べて統計的に有意に高い国はなく，統計的に有意に低いのは，オーストラリア，カナダ，フィンランド，ドイツ，アイルランド，オランダ，ニュージーランド，イギリス，香港，台湾である。また，2018年の女子の得点が2006年に比べて統計的に有意に高い国はアメリカで，統計的に有意に低いのは，オーストラリア，カナダ，フィンランド，アイルランド，オランダ，ニュージーランド，香港である。男女差の差が2006年と2018年の比較で統計的に有意に変化したのは，カナダ，フィンランド，オランダ，香港である。また，2018年の男子の得点が2015年に比べて統計的に有意に高い国はなく，統計的に有意に低いのは，日本，オーストラリア，カナダ，エストニア，フィンランド，ドイツ，アイルランド，イタリア，オランダ，香港，台湾である。また，2018年の女子の得点が2015年に比べて統計的に有意に高い国はなく，統計的に有意に低いのは，オーストラリア，カナダ，台湾である。男女差の差が2015年と2018年の比較で統計的に有意に変化したのは，エストニア，ドイツ，アイルランド，イタリア，オランダである。

第4章　科学的リテラシー

表 4.3.5　科学的リテラシーの平均得点の男女差

国　名	男　子		女　子		男女差（男子 - 女子）	
	平均得点	標準誤差	平均得点	標準誤差	得点差	標準誤差
ペルー	411	(3.2)	397	(2.7)	**13**	(2.7)
コロンビア	420	(3.8)	407	(2.9)	**12**	(2.9)
北京・上海・江蘇・浙江	596	(2.9)	584	(2.9)	**12**	(2.2)
アルゼンチン※	409	(3.3)	399	(3.3)	**10**	(3.2)
コスタリカ	420	(3.0)	411	(4.3)	**9**	(3.4)
メキシコ	424	(2.8)	415	(2.9)	**9**	(2.4)
ハンガリー	484	(3.1)	478	(3.1)	6	(4.0)
ポルトガル	494	(3.0)	489	(3.3)	5	(3.1)
ベルギー	501	(2.6)	496	(2.7)	5	(3.0)
韓国	521	(3.9)	517	(3.6)	4	(5.0)
シンガポール	553	(2.0)	549	(1.9)	4	(2.5)
チリ	445	(3.2)	442	(2.6)	3	(3.3)
ウルグアイ	428	(3.2)	424	(2.7)	3	(3.2)
イタリア	470	(3.0)	466	(2.6)	3	(2.9)
ベラルーシ	473	(3.0)	470	(2.8)	3	(3.0)
日本	531	(3.5)	528	(3.0)	3	(4.0)
イギリス	506	(3.1)	503	(3.2)	2	(3.6)
スペイン	484	(1.9)	482	(1.8)	2	(2.1)
オーストリア	491	(3.8)	489	(3.6)	2	(5.0)
ウクライナ※	470	(3.9)	468	(3.6)	2	(3.7)
ニュージーランド	509	(2.9)	508	(2.8)	2	(3.9)
オーストラリア	504	(2.4)	502	(2.0)	2	(2.6)
台湾	516	(4.1)	515	(4.1)	1	(5.9)
アメリカ	503	(3.9)	502	(3.5)	1	(3.3)
パナマ	365	(3.2)	364	(3.2)	0	(2.8)
ポーランド	511	(2.8)	511	(3.1)	0	(2.7)
スイス	495	(3.3)	495	(3.3)	0	(2.8)
ルーマニア※	425	(4.6)	426	(5.2)	-1	(3.5)
ロシア	477	(3.0)	478	(3.2)	-1	(2.3)
ボスニア・ヘルツェゴビナ	398	(3.1)	399	(3.2)	-1	(3.0)
フランス	493	(2.7)	493	(2.8)	-1	(3.1)
ドイツ	502	(3.2)	504	(3.3)	-1	(3.0)
アイルランド	495	(3.0)	497	(2.6)	-1	(3.4)
ブラジル	403	(2.5)	404	(2.1)	-2	(2.1)
チェコ	496	(3.2)	498	(3.1)	-2	(3.7)
マカオ	543	(2.1)	545	(2.0)	-2	(2.9)
デンマーク	492	(2.5)	494	(2.2)	-2	(2.8)
OECD 平均	488	(0.5)	490	(0.5)	**-2**	(0.5)
カナダ	516	(2.7)	520	(2.5)	-3	(2.9)
フィリピン	355	(3.4)	359	(3.7)	-3	(3.1)
クロアチア	470	(3.5)	474	(3.4)	-4	(4.0)
モンテネグロ	413	(1.9)	418	(1.6)	-5	(2.3)
ルクセンブルク	475	(1.7)	479	(1.7)	**-5**	(2.3)
レバノン※	381	(4.2)	386	(3.6)	**-5**	(3.2)
エストニア	528	(2.3)	533	(2.3)	**-5**	(2.5)
セルビア	437	(3.8)	442	(3.4)	**-5**	(3.8)
バクー（アゼルバイジャン）	395	(2.7)	400	(2.6)	**-5**	(2.4)
コソボ	362	(1.8)	368	(1.4)	**-6**	(2.2)
スロバキア	461	(2.8)	467	(3.0)	-6	(3.7)
リトアニア	479	(2.3)	485	(2.1)	-6	(3.0)
マレーシア	434	(3.0)	441	(3.2)	**-6**	(3.2)
インドネシア	393	(2.9)	399	(2.5)	**-7**	(2.6)
ブルネイ	427	(1.6)	435	(1.6)	**-7**	(2.1)
カザフスタン	394	(2.0)	401	(2.1)	**-7**	(2.5)
トルコ	465	(2.9)	472	(2.5)	-7	(3.6)
スウェーデン	496	(3.2)	503	(3.7)	**-8**	(3.1)
オランダ	499	(3.6)	508	(3.1)	**-8**	(3.6)
ラトビア	483	(2.2)	491	(2.4)	**-8**	(3.0)
アイスランド	471	(2.3)	479	(2.8)	**-8**	(3.6)
香港	512	(3.4)	521	(2.8)	**-9**	(3.6)
モロッコ	372	(3.1)	381	(3.3)	**-9**	(2.6)
ドミニカ共和国	331	(2.8)	340	(2.7)	**-10**	(2.4)
スロベニア	502	(1.6)	512	(2.0)	**-10**	(2.6)
ノルウェー	485	(2.6)	496	(2.8)	**-11**	(2.9)
モルドバ※	423	(2.6)	434	(2.8)	**-11**	(2.9)
ギリシャ	446	(3.8)	457	(3.2)	**-11**	(3.3)
ジョージア	376	(2.9)	390	(2.6)	**-14**	(3.0)
ブルガリア	417	(4.5)	432	(3.8)	**-15**	(4.3)
アルバニア	409	(2.5)	425	(2.0)	**-16**	(2.4)
北マケドニア※	404	(2.2)	423	(2.0)	**-19**	(3.1)
イスラエル	452	(5.3)	471	(3.5)	**-19**	(5.3)
タイ	415	(4.3)	435	(3.6)	**-20**	(4.8)
マルタ	447	(2.4)	468	(2.5)	**-21**	(3.2)
キプロス	429	(2.1)	450	(1.9)	**-21**	(2.9)
フィンランド	510	(2.9)	534	(2.9)	**-24**	(3.0)
アラブ首長国連邦	420	(2.1)	447	(2.8)	**-26**	(3.3)
サウジアラビア※	372	(3.9)	401	(3.4)	**-29**	(4.7)
ヨルダン※	414	(4.9)	444	(3.0)	**-29**	(5.6)
カタール	400	(1.4)	439	(1.5)	**-39**	(2.2)

（注）　1. 表の平均得点及び差は整数値に丸めた値であり，表中のそれぞれの得点差とは必ずしも一致しない。
　　　　2. 灰色の網掛けは非 OECD 加盟国・地域を示す。
　　　　3. 太字は統計的な有意差があることを示す。
　　　　4. 男女の得点差の値（男子－女子）が大きい順に上から国を並べている。
　　　　5. ※は，2018 年調査において，コンピュータ使用型調査での実施ではなく，筆記型調査で実施した国を示す。
出所：OECD(2019b) の表から作成。

科学的リテラシー　第4章

表 4.3.6　科学的リテラシーの平均得点の男女差の経年変化（2006年～2018年）

国　名	2006年						2015年						2018年					
	男　子		女　子		男女差 (男子-女子)		男　子		女　子		男女差 (男子-女子)		男　子		女　子		男女差 (男子-女子)	
	平均 得点	標準 誤差	平均 得点	標準 誤差	得点 差	標準 誤差	平均 得点	標準 誤差	平均 得点	標準 誤差	得点 差	標準 誤差	平均 得点	標準 誤差	平均 得点	標準 誤差	得点 差	標準 誤差
日本	533	(4.9)	530	(5.1)	3	(7.4)	545	(4.1)	532	(2.9)	**14**	(3.9)	531	(3.5)	528	(3.0)	3	(4.0)
オーストラリア	527	(3.2)	527	(2.7)	0	(3.8)	511	(2.1)	509	(1.7)	2	(2.3)	504	(2.4)	502	(2.0)	2	(2.6)
カナダ	536	(2.5)	532	(2.1)	4	(2.2)	528	(2.5)	527	(2.3)	1	(2.4)	516	(2.7)	520	(2.5)	-3	(2.9)
エストニア	530	(3.1)	533	(2.9)	-4	(3.1)	536	(2.7)	533	(2.3)	3	(2.8)	528	(2.3)	533	(2.3)	**-5**	(2.5)
フィンランド	562	(2.6)	565	(2.4)	-3	(2.9)	521	(2.7)	541	(2.6)	**-19**	(2.4)	510	(2.9)	534	(2.9)	**-24**	(3.0)
フランス	497	(4.3)	494	(3.6)	3	(4.0)	496	(2.7)	494	(2.7)	2	(3.4)	493	(2.7)	493	(2.8)	-1	(3.1)
ドイツ	519	(4.6)	512	(3.8)	7	(3.7)	514	(3.2)	504	(2.8)	**10**	(2.6)	502	(3.2)	504	(3.3)	-1	(3.0)
アイルランド	508	(4.3)	509	(3.3)	0	(4.3)	508	(3.2)	497	(2.6)	**11**	(3.2)	495	(3.0)	497	(2.6)	-1	(3.4)
イタリア	477	(2.8)	474	(2.5)	3	(3.5)	489	(3.1)	472	(3.6)	**17**	(4.6)	470	(3.0)	466	(2.6)	3	(2.9)
韓国	521	(4.8)	523	(3.9)	-2	(5.5)	511	(4.6)	521	(3.3)	-10	(5.0)	521	(3.9)	517	(3.6)	4	(5.0)
オランダ	528	(3.2)	521	(3.1)	**7**	(3.0)	511	(2.9)	507	(2.5)	4	(3.0)	499	(3.6)	508	(3.1)	**-8**	(3.6)
ニュージーランド	528	(3.9)	532	(3.6)	-4	(5.2)	516	(3.2)	511	(2.7)	5	(3.6)	509	(2.9)	508	(2.8)	2	(3.9)
イギリス	520	(3.0)	510	(2.8)	**10**	(3.4)	510	(2.9)	509	(3.3)	1	(3.5)	506	(3.1)	503	(3.2)	2	(3.6)
アメリカ	489	(5.1)	489	(4.0)	1	(3.5)	500	(3.7)	493	(3.4)	7	(3.1)	503	(3.9)	502	(3.5)	1	(3.3)
OECD 平均（37か国）	496	(0.6)	494	(0.6)	**2**	(0.7)	492	(0.5)	489	(0.5)	**3**	(0.6)	488	(0.5)	490	(0.5)	**-2**	(0.5)
北京・上海・江蘇・浙江	m	m	m	m	m	m	m	m	m	m	m	m	596	(2.9)	584	(2.9)	**12**	(2.2)
香港	546	(3.5)	539	(3.5)	7	(4.9)	523	(3.1)	524	(3.4)	-1	(4.1)	512	(3.4)	521	(2.8)	**-9**	(3.6)
台湾	536	(4.3)	529	(5.1)	7	(6.0)	535	(4.1)	530	(3.8)	4	(5.8)	516	(4.1)	515	(4.1)	1	(5.9)
シンガポール	m	m	m	m	m	m	559	(1.8)	552	(1.7)	**6**	(2.5)	553	(2.0)	549	(1.9)	4	(2.5)

国　名	平均得点の男女別変化及び男女差の変化 （2018年-2006年）						平均得点の男女別変化及び男女差の変化 （2018年-2015年）						2018年					
	男　子		女　子		男女差の差 (男子-女子)		男　子		女　子		男女差の差 (男子-女子)		男　子		女　子		男女差 (男子-女子)	
	得点 差	標準 誤差	得点 差	標準 誤差	得点 差	標準 誤差	得点 差	標準 誤差	得点 差	標準 誤差	得点 差	標準 誤差	平均 得点	標準 誤差	平均 得点	標準 誤差	得点 差	標準 誤差
日本	-2	(6.9)	-2	(6.9)	0	(8.4)	**-15**	(5.7)	-4	(4.4)	-11	(5.6)	531	(3.5)	528	(3.0)	3	(4.0)
オーストラリア	**-23**	(5.3)	**-25**	(4.8)	2	(4.6)	**-7**	(3.5)	**-7**	(3.0)	-1	(3.5)	504	(2.4)	502	(2.0)	2	(2.6)
カナダ	**-20**	(5.0)	**-13**	(4.8)	**-7**	(3.6)	**-12**	(4.0)	**-8**	(3.7)	-4	(3.7)	516	(2.7)	520	(2.5)	-3	(2.9)
エストニア	-2	(5.1)	-1	(5.0)	-1	(4.0)	**-8**	(3.8)	0	(3.5)	**-8**	(3.7)	528	(2.3)	533	(2.3)	**-5**	(2.5)
フィンランド	**-52**	(5.2)	**-31**	(5.1)	**-21**	(4.2)	**-11**	(4.3)	-6	(4.2)	-5	(3.9)	510	(2.9)	534	(2.9)	**-24**	(3.0)
フランス	-4	(6.1)	0	(5.7)	-4	(5.1)	-3	(4.1)	-1	(4.1)	-3	(4.6)	493	(2.7)	493	(2.8)	-1	(3.1)
ドイツ	**-17**	(6.6)	-8	(6.1)	-8	(4.8)	**-12**	(4.8)	0	(4.6)	**-12**	(3.9)	502	(3.2)	504	(3.3)	-1	(3.0)
アイルランド	**-13**	(6.3)	**-12**	(5.5)	-1	(5.5)	**-12**	(4.6)	0	(4.0)	**-12**	(4.7)	495	(3.0)	497	(2.6)	-1	(3.4)
イタリア	-7	(5.4)	-8	(5.0)	0	(4.6)	**-20**	(4.6)	-6	(4.7)	**-14**	(5.4)	470	(3.0)	466	(2.6)	3	(2.9)
韓国	0	(7.1)	-6	(6.3)	6	(7.5)	10	(6.2)	-4	(5.1)	14	(7.1)	521	(3.9)	517	(3.6)	4	(5.0)
オランダ	**-29**	(6.0)	**-14**	(5.5)	**-15**	(4.7)	**-11**	(4.9)	1	(4.2)	**-12**	(4.7)	499	(3.6)	508	(3.1)	**-8**	(3.6)
ニュージーランド	**-19**	(6.0)	**-25**	(5.7)	5	(6.5)	-7	(4.6)	-3	(4.2)	-3	(5.3)	509	(2.9)	508	(2.8)	2	(3.9)
イギリス	**-14**	(5.5)	-6	(5.5)	-8	(5.0)	-4	(4.5)	-5	(4.8)	2	(5.0)	506	(3.1)	503	(3.2)	2	(3.6)
アメリカ	14	(7.3)	**13**	(6.3)	0	(4.8)	3	(5.6)	9	(5.1)	-6	(4.5)	503	(3.9)	502	(3.5)	1	(3.3)
OECD 平均（37か国）	**-8**	(3.6)	**-4**	(3.5)	**-4**	(0.9)	**-5**	(1.7)	1	(1.7)	**-6**	(0.8)	488	(0.5)	490	(0.5)	**-2**	(0.5)
北京・上海・江蘇・浙江	m	m	m	m	m	m	m	m	m	m	m	m	596	(2.9)	584	(2.9)	**12**	(2.2)
香港	**-33**	(6.0)	**-18**	(5.6)	**-16**	(6.1)	**-10**	(4.8)	-3	(4.7)	-8	(5.5)	512	(3.4)	521	(2.8)	**-9**	(3.6)
台湾	**-20**	(6.9)	-14	(7.4)	-6	(8.4)	**-18**	(6.0)	**-15**	(5.8)	-3	(8.2)	516	(4.1)	515	(4.1)	1	(5.9)
シンガポール	m	m	m	m	m	m	-6	(3.0)	-3	(3.0)	-3	(3.5)	553	(2.0)	549	(1.9)	4	(2.5)

（注）　1．灰色の網掛けは非OECD加盟国・地域を示す。
　　　2．太字は統計的な有意差があることを示す。
　　　3．表中のmは欠損値（データなし）。
出所：OECD(2019b) の表より抜粋。

197

第4章　科学的リテラシー

4.4 科学的リテラシーの問題の分類と正答率・無答率

　2018年調査で出題された科学的リテラシーの問題は，大問が34，小問が115題であり，全て非公開である。そのうち技術的な問題により分析対象から1題が除外され，大問が34，小問が114題となっている。

　表4.4.1は科学的リテラシーに関する各問題を，能力（コンピテンシー），知識カテゴリー，文脈，適用領域，知の深さ，出題形式に分類し，2006年調査以降の日本及びOECD平均の正答率，2018年調査における日本の男女別正答率，2006年調査以降の日本及びOECD平均の無答率を一覧にして示したものである。なお，「無答率」には，生徒が回答しなかった場合の「無答」のほか，選択肢を二つ以上選択したものや判読できない解答など（ただし，2018年調査では該当する問題はなかった）が含まれ，表4.4.1及び本文では，これら「無答・他」の割合を「無答率」としている。

4.4.1　問題ごとの正答率

（1）正答率

　科学的リテラシーの問題の分析対象である114題について，日本の正答率は，57%であり，OECD平均の49%を8ポイント上回っている。科学的能力（コンピテンシー）別に正答率を見ると，「現象を科学的に説明する」については日本が55%，OECD平均が48%，「科学的探究を評価して計画する」については日本が55%，OECD平均が47%，「データと証拠を科学的に解釈する」については日本が60%，OECD平均が52%である。また，出題形式別に正答率を求めると，「選択肢」については日本が66%，OECD平均が60%，「複合的選択肢」については日本が59%，OECD平均が50%，「求答」については日本が64%，OECD平均が47%，「論述」については日本が42%，OECD平均が36%である。

　また，日本の正答率がOECD平均より10ポイント以上，上回っている問題は40題ある。最も差が大きいのは「科学的探究を評価し計画する」「複合的選択肢」の問題（「予防接種と伝染病の広がり」問5）でOECD平均より37ポイント上回っている。一方で，10ポイント以上，下回っている問題は1題あり，「現象を科学的に説明する」「選択肢」の問題（「抗生物質」問1）でOECD平均より10ポイント下回っている。

（2）正答率の分布

　正答率の分布を見ると，日本は90%台が3題，80%台が8題，70%台が22題，60%台が20題，50%台が24題，40%台が10題，30%台が14題，20%台が5題，10%台が8題で，10%未満はない。OECD平均は90%台が0題，80%台が4題，70%台が12題，60%台が14題，50%台が27題，40%台が22題，30%台が17題，20%台が11題，10%台が8題で，10%未満はない。

　日本の正答率が80%以上だった11題を科学的能力（コンピテンシー）別に見ると，「現象を科学的に説明する」が5題，「科学的探究を評価し計画する」が1題，「データと証拠を科学的に解釈する」が5題である。また，出題形式別に見ると「選択肢」が6題，「複合的選択肢」が5題であ

る。一方，日本の正答率が30％未満だった13題を科学的能力別に見ると，「現象を科学的に説明する」が6題，「科学的探究を評価して計画する」が5題，「データと証拠を科学的に解釈する」が2題である。また，出題形式別に見ると「複合的選択肢」が4題，「論述」が9題である。

（3）男女別正答率

　男女別に正答率を見てみると，日本の男子は57％，女子は56％であり，日本は男子の方が女子よりも1ポイント高い。個々の問題について日本の男女差を見てみると，男子の正答率の方が女子よりも高い問題は61題で，そのうち男子の方が女子よりも10ポイント以上高いのは3題である。女子の正答率の方が男子よりも高い問題は50題で，そのうち女子の方が男子よりも5ポイント以上高いのは9題である。

4.4.2　問題ごとの無答率

（1）無答率

　科学的リテラシー問題の日本の無答率は3％であり，OECD平均の4％を1ポイント下回っている。

　日本の無答率を科学的能力（コンピテンシー）別に見ると，「現象を科学的に説明する」については日本が4％，OECD平均が5％，「科学的探究を評価し計画する」については日本が3％，OECD平均が3％，「データと証拠を科学的に解釈する」については日本が3％，OECD平均が3％である。また，出題形式別に見ると，「選択肢」「複合的選択肢」については日本が1％，OECD平均が2％，「求答」については日本が2％，OECD平均が4％，「論述」については日本が10％，OECD平均が9％である。

　また，日本の無答率がOECD平均より10ポイント以上，下回っている問題は1題あり，「現象を科学的に説明する」「論述」の問題（「都市のヒートアイランド現象」問3）でOECD平均より10ポイント下回っている。一方で，10ポイント以上，上回っている問題は2題あり，最も差が大きいのは「現象を科学的に説明する」「論述」の問題（「魚の保護」問5）でOECD平均より26ポイント上回っている。

（2）無答率の分布

　無答率の分布を見ると，日本は30％台が1題，20％台が1題，10％台が11題，1％以上10％未満が40題，1％未満が61題である。OECD平均は30％台が0題，20％台が2題，10％台が9題，1％以上10％未満が74題，1％未満が30題である。日本の無答率が15％以上だった10題を科学的能力（コンピテンシー）別に見ると，「現象を科学的に説明する」が7題，「科学的探究を評価して計画する」が1題，「データと証拠を科学的に解釈する」が2題である。また，出題形式別はいずれも「論述」である。一方，日本の無答率が1％未満だった61題を科学的能力別に見ると，「現象を科学的に説明する」が27題，「科学的探究を評価して計画する」が13題，「データと証拠を科学的に解釈する」が21題である。また，出題形式別に見ると「選択肢」が22題，「複合的選択肢」が36題，「求答」が1題，「論述」が2題である。

第4章　科学的リテラシー

表 4.4.1 ［1/6］　科学的リテラシーの問題の正答率・無答率（2006 年〜 2018 年）

ItemID	大問の名称	小問番号	能力	科学的知識	システム	文脈	適用領域	知の深さ	出題形式	日本 2006年	日本 2009年	日本 2012年	日本 2015年	日本 2018年	OECD 2006年	OECD 2009年	OECD 2012年	OECD 2015年	OECD 2018年
S408Q01	カラスムギ	問1	現象を科学的に説明する	内容	生命システム	地域的／国内的	天然資源	中	選択肢形式	73.9	71.9	73.7	75.4	67.6	63.0	60.3	61.5	60.2	52.0
S408Q03	カラスムギ	問2	現象を科学的に説明する	内容	生命システム	地域的／国内的	天然資源	高	論述形式	15.7	14.9	15.9	—	14.5	30.5	30.7	28.7	27.9	22.4
S408Q04	カラスムギ	問3	現象を科学的に説明する	内容	生命システム	地域的／国内的	天然資源	中	複合的選択肢形式	45.1	44.5	45.5	39.1	38.4	50.7	54.4	52.8	51.5	48.1
S408Q05	カラスムギ	問4	科学的探究を評価し計画する	手続	生命システム	地域的／国内的	天然資源	高	選択肢形式	46.1	45.2	45.4	39.8	34.0	42.0	42.8	42.2	39.2	34.6
S413Q06	プラスチックの時代	問1	データと証拠を科学的に解釈する	内容	物理的システム	地域的／国内的	科学とテクノロジーのフロンティア	中	複合的選択肢形式	45.5	52.3	53.7	50.3	43.8	37.8	39.7	40.3	35.0	33.7
S413Q04	プラスチックの時代	問2	データと証拠を科学的に解釈する	内容	物理的システム	地域的／国内的	科学とテクノロジーのフロンティア	中	複合的選択肢形式	52.2	59.1	58.5	57.9	56.9	41.4	43.0	43.8	40.4	41.0
S413Q05	プラスチックの時代	問3	データと証拠を科学的に解釈する	内容	物理的システム	地域的／国内的	科学とテクノロジーのフロンティア	高	選択肢形式	67.1	71.4	71.9	72.4	72.9	65.6	69.1	68.3	67.6	66.1
S635Q01	魚の保護	問1	現象を科学的に説明する	内容	生命システム	地域的／国内的	天然資源	低	複合的選択肢形式				71.8	71.3				52.3	51.8
S635Q02	魚の保護	問2	科学的探究を評価し計画する	手続	生命システム	地域的／国内的	天然資源	低	複合的選択肢形式				79.2	75.1				68.1	66.9
S635Q03	魚の保護	問3	科学的探究を評価し計画する	手続	生命システム	地域的／国内的	天然資源	中	論述形式				58.1	54.9				39.7	39.8
S635Q04	魚の保護	問4	科学的探究を評価し計画する	手続	生命システム	地域的／国内的	天然資源	高	求答				57.2	55.4				45.2	44.7
S635Q05	魚の保護	問5	現象を科学的に説明する	手続	生命システム	地域的／国内的	天然資源	高	論述形式				22.3	14.7				15.9	13.0
S604Q02	霧から得る水	問1	現象を科学的に説明する	内容	物理的システム	地球的	天然資源	中	複合的選択肢形式				58.1	55.3				43.8	39.6
S604Q04	霧から得る水	問2	科学的探究を評価し計画する	認識	物理的システム	地球的	天然資源	中	論述形式				31.8	26.4				27.0	22.4
S625Q01	山火事と火の三角形	問1	現象を科学的に説明する	内容	物理的システム	地域的／国内的	災害	低	論述形式				43.2	34.1				44.4	40.6
S625Q02	山火事と火の三角形	問2	現象を科学的に説明する	内容	物理的システム	地域的／国内的	災害	低	選択肢形式				76.8	75.5				61.9	58.8
S625Q03	山火事と火の三角形	問3	現象を科学的に説明する	内容	物理的システム	地域的／国内的	災害	中	複合的選択肢形式				60.9	59.4				56.5	49.7
S626Q01	海洋における騒音	問1	現象を科学的に説明する	内容	物理的システム	地域的／国内的	環境の質	中	選択肢形式				67.2	63.1				60.2	57.3
S626Q02	海洋における騒音	問2	科学的探究を評価し計画する	手続	物理的システム	地域的／国内的	環境の質	中	選択肢形式				59.3	57.0				51.3	49.7
S626Q03	海洋における騒音	問3	データと証拠を科学的に解釈する	手続	物理的システム	地域的／国内的	環境の質	中	選択肢形式				73.3	64.4				66.9	64.1
S425Q03	ペンギン島	問1	現象を科学的に説明する	内容	生命システム	地域的／国内的	環境の質	低	論述形式	49.8	48.8	47.2	41.6	39.2	41.4	43.8	43.1	41.6	39.6
S425Q05	ペンギン島	問2	科学的探究を評価し計画する	手続	生命システム	地域的／国内的	環境の質	中	選択肢形式	84.0	85.0	80.5	76.9	74.1	69.0	68.3	68.4	65.4	65.0
S425Q02	ペンギン島	問3	データと証拠を科学的に解釈する	手続	生命システム	地域的／国内的	環境の質	高	選択肢形式	59.2	61.3	62.4	58.6	60.1	45.8	47.4	49.0	50.1	50.6
S425Q04	ペンギン島	問4	科学的探究を評価し計画する	認識	生命システム	地球的	環境の質	中	論述形式	26.0	30.4	28.0	22.5	25.7	30.1	29.4	28.9	30.8	32.0
S438Q01	緑の公園	問1	科学的探究を評価し計画する	手続	生命システム	地域的／国内的	天然資源	低	複合的選択肢形式	79.0	79.2	78.9	71.5	74.1	83.2	83.7	82.9	76.7	76.6
S438Q02	緑の公園	問2	科学的探究を評価し計画する	手続	物理的システム	地域的／国内的	天然資源	中	選択肢形式	71.6	73.9	73.8	70.1	69.6	65.6	66.7	66.7	60.3	62.9
S438Q03	緑の公園	問3	科学的探究を評価し計画する	認識	物理的システム	地域的／国内的	天然資源	中	論述形式	43.6	48.9	53.2	47.6	47.8	38.9	39.3	38.6	34.1	35.6
S608Q01	アンモナイト	問1	現象を科学的に説明する	内容	地球と宇宙のシステム	地域的／国内的	科学とテクノロジーのフロンティア	低	複合的選択肢形式				55.9	53.2				35.0	35.7
S608Q02	アンモナイト	問2	データと証拠を科学的に解釈する	認識	生命システム	地球的	科学とテクノロジーのフロンティア	中	複合的選択肢形式				68.6	69.3				60.8	61.5
S608Q03	アンモナイト	問3	現象を科学的に説明する	内容	物理的システム	地球的	科学とテクノロジーのフロンティア	中	選択肢形式				50.6	49.8				42.9	43.2
S608Q04	アンモナイト	問4	データと証拠を科学的に解釈する	手続	物理的システム	地域的／国内的	天然資源	中	論述形式				52.8	50.0				47.6	50.2
S643Q03	電球の比較	問1	現象を科学的に説明する	内容	物理的システム	個人的	科学とテクノロジーのフロンティア	低	論述形式				52.4	47.6				31.0	28.5
S643Q01	電球の比較	問2	データと証拠を科学的に解釈する	手続	物理的システム	個人的	科学とテクノロジーのフロンティア	中	選択肢形式				80.9	81.3				70.0	69.9
S643Q02	電球の比較	問3	科学的探究を評価し計画する	手続	物理的システム	個人的	科学とテクノロジーのフロンティア	中	複合的選択肢形式				72.0	70.7				56.2	52.2
S643Q04	電球の比較	問4	科学的探究を評価し計画する	手続	物理的システム	個人的	科学とテクノロジーのフロンティア	中	複合的選択肢形式				38.4	36.5				28.0	26.3
S643Q05	電球の比較	問5	科学的探究を評価し計画する	認識	物理的システム	個人的	科学とテクノロジーのフロンティア	中	論述形式				17.7	18.1				23.5	19.8
S610Q01	脳制御ロボット工学	問1	現象を科学的に説明する	内容	生命システム	個人的	健康と病気	中	論述形式				36.3	36.4				28.3	26.1
S610Q02	脳制御ロボット工学	問2	現象を科学的に説明する	内容	生命システム	個人的	環境の質	低	選択肢形式				87.8	85.9				83.4	81.1

表 4.4.1 ［2/6］ 科学的リテラシーの問題の正答率・無答率（2006 年〜 2018 年）

ItemID	大問の名称	小問番号	日本の男女の正答率（%）(2018年)			日本の無答率（%）					OECD 平均の無答率（%）				
			男子	女子	男女差（男 - 女）	2006年	2009年	2012年	2015年	2018年	2006年	2009年	2012年	2015年	2018年
S408Q01	カラスムギ	問1	69.8	65.5	4.3	1.4	1.5	1.5	0.9	0.5	3.1	3.6	3.8	0.7	1.1
S408Q03	カラスムギ	問2	12.2	16.6	-4.4	24.0	23.3	22.7	—	15.9	15.3	14.5	14.3	11.0	13.2
S408Q04	カラスムギ	問3	37.7	39.1	-1.4	0.8	0.7	0.8	0.8	0.5	1.1	0.9	1.0	0.7	1.1
S408Q05	カラスムギ	問4	35.7	32.4	3.3	3.7	1.5	1.6	0.7	1.0	6.9	4.6	4.7	1.1	1.7
S413Q06	プラスチックの時代	問1	46.8	40.8	6.0	13.8	12.3	6.9	1.9	2.8	13.7	11.8	11.5	2.8	5.7
S413Q04	プラスチックの時代	問2	57.3	56.4	0.9	0.8	0.9	0.3	0.5	0.7	2.3	1.4	1.3	0.7	1.7
S413Q05	プラスチックの時代	問3	75.2	70.7	4.5	5.9	4.8	3.6	1.3	1.7	8.8	6.1	6.1	1.2	2.3
S635Q01	魚の保護	問1	74.5	68.1	6.4				0.4	1.9				1.2	2.5
S635Q02	魚の保護	問2	75.3	75.0	0.3				1.5	0.0				3.4	0.0
S635Q03	魚の保護	問3	54.9	54.8	0.1				2.1	3.9				2.4	4.6
S635Q04	魚の保護	問4	54.1	56.7	-2.6				1.2	1.3				1.9	2.9
S635Q05	魚の保護	問5	16.5	12.9	3.6				2.6	36.2				3.0	10.6
S604Q02	霧から得る水	問1	55.2	55.4	-0.2				0.7	0.8				1.0	1.3
S604Q04	霧から得る水	問2	22.9	29.8	-6.9				3.0	5.6				2.6	3.3
S625Q01	山火事と火の三角形	問1	34.1	34.1	0.0				11.4	16.9				10.9	14.9
S625Q02	山火事と火の三角形	問2	76.5	74.4	2.1				1.1	0.7				1.1	1.3
S625Q03	山火事と火の三角形	問3	61.5	57.4	4.1				0.5	0.7				0.9	1.2
S626Q01	海洋における騒音	問1	67.6	58.6	9.0				0.3	0.3				0.4	0.5
S626Q02	海洋における騒音	問2	58.4	55.6	2.8				0.7	0.4				0.9	0.9
S626Q03	海洋における騒音	問3	64.0	64.8	-0.8				0.5	0.0				1.1	0.0
S425Q03	ペンギン島	問1	41.8	36.7	5.1	11.1	10.5	7.4	4.7	4.6	10.0	10.1	10.3	8.6	7.8
S425Q05	ペンギン島	問2	73.5	74.8	-1.3	1.6	1.2	1.2	0.6	0.4	2.6	2.9	3.2	0.7	1.3
S425Q02	ペンギン島	問1	60.1	60.1	0.0	3.1	2.4	2.6	0.7	0.8	4.7	5.2	5.2	0.6	1.5
S425Q04	ペンギン島	問2	23.7	27.6	-3.9	22.4	16.4	16.4	0.0	10.2	13.8	12.2	13.2	0.0	9.6
S438Q01	緑の公園	問3	71.0	77.1	-6.1	0.1	0.8	0.4	0.2	0.0	0.4	1.1	0.9	0.3	0.3
S438Q02	緑の公園	問4	68.6	70.7	-2.1	2.1	2.7	1.6	0.4	0.6	5.1	5.8	6.0	1.7	1.4
S438Q03	緑の公園	問3	58.8	56.3	2.5	25.9	21.7	19.2	18.2	16.8	19.6	18.3	17.6	17.1	16.4
S608Q01	アンモナイト	問4	61.2	45.4	15.8				1.2	0.7				2.2	1.7
S608Q02	アンモナイト	問1	70.9	67.8	3.1				0.4	0.3				1.7	1.6
S608Q03	アンモナイト	問2	53.1	46.6	6.5				1.3	0.9				2.0	2.1
S608Q04	アンモナイト	問3	48.4	51.6	-3.2				1.1	1.7				1.9	2.9
S643Q03	電球の比較	問1	53.2	42.0	11.2				11.7	15.3				15.2	19.9
S643Q01	電球の比較	問2	79.8	82.7	-2.9				1.9	3.1				2.9	3.6
S643Q02	電球の比較	問3	70.7	70.6	0.1				1.2	1.2				2.0	2.5
S643Q04	電球の比較	問4	38.5	34.4	4.1				1.5	2.0				2.0	2.7
S643Q05	電球の比較	問5	17.1	19.1	-2.0				2.9	5.3				3.1	4.0
S610Q01	脳制御ロボット工学	問1	41.0	31.6	9.4				12.4	15.1				12.8	14.7
S610Q02	脳制御ロボット工学	問2	85.9	85.9	0.0				0.7	0.0				1.1	0.0

第4章　科学的リテラシー

表 4.4.1 ［3/6］　科学的リテラシーの問題の正答率・無答率（2006 年～ 2018 年）

ItemID	大問の名称	小問番号	能力	科学的知識	システム	文脈	適用領域	知の深さ	出題形式	日本の正答率（%）2006年	2009年	2012年	2015年	2018年	OECD平均の正答率（%）2006年	2009年	2012年	2015年	2018年
S466Q01	森林火災	問1	科学的探究を評価し計画する	手続	物理的システム	地域的/国内的	災害	中	複合的選択肢形式	—	68.0	65.6	60.6	65.4	71.0	73.5	73.6	68.1	68.4
S466Q07	森林火災	問2	科学的探究を評価し計画する	認識	物理的システム	地域的/国内的	災害	中	複合的選択肢形式	86.1	84.0	84.2	84.9	83.1	74.9	70.3	70.1	69.1	68.8
S256Q01	スプーン	問1	現象を科学的に説明する	内容	物理的システム	個人的	科学とテクノロジーのフロンティア	低	選択肢形式	94.0	95.0	94.4	96.4	95.7	87.8	88.6	88.4	89.0	87.1
S326Q01	乳	問1	データと証拠を科学的に解釈する	手続	生命システム	地域的/国内的	健康と病気	中	論述形式	64.6	67.4	67.5	63.0	59.3	59.0	58.6	58.1	50.7	51.0
S326Q02	乳	問2	データと証拠を科学的に解釈する	手続	生命システム	地域的/国内的	健康と病気	中	論述形式	64.5	69.9	72.3	65.6	66.7	63.7	63.9	63.6	58.8	57.6
S326Q03	乳	問3	データと証拠を科学的に解釈する	手続	生命システム	地域的/国内的	健康と病気	中	選択肢形式	68.0	74.2	75.6	66.8	65.2	58.3	60.6	61.0	56.8	57.7
S326Q04	乳	問4	現象を科学的に説明する	内容	生命システム	地域的/国内的	健康と病気	低	複合的選択肢形式	25.9	31.2	29.4	24.3	23.2	23.3	25.3	26.6	25.5	25.6
S602Q01	都市のヒートアイランド現象	問1	データと証拠を科学的に解釈する	手続	地球と宇宙のシステム	地域的/国内的	環境の質	低	複合的選択肢形式				92.8	94.1				80.0	82.6
S602Q02	都市のヒートアイランド現象	問2	現象を科学的に説明する	内容	地球と宇宙のシステム	地域的/国内的	環境の質	低	複合的選択肢形式				49.4	43.2				32.7	34.6
S602Q03	都市のヒートアイランド現象	問3	現象を科学的に説明する	内容	物理的システム	地域的/国内的	環境の質	中	論述形式				37.4	32.4				25.4	27.4
S602Q04	都市のヒートアイランド現象	問4	データと証拠を科学的に解釈する	手続	生命システム	地域的/国内的	環境の質	低	複合的選択肢形式				89.8	91.3				70.5	73.7
S603Q01	象とアカシアの木	問1	データと証拠を科学的に解釈する	手続	生命システム	地域的/国内的	天然資源	低	選択肢形式				85.5	78.0				72.9	71.6
S603Q02	象とアカシアの木	問2	科学的探究を評価し計画する	認識	生命システム	地域的/国内的	天然資源	中	論述形式				60.0	61.9				34.6	36.0
S603Q03	象とアカシアの木	問3	現象を科学的に説明する	手続	生命システム	地域的/国内的	天然資源	低	選択肢形式				75.8	72.8				66.4	67.8
S603Q04	象とアカシアの木	問4	現象を科学的に説明する	内容	生命システム	地域的/国内的	天然資源	中	選択肢形式				61.5	55.7				54.6	52.8
S603Q05	象とアカシアの木	問5	科学的探究を評価し計画する	手続	生命システム	地域的/国内的	天然資源	中	選択肢形式				64.5	59.6				55.9	57.4
S657Q01	外来種	問1	現象を科学的に説明する	内容	生命システム	地域的/国内的	環境の質	低	複合的選択肢形式				89.3	87.4				70.9	70.6
S657Q02	外来種	問2	現象を科学的に説明する	内容	生命システム	地域的/国内的	環境の質	中	選択肢形式				40.3	34.5				37.9	34.2
S657Q03	外来種	問3	データと証拠を科学的に解釈する	手続	生命システム	地域的/国内的	環境の質	中	選択肢形式				64.6	59.8				48.0	44.6
S657Q04	外来種	問4	現象を科学的に説明する	内容	生命システム	地域的/国内的	環境の質	中	論述形式				23.7	19.7				30.7	27.7
S527Q01	恐竜の絶滅	問1	データと証拠を科学的に解釈する	認識	地球と宇宙のシステム	地球的	科学とテクノロジーのフロンティア	中	複合的選択肢形式	18.5	20.7	18.0	17.4	14.5	16.1	17.7	17.5	13.6	12.6
S527Q03	恐竜の絶滅	問2	現象を科学的に説明する	内容	地球と宇宙のシステム	地球的	科学とテクノロジーのフロンティア	低	複合的選択肢形式	74.1	77.4	77.9	67.8	67.5	58.0	57.2	57.6	54.6	59.2
S527Q04	恐竜の絶滅	問3	データと証拠を科学的に解釈する	内容	地球と宇宙のシステム	地球的	科学とテクノロジーのフロンティア	中	複合的選択肢形式	56.5	61.2	60.8	67.2	60.7	53.7	53.1	54.9	53.2	52.6
S428Q01	牛乳の中にいる細菌	問1	データと証拠を科学的に解釈する	手続	生命システム	地域的/国内的	健康と病気	低	選択肢形式	73.6	70.3	74.5	68.4	63.6	61.7	60.5	61.5	56.0	55.2
S428Q03	牛乳の中にいる細菌	問2	データと証拠を科学的に解釈する	手続	生命システム	地域的/国内的	健康と病気	中	選択肢形式	81.2	82.9	83.8	82.2	79.7	71.4	73.0	74.3	70.9	69.3
S428Q05	牛乳の中にいる細菌	問3	現象を科学的に説明する	内容	生命システム	地球的	健康と病気	中	論述形式	60.7	66.8	67.6	60.1	55.2	43.9	45.2	46.4	42.5	40.7
S634Q01	予防接種と伝染病の広がり	問1	データと証拠を科学的に解釈する	手続	生命システム	地球的	健康と病気	中	複合的選択肢形式				21.2	18.8				18.9	19.1
S634Q02	予防接種と伝染病の広がり	問2	データと証拠を科学的に解釈する	手続	生命システム	地球的	健康と病気	中	複合的選択肢形式				45.1	39.1				33.1	31.3
S634Q03	予防接種と伝染病の広がり	問3	現象を科学的に説明する	手続	生命システム	地球的	健康と病気	中	論述形式				26.9	26.0				18.8	18.4
S634Q05	予防接種と伝染病の広がり	問4	科学的探究を評価し計画する	認識	生命システム	地球的	健康と病気	中	論述形式				14.9	15.0				12.1	12.1
S634Q04	予防接種と伝染病の広がり	問5	科学的探究を評価し計画する	認識	生命システム	地球的	健康と病気	高	複合的選択肢形式				62.3	61.2				49.9	24.1
S629Q01	太陽光調理器	問1	現象を科学的に説明する	内容	物理的システム	地域的/国内的	天然資源	中	論述形式				67.1	—				58.2	54.4
S629Q02	太陽光調理器	問2	現象を科学的に説明する	内容	物理的システム	地域的/国内的	天然資源	中	複合的選択肢形式				55.8	55.6				42.0	41.1
S629Q03	太陽光調理器	問3	データと証拠を科学的に解釈する	手続	地球と宇宙のシステム	地域的/国内的	天然資源	中	論述形式				66.1	59.0				55.1	50.4
S629Q04	太陽光調理器	問4	科学的探究を評価し計画する	認識	物理的システム	地域的/国内的	天然資源	中	複合的選択肢形式				64.4	59.5				55.1	52.0
S648Q01	生命居住可能領域	問1	データと証拠を科学的に解釈する	手続	地球と宇宙のシステム	地球的	科学とテクノロジーのフロンティア	中	論述形式				48.7	37.3				36.3	34.5
S648Q02	生命居住可能領域	問2	データと証拠を科学的に解釈する	手続	地球と宇宙のシステム	地球的	科学とテクノロジーのフロンティア	中	複合的選択肢形式				53.1	48.1				40.5	38.5
S648Q03	生命居住可能領域	問3	データと証拠を科学的に解釈する	手続	地球と宇宙のシステム	地球的	科学とテクノロジーのフロンティア	中	複合的選択肢形式				51.4	50.8				59.3	59.2

表 4.4.1 [4/6]　科学的リテラシーの問題の正答率・無答率（2006 年～ 2018 年）

ItemID	大問の名称	小問番号	日本の男女の正答率（%）(2018 年)			日本の無答率（%）					OECD 平均の無答率（%）				
---	---	---	男子	女子	男女差（男 - 女）	2006 年	2009 年	2012 年	2015 年	2018 年	2006 年	2009 年	2012 年	2015 年	2018 年
S466Q01	森林火災	問1	67.2	63.6	3.6	—	1.0	1.1	0.3	0.5	0.9	1.3	1.4	0.4	0.5
S466Q07	森林火災	問2	81.8	84.3	-2.5	1.4	0.8	1.1	0.3	0.8	1.2	1.1	1.4	0.3	0.8
S256Q01	スプーン	問1	95.6	95.7	-0.1	0.7	0.3	0.4	0.1	0.0	1.5	0.9	0.9	0.3	0.3
S326Q01	乳	問1	58.9	59.6	-0.7	20.7	21.6	18.5	15.5	18.6	16.3	17.5	18.9	15.2	15.4
S326Q02	乳	問2	65.2	68.2	-3.0	19.9	19.4	16.0	13.0	13.3	16.1	16.8	17.4	14.0	14.3
S326Q03	乳	問3	65.1	65.2	-0.1	4.7	4.1	3.3	0.9	1.9	3.9	4.3	4.7	2.4	2.1
S326Q04	乳	問4	21.1	25.3	-4.2	1.0	1.7	0.9	0.5	0.5	2.3	2.9	3.0	0.8	0.6
S602Q01	都市のヒートアイランド現象	問1	92.5	95.6	-3.1				0.1	0.6				0.5	0.8
S602Q02	都市のヒートアイランド現象	問2	43.3	43.1	0.2				0.4	0.9				0.7	1.2
S602Q03	都市のヒートアイランド現象	問3	36.2	28.5	7.7				12.9	12.7				24.1	22.8
S602Q04	都市のヒートアイランド現象	問4	90.0	92.6	-2.6				0.0	0.4				0.0	1.4
S603Q01	象とアカシアの木	問1	79.5	76.4	3.1				0.5	0.9				1.1	1.1
S603Q02	象とアカシアの木	問2	60.1	63.7	-3.6				2.9	4.9				2.6	4.3
S603Q03	象とアカシアの木	問3	72.8	72.7	0.1				1.3	0.7				1.1	1.2
S603Q04	象とアカシアの木	問4	56.8	54.5	2.3				0.9	1.5				1.2	1.6
S603Q05	象とアカシアの木	問5	60.5	58.7	1.8				1.1	1.6				1.3	1.8
S657Q01	外来種	問1	87.0	87.7	-0.7				4.4	4.5				1.9	2.0
S657Q02	外来種	問2	40.4	28.5	11.9				0.6	0.5				1.0	1.0
S657Q03	外来種	問3	64.0	55.7	8.3				0.5	0.1				0.6	0.5
S657Q04	外来種	問4	20.8	18.7	2.1				0.0	0.0				0.0	0.0
S527Q01	恐竜の絶滅	問1	18.9	10.2	8.7	1.2	1.4	1.8	0.6	0.6	3.3	3.0	3.1	0.8	1.0
S527Q03	恐竜の絶滅	問2	66.9	68.1	-1.2	0.8	0.4	0.4	0.3	0.6	1.4	1.6	1.6	0.8	1.1
S527Q04	恐竜の絶滅	問3	65.1	56.4	8.7	0.9	0.6	0.6	0.6	0.5	1.7	1.9	2.0	1.0	1.3
S428Q01	牛乳の中にいる細菌	問1	65.3	62.0	3.3	1.0	1.5	1.1	0.2	0.3	1.8	2.1	2.0	0.7	1.1
S428Q03	牛乳の中にいる細菌	問2	82.2	77.2	5.0	1.7	1.7	0.8	0.3	0.5	3.3	3.6	3.7	0.9	1.4
S428Q05	牛乳の中にいる細菌	問3	56.9	53.5	3.4	24.2	22.6	17.7	14.2	17.6	20.7	18.2	17.2	14.2	16.5
S634Q01	予防接種と伝染病の広がり	問1	21.9	15.9	6.0				5.5	6.1				3.3	4.2
S634Q02	予防接種と伝染病の広がり	問2	38.9	39.2	-0.3				1.4	4.3				1.9	3.7
S634Q03	予防接種と伝染病の広がり	問3	29.0	23.1	5.9				3.0	6.9				3.3	6.0
S634Q05	予防接種と伝染病の広がり	問4	18.2	11.9	6.3				2.8	3.5				3.3	6.3
S634Q04	予防接種と伝染病の広がり	問5	61.5	61.0	0.5				1.4	2.2				2.5	4.7
S629Q01	太陽光調理器	問1	—	—	—				3.6	—				5.5	8.5
S629Q02	太陽光調理器	問2	58.6	52.7	5.9				0.3	0.9				0.5	2.1
S629Q03	太陽光調理器	問3	58.1	59.9	-1.8				2.0	4.4				1.5	4.6
S629Q04	太陽光調理器	問4	58.7	60.2	-1.5				0.4	1.1				0.5	2.8
S648Q01	生命居住可能領域	問1	39.7	34.9	4.8				2.3	26.1				1.9	4.8
S648Q02	生命居住可能領域	問2	50.4	45.9	4.5				1.6	0.0				1.8	0.0
S648Q03	生命居住可能領域	問3	52.5	49.1	3.4				0.2	0.0				0.6	0.0

第4章　科学的リテラシー

表4.4.1 ［5/6］　科学的リテラシーの問題の正答率・無答率（2006年〜2018年）

ItemID	大問の名称	小問番号	能力	科学的知識	システム	文脈	適用領域	知の深さ	出題形式	2006年	2009年	2012年	2015年	2018年	2006年	2009年	2012年	2015年	2018年
S498Q02	消化実験	問1	科学的探究を評価し計画する	手続	物理的システム	地域的/国内的	科学とテクノロジーのフロンティア	中	複合的選択肢形式	45.7	47.2	46.6	45.1	51.7	46.9	45.0	45.1	40.8	42.6
S498Q03	消化実験	問2	科学的探究を評価し計画する	手続	物理的システム	地域的/国内的	科学とテクノロジーのフロンティア	高	選択肢形式	44.9	45.4	42.6	45.4	47.7	42.6	38.9	38.6	39.7	43.6
S498Q04	消化実験	問3	データを証拠を科学的に解釈する	手続	生命システム	地域的/国内的	科学とテクノロジーのフロンティア	中	論述形式	58.7	69.0	69.0	67.1	66.5	59.9	64.7	63.9	56.1	56.8
S514Q02	開発と災害	問1	現象を科学的に説明する	内容	物理的システム	地域的/国内的	環境の質	低	論述形式	83.6	81.7	88.1	75.8	73.3	85.2	84.9	84.8	78.2	76.6
S514Q03	開発と災害	問2	現象を科学的に説明する	内容	地球と宇宙のシステム	地域的/国内的	環境の質	中	論述形式	59.7	62.6	65.4	62.9	47.4	46.6	49.0	46.4	40.4	37.4
S514Q04	開発と災害	問3	データと証拠を科学的に解釈する	認識	地球と宇宙のシステム	地域的/国内的	環境の質	中	求答	67.7	72.2	75.4	76.2	74.3	52.2	55.9	57.8	53.3	52.5
S605Q01	地熱エネルギー	問1	現象を科学的に説明する	内容	地球と宇宙のシステム	地域的/国内的	科学とテクノロジーのフロンティア	中	複合的選択肢形式				52.9	55.7				42.4	46.8
S605Q02	地熱エネルギー	問2	データと証拠を科学的に解釈する	内容	地球と宇宙のシステム	地域的/国内的	天然資源	中	複合的選択肢形式				38.6	37.5				32.5	33.7
S605Q03	地熱エネルギー	問3	データと証拠を科学的に解釈する	手続	物理的システム	地球的	環境の質	中	選択肢形式				57.3	55.2				52.9	53.1
S605Q04	地熱エネルギー	問4	現象を科学的に説明する	内容	地球と宇宙のシステム	地域的/国内的	天然資源	中	論述形式				72.5	56.2				58.9	45.0
S646Q01	ナノ粒子	問1	データを証拠を科学的に解釈する	手続	物理的システム	地球的	科学とテクノロジーのフロンティア	低	選択肢形式				86.4	82.5				80.3	78.2
S646Q02	ナノ粒子	問2	科学的探究を評価し計画する	手続	物理的システム	地球的	科学とテクノロジーのフロンティア	中	求答				66.7	65.1				50.6	48.7
S646Q03	ナノ粒子	問3	科学的探究を評価し計画する	手続	物理的システム	地球的	科学とテクノロジーのフロンティア	中	選択肢形式				79.7	76.6				70.1	65.8
S646Q04	ナノ粒子	問4	現象を科学的に説明する	手続	物理的システム	地球的	科学とテクノロジーのフロンティア	高	論述形式				41.5	32.2				26.3	23.7
S646Q05	ナノ粒子	問5	科学的探究を評価し計画する	認識	物理的システム	地球的	科学とテクノロジーのフロンティア	中	論述形式				17.8	11.6				13.4	11.0
S620Q01	竜巻	問1	データと証拠を科学的に解釈する	手続	地球と宇宙のシステム	地域的/国内的	災害	中	選択肢形式				89.0	84.5				81.5	78.8
S620Q02	竜巻	問2	データと証拠を科学的に解釈する	手続	地球と宇宙のシステム	地域的/国内的	災害	中	複合的選択肢形式				53.2	46.9				36.7	36.3
S645Q01	大気中の二酸化炭素	問1	現象を科学的に説明する	内容	地球と宇宙のシステム	地球的	天然資源	低	複合的選択肢形式				62.0	55.6				53.1	49.8
S645Q03	大気中の二酸化炭素	問2	現象を科学的に説明する	内容	地球と宇宙のシステム	地球的	天然資源	中	複合的選択肢形式				75.7	72.2				55.1	51.9
S645Q04	大気中の二酸化炭素	問3	現象を科学的に説明する	内容	地球と宇宙のシステム	地球的	天然資源	中	論述形式				74.0	78.8				52.5	58.6
S478Q01	抗生物質	問1	現象を科学的に説明する	内容	生命システム	地域的/国内的	健康と病気	低	選択肢形式	36.0	34.6	35.7	—	32.5	42.8	43.0	44.7	45.9	42.8
S478Q02	抗生物質	問2	データと証拠を科学的に解釈する	認識	生命システム	地域的/国内的	健康と病気	中	複合的選択肢形式	64.0	70.0	70.6	62.7	61.1	51.0	54.6	55.8	51.2	50.3
S478Q03	抗生物質	問3	現象を科学的に説明する	内容	生命システム	地域的/国内的	健康と病気	低	複合的選択肢形式	66.0	72.4	75.3	61.1	60.4	67.7	69.1	70.4	63.8	61.2
S415Q07	ソーラーパネル	問1	科学的探究を評価し計画する	認識	地球と宇宙のシステム	地域的/国内的	天然資源	中	複合的選択肢形式	63.0	71.0	69.2	71.8	71.0	72.1	72.7	74.4	73.6	71.9
S415Q02	ソーラーパネル	問2	現象を科学的に説明する	内容	地球と宇宙のシステム	地域的/国内的	天然資源	中	選択肢形式	80.4	79.4	78.3	81.0	78.2	78.4	77.6	77.9	76.0	77.0
S415Q08	ソーラーパネル	問3	科学的探究を評価し計画する	認識	地球と宇宙のシステム	地球的	天然資源	低	複合的選択肢形式	72.4	77.5	76.4	77.4	71.6	57.7	59.7	59.9	57.6	54.9
S627Q01	自動車のタイヤ	問1	現象を科学的に説明する	内容	物理的システム	個人的	科学とテクノロジーのフロンティア	中	選択肢形式				63.0	60.0				42.2	41.3
S627Q03	自動車のタイヤ	問2	現象を科学的に説明する	内容	物理的システム	個人的	科学とテクノロジーのフロンティア	中	複合的選択肢形式				76.6	76.6				74.8	73.1
S627Q04	自動車のタイヤ	問3	科学的探究を評価し計画する	認識	物理的システム	個人的	災害	低	複合的選択肢形式				71.1	77.3				61.7	65.7
S607Q01	鳥と幼虫	問1	現象を科学的に説明する	内容	生命システム	地域的/国内的	環境の質	低	選択肢形式				88.1	85.5				82.3	82.8
S607Q02	鳥と幼虫	問2	現象を科学的に説明する	内容	生命システム	地域的/国内的	環境の質	低	複合的選択肢形式				76.4	73.6				48.8	49.7
S607Q03	鳥と幼虫	問3	現象を科学的に説明する	内容	生命システム	地域的/国内的	環境の質	高	論述形式				45.2	40.8				42.1	40.2
S638Q01	石油流出	問1	現象を科学的に説明する	内容	地球と宇宙のシステム	地球的	環境の質	中	複合的選択肢形式				64.2	61.3				52.4	53.8
S638Q02	石油流出	問2	現象を科学的に説明する	内容	地球と宇宙のシステム	地球的	環境の質	低	複合的選択肢形式				85.2	83.1				75.6	76.4
S638Q04	石油流出	問3	科学的探究を評価し計画する	認識	生命システム	地球的	科学とテクノロジーのフロンティア	中	複合的選択肢形式				39.7	52.5				30.2	42.7
S615Q07	津波について	問1	データと証拠を科学的に解釈する	手続	地球と宇宙のシステム	地球的	災害	中	複合的選択肢形式				40.9	39.6				30.4	25.8
S615Q01	津波について	問2	データと証拠を科学的に解釈する	手続	地球と宇宙のシステム	地球的	災害	中	複合的選択肢形式				78.9	79.0				81.3	79.9
S615Q02	津波について	問3	データと証拠を科学的に解釈する	手続	地球と宇宙のシステム	地球的	災害	中	求答				59.4	59.8				42.9	41.1
S615Q05	津波について	問4	現象を科学的に説明する	認識	地球と宇宙のシステム	地球的	災害	中	複合的選択肢形式				28.7	26.1				17.8	18.5
平均										59.7	62.5	62.9	59.7	56.5	55.2	55.9	56.1	50.0	48.8

（注）1. 小問番号及び小問の分類は，2018年調査のものを記載。
2. 表中の「-」は，国際分析から除外された問題を，「空欄」は，その年に出題されなかった問題を示している。
3. 「無答」には，生徒が解答しなかった場合のほか，選択肢を二つ以上選択したものや判読できない解答などが含まれている。本表では，これら「無答・その他」の割合を「無答率」として扱っている。

表 4.4.1 ［6/6］　科学的リテラシーの問題の正答率・無答率（2006 年〜 2018 年）

ItemID	大問の名称	小問番号	日本の男女の正答率（%（2018年））			日本の無答率（%）					OECD 平均の無答率（%）				
			男子	女子	男女差（男 - 女）	2006年	2009年	2012年	2015年	2018年	2006年	2009年	2012年	2015年	2018年
S498Q02	消化実験	問1	53.5	50.0	3.5	1.2	0.8	0.9	0.1	0.2	1.3	1.6	1.6	0.6	0.7
S498Q03	消化実験	問2	46.9	48.4	-1.5	1.7	2.1	1.7	1.2	0.5	4.0	5.7	5.9	1.2	1.3
S498Q04	消化実験	問3	63.7	69.1	-5.4	6.5	4.4	4.1	2.0	2.7	3.8	3.1	2.9	1.7	2.6
S514Q02	開発と災害	問1	72.5	74.1	-1.6	10.7	11.2	7.2	5.5	8.0	6.6	6.7	6.7	6.0	8.1
S514Q03	開発と災害	問2	49.7	45.4	4.3	8.9	7.2	5.6	1.0	2.4	7.3	7.0	6.5	1.9	2.8
S514Q04	開発と災害	問3	71.8	76.5	-4.7	3.6	3.9	1.4	2.3	4.1	7.2	6.8	5.6	4.8	5.7
S605Q01	地熱エネルギー	問1	56.4	55.0	1.4				14.5	0.0				19.1	0.0
S605Q02	地熱エネルギー	問2	40.5	34.7	5.8				0.4	0.6				0.6	1.5
S605Q03	地熱エネルギー	問3	55.3	55.1	0.2				1.3	1.6				1.0	3.1
S605Q04	地熱エネルギー	問4	55.9	56.6	-0.7				0.0	18.6				0.0	24.7
S646Q01	ナノ粒子	問1	81.5	83.5	-2.0				0.3	0.9				0.6	1.0
S646Q02	ナノ粒子	問2	65.9	64.2	1.7				2.0	3.1				3.4	5.2
S646Q03	ナノ粒子	問3	75.0	78.1	-3.1				0.7	3.1				1.2	5.9
S646Q04	ナノ粒子	問4	32.9	31.5	1.4				2.2	6.1				2.6	5.4
S646Q05	ナノ粒子	問5	11.0	12.2	-1.2				2.7	7.3				4.0	6.2
S620Q01	竜巻	問1	82.9	86.1	-3.2				0.6	0.7				0.6	0.7
S620Q02	竜巻	問2	45.4	48.4	-3.0				0.9	2.0				1.1	1.8
S645Q01	大気中の二酸化炭素	問1	56.8	54.3	2.5				0.6	0.2				0.7	0.4
S645Q03	大気中の二酸化炭素	問2	70.2	74.1	-3.9				0.4	0.1				0.9	0.2
S645Q04	大気中の二酸化炭素	問3	82.2	75.7	6.5				7.3	0.0				14.9	0.0
S478Q01	抗生物質	問1	36.3	29.1	7.2	0.6	0.5	0.7	—	0.3	2.1	2.7	2.7	0.4	0.4
S478Q02	抗生物質	問2	59.0	63.0	-4.0	0.7	0.4	0.5	0.3	0.3	1.4	1.6	1.5	1.0	1.0
S478Q03	抗生物質	問3	59.0	61.7	-2.7	0.6	0.4	0.5	0.1	0.4	1.2	1.0	1.0	1.0	1.1
S415Q07	ソーラーパネル	問1	68.2	73.4	-5.2	0.5	1.6	1.0	0.1	0.1	0.8	1.5	1.4	0.2	0.4
S415Q02	ソーラーパネル	問2	78.1	78.3	-0.2	1.5	4.5	3.6	0.4	0.5	2.3	5.6	5.7	0.6	0.8
S415Q08	ソーラーパネル	問3	70.2	72.8	-2.6	0.4	0.7	0.3	0.0	0.4	0.6	1.3	1.2	0.1	0.6
S627Q01	自動車のタイヤ	問1	63.6	58.8	4.8				0.6	1.0				0.7	0.9
S627Q03	自動車のタイヤ	問2	74.0	79.0	-5.0				0.9	0.6				2.9	4.2
S627Q04	自動車のタイヤ	問3	72.7	81.6	-8.9				0.4	0.5				0.6	0.7
S607Q01	鳥と幼虫	問1	86.0	85.1	0.9				2.2	3.2				4.2	5.1
S607Q02	鳥と幼虫	問2	73.4	73.7	-0.3				1.5	1.6				2.6	3.5
S607Q03	鳥と幼虫	問3	40.1	41.3	-1.2				0.8	1.5				1.9	3.2
S638Q01	石油流出	問1	64.2	58.6	5.6				2.2	1.8				1.7	1.7
S638Q02	石油流出	問2	85.3	81.2	4.1				0.8	0.4				0.8	1.2
S638Q04	石油流出	問3	45.8	58.6	-12.8				0.1	0.4				0.1	0.7
S615Q07	津波について	問1	35.8	43.0	-7.2				0.5	0.5				0.5	0.8
S615Q01	津波について	問2	79.9	78.2	1.7				1.3	0.7				1.7	1.3
S615Q02	津波について	問3	52.8	66.2	-13.4				0.4	0.8				1.0	1.1
S615Q05	津波について	問4	26.2	25.9	0.3				1.5	0.0				2.5	0.0
			57.1	56.2	—	6.1	5.5	4.5	2.2	3.4	5.7	5.6	5.6	2.9	3.6

4.5 30歳時に科学関連の職業に就く期待

2018年調査では，生徒質問調査の問43（ST114）において，「あなたは30歳くらいになったら，どんな職業についていると思いますか。」と尋ね，生徒に職業の名称を自由記述形式で回答してもらった。その回答結果は，この質問が2015年調査でも用いられているため，表4.5.3に見るように経年比較が可能である。生徒の回答は，国際労働機関（ILO）が規定する国際職業分類の2008年改定版（ISCO-08）に基づいてコード化された。そのコード化された回答から，「義務教育を超えた，一般的には高等教育における科学の学習を必要とする職業への期待」として定義される「科学関連の職業に就く期待」指標が作成されている。科学関連の職業は，具体的には下記の四つのグループから構成されている（以下，コード番号を付記する職業名の訳語は，総務省政策統括官（統計基準担当）付統計審査官室（2011）『国際標準職業分類（ISCO）2008年改定版（仮訳）』に基づく）。

- **第1グループ「科学・工学分野の専門職」**
  科学・工学分野の専門職（ISCO-08コード：21xx）
  ※ただし，工業製品・服飾デザイナー（ISCO-08コード：2163）とグラフィック・マルチメディアデザイナー（ISCO-08コード：2166）を除く。
- **第2グループ「保健専門職」**
  保健専門職（ISCO-08コード：22xx）
  ※ただし，伝統医療・代替医療専門職（ISCO-08コード：223x）を除く。
- **第3グループ「情報通信技術専門職」**
  情報通信技術専門職（ISCO-08コード：25xx）
- **第4グループ「科学関連の技術者・准専門職」**
  物理・工学分野の技師（ISCO-08コード：311x）
  生命科学技術者及び関連分野の准専門職（ISCO-08コード：314x）
  航空保安電子機器整備員（ISCO-08コード：3155）
  医療技師，薬剤技師（ISCO-08コード：321x）
  ※ただし，義肢装具士，歯科衛生士，歯科技工士（ISCO-08コード：3214）を除く。
  電気通信工学技師（ISCO-08コード：3522）

2018年調査における，30歳になったときに科学関連の職業に就いていることを期待している生徒の割合と男女差を示しているのが，表4.5.1である。

科学関連の職業の各グループで見ると，第1グループの「科学・工学分野の専門職」に就くことを期待している生徒は，OECD平均では，全体10.8%，男子14.8%，女子7.0%であり，男女差（7.8%）は統計的に有意な差である。対して日本は，全体5.7%，男子9.1%，女子2.7%であり，男女差（6.4%）は統計的に有意な差である。他の国を見ても，男子が女子よりも多く，その差が有意である国がほとんどである。その中において日本は，全体・男子ではその割合がフィンランドに次いで2番目に低く，女子は最も低い。第2グループの「保健専門職」に就くことを期待している生

科学的リテラシー　第4章

徒は，OECD 平均では，全体 15.5%，男子 7.7%，女子 22.8% であり，男女差（-15.1%）は統計的に有意な差である。対して日本は，全体 15.0%，男子 8.1%，女子 20.9% であり，男女差（-12.8%）は統計的に有意な差である。他の国を見ても，女子が男子よりも多く，その差が有意である国がほとんどである。第 3 グループの「情報通信技術専門職」に就くことを期待している生徒は，OECD 平均では，全体 4.0%，男子 7.4%，女子 0.8% であり，男女差（6.6%）は統計的に有意な差である。対して日本は，全体 3.2%，男子 6.3%，女子 0.6% であり，男女差（5.8%）は統計的に有意な差である。他の国を見ても，男子が女子よりも多く，その差が有意である国がほとんどである。第 4 グループの「科学関連の技術者・准専門職」に就くことを期待している生徒は，OECD 平均では，全体 1.3%，男子 1.8%，女子 0.8% であり，男女差（1.1%）は統計的に有意な差である。対して日本は，全体 1.4%，男子 2.0%，女子 0.9% であり，男女差（1.1%）は統計的に有意な差である。他の国を見ると，女子が男子よりも多い国もあり，かなりばらつきがある。全体的には，第 1・第 2 グループを期待する生徒が多く，第 3・4 グループはそれほど多くない結果となっている。

　2015 年調査においても同様の質問を行っており，科学関連の職業に就くことの期待について，2015 年調査と 2018 年調査の間での変化の分析を行うことが可能である。

　表 4.5.2 は，2015 年調査の結果の集計を示したものであり，表 4.5.3 は，2018 年調査と 2015 年調査の比較を示したものである。

　科学関連の職業の各グループで見ると，第 1 グループの「科学・工学分野の専門職」に就くことを期待している生徒において，全体・男子・女子全てで統計的に有意に多くなっている国はアイルランドであり，少なくなっている国は香港である。対して日本は，そのどれにおいても有意な差はない。第 2 グループの「保健専門職」に就くことを期待している生徒において，全体・男子・女子全てにおいて統計的に有意に多くなっている国はエストニア，台湾，シンガポールであり，少なくなっている国はない。対して日本は，全体と女子において有意に多くなっている。第 3 グループの「情報通信技術専門職」に就くことを期待している生徒において，全体・男子・女子全てにおいて統計的に有意に多くなっている国はカナダ，オランダ，シンガポールであり，OECD 平均も同様である。また，全てにおいて有意に少なくなっている国はない。対して日本は，そのどれにおいても有意な差はない。第 4 グループの「科学関連の技術者・准専門職」に就くことを期待している生徒において，全体・男子・女子全てにおいて統計的に有意に多くなっている国はなく，少なくなっているのは台湾であり，OECD 平均も同様である。対して日本は，そのどれにおいても有意な差はない。

　次に，表 4.5.4 は，30 歳時に科学関連の職業に就いていることを期待している高成績者の割合と性別を示している。ここでの「高成績者」とは，読解力・数学的リテラシー・科学的リテラシーの三つともレベル 2 以上であり，数学的リテラシー・科学的リテラシーの両方，若しくはどちらか一方がレベル 5 以上である生徒を指す。

　まず第 1 グループの「科学・工学分野の専門職」に就くことを期待している高成績者に関しては，エストニアとフィンランドを除く全ての国において，男子が女子よりも統計的に有意に多くなっている。その中において日本は，全体・男子・女子のどれにおいてもその割合が一番低い。第 2 グループの「保健専門職」に就くことを期待している高成績者に関しては，北京・上海・江蘇・浙江を除く全ての国において，女子が男子よりも統計的に有意に多くなっている。ここにおいて日本は，他国と同様の傾向を示しており，顕著な違いは見られない。

第4章　科学的リテラシー

表4.5.1　30歳時に科学関連の職業に就いていることを期待している生徒の割合と男女差（2018年）

国　名	2018年調査															
	第1グループ「科学・工学分野の専門職」								第2グループ「保健専門職」							
	全体		男子		女子		男女差 （男子－女子）		全体		男子		女子		男女差 （男子－女子）	
	割合	標準誤差	割合	標準誤差	割合	標準誤差	割合の差	標準誤差	割合	標準誤差	割合	標準誤差	割合	標準誤差	割合の差	標準誤差
日本	5.7	(0.4)	9.1	(0.8)	2.7	(0.3)	**6.4**	(0.9)	15.0	(0.9)	8.1	(0.8)	20.9	(1.4)	**-12.8**	(1.4)
オーストラリア	13.8	(0.5)	18.1	(0.8)	9.4	(0.5)	**8.7**	(1.0)	20.3	(0.6)	10.9	(0.6)	29.9	(0.8)	**-18.9**	(1.0)
カナダ	14.3	(0.4)	20.8	(0.8)	8.6	(0.4)	**12.2**	(0.9)	26.3	(0.5)	14.4	(0.6)	36.8	(0.7)	**-22.5**	(1.0)
エストニア	9.1	(0.5)	10.6	(0.7)	7.6	(0.6)	**3.0**	(1.0)	12.9	(0.5)	6.6	(0.7)	19.0	(0.8)	**-12.4**	(1.1)
フィンランド	5.5	(0.4)	7.5	(0.6)	3.7	(0.5)	**3.9**	(0.8)	18.6	(0.7)	7.0	(0.6)	29.5	(1.1)	**-22.5**	(1.2)
フランス	11.9	(0.6)	16.8	(1.0)	7.0	(0.6)	**9.8**	(1.1)	11.8	(0.5)	6.3	(0.4)	17.2	(0.9)	**-11.0**	(0.9)
ドイツ	9.4	(0.6)	12.1	(0.8)	6.5	(0.7)	**5.6**	(1.0)	8.4	(0.5)	4.1	(0.5)	13.2	(0.8)	**-9.1**	(0.8)
アイルランド	12.7	(0.5)	19.0	(0.9)	6.9	(0.5)	**12.1**	(0.9)	19.0	(0.6)	9.4	(0.6)	27.8	(0.9)	**-18.4**	(1.3)
イタリア	9.7	(0.6)	13.1	(0.8)	6.2	(0.6)	**6.9**	(0.9)	13.8	(0.8)	9.2	(0.9)	18.5	(1.1)	**-9.3**	(1.2)
韓国	8.0	(0.5)	11.7	(0.8)	4.0	(0.5)	**7.7**	(1.0)	8.2	(0.5)	5.6	(0.5)	10.8	(0.8)	**-5.2**	(0.9)
オランダ	7.5	(0.6)	10.4	(1.0)	5.0	(0.6)	**5.4**	(1.1)	12.8	(0.6)	6.9	(0.9)	17.9	(1.2)	**-11.0**	(1.3)
ニュージーランド	12.2	(0.6)	16.2	(0.9)	8.5	(0.6)	**7.6**	(1.0)	17.8	(0.7)	8.6	(0.5)	26.6	(1.1)	**-18.0**	(1.2)
イギリス	13.6	(0.5)	18.9	(0.8)	8.8	(0.6)	**10.1**	(1.0)	15.1	(0.7)	7.2	(0.8)	22.2	(1.0)	**-14.9**	(0.9)
アメリカ	11.3	(0.5)	17.4	(0.8)	6.0	(0.6)	**11.4**	(1.0)	29.1	(1.1)	13.3	(1.0)	43.1	(1.5)	**-29.7**	(1.6)
OECD平均	10.8	(0.1)	14.8	(0.1)	7.0	(0.1)	**7.8**	(0.2)	15.5	(0.1)	7.7	(0.1)	22.8	(0.2)	**-15.1**	(0.2)
北京・上海・江蘇・浙江	9.7	(0.5)	12.3	(0.7)	7.1	(0.5)	**5.1**	(0.7)	10.7	(0.6)	8.7	(0.5)	12.6	(0.9)	**-3.9**	(1.0)
香港	8.1	(0.4)	13.0	(0.8)	3.6	(0.4)	**9.4**	(0.9)	15.1	(0.6)	9.6	(0.7)	20.3	(0.9)	**-10.7**	(1.1)
台湾	10.5	(0.5)	16.5	(0.8)	4.8	(0.5)	**11.7**	(0.9)	12.2	(0.9)	6.2	(0.5)	17.8	(1.5)	**-11.6**	(1.6)
シンガポール	17.6	(0.4)	25.7	(0.8)	9.4	(0.5)	**16.3**	(1.0)	19.1	(0.5)	11.8	(0.7)	26.5	(0.9)	**-14.7**	(1.1)

国　名	2018年調査															
	第3グループ「情報通信技術専門職」								第4グループ「科学関連の技術者・准専門職」							
	全体		男子		女子		男女差 （男子－女子）		全体		男子		女子		男女差 （男子－女子）	
	割合	標準誤差	割合	標準誤差	割合	標準誤差	割合の差	標準誤差	割合	標準誤差	割合	標準誤差	割合	標準誤差	割合の差	標準誤差
日本	3.2	(0.3)	6.3	(0.7)	0.6	(0.2)	**5.8**	(0.7)	1.4	(0.2)	2.0	(0.3)	0.9	(0.2)	**1.1**	(0.4)
オーストラリア	2.2	(0.2)	4.1	(0.3)	0.2	(0.1)	**3.8**	(0.3)	1.0	(0.1)	0.5	(0.1)	1.5	(0.2)	**-1.0**	(0.2)
カナダ	3.8	(0.3)	7.0	(0.5)	0.9	(0.2)	**6.2**	(0.5)	1.0	(0.1)	0.5	(0.1)	1.4	(0.2)	**-0.9**	(0.2)
エストニア	9.9	(0.5)	18.5	(0.9)	1.8	(0.3)	**16.8**	(0.9)	0.7	(0.1)	1.1	(0.2)	0.3	(0.1)	**0.8**	(0.3)
フィンランド	2.3	(0.2)	4.3	(0.5)	0.4	(0.1)	**3.9**	(0.5)	0.5	(0.1)	0.8	(0.2)	0.3	(0.1)	**0.5**	(0.3)
フランス	3.2	(0.2)	6.3	(0.5)	0.2	(0.1)	**6.2**	(0.5)	0.6	(0.1)	0.8	(0.2)	0.4	(0.1)	**0.3**	(0.3)
ドイツ	3.9	(0.3)	6.6	(0.6)	0.8	(0.2)	**5.8**	(0.7)	1.6	(0.2)	2.1	(0.4)	1.0	(0.2)	**1.2**	(0.5)
アイルランド	1.9	(0.2)	3.6	(0.4)	0.4	(0.1)	**3.2**	(0.4)	0.9	(0.1)	0.6	(0.2)	1.1	(0.2)	**-0.4**	(0.3)
イタリア	3.7	(0.4)	7.0	(0.7)	0.3	(0.1)	**6.7**	(0.7)	1.3	(0.2)	2.3	(0.4)	0.3	(0.2)	**2.1**	(0.4)
韓国	3.4	(0.2)	5.8	(0.4)	0.9	(0.1)	**4.9**	(0.5)	0.6	(0.1)	0.6	(0.1)	0.7	(0.2)	**-0.2**	(0.2)
オランダ	3.5	(0.4)	6.9	(0.6)	0.5	(0.1)	**6.4**	(0.7)	2.1	(0.3)	2.1	(0.5)	2.1	(0.4)	**0.0**	(0.6)
ニュージーランド	3.0	(0.3)	5.4	(0.5)	0.8	(0.2)	**4.5**	(0.6)	1.0	(0.1)	0.7	(0.2)	1.4	(0.2)	**-0.7**	(0.3)
イギリス	3.6	(0.3)	6.9	(0.5)	0.6	(0.1)	**6.3**	(0.6)	0.3	(0.1)	0.1	(0.1)	0.5	(0.1)	**-0.4**	(0.3)
アメリカ	3.7	(0.3)	6.6	(0.6)	1.1	(0.2)	**5.4**	(0.6)	1.1	(0.2)	0.9	(0.2)	1.2	(0.3)	**-0.3**	(0.4)
OECD平均	4.0	(0.1)	7.4	(0.1)	0.8	(0.0)	**6.6**	(0.1)	1.3	(0.0)	1.8	(0.1)	0.8	(0.0)	**1.1**	(0.1)
北京・上海・江蘇・浙江	4.1	(0.4)	7.4	(0.7)	1.0	(0.2)	**6.4**	(0.7)	0.4	(0.1)	0.5	(0.2)	0.3	(0.1)	**0.2**	(0.2)
香港	3.0	(0.2)	5.2	(0.4)	1.0	(0.2)	**4.2**	(0.5)	0.9	(0.2)	0.9	(0.2)	1.0	(0.2)	**-0.1**	(0.3)
台湾	1.9	(0.2)	3.0	(0.3)	0.9	(0.2)	**2.1**	(0.4)	1.2	(0.2)	2.1	(0.3)	0.4	(0.1)	**1.7**	(0.3)
シンガポール	3.7	(0.3)	6.0	(0.4)	1.3	(0.2)	**4.7**	(0.5)	0.3	(0.1)	0.5	(0.1)	0.1	(0.0)	**0.4**	(0.1)

（注）1.　灰色の網掛けは非OECD加盟国・地域を示す。
　　　2.　太字は統計的な有意差があることを示す。
出所：OECD(2019b)の表より抜粋。

科学的リテラシー　第 4 章

表 4.5.2　30 歳時に科学関連の職業に就いていることを期待している生徒の割合と男女差（2015 年）

国　名	2015 年調査															
	第 1 グループ「科学・工学分野の専門職」								第 2 グループ「保健専門職」							
	全体		男子		女子		男女差 (男子-女子)		全体		男子		女子		男女差 (男子-女子)	
	割合	標準誤差	割合	標準誤差	割合	標準誤差	割合の差	標準誤差	割合	標準誤差	割合	標準誤差	割合	標準誤差	割合の差	標準誤差
日本	5.9	(0.5)	9.9	(0.8)	2.1	(0.3)	**7.8**	(0.8)	12.1	(0.6)	6.5	(0.7)	17.4	(0.8)	**-10.9**	(1.4)
オーストラリア	11.8	(0.4)	17.7	(0.7)	5.9	(0.4)	**11.8**	(0.7)	18.2	(0.4)	11.0	(0.5)	25.2	(0.6)	**-14.2**	(1.0)
カナダ	15.2	(0.4)	22.6	(0.7)	8.1	(0.4)	**14.5**	(0.8)	24.2	(0.6)	12.4	(0.6)	35.5	(0.8)	**-23.2**	(1.0)
エストニア	9.1	(0.6)	11.5	(0.8)	6.7	(0.6)	**4.8**	(0.8)	9.6	(0.5)	4.2	(0.5)	15.0	(0.7)	**-10.8**	(1.1)
フィンランド	5.1	(0.4)	8.5	(0.6)	1.8	(0.3)	**6.7**	(0.7)	14.2	(0.6)	7.3	(0.6)	21.1	(0.9)	**-13.8**	(1.2)
フランス	10.3	(0.6)	15.2	(1.0)	5.6	(0.6)	**9.6**	(1.2)	11.7	(0.5)	6.8	(0.6)	16.4	(0.6)	**-9.7**	(0.9)
ドイツ	10.1	(0.5)	13.7	(0.8)	6.7	(0.6)	**7.0**	(1.0)	6.8	(0.4)	3.6	(0.4)	9.9	(0.7)	**-6.3**	(0.8)
アイルランド	10.1	(0.5)	14.6	(0.8)	5.5	(0.5)	**9.2**	(1.0)	15.8	(0.6)	9.2	(0.6)	22.6	(1.0)	**-13.4**	(1.3)
イタリア	10.9	(0.7)	15.2	(0.8)	6.8	(0.7)	**8.4**	(0.9)	12.2	(0.7)	7.4	(0.6)	16.9	(1.1)	**-9.5**	(1.2)
韓国	6.8	(0.4)	9.2	(0.6)	4.1	(0.5)	**5.1**	(0.8)	9.0	(0.5)	5.8	(0.6)	12.5	(0.7)	**-6.8**	(0.9)
オランダ	6.6	(0.4)	9.4	(0.7)	3.9	(0.4)	**5.5**	(0.8)	9.7	(0.5)	5.7	(0.6)	13.3	(0.8)	**-7.6**	(1.3)
ニュージーランド	10.9	(0.5)	15.0	(0.9)	7.3	(0.7)	**7.7**	(1.1)	17.7	(0.7)	9.1	(0.7)	25.6	(1.0)	**-16.5**	(1.2)
イギリス	15.4	(0.5)	21.0	(0.8)	9.9	(0.6)	**11.1**	(1.0)	16.4	(0.5)	8.4	(0.7)	24.2	(1.0)	**-15.8**	(0.9)
アメリカ	15.0	(0.7)	23.7	(1.0)	6.9	(0.7)	**16.8**	(1.0)	25.4	(0.7)	10.5	(0.7)	39.5	(1.2)	**-28.9**	(1.6)
OECD 平均	10.7	(0.1)	15.1	(0.1)	6.5	(0.1)	**8.6**	(0.2)	14.5	(0.1)	7.5	(0.1)	21.4	(0.2)	**-13.9**	(0.2)
北京・上海・江蘇・浙江	m	m	m	m	m	m	m	m	m	m	m	m	m	m	m	(1.0)
香港	10.6	(0.5)	15.6	(0.8)	6.1	(0.5)	**9.5**	(1.0)	16.2	(0.7)	10.5	(0.7)	21.6	(1.1)	**-11.1**	(1.1)
台湾	10.0	(0.6)	15.9	(0.9)	3.8	(0.6)	**12.2**	(0.9)	9.1	(0.5)	4.8	(0.5)	13.5	(0.9)	**-8.7**	(1.6)
シンガポール	16.4	(0.5)	23.4	(0.9)	8.8	(0.6)	**14.6**	(1.2)	13.7	(0.5)	9.4	(0.7)	18.3	(0.8)	**-9.0**	(1.1)

国　名	2015 年調査															
	第 3 グループ「情報通信技術専門職」								第 4 グループ「科学関連の技術者・准専門職」							
	全体		男子		女子		男女差 (男子-女子)		全体		男子		女子		男女差 (男子-女子)	
	割合	標準誤差	割合	標準誤差	割合	標準誤差	割合の差	標準誤差	割合	標準誤差	割合	標準誤差	割合	標準誤差	割合の差	標準誤差
日本	3.0	(0.3)	5.6	(0.6)	0.5	(0.1)	**5.1**	(0.6)	1.1	(0.1)	1.7	(0.3)	0.6	(0.2)	**1.1**	(0.4)
オーストラリア	3.0	(0.2)	5.6	(0.3)	0.5	(0.1)	**5.1**	(0.3)	1.6	(0.1)	1.8	(0.2)	1.3	(0.2)	**0.5**	(0.3)
カナダ	2.5	(0.2)	4.8	(0.4)	0.4	(0.1)	**4.4**	(0.4)	0.7	(0.1)	0.5	(0.1)	0.9	(0.2)	**-0.4**	(0.2)
エストニア	9.6	(0.4)	17.9	(0.8)	1.4	(0.3)	**16.5**	(0.9)	0.9	(0.1)	1.6	(0.3)	0.2	(0.1)	**1.4**	(0.3)
フィンランド	2.2	(0.3)	4.2	(0.5)	0.3	(0.1)	**4.0**	(0.5)	0.9	(0.1)	1.2	(0.2)	0.7	(0.2)	**0.5**	(0.3)
フランス	3.5	(0.3)	6.9	(0.5)	0.2	(0.1)	**6.7**	(0.5)	1.2	(0.2)	1.3	(0.2)	1.0	(0.2)	**0.3**	(0.4)
ドイツ	4.1	(0.3)	7.8	(0.5)	0.6	(0.2)	**7.2**	(0.7)	1.8	(0.2)	1.7	(0.3)	1.9	(0.3)	**-0.2**	(0.4)
アイルランド	3.9	(0.3)	6.9	(0.5)	0.8	(0.3)	**6.1**	(0.5)	1.5	(0.2)	1.9	(0.3)	1.2	(0.2)	**0.7**	(0.4)
イタリア	2.0	(0.3)	3.7	(0.5)	0.3	(0.1)	**3.4**	(0.5)	2.3	(0.3)	4.0	(0.4)	0.6	(0.2)	**3.4**	(0.5)
韓国	2.7	(0.2)	4.3	(0.4)	0.9	(0.2)	**3.5**	(0.5)	2.4	(0.2)	4.3	(0.4)	0.5	(0.1)	**3.8**	(0.5)
オランダ	2.2	(0.2)	4.5	(0.5)	0.0	(0.0)	**4.4**	(0.5)	1.7	(0.2)	1.8	(0.3)	1.7	(0.3)	**0.1**	(0.4)
ニュージーランド	3.2	(0.3)	5.6	(0.6)	1.1	(0.2)	**4.5**	(0.6)	0.8	(0.2)	0.5	(0.2)	1.1	(0.3)	**-0.7**	(0.3)
イギリス	3.2	(0.3)	5.8	(0.5)	0.6	(0.2)	**5.2**	(0.5)	0.3	(0.1)	0.3	(0.1)	0.3	(0.1)	**0.0**	(0.1)
アメリカ	2.5	(0.3)	4.4	(0.5)	0.6	(0.2)	**3.8**	(0.5)	0.8	(0.1)	0.5	(0.2)	1.2	(0.2)	**-0.6**	(0.3)
OECD 平均	3.4	(0.1)	6.3	(0.1)	0.6	(0.0)	**5.7**	(0.1)	1.7	(0.0)	2.6	(0.1)	0.9	(0.0)	**1.6**	(0.1)
北京・上海・江蘇・浙江	m	m	m	m	m	m	m	m	m	m	m	m	m	m	m	m
香港	2.2	(0.2)	3.6	(0.5)	0.8	(0.2)	**2.8**	(0.5)	0.4	(0.1)	0.4	(0.1)	0.3	(0.1)	**0.2**	(0.2)
台湾	4.3	(0.3)	7.6	(0.4)	0.8	(0.2)	**6.8**	(0.5)	3.1	(0.3)	3.8	(0.5)	2.3	(0.3)	**1.4**	(0.6)
シンガポール	2.0	(0.2)	3.4	(0.4)	0.4	(0.1)	**3.0**	(0.4)	0.6	(0.1)	0.6	(0.2)	0.5	(0.1)	**0.1**	(0.2)

（注）1. 灰色の網掛けは非 OECD 加盟国・地域を示す。
　　　2. 太字は統計的な有意差があることを示す。
出所：OECD(2019b) の表より抜粋。

第4章

第4章　科学的リテラシー

表4.5.3　30歳時に科学関連の職業に就いていることを期待している生徒の割合の経年変化

国　名	2018年調査と2015年調査の割合の差（2018年調査－2015年調査）											
	第1グループ「科学・工学分野の専門職」						第2グループ「保健専門職」					
	全体		男子		女子		全体		男子		女子	
	割合の差	標準誤差	割合の差	標準誤差	割合の差	標準誤差	割合の差	標準誤差	割合の差	標準誤差	割合の差	標準誤差
日本	-0.2	(0.7)	-0.8	(1.1)	0.6	(0.4)	2.9	(1.1)	1.6	(1.0)	3.4	(1.6)
オーストラリア	2.0	(0.6)	0.4	(1.1)	3.5	(0.6)	2.2	(0.7)	-0.1	(0.8)	4.6	(1.0)
カナダ	-0.9	(0.6)	-1.8	(1.1)	0.4	(0.6)	2.0	(0.8)	2.0	(0.8)	1.3	(1.1)
エストニア	0.0	(0.7)	-0.8	(1.1)	0.9	(0.9)	3.3	(0.7)	2.4	(0.8)	4.0	(1.1)
フィンランド	0.4	(0.5)	-1.0	(0.9)	1.9	(0.6)	4.4	(0.9)	-0.3	(0.8)	8.3	(1.4)
フランス	1.6	(0.8)	1.6	(1.4)	1.4	(0.7)	0.1	(0.7)	-0.5	(0.7)	0.8	(1.1)
ドイツ	-0.7	(0.7)	-1.6	(1.2)	-0.2	(0.9)	1.6	(0.7)	0.5	(0.7)	3.3	(1.0)
アイルランド	2.6	(0.7)	4.4	(1.2)	1.4	(0.7)	3.1	(0.9)	0.2	(1.1)	5.2	(1.3)
イタリア	-1.2	(0.9)	-2.1	(1.2)	-0.6	(0.9)	1.6	(1.0)	1.9	(1.1)	1.6	(1.6)
韓国	1.2	(0.7)	2.5	(1.0)	-0.1	(0.7)	-0.9	(0.7)	-0.1	(0.7)	-1.7	(1.1)
オランダ	1.0	(0.7)	1.0	(1.2)	1.1	(0.7)	3.1	(1.0)	1.2	(1.1)	4.6	(1.4)
ニュージーランド	1.3	(0.8)	1.2	(1.3)	1.3	(0.9)	0.1	(1.0)	-0.5	(0.9)	1.0	(1.5)
イギリス	-1.8	(0.7)	-2.1	(1.1)	-1.1	(0.8)	-1.3	(0.9)	-1.2	(1.0)	-2.0	(1.4)
アメリカ	-3.7	(0.8)	-6.3	(1.3)	-0.9	(0.9)	3.7	(1.3)	2.8	(1.2)	3.6	(1.9)
OECD平均（37か国）	0.0	(0.1)	-0.3	(0.2)	0.5	(0.1)	1.0	(0.2)	0.2	(0.2)	1.5	(0.2)
北京・上海・江蘇・浙江	m	m	m	m	m	m	m	m	m	m	m	m
香港	-2.5	(0.6)	-2.6	(1.1)	-2.5	(0.6)	-1.1	(1.0)	-0.9	(1.0)	-1.3	(1.4)
台湾	0.5	(0.8)	0.6	(1.2)	1.0	(0.8)	3.1	(1.0)	1.4	(0.7)	4.3	(1.8)
シンガポール	1.2	(0.7)	2.3	(1.3)	0.6	(0.7)	5.4	(0.7)	2.5	(1.0)	8.2	(1.2)

国　名	2018年調査と2015年調査の割合の差（2018年調査－2015年調査）											
	第3グループ「情報通信技術専門職」						第4グループ「科学関連の技術者・准専門職」					
	全体		男子		女子		全体		男子		女子	
	割合の差	標準誤差	割合の差	標準誤差	割合の差	標準誤差	割合の差	標準誤差	割合の差	標準誤差	割合の差	標準誤差
日本	0.3	(0.5)	0.8	(0.9)	0.1	(0.2)	0.3	(0.2)	0.3	(0.4)	0.3	(0.2)
オーストラリア	-0.9	(0.2)	-1.5	(0.4)	-0.3	(0.1)	-0.6	(0.2)	-1.3	(0.2)	0.2	(0.3)
カナダ	1.2	(0.4)	2.3	(0.6)	0.4	(0.2)	0.2	(0.1)	0.0	(0.1)	0.5	(0.2)
エストニア	0.4	(0.7)	0.6	(1.2)	0.4	(0.4)	-0.3	(0.2)	-0.6	(0.4)	0.0	(0.2)
フィンランド	0.1	(0.3)	0.1	(0.7)	0.2	(0.2)	-0.4	(0.2)	-0.4	(0.4)	-0.4	(0.2)
フランス	-0.3	(0.4)	-0.6	(0.7)	0.0	(0.1)	-0.6	(0.2)	-0.5	(0.4)	-0.6	(0.2)
ドイツ	-0.3	(0.5)	-1.1	(0.9)	0.2	(0.3)	-0.2	(0.3)	0.4	(0.5)	-0.9	(0.4)
アイルランド	-2.0	(0.4)	-3.4	(0.7)	-0.4	(0.3)	-0.7	(0.2)	-1.2	(0.4)	-0.1	(0.3)
イタリア	1.7	(0.5)	3.3	(0.9)	0.0	(0.2)	-0.9	(0.3)	-1.7	(0.6)	-0.3	(0.2)
韓国	0.7	(0.3)	1.4	(0.6)	0.0	(0.2)	-1.8	(0.3)	-3.7	(0.5)	0.3	(0.2)
オランダ	1.3	(0.4)	2.4	(0.9)	0.5	(0.2)	0.4	(0.2)	0.3	(0.3)	0.5	(0.5)
ニュージーランド	-0.2	(0.4)	-0.3	(0.8)	-0.3	(0.3)	0.2	(0.2)	0.2	(0.3)	0.2	(0.3)
イギリス	0.4	(0.4)	1.2	(0.7)	0.0	(0.2)	0.0	(0.1)	-0.2	(0.1)	0.2	(0.2)
アメリカ	1.2	(0.4)	2.2	(0.8)	0.5	(0.3)	0.2	(0.2)	0.4	(0.3)	0.1	(0.4)
OECD平均（37か国）	0.6	(0.1)	1.1	(0.1)	0.2	(0.0)	-0.5	(0.0)	-0.7	(0.1)	-0.2	(0.0)
北京・上海・江蘇・浙江	m	m	m	m	m	m	m	m	m	m	m	m
香港	0.8	(0.3)	1.6	(0.6)	0.2	(0.3)	0.6	(0.2)	0.4	(0.2)	0.7	(0.3)
台湾	-2.3	(0.3)	-4.6	(0.5)	0.1	(0.3)	-1.8	(0.3)	-1.7	(0.6)	-1.9	(0.4)
シンガポール	1.7	(0.3)	2.6	(0.6)	0.9	(0.2)	-0.3	(0.1)	-0.1	(0.2)	-0.4	(0.2)

（注）1．灰色の網掛けは非OECD加盟国・地域を示す。
　　　2．太字は統計的な有意差があることを示す。
出所：OECD(2019b)の表より抜粋。

科学的リテラシー　第4章

表 4.5.4　30歳時に科学関連の職業に就いていることを期待している高成績者の割合と性別

| 国　名 | 高成績者 | | 高成績者のうち，第1グループ「科学・工学分野の専門職」に就いていることを期待している生徒の割合 | | | | | | | |
| | | | 全体 | | 男子 | | 女子 | | 男女差(男子－女子) | |
	割合	標準誤差	割合	標準誤差	割合	標準誤差	割合	標準誤差	割合の差	標準誤差
日本	21.8	(1.1)	5.6	(0.8)	7.5	(1.2)	3.4	(1.0)	4.0	(1.6)
オーストラリア	14.1	(0.6)	27.0	(1.6)	33.2	(2.3)	19.2	(2.0)	14.0	(2.8)
カナダ	19.5	(0.8)	23.0	(1.2)	31.4	(1.9)	14.1	(1.4)	17.3	(2.5)
エストニア	19.5	(0.8)	16.3	(1.5)	17.3	(2.0)	15.2	(2.3)	2.0	(3.1)
フィンランド	16.8	(0.8)	10.2	(1.2)	11.6	(2.0)	9.1	(1.9)	2.5	(3.0)
フランス	13.4	(0.9)	26.0	(2.1)	32.9	(3.4)	16.1	(2.5)	16.8	(4.3)
ドイツ	16.6	(0.9)	18.4	(1.7)	22.6	(2.6)	12.4	(2.2)	10.2	(3.7)
アイルランド	10.5	(0.7)	23.9	(2.5)	29.6	(3.2)	16.7	(3.2)	12.9	(4.2)
イタリア	10.5	(0.9)	20.4	(2.1)	25.2	(2.8)	11.8	(3.1)	13.3	(4.3)
韓国	23.8	(1.3)	13.3	(1.4)	18.2	(2.1)	7.1	(1.3)	11.1	(2.5)
オランダ	20.7	(1.0)	13.6	(1.7)	19.0	(2.9)	8.2	(1.8)	10.7	(3.3)
ニュージーランド	16.4	(0.6)	21.1	(1.7)	26.4	(2.4)	14.3	(2.2)	12.1	(3.2)
イギリス	16.3	(0.9)	24.0	(1.5)	27.7	(2.5)	19.9	(2.1)	7.8	(3.6)
アメリカ	12.3	(1.0)	20.0	(2.0)	27.8	(2.9)	10.4	(2.5)	17.4	(3.7)
OECD 平均	13.1	(0.1)	20.6	(0.5)	25.4	(0.6)	14.1	(0.7)	11.3	(1.0)
北京・上海・江蘇・浙江	48.8	(1.4)	12.1	(0.8)	15.0	(1.1)	8.9	(0.8)	6.1	(1.1)
香港	29.6	(1.1)	13.1	(1.1)	19.7	(1.8)	6.4	(1.1)	13.3	(2.0)
台湾	24.6	(1.2)	16.7	(1.3)	23.8	(2.0)	8.7	(1.3)	15.0	(2.4)
シンガポール	40.3	(0.8)	20.0	(0.9)	27.0	(1.4)	11.9	(1.0)	15.1	(1.8)

| 国　名 | 高成績者 | | 高成績者のうち，第2グループ「保健専門職」に就いていることを期待している生徒の割合 | | | | | | | |
| | | | 全体 | | 男子 | | 女子 | | 男女差(男子－女子) | |
	割合	標準誤差	割合	標準誤差	割合	標準誤差	割合	標準誤差	割合の差	標準誤差
日本	21.8	(1.1)	17.9	(2.1)	12.0	(2.3)	25.0	(2.9)	-12.9	(3.1)
オーストラリア	14.1	(0.6)	24.9	(1.5)	17.5	(1.7)	34.1	(2.4)	-16.6	(2.8)
カナダ	19.5	(0.8)	28.6	(1.5)	18.5	(1.6)	39.4	(2.2)	-20.9	(2.6)
エストニア	19.5	(0.8)	15.9	(1.6)	11.2	(1.8)	21.3	(2.6)	-10.1	(3.2)
フィンランド	16.8	(0.8)	26.2	(2.1)	15.2	(2.3)	35.9	(2.9)	-20.7	(3.4)
フランス	13.4	(0.9)	19.1	(1.8)	12.7	(2.2)	28.4	(3.1)	-15.7	(3.8)
ドイツ	16.6	(0.9)	13.5	(1.3)	6.3	(1.3)	23.7	(2.6)	-17.4	(3.1)
アイルランド	10.5	(0.7)	22.8	(2.5)	17.0	(3.0)	30.4	(3.6)	-13.4	(4.6)
イタリア	10.5	(0.9)	15.6	(2.0)	11.6	(2.1)	23.0	(4.2)	-11.5	(4.8)
韓国	23.8	(1.3)	12.6	(1.2)	10.3	(1.3)	15.4	(1.7)	-5.2	(2.0)
オランダ	20.7	(1.0)	19.0	(2.0)	9.5	(2.0)	28.7	(3.1)	-19.2	(3.7)
ニュージーランド	16.4	(0.6)	23.7	(1.8)	14.8	(2.2)	35.1	(3.3)	-20.3	(4.4)
イギリス	16.3	(0.9)	18.0	(1.5)	10.8	(1.8)	25.8	(2.5)	-15.0	(3.0)
アメリカ	12.3	(1.0)	24.9	(2.6)	14.5	(3.0)	37.7	(4.0)	-23.1	(5.1)
OECD 平均	13.1	(0.1)	19.4	(0.4)	12.1	(0.5)	29.0	(0.8)	-16.9	(0.8)
北京・上海・江蘇・浙江	48.8	(1.4)	11.6	(0.7)	10.8	(0.9)	12.4	(1.0)	-1.6	(1.3)
香港	29.6	(1.1)	18.7	(1.5)	13.7	(1.5)	23.7	(2.3)	-10.1	(2.6)
台湾	24.6	(1.2)	17.8	(1.5)	12.4	(1.5)	24.0	(1.9)	-11.6	(2.8)
シンガポール	40.3	(0.8)	22.1	(0.9)	15.4	(1.2)	29.9	(1.7)	-14.6	(2.2)

（注）　1．ここでの「高成績者」とは，読解力・数学的リテラシー・科学的リテラシーの3つともレベル2以上であり，数学的リテラシー・科学的リテラシーの両方，もしくはどちらか一方がレベル5以上である生徒を指す。
　　　　2．灰色の網掛けは非OECD加盟国・地域を示す。
　　　　3．太字は統計的な有意差があることを示す。
出所：OECD(2019b)の表より抜粋。

第 5 章

学習の背景

第5章　学習の背景

調査対象校の学校長又は，それに代わる者に対して，本書巻末の資料1の学校質問調査を，生徒に対しては資料2の生徒質問調査及び資料3のICT活用調査を行った。5.1節では，学校質問調査，生徒質問調査の調査項目のうち，学校を中心とした学習環境に関する調査結果について，5.2節では，生徒質問調査のうち，生徒の背景に関する調査結果について報告する。

なお，本章において質問調査の結果と得点との関連を表す集計結果については，相関関係を示すものであり，因果関係を示すものではない。

第5章

5.1　学校の学習環境

5.1.1　学校長が考える学級雰囲気

教師あるいは生徒の行動や態度によって，学校での学習が妨げられているかどうかを見るために，学校質問調査の問15では，11の質問項目を用意し，学校長に「あなたの学校（学科）では，生徒の学習に，次のようなことが支障となることが，どのくらいありますか」と尋ね，「まったくない」「ほとんどない」「ある程度ある」「よくある」の四つの選択肢の中から一つを選んでもらった。これらの質問項目は行動・態度の悪い状態を示しているため，「まったくない」「ほとんどない」のように回答が否定的である方が，学級の雰囲気が良好となる。「教師に起因する学級雰囲気」及び「生徒に起因する学級雰囲気」についてそれぞれ関係する項目をもとにその関連性を検討する。

（1）教師に起因する学級雰囲気

「教師に起因する学級雰囲気」に関係するのは，学校質問調査の問15の質問項目のうち，次の破線の囲みに示した5項目である。

SC061　生徒と教員の問題行動					
問15	あなたの学校（学科）では、生徒の学習に、次のようなことが支障となることが、どのくらいありますか。（1）～（11）のそれぞれについて、あてはまるものを一つ選んでください。				
		まったくない	ほとんどない	ある程度ある	よくある
SC061Q06	（7）教員が個々の生徒のニーズに応えていないこと	○1	○2	○3	○4
SC061Q07	（8）教員の欠勤	○1	○2	○3	○4
SC061Q08	（9）改革に対する教職員の抵抗	○1	○2	○3	○4
SC061Q09	（10）教員が生徒に対して厳格すぎること	○1	○2	○3	○4
SC061Q10	（11）教員の授業準備が足りないこと	○1	○2	○3	○4

表5.1.1は18か国について，学校長が問15の五つの質問項目に「まったくない」「ほとんどない」「ある程度ある」「よくある」の四つの選択肢で回答をした学校に通う生徒の割合，及び学校長のこれらの回答から算出した「教師に起因する学級雰囲気」指標の値を示している。

このうち，「教師に起因する学級雰囲気」指標は，値が大きいほど教師に起因する学級雰囲気が悪く，値が小さいほど学級雰囲気が良好であることを示している。

まず，「教師に起因する学級雰囲気」指標を見てみると，18か国中，韓国が-0.04と最も指標の値が小さく（「まったくない」と「ほとんどない」の回答割合が高い），次いでフィンランド（0.04）と続く。日本は18か国中17番目（0.51）となっており，OECD平均（0.13）と0.38の差がある。最も指標の値が高い（「まったくない」と「ほとんどない」の回答割合が低い）のは，オラ

表5.1.1 学校長が考える教師に起因する学級雰囲気

国　名	「教師に起因する学級雰囲気」指標		(7) 教員が個々の生徒のニーズに応えていないこと							
			まったくない		ほとんどない		ある程度ある		よくある	
	平均値	標準誤差	割合	標準誤差	割合	標準誤差	割合	標準誤差	割合	標準誤差
日本	0.51	(0.05)	3.9	(1.5)	54.4	(3.6)	41.2	(3.3)	0.5	(0.5)
オーストラリア	0.32	(0.03)	8.7	(1.3)	53.4	(2.1)	35.8	(2.2)	2.2	(0.6)
カナダ	0.32	(0.04)	10.5	(1.2)	56.0	(2.3)	31.1	(2.2)	2.4	(0.9)
エストニア	0.06	(0.04)	16.2	(1.7)	48.5	(2.3)	29.5	(1.8)	5.8	(0.8)
フィンランド	0.04	(0.06)	7.6	(1.9)	60.7	(3.3)	31.2	(3.3)	0.5	(0.5)
フランス	0.28	(0.07)	19.0	(2.5)	45.4	(3.6)	31.3	(3.5)	4.2	(1.5)
ドイツ	0.46	(0.05)	11.1	(2.4)	59.2	(3.3)	28.1	(3.3)	1.5	(0.9)
アイルランド	0.29	(0.06)	5.3	(1.5)	62.9	(4.0)	31.9	(3.9)	0.0	c
イタリア	0.22	(0.06)	18.2	(2.3)	58.4	(2.9)	21.5	(2.2)	2.0	(0.8)
韓国	-0.04	(0.09)	17.4	(3.0)	51.6	(3.6)	29.1	(3.5)	1.9	(1.0)
オランダ	0.93	(0.05)	3.0	(1.4)	28.2	(4.3)	61.0	(4.5)	7.7	(2.1)
ニュージーランド	0.29	(0.05)	3.9	(1.5)	56.7	(3.3)	37.0	(2.9)	2.4	(0.9)
イギリス	0.05	(0.06)	11.0	(2.5)	62.8	(3.7)	26.2	(3.1)	0.0	c
アメリカ	0.25	(0.06)	10.1	(2.5)	54.9	(3.8)	34.5	(3.6)	0.5	(0.6)
OECD 平均	0.13	(0.01)	15.1	(0.4)	54.7	(0.5)	28.0	(0.5)	2.2	(0.2)
北京・上海・江蘇・浙江	0.46	(0.09)	12.5	(2.1)	35.5	(3.9)	45.0	(3.3)	7.0	(1.9)
香港	0.47	(0.07)	1.2	(1.0)	42.4	(4.4)	49.5	(4.7)	6.9	(2.7)
台湾	0.33	(0.09)	12.6	(2.3)	55.8	(3.7)	26.5	(3.1)	5.1	(1.7)
シンガポール	0.06	(0.02)	10.4	(0.6)	64.1	(0.7)	23.6	(0.4)	1.9	(0.0)

国　名	(8) 教員の欠勤								(9) 改革に対する教職員の抵抗							
	まったくない		ほとんどない		ある程度ある		よくある		まったくない		ほとんどない		ある程度ある		よくある	
	割合	標準誤差	割合	標準誤差	割合	標準誤差	割合	標準誤差	割合	標準誤差	割合	標準誤差	割合	標準誤差	割合	標準誤差
日本	60.9	(3.4)	32.7	(3.8)	6.4	(1.8)	0.0	c	13.1	(2.3)	57.7	(3.6)	27.1	(3.3)	2.1	(0.9)
オーストラリア	18.4	(1.5)	62.2	(1.8)	18.2	(1.3)	1.2	(0.4)	12.4	(1.2)	50.7	(1.7)	32.8	(1.6)	4.2	(0.9)
カナダ	22.6	(2.0)	58.0	(2.4)	17.6	(2.1)	1.8	(0.8)	9.9	(1.4)	51.4	(2.4)	31.0	(2.1)	7.7	(1.3)
エストニア	39.0	(2.0)	41.4	(2.0)	15.6	(1.3)	4.1	(0.7)	27.1	(1.9)	45.9	(2.0)	23.2	(1.6)	3.8	(0.7)
フィンランド	21.4	(2.9)	65.9	(2.8)	12.8	(2.3)	0.0	c	22.6	(2.8)	50.7	(3.3)	24.7	(2.9)	2.0	(1.0)
フランス	26.8	(3.3)	56.6	(3.7)	15.4	(2.2)	1.2	(0.8)	18.6	(2.8)	35.5	(3.4)	35.9	(3.4)	10.1	(2.0)
ドイツ	9.4	(2.3)	48.3	(3.8)	38.7	(3.5)	3.5	(1.3)	9.2	(2.2)	53.6	(3.2)	34.1	(3.3)	3.1	(1.4)
アイルランド	18.2	(3.1)	62.2	(4.1)	18.7	(3.1)	0.9	(0.8)	16.3	(3.0)	54.1	(4.2)	25.5	(3.5)	4.0	(1.6)
イタリア	38.3	(3.3)	50.3	(3.5)	10.5	(1.9)	1.0	(0.7)	15.4	(2.4)	36.5	(3.3)	40.1	(3.0)	8.0	(1.9)
韓国	85.3	(2.5)	9.9	(2.1)	2.2	(1.1)	2.5	(1.2)	40.6	(3.8)	42.6	(3.7)	14.7	(2.5)	2.0	(1.0)
オランダ	3.8	(1.5)	49.1	(4.8)	37.9	(4.7)	9.2	(2.4)	5.5	(2.0)	36.2	(3.9)	52.4	(4.0)	5.9	(2.1)
ニュージーランド	31.9	(3.4)	58.4	(3.4)	9.7	(2.0)	0.0	c	7.9	(2.1)	58.0	(3.2)	32.9	(3.2)	1.1	(0.7)
イギリス	16.2	(2.5)	63.2	(3.3)	20.3	(2.9)	0.2	(0.1)	25.0	(3.3)	63.9	(3.5)	10.5	(2.2)	0.7	(0.6)
アメリカ	25.5	(3.4)	60.3	(4.4)	11.9	(2.5)	2.2	(1.4)	14.4	(2.9)	50.7	(4.0)	31.3	(3.7)	3.6	(1.5)
OECD 平均	30.9	(0.4)	51.2	(0.5)	15.8	(0.4)	2.2	(0.2)	22.2	(0.4)	48.4	(0.5)	25.6	(0.4)	3.8	(0.2)
北京・上海・江蘇・浙江	51.3	(4.0)	16.9	(2.9)	13.9	(2.4)	18.0	(2.5)	22.9	(2.6)	24.0	(3.5)	35.5	(3.3)	17.6	(3.0)
香港	23.7	(4.1)	63.1	(4.8)	11.8	(3.0)	1.3	(1.3)	12.7	(3.6)	44.4	(4.4)	37.1	(4.1)	5.7	(1.8)
台湾	69.7	(3.3)	23.1	(3.3)	2.4	(1.0)	4.9	(1.7)	18.7	(2.4)	49.9	(4.0)	21.6	(2.9)	9.8	(2.4)
シンガポール	45.3	(1.1)	50.4	(1.0)	3.0	(0.4)	1.3	(0.4)	15.6	(0.9)	59.4	(1.4)	22.8	(1.0)	2.2	(0.0)

国　名	(10) 教員が生徒に対して厳格すぎること								(11) 教員の授業準備が足りないこと							
	まったくない		ほとんどない		ある程度ある		よくある		まったくない		ほとんどない		ある程度ある		よくある	
	割合	標準誤差	割合	標準誤差	割合	標準誤差	割合	標準誤差	割合	標準誤差	割合	標準誤差	割合	標準誤差	割合	標準誤差
日本	10.6	(2.1)	65.5	(3.6)	22.7	(3.2)	1.2	(0.8)	5.1	(1.7)	66.5	(3.6)	25.6	(3.3)	2.8	(1.3)
オーストラリア	29.5	(1.8)	61.1	(2.0)	9.4	(1.3)	0.0	c	20.0	(1.6)	66.5	(2.0)	11.4	(1.5)	2.1	(0.6)
カナダ	20.2	(1.7)	62.4	(2.5)	15.9	(2.0)	1.5	(0.6)	22.9	(2.0)	68.5	(2.2)	7.4	(1.0)	1.2	(0.6)
エストニア	26.1	(2.1)	55.0	(2.0)	18.9	(1.3)	0.0	c	44.0	(1.9)	49.6	(1.9)	4.2	(0.6)	2.3	(0.8)
フィンランド	39.8	(3.7)	54.2	(4.0)	6.0	(1.7)	0.0	c	39.4	(3.4)	55.7	(3.3)	4.3	(1.5)	0.5	(0.5)
フランス	27.5	(3.1)	48.7	(3.8)	19.3	(2.8)	4.5	(1.5)	26.9	(3.1)	54.4	(3.7)	17.1	(2.9)	1.6	(0.9)
ドイツ	25.2	(2.9)	64.6	(3.3)	10.2	(2.2)	0.0	c	11.8	(2.4)	74.6	(3.4)	12.8	(2.4)	0.8	(0.8)
アイルランド	23.8	(3.7)	67.3	(3.8)	8.8	(2.2)	0.0	c	18.1	(3.1)	68.5	(3.9)	12.1	(2.8)	1.3	(0.9)
イタリア	22.5	(2.2)	58.0	(3.1)	19.3	(2.8)	0.2	(0.1)	27.5	(3.0)	51.1	(3.4)	14.1	(2.2)	7.3	(1.7)
韓国	29.8	(3.8)	52.7	(3.9)	17.1	(2.8)	0.3	(0.3)	32.6	(3.8)	47.8	(3.7)	15.4	(2.8)	4.2	(1.6)
オランダ	11.1	(2.6)	64.2	(4.2)	23.3	(3.8)	1.3	(0.4)	7.7	(2.2)	58.2	(4.1)	30.1	(3.8)	3.9	(1.5)
ニュージーランド	20.9	(2.8)	71.9	(3.0)	6.8	(1.7)	0.4	(0.4)	15.1	(2.4)	76.8	(2.4)	7.0	(1.2)	1.1	(0.7)
イギリス	32.9	(3.5)	64.4	(3.5)	2.7	(1.0)	0.1	(0.1)	22.3	(3.1)	72.9	(3.5)	4.1	(1.3)	0.7	(0.5)
アメリカ	20.6	(3.4)	68.7	(4.4)	10.8	(2.6)	0.0	c	22.0	(3.4)	68.4	(3.5)	9.6	(2.3)	0.0	c
OECD 平均	28.1	(0.5)	59.4	(0.5)	11.4	(0.3)	1.0	(0.1)	30.6	(0.5)	56.8	(0.5)	9.7	(0.3)	3.0	(0.2)
北京・上海・江蘇・浙江	37.2	(3.1)	40.1	(3.1)	21.0	(2.5)	1.6	(0.7)	31.6	(3.4)	27.2	(3.0)	21.2	(2.3)	20.1	(2.9)
香港	16.9	(3.3)	71.4	(4.3)	11.6	(3.1)	0.0	c	11.8	(3.4)	65.9	(4.7)	21.1	(3.5)	1.3	(0.9)
台湾	20.7	(3.1)	59.7	(3.8)	16.5	(3.0)	3.1	(1.3)	26.8	(3.0)	49.7	(3.8)	17.7	(3.0)	5.8	(1.9)
シンガポール	21.6	(0.5)	63.6	(0.9)	14.8	(0.6)	0.0	c	21.2	(0.8)	70.6	(0.9)	7.1	(0.5)	1.1	(0.0)

（注）1．表中のｃは対象数が少なすぎて信頼できる推定値を得られないことを示す。
出所：OECD(2019c) 3 章の表より抜粋。

第5章　学習の背景

表5.1.2　「学校長が考える教師に起因する学級雰囲気」の各回答と読解力の得点

第5章

国　名	読解力の得点との関連				生徒の学習の妨げになる事項として学校長が以下の項目を選択した学校に通う生徒のが読解力の得点							
	指標1単位の増加に対応する得点の変化		指標による得点分散の説明率（%）		(7) 教員が個々の生徒のニーズに応えていないこと							
					まったくない		ほとんどない		ある程度ある		よくある	
	得点の変化	標準誤差	割合	標準誤差	平均得点	標準誤差	平均得点	標準誤差	平均得点	標準誤差	平均得点	標準誤差
日本	**-19**	(7.1)	1.6	(1.1)	541	(25.7)	512	(5.3)	491	(5.7)	c	c
オーストラリア	**-15**	(2.5)	1.3	(0.5)	521	(9.7)	509	(3.0)	492	(3.1)	480	(12.3)
カナダ	-3	(2.0)	0.1	(0.1)	515	(5.4)	525	(2.5)	511	(3.1)	541	(10.1)
エストニア	1	(2.2)	0.0	(0.0)	516	(6.3)	524	(3.4)	525	(3.5)	523	(6.9)
フィンランド	-4	(2.6)	0.1	(0.1)	525	(10.1)	519	(2.9)	520	(3.3)	c	c
フランス	**-16**	(4.0)	2.7	(1.4)	503	(9.9)	502	(5.5)	482	(7.6)	481	(22.9)
ドイツ	16	(7.9)	1.0	(1.0)	449	(15.8)	501	(6.1)	513	(8.3)	c	c
アイルランド	4	(3.7)	0.1	(0.2)	496	(15.1)	523	(3.4)	513	(5.0)	c	c
イタリア	7	(5.5)	0.5	(0.9)	450	(10.0)	484	(3.7)	494	(8.0)	366	(21.0)
韓国	-9	(3.7)	0.9	(0.8)	526	(7.7)	523	(5.1)	493	(6.8)	c	c
オランダ	7	(9.3)	0.2	(0.6)	c	c	477	(11.8)	490	(6.6)	535	(19.5)
ニュージーランド	**-15**	(3.6)	1.0	(0.5)	526	(11.5)	515	(3.0)	493	(4.9)	468	(14.6)
イギリス	-4	(4.1)	0.1	(0.2)	507	(10.3)	508	(4.2)	506	(8.1)	c	c
アメリカ	-5	(4.7)	0.2	(0.3)	492	(12.1)	516	(4.7)	502	(6.0)	c	c
OECD平均	**-2**	(0.7)	0.6	(0.1)	488	(1.9)	493	(0.8)	486	(1.1)	470	(4.6)
北京・上海・江蘇・浙江	**-6**	(2.4)	1.0	(0.7)	585	(10.4)	551	(6.4)	550	(4.9)	561	(12.1)
香港	**-26**	(5.9)	4.2	(2.1)	c	c	540	(7.0)	510	(7.3)	478	(21.5)
台湾	-6	(3.4)	0.4	(0.5)	532	(10.5)	502	(4.1)	494	(8.6)	479	(10.2)
シンガポール	**-8**	(1.3)	0.5	(0.2)	565	(3.1)	550	(1.9)	543	(3.3)	530	(9.4)

国　名	生徒の学習の妨げになる事項として学校長が以下の項目を選択した学校に通う生徒の読解力の得点															
	(8) 教員の欠勤								(9) 改革に対する教職員の抵抗							
	まったくない		ほとんどない		ある程度ある		よくある		まったくない		ほとんどない		ある程度ある		よくある	
	平均得点	標準誤差	平均得点	標準誤差	平均得点	標準誤差	平均得点	標準誤差	平均得点	標準誤差	平均得点	標準誤差	平均得点	標準誤差	平均得点	標準誤差
日本	516	(4.1)	487	(6.3)	477	(14.2)	c	c	501	(12.4)	506	(5.0)	500	(9.0)	c	c
オーストラリア	529	(5.3)	503	(2.5)	483	(3.9)	467	(6.5)	515	(7.0)	502	(2.8)	501	(3.6)	505	(11.2)
カナダ	527	(3.9)	518	(2.3)	519	(5.1)	503	(22.1)	508	(5.0)	524	(2.5)	515	(3.4)	526	(7.8)
エストニア	521	(3.5)	524	(3.0)	530	(5.2)	504	(7.6)	517	(4.7)	526	(3.0)	525	(3.1)	518	(7.9)
フィンランド	525	(5.5)	518	(2.7)	520	(4.2)	c	c	527	(4.8)	519	(3.1)	517	(4.4)	c	c
フランス	515	(7.9)	496	(4.9)	459	(11.7)	c	c	516	(9.6)	503	(6.4)	486	(6.8)	467	(16.5)
ドイツ	468	(13.9)	514	(6.8)	491	(7.7)	442	(12.3)	477	(19.5)	495	(6.3)	510	(7.6)	491	(24.8)
アイルランド	513	(6.2)	520	(3.3)	518	(5.6)	c	c	503	(7.4)	519	(2.9)	524	(6.1)	525	(16.2)
イタリア	485	(6.6)	480	(4.9)	455	(12.4)	c	c	445	(8.1)	478	(5.4)	493	(5.0)	466	(16.5)
韓国	516	(3.2)	498	(13.9)	c	c	520	(13.7)	515	(6.5)	523	(4.9)	487	(6.8)	c	c
オランダ	462	(26.4)	485	(7.7)	498	(9.4)	471	(16.5)	509	(39.4)	481	(9.1)	492	(6.6)	480	(21.2)
ニュージーランド	513	(4.4)	507	(3.2)	481	(9.1)	c	c	516	(9.9)	509	(2.8)	500	(5.5)	c	c
イギリス	535	(10.5)	500	(3.5)	508	(9.3)	c	c	507	(7.1)	506	(4.3)	520	(12.6)	c	c
アメリカ	512	(8.1)	513	(3.9)	487	(11.9)	c	c	512	(9.6)	509	(5.5)	511	(6.6)	463	(22.6)
OECD平均	491	(1.5)	491	(0.9)	481	(2.0)	473	(4.2)	488	(1.8)	491	(0.8)	490	(1.3)	479	(4.0)
北京・上海・江蘇・浙江	563	(3.9)	540	(11.5)	551	(9.7)	551	(6.7)	573	(7.2)	556	(7.0)	548	(6.1)	547	(7.5)
香港	544	(10.7)	522	(6.7)	487	(12.5)	c	c	502	(18.9)	540	(6.1)	518	(7.3)	447	(11.9)
台湾	497	(4.0)	518	(10.1)	c	c	504	(15.2)	498	(8.2)	507	(5.4)	501	(10.5)	487	(10.4)
シンガポール	561	(2.1)	541	(1.9)	521	(12.0)	546	(12.3)	561	(2.3)	545	(2.0)	548	(3.3)	596	(7.2)

国　名	生徒の学習の妨げになる事項として学校長が以下の項目を選択した学校に通う生徒の読解力の得点															
	(10) 教員が生徒に対して厳格すぎること								(11) 教員の授業準備が足りないこと							
	まったくない		ほとんどない		ある程度ある		よくある		まったくない		ほとんどない		ある程度ある		よくある	
	平均得点	標準誤差	平均得点	標準誤差	平均得点	標準誤差	平均得点	標準誤差	平均得点	標準誤差	平均得点	標準誤差	平均得点	標準誤差	平均得点	標準誤差
日本	511	(14.8)	505	(4.8)	496	(8.8)	c	c	521	(22.5)	509	(3.9)	488	(6.0)	490	(17.0)
オーストラリア	517	(3.6)	499	(2.5)	491	(7.2)	c	c	522	(5.2)	501	(2.1)	485	(6.1)	500	(14.2)
カナダ	519	(3.5)	521	(2.4)	517	(4.6)	523	(13.8)	526	(4.0)	520	(2.3)	503	(6.0)	515	(9.0)
エストニア	532	(4.1)	518	(2.8)	526	(3.3)	c	c	521	(3.2)	527	(2.8)	509	(7.1)	508	(17.1)
フィンランド	521	(4.1)	517	(3.1)	540	(9.9)	c	c	524	(4.2)	517	(2.7)	524	(8.6)	c	c
フランス	506	(8.3)	495	(5.4)	481	(12.0)	488	(23.7)	514	(9.2)	493	(5.2)	479	(9.6)	c	c
ドイツ	485	(9.1)	499	(5.0)	526	(16.9)	c	c	494	(18.5)	497	(4.4)	514	(13.2)	c	c
アイルランド	519	(5.7)	518	(3.0)	517	(9.7)	c	c	514	(6.7)	517	(2.4)	529	(9.9)	c	c
イタリア	445	(6.1)	483	(3.8)	501	(9.3)	526	(13.2)	464	(7.7)	491	(3.8)	464	(9.7)	461	(23.2)
韓国	514	(8.5)	521	(4.5)	494	(9.4)	c	c	516	(6.6)	522	(4.8)	488	(12.8)	499	(11.9)
オランダ	495	(16.1)	489	(5.6)	473	(11.0)	c	c	474	(17.6)	499	(5.9)	471	(9.6)	487	(37.9)
ニュージーランド	515	(4.8)	508	(3.1)	473	(13.9)	c	c	525	(5.5)	504	(2.8)	490	(6.3)	c	c
イギリス	511	(6.3)	506	(3.9)	490	(12.1)	c	c	511	(6.5)	506	(4.1)	507	(8.5)	506	(16.8)
アメリカ	506	(8.2)	507	(4.4)	519	(11.4)	c	c	517	(8.1)	511	(4.1)	471	(16.2)	c	c
OECD平均	488	(1.2)	491	(0.7)	485	(2.0)	482	(8.1)	493	(1.3)	491	(0.7)	477	(2.1)	481	(3.8)
北京・上海・江蘇・浙江	563	(5.2)	553	(5.1)	545	(7.3)	580	(16.0)	568	(5.8)	548	(6.3)	555	(9.5)	546	(7.1)
香港	517	(18.0)	526	(4.5)	499	(10.9)	c	c	556	(12.1)	525	(6.8)	490	(9.3)	c	c
台湾	499	(8.7)	506	(4.1)	496	(9.3)	490	(14.1)	511	(7.2)	505	(5.1)	485	(9.3)	499	(13.6)
シンガポール	564	(2.2)	545	(1.9)	547	(3.7)	c	c	563	(2.3)	545	(1.9)	556	(5.5)	514	(9.5)

（注）1. 表中のcは対象数が少なすぎて信頼できる推定値を得られないことを示す。
　　　2. 太字は統計的な有意差があることを示す。
　　　3. 指標による得点分散の説明率は、回帰分析によって指標が平均得点に及ぼす影響度合を算出し，数値が低いほど影響が小さいことを示す。
出所：OECD(2019c) 3章の表より抜粋及びOECD PISA2018データベースをもとに国立教育政策研究所が作成。

ンダ（0.93）である。

　次に，五つの質問項目の中で，日本の学級の雰囲気が良好とする回答（「まったくない」と「ほとんどない」の合計）の割合が最も多いのは「(8) 教員の欠勤」（93.6％）であり，OECD 平均（82.0％）と比べると 11.6 ポイント差である。また，「(9) 改革に対する教職員の抵抗」では，学級の雰囲気が良好とする日本の回答の割合（70.8％）は OECD 平均（70.6％）とほぼ同じである。これ以外の三つの質問項目では，学級の雰囲気が良好とする日本の回答の割合は OECD 平均よりも少ない。

　なお，読解力の得点との関連を見ると，日本は学習の妨げになる「教師に起因する学級雰囲気」指標 1 単位増加に伴って統計的に有意に 19 点低くなっており，「教師に起因する学級雰囲気」指標と読解力の得点の間には統計的に有意な関連が見られる（表 5.1.2 参照）。

(2) 学校長が考える生徒に起因する学級雰囲気

　「生徒に起因する学級雰囲気」に関係するのは，学校質問調査の問 15 の質問項目のうち，次の破線の囲みに示した 5 項目である。

SC061　生徒と教員の問題行動				
問15	あなたの学校（学科）では、生徒の学習に、次のようなことが支障となることが、どのくらいありますか。(1)〜(11)のそれぞれについて、あてはまるものを一つ選んでください。			
	まったくない	ほとんどない	ある程度ある	よくある
SC061Q01	(1) 生徒が無断欠席すること	○1	○2	○3	○4
SC061Q02	(2) 生徒が授業をサボること	○1	○2	○3	○4
SC061Q03	(3) 生徒による教員への敬意が欠けていること	○1	○2	○3	○4
SC061Q04	(4) 生徒がアルコールや違法な薬物を使用すること	○1	○2	○3	○4
SC061Q05	(5) 生徒が他の生徒を脅したりいじめたりすること	○1	○2	○3	○4

　表 5.1.3 は，18 か国について，学校長が問 15 の五つの質問項目に「まったくない」「ほとんどない」「ある程度ある」「よくある」の四つの選択肢で回答をした学校に通う生徒の割合，及び学校長のこれらの回答から算出した「生徒に起因する学級雰囲気」指標の値を示している。このうち，「生徒に起因する学級雰囲気」指標は，値が大きいほど生徒に起因する学級雰囲気は悪く，値が小さいほど学級雰囲気が良好であることを示している。

　まず，「生徒に起因する学級雰囲気」指標の値が小さい（「まったくない」と「ほとんどない」の回答割合が高い）順に取り上げると，日本（-0.28）は，18 か国中，香港（-0.65），シンガポール（-0.64），イギリス（-0.35）に続き 4 番目に学級雰囲気が良好であり，OECD 平均（0.07）とは，0.35 ポイントの差がある。最も指標の値が大きいのは，カナダ（0.49）である。

　次に，各質問項目における日本の学級の雰囲気が良好とする回答（「まったくない」と「ほとんどない」の合計）の割合を見ると，質問項目（3）及び（5）については，OECD 平均とほぼ同じであるが，それ以外の項目では OECD 平均を上回っている。

　表 5.1.4 は，2018 年調査における「生徒に起因する学級雰囲気」の各回答に対する読解力の得点との関連を見たものである。

　各質問項目について，多くの国では，「まったくない」群から「よくある」群まで，平均得点は単調に減少する傾向があり，このような傾向は，質問項目（1）〜（3）で顕著に表れている。日本の特徴は，「ほとんどない」と「ある程度ある」の間で平均得点が大きく低下する傾向が見られることである。

　「(5) 生徒が他の生徒を脅したりいじめたりすること」に関しては，エストニア，フィンランド

表5.1.3 学校長が考える生徒に起因する学級雰囲気

	「生徒に起因する学級雰囲気」指標		生徒の学習の妨げになる事項として学校長が以下の項目を選択した学校に通う生徒の割合							
			(1) 生徒が無断欠席すること							
			まったくない		ほとんどない		ある程度ある		よくある	
	平均値	標準誤差	割合	標準誤差	割合	標準誤差	割合	標準誤差	割合	標準誤差
日本	-0.28	(0.08)	22	(2.8)	55	(3.6)	19	(2.9)	3	(1.3)
オーストラリア	0.03	(0.04)	17	(1.5)	50	(2.2)	30	(1.7)	3	(0.7)
カナダ	0.49	(0.04)	4	(0.9)	37	(2.6)	48	(2.6)	11	(1.5)
エストニア	0.06	(0.04)	6	(1.4)	52	(2.1)	35	(2.0)	7	(1.3)
フィンランド	0.33	(0.04)	1	(0.6)	51	(3.3)	46	(3.3)	1	(0.8)
フランス	0.15	(0.07)	10	(2.0)	37	(3.6)	40	(3.4)	12	(2.1)
ドイツ	0.14[*1]	(0.05)	12[*1]	(2.4)	61[*1]	(3.6)	23[*1]	(2.9)	4[*1]	(1.5)
アイルランド	0.13	(0.06)	2	(1.3)	40	(3.7)	45	(3.9)	12	(2.6)
イタリア	-0.11	(0.06)	21	(2.5)	40	(3.4)	32	(3.0)	6	(1.7)
韓国	0.02	(0.11)	22	(3.4)	44	(3.9)	18	(2.8)	15	(2.7)
オランダ	0.43	(0.06)	7	(2.5)	58	(4.4)	33	(4.5)	2	(1.1)
ニュージーランド	0.32	(0.04)	7	(1.2)	40	(3.2)	42	(3.3)	10	(2.0)
イギリス	-0.35[*1]	(0.06)	26[*1]	(3.0)	54[*1]	(3.6)	18[*1]	(2.5)	2[*1]	(1.4)
アメリカ	0.46	(0.06)	5	(1.9)	38	(4.0)	39	(3.3)	18	(3.1)
OECD 平均	0.07	(0.01)	13	(0.3)	49	(0.5)	30	(0.5)	8	(0.3)
北京・上海・江蘇・浙江	-0.08	(0.15)	43	(3.5)	18	(3.3)	16	(2.9)	23	(3.1)
香港	-0.65[*1]	(0.07)	39[*1]	(4.6)	56[*1]	(4.7)	5[*1]	(2.1)	c	(0.0)
台湾	0.04	(0.08)	41	(3.6)	45	(3.9)	8	(1.9)	6	(1.8)
シンガポール	-0.64	(0.01)	22	(0.7)	67	(0.6)	10	(0.2)	1	(0.0)

	生徒の学習の妨げになる事項として学校長が以下の項目を選択した学校に通う生徒の割合															
	(2) 生徒が授業をさぼること								(3) 生徒による教師への敬意が欠けていること							
	まったくない		ほとんどない		ある程度ある		よくある		まったくない		ほとんどない		ある程度ある		よくある	
	割合	標準誤差	割合	標準誤差	割合	標準誤差	割合	標準誤差	割合	標準誤差	割合	標準誤差	割合	標準誤差	割合	標準誤差
日本	33	(3.8)	53	(3.8)	12	(2.2)	3	(1.3)	13	(2.5)	65	(3.6)	21	(3.0)	1	(0.7)
オーストラリア	19	(1.6)	56	(2.0)	22	(1.4)	2	(0.5)	19	(1.5)	51	(2.3)	28	(1.9)	2	(0.5)
カナダ	7	(1.0)	39	(2.5)	46	(2.5)	9	(1.4)	15	(2.0)	65	(2.3)	19	(1.6)	1	(0.4)
エストニア	6	(1.4)	51	(2.1)	39	(1.9)	4	(0.9)	32	(1.9)	53	(2.2)	13	(1.6)	1	(0.4)
フィンランド	6	(1.3)	60	(3.5)	33	(3.4)	c	(0.5)	9	(2.0)	62	(3.3)	29	(3.4)	1	(0.6)
フランス	18	(2.4)	42	(3.2)	33	(3.2)	7	(1.7)	24	(2.7)	63	(3.5)	11	(2.1)	2	(1.0)
ドイツ	13[*1]	(2.5)	70[*1]	(3.8)	15[*1]	(2.6)	2[*1]	(1.1)	18[*1]	(2.9)	63[*1]	(3.7)	19[*1]	(2.5)	1[*1]	(0.8)
アイルランド	15	(2.8)	64	(4.1)	17	(2.7)	4	(1.5)	22	(3.4)	70	(3.8)	8	(2.2)	c	(0.0)
イタリア	12	(2.2)	49	(3.6)	34	(3.4)	6	(1.5)	34	(2.9)	49	(3.1)	16	(2.2)	2	(0.8)
韓国	32	(3.6)	38	(3.8)	17	(2.6)	12	(2.4)	16	(2.8)	46	(3.7)	30	(3.4)	7	(1.9)
オランダ	3	(1.5)	50	(4.4)	44	(4.4)	3	(1.5)	16	(2.7)	61	(4.0)	20	(3.6)	2	(1.1)
ニュージーランド	8	(1.5)	48	(3.2)	37	(3.1)	6	(1.6)	10	(1.9)	67	(3.1)	22	(2.5)	1	(0.7)
イギリス	31[*1]	(3.7)	58[*1]	(3.7)	10[*1]	(1.9)	1[*1]	(0.5)	15[*1]	(2.5)	72[*1]	(3.0)	12[*1]	(2.1)	1[*1]	(0.5)
アメリカ	7	(2.2)	56	(4.4)	29	(3.3)	9	(2.5)	11	(2.7)	65	(4.2)	21	(3.1)	3	(1.5)
OECD 平均	14	(0.4)	52	(0.5)	28	(0.4)	6	(0.2)	20	(0.4)	58	(0.5)	19	(0.4)	2	(0.2)
北京・上海・江蘇・浙江	39	(3.7)	21	(3.5)	20	(3.0)	21	(3.2)	33	(3.6)	31	(3.4)	26	(3.4)	11	(2.2)
香港	46[*1]	(4.8)	49[*1]	(4.9)	4[*1]	(1.9)	1[*1]	(0.8)	23[*1]	(4.3)	67[*1]	(5.1)	9[*1]	(3.1)	1[*1]	(0.8)
台湾	34	(3.6)	49	(4.0)	11	(2.1)	6	(1.8)	20	(3.2)	54	(4.1)	21	(3.1)	5	(1.8)
シンガポール	34	(0.7)	57	(0.6)	8	(0.2)	1	(0.0)	33	(1.0)	62	(1.1)	4	(0.0)	1	(0.0)

	生徒の学習の妨げになる事項として学校長が以下の項目を選択した学校に通う生徒の割合															
	(4) 生徒がアルコールや違法な薬物を使用すること								(5) 生徒が他の生徒を脅したりいじめたりすること							
	まったくない		ほとんどない		ある程度ある		よくある		まったくない		ほとんどない		ある程度ある		よくある	
	割合	標準誤差	割合	標準誤差	割合	標準誤差	割合	標準誤差	割合	標準誤差	割合	標準誤差	割合	標準誤差	割合	標準誤差
日本	72	(3.5)	25	(3.3)	2	(1.0)	1	(0.5)	21	(3.1)	66	(3.6)	12	(2.4)	1	(0.8)
オーストラリア	35	(1.9)	54	(2.1)	11	(1.2)	c	(0.2)	10	(1.2)	68	(1.9)	22	(1.6)	1	(0.4)
カナダ	8	(1.1)	64	(2.3)	26	(2.0)	3	(0.8)	8	(1.0)	72	(2.3)	18	(2.0)	2	(0.5)
エストニア	58	(2.0)	39	(1.9)	1	(0.7)	1	(0.4)	12	(1.6)	70	(1.8)	17	(1.4)	2	(0.6)
フィンランド	45	(3.3)	51	(3.3)	4	(1.3)	c	(0.0)	6	(1.8)	72	(3.4)	21	(2.9)	1	(0.5)
フランス	25	(2.7)	56	(3.9)	16	(2.6)	2	(1.2)	47	(3.5)	44	(3.6)	8	(1.8)	1	(0.5)
ドイツ	29[*1]	(3.8)	62[*1]	(4.0)	8[*1]	(2.0)	1[*1]	(0.6)	8[*1]	(2.1)	71[*1]	(3.5)	19[*1]	(2.8)	2[*1]	(0.9)
アイルランド	33	(4.0)	57	(4.0)	9	(2.3)	1	(0.9)	12	(2.7)	79	(3.5)	9	(2.4)	c	(0.0)
イタリア	53	(3.0)	39	(3.2)	8	(1.5)	c	(0.1)	36	(2.8)	57	(2.8)	7	(1.6)	c	(0.0)
韓国	44	(3.7)	36	(3.6)	15	(2.7)	5	(1.7)	20	(3.1)	57	(3.7)	17	(2.9)	5	(1.6)
オランダ	20	(3.5)	63	(4.3)	16	(3.1)	c	(0.4)	3	(1.4)	72	(3.4)	25	(3.4)	c	(0.0)
ニュージーランド	20	(2.4)	67	(2.9)	13	(2.3)	c	(0.4)	4	(1.3)	78	(2.7)	18	(2.4)	c	(0.0)
イギリス	42[*1]	(3.6)	54[*1]	(3.6)	3[*1]	(1.3)	c	(0.5)	22[*1]	(2.9)	74[*1]	(3.2)	5[*1]	(1.4)	c	(0.0)
アメリカ	11	(2.7)	59	(4.6)	29	(4.0)	1	(0.9)	9	(2.8)	76	(4.3)	14	(3.0)	c	(0.5)
OECD 平均	43	(0.5)	47	(0.5)	8	(0.3)	2	(0.1)	24	(0.4)	64	(0.5)	11	(0.3)	1	(0.1)
北京・上海・江蘇・浙江	60	(3.6)	6	(1.7)	7	(2.0)	27	(3.4)	42	(3.5)	21	(3.0)	17	(2.5)	20	(2.8)
香港	78[*1]	(4.4)	21[*1]	(4.4)	c	(0.0)	1[*1]	(0.8)	25[*1]	(4.0)	67[*1]	(4.9)	7[*1]	(2.7)	1[*1]	(0.8)
台湾	53	(3.8)	37	(3.8)	3	(1.3)	6	(1.9)	29	(3.5)	59	(3.5)	6	(1.9)	6	(1.9)
シンガポール	78	(1.4)	20	(1.5)	1	(0.0)	1	(0.0)	21	(0.8)	71	(0.8)	7	(0.1)	1	(0.0)

(注) 1. 表中の *1 は項目の回答率が85％未満であることを示す（欠落値は考慮されていない）。
2. 表中の c は対象数が少なすぎて信頼できる推定値を得られないことを示す。
出所：OECD PISA2018 データベースをもとに国立教育政策研究所が作成。

学習の背景　第5章

表5.1.4 「学校長が考える生徒に起因する学級雰囲気」の各回答と読解力の得点

	生徒の学習の妨げになる事項として学校長が以下の項目を選択した学校に通う生徒の読解力の得点								生徒の学習の妨げになる事項として学校長が以下の項目を選択した学校に通う生徒の読解力の得点							
	(1) 生徒が無断欠席すること								(2) 生徒が授業をさぼること							
	まったくない		ほとんどない		ある程度ある		よくある		まったくない		ほとんどない		ある程度ある		よくある	
	平均得点	標準誤差	平均得点	標準誤差	平均得点	標準誤差	平均得点	標準誤差	平均得点	標準誤差	平均得点	標準誤差	平均得点	標準誤差	平均得点	標準誤差
日本	532	(7.9)	511	(4.4)	454	(6.4)	479	(28.0)	526	(7.5)	501	(4.6)	457	(12.7)	486	(27.1)
オーストラリア	533	(5.7)	514	(2.6)	475	(2.7)	460	(5.7)	528	(5.2)	511	(2.4)	469	(2.7)	450	(10.9)
カナダ	550	(11.6)	530	(3.2)	513	(2.3)	502	(6.1)	556	(7.0)	524	(3.0)	515	(2.4)	504	(7.8)
エストニア	539	(8.9)	532	(2.7)	513	(3.3)	495	(7.2)	540	(9.8)	531	(2.7)	512	(3.0)	500	(7.4)
フィンランド	c	c	523	(2.9)	515	(3.2)	c	c	525	(14.4)	523	(2.7)	514	(3.7)	c	c
フランス	541	(10.7)	509	(7.2)	486	(6.0)	440	(11.3)	505	(9.1)	510	(6.4)	480	(6.3)	448	(14.2)
ドイツ	540	(14.3)	513	(5.8)	452	(7.8)	419	(13.2)	486	(16.9)	516	(5.4)	444	(10.9)	401	(16.1)
アイルランド	c	c	530	(4.2)	512	(3.9)	498	(8.0)	521	(6.4)	521	(3.1)	506	(6.6)	512	(15.9)
イタリア	524	(8.1)	488	(5.4)	447	(5.4)	415	(17.3)	535	(10.3)	492	(3.8)	449	(5.6)	404	(17.7)
韓国	544	(6.6)	522	(4.6)	483	(8.0)	484	(10.6)	536	(5.1)	522	(5.4)	475	(7.0)	489	(12.7)
オランダ	517	(18.2)	486	(7.1)	484	(11.3)	c	c	507	(27.0)	500	(7.5)	478	(8.3)	c	c
ニュージーランド	558	(6.7)	523	(3.1)	495	(3.8)	446	(11.6)	538	(8.1)	520	(3.7)	492	(3.5)	444	(16.1)
イギリス	544	(7.1)	498	(3.8)	490	(5.0)	447	(12.8)	530	(6.5)	500	(3.8)	482	(5.1)	c	c
アメリカ	553	(19.4)	529	(5.6)	491	(4.5)	487	(7.7)	525	(16.4)	519	(4.8)	493	(4.6)	474	(11.6)
OECD平均	514	(1.8)	497	(0.8)	471	(1.0)	451	(2.3)	507	(1.9)	497	(0.7)	470	(1.1)	456	(2.6)
北京・上海・江蘇・浙江	572	(4.8)	535	(7.8)	539	(10.1)	551	(7.2)	575	(5.2)	540	(7.2)	541	(8.0)	547	(6.2)
香港	544	(9.0)	509	(5.9)	484	(16.4)	c	c	529	(6.9)	521	(7.1)	c	c	c	c
台湾	520	(6.7)	494	(5.0)	467	(9.2)	498	(20.5)	514	(6.1)	505	(5.7)	473	(12.6)	476	(13.5)
シンガポール	611	(2.2)	538	(1.9)	499	(4.0)	531	(14.6)	582	(1.8)	537	(2.2)	502	(4.5)	531	(14.6)

	生徒の学習の妨げになる事項として学校長が以下の項目を選択した学校に通う生徒の読解力の得点															
	(3) 生徒による教師への敬意が欠けていること								(4) 生徒がアルコールや違法な薬物を使用すること							
	まったくない		ほとんどない		ある程度ある		よくある		まったくない		ほとんどない		ある程度ある		よくある	
	平均得点	標準誤差	平均得点	標準誤差	平均得点	標準誤差	平均得点	標準誤差	平均得点	標準誤差	平均得点	標準誤差	平均得点	標準誤差	平均得点	標準誤差
日本	542	(12.2)	510	(3.6)	462	(8.3)	c	c	511	(3.9)	483	(7.4)	c	c	c	c
オーストラリア	540	(4.2)	510	(2.5)	473	(3.2)	442	(16.3)	522	(3.9)	497	(2.2)	481	(6.7)	c	c
カナダ	536	(5.1)	519	(1.9)	507	(4.3)	551	(22.9)	542	(6.2)	523	(2.2)	508	(2.8)	501	(17.0)
エストニア	539	(3.9)	519	(2.9)	507	(4.5)	473	(20.7)	528	(2.7)	519	(2.6)	c	c	473	(20.7)
フィンランド	517	(6.8)	523	(3.1)	516	(4.1)	c	c	524	(3.4)	518	(2.9)	505	(14.7)	c	c
フランス	531	(6.6)	492	(4.0)	443	(15.0)	c	c	490	(9.6)	499	(5.0)	486	(8.1)	c	c
ドイツ	543	(9.7)	506	(5.0)	436	(8.7)	c	c	517	(9.9)	488	(5.2)	509	(20.7)	c	c
アイルランド	533	(4.9)	516	(2.7)	490	(9.3)	c	c	522	(5.4)	518	(3.4)	511	(7.7)	c	c
イタリア	507	(7.6)	476	(4.4)	428	(10.4)	418	(34.1)	486	(4.2)	478	(4.4)	423	(14.4)	c	c
韓国	533	(8.1)	524	(4.7)	495	(7.5)	482	(16.2)	526	(5.9)	513	(5.8)	489	(10.1)	499	(17.9)
オランダ	541	(13.0)	489	(5.2)	453	(11.7)	c	c	489	(15.5)	487	(6.0)	491	(16.1)	c	c
ニュージーランド	542	(8.5)	509	(3.1)	483	(6.4)	c	c	529	(4.8)	508	(2.9)	464	(8.2)	c	c
イギリス	538	(11.1)	504	(3.6)	488	(5.2)	c	c	518	(5.6)	501	(4.2)	477	(14.1)	c	c
アメリカ	516	(14.0)	516	(4.2)	486	(7.3)	460	(16.2)	513	(15.4)	510	(4.7)	503	(7.2)	c	c
OECD平均	514	(1.4)	491	(0.7)	462	(1.3)	447	(4.3)	495	(1.0)	488	(0.8)	466	(2.8)	470	(4.3)
北京・上海・江蘇・浙江	570	(5.6)	554	(6.9)	537	(8.0)	557	(7.6)	561	(4.2)	536	(10.6)	540	(16.4)	551	(7.5)
香港	554	(12.4)	513	(5.8)	502	(20.9)	c	c	529	(3.6)	493	(12.8)	c	c	c	c
台湾	512	(8.7)	507	(5.5)	488	(8.5)	480	(15.2)	516	(4.6)	491	(5.4)	472	(18.3)	473	(13.1)
シンガポール	579	(2.3)	537	(2.2)	513	(7.8)	526	(10.1)	556	(1.4)	527	(5.6)	525	(9.1)	531	(14.6)

	生徒の学習の妨げになる事項として学校長が以下の項目を選択した学校に通う生徒の読解力の得点							
	(5) 生徒が他の生徒を脅したりいじめたりすること							
	まったくない		ほとんどない		ある程度ある		よくある	
	平均得点	標準誤差	平均得点	標準誤差	平均得点	標準誤差	平均得点	標準誤差
日本	544	(8.8)	496	(4.0)	471	(12.8)	c	c
オーストラリア	541	(8.7)	507	(2.2)	479	(4.2)	436	(32.8)
カナダ	534	(7.1)	521	(1.9)	507	(4.4)	551	(14.6)
エストニア	524	(6.7)	526	(2.2)	516	(4.4)	468	(15.2)
フィンランド	527	(9.2)	522	(2.7)	511	(4.6)	c	c
フランス	521	(4.8)	483	(5.7)	417	(11.2)	c	c
ドイツ	523	(16.0)	503	(5.0)	471	(9.9)	477	(39.1)
アイルランド	521	(8.5)	519	(2.9)	511	(8.5)	c	c
イタリア	498	(5.9)	472	(3.5)	430	(12.8)	c	c
韓国	547	(6.2)	512	(4.9)	489	(8.3)	493	(21.3)
オランダ	465	(33.0)	500	(4.7)	457	(10.6)	c	c
ニュージーランド	556	(14.5)	512	(2.3)	472	(6.6)	c	c
イギリス	525	(7.8)	502	(3.9)	518	(18.2)	c	c
アメリカ	515	(15.8)	510	(3.9)	496	(12.0)	c	c
OECD平均	505	(1.6)	486	(0.7)	463	(2.2)	468	(5.7)
北京・上海・江蘇・浙江	571	(5.6)	537	(6.6)	543	(9.4)	553	(8.1)
香港	529	(11.5)	523	(6.1)	479	(17.7)	c	c
台湾	510	(6.9)	502	(4.6)	490	(11.3)	483	(11.6)
シンガポール	585	(2.1)	539	(2.3)	554	(4.9)	531	(14.6)

（注）1．表中のcは対象数が少なすぎて信頼できる推定値を得られないことを示す。
出所：OECD PISA2018 データベースをもとに国立教育政策研究所が作成。

第5章　学習の背景

やアイルランドのように，回答カテゴリ間の平均得点の差が小さい国がある一方で，「まったくない」群から「よくある」群まで，平均得点が単調に減少する国もある（例えばフランス）。ただし，いじめの定義やその影響は，国やその学校が置かれた状況によって異なるため，結果の解釈については注意が必要である。

5.1.2　学校の活動

　学校質問調査の問 22（SC053）では，「本年度，あなたの学校（学科）の高校 1 年生は次のうちどの活動を行っていますか。」と尋ね，次の破線の囲みに示した 12 の質問項目のそれぞれについて，「はい」又は「いいえ」のどちらかで答えた。

SC053 課外活動の有無

問22　本年度、あなたの学校（学科）の高校1年生は次のうちどの活動を行っていますか。（1）～（12）のそれぞれについて、あてはまるものを一つ選んでください。

		はい	いいえ
SC053Q01	（1）吹奏楽、合唱	○₁	○₂
SC053Q02	（2）演劇またはミュージカル	○₁	○₂
SC053Q03	（3）卒業アルバム、学校新聞、または雑誌の編集	○₁	○₂
SC053Q04	（4）ボランティアやサービス活動（例：地域活動）	○₁	○₂
SC053Q12	（5）読書クラブ	○₁	○₂
SC053Q13	（6）弁論部やディベート活動	○₁	○₂
SC053Q09	（7）美術部又は美術活動	○₁	○₂
SC053Q10	（8）運動部またはスポーツ活動	○₁	○₂
SC053Q14	（9）講演会またはセミナー（例：作家やジャーナリストなどのゲストを迎えるセミナー）	○₁	○₂
SC053Q15	（10）地域の図書館と共同で行う活動	○₁	○₂
SC053Q16	（11）地域の新聞社と共同で行う活動	○₁	○₂
SC053Q11	（12）伝統芸能に関する活動（例：和太鼓、日本舞踊）[*1]		

*1. 各国の歴史的・文化的背景を持つものを、国ごとに決めるよう求められた項目であり、日本では「伝統芸能に関する活動（例：和太鼓、日本舞踊）」とし、国際センターから承認を得た。

　表 5.1.5 は学校長が問 22 の各質問項目に「はい」又は「いいえ」と回答した学校に通う生徒の割合及び読解力の得点における日本の結果と OECD 平均である。12 の質問項目のうち四つで日本は OECD 平均よりも「はい」の割合が有意に高い。その四つの活動は「（1）吹奏楽，合唱」（日本 92%，OECD 平均 63%），「（4）ボランティアやサービス活動（例：地域活動）」（日本 87%，OECD 平均 74%），「（7）美術部または美術活動」（日本 89%，OECD 平均 66%），「（8）運動部またはスポーツ活動」（日本 99%，OECD 平均 91%）である。

　日本における活動の有無別の読解力の得点を見ると，12 の質問項目中，五つの項目「（1）吹奏楽，合唱」「（2）演劇またはミュージカル」「（3）卒業アルバム，学校新聞，または雑誌の編集」「（6）弁論部やディベート活動」「（9）講演会またはセミナー」について，活動を行っている学校に通っている生徒の方が得点が有意に高く，また，その両群（有無別）の得点差は OECD 平均の差より大きい。逆に活動を行っていない学校の生徒の方が有意に得点の高い項目はなかった。

学習の背景　第5章

表 5.1.5 学校の活動別生徒の割合と読解力の得点

質問項目		生徒の割合（%）[注1]				読解力の得点[注2]			
		はい		いいえ		はい		いいえ	
		割合[注3]	標準誤差	割合[注3]	標準誤差	平均得点	標準誤差	平均得点	標準誤差
(1) 吹奏楽，合唱	日本	92	(1.9)	8	(1.9)	509	(2.7)	442	(12.5)
	OECD 平均	63	(0.4)	37	(0.4)	496	(0.7)	469	(1.2)
(2) 演劇またはミュージカル	日本	47	(3.8)	53	(3.8)	521	(4.9)	488	(5.4)
	OECD 平均	60	(0.5)	40	(0.5)	495	(0.7)	475	(1.0)
(3) 卒業アルバム，学校新聞，または雑誌の編集	日本	39	(3.6)	61	(3.6)	517	(6.0)	495	(4.6)
	OECD 平均	50	(0.5)	50	(0.5)	497	(0.9)	476	(0.8)
(4) ボランティアやサービス活動（例：地域活動）	日本	87	(2.5)	13	(2.5)	503	(2.9)	506	(12.3)
	OECD 平均	74	(0.4)	26	(0.4)	491	(0.6)	472	(1.5)
(5) 読書クラブ	日本	30	(3.5)	70	(3.5)	515	(8.1)	499	(3.8)
	OECD 平均	37	(0.5)	63	(0.5)	491	(1.4)	484	(0.8)
(6) 弁論部やディベート活動	日本	28	(2.6)	72	(2.6)	558	(6.2)	482	(3.8)
	OECD 平均	40	(0.4)	60	(0.4)	506	(1.1)	475	(0.9)
(7) 美術部又は美術活動	日本	89	(2.3)	11	(2.3)	507	(2.7)	478	(14.8)
	OECD 平均	66	(0.5)	34	(0.5)	491	(0.7)	479	(1.4)
(8) 運動部またはスポーツ活動	日本	99	(0.4)	1	(0.4)	503	(2.7)	c	c
	OECD 平均	91	(0.3)	9	(0.3)	488	(0.5)	473	(3.7)
(9) 講演会またはセミナー（例：作家やジャーナリストなどのゲストを迎えるセミナー）	日本	72	(3.2)	28	(3.2)	513	(3.7)	481	(7.9)
	OECD 平均	74	(0.5)	26	(0.5)	494	(0.6)	469	(1.3)
(10) 地域の図書館と共同で行う活動	日本	10	(2.3)	90	(2.3)	515	(12.0)	503	(3.0)
	OECD 平均	49	(0.5)	51	(0.5)	487	(0.9)	490	(0.9)
(11) 地域の新聞社と共同で行う活動	日本	9	(2.3)	91	(2.3)	508	(15.4)	503	(3.0)
	OECD 平均	27	(0.5)	73	(0.5)	488	(1.3)	486	(0.6)
(12) 伝統芸能に関する活動（例：和太鼓，日本舞踊）	日本	29	(3.2)	71	(3.2)	510	(7.4)	501	(3.9)
	OECD 平均[注4]	—	(—)	—	(—)	—	(—)	—	(—)

（注）1. 学校長が学校質問調査の問 22 の各質問項目に「はい」又は「いいえ」と回答した学校に通う生徒の割合。
　　　2. 太字の値は「はい」と「いいえ」の読解力の得点に有意な差があることを示す。
　　　3. 太字の値は「日本」と「OECD 平均」の生徒の割合に有意な差があることを示す。
　　　4. 質問項目 (12) は国によって内容が異なるため OECD 平均は掲載していない。
　　　5. 表中の c は欠損値（対象が少なすぎるため信頼できる推定値が得られない）。
出所：OECD PISA2018 データベースをもとに国立教育政策研究所が作成。

5.1.3　学校の無断欠席・授業のサボり・学校への遅刻

　生徒質問調査の問58（ST062）では，生徒に「最近2週間のうち，次のことが何回ありましたか。」と尋ねており，「(1) 学校を無断欠席した」「(2) 授業をサボった」「(3) 学校に遅刻した」についていずれも，「まったくなかった」「1〜2回」「3〜4回」「5回以上」の四つの選択肢の中から一つを選んでもらった。

　表5.1.6で，学校の無断欠席が最近2週間で「まったくなかった」と回答した生徒の割合を見ると，OECD平均が78.7%であるのに対して，北京・上海・江蘇・浙江（98.8%）が参加国中で最も多く，日本（97.9%），韓国（97.8%），台湾（94.5%），香港（93.0%）と続いている。

　また，表5.1.7で，授業をサボったことが最近2週間で「まったくなかった」と回答した生徒の割合を見てみると，OECD平均が72.7%であるのに対して，韓国（97.4%）が参加国中で最も多く，日本（96.5%），北京・上海・江蘇・浙江（93.1%），香港（92.2%）と続いている。

　更に，表5.1.8で，学校への遅刻が最近2週間で「まったくなかった」と回答した生徒の割合を見ると，他にOECD平均が52.4%であるのに対して，日本は87.3%と，参加国中で最も多い。また，18か国中で日本のほかに「まったくなかった」と答えた生徒の割合が8割以上なのは，韓国（80.8%）である。

　以上より，日本は学校の無断欠席，授業のサボり，学校に遅刻した生徒の割合が，国際的に見ていずれも極めて少ないと言える。

表5.1.6　学校の無断欠席

国　名	最近2週間のうち，学校を無断欠席した回数別生徒の割合							
	まったくなかった		1〜2回		3〜4回		5回以上	
	割合	標準誤差	割合	標準誤差	割合	標準誤差	割合	標準誤差
日本	97.9	(0.4)	1.7	(0.3)	0.1	(0.0)	0.3	(0.1)
オーストラリア	67.0	(0.6)	25.5	(0.5)	4.1	(0.2)	3.4	(0.2)
カナダ	76.8	(0.5)	17.9	(0.4)	2.9	(0.2)	2.4	(0.1)
エストニア	82.5	(0.6)	13.3	(0.5)	2.2	(0.2)	1.9	(0.2)
フィンランド	86.8	(0.6)	10.7	(0.5)	1.3	(0.1)	1.3	(0.2)
フランス	83.9	(0.7)	10.4	(0.5)	2.4	(0.2)	3.3	(0.3)
ドイツ	86.7	(0.9)	9.2	(0.6)	2.0	(0.3)	2.1	(0.3)
アイルランド	70.1	(0.8)	24.2	(0.7)	3.2	(0.3)	2.5	(0.2)
イタリア	43.2	(1.0)	39.8	(0.8)	8.0	(0.4)	8.9	(0.5)
韓国	97.8	(0.3)	1.5	(0.3)	0.4	(0.1)	0.3	(0.1)
オランダ	92.8	(0.5)	5.6	(0.4)	0.9	(0.2)	0.8	(0.2)
ニュージーランド	71.0	(0.8)	22.2	(0.7)	3.7	(0.3)	3.1	(0.3)
イギリス	81.2	(0.5)	15.2	(0.5)	2.0	(0.2)	1.5	(0.2)
アメリカ	80.1	(0.8)	16.4	(0.7)	2.1	(0.2)	1.4	(0.2)
OECD平均	78.7	(0.1)	15.4	(0.1)	3.1	(0.0)	2.7	(0.0)
北京・上海・江蘇・浙江	98.8	(0.1)	0.9	(0.1)	0.2	(0.0)	0.2	(0.0)
香港	93.0	(0.4)	4.6	(0.4)	1.3	(0.2)	1.1	(0.2)
台湾	94.5	(0.3)	3.7	(0.2)	1.0	(0.1)	0.8	(0.1)
シンガポール	86.8	(0.4)	10.2	(0.4)	1.7	(0.2)	1.3	(0.1)

出所：OECD(2019c) の表より抜粋。

学習の背景　第5章

表5.1.7　授業をサボる

国　名	最近2週間のうち，授業をサボった回数別生徒の割合							
	まったくなかった		1〜2回		3〜4回		5回以上	
	割合	標準誤差	割合	標準誤差	割合	標準誤差	割合	標準誤差
日本	96.5	(0.4)	2.8	(0.3)	0.4	(0.1)	0.4	(0.1)
オーストラリア	78.8	(0.5)	15.4	(0.4)	3.5	(0.2)	2.2	(0.2)
カナダ	67.2	(0.7)	23.1	(0.5)	5.9	(0.3)	3.8	(0.2)
エストニア	69.0	(0.9)	23.5	(0.7)	4.6	(0.3)	2.9	(0.3)
フィンランド	80.1	(0.6)	16.0	(0.5)	2.3	(0.2)	1.7	(0.2)
フランス	70.5	(0.9)	19.7	(0.5)	5.1	(0.3)	4.7	(0.4)
ドイツ	79.0	(1.1)	14.9	(0.8)	3.5	(0.4)	2.6	(0.4)
アイルランド	72.3	(1.0)	20.6	(0.8)	4.8	(0.4)	2.3	(0.2)
イタリア	47.6	(0.9)	37.9	(0.8)	8.9	(0.5)	5.6	(0.3)
韓国	97.4	(0.4)	1.8	(0.2)	0.4	(0.1)	0.4	(0.1)
オランダ	77.6	(1.0)	16.6	(0.8)	3.2	(0.3)	2.6	(0.3)
ニュージーランド	73.5	(0.9)	19.4	(0.7)	4.3	(0.3)	2.8	(0.2)
イギリス	84.3	(0.6)	12.0	(0.5)	2.2	(0.2)	1.5	(0.1)
アメリカ	81.2	(0.8)	14.6	(0.6)	2.5	(0.3)	1.7	(0.2)
OECD 平均	72.7	(0.1)	19.5	(0.1)	4.7	(0.1)	3.1	(0.0)
北京・上海・江蘇・浙江	93.1	(0.5)	5.8	(0.4)	0.7	(0.1)	0.4	(0.1)
香港	92.2	(0.4)	5.4	(0.3)	1.4	(0.2)	1.0	(0.1)
台湾	87.0	(0.6)	9.6	(0.5)	2.0	(0.2)	1.4	(0.1)
シンガポール	88.3	(0.4)	9.4	(0.4)	1.4	(0.1)	1.0	(0.1)

出所：OECD(2019c) の表より抜粋。

表5.1.8　学校への遅刻

国　名	最近2週間のうち，学校に遅刻した回数別生徒の割合							
	まったくなかった		1〜2回		3〜4回		5回以上	
	割合	標準誤差	割合	標準誤差	割合	標準誤差	割合	標準誤差
日本	87.3	(0.7)	10.3	(0.5)	1.3	(0.2)	1.0	(0.2)
オーストラリア	54.4	(0.6)	29.7	(0.5)	8.4	(0.3)	7.5	(0.3)
カナダ	47.7	(0.6)	30.8	(0.4)	10.7	(0.4)	10.8	(0.4)
エストニア	55.3	(0.8)	29.0	(0.7)	9.6	(0.5)	6.1	(0.4)
フィンランド	55.4	(0.8)	31.3	(0.7)	8.3	(0.4)	5.0	(0.3)
フランス	43.0	(0.9)	31.9	(0.7)	12.1	(0.5)	13.0	(0.6)
ドイツ	54.1	(1.4)	29.1	(1.1)	8.8	(0.5)	8.0	(0.7)
アイルランド	66.4	(1.0)	24.5	(0.8)	5.3	(0.4)	3.9	(0.3)
イタリア	54.9	(1.0)	27.3	(0.7)	10.1	(0.6)	7.7	(0.5)
韓国	80.8	(0.8)	14.0	(0.5)	2.9	(0.3)	2.3	(0.3)
オランダ	51.2	(1.1)	30.6	(0.8)	8.4	(0.6)	9.7	(0.7)
ニュージーランド	52.4	(0.9)	28.8	(0.7)	9.7	(0.5)	9.2	(0.5)
イギリス	60.6	(0.9)	26.0	(0.7)	7.8	(0.4)	5.6	(0.3)
アメリカ	56.7	(1.0)	30.3	(0.6)	7.8	(0.5)	5.3	(0.5)
OECD 平均	52.4	(0.2)	29.5	(0.1)	9.7	(0.1)	8.5	(0.1)
北京・上海・江蘇・浙江	66.8	(0.8)	27.2	(0.6)	3.7	(0.3)	2.3	(0.2)
香港	75.4	(0.7)	18.0	(0.6)	3.6	(0.3)	2.9	(0.3)
台湾	62.0	(1.0)	25.5	(0.7)	6.4	(0.4)	6.1	(0.4)
シンガポール	62.6	(0.6)	26.0	(0.5)	6.0	(0.3)	5.4	(0.3)

出所：OECD(2019c) の表より抜粋。

5.1.4 いじめ

(1)「いじめの被害経験」指標

生徒質問調査の問59（ST038）では、「過去1年間に、あなたは学校で、次のようなことをどのくらい経験しましたか。」と尋ね、次の破線の囲みに示す「いじめの被害経験」に関する六つの項目について、生徒に「週に1回以上」「月に数回」「年に数回」「まったく、又はほとんどない」の四つの選択肢の中から一つを選んでもらった。なお、この項目は2015年調査との経年比較が可能である。

ST038 いじめ（2015）

問59 過去1年間に、あなたは学校で、次のようなことをどのくらい経験しましたか。
(1)〜(6)のそれぞれについて、あてはまるものを一つ選んでください。
ソーシャルメディアでの経験も含みます。

		まったく又はほとんどない	年に数回	月に数回	週に1回以上
ST038Q03	(1)他の生徒から仲間外れにされた	○1	○2	○3	○4
ST038Q04	(2)他の生徒にからかわれた	○1	○2	○3	○4
ST038Q05	(3)他の生徒におどされた	○1	○2	○3	○4
ST038Q06	(4)他の生徒に自分の物を取られたり、壊されたりした	○1	○2	○3	○4
ST038Q07	(5)他の生徒にたたかれたり、押されたりした	○1	○2	○3	○4
ST038Q08	(6)他の生徒に意地の悪いうわさを流された	○1	○2	○3	○4

表5.1.9は、18か国について「いじめの被害経験」指標の平均値と、それを構成する項目に対して「少なくとも月に数回」あると答えた（「月に数回」「週に1回以上」と答えた）生徒の割合を示し、併せて2015年調査からの割合の経年変化（2018年の値から2015年の値を引いた差）を示している。「いじめの被害経験」指標は、上記6項目から構成され、その値が大きいほど、過去1年間にいじめの被害を経験した頻度が高いことを意味する。

2018年について項目別に日本とOECD平均の割合を見ると、日本はOECD平均と比べ、「(2)他の生徒にからかわれた」以外の5項目について、OECD平均よりも「少なくとも月に数回」あると回答した生徒の割合が少ない。18か国の中で見ると、日本は「(4)他の生徒に自分の物を取られたり、壊されたりした」が韓国の1.2%に次いで2番目に少なく、「(1)他の生徒から仲間外れにされた」は韓国（1.2%）、オランダ（2.4%）に次いで3番目に少ない。

また、2015年調査との経年比較を見ると、日本は「(1)他の生徒から仲間外れにされた」「(2)他の生徒にからかわれた」「(5)他の生徒にたたかれたり、押されたりした」の3項目について、それぞれ1ポイント、3ポイント、3ポイント減少しており、その差は統計的に有意である。18か国で見ると、3項目以上で割合が統計的に有意に減少した国は日本のみである。2項目で統計的に有意に減少した国は、香港（「(2)他の生徒にからかわれた」及び「(4)他の生徒に自分の物を取られたり、壊されたりした」）、1項目で統計的に有意に減少した国は韓国（「(2)他の生徒にからかわれた」）及びシンガポール（「(1)他の生徒から仲間外れにされた」）である。一方で、カナダ、エストニア、アイルランド、アメリカの4か国は、6項目全てで統計的に有意に増加している。

また、「いじめの被害経験」指標の平均値を見ると、日本の値は-0.28であり、18か国の中で台湾（-0.36）、オランダ（-0.30）に次いで3番目に値が小さい。この値が、最も大きいのはニュージーランドで0.40である。

学習の背景　第5章

表 5.1.9 「いじめの被害経験」指標（2015 年～ 2018 年）

国　名	2018 年													
	「いじめの被害経験」指標		「月に数回」「週に 1 回以上」と回答した生徒の割合											
			(1) 他の生徒から仲間外れにされた		(2) 他の生徒にからかわれた		(3) 他の生徒におどされた		(4) 他の生徒に自分の物を取られたり，壊されたりした		(5) 他の生徒にたたかれたり，押されたりした		(6) 他の生徒に意地の悪いうわさを流された	
	平均値	標準誤差	割合	標準誤差	割合	標準誤差	割合	標準誤差	割合	標準誤差	割合	標準誤差	割合	標準誤差
日本	-0.28	(0.01)	3.6	(0.2)	13.8	(0.5)	2.3	(0.2)	2.8	(0.2)	5.9	(0.2)	5.3	(0.3)
オーストラリア	0.33	(0.01)	13.5	(0.4)	21.0	(0.5)	9.1	(0.3)	7.2	(0.3)	9.2	(0.3)	12.5	(0.4)
カナダ	0.14	(0.01)	11.0	(0.3)	16.7	(0.4)	6.2	(0.3)	5.0	(0.2)	7.2	(0.2)	9.6	(0.3)
エストニア	0.08	(0.02)	8.4	(0.4)	17.5	(0.6)	5.8	(0.4)	6.4	(0.4)	6.8	(0.4)	8.9	(0.3)
フィンランド	-0.03	(0.02)	6.9	(0.4)	11.8	(0.5)	4.2	(0.4)	3.2	(0.3)	5.1	(0.3)	7.3	(0.4)
フランス	-0.08	(0.02)	7.7	(0.4)	12.2	(0.5)	5.6	(0.4)	5.6	(0.3)	5.4	(0.3)	9.1	(0.4)
ドイツ	-0.01	(0.02)	6.7	(0.5)	13.3	(0.8)	5.1	(0.5)	7.0	(0.6)	5.0	(0.6)	10.2	(0.6)
アイルランド	0.13	(0.02)	8.6	(0.4)	15.8	(0.5)	5.7	(0.4)	5.4	(0.3)	6.0	(0.3)	8.0	(0.3)
イタリア	-0.07	(0.02)	10.0	(0.5)	11.5	(0.5)	8.7	(0.6)	11.0	(0.5)	8.7	(0.5)	11.8	(0.7)
韓国	m	m	1.2	(0.1)	8.0	(0.4)	1.1	(0.1)	1.2	(0.2)	1.0	(0.2)	2.3	(0.2)
オランダ	-0.30	(0.01)	2.4	(0.3)	6.5	(0.4)	1.5	(0.2)	2.8	(0.3)	2.5	(0.3)	6.3	(0.4)
ニュージーランド	0.40	(0.02)	13.9	(0.5)	23.3	(0.7)	9.9	(0.5)	7.2	(0.4)	9.0	(0.4)	13.2	(0.5)
イギリス	0.24	(0.02)	10.8	(0.4)	19.9	(0.7)	7.0	(0.5)	4.8	(0.4)	6.5	(0.4)	10.3	(0.5)
アメリカ	0.15	(0.02)	12.6	(0.5)	17.2	(0.8)	6.5	(0.5)	4.6	(0.3)	5.4	(0.3)	10.3	(0.6)
OECD 平均	0.00	(0.00)	8.7	(0.1)	13.7	(0.1)	6.2	(0.1)	6.6	(0.1)	7.0	(0.1)	10.5	(0.1)
北京・上海・江蘇・浙江	-0.20	(0.01)	5.4	(0.3)	9.6	(0.4)	2.9	(0.2)	10.2	(0.5)	3.4	(0.5)	5.1	(0.3)
香港	0.11	(0.02)	8.1	(0.4)	23.2	(0.7)	6.1	(0.4)	9.0	(0.4)	9.4	(0.4)	10.6	(0.4)
台湾	-0.36	(0.01)	3.7	(0.2)	9.2	(0.5)	1.7	(0.2)	5.1	(0.3)	1.4	(0.3)	4.6	(0.3)
シンガポール	0.26	(0.01)	10.0	(0.4)	20.2	(0.5)	5.1	(0.3)	5.3	(0.4)	6.2	(0.3)	8.5	(0.4)

国　名	経年変化（2018 年－ 2015 年）												
	「月に数回」「週に 1 回以上」と回答した生徒の割合の差												
	(1) 他の生徒から仲間外れにされた		(2) 他の生徒にからかわれた		(3) 他の生徒におどされた		(4) 他の生徒に自分の物を取られたり，壊されたりした		(5) 他の生徒にたたかれたり，押されたりした		(6) 他の生徒に意地の悪いうわさを流された	
	割合の差	標準誤差	割合の差	標準誤差	割合の差	標準誤差	割合の差	標準誤差	割合の差	標準誤差	割合の差	標準誤差
日本	-1.2	(0.4)	-3.2	(0.8)	-0.2	(0.3)	0.0	(0.3)	-3.0	(0.6)	-0.9	(0.5)
オーストラリア	0.7	(0.6)	5.9	(0.6)	2.0	(0.4)	1.5	(0.4)	3.4	(0.4)	1.3	(0.5)
カナダ	1.5	(0.4)	3.3	(0.6)	1.5	(0.4)	1.1	(0.3)	2.2	(0.4)	1.8	(0.5)
エストニア	1.7	(0.5)	3.8	(0.8)	2.8	(0.5)	2.5	(0.5)	2.1	(0.5)	2.0	(0.5)
フィンランド	-0.2	(0.5)	1.3	(0.7)	1.1	(0.4)	0.5	(0.4)	0.5	(0.5)	0.5	(0.5)
フランス	1.0	(0.5)	0.5	(0.7)	2.6	(0.4)	2.6	(0.4)	2.4	(0.4)	1.3	(0.6)
ドイツ	1.3	(0.7)	4.0	(0.9)	3.4	(0.5)	3.2	(0.7)	2.7	(0.5)	3.0	(0.7)
アイルランド	2.7	(0.5)	7.3	(0.7)	2.7	(0.5)	2.0	(0.4)	2.9	(0.4)	2.0	(0.6)
イタリア	m	m	m	m	m	m	m	m	m	m	m	m
韓国	-0.2	(0.2)	-2.2	(0.7)	0.2	(0.2)	-0.4	(0.2)	0.1	(0.2)	-0.5	(0.3)
オランダ	-0.1	(0.4)	2.2	(0.5)	0.2	(0.3)	0.6	(0.4)	0.7	(0.4)	1.4	(0.5)
ニュージーランド	1.1	(0.7)	6.0	(0.9)	1.6	(0.6)	0.9	(0.5)	2.3	(0.6)	0.4	(0.7)
イギリス	-0.6	(0.6)	4.8	(0.9)	0.5	(0.5)	0.1	(0.5)	1.1	(0.5)	-0.8	(0.7)
アメリカ	2.5	(0.7)	5.8	(0.9)	1.6	(0.6)	1.1	(0.5)	1.6	(0.5)	2.4	(0.8)
OECD 平均	1.4	(0.1)	2.9	(0.1)	2.4	(0.1)	2.3	(0.1)	2.7	(0.1)	2.0	(0.1)
北京・上海・江蘇・浙江	m	m	m	m	m	m	m	m	m	m	m	m
香港	-0.4	(0.6)	-2.9	(1.1)	-1.0	(0.6)	-1.4	(0.6)	-0.1	(0.7)	1.2	(0.6)
台湾	0.4	(0.3)	2.4	(0.6)	0.8	(0.2)	1.6	(0.4)	0.6	(0.2)	1.1	(0.3)
シンガポール	-1.9	(0.6)	1.8	(0.7)	0.7	(0.4)	0.2	(0.4)	1.1	(0.4)	-0.2	(0.6)

（注）　1．灰色の網掛けは非 OECD 加盟国・地域を示す。
　　　　2．太字は統計的な有意差があることを示す。
　　　　3．表中の m は欠損値（データなし）。
出所：OECD（2019c）の表より抜粋。

第5章

225

5.1.5　授業時間の違いによる説明

　生徒質問調査問 55（ST059）では，「あなたは，普段，1週間に次の教科の授業を何校時受けていますか。それぞれの教科の1週間あたりの校時数を入力してください。受けていない場合は0（ゼロ）を入力してください。」として，「国語」「数学」「理科」の3教科について1週間当たりの校時数を尋ねた。続いて，問 56（ST060）では，「あなたは，普段，学校で1週間に全部で何校時の授業がありますか。スライダーを移動させて，1週間あたりの全校時数を選んでください。」として1週間あたりの全校時数を尋ねた。問 57（ST061）では，「1校時の授業時間は平均何分ですか。スライダーを移動させて，1校時の時間数（分）を選んでください。」として1校時が何分で構成されているかを尋ねた。

ST059　1週間の教科別校時数（入力）

問55　あなたは、普段、1週間に次の教科の授業を何校時受けていますか。それぞれの教科の1週間あたりの校時数を入力してください。受けていない場合は、0（ゼロ）を入力してください。

ST059Q01	国語の週あたりの校時数	☐
ST059Q02	数学の週あたりの校時数	☐
ST059Q03	理科の週あたりの校時数	☐
ST059Q04	外国語の週あたりの校時数	☐

【インフォメーション画面】
回答できる値の最小値は以下の通りです：0.
回答できる最大値は以下の通りです：100.

ST060　1週間の全校時数

問56
ST060Q01　あなたは、普段、学校で1週間に全部で何校時の授業がありますか。スライダーを移動させて、1週間あたりの全校時数を選んでください。

授業の全校時数　　　　　0校時　　　　　　80校時以上

スライダーバー：
値は「0校時」〜「80校時以上」、1校時刻み。
一貫性チェック／10校時未満あるいは60校時より大きい数値には注意が表示されます。

ST061　1校時の時間

問57
ST061Q01　1校時の授業時間は平均何分間ですか。スライダーを移動させて、1校時の時間数（分）を選んでください。

1校時の長さ（分）　　　　0分　　　　　　120分以上

スライダーの幅は「0分」〜「120分以上」。
一貫性チェック／10分未満あるいは80分より大きい数値には注意が表示され、5分刻み。

　表 5.1.10 では，上記三つの質問結果から，1週間当たりの授業時間を分単位で計算し（「1週間当たりの授業時間」指標），18か国及び OECD 平均の平均時間，それぞれの標準偏差及び総授業時間に占める3教科の割合を示した。

　国語の1週間当たりの授業時間を見てみると，日本の平均値は 217 分であり，OECD 平均の 220 分よりも3分短い。18か国中，最も平均時間が長いのはカナダ（322 分）であり，最も短いのはフィンランド（151 分）である。

　数学の1週間当たりの授業時間を見てみると，日本の平均値は 243 分であり，OECD 平均の 222 分よりも 21 分長い。18か国中，最も平均時間が長いのはシンガポール（311 分）であり，最も短いのはオランダ（159 分）である。

　理科の1週間当たりの授業時間を見てみると，日本の平均値は 172 分であり，OECD 平均の 206 分よりも 34 分短い。18か国中，最も授業時間が長いのは北京・上海・江蘇・浙江（329 分）であり，最も短いのはアイルランド（144 分）である。

学習の背景　第5章

表 5.1.10　学校での国語，数学，理科の授業時間と総授業時間（週当たり）

国　名	国語の授業時間				数学の授業時間				理科の授業時間			
	平均時間 （分／週）	標準 誤差	標準 偏差	標準 誤差	平均時間 （分／週）	標準 誤差	標準 偏差	標準 誤差	平均時間 （分／週）	標準 誤差	標準 偏差	標準 誤差
日本	217	(1.9)	74	(4.0)	243	(2.7)	87	(4.6)	172	(3.1)	83	(4.5)
オーストラリア	232	(1.0)	63	(1.4)	235	(1.2)	69	(1.5)	209	(1.5)	92	(1.7)
カナダ	322	(3.4)	200	(6.4)	310	(3.0)	172	(3.6)	305	(2.7)	180	(3.8)
エストニア	185	(1.0)	58	(6.1)	212	(0.8)	48	(5.8)	216	(1.9)	106	(3.3)
フィンランド	151	(1.5)	46	(2.1)	171	(1.6)	47	(1.7)	147	(2.4)	78	(3.5)
フランス	225	(2.4)	91	(9.9)	218	(2.4)	95	(10.2)	170	(2.5)	111	(4.4)
ドイツ	201	(3.0)	115	(11.6)	204	(3.0)	90	(6.6)	219	(4.6)	133	(5.3)
アイルランド	185	(2.0)	83	(10.7)	193	(1.6)	59	(3.2)	144	(1.8)	76	(6.9)
イタリア	274	(2.6)	95	(2.0)	229	(2.6)	77	(2.4)	138	(2.1)	74	(2.9)
韓国	185	(1.5)	53	(3.4)	181	(1.6)	58	(5.1)	178	(3.6)	70	(13.1)
オランダ	169	(2.5)	121	(9.7)	159	(2.3)	58	(2.4)	264	(6.7)	226	(7.0)
ニュージーランド	247	(2.0)	96	(7.2)	243	(1.8)	78	(7.5)	246	(3.2)	127	(6.2)
イギリス	260	(2.6)	101	(5.7)	252	(2.4)	91	(6.8)	308	(2.9)	136	(4.8)
アメリカ	254	(3.2)	182	(10.6)	246	(3.2)	140	(6.5)	247	(3.4)	144	(6.4)
OECD 平均	220	(0.4)	104	(1.2)	222	(0.4)	94	(1.0)	207	(0.6)	127	(0.9)
北京・上海・江蘇・浙江	278	(4.3)	127	(9.0)	301	(4.0)	146	(7.7)	329	(4.8)	216	(5.7)
香港	305	(3.2)	132	(7.6)	284	(3.5)	110	(5.4)	240	(4.4)	204	(5.5)
台湾	254	(2.2)	97	(6.5)	236	(2.4)	92	(5.4)	188	(3.0)	124	(4.6)
シンガポール	262	(2.1)	165	(5.0)	311	(2.3)	170	(4.5)	324	(2.7)	180	(4.5)

国　名	総授業時間				総授業時間に占める 3 教科の割合（%）	
	平均時間 （分／週）	標準 誤差	標準 偏差	標準 誤差	割合	標準 誤差
日本	1683	(7.1)	278	(7.2)	37.8	(7.1)
オーストラリア	1550	(5.5)	345	(5.7)	44.8	(0.2)
カナダ	1690	(5.5)	408	(5.7)	55.7	(0.4)
エストニア	1563	(5.7)	311	(6.7)	40.3	(0.2)
フィンランド	1479	(11.9)	307	(12.8)	32.6	(0.3)
フランス	1646	(9.9)	471	(6.2)	39.0	(0.3)
ドイツ	1600	(14.3)	353	(13.8)	37.0	(0.3)
アイルランド	1730	(6.4)	320	(7.2)	30.2	(0.2)
イタリア	1742	(7.9)	365	(8.2)	37.2	(0.3)
韓国	1776	(9.6)	360	(6.5)	31.4	(0.3)
オランダ	1632	(10.3)	322	(11.2)	36.3	(0.5)
ニュージーランド	1538	(7.4)	341	(8.4)	48.2	(0.2)
イギリス	1613	(6.6)	330	(7.2)	51.0	(0.3)
アメリカ	1822	(12.1)	397	(12.6)	42.8	(0.5)
OECD 平均	1647	(1.6)	380	(1.4)	39.2	(0.1)
北京・上海・江蘇・浙江	1909	(13.9)	445	(7.7)	45.4	(0.4)
香港	1727	(9.0)	330	(9.0)	46.8	(0.4)
台湾	1930	(9.5)	376	(8.1)	35.0	(0.3)
シンガポール	1725	(5.6)	428	(5.4)	48.3	(0.2)

（注）総授業時間に占める 3 教科の授業時間の割合を算出するにあたっては，総授業時間を 0 と回答した生徒の値は欠損値として扱った。
出所：OECD　PISA2018 データベースをもとに国立教育政策研究所が作成。

第5章　学習の背景

　総授業時間を見てみると，日本の平均値は1,683分であり，OECD平均の1,647分より36分長い。18か国中，最も平均時間が長いのは台湾（1,930分）であり，最も短いのはフィンランド（1,479分）である。

　標準偏差から，生徒が回答した授業時間にどの程度のばらつきがみられたのかを確認することができる。標準偏差の値は，表5.1.10に示した授業時間の各平均時間に対する，推定された母集団のばらつきの大きさを示しており，この値が小さいほど生徒が回答した授業時間のばらつきが小さいことを意味している。

　まず，国語の標準偏差を見ると，日本は74分であり，OECD平均（104分）と比べて30分短い。この値が最も大きかったのはカナダ（200分）であり，最も小さかったのはフィンランド（46分）であった。

　次に，数学の標準偏差を見ると，日本は87分であり，OECD平均（94分）と比べて7分短い。この値が最も大きかったのはカナダ（172分）であり，最も小さかったのはフィンランド（47分）であった。

　理科の標準偏差を見ると，日本は83分であり，OECD平均（127分）と比べ44分短い。この値が最も大きかったのはオランダ（226分）であり，最も小さかったのは韓国（70分）であった。

　総授業時間の標準偏差を見ると，日本は278分と18か国中で最も小さく，OECD平均（380分）と比べて102分短い。この値が最も大きかったのはフランス（471分）であった。

　総授業時間に占める3教科の割合について見ると，日本では，総授業時間に占める3教科の授業時間の割合が37.8%であり，OECD平均（39.2%）に比べて1.4ポイント小さい。この値が最も大きかったのはカナダ（55.7%）であり，総授業時間の半分以上を国語，数学，理科に当てていることがわかる。一方でこの値が最も小さかったのはアイルランド（30.2%）であった。

　図5.1.1は，読解力の平均得点と総授業時間との関係を示している。最も週当たりの総授業時間が長い国は，台湾（32.2時間）であり，北京・上海・江蘇・浙江（31.8時間），アメリカ（30.4時間）と続き，日本は28.1時間で10番目となっている。一方，最も総授業時間が短い国は，フィンランド（24.7時間）であり，ニュージーランド（25.6時間），オーストラリア（25.8時間）が続く。

　18か国のうち，OECDの平均得点を上回る16か国では，総授業時間がOECD平均を上回る国が9か国，下回る国が7か国となっており，学校の授業時間が得点に与える影響は必ずしも高くはなく，単純な線形の関係だけではほとんど説明することができなかった。

　なお，我が国の場合，これらの結果は，高校1年生時点の授業時間及び校時数により算出している点に留意する必要がある。

学習の背景　第5章

図 5.1.1　読解力の平均得点と総授業時間（週当たり）

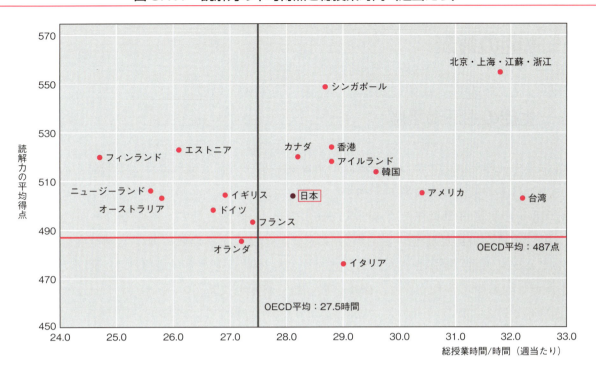

出所：OECD PISA2018 データベースをもとに国立教育政策研究所が作成。

5.2 生徒の背景

5.2.1 生徒の生活満足度

本節では、生徒の生活に対する「全般的な満足度」及び「満足度と得点との関係」について取り上げ、以下、日本の結果の主な概要を示す。

PISA2018年の生徒質問調査の問40（ST016）では、「全体として、あなたはあなたの最近の生活全般に、どのくらい満足していますか。」として、生徒に生活全般に対する満足度を尋ねた。生徒はコンピュータ画面に提示された、スライダーバーの目盛をマウスで移動させ回答した。値は0から10まで1刻みで示されており、0は「まったく満足していない」、10は「十分に満足している」を意味している。

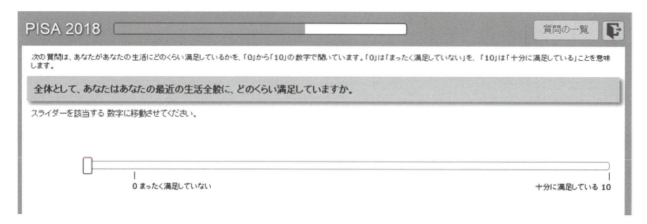

＜生徒質問調査問40（ST016）の調査画面＞

図5.2.1は、PISA2018年調査に参加した79か国のうち、この質問を生徒に尋ねていない8か国を除く71か国の生徒が回答した生活満足度の結果（0から10の整数値）について、生活満足度の程度を「十分に満足（9～10）」「満足（7～8）」「まあ満足（5～6）」「満足していない（0～4）」の四段階に分けて示したものである。なお8か国とはOECD加盟国のカナダ、デンマーク、イスラエル、ノルウェー、オーストラリア、ニュージーランド、ベルギーと非加盟国のシンガポールである。

図5.2.1を見ると、「十分に満足（9～10）」と回答した生徒の割合は日本が19.8％、OECD平均が33.1％、「満足（7～8）」は日本が30.4％、OECD平均が33.7％、「まあ満足（5～6）」は日本が25.0％、OECD平均が17.0％、「満足していない（0～4）」は日本が24.7％、OECD平均が16.2％となっている。日本の生徒の生活満足度の平均値は6.2とOECD平均の7.0を下回っており、全参加国の中で下から4番目に小さい。生活満足度の平均値が小さい10か国の中に、日本を含む東アジアの6か国が含まれている。生活満足度の平均値の解釈に当たっては、社会文化的な要因も考慮に入れながらデータを解釈する必要があると考える。

表5.2.1は46か国の生徒の生活満足度の平均値について、2018年調査と2015年調査とを比較し

学習の背景 第5章

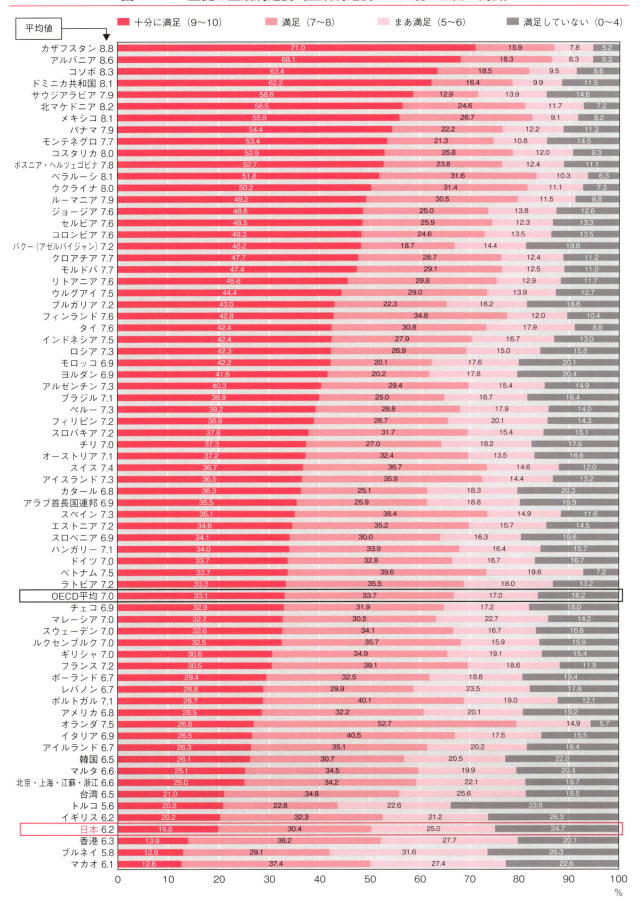

図 5.2.1 生徒の生活満足度（生活満足度レベル別の生徒の割合）

（注）「十分に満足（9〜10）」と回答した生徒の割合が多い順に上から国を並べている。
出所：OECD(2019c) の図から作成。

表5.2.1　生徒の生活満足度における経年変化（2015年〜2018年）

国名	生活満足度の平均値の差（2018年-2015年）			経年変化（2018年-2015年）生徒の回答割合													
				満足していない（0〜4）			まあ満足（5〜6）			満足（7〜8）			十分に満足（9〜10）			満足（7〜10）		
	差	標準誤差	S	差	標準誤差	S	差	標準誤差	S	差	標準誤差	S	差	標準誤差	S	差	標準誤差	S
イギリス	-0.81	(0.05)		10.6	(0.8)		2.5	(0.8)		-5.1	(0.9)		-8.1	(0.8)		-13.2	(1.1)	
日本	-0.62	(0.05)		8.7	(0.8)		2.2	(0.7)		-6.9	(0.9)		-3.9	(0.9)		-10.8	(1.0)	
アメリカ	-0.60	(0.06)		7.4	(0.8)		2.6	(0.8)		-2.6	(1.0)		-7.3	(1.1)		-9.9	(1.0)	
アイルランド	-0.57	(0.05)		6.6	(0.8)		4.5	(0.8)		-4.9	(1.0)		-6.1	(1.0)		-11.0	(1.1)	
カタール	-0.56	(0.03)		6.5	(0.5)		1.3	(0.5)		-1.5	(0.6)		-6.3	(0.6)		-7.8	(0.6)	
ブラジル	-0.53	(0.04)		6.6	(0.5)		1.2	(0.6)		-3.1	(0.7)		-4.7	(0.8)		-7.8	(0.7)	
マカオ	-0.52	(0.05)		7.2	(0.9)		0.7	(1.0)		-3.9	(1.1)		-4.0	(0.7)		-7.9	(1.1)	
トルコ	-0.50	(0.08)		5.2	(1.1)		0.0	(0.8)		0.3	(0.9)		-5.4	(1.2)		-5.2	(1.2)	
アイスランド	-0.46	(0.05)		3.7	(0.8)		2.8	(0.9)		3.6	(1.2)		-10.1	(1.2)		-6.5	(1.0)	
フランス	-0.44	(0.04)		4.4	(0.6)		3.7	(0.8)		-2.0	(1.0)		-6.1	(0.9)		-8.1	(0.9)	
ポーランド	-0.44	(0.05)		6.8	(0.8)					-3.9	(1.1)		-2.9	(1.1)		-6.8	(1.1)	
ロシア	-0.44	(0.06)		5.6	(0.7)		0.5	(0.7)		-1.7	(0.9)		-4.5	(1.1)		-6.1	(1.1)	
アラブ首長国連邦	-0.42	(0.05)		5.3	(0.7)		0.2	(0.6)		-1.3	(0.7)		-4.3	(0.9)		-5.6	(1.0)	
ドミニカ共和国	-0.41	(0.06)	†	3.2	(0.7)	†	1.6	(0.8)	†	0.7	(1.0)	†	-5.5	(1.3)	†	-4.8	(1.0)	†
オーストリア	-0.39	(0.06)		5.9	(0.8)		0.0	(0.7)		-3.4	(0.9)		-2.5	(1.1)		-5.9	(1.0)	
ルクセンブルク	-0.34	(0.05)		4.8	(0.7)		-0.7	(0.7)		-0.4	(0.9)		-3.7	(0.9)		-4.1	(0.9)	
スイス	-0.34	(0.05)		4.6	(0.7)		1.5	(0.8)		-3.2	(1.2)		-3.0	(1.1)		-6.2	(1.1)	
チリ	-0.34	(0.06)		5.5	(0.8)		0.2	(0.8)		-5.0	(1.0)		-0.8	(1.1)		-5.8	(1.1)	
ドイツ	-0.33	(0.05)		5.7	(0.7)		0.6	(0.8)		-6.0	(1.1)		-0.2	(1.0)		-6.3	(1.1)	
オランダ	-0.33	(0.04)		2.0	(0.5)		4.2	(0.8)		-0.6	(1.1)		-5.7	(1.1)		-6.3	(0.9)	
スロベニア	-0.32	(0.05)		6.2	(0.8)		-1.4	(0.8)		-6.3	(1.1)		1.6	(1.0)		-4.7	(1.1)	
エストニア	-0.31	(0.05)		5.2	(0.7)		-0.5	(0.8)		-2.4	(1.1)		-2.4	(1.2)		-4.7	(1.0)	
OECD平均	-0.30	(0.01)		4.4	(0.1)		0.3	(0.1)		-2.8	(0.2)		-1.9	(0.2)		-4.7	(0.2)	
フィンランド	-0.28	(0.04)		3.7	(0.6)		1.8	(0.6)		-3.9	(0.9)		-1.6	(1.1)		-5.5	(0.8)	
コロンビア	-0.27	(0.06)		3.4	(0.7)		0.5	(0.6)		-1.4	(0.9)		-2.5	(1.2)		-3.9	(0.9)	
ブルガリア	-0.26	(0.06)		4.7	(0.8)		-0.5	(0.8)		-4.3	(1.0)		0.1	(1.1)		-4.1	(1.1)	
リトアニア	-0.26	(0.05)		3.6	(0.6)		0.1	(0.7)		-1.7	(0.9)		-2.0	(1.1)		-3.6	(0.9)	
スロバキア	-0.25	(0.05)		3.8	(0.6)		-1.1	(0.8)		-1.1	(0.9)		-1.6	(0.9)		-2.7	(1.0)	
コスタリカ	-0.25	(0.05)		2.2	(0.6)		1.0	(0.6)		2.3	(1.0)		-5.5	(1.3)		-3.2	(0.8)	
キプロス	-0.25	(0.05)		5.3	(0.7)		-1.4	(0.7)		-5.0	(0.9)		-1.0	(0.9)		-3.9	(0.9)	
ポルトガル	-0.24	(0.05)		3.3	(0.7)		0.3	(0.7)		-1.3	(0.9)		-2.3	(1.0)		-3.5	(1.0)	
クロアチア	-0.22	(0.05)		3.9	(0.6)		0.3	(0.6)		-4.0	(0.9)		-0.1	(1.1)		-4.1	(0.8)	
ラトビア	-0.21	(0.05)		4.3	(0.7)		-0.2	(0.7)		-6.0	(1.0)		1.9	(1.2)		-4.1	(1.0)	
香港	-0.20	(0.05)		4.5	(0.9)		-1.0	(0.9)		-3.5	(1.1)		0.0	(0.7)		-3.5	(1.2)	
ペルー	-0.19	(0.05)		1.2	(0.7)		1.7	(0.8)		0.7	(1.0)		-3.6	(1.1)		-2.9	(1.0)	
ウルグアイ	-0.16	(0.06)		2.9	(0.7)		-0.6	(0.7)		-2.5	(0.9)		0.2	(1.2)		-2.3	(1.0)	
メキシコ	-0.16	(0.05)		1.9	(0.5)		-0.3	(0.5)		1.1	(0.9)		-2.6	(1.0)		-1.5	(0.8)	
チェコ	-0.14	(0.06)		4.3	(0.9)		-3.1	(0.7)		-3.4	(0.9)		2.2	(1.0)		-1.2	(1.0)	
タイ	-0.08	(0.05)		1.0	(0.6)		-0.2	(0.5)		-0.6	(1.1)		-0.3	(1.3)		-0.9	(0.9)	
台湾	-0.07	(0.04)		2.6	(0.7)		-2.5	(0.7)		-2.6	(0.8)		2.6	(0.7)		0.0	(1.0)	
スペイン	-0.07	(0.04)		2.1	(0.6)		-1.2	(0.6)		-3.1	(0.9)		2.2	(0.9)		-0.9	(0.7)	
モンテネグロ	-0.06	(0.05)		3.4	(0.6)		-3.8	(0.6)		-2.9	(0.8)		3.3	(0.9)		0.4	(0.8)	
ハンガリー	-0.06	(0.06)		2.5	(0.8)		-1.0	(0.8)		-3.8	(1.1)		2.3	(1.1)		-1.5	(1.2)	
マレーシア	-0.03	(0.07)		3.1	(0.8)		-4.8	(0.8)		-1.1	(1.0)		2.8	(1.3)		1.7	(1.3)	
イタリア	0.02	(0.05)		0.8	(0.8)		-2.9	(0.8)		-0.2	(0.9)		2.3	(0.9)		2.0	(1.1)	
ギリシャ	0.07	(0.05)		0.7	(0.7)		-1.9	(0.7)		-3.2	(0.9)		4.3	(0.9)		1.2	(0.9)	
韓国	0.15	(0.06)		1.1	(0.9)		-5.1	(0.8)		-3.6	(0.9)		7.5	(0.8)		3.9	(1.1)	

（注）1. 灰色の網掛けは非OECD加盟国・地域を示す。
　　　2. 太字は統計的な有意差があることを示す。
　　　3. 生活満足度の平均値の差が大きい順に上から国を並べている。
　　　4. Sについて。記号無しは人口の少なくとも75％がカバーされている。（†）は，50％〜75％未満，（‡）は50％未満がカバーされている。
出所：OECD(2019c)の表から作成。

たものである。生活満足度の平均値の差（2018年－2015年）が大きい順に上から国を並べている。これを見ると，ほとんどの国で2018年の生活満足度の平均値が2015年より小さくなっており，満足度が低下する傾向が見てとれる。日本は生活満足度の差（2018年－2015年）が-0.62となっており，イギリス（-0.81）に次いで二番目に差が大きく，次いでアメリカ（-0.60），アイルランド（-0.57）となっている。生活満足度の平均値が2018年に統計的に有意に大きくなっている唯一の国は韓国であり，2015年より0.15大きくなっている。

　図5.2.2は，日本の生徒の生活満足度の回答分類別の経年変化を示したものである。日本の生徒は2015年調査時と比べると，2018年調査では「十分に満足」と回答した生徒の割合が3.9ポイント，「満足」と回答した生徒が6.9ポイント小さくなっている。「まあ満足」と回答した生徒の割合は2.1ポイント，「満足していない」8.7ポイント大きくなっている。

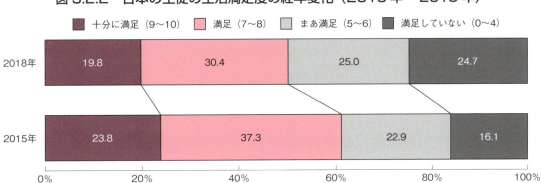

図5.2.2　日本の生徒の生活満足度の経年変化（2015年～2018年）

　図5.2.3は各国の生活満足度と読解力の得点との関係を示したものである。縦軸は生活満足度の平均値を示し，上に行くほど生活満足度が高い。横軸は読解力の平均得点を示し，右に行くほど得点が高くなる。例えば，図の右上のエリアは，読解力の平均得点も生活満足度の平均値のどちらもOECD平均を上回る国々である。一方，左下のエリアは，読解力の平均得点も生活満足度の平均値のどちらもOECD平均を下回る国々である。

　これを見ると，日本を含む台湾，香港，韓国など東アジアの国々は，読解力の平均得点はOECD平均を上回り高いものの，生活満足度の平均値はOECD平均を下回っている。一方，フィンランドは読解力の平均得点も生活満足度の平均値もOECD平均を上回っている。

　図5.2.3が示すように参加国全体では，読解力の平均得点と生活満足度との間には，負の関係，つまり平均得点が上がるにつれ生活満足度の平均値が小さくなる傾向がみられる。ただし，この負の関係は，右下のエリア（読解力の平均得点高いが，生活満足度の平均値は小さい）に位置する東アジアの国々の低い生活満足度，そして左上に位置する中南米の国々の高い生活満足度の影響もあり，参加国全体の結果を解釈する場合には留意が必要であろう。

図5.2.3 PISA2018年調査 各国の生活満足度と読解力得点

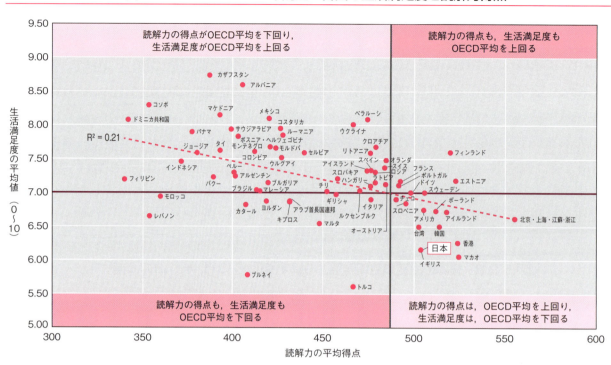

5.2.2 「生徒の社会経済文化的背景」指標について

　PISA調査では，保護者や家庭に関する質問項目に対する生徒の回答結果を用いて，「生徒の社会経済文化的背景」指標（ESCS）を作成している。この「生徒の社会経済文化的背景」指標は，その値が大きいほど，生徒の家庭の社会経済文化的水準が高いことを表している。「生徒の社会経済文化的背景」指標は，以下に示す三つの指標の標準化された値の算術平均により作成される。すなわち，「家庭の社会経済的背景」指標（HISEI），「保護者の教育年数」指標（PARED），「家庭の所有物」指標（HOMEPOSS）である（図5.2.4参照）。

　一つ目の「家庭の社会経済的背景」指標は「保護者の職業」に関する質問項目の生徒の回答から算出される。保護者の職業を「国際標準職業分類（ISCO）」に従って分類し，この分類に対応した値を保護者に割り当てる。「家庭の社会経済的背景」指標を構成する際は，この値が高い方の保護者の値が用いられる。二つ目の「保護者の教育年数」は「保護者の教育歴」についての質問項目の生徒の回答から算出される。「保護者の教育歴」の回答からそれぞれの保護者の教育年数を推定し，長い方の保護者の値を「保護者の教育年数」指標の値とする。三つ目の「家庭の所有物」指標は家財や家庭にある本の冊数についての質問項目の生徒の回答から算出される。

　以下では，「生徒の社会経済文化的背景」指標の元となったそれぞれの質問項目を紹介する。

学習の背景　第5章

図5.2.4　「生徒の社会経済文化的背景」指標の生成プロセスのモデル図

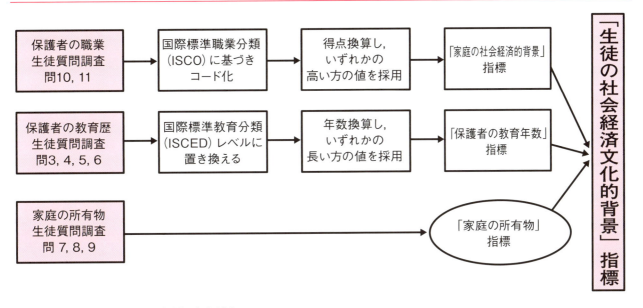

出所：OECD作成資料をもとに国立教育政策研究所が作成。

（1）保護者の職業に関する質問項目

生徒質問調査の問10（ST014）及び問11（ST015）では，「お母さん（もしくはそれに相当する人）」と「お父さん（もしくはそれに相当する人）」の職業について，次の破線の囲みのように質問した。

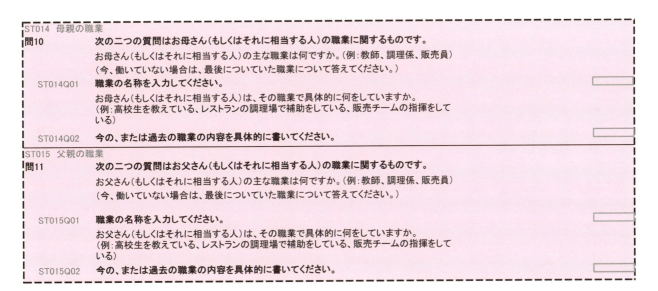

生徒は，回答欄に自由記述形式で保護者の職業について回答する。各国では，生徒が回答した職業の名称及びその具体的な内容に対して，国際労働機関（ILO）が定めた「国際標準職業分類（ISCO）」による分類を行い，保護者の職業をコード化する。PISA2018調査では，「ISCO-08」（2008年公表）に基づく分類を採用している。

なお，OECDの分析ではISCO-08の大分類のうち，「1：管理職」「2：専門職」「3：技師・准専門職」を「管理職・専門職」，「4：事務補助員」「5：サービス・販売従事者」を「事務職・サービス業」，「6：農林漁業従事者」「7：技能工及び関連職業の従事者」「8：設備・機械の運転・組立工」を「農林漁業・技能工等」，「9：単純作業の従事者」を「単純作業従事者」とし，四つのカテゴリーに分けている。

上記のような職業コードから，それに対応した職業コード得点（ISEI得点）を算出し，値の高

かった方の結果を用いて,「家庭の社会経済的背景」指標（HISEI）が作成される。

(2) 保護者の教育歴に関する質問項目

生徒質問調査の問3・4（ST005・ST006）及び問5・6（ST007・ST008）では,「お母さん（もしくはそれに相当する人）」と「お父さん（もしくはそれに相当する人）」の教育歴（最終教育段階）について,次の破線の囲みのように質問した。

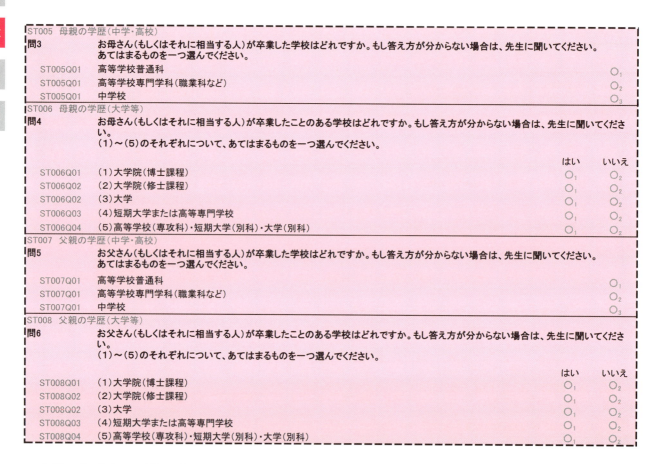

生徒は保護者の最終教育段階を「高等学校普通科」「高等学校専門学科（職業科など）」「中学校」のうちから一つを選択し,さらに「大学院（博士課程）」「大学院（修士課程）」「大学」「短期大学または高等専門学校」「高等学校（専攻科）・短期大学（別科）・大学（別科）」を卒業したかどうかについて回答する。この分類は,国際教育会議第35回会期（ジュネーヴ,1975年8月27日〜9月4日）において採択された国際標準教育分類（ISCED）に基づき各国の学校制度を比較可能な形に分類するものである。PISA2018年調査では,この1997年改訂版であるISCED1997を用いている。

「保護者の教育年数」指標の作成に当たっては,生徒の回答から得た保護者の最終教育段階を,教育年数に換算し,教育年数の長い方の結果が「保護者の教育年数」として用いられる。

(3) 家庭の所有物

生徒質問調査の問7（ST011）,問8（ST012）及び問9（ST013）では,次の破線の囲みに示す家財の有無,数量,そして家庭での蔵書数について生徒に回答を求めた。これらの質問項目からは,「家庭の所有物」指標や,これらの一部を用いて「家庭の学習リソース」指標（HEDRESS）,「家庭の文化的所有物」指標（CULPOSS）などが作成されているが,「生徒の社会経済文化的背景」指標に用いられるのは,「家庭の所有物」指標である。

なお，問7のうち，(14)〜(16)は，各国の状況に合わせて設定される質問項目であり，調査実施年における社会経済的状況等を考慮して各国が独自に決定している。

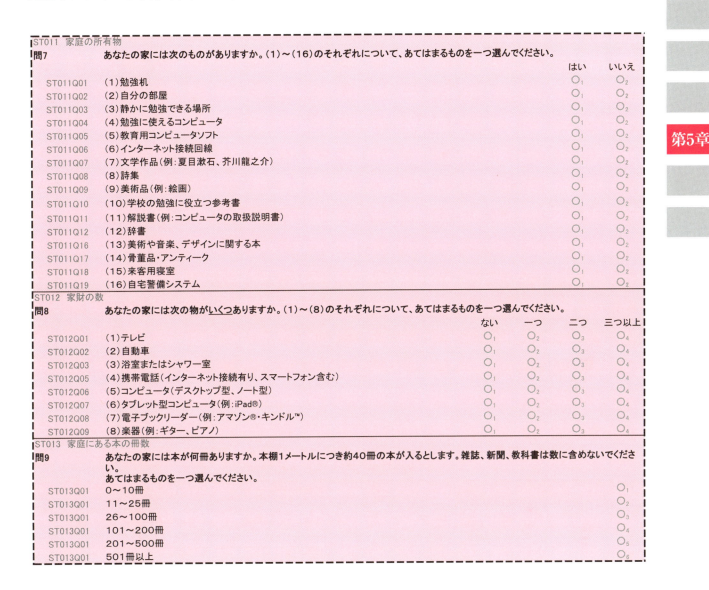

5.2.3 生徒の社会経済文化的背景の違いによる説明

表5.2.2は，18か国での「生徒の社会経済文化的背景」指標の平均値と標準偏差，各国の生徒を指標値によって4群（指標値の小さい方から最下位25%，中下位25%，中上位25%，最上位25%）に分けた際の各生徒群における読解力の平均得点を示したものである。

日本は「生徒の社会経済文化的背景」指標の平均値が-0.09で，OECD平均よりも若干下回っている。日本の標準偏差は18か国中最も小さい値（0.73）であり，生徒間における家庭の社会経済文化的水準の差が小さいと考えられる。指標の値によって4群に分けた生徒の読解力の平均得点を見ると，18か国すべてで指標値が大きい生徒群の得点が小さい生徒群の得点を上回っている。「最下位25%」群の生徒と「最上位25%」群の生徒を比べると，日本は72点差で，香港（59点），エストニア（61点），カナダ（68点），に次いで小さい値であった。この得点差のOECD平均は89点で，18か国中，一番得点差が大きいのはドイツ（113点）である。

表5.2.3は，回帰分析を用いて，「生徒の社会経済文化的背景」指標による読解力，数学的リテラシー，科学的リテラシーの得点分散の説明率（%）と，指標が1単位増加した場合に得点が何点変

第 5 章　学習の背景

表 5.2.2　「生徒の社会経済文化的背景」指標の平均・標準偏差，指標水準別に見た読解力得点

国　名	「生徒の社会経済文化的背景」指標		生徒の社会経済文化的背景」指標のばらつき		指標水準別生徒群の読解力得点									
					最下位 25%		中下位 25%		中上位 25%		最上位 25%		差（最上位 25%- 最下位 25%）	
	平均値	標準誤差	標準偏差	標準誤差	平均得点	標準誤差	平均得点	標準誤差	平均得点	標準誤差	平均得点	標準誤差	得点差	標準誤差
日本	-0.09	(0.01)	0.73	(0.01)	465	(4.5)	499	(3.8)	517	(3.6)	537	(3.8)	72	(5.9)
オーストラリア	0.32	(0.01)	0.91	(0.01)	460	(2.6)	490	(2.5)	519	(3.0)	549	(2.4)	89	(2.9)
カナダ	0.42	(0.01)	0.82	(0.01)	485	(2.4)	512	(2.5)	539	(3.0)	553	(2.5)	68	(3.3)
エストニア	0.08	(0.02)	0.81	(0.01)	497	(3.7)	509	(3.6)	531	(2.9)	558	(2.9)	61	(4.8)
フィンランド	0.30	(0.02)	0.79	(0.01)	483	(3.2)	509	(3.3)	533	(4.1)	562	(3.6)	79	(4.7)
フランス	-0.03	(0.02)	0.90	(0.01)	443	(2.8)	474	(3.7)	509	(3.9)	550	(4.2)	107	(5.3)
ドイツ	-0.10	(0.03)	1.04	(0.01)	450	(5.1)	492	(3.8)	518	(4.6)	564	(4.3)	113	(5.9)
アイルランド	0.13	(0.02)	0.87	(0.01)	482	(3.4)	511	(3.8)	527	(2.9)	557	(3.5)	75	(4.7)
イタリア	-0.22	(0.02)	0.92	(0.01)	436	(3.7)	474	(3.1)	487	(3.3)	511	(4.1)	75	(5.2)
韓国	0.07	(0.02)	0.77	(0.01)	477	(4.2)	503	(4.1)	525	(3.8)	552	(4.7)	75	(6.0)
オランダ	0.28	(0.02)	0.87	(0.02)	448	(5.1)	470	(4.2)	495	(3.7)	536	(4.4)	88	(6.4)
ニュージーランド	0.16	(0.02)	0.97	(0.01)	462	(3.6)	490	(3.2)	525	(3.2)	558	(3.4)	96	(4.9)
イギリス	0.27	(0.03)	0.91	(0.01)	471	(3.1)	493	(3.5)	516	(3.9)	550	(4.0)	80	(4.7)
アメリカ	0.11	(0.04)	1.02	(0.02)	460	(5.4)	488	(4.7)	517	(5.4)	558	(4.9)	99	(6.8)
OECD 平均	-0.03	(0.00)	0.93	(0.00)	445	(0.6)	476	(0.6)	500	(0.6)	534	(0.7)	89	(0.9)
北京・上海・江蘇・浙江	-0.67	(0.03)	1.07	(0.01)	519	(3.9)	545	(3.2)	558	(3.3)	600	(4.6)	82	(5.7)
香港	-0.51	(0.03)	1.04	(0.02)	497	(3.9)	523	(3.6)	529	(3.7)	555	(4.9)	59	(6.1)
台湾	-0.32	(0.02)	0.92	(0.01)	461	(3.3)	492	(2.8)	510	(4.6)	550	(4.8)	89	(5.0)
シンガポール	0.17	(0.01)	0.92	(0.01)	495	(3.0)	535	(2.9)	570	(3.0)	599	(3.3)	104	(4.2)

（注）　1．灰色の網掛けは非 OECD 加盟国・地域を示す。
　　　　2．統計的に有意な差は太字で示す。
出所：OECD(2019b)　2 章の表より抜粋。

表 5.2.3　「生徒の社会経済文化的背景」指標と読解力得点，数学的リテラシー得点，科学的リテラシー得点との関連

	読解力				数学的リテラシー				科学的リテラシー			
	指標 1 単位の増加に対応する得点の変化		指標による得点分散の説明率（%）		指標 1 単位の増加に対応する得点の変化		指標による得点分散の説明率（%）		指標 1 単位の増加に対応する得点の変化		指標による得点分散の説明率（%）	
	得点	標準誤差	割合	標準誤差	割合	標準誤差	割合	標準誤差	割合	標準誤差	割合	標準誤差
日本	38	(2.8)	8.0	(1.2)	36	(3.0)	9.0	(1.4)	35	(2.8)	7.7	(1.2)
オーストラリア	38	(1.2)	10.1	(0.6)	34	(1.2)	11.2	(0.7)	35	(1.3)	10.0	(0.6)
カナダ	32	(1.6)	6.7	(0.6)	32	(1.6)	7.8	(0.7)	30	(1.6)	6.4	(0.7)
エストニア	29	(2.1)	6.2	(0.8)	30	(2.2)	8.8	(1.2)	29	(2.1)	7.2	(0.9)
フィンランド	38	(2.2)	9.2	(1.0)	35	(1.7)	11.6	(1.1)	39	(2.0)	10.5	(1.0)
フランス	47	(2.0)	17.5	(1.3)	47	(2.0)	21.1	(1.5)	48	(1.9)	20.1	(1.4)
ドイツ	42	(1.7)	17.2	(1.4)	39	(1.8)	18.0	(1.6)	43	(1.8)	18.6	(1.5)
アイルランド	34	(1.7)	10.7	(1.1)	31	(1.6)	11.8	(1.2)	34	(2.0)	11.1	(1.2)
イタリア	32	(1.9)	8.9	(1.0)	34	(2.2)	10.9	(1.2)	29	(1.8)	8.5	(1.0)
韓国	37	(2.8)	8.0	(1.1)	43	(3.2)	11.0	(1.4)	36	(2.8)	8.0	(1.2)
オランダ	39	(2.5)	10.5	(1.3)	39	(2.6)	13.5	(1.7)	43	(2.7)	12.9	(1.4)
ニュージーランド	39	(1.6)	12.9	(1.0)	35	(1.5)	13.6	(1.1)	39	(1.6)	13.9	(1.1)
イギリス	33	(1.8)	9.3	(1.0)	35	(1.8)	11.6	(1.1)	35	(1.9)	10.7	(1.1)
アメリカ	36	(2.1)	12.0	(1.4)	36	(1.7)	16.1	(1.5)	34	(1.8)	12.3	(1.2)
OECD 平均	37	(0.3)	11.9	(0.2)	36	(0.3)	13.8	(0.2)	36	(0.3)	12.8	(0.2)
北京・上海・江蘇・浙江	29	(1.8)	12.6	(1.3)	23	(1.9)	9.7	(1.3)	26	(1.9)	10.8	(1.4)
香港	21	(2.2)	5.1	(1.1)	21	(2.1)	5.3	(1.0)	20	(1.8)	5.7	(1.1)
台湾	37	(2.0)	11.4	(1.1)	39	(2.2)	12.8	(1.4)	36	(2.2)	11.3	(1.3)
シンガポール	43	(1.5)	13.2	(0.9)	38	(1.3)	14.1	(0.9)	40	(1.4)	14.4	(1.0)

（注）　1．灰色の網掛けは非 OECD 加盟国・地域を示す。
　　　　2．統計的に有意な差は太字で示す。
出所：OECD(2019b)　2 章の表より抜粋。

図 5.2.5 「生徒の社会経済文化的背景」指標と読解力得点との関連の強さ

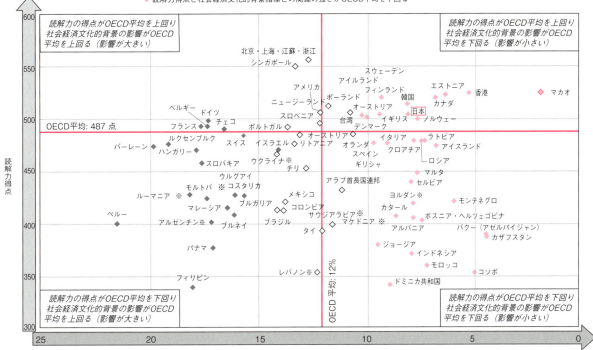

（注）「生徒の社会経済文化的背景」指標は経済と社会，文化の状態の PISA の各指標から作成した。
出所：OECD（2019b）2 章の図から作成。

化するか（回帰係数）を算出した結果である。「指標による得点分散の説明率」が大きければ，その国では生徒の家庭の社会経済文化的水準が生徒の得点に大きな影響を与えていると考えられる。「指標1単位の増加に対応する得点の変化」の値は，生徒の家庭の社会経済文化的水準が高いほど，生徒の得点が高くなるのか（「得点の変化」の値が正の場合），低くなるのか（「得点の変化」の値が負の場合）を表している。

「指標1単位の増加に対応する得点の変化」を見ると，読解力，数学的リテラシー，科学的リテラシーの3分野ともに，18か国のすべてで正の値になっている。つまり，生徒の家庭の社会経済文化的水準が高いほど，生徒の得点が高くなる傾向にあると考えられる。

日本の「指標による得点分散の説明率」を見ると，読解力が8％，数学的リテラシーは9％であり，科学的リテラシーが8％であり，分野間における違いは1ポイント強である。OECD 平均でも，「指標による得点分散の説明率」の分野間の違いは1ポイント，分野間の違いが最大であるアメリカでも4ポイント未満であり，分野間による違いは大きくない。日本の「指標による得点分散の説明率」を OECD 平均と比較すると，日本は読解力では4ポイント，数学的リテラシーも5ポイント，科学的リテラシーで5ポイント，OECD 平均を下回っており，生徒の家庭の社会経済文化的水準が生徒の得点に影響する度合いが比較的小さいと言える。なお，3分野すべてについて，「指標による得点分散の説明率」が最大なのはフランス，最小なのは香港である。

図 5.2.5 は，表 5.2.3 で示した「生徒の社会経済文化的背景」指標による読解力の得点分散の説明率を横軸に取り，読解力の平均得点を縦軸に取って，参加国の値を図に示したものである。日本は，生徒の家庭の社会経済文化的水準と読解力との関連の強さが小さく，かつ，読解力の平均得点が高いことがわかる。

第5章　学習の背景

5.2.4　学校における ICT 利用

　本節では学校における ICT 利用について日本を含む 18 か国の結果を示す。その際，2015 年調査からの変化を示し，学校における ICT 利用に関する各国の動向を見ることとする。なお，18 か国のうちカナダ，オランダ，北京・上海・江蘇・浙江の 3 か国は ICT 活用調査に参加しておらず，ドイツは部分的な参加となっている。また，2018 年調査の OECD 平均は，ICT 活用調査に参加した OECD 加盟国で算出している。2015 年調査と比較する際は，双方の調査に参加した OECD 加盟国の平均を使っている。

（1）学校における ICT 機器の利用

　ICT 活用調査の問 2（IC009）では，「次のもののうち、学校であなたが利用できる機器はありますか。」と尋ね，次の破線に示す三つの選択肢から一つを選んでもらった。この質問項目では 10 項目について尋ねているが，ここでは「教育の情報化に関する手引き」（文部科学省 2010）を参照し，特に「学校における ICT 環境整備」の章に関連のある 8 項目を取り上げる。なお，この質問項目は 2015 年調査との経年比較が可能である。

```
IC009  学校にある機器
問2        次のもののうち、学校であなたが利用できる機器はありますか。
           (1)～(10)のそれぞれについて、あてはまるものを一つ選んでください。
                                                             はい、      はい、でも   いいえ
                                                             使ってい    使ってい
                                                             ます        ません
   IC009Q01   (1)デスクトップ・コンピュータ                    ○1         ○2        ○3
   IC009Q02   (2)ノートパソコン                               ○1         ○2        ○3
   IC009Q03   (3)タブレット型コンピュータ(例:iPad®など)        ○1         ○2        ○3
   IC009Q05   (4)インターネットに接続している学校のコンピュータ ○1         ○2        ○3
   IC009Q06   (5)無線LANを介したインターネット接続            ○1         ○2        ○3
   IC009Q07   (6)自分の文書を保存するフォルダーなど、学校に関係するデータのための保存領域  ○1  ○2  ○3
   IC009Q10   (9)プレゼンテーションなどに使うプロジェクター    ○1         ○2        ○3
   IC009Q11   (10)スマートボード®などの電子黒板               ○1         ○2        ○3
```

　表 5.2.4 は，上記の破線で囲んだ 8 項目に「はい，使っています」「はい，でも使っていません」と回答した 14 か国の生徒の割合を示し，併せて「はい，使っています」と回答した生徒の割合の経年変化（2015 年調査との差）を示している。

　2018 年の「はい，使っています」と回答した生徒の割合を見ると，日本は 8 項目全てで OECD 平均を下回っている。そのうち，「自分の文書を保存するフォルダーなど、学校に関係するデータのための保存領域」以外の 7 項目で，14 か国の中で最も少ない割合となっている。また，「無線LAN を介したインターネット接続」（日本 22%，OECD 平均 54%），「プレゼンテーションなどに使うプロジェクター」（日本 25%，OECD 平均 59%）の 2 項目については，OECD 平均と 30 ポイント以上の差が見られる。

　「デスクトップ・コンピュータ」（以下，「デスクトップ」）「ノートパソコン」「タブレット型コンピュータ」（以下，「タブレット」）の 3 項目に「はい，使っています」と回答した割合を比べると，日本を含む 10 か国では「デスクトップ」の利用が最も多く，そのうち 9 か国では，「デスクトップ」に次いで，「ノートパソコン」の利用が多い。一方で，オーストラリア，フィンランド，アメリカ，シンガポールの 4 か国については，「ノートパソコン」の利用が最も多く，次いで「デスクトップ」の利用が多い。

　さらに「デスクトップ」「ノートパソコン」「タブレット」の 3 項目に関して，その整備率（「は

240

表5.2.4　学校におけるICT機器の利用（2015年～2018年）

国　名	デスクトップ・コンピュータ				ノートパソコン				タブレット型コンピュータ(例：iPad®)				インターネットに接続している学校のコンピュータ			
	はい、使っています		はい、でも使っていません		はい、使っています		はい、でも使っていません		はい、使っています		はい、でも使っていません		はい、使っています		はい、でも使っていません	
	割合	標準誤差	割合	標準誤差	割合	標準誤差	割合	標準誤差	割合	標準誤差	割合	標準誤差	割合	標準誤差	割合	標準誤差
日本	46.7	(1.7)	18.6	(1.2)	14.0	(1.2)	16.2	(0.8)	12.9	(1.3)	12.5	(0.7)	59.2	(1.7)	18.8	(1.3)
オーストラリア	60.6	(0.8)	23.8	(0.6)	73.3	(0.7)	13.0	(0.4)	27.1	(0.9)	21.2	(0.6)	77.1	(0.6)	14.0	(0.5)
カナダ	m	m	m	m	m	m	m	m	m	m	m	m	m	m	m	m
エストニア	56.9	(0.9)	27.6	(0.7)	37.4	(1.1)	23.0	(0.7)	36.1	(1.4)	25.7	(0.8)	64.7	(0.8)	25.4	(0.7)
フィンランド	58.7	(2.2)	15.3	(1.0)	72.9	(1.4)	10.5	(0.5)	55.8	(1.9)	18.2	(0.8)	80.7	(0.8)	8.9	(0.5)
フランス	60.0	(0.9)	14.3	(0.5)	28.5	(0.9)	11.0	(0.4)	20.7	(0.9)	8.7	(0.5)	73.7	(0.8)	13.4	(0.5)
ドイツ	m	m	m	m	m	m	m	m	m	m	m	m	m	m	m	m
アイルランド	57.6	(1.1)	28.9	(1.0)	27.0	(1.4)	26.0	(0.9)	19.4	(1.8)	16.9	(0.6)	70.6	(1.2)	22.2	(1.0)
イタリア	53.5	(1.1)	18.2	(0.6)	25.3	(0.9)	17.4	(0.5)	16.4	(0.9)	12.5	(0.5)	59.9	(1.1)	19.1	(0.6)
韓国	62.5	(0.9)	19.7	(0.7)	31.0	(1.2)	29.4	(0.8)	21.6	(1.5)	16.7	(0.6)	72.4	(1.0)	19.7	(0.7)
オランダ	m	m	m	m	m	m	m	m	m	m	m	m	m	m	m	m
ニュージーランド	66.8	(1.0)	24.4	(0.9)	63.8	(0.9)	20.9	(0.7)	23.8	(1.2)	23.2	(0.8)	77.9	(0.8)	17.3	(0.7)
イギリス	79.4	(1.1)	14.2	(0.8)	46.4	(1.7)	23.5	(1.0)	27.8	(1.6)	22.4	(1.0)	82.9	(0.8)	10.6	(0.6)
アメリカ	62.9	(1.5)	24.2	(1.1)	68.4	(1.4)	13.3	(0.8)	30.4	(1.8)	18.2	(0.8)	79.5	(1.2)	12.5	(1.0)
OECD平均（31か国）	56.8	(0.2)	20.5	(0.1)	36.4	(0.2)	18.0	(0.1)	23.1	(0.2)	15.3	(0.1)	67.6	(0.2)	17.8	(0.1)
北京・上海・江蘇・浙江	m	m	m	m	m	m	m	m	m	m	m	m	m	m	m	m
香港	75.7	(0.9)	17.8	(0.8)	30.0	(1.8)	24.2	(0.7)	64.3	(1.8)	19.6	(0.9)	78.5	(0.8)	15.6	(0.6)
台湾	77.8	(0.6)	13.6	(0.5)	21.9	(0.9)	21.2	(0.7)	20.9	(1.2)	15.6	(0.6)	69.2	(0.9)	17.1	(0.6)
シンガポール	53.4	(0.6)	24.2	(0.6)	60.1	(0.7)	19.6	(0.6)	34.9	(0.6)	26.3	(0.6)	77.8	(0.5)	17.5	(0.5)

2018年　生徒の割合

国　名	無線LANを介したインターネット接続				自分の文書を保存するフォルダーなど、学校に関係するデータのための保存領域				プレゼンテーションなどに使うプロジェクター				スマートボード®などの電子黒板			
	はい、使っています		はい、でも使っていません		はい、使っています		はい、でも使っていません		はい、使っています		はい、でも使っていません		はい、使っています		はい、でも使っていません	
	割合	標準誤差	割合	標準誤差	割合	標準誤差	割合	標準誤差	割合	標準誤差	割合	標準誤差	割合	標準誤差	割合	標準誤差
日本	21.9	(1.0)	14.9	(0.6)	44.5	(1.9)	14.9	(0.9)	24.7	(1.0)	27.3	(0.8)	13.3	(1.0)	14.1	(0.6)
オーストラリア	74.9	(0.6)	9.7	(0.3)	74.5	(0.6)	11.6	(0.4)	61.2	(0.6)	22.0	(0.5)	47.3	(0.8)	26.6	(0.5)
カナダ	m	m	m	m	m	m	m	m	m	m	m	m	m	m	m	m
エストニア	62.6	(1.1)	20.3	(0.7)	41.6	(0.9)	22.4	(0.7)	53.2	(0.9)	22.6	(0.7)	26.9	(0.8)	24.9	(0.9)
フィンランド	66.6	(0.9)	14.2	(0.6)	68.0	(1.1)	13.0	(0.5)	57.1	(1.0)	20.8	(0.6)	33.4	(1.5)	26.2	(1.0)
フランス	42.4	(0.8)	9.3	(0.4)	69.0	(1.0)	11.8	(0.5)	65.0	(1.0)	13.5	(0.6)	34.6	(1.1)	13.5	(0.5)
ドイツ	m	m	m	m	m	m	m	m	m	m	m	m	m	m	m	m
アイルランド	36.6	(1.8)	25.8	(0.8)	52.1	(1.3)	20.9	(0.7)	50.9	(0.9)	31.7	(0.7)	36.6	(1.0)	29.0	(0.9)
イタリア	36.3	(1.0)	18.1	(0.5)	35.4	(0.9)	15.7	(0.5)	60.4	(1.0)	13.9	(0.4)	56.4	(1.4)	13.7	(0.6)
韓国	43.8	(1.1)	23.8	(0.8)	48.0	(0.9)	26.2	(0.8)	53.1	(1.2)	25.7	(0.8)	22.0	(1.1)	18.3	(0.6)
オランダ	m	m	m	m	m	m	m	m	m	m	m	m	m	m	m	m
ニュージーランド	82.6	(0.6)	8.4	(0.4)	71.8	(0.7)	14.6	(0.5)	52.4	(0.8)	33.1	(0.6)	26.0	(1.0)	26.5	(0.7)
イギリス	52.6	(1.1)	16.2	(0.6)	81.4	(0.8)	9.6	(0.5)	63.0	(0.8)	24.6	(0.6)	50.8	(1.0)	35.3	(0.6)
アメリカ	69.2	(1.2)	12.4	(0.6)	63.0	(1.1)	15.5	(0.7)	53.3	(1.0)	23.7	(0.8)	47.4	(1.3)	25.6	(0.6)
OECD平均（31か国）	53.7	(0.2)	15.8	(0.1)	52.6	(0.2)	15.9	(0.1)	59.0	(0.2)	19.8	(0.1)	40.5	(0.2)	19.8	(0.1)
北京・上海・江蘇・浙江	m	m	m	m	m	m	m	m	m	m	m	m	m	m	m	m
香港	62.4	(1.2)	20.9	(0.7)	63.9	(0.8)	18.5	(0.5)	71.8	(0.9)	17.8	(0.7)	22.8	(1.1)	22.0	(1.0)
台湾	38.3	(1.2)	31.0	(0.8)	37.3	(1.0)	21.9	(0.6)	70.8	(0.9)	16.5	(0.5)	21.1	(1.3)	20.3	(0.7)
シンガポール	79.0	(0.6)	13.5	(0.4)	55.3	(0.6)	19.5	(0.5)	67.1	(0.7)	19.0	(0.4)	20.2	(0.7)	16.8	(0.6)

2018年 -2015年　「はい、使っています」と回答した生徒の割合の差

国　名	デスクトップ・コンピュータ	ノートパソコン	タブレット型コンピュータ(例：iPad®)	インターネットに接続している学校のコンピュータ	無線LANを介したインターネット接続	自分の文書を保存するフォルダーなど、学校に関係するデータのための保存領域	プレゼンテーションなどに使うプロジェクター	スマートボード®などの電子黒板
	割合の差	割合の差	割合の差	割合の差	割合の差	割合の差	割合の差	割合の差
日本	4.7	3.0	5.3	7.7	0.9	2.9	6.8	5.4
オーストラリア	-2.9	6.3	0.8	-2.6	0.9	-4.1	0.3	1.7
カナダ	m	m	m	m	m	m	m	m
エストニア	8.9	21.9	18.9	7.7	7.9	1.1	0.9	1.7
フィンランド	-8.5	24.4	10.3	1.9	8.7	0.2	5.7	2.0
フランス	2.4	3.8	3.1	3.1	3.7	1.1	5.4	3.6
ドイツ	m	m	m	m	m	m	m	m
アイルランド	-2.3	10.1	7.2	6.5	5.1	0.2	5.5	6.3
イタリア	-0.3	6.4	2.8	5.2	0.5	-4.4	-0.1	3.4
韓国	15.4	16.4	15.1	17.3	17.7	17.5	17.0	9.2
オランダ	m	m	m	m	m	m	m	m
ニュージーランド	-6.2	12.6	-1.0	-2.9	5.6	-3.9	4.6	2.2
イギリス	0.7	9.9	4.7	3.8	5.8	4.2	4.9	4.9
アメリカ	m	m	m	m	m	m	m	m
OECD平均（28か国）	1.7	7.4	5.6	2.9	4.3	1.2	3.3	4.5
北京・上海・江蘇・浙江	m	m	m	m	m	m	m	m
香港	2.4	13.4	38.4	5.7	17.8	7.1	8.1	4.9
台湾	3.0	9.2	9.9	7.1	10.2	10.1	2.2	6.6
シンガポール	2.6	11.0	13.0	14.9	16.34	9.4	9.7	5.2

（注）　1．灰色の網掛けは非OECD加盟国・地域を示す。
　　　　2．太字は統計的な有意差があることを示す。
　　　　3．表中のmは欠損値（データなし）。
　　　　4．生徒の回答割合の算出には，無回答等を含む。
出所：OECD PISA2015，2018データベースをもとに国立教育政策研究所が作成。

い，使っています」「はい，でも使っていません」の割合の合計）と利用率（「はい，使っています」の割合）をそれぞれ OECD 平均と比べると，日本，イタリアは整備率及び利用率のいずれもが OECD 平均を下回る。一方で，オーストラリア，エストニア，ニュージーランド，イギリス，アメリカはいずれもが OECD 平均を上回っている。日本以外のアジア圏（韓国，香港，台湾，シンガポール）について見ると，香港及びシンガポールは 2 項目で整備率，利用率ともに OECD 平均を上回る。具体的に見ると，香港は「デスクトップ」「タブレット」が上回り，シンガポールは「ノートパソコン」「タブレット」が上回る。韓国は「デスクトップ」は整備率，利用率ともに OECD 平均を上回り，「ノートパソコン」の整備率が OECD 平均を上回るものの，「ノートパソコン」の利用率は OECD 平均を下回る。台湾に関しては，「デスクトップ」のみ OECD 平均よりも整備率，利用率とも上回った。

　2015 年と比較すると，日本は 6 項目で「はい，使っています」と回答した生徒の割合が統計的に有意に増加している。そのうち，最も割合の差が大きいのは，「インターネットに接続している学校のコンピュータ」（7.7 ポイント）であり，次いで「プレゼンテーションなどに使うプロジェクター」（6.8 ポイント）と続く。

　一方，8 項目全てにおいて 2015 年よりも「はい，使っています」と回答した生徒の割合が統計的に有意に増加しているのは，韓国，シンガポールである。特に韓国は，全ての項目で 9 〜 18 ポイント増加しており，ICT 機器の利用が進められていることがわかる。

（2）学校の授業における ICT の利用状況

　ICT 活用調査の問 8（IC150）では，「普段の一週間のうち、教室の授業でデジタル機器をどのくらい利用しますか。」と尋ね，次の破線に示す「利用しない」「週に 1 〜 30 分」「週に 31 〜 60 分」「週に 60 分より長い」「この教科を受けていない」の五つの選択肢から一つを選んでもらった。この質問項目では，8 項目について尋ねているが，ここでは PISA 調査の 3 分野に対応する 3 項目について取り上げる。なお，この質問項目は，2018 年調査の新規項目である。

　表 5.2.5 〜表 5.2.7 に，上記の破線で囲んだ 3 項目に関する生徒の回答の割合を示している。この項目はドイツを含む 15 か国間の比較が可能である。

　国語の授業において ICT を「利用している」（「週に 1 〜 30 分」「週に 31 〜 60 分」「週に 60 分より長い」の割合の合計。以下同じ）と回答した生徒の割合について，日本と OECD 平均を比較すると，日本が 14％に対して OECD 平均が 45％であり，日本は OECD 平均よりも 31 ポイント少ない。15 か国中，「利用している」割合が最も多いのは，ニュージーランド（82％）であり，次いでオーストラリア（78％），アメリカ（69％），フィンランド（61％），エストニア（48％）と続く。日本は，国語の授業において ICT を利用している割合が最も低い。

　数学の授業において ICT を「利用している」と回答した生徒の割合について，日本と OECD 平

学習の背景　第5章

表 5.2.5　国語の授業における ICT の利用

	2018年											
	生徒の割合											
	利用しない		週に 1~30 分		週に 31~60 分		週に 60 分より長い		この教科を受けていない		無回答・その他	
	割合	標準誤差	割合	標準誤差	割合	標準誤差	割合	標準誤差	割合	標準誤差	割合	標準誤差
日本	83.0	(1.2)	8.6	(0.8)	2.4	(0.3)	3.0	(0.5)	0.7	(0.1)	2.3	(0.4)
オーストラリア	16.5	(0.6)	24.1	(0.5)	22.5	(0.5)	30.9	(0.8)	0.5	(0.1)	5.6	(0.3)
カナダ	m	m	m	m	m	m	m	m	m	m	m	m
エストニア	48.0	(1.0)	33.7	(0.8)	9.0	(0.5)	4.9	(0.4)	0.3	(0.1)	4.1	(0.4)
フィンランド	31.6	(1.1)	38.6	(0.8)	14.7	(0.6)	7.7	(0.8)	0.5	(0.1)	6.9	(0.5)
フランス	66.5	(1.0)	15.2	(0.6)	5.9	(0.4)	4.4	(0.4)	0.9	(0.1)	7.2	(0.6)
ドイツ	61.9	(1.2)	20.9	(0.8)	5.5	(0.4)	5.6	(0.5)	0.3	(0.1)	5.8	(0.8)
アイルランド	65.7	(1.3)	19.4	(0.8)	7.8	(0.5)	5.5	(0.6)	0.3	(0.1)	1.3	(0.2)
イタリア	49.8	(1.0)	21.2	(0.6)	9.8	(0.5)	9.2	(0.6)	0.9	(0.1)	8.9	(0.6)
韓国	53.6	(1.3)	14.6	(0.7)	11.0	(0.5)	19.1	(1.0)	0.2	(0.1)	1.4	(0.2)
オランダ	m	m	m	m	m	m	m	m	m	m	m	m
ニュージーランド	14.3	(0.8)	22.8	(0.9)	20.5	(0.7)	39.0	(1.4)	0.6	(0.1)	2.7	(0.3)
イギリス	63.2	(1.1)	18.0	(0.8)	6.6	(0.3)	6.6	(0.5)	1.1	(0.2)	4.4	(0.5)
アメリカ	24.2	(1.5)	30.6	(0.9)	19.4	(0.7)	18.6	(1.1)	2.0	(0.4)	5.2	(0.5)
OECD 平均（31 か国）	48.2	(0.2)	21.9	(0.1)	10.3	(0.1)	12.3	(0.1)	0.8	(0.0)	6.4	(0.1)
北京・上海・江蘇・浙江	m	m	m	m	m	m	m	m	m	m	m	m
香港	70.7	(1.4)	12.7	(0.9)	6.3	(0.5)	7.4	(0.9)	0.5	(0.1)	2.4	(0.4)
台湾	65.8	(1.0)	18.0	(0.6)	6.5	(0.4)	7.1	(0.5)	0.5	(0.1)	2.1	(0.2)
シンガポール	57.2	(0.8)	24.5	(0.6)	8.5	(0.5)	8.2	(0.3)	0.1	(0.0)	1.4	(0.2)

（注） 1. 灰色の網掛けは非 OECD 加盟国・地域を示す。
　　　 2. 表中の m は欠損値（データなし）。
出所：OECD PISA2018 データベースをもとに国立教育政策研究所が作成。。

表 5.2.6　数学の授業における ICT の利用

	2018年											
	生徒の割合											
	利用しない		週に 1~30 分		週に 31~60 分		週に 60 分より長い		この教科を受けていない		無回答・その他	
	割合	標準誤差	割合	標準誤差	割合	標準誤差	割合	標準誤差	割合	標準誤差	割合	標準誤差
日本	89.0	(1.1)	3.3	(0.5)	1.9	(0.3)	2.6	(0.6)	0.7	(0.1)	2.5	(0.3)
オーストラリア	32.7	(0.8)	22.8	(0.5)	16.1	(0.4)	21.6	(0.8)	0.7	(0.1)	6.0	(0.3)
カナダ	m	m	m	m	m	m	m	m	m	m	m	m
エストニア	54.9	(1.0)	25.9	(0.8)	8.9	(0.4)	5.4	(0.4)	0.2	(0.1)	4.8	(0.4)
フィンランド	46.5	(1.0)	30.6	(0.8)	9.8	(0.5)	5.3	(0.4)	0.5	(0.1)	7.4	(0.5)
フランス	52.7	(0.9)	21.3	(0.7)	11.3	(0.6)	6.0	(0.3)	0.9	(0.1)	7.8	(0.6)
ドイツ	60.2	(1.2)	18.1	(0.7)	7.6	(0.4)	7.1	(0.5)	0.4	(0.1)	6.7	(0.8)
アイルランド	67.7	(1.4)	15.2	(0.7)	7.8	(0.5)	6.0	(0.6)	0.4	(0.1)	2.8	(0.3)
イタリア	53.2	(1.1)	16.9	(0.5)	9.6	(0.4)	10.0	(0.5)	0.8	(0.1)	9.4	(0.6)
韓国	73.8	(1.4)	7.8	(0.5)	6.0	(0.4)	10.4	(0.8)	0.3	(0.1)	1.6	(0.2)
オランダ	m	m	m	m	m	m	m	m	m	m	m	m
ニュージーランド	41.2	(1.4)	27.7	(0.8)	14.3	(0.7)	12.7	(0.8)	0.9	(0.2)	3.2	(0.3)
イギリス	62.3	(1.4)	17.3	(0.9)	8.3	(0.5)	6.3	(0.6)	1.0	(0.2)	4.9	(0.5)
アメリカ	38.5	(1.8)	26.9	(0.8)	14.0	(0.8)	12.9	(1.0)	2.1	(0.3)	5.5	(0.5)
OECD 平均（31 か国）	54.4	(0.2)	19.2	(0.1)	9.0	(0.1)	9.6	(0.1)	0.8	(0.0)	6.9	(0.1)
北京・上海・江蘇・浙江	m	m	m	m	m	m	m	m	m	m	m	m
香港	70.6	(1.5)	14.2	(1.0)	6.3	(0.5)	5.8	(0.4)	0.4	(0.1)	2.6	(0.4)
台湾	78.2	(0.9)	9.5	(0.4)	4.1	(0.3)	5.5	(0.4)	0.5	(0.1)	2.3	(0.3)
シンガポール	72.6	(0.9)	15.7	(0.6)	5.3	(0.3)	4.7	(0.3)	0.1	(0.0)	1.6	(0.2)

（（注） 1. 灰色の網掛けは非 OECD 加盟国・地域を示す。
　　　 2. 表中の m は欠損値（データなし）。
出所：OECD PISA2018 データベースをもとに国立教育政策研究所が作成。

第5章　学習の背景

表5.2.7　理科の授業における ICT の利用

	2018年											
	生徒の割合											
	利用しない		週に1~30分		週に31~60分		週に60分より長い		この教科を受けていない		無回答・その他	
	割合	標準誤差	割合	標準誤差	割合	標準誤差	割合	標準誤差	割合	標準誤差	割合	標準誤差
日本	75.9	(1.5)	7.5	(0.6)	5.3	(0.5)	6.2	(0.7)	2.3	(0.4)	2.8	(0.4)
オーストラリア	16.5	(0.6)	21.7	(0.6)	23.0	(0.4)	27.9	(0.9)	4.9	(0.3)	6.1	(0.3)
カナダ	m	m	m	m	m	m	m	m	m	m	m	m
エストニア	39.3	(0.9)	36.0	(0.8)	13.6	(0.6)	6.3	(0.4)	0.2	(0.1)	4.5	(0.4)
フィンランド	40.9	(1.2)	32.8	(0.8)	11.9	(0.6)	5.9	(0.7)	1.0	(0.1)	7.4	(0.5)
フランス	40.5	(0.9)	24.4	(0.6)	16.2	(0.6)	8.5	(0.5)	2.3	(0.3)	8.1	(0.6)
ドイツ	49.5	(1.0)	26.2	(0.6)	10.6	(0.5)	5.9	(0.4)	1.3	(0.3)	6.5	(0.9)
アイルランド	60.2	(1.4)	20.0	(0.8)	9.1	(0.6)	5.7	(0.6)	2.7	(0.3)	2.3	(0.3)
イタリア	47.7	(1.1)	18.8	(0.6)	12.2	(0.5)	9.7	(0.5)	1.7	(0.2)	10.0	(0.6)
韓国	44.9	(1.3)	15.3	(0.6)	14.3	(0.6)	23.4	(1.1)	0.5	(0.3)	1.7	(0.2)
オランダ	m	m	m	m	m	m	m	m	m	m	m	m
ニュージーランド	27.3	(1.1)	28.4	(0.7)	18.3	(0.7)	17.6	(0.9)	4.6	(0.5)	3.9	(0.3)
イギリス	52.3	(1.5)	22.3	(0.8)	9.9	(0.7)	8.7	(0.8)	1.7	(0.1)	5.1	(0.5)
アメリカ	28.9	(1.7)	29.3	(0.8)	18.6	(0.7)	15.0	(0.9)	2.7	(0.4)	5.4	(0.5)
OECD平均（31か国）	43.9	(0.2)	22.1	(0.1)	12.8	(0.1)	11.7	(0.1)	2.6	(0.1)	6.9	(0.1)
北京・上海・江蘇・浙江	m	m	m	m	m	m	m	m	m	m	m	m
香港	57.2	(1.3)	13.1	(0.7)	6.4	(0.4)	7.5	(1.0)	13.1	(0.6)	2.6	(0.4)
台湾	61.0	(1.0)	13.5	(0.5)	8.9	(0.4)	10.8	(0.6)	3.5	(0.3)	2.3	(0.2)
シンガポール	64.2	(0.8)	18.5	(0.5)	7.1	(0.4)	7.7	(0.4)	0.5	(0.1)	2.1	(0.2)

（注）1. 灰色の網掛けは非 OECD 加盟国・地域を示す。
　　　2. 表中の m は欠損値（データなし）。
出所：OECD PISA2018 データベースをもとに国立教育政策研究所が作成。

均を比較すると，日本が8％であるのに対して，OECD 平均が38％であり，日本は OECD 平均よりも利用している割合が30ポイント少ない。15か国で見ると，「利用している」割合が最も多いのは，オーストラリア（61％）であり，次いでニュージーランド（55％），アメリカ（54％）と続く。日本は，国語と同様に，数学の授業において ICT を利用している割合が最も低い。

　理科の授業において ICT を「利用している」と回答した生徒の割合について，日本と OECD 平均を比較すると日本が19％，OECD 平均が47％であり，日本は OECD 平均よりも28ポイント少ない。15か国で見ると，「利用している」割合が最も多いのは，オーストラリア（73％）であり，次いでニュージーランド（64％），アメリカ（63％），エストニア（56％），フランス（49％）と続く。日本は，国語・数学と同様に，15か国の中で最も利用している割合が低い。

　以上のように，国語，数学，理科の3教科を通じて，授業で ICT を利用している割合が多いのは，オーストラリア，ニュージーランド，アメリカの3か国である。また15か国を通じて，この3教科を比べると最も利用が進んでいる教科は理科であり，次いで国語，数学と続く。

244

5.2.5 学校外における ICT 利用

本節では，学校外における ICT 利用について日本を含む 18 か国の結果を示す。第 5 章 5.2.4 と同様に，2015 年調査からの変化を示し，学校外における ICT 利用に関する各国の動向を見ることとする。なお，18 か国のうちカナダ，オランダ，北京・上海・江蘇・浙江の 3 か国は ICT 活用調査に参加しておらず，ドイツは部分的な参加となっている。また，2018 年調査の OECD 平均は，ICT 活用調査に参加した OECD 加盟国で算出している。2015 年調査と比較する際は，双方の調査に参加した OECD 加盟国の平均を使っている。

(1) 学校外におけるインターネットの利用時間

ICT 活用調査の問 6（IC006）及び問 7（IC007）では、「学校のある日」及び「休日」の学校以外の場所でのインターネットの利用時間についての質問項目である。なお，問 6 及び問 7 は問 4（IC004）インターネットの開始年齢において「インターネットを利用したことはない」と回答した場合は表示されない。どちらの質問項目も，2015 年調査との経年比較が可能である。

表 5.2.8 は、14 か国について，上記「学校外における平日のインターネット利用時間」に回答した生徒の割合を示し，併せて 2015 年調査との割合の経年変化（2018 年の値から 2015 年の値を引いた差）を示している。

2018 年の日本と OECD 平均の割合を見ると，日本において最も割合が多いのは，「2 時間以上，4 時間未満」で 30% であり，次いで「1 時間以上，2 時間未満」で 25% と続く。平日に「4 時間以上」（「4 時間以上，6 時間未満」「6 時間以上」）利用すると回答した生徒の割合は，17% である。OECD 平均において最も割合が多いのは，日本と同様に「2 時間以上，4 時間未満」で 28% であり，次いで「6 時間以上」20% と続く。平日に「4 時間以上」（「4 時間以上，6 時間未満」「6 時間以上」）利用すると回答した生徒の割合は，39% であり，日本と比べると平日に「4 時間以上」インターネットを利用する生徒の割合は 21 ポイント多い。

14 か国で見ると，「利用しない」と回答した生徒の割合が最も多いのは，韓国（8%）であり，次いで台湾（5%），日本（5%）と続く。「4 時間以上」利用すると回答した生徒の割合が最も多いのは，イギリスで 48% であり，次いで，アメリカ（47%），ニュージーランド（46%），イタリア

第5章　学習の背景

表 5.2.8　学校外における平日のインターネット利用時間別生徒の割合（2015 年～ 2018 年）

国　名	利用しない 割合	利用しない 標準誤差	30 分未満 割合	30 分未満 標準誤差	30 分以上，1 時間未満 割合	30 分以上，1 時間未満 標準誤差	1 時間以上，2 時間未満 割合	1 時間以上，2 時間未満 標準誤差	2 時間以上，4 時間未満 割合	2 時間以上，4 時間未満 標準誤差	4 時間以上，6 時間未満 割合	4 時間以上，6 時間未満 標準誤差	6 時間以上 割合	6 時間以上 標準誤差	無回答・その他 割合	無回答・その他 標準誤差
日本	4.6	(0.4)	8.6	(0.5)	12.8	(0.4)	25.3	(0.6)	29.8	(0.8)	9.8	(0.5)	7.4	(0.5)	1.6	(0.3)
オーストラリア	1.1	(0.1)	2.1	(0.2)	4.4	(0.2)	15.2	(0.4)	29.4	(0.6)	22.1	(0.4)	20.8	(0.5)	4.9	(0.3)
カナダ	m	m	m	m	m	m	m	m	m	m	m	m	m	m	m	m
エストニア	0.7	(0.1)	1.9	(0.2)	6.9	(0.4)	17.2	(0.5)	31.3	(0.8)	19.0	(0.5)	20.0	(0.6)	3.0	(0.4)
フィンランド	0.3	(0.1)	1.6	(0.2)	4.4	(0.3)	17.5	(0.6)	34.9	(0.7)	21.9	(0.6)	14.6	(0.6)	4.8	(0.5)
フランス	1.8	(0.2)	4.1	(0.3)	6.4	(0.4)	16.8	(0.6)	28.6	(0.7)	18.1	(0.5)	19.5	(0.6)	4.6	(0.5)
ドイツ	m	m	m	m	m	m	m	m	m	m	m	m	m	m	m	m
アイルランド	0.9	(0.1)	2.3	(0.2)	4.7	(0.3)	17.0	(0.6)	32.2	(0.7)	21.8	(0.5)	19.8	(0.7)	1.4	(0.2)
イタリア	1.7	(0.2)	3.7	(0.3)	5.5	(0.3)	14.4	(0.5)	24.0	(0.6)	17.5	(0.5)	26.3	(0.7)	6.9	(0.5)
韓国	7.6	(0.6)	9.1	(0.4)	12.4	(0.5)	26.6	(0.6)	26.6	(0.6)	10.1	(0.4)	6.4	(0.3)	1.2	(0.2)
オランダ	m	m	m	m	m	m	m	m	m	m	m	m	m	m	m	m
ニュージーランド	1.7	(0.2)	1.9	(0.2)	4.2	(0.3)	13.8	(0.5)	29.6	(0.6)	23.2	(0.6)	23.2	(0.6)	2.3	(0.2)
イギリス	0.9	(0.2)	1.6	(0.2)	3.8	(0.4)	13.5	(0.5)	29.6	(0.8)	24.4	(0.6)	23.1	(0.7)	3.1	(0.3)
アメリカ	1.7	(0.2)	2.3	(0.2)	4.9	(0.4)	13.4	(0.6)	26.5	(0.8)	21.8	(0.7)	25.5	(0.8)	4.0	(0.4)
OECD 平均（31 か国）	2.1	(0.0)	3.8	(0.1)	6.4	(0.1)	16.6	(0.1)	27.6	(0.1)	18.9	(0.1)	19.7	(0.1)	4.9	(0.1)
北京・上海・江蘇・浙江	m	m	m	m	m	m	m	m	m	m	m	m	m	m	m	m
香港	3.1	(0.3)	4.9	(0.3)	7.7	(0.4)	17.5	(0.6)	32.0	(0.8)	18.0	(0.6)	14.7	(0.6)	2.1	(0.3)
台湾	5.2	(0.6)	8.4	(0.4)	10.2	(0.4)	20.4	(0.6)	24.4	(0.6)	12.5	(0.5)	17.3	(0.6)	1.6	(0.2)
シンガポール	1.3	(0.1)	2.9	(0.2)	5.5	(0.3)	16.7	(0.5)	31.9	(0.6)	20.0	(0.5)	20.5	(0.5)	1.0	(0.1)

国　名	経年変化（2018 年 － 2015 年）生徒の割合の差 利用しない	30 分未満	30 分以上，1 時間未満	1 時間以上，2 時間未満	2 時間以上，4 時間未満	4 時間以上，6 時間未満	6 時間以上
日本	-2.9	-5.5	-2.9	0.8	7.3	2.3	1.1
オーストラリア	-0.6	-1.1	-2.2	-2.6	-0.3	2.5	4.1
カナダ	m	m	m	m	m	m	m
エストニア	-0.6	-1.3	-1.6	-1.4	1.5	-0.2	2.1
フィンランド	-0.2	-2.1	-7.0	-5.7	3.8	6.3	3.5
フランス	-0.9	-2.9	-5.5	-6.3	2.1	6.0	8.1
ドイツ	m	m	m	m	m	m	m
アイルランド	-0.5	-3.0	-5.0	-5.2	2.2	4.7	6.4
イタリア	-0.5	-1.5	-3.6	-4.3	0.1	2.9	3.9
韓国	-11.5	-9.7	-4.5	3.7	10.9	6.1	4.5
オランダ	m	m	m	m	m	m	m
ニュージーランド	-0.4	-1.8	-2.8	-3.7	0.2	3.1	6.6
イギリス	0.3	-0.4	-1.0	-0.4	3.7	4.9	1.9
アメリカ	m	m	m	m	m	m	m
OECD 平均（28 か国）	-1.1	-2.4	-3.2	-3.2	1.8	3.5	4.3
北京・上海・江蘇・浙江	m	m	m	m	m	m	m
香港	-3.1	-5.8	-3.3	-2.5	6.6	5.0	2.8
台湾	-2.2	-2.7	-2.9	-0.8	2.3	2.0	3.4
シンガポール	-2.2	-2.5	-3.2	-3.9	2.4	4.8	4.6

（注）1．灰色の網掛けは非 OECD 加盟国・地域を示す。
　　　2．太字は統計的な有意差があることを示す。
　　　3．表中の m は欠損値（データなし）。
出所：OECD PISA2015, 2018 データベースをもとに国立教育政策研究所が作成。

学習の背景　第5章

表 5.2.9　休日のインターネット利用時間別生徒の割合（2015 年～ 2018 年）

国　名	2018 年 生徒の割合													
	利用しない		30 分未満		30 分以上, 1 時間未満		1 時間以上, 2 時間未満		2 時間以上, 4 時間未満		4 時間以上, 6 時間未満		6 時間以上		無回答・その他	
	割合	標準 誤差	割合	標準 誤差	割合	標準 誤差	割合	標準 誤差	割合	標準 誤差	割合	標準 誤差	割合	標準 誤差	割合	標準 誤差
日本	1.7	(0.2)	3.9	(0.3)	5.8	(0.3)	15.0	(0.5)	30.3	(0.8)	19.8	(0.5)	22.1	(0.7)	1.4	(0.3)
オーストラリア	1.1	(0.1)	2.1	(0.2)	3.5	(0.2)	9.8	(0.3)	22.0	(0.4)	24.2	(0.4)	32.3	(0.6)	5.1	(0.3)
カナダ	m	m	m	m	m	m	m	m	m	m	m	m	m	m	m	m
エストニア	0.5	(0.1)	1.9	(0.2)	4.7	(0.3)	12.7	(0.5)	25.2	(0.6)	23.4	(0.6)	28.6	(0.7)	3.1	(0.3)
フィンランド	0.3	(0.1)	1.4	(0.1)	2.8	(0.2)	9.3	(0.4)	27.9	(0.7)	26.5	(0.6)	26.8	(0.7)	5.0	(0.5)
フランス	1.3	(0.2)	1.8	(0.2)	3.2	(0.2)	8.8	(0.4)	19.9	(0.6)	23.5	(0.6)	36.9	(0.9)	4.6	(0.5)
ドイツ	m	m	m	m	m	m	m	m	m	m	m	m	m	m	m	m
アイルランド	0.6	(0.1)	1.7	(0.2)	2.6	(0.2)	9.6	(0.5)	22.6	(0.6)	27.3	(0.6)	34.3	(0.9)	1.3	(0.2)
イタリア	1.4	(0.2)	4.1	(0.3)	5.7	(0.3)	12.7	(0.5)	22.0	(0.6)	19.4	(0.6)	27.2	(0.7)	7.5	(0.5)
韓国	3.6	(0.3)	4.7	(0.3)	6.3	(0.3)	15.8	(0.5)	29.3	(0.5)	20.8	(0.5)	18.3	(0.5)	1.1	(0.1)
オランダ	m	m	m	m	m	m	m	m	m	m	m	m	m	m	m	m
ニュージーランド	1.7	(0.2)	2.2	(0.2)	3.3	(0.3)	9.5	(0.4)	22.0	(0.6)	24.7	(0.6)	34.5	(0.8)	2.1	(0.2)
イギリス	0.8	(0.1)	1.2	(0.2)	2.7	(0.2)	6.7	(0.4)	18.7	(0.7)	26.1	(0.6)	40.6	(0.8)	3.3	(0.3)
アメリカ	1.9	(0.2)	2.4	(0.2)	3.7	(0.2)	9.2	(0.5)	18.7	(0.6)	24.1	(0.7)	36.2	(0.9)	3.9	(0.4)
OECD 平均（31 か国）	1.6	(0.0)	2.9	(0.0)	4.4	(0.1)	10.9	(0.1)	21.9	(0.1)	22.7	(0.1)	30.5	(0.1)	5.0	(0.1)
北京・上海・江蘇・浙江	m	m	m	m	m	m	m	m	m	m	m	m	m	m	m	m
香港	2.8	(0.2)	3.2	(0.2)	4.3	(0.3)	10.7	(0.5)	22.6	(0.7)	23.2	(0.7)	31.0	(0.7)	2.1	(0.3)
台湾	2.1	(0.2)	3.6	(0.2)	4.7	(0.3)	11.4	(0.5)	20.2	(0.6)	19.5	(0.4)	36.9	(0.8)	0.0	(0.0)
シンガポール	1.4	(0.2)	2.3	(0.2)	3.2	(0.2)	8.8	(0.4)	21.0	(0.6)	25.8	(0.6)	36.4	(0.6)	1.1	(0.1)

国　名	経年変化（2018 年－ 2015 年） 生徒の割合の差						
	利用しない	30 分未満	30 分以上, 1 時間未満	1 時間以上, 2 時間未満	2 時間以上, 4 時間未満	4 時間以上, 6 時間未満	6 時間以上
日本	-2.1	-4.5	-4.3	-3.6	4.2	5.5	5.0
オーストラリア	-0.6	-1.3	-1.8	-3.0	-1.3	2.8	5.4
カナダ	m	m	m	m	m	m	m
エストニア	-0.6	-1.4	-0.9	-2.1	-0.8	2.4	2.0
フィンランド	-0.4	-1.7	-4.1	-7.7	-0.4	5.6	7.3
フランス	-0.2	-1.6	-3.0	-5.2	-3.9	2.4	11.7
ドイツ	m	m	m	m	m	m	m
アイルランド	-0.4	-2.2	-3.7	-6.0	-3.0	5.2	10.3
イタリア	-0.9	-2.1	-2.6	-4.7	-0.4	2.7	4.5
韓国	-6.4	-4.9	-5.4	-4.8	2.0	8.0	11.0
オランダ	m	m	m	m	m	m	m
ニュージーランド	-0.4	-1.4	-2.4	-2.1	-2.1	2.8	7.5
イギリス	0.0	-0.7	-0.8	-2.8	-0.5	6.0	8.0
アメリカ	m	m	m	m	m	m	m
OECD 平均（28 か国）	-0.8	-1.6	-2.2	-3.7	-1.3	3.2	6.0
北京・上海・江蘇・浙江	m	m	m	m	m	m	m
香港	-2.7	-3.8	-3.2	-2.8	-1.4	4.7	8.9
台湾	-1.1	-1.4	-2.2	-2.2	-0.7	1.7	5.0
シンガポール	-2.0	-1.0	-2.2	-3.1	-3.3	5.0	6.7

（注）1. 灰色の網掛けは非 OECD 加盟国・地域を示す。
　　　2. 太字は統計的な有意差があることを示す。
　　　3. 表中の m は欠損値（データなし）。
出所：OECD PISA2015, 2018 データベースをもとに国立教育政策研究所が作成。

（44%）と続く。

2015年調査と比較すると，日本は「2時間以上，4時間未満」が7ポイント，「4時間以上，6時間未満」が2ポイント増加し，その差は統計的に有意である。一方で，「利用しない」から「30分以上，1時間未満」はそれぞれ統計的に有意に減少しており，平日のインターネット利用時間が増えていることがわかる。OECD平均は，「2時間以上，4時間未満」が2ポイント，「4時間以上，6時間未満」「6時間以上」がそれぞれ4ポイント増加し，その差は統計的に有意である。一方で，「利用しない」から「1時間以上，2時間未満」はそれぞれ統計的に有意に減少しており，日本と同様，平日のインターネット利用時間は増加しているが，日本と比べるとOECD平均の方が平日のインターネット利用時間が長い傾向が伺える。

2015年と比較可能な13か国でみると，「利用しない」から「1時間以上，2時間未満」と回答した生徒の割合が統計的に有意に減っているのは，オーストラリア，フランス，アイルランド，香港，シンガポールの5か国である。一方で，「2時間以上，4時間未満」から「6時間以上」と回答した生徒の割合が統計的に有意に増加しているのは，フィンランド，フランス，アイルランド，韓国，香港，台湾，シンガポールの7か国である。平日のインターネット利用割合が最も増加したのは韓国であり，2015年と比べて「利用しない」は12ポイント，「30分未満」は10ポイント，「30分以上，1時間未満」は5ポイント減少し，その差は統計的に有意である。一方，「1時間以上，2時間」は4ポイント，「2時間以上，4時間未満」は11ポイント，「4時間以上，6時間未満」は6ポイント，「6時間以上」は5ポイント増加し，その差は統計的に有意である。

次に表5.2.9は，14か国について，上記「休日のインターネット利用時間」に回答した生徒の割合を示し，併せて2015年調査との割合の経年変化（2018年の値から2015年の値を引いた差）を示している。

2018年の日本とOECD平均の割合を見ると，日本において最も割合が多いのは，平日と同様に「2時間以上，4時間未満」で30%であり，次いで「6時間以上」で22%，「4時間以上，6時間未満」で20%と続き，平日と比べるとインターネットの利用時間は長い傾向にある。OECD平均において，最も割合が多いのは「6時間以上」で31%であり，次いで「4時間以上，6時間未満」で23%，「2時間以上，4時間未満」で22%と続く。休日に「4時間以上」（「4時間以上，6時間未満」「6時間以上」）利用すると回答した生徒の割合は53%であり，日本と比べると休日に「4時間以上」インターネットを利用する生徒の割合は11ポイント多い。

14か国で見ると，「利用しない」と回答した生徒の割合が最も多いのは，韓国（4%）であり，次いで香港（3%），台湾（2%）と続く。「4時間以上」利用すると回答した生徒の割合が最も多いのは，イギリスで67%であり，次いでシンガポール（62%），アイルランド（62%），フランス（60%）と続く。

2015年調査と比較すると，日本は「2時間以上，4時間未満」から「6時間以上」が4〜6ポイント統計的に有意に増加している。一方で，「利用しない」から「1時間以上，2時間未満」は2〜5ポイント統計的に有意に減少していることから，休日の利用時間は増加傾向にあることが伺える。OECD平均は，「4時間以上，6時間未満」「6時間以上」が3〜6ポイント増加し，その差は統計的に有意である。一方で，「利用しない」から「2時間以上，4時間未満」は1〜4ポイント統計的に有意に減少しており，日本と同様，休日のインターネット利用時間は長くなる傾向が見られる。

2015年と比較可能な13か国でみると，日本と同様に「利用しない」から「1時間以上，2時間未満」と回答した割合がそれぞれ統計的に有意に減少しているのは，フィンランド，アイルラン

学習の背景　第5章

表 5.2.10　学校外における平日のインターネット利用時間別読解力の平均得点

国　名	読解力の平均得点													
	利用しない		30 分未満		30 分以上, 1 時間未満		1 時間以上, 2 時間未満		2 時間以上, 4 時間未満		4 時間以上, 6 時間未満		6 時間以上	
	平均得点	標準誤差	平均得点	標準誤差	平均得点	標準誤差	平均得点	標準誤差	平均得点	標準誤差	平均得点	標準誤差	平均得点	標準誤差
日本	461	(8.5)	514	(5.3)	518	(4.5)	515	(3.0)	512	(3.3)	491	(4.7)	464	(6.7)
オーストラリア	414	(9.6)	475	(9.6)	495	(6.5)	523	(3.7)	528	(2.2)	515	(2.4)	478	(2.8)
カナダ	m	m	m	m	m	m	m	m	m	m	m	m	m	m
エストニア	457	(16.0)	492	(10.9)	526	(5.3)	538	(3.6)	544	(2.5)	525	(3.2)	498	(3.6)
フィンランド	439	(26.3)	511	(10.7)	517	(7.0)	543	(3.7)	541	(2.9)	524	(3.0)	488	(3.8)
フランス	406	(11.0)	465	(8.0)	510	(5.9)	529	(3.9)	518	(3.1)	500	(3.8)	453	(3.1)
ドイツ	m	m	m	m	m	m	m	m	m	m	m	m	m	m
アイルランド	444	(14.4)	469	(8.7)	533	(5.6)	535	(3.7)	540	(3.2)	521	(2.7)	480	(2.8)
イタリア	388	(10.1)	422	(8.3)	476	(6.6)	500	(3.7)	506	(3.6)	492	(3.8)	463	(3.2)
韓国	503	(9.6)	511	(6.1)	534	(5.7)	525	(3.8)	519	(3.0)	497	(4.6)	483	(6.6)
オランダ	m	m	m	m	m	m	m	m	m	m	m	m	m	m
ニュージーランド	421	(10.1)	463	(12.4)	509	(6.6)	533	(4.1)	533	(2.9)	518	(3.0)	474	(2.7)
イギリス	441	(16.8)	454	(16.8)	531	(7.7)	533	(4.4)	529	(3.2)	515	(3.2)	474	(3.5)
アメリカ	426	(14.9)	464	(12.1)	479	(9.9)	525	(5.1)	539	(4.0)	527	(3.8)	474	(4.0)
OECD 平均（31 か国）	408	(2.9)	454	(1.8)	491	(1.2)	507	(0.7)	512	(0.6)	496	(0.7)	462	(0.7)
北京・上海・江蘇・浙江	m	m	m	m	m	m	m	m	m	m	m	m	m	m
香港	433	(12.2)	487	(8.2)	518	(4.8)	546	(3.9)	548	(2.9)	534	(3.9)	503	(4.7)
台湾	503	(9.6)	500	(6.7)	525	(4.9)	525	(4.1)	516	(2.9)	498	(4.6)	465	(3.4)
シンガポール	459	(11.6)	480	(8.7)	529	(6.7)	563	(3.7)	575	(2.2)	556	(3.3)	522	(3.2)

（注）1. 灰色の網掛けは非 OECD 加盟国・地域を示す。
　　　2. 表中の m は欠損値（データなし）。
出所：OECD PISA2018 データベースをもとに国立教育政策研究所が作成。

表 5.2.11　休日のインターネット利用時間別読解力の平均得点

国　名	読解力の平均得点													
	利用しない		30 分未満		30 分以上, 1 時間未満		1 時間以上, 2 時間未満		2 時間以上, 4 時間未満		4 時間以上, 6 時間未満		6 時間以上	
	平均得点	標準誤差	平均得点	標準誤差	平均得点	標準誤差	平均得点	標準誤差	平均得点	標準誤差	平均得点	標準誤差	平均得点	標準誤差
日本	459	(12.5)	514	(7.1)	503	(6.2)	508	(3.9)	518	(3.0)	507	(3.6)	488	(4.5)
オーストラリア	419	(10.3)	489	(9.3)	465	(7.3)	501	(4.2)	517	(2.8)	524	(2.5)	505	(2.3)
カナダ	m	m	m	m	m	m	m	m	m	m	m	m	m	m
エストニア	465	(22.9)	488	(11.5)	497	(7.0)	528	(4.0)	543	(3.0)	537	(2.7)	513	(3.2)
フィンランド	401	(22.6)	489	(11.7)	502	(9.1)	530	(5.3)	543	(3.3)	534	(2.8)	510	(2.7)
フランス	399	(12.1)	432	(10.2)	486	(8.7)	503	(5.5)	523	(3.7)	518	(3.5)	480	(2.8)
ドイツ	m	m	m	m	m	m	m	m	m	m	m	m	m	m
アイルランド	432	(15.4)	458	(10.5)	499	(8.2)	512	(4.8)	534	(3.7)	535	(3.1)	508	(2.5)
イタリア	394	(11.8)	438	(6.5)	469	(6.7)	499	(4.3)	502	(3.7)	497	(3.6)	467	(3.2)
韓国	466	(8.6)	492	(7.9)	505	(6.1)	520	(4.6)	527	(4.0)	520	(3.8)	509	(3.4)
オランダ	m	m	m	m	m	m	m	m	m	m	m	m	m	m
ニュージーランド	422	(9.6)	464	(10.8)	480	(7.3)	504	(4.7)	527	(3.2)	528	(3.1)	500	(2.7)
イギリス	424	(15.6)	452	(16.1)	494	(10.1)	515	(5.8)	528	(3.6)	523	(3.6)	499	(2.9)
アメリカ	435	(11.1)	458	(13.4)	457	(9.5)	501	(6.1)	528	(4.2)	535	(3.9)	500	(3.8)
OECD 平均（31 か国）	407	(2.9)	448	(1.9)	471	(1.4)	491	(0.9)	509	(0.6)	507	(0.6)	482	(0.6)
北京・上海・江蘇・浙江	m	m	m	m	m	m	m	m	m	m	m	m	m	m
香港	441	(10.8)	479	(9.5)	496	(7.2)	519	(4.6)	549	(3.6)	546	(3.0)	524	(3.8)
台湾	452	(11.8)	473	(9.9)	496	(8.8)	515	(5.4)	529	(3.7)	513	(4.1)	493	(3.1)
シンガポール	448	(12.3)	457	(9.3)	491	(7.5)	532	(5.1)	568	(2.4)	569	(3.2)	549	(2.6)

（注）1. 灰色の網掛けは非 OECD 加盟国・地域を示す。
　　　2. 表中の m は欠損値（データなし）。
出所：OECD PISA2018 データベースをもとに国立教育政策研究所が作成。

ド，イタリア，韓国，香港，台湾，シンガポールの8か国である。オーストラリアは，OECD平均と同様に，「利用しない」から「1時間以上，2時間未満」と回答した生徒の割合がそれぞれ統計的に有意に減少している。「6時間以上」と回答した生徒の割合が最も増加したのはフランスであり，次いで韓国，アイルランド，香港，イギリスと続く。

さらに，平日・休日のインターネットの利用時間と読解力の平均得点との関係を示したのが，表5.2.10及び表5.2.11である。日本について，平日のインターネットの利用時間と読解力の平均得点との関係をみると，読解力の平均得点が最も高いのは「30分以上，1時間未満」の518点であるが，「30分未満」の514点，「1時間以上，2時間未満」の515点，「2時間以上，4時間未満」の512点と統計的に有意な差はない。一方で，「4時間以上，6時間未満」と回答した生徒の平均得点は491点，「6時間以上」は464点であり，平日のインターネット利用時間が4時間を超えると読解力の平均得点が大きく低下する。OECD平均について見ると，読解力の平均得点が最も高くなるのは，「2時間以上，4時間未満」の512点であり，日本と同様に4時間を超えると得点は低下する傾向が見られる。

また，休日のインターネットの利用時間と読解力の平均得点との関係を見ると，最も得点が高いのは「2時間以上，4時間未満」の518点であるが，「30分未満」の514点と統計的に有意な差はない。平日とは異なり，「30分未満」から「4時間以上，6時間未満」まで500点以上であるが，「6時間以上」になると488点となり得点が大きく低下する。OECD平均について見ると，読解力の平均得点が最も高くなるのは「2時間以上，4時間未満」の509点である。OECD平均では「利用しない」から「2時間以上，4時間未満」まで得点が増加し，日本と同様に，「6時間以上」になると低下する傾向が見られる。

（2）家庭における ICT 機器の利用

ICT活用調査の問1（IC001）では，「次のもののうち、自宅であなたが利用できる機器はありますか。」と尋ね，次の破線に示す三つの選択肢から一つを選んでもらった。ここでは11の機器について尋ねているが，ここでは日本の結果に特徴のある5項目について取り上げる。なお，この質問項目は，2015年調査との経年比較が可能である。

IC001　自宅にある機器

問1　　　　次のもののうち、<u>自宅で</u>あなたが利用できる機器はありますか。
　　　　　　（1）～（11）のそれぞれについて、あてはまるものを一つ選んでください。

		はい、使っています	はい、でも使っていません	いいえ
IC001Q01	（1）デスクトップ・コンピュータ	○₁	○₂	○₃
IC001Q02	（2）ノートパソコン	○₁	○₂	○₃
IC001Q03	（3）タブレット型コンピュータ（例：iPad®）	○₁	○₂	○₃
IC001Q04	（4）インターネット接続	○₁	○₂	○₃
IC001Q07	（7）携帯電話（インターネット接続有り）	○₁	○₂	○₃

表5.2.12は，上記の破線で囲んだ5項目に「はい，使っています」と回答した14か国の生徒の割合を示し，併せて2015年調査との経年比較を示している。

2018年について日本とOECD平均をみると，「デスクトップ・コンピュータ」は日本が37%，OECD平均が55%，「ノートパソコン」は日本が35%，OECD平均が70%，「タブレット型コンピュータ」は日本が44%，OECD平均が51%，「インターネット接続」は日本が92%，OECD平均が90%，「携帯電話（インターネット接続あり）」は日本が94%，OECD平均が90%である。日本は，「デスクトップ・コンピュータ」「ノートパソコン」「タブレット型コンピュータ」の利用割

学習の背景　第5章

表 5.2.12　家庭における ICT 機器の利用（2015 年～ 2018 年）

国　名	2018 年									
	「はい，使っています」と回答した生徒の割合									
	デスクトップ・コンピュータ		ノートパソコン		タブレット型コンピュータ		インターネット接続		携帯電話（インターネット接続有り）	
	割合	標準誤差	割合	標準誤差	割合	標準誤差	割合	標準誤差	割合	標準誤差
日本	36.5	(0.7)	34.5	(0.9)	44.3	(0.8)	92.4	(0.4)	93.5	(0.7)
オーストラリア	55.7	(0.5)	83.5	(0.6)	59.6	(0.6)	93.1	(0.3)	91.1	(0.3)
カナダ	m	m	m	m	m	m	m	m	m	m
エストニア	58.9	(0.7)	75.5	(0.6)	45.5	(0.8)	94.5	(0.4)	93.3	(0.4)
フィンランド	48.1	(0.7)	72.1	(0.7)	56.7	(0.9)	94.9	(0.5)	94.1	(0.5)
フランス	64.7	(0.7)	74.9	(0.6)	56.0	(0.9)	94.2	(0.5)	91.2	(0.5)
ドイツ	m	m	m	m	m	m	m	m	m	m
アイルランド	46.4	(0.8)	70.4	(0.7)	64.9	(0.9)	96.8	(0.3)	94.2	(0.4)
イタリア	57.1	(0.8)	72.0	(0.8)	57.2	(0.8)	88.2	(0.6)	88.3	(0.7)
韓国	66.5	(0.7)	62.2	(0.8)	44.0	(0.8)	91.8	(0.4)	94.8	(0.4)
オランダ	m	m	m	m	m	m	m	m	m	m
ニュージーランド	49.9	(0.8)	78.5	(0.8)	50.5	(0.8)	94.9	(0.3)	92.3	(0.4)
イギリス	53.2	(0.7)	76.6	(0.7)	64.3	(0.8)	96.8	(0.3)	95.2	(0.3)
アメリカ	54.9	(0.9)	70.3	(1.2)	49.2	(1.1)	90.3	(0.6)	91.1	(0.6)
OECD 平均（31 か国）	55.2	(0.1)	70.2	(0.1)	50.5	(0.2)	90.2	(0.1)	90.0	(0.1)
北京・上海・江蘇・浙江	m	m	m	m	m	m	m	m	m	m
香港	65.6	(0.9)	61.5	(0.8)	54.4	(1.1)	93.3	(0.4)	94.3	(0.4)
台湾	73.6	(0.6)	58.0	(0.7)	53.9	(0.6)	93.1	(0.3)	87.6	(0.4)
シンガポール	55.8	(0.6)	75.5	(0.5)	49.0	(0.6)	96.5	(0.2)	95.6	(0.3)

国　名	「はい，使っています」と回答した生徒の割合の差				
	経年変化（2018 年 -2015 年）				
	デスクトップ・コンピュータ	ノートパソコン	タブレット型コンピュータ	インターネット接続	携帯電話（インターネット接続有り）
日本	0.6	-7.4	10.2	7.0	3.1
オーストラリア	1.7	1.8	-1.3	0.5	3.2
カナダ	m	m	m	m	m
エストニア	0.0	-0.1	-0.5	-2.1	2.4
フィンランド	-2.2	-2.3	-4.4	-1.1	-0.7
フランス	-1.3	-1.7	-0.6	1.0	3.1
ドイツ	m	m	m	m	m
アイルランド	-3.8	-4.7	-0.8	-0.1	0.9
イタリア	-0.2	-2.1	2.0	-4.3	-3.3
韓国	3.2	17.6	18.0	3.4	4.4
オランダ	m	m	m	m	m
ニュージーランド	-4.8	1.7	-4.7	1.9	4.1
イギリス	-1.6	6.7	-2.8	9.4	10.4
アメリカ	m	m	m	m	m
OECD 平均（28 か国）	-1.7	0.2	-0.2	0.4	2.3
北京・上海・江蘇・浙江	m	m	m	m	m
香港	-10.7	5.9	2.1	-1.3	0.7
台湾	-5.9	8.4	3.5	-1.1	6.8
シンガポール	5.6	1.2	-3.0	0.6	2.1

（注）　1．灰色の網掛けは非 OECD 加盟国・地域を示す。
　　　　2．太字は統計的な有意差があることを示す。
　　　　3．表中の m は欠損値（データなし）。
　　　　4．生徒の回答割合の算出には，無回答等を含む。
出所：OECD PISA2015, 2018 データベースをもとに国立教育政策研究所が作成。

251

合がそれぞれ OECD 平均を下回り，「インターネット接続」「携帯電話（インターネット接続あり）」はそれぞれ OECD 平均を上回る。

14 か国について見ると，日本は「デスクトップ・コンピュータ」及び「ノートパソコン」の利用割合が 14 か国の中で最も少なく，「タブレット型コンピュータ」の利用割合は韓国に次いで 2 番目に少ない。一方で「インターネット接続」，「携帯電話（インターネット接続有り）」については，OECD 平均も含め 14 か国とも 88 ～ 97％ であり全体的に利用割合の差は小さい。

2015 年調査と比較すると，日本は「タブレット型コンピュータ」「インターネット接続」「携帯電話（インターネット接続有り）」の利用割合がそれぞれ統計的に有意に増加している。一方で，「ノートパソコン」は 7 ポイント減少し，その差は統計的に有意である。比較可能な 13 か国で見ると，「デスクトップ・コンピュータ」の利用割合は多くの国で減少傾向にある。利用割合が最も減少したのは香港で，11 ポイント減少し，その差は統計的に有意である。「ノートパソコン」は日本を含め 4 か国で統計的に有意に減少しているが，韓国，香港，台湾，シンガポールなどアジア圏及びオーストラリア，イギリスでは統計的に有意に増加している。「タブレット型コンピュータ」は，日本，韓国，台湾の 3 か国で統計的に有意に増加しているが，フィンランド，ニュージーランド，イギリス，シンガポールの 4 か国では統計的に有意に減少している。「インターネット接続」は日本を含む 4 か国，「携帯電話（インターネット接続有り）」は日本を含む 9 か国で統計的に有意に増加している。

（3）学校外における学習のための ICT 利用

ICT 活用調査の問 12（IC010）では，「あなたは、次のことをするために学校以外の場所でデジタル機器をどのくらい利用していますか（携帯電話での利用も含む)。」と尋ね，次の破線に示す五つの選択肢から一つを選んでもらった。なお，この質問項目は 2015 年調査との経年比較が可能である。

IC010 学習のためのデジタル機器

問12　あなたは、次のことをするために学校以外の場所でデジタル機器をどのくらい利用していますか（携帯電話での利用も含む）。
（1）～（12）のそれぞれについて、あてはまるものを一つ選んでください。

		まったくか、ほとんどない	月に1～2回	週に1～2回	ほぼ毎日	毎日
IC010Q01	（1）学校の勉強のために、インターネット上のサイトを見る（例：作文や発表の準備）	1	2	3	4	5
IC010Q02	（2）関連資料を見つけるために、授業の後にインターネットを閲覧する	1	2	3	4	5
IC010Q03	（3）Eメールを使って学校の勉強について、ほかの生徒と連絡をとる	1	2	3	4	5
IC010Q04	（4）Eメールを使って先生と連絡をとり、宿題やその他の課題を提出する	1	2	3	4	5
IC010Q05	（5）学校の課題について他の生徒と連絡をとるために、SNS（ソーシャル・ネットワーキング・サービス）を利用する（例：LINE）	1	2	3	4	5
IC010Q06	（6）先生と連絡をとるために、SNS（ソーシャル・ネットワーキング・サービス）を利用する（例：LINE）	1	2	3	4	5
IC010Q07	（7）学校のウェブサイトから資料をダウンロードしたり、アップロードしたり、ブラウザを使ったりする（例：時間割や授業で使う教材）	1	2	3	4	5
IC010Q08	（8）校内のウェブサイトを見て、学校からのお知らせを確認する（例：先生の欠席）	1	2	3	4	5
IC010Q09	（9）コンピュータを使って宿題をする	1	2	3	4	5
IC010Q10	（10）携帯電話やモバイル機器を使って宿題をする	1	2	3	4	5
IC010Q11	（11）コンピュータを使って学習ソフトや学習サイトを利用する	1	2	3	4	5
IC010Q12	（12）携帯電話やモバイル機器を使って学習ソフトや学習サイトを利用する	1	2	3	4	5

表 5.2.13 は，上記の破線で囲んだ 12 項目に「ほぼ毎日」「毎日」（以下，「ほぼ毎日」とする）と回答した 14 か国の生徒の割合を示し，併せて 2015 年との経年変化を示している。

2018 年について，日本と OECD 平均の割合を見ると，日本は 12 項目全てにおいて OECD 平均を下回る。日本の中で最も「ほぼ毎日」と回答した生徒の割合が多いのは，「（5）学校の課題について他の生徒と連絡をとるために、SNS（ソーシャル・ネットワーキング・サービス）を利用す

表5.2.13 学校外における学習のためのICT利用（2015年～2018年）

国　名	2018年「ほぼ毎日」「毎日」と回答した生徒の割合											
	(1) 学校の勉強のために，インターネット上のサイトを見る		(2) 関連資料を見つけるために，授業の後にインターネットを閲覧する		(3) Eメールを使って学校の勉強について，ほかの生徒と連絡をとる		(4) Eメールを使って先生と連絡をとり，宿題やその他の課題を提出する		(5) 学校の課題について他の生徒と連絡をとるために，SNS（ソーシャル・ネットワーキング・サービス）を利用する		(6) 先生と連絡をとるために，SNS（ソーシャル・ネットワーキング・サービス）を利用する	
	割合	標準誤差	割合	標準誤差	割合	標準誤差	割合	標準誤差	割合	標準誤差	割合	標準誤差
日本	6.0	(0.5)	3.7	(0.4)	3.9	(0.4)	2.2	(0.2)	27.6	(0.9)	6.0	(0.3)
オーストラリア	36.2	(0.7)	28.5	(0.7)	22.4	(0.5)	22.0	(0.5)	33.8	(0.7)	16.5	(0.5)
カナダ	m	m	m	m	m	m	m	m	m	m	m	m
エストニア	23.8	(0.6)	21.3	(0.7)	16.8	(0.5)	14.1	(0.6)	48.6	(0.9)	18.1	(0.6)
フィンランド	15.7	(0.7)	11.5	(0.5)	6.6	(0.3)	6.6	(0.4)	16.1	(0.6)	6.1	(0.4)
フランス	21.5	(0.7)	19.1	(0.6)	11.2	(0.5)	8.3	(0.5)	37.6	(0.9)	11.2	(0.5)
ドイツ	m	m	m	m	m	m	m	m	m	m	m	m
アイルランド	16.4	(0.6)	13.2	(0.5)	8.0	(0.5)	6.8	(0.4)	29.9	(0.8)	6.8	(0.4)
イタリア	23.7	(0.7)	19.8	(0.5)	16.5	(0.6)	14.7	(0.6)	31.3	(0.7)	16.6	(0.6)
韓国	18.3	(0.9)	14.8	(0.7)	11.6	(0.5)	9.9	(0.5)	32.0	(0.8)	15.4	(0.5)
オランダ	m	m	m	m	m	m	m	m	m	m	m	m
ニュージーランド	31.4	(0.9)	23.7	(0.8)	15.8	(0.6)	15.7	(0.6)	31.9	(0.7)	13.2	(0.6)
イギリス	31.6	(0.9)	21.2	(0.6)	8.6	(0.5)	8.7	(0.5)	32.3	(0.7)	8.2	(0.4)
アメリカ	36.8	(1.2)	30.5	(0.9)	17.4	(0.6)	21.2	(0.9)	32.5	(0.9)	15.3	(0.6)
OECD平均（31か国）	23.0	(0.1)	20.1	(0.1)	14.8	(0.1)	12.9	(0.1)	36.7	(0.1)	15.1	(0.1)
北京・上海・江蘇・浙江	m	m	m	m	m	m	m	m	m	m	m	m
香港	27.6	(1.1)	26.5	(0.8)	20.9	(0.6)	14.0	(0.6)	30.2	(0.9)	15.0	(0.5)
台湾	8.6	(0.4)	9.8	(0.4)	8.0	(0.3)	6.7	(0.3)	21.4	(0.5)	11.3	(0.4)
シンガポール	31.8	(0.7)	28.0	(0.6)	20.1	(0.6)	17.6	(0.5)	43.0	(0.5)	21.6	(0.6)

国　名	2018年「ほぼ毎日」「毎日」と回答した生徒の割合											
	(7) 学校のウェブサイトから資料をダウンロードしたり，アップロードしたり，ブラウザを使ったりする		(8) 校内のウェブサイトを見て，学校からのお知らせを確認する）		(9) コンピュータを使って宿題をする		(10) 携帯電話やモバイル機器を使って宿題をする		(11) コンピュータを使って学習ソフトや学習サイトを利用する		(12) 携帯電話やモバイル機器を使って学習ソフトや学習サイトを利用する	
	割合	標準誤差	割合	標準誤差	割合	標準誤差	割合	標準誤差	割合	標準誤差	割合	標準誤差
日本	3.0	(0.3)	3.4	(0.5)	3.0	(0.3)	3.9	(0.3)	3.5	(0.3)	4.3	(0.4)
オーストラリア	22.5	(0.6)	23.9	(0.6)	44.0	(0.9)	18.4	(0.5)	20.7	(0.6)	17.7	(0.5)
カナダ	m	m	m	m	m	m	m	m	m	m	m	m
エストニア	28.5	(0.7)	45.1	(0.9)	20.2	(0.6)	18.2	(0.7)	17.1	(0.6)	18.7	(0.6)
フィンランド	15.0	(0.6)	11.8	(0.5)	9.9	(0.7)	8.4	(0.5)	9.1	(0.5)	9.6	(0.5)
フランス	17.6	(0.5)	29.6	(1.0)	18.5	(0.6)	14.9	(0.5)	11.4	(0.4)	12.4	(0.5)
ドイツ	m	m	m	m	m	m	m	m	m	m	m	m
アイルランド	6.3	(0.4)	7.7	(0.5)	8.9	(0.5)	9.5	(0.5)	7.4	(0.4)	9.6	(0.5)
イタリア	20.1	(0.7)	29.9	(0.9)	16.6	(0.6)	15.9	(0.7)	18.9	(0.6)	21.9	(0.7)
韓国	11.6	(0.7)	17.1	(0.8)	17.7	(0.8)	15.7	(0.6)	12.3	(0.6)	12.6	(0.6)
オランダ	m	m	m	m	m	m	m	m	m	m	m	m
ニュージーランド	14.9	(0.7)	16.7	(0.6)	40.9	(1.1)	19.5	(0.8)	17.5	(0.7)	14.4	(0.6)
イギリス	14.3	(0.7)	10.8	(0.6)	35.7	(1.0)	23.5	(0.8)	22.2	(0.8)	23.9	(0.8)
アメリカ	18.7	(0.8)	20.5	(0.6)	43.8	(1.6)	31.0	(1.1)	23.4	(0.9)	23.5	(0.8)
OECD平均（31か国）	17.7	(0.1)	21.3	(0.1)	22.2	(0.1)	17.3	(0.1)	15.8	(0.1)	16.6	(0.1)
北京・上海・江蘇・浙江	m	m	m	m	m	m	m	m	m	m	m	m
香港	16.9	(0.6)	18.2	(0.7)	19.6	(1.2)	17.9	(0.8)	16.8	(0.6)	17.7	(0.6)
台湾	8.5	(0.4)	7.5	(0.4)	7.7	(0.3)	8.6	(0.4)	8.7	(0.4)	9.8	(0.4)
シンガポール	18.8	(0.4)	17.3	(0.5)	21.7	(0.7)	16.6	(0.5)	16.6	(0.5)	16.7	(0.5)

国　名	経年変化（2018年-2015年）「ほぼ毎日」「毎日」と回答した生徒の割合の差									
	(1) 学校の勉強のために，インターネット上のサイトを見る	(2) 関連資料を見つけるために，授業の後にインターネットを閲覧する	(3) Eメールを使って学校の勉強について，ほかの生徒と連絡をとる	(4) Eメールを使って先生と連絡をとり，宿題やその他の課題を提出する	(5) 学校の課題について他の生徒と連絡をとるために，SNS（ソーシャル・ネットワーキング・サービス）を利用する	(6) 先生と連絡をとるために，SNS（ソーシャル・ネットワーキング・サービス）を利用する	(7) 学校のウェブサイトから資料をダウンロードしたり，アップロードしたり，ブラウザを使ったりする	(8) 校内のウェブサイトを見て，学校からのお知らせを確認する	(9) コンピュータを使って宿題をする	(10) 携帯電話やモバイル機器を使って宿題をする
	割合の差	割合の差	割合の差	割合の差	割合の差	割合の差	割合の差	割合の差	割合の差	割合の差
日本	1.6	1.1	-0.4	0.6	13.0	2.8	1.3	1.7	1.1	1.3
オーストラリア	-1.6	4.0	3.1	5.0	1.9	8.1	6.5	8.7	-1.3	3.9
カナダ	m	m	m	m	m	m	m	m	m	m
エストニア	-8.5	-5.5	-0.3	1.2	-6.9	1.9	-1.8	-9.9	-2.5	1.9
フィンランド	6.1	3.3	2.5	2.8	-1.6	1.7	5.1	2.8	5.3	3.3
フランス	0.3	0.3	0.0	0.5	6.4	-0.5	3.8	10.2	2.6	3.2
ドイツ	m	m	m	m	m	m	m	m	m	m
アイルランド	0.1	1.0	0.9	2.3	2.3	1.5	1.7	3.5	0.0	1.7
イタリア	-0.1	0.8	-0.1	2.5	-10.7	1.5	2.7	5.9	1.9	1.7
韓国	8.6	7.6	6.3	6.1	10.8	7.8	6.9	7.1	9.8	8.7
オランダ	m	m	m	m	m	m	m	m	m	m
ニュージーランド	-0.2	2.5	-0.1	1.7	1.0	2.1	2.2	2.1	1.3	-0.5
イギリス	-3.0	-0.3	-4.4	-2.1	3.1	0.1	4.6	2.3	-3.3	6.3
アメリカ	m	m	m	m	m	m	m	m	m	m
OECD平均（28か国）	-1.5	0.0	0.2	1.8	-0.8	1.7	2.1	2.5	0.3	2.4
北京・上海・江蘇・浙江	m	m	m	m	m	m	m	m	m	m
香港	9.5	8.6	6.1	5.7	2.7	4.0	5.4	6.8	5.9	6.1
台湾	4.0	4.3	4.4	4.3	4.7	3.8	4.5	3.8	2.7	3.9
シンガポール	6.4	6.9	5.2	4.5	5.3	6.7	5.8	5.2	4.1	5.1

（注）1. 灰色の網掛けは非OECD加盟国・地域を示す。
2. 太字は統計的な有意差があることを示す。
3. 表中のmは欠損値（データなし）。
4. 生徒の回答割合の算出には，無回答等を含む。
出所：OECD PISA2015, 2018 データベースをもとに国立教育政策研究所が作成。

る」の28%である。

14か国で見ると，「(1) 学校の勉強のために、インターネット上のサイトを見る」「(2) 関連資料を見つけるために、授業の後にインターネットを閲覧する」「(10) 携帯電話やモバイル機器を使って宿題をする」「(11) コンピュータを使って学習ソフトや学習サイトを利用する」の4項目について，「ほぼ毎日」と回答した生徒の割合が最も多いのは，アメリカである。また，「(3) Eメールを使って学校の勉強について，ほかの生徒と連絡をとる」「(4) Eメールを使って先生と連絡をとり，宿題やその他の課題を提出する」「(9) コンピュータを使って宿題をする」に「ほぼ毎日」と回答した生徒の割合が最も多いのは，オーストラリアである。「(5) 学校の課題について他の生徒と連絡をとるために、SNS（ソーシャル・ネットワーキング・サービス）を利用する」「(7) 学校のウェブサイトから資料をダウンロードしたり，アップロードしたり，ブラウザを使ったりする」「(8) 校内のウェブサイトを見て，学校からのお知らせを確認する」の3項目について最も割合が多いのはエストニア，「(12) 携帯電話やモバイル機器を使って学習ソフトや学習サイトを利用する」はイギリスが最も多い。「(6) 先生と連絡をとるために，SNS（ソーシャル・ネットワーキング・サービス）を利用する」はシンガポールの割合が最も多い。日本は，「(5) 学校の課題について他の生徒と連絡をとるために、SNS（ソーシャル・ネットワーキング・サービス）を利用する」の項目において比較可能な14か国のうち12番目であるが，その他11項目においてはいずれも比較可能な14か国の中で最も割合が小さい。

2015年との経年比較を見ると，日本は「(3) Eメールを使って学校の勉強について，ほかの生徒と連絡をとる」の項目を除く9項目で，統計的に有意に増加している。最も割合が増えたのは，「(5) 学校の課題について他の生徒と連絡をとるために、SNS（ソーシャル・ネットワーキング・サービス）を利用する」であり「ほぼ毎日」と回答した生徒の割合が13ポイント統計的に有意に増加している。

14か国で見ると，10項目全てにおいて統計的に有意に増加しているのは，韓国，香港，台湾，シンガポールの4か国である。特に，韓国はいずれの項目も6～11ポイント増加している。

(4) 余暇のための ICT 利用

ICT活用調査の問11（IC008）では，「あなたは、次のことをするために学校以外の場所でデジタル機器をどのくらい利用していますか（携帯電話での利用も含む）。」と尋ね，次の破線に示す五つの選択肢から一つを選んでもらった。なお，この質問項目は2015年調査との経年比較が可能である。

IC008 学校外でのコンピュータ利用						
問11	あなたは、次のことをするために学校以外の場所でデジタル機器をどのくらい利用していますか（携帯電話での利用も含む）。 (1)～(12)のそれぞれについて、あてはまるものを一つ選んでください。					
		まったく か、 ほとんど ない	月に 1～2回	週に 1～2回	ほぼ毎日	毎日
IC008Q01	(1)1人用ゲームで遊ぶ	○1	○2	○3	○4	○5
IC008Q02	(2)多人数オンラインゲームで遊ぶ	○1	○2	○3	○4	○5
IC008Q03	(3)Eメールを使う	○1	○2	○3	○4	○5
IC008Q04	(4)ネット上でチャットをする（例：LINE）	○1	○2	○3	○4	○5
IC008Q05	(5)SNS（ソーシャル・ネットワーキング・サービス）に参加する（例：Facebook、Twitter）	○1	○2	○3	○4	○5
IC008Q07	(6)SNS（ソーシャル・ネットワーキング・サービス）を介したオンラインゲームで遊ぶ	○1	○2	○3	○4	○5
IC008Q08	(7)インターネットを見て楽しむ（例：YouTube™などのサイトで動画をみる）	○1	○2	○3	○4	○5
IC008Q09	(8)インターネットでニュースを読む（例：時事問題）	○1	○2	○3	○4	○5
IC008Q10	(9)インターネットで実用的な情報を調べる（例：地図、場所、イベントの日程）	○1	○2	○3	○4	○5
IC008Q11	(10)インターネットで音楽や映画、ゲーム、ソフトをダウンロードする	○1	○2	○3	○4	○5
IC008Q12	(11)自分で作ったコンテンツを共有するためにアップロードする（例：音楽、詩、ビデオ、コンピュータ・プログラム）	○1	○2	○3	○4	○5
IC008Q13	(12)携帯電話やモバイル機器に新しいアプリをダウンロードする	○1	○2	○3	○4	○5

学習の背景　第5章

表5.2.14　余暇のためのICT利用（2015年〜2018年）

国　名	2018年「ほぼ毎日」「毎日」と回答した生徒の割合											
	(1) 1人用ゲームで遊ぶ		(2) 多人数オンラインゲームで遊ぶ		(3) Eメールを使う		(4) ネット上でチャットをする		(5) SNS（ソーシャル・ネットワーキング・サービス）に参加する		(6) SNS（ソーシャル・ネットワーキング・サービス）を介したオンラインゲームで遊ぶ	
	割合	標準誤差	割合	標準誤差	割合	標準誤差	割合	標準誤差	割合	標準誤差	割合	標準誤差
日本	47.7	(0.8)	29.6	(0.8)	9.1	(0.4)	87.4	(0.8)	57.6	(0.9)	23.3	(0.7)
オーストラリア	26.3	(0.5)	27.9	(0.6)	43.1	(0.7)	72.7	(0.6)	71.7	(0.6)	19.8	(0.5)
カナダ	m	m	m	m	m	m	m	m	m	m	m	m
エストニア	25.3	(0.7)	33.2	(0.9)	38.5	(0.8)	76.1	(0.7)	69.6	(0.8)	13.4	(0.5)
フィンランド	29.4	(0.7)	34.8	(0.7)	30.1	(0.7)	74.1	(0.8)	42.7	(0.7)	19.0	(0.7)
フランス	30.1	(0.7)	32.2	(0.9)	20.7	(0.6)	66.7	(1.0)	63.7	(1.0)	16.1	(0.6)
ドイツ	28.2	(0.8)	35.1	(0.8)	23.1	(0.7)	61.3	(0.8)	67.8	(1.0)	15.7	(0.6)
アイルランド	25.5	(0.7)	28.9	(0.7)	19.6	(0.7)	83.8	(0.6)	73.6	(0.8)	20.1	(0.6)
イタリア	35.4	(0.8)	29.0	(0.7)	21.0	(0.7)	76.6	(0.9)	59.1	(0.8)	20.7	(0.6)
韓国	23.5	(0.7)	28.4	(0.8)	11.7	(0.4)	84.6	(0.8)	74.0	(0.7)	21.6	(0.6)
オランダ	m	m	m	m	m	m	m	m	m	m	m	m
ニュージーランド	26.8	(0.6)	30.1	(0.7)	35.5	(0.7)	79.7	(0.6)	65.0	(0.6)	25.6	(0.7)
イギリス	27.8	(0.7)	31.1	(0.9)	30.2	(0.9)	77.9	(0.6)	81.5	(0.7)	18.7	(0.5)
アメリカ	30.5	(0.7)	30.7	(0.5)	33.3	(1.2)	60.9	(0.9)	62.2	(0.9)	24.9	(0.7)
OECD平均（32か国）	26.7	(0.1)	28.9	(0.1)	25.5	(0.1)	67.3	(0.2)	66.0	(0.2)	19.0	(0.1)
北京・上海・江蘇・浙江	m	m	m	m	m	m	m	m	m	m	m	m
香港	35.5	(0.8)	42.5	(0.8)	22.4	(1.3)	84.6	(0.6)	77.1	(0.7)	30.8	(0.7)
台湾	31.1	(0.7)	34.7	(0.8)	17.1	(0.5)	70.8	(0.9)	71.7	(0.8)	25.1	(0.7)
シンガポール	27.6	(0.5)	30.7	(0.5)	29.0	(0.6)	73.8	(0.6)	71.9	(0.8)	33.6	(0.6)

国　名	2018年「ほぼ毎日」「毎日」と回答した生徒の割合											
	(7) インターネットを見て楽しむ		(8) インターネットでニュースを読む		(9) インターネットで実用的な情報を調べる		(10) インターネットで音楽や映画、ゲーム，ソフトをダウンロードする		(11) 自分で作ったコンテンツを共有するためにアップロードする		(12) 携帯電話やモバイル機器に新しいアプリをダウンロードする	
	割合	標準誤差	割合	標準誤差	割合	標準誤差	割合	標準誤差	割合	標準誤差	割合	標準誤差
日本	74.6	(0.7)	43.4	(0.8)	31.0	(0.6)	26.6	(0.6)	8.0	(0.5)	11.6	(0.6)
オーストラリア	71.9	(0.6)	28.7	(0.5)	36.3	(0.7)	41.0	(0.5)	14.1	(0.4)	18.7	(0.4)
カナダ	m	m	m	m	m	m	m	m	m	m	m	m
エストニア	76.4	(0.7)	49.4	(0.8)	46.3	(0.9)	34.3	(0.7)	19.4	(0.6)	20.7	(0.7)
フィンランド	79.8	(0.7)	46.8	(0.7)	45.4	(0.7)	27.6	(0.6)	12.6	(0.4)	18.2	(0.6)
フランス	70.7	(1.1)	48.6	(0.8)	43.9	(0.7)	48.4	(0.8)	12.8	(0.5)	26.4	(0.7)
ドイツ	80.0	(0.8)	36.3	(0.8)	32.2	(0.7)	45.4	(0.8)	18.1	(0.6)	18.9	(0.7)
アイルランド	78.8	(0.7)	37.6	(0.8)	33.3	(0.7)	46.5	(0.7)	13.0	(0.5)	20.4	(0.7)
イタリア	64.4	(0.8)	45.6	(0.7)	49.8	(0.7)	51.9	(0.8)	27.0	(0.7)	34.1	(0.9)
韓国	78.3	(0.8)	35.2	(0.6)	36.0	(0.7)	38.9	(0.7)	12.3	(0.5)	19.1	(0.6)
オランダ	m	m	m	m	m	m	m	m	m	m	m	m
ニュージーランド	77.1	(0.6)	30.0	(0.7)	30.6	(0.7)	41.4	(0.7)	13.1	(0.5)	16.6	(0.6)
イギリス	78.3	(0.8)	36.8	(0.9)	34.1	(0.7)	47.3	(0.7)	16.4	(0.5)	22.3	(0.6)
アメリカ	71.8	(1.0)	35.9	(0.8)	42.0	(0.9)	40.2	(0.6)	18.3	(0.6)	22.3	(0.7)
OECD平均（32か国）	71.0	(0.2)	38.8	(0.1)	36.9	(0.1)	41.5	(0.1)	17.6	(0.1)	23.1	(0.1)
北京・上海・江蘇・浙江	m	m	m	m	m	m	m	m	m	m	m	m
香港	81.2	(0.7)	40.0	(0.8)	42.1	(0.7)	46.2	(0.7)	18.2	(0.7)	25.5	(0.6)
台湾	73.0	(0.8)	43.0	(0.8)	42.9	(0.7)	44.9	(0.7)	18.1	(0.5)	29.8	(0.6)
シンガポール	83.4	(0.5)	43.1	(0.6)	47.3	(0.5)	41.1	(0.7)	14.4	(0.4)	17.4	(0.5)

国　名	経年変化（2018年-2015年）「ほぼ毎日」「毎日」と回答した生徒の割合の差											
	(1) 1人用ゲームで遊ぶ	(2) 多人数オンラインゲームで遊ぶ	(3) Eメールを使う	(4) ネット上でチャットをする	(5) SNS（ソーシャル・ネットワーキング・サービス）に参加する	(6) SNS（ソーシャル・ネットワーキング・サービス）を介したオンラインゲームで遊ぶ	(7) インターネットを見て楽しむ	(8) インターネットでニュースを読む	(9) インターネットで実用的な情報を調べる	(10) インターネットで音楽や映画、ゲーム，ソフトをダウンロードする	(11) 自分で作ったコンテンツを共有するためにアップロードする	(12) 携帯電話やモバイル機器に新しいアプリをダウンロードする
	割合の差	割合の差	割合の差	割合の差	割合の差	割合の差	割合の差	割合の差	割合の差	割合の差	割合の差	割合の差
日本	5.0	12.9	-2.6	6.4	16.1	7.5	19.4	13.6	8.4	5.8	1.9	1.0
オーストラリア	2.1	6.1	5.9	22.5	-2.5	5.5	5.0	-1.5	1.0	1.6	1.5	-0.4
カナダ	m	m	m	m	m	m	m	m	m	m	m	m
エストニア	0.8	1.5	-4.4	31.9	-8.5	2.2	-0.7	-7.3	3.0	-5.3	3.1	0.0
フィンランド	3.3	3.7	-0.6	4.1	-18.3	5.3	4.3	-8.4	6.2	-2.8	1.6	-2.4
フランス	2.2	3.1	-5.5	2.8	-2.6	-0.8	1.9	-1.4	3.9	2.1	-0.2	-3.5
ドイツ	10.2	8.9	1.8	21.3	14.3	4.8	15.1	5.8	4.1	15.1	6.9	-0.5
アイルランド	4.6	9.6	3.1	4.6	-6.6	3.4	9.9	2.7	0.9	0.0	-2.1	-7.2
イタリア	4.7	4.9	1.3	11.4	-8.7	3.0	-5.0	-1.4	2.4	1.1	-1.2	2.9
韓国	8.1	14.0	6.0	48.2	8.4	0.0	22.8	7.5	16.1	5.8	2.8	6.4
オランダ	m	m	m	m	m	m	m	m	m	m	m	m
ニュージーランド	1.7	6.1	4.4	14.7	-7.7	9.5	9.9	0.7	-0.7	0.6	0.6	-2.2
イギリス	3.8	4.6	3.7	14.2	10.3	2.4	9.6	0.6	1.2	5.9	2.4	-2.5
アメリカ	m	m	m	m	m	m	m	m	m	m	m	m
OECD平均（29か国）	3.1	4.8	-0.1	11.1	-2.0	3.6	3.4	-2.2	0.9	0.9	1.1	0.0
北京・上海・江蘇・浙江	m	m	m	m	m	m	m	m	m	m	m	m
香港	3.7	12.9	6.2	48.0	11.0	11.8	12.8	-3.3	6.3	6.4	3.1	0.2
台湾	9.7	11.3	7.4	15.3	-3.5	8.8	13.1	3.3	7.1	1.5	4.7	5.3
シンガポール	3.0	10.0	3.9	33.0	8.6	19.7	6.2	0.5	6.3	4.8	1.7	0.4

（注）1．灰色の網掛けは非OECD加盟国・地域を示す。
　　　2．太字は統計的な有意差があることを示す。
　　　3．表中のmは欠損値（データなし）。
　　　4．生徒の回答割合の算出には，無回答等を含む。
出所：OECD PISA2015, 2018 データベースをもとに国立教育政策研究所が作成。

表 5.2.14 は，上記の破線で囲んだ 12 項目に「ほぼ毎日」「毎日」（以下，「ほぼ毎日」とする）と回答した 15 か国の生徒の割合を示し，併せて 2015 年との経年変化を示している。

2018 年について日本と OECD 平均の「ほぼ毎日」の割合を見ると，日本は 6 項目について「ほぼ毎日」と回答した生徒の割合が OECD 平均を上回る。特に，「(1) 1 人用ゲームで遊ぶ」，「(4) ネット上でチャットする」の 2 項目については，日本が OECD 平均よりも 20 ポイント以上多い。一方で，日本が OECD 平均よりも 10 ポイント以上下回ったのは，「(3) E メールを使う」「(10) インターネットで音楽や映画、ゲーム、ソフトをダウンロードする」「(12) 携帯電話やモバイル機器に新しいアプリをダウンロードする」である。

15 か国で見ると，日本は「(1) 1 人用ゲームで遊ぶ」「(4) ネット上でチャットする」の 2 項目において「ほぼ毎日」と回答した生徒の割合が最も多い。一方で，「(3) E メールを使う」「(10) インターネットで音楽や映画、ゲーム、ソフトをダウンロードする」「(11) 自分で作ったコンテンツを共有するためにアップロードする」「(12) 携帯電話やモバイル機器に新しいアプリをダウンロードする」の 4 項目については，15 か国の中で最も少ない。

2015 年との経年比較を見ると，日本は「(3) E メールを使う」「(12) 携帯電話やモバイル機器に新しいアプリをダウンロードする」以外の 10 項目について「ほぼ毎日」と回答した生徒の割合が増加しており，その差は統計的に有意である。10 項目のうち，10 ポイント以上増加しているのは，「(2) 多人数オンラインゲームで遊ぶ」「(5) SNS（ソーシャル・ネットワーキング・サービス）に参加する」「(7) インターネットを見て楽しむ」「(8) インターネットでニュースを読む」の 4 項目である。一方で，「(3) E メールを使う」のみ，統計的に有意に減少している。

14 か国全てで統計的に有意に増加しているのは，「(4) ネット上でチャットする」であり，韓国，香港では 48 ポイント統計的に有意に増加している。12 項目全てで統計的に有意に増加した国はないものの，ドイツ，韓国は 11 項目において統計的に有意に増加が見られる。

付　録

付　録

付録1　母集団の学年分布

　調査参加国ごとに調査に参加した生徒の学年分布を示したのが付表1である。第1章1.4「調査の対象者と標本抽出」で述べたように，PISA調査では，「調査実施時に15歳3か月以上で16歳2か月以下の学校に通う生徒」全員を調査対象者としているが，2018年調査において単一の学年の生徒だけで調査を実施した国は日本だけであり，ほとんどの国が3学年以上の生徒を含んでいる。その理由として，いわゆる学力の進度によって留年や飛び級となった生徒がいたり，経済的事情等で学校を休学する生徒が少なくないこと，国によっては学校に通い始める年齢に幅を持たせてあったり，国の中でも地域によって異なる教育制度を設けてあったりすることなどが考えられる。

　OECD加盟国で，単一の学年だけで生徒全体の90%以上を含んでいる国は，日本の他，ギリシャ，アイスランド，リトアニア，ノルウェー，ポーランド，スロベニア，スウェーデン，イギリスである。生徒が最も多く所属する連続した2学年の生徒の割合が90%に満たない国は，チリ，コロンビア，アイルランド，ルクセンブルク，ポルトガル，スイスであり，これらの国では同じ年齢の生徒が3学年以上にわたって分布していることが珍しくない。

　また，OECD加盟37か国中，第10学年に生徒が最も多い国が日本を含む16か国，第9学年が最も多い国が13か国，第11学年が最も多いのはニュージーランドとイギリスの2か国であり，これ以外の学年の生徒数が最も多いとする国はない。

付録2　習熟度の尺度化・得点化について

　PISA調査は，問題構成の異なる36種類の問題フォームを用いており，生徒は必ずしも全員が同じ問題を解いたわけでない。それにもかかわらず，個々の生徒の習熟度が比較可能な得点で表されていることについて概説する（詳細については，OECDから公表される『PISA 2018 Technical Report』を参照）。

　PISA調査では，生徒の習熟度を国際比較するため，ある特定の問題や問題群に対する成績を測定するのではなく，より幅の広い知識・技能としての読解力や数学的リテラシー，科学的リテラシーを測定し，比較しようとしている。第1章から第4章にかけて述べてあるように，これらの知識・技能は「状況・テキスト・側面」（読解力）や「プロセス・内容・文脈」（数学的リテラシー），及び「文脈・知識・能力・知の深さ」（科学的リテラシー）といった異なる側面と，そこに含まれる数多くの要素から構成されており，生徒の知識・技能の測定は，それら全ての構成要素の結果から総合的に導かれると考えられている。

　PISA2018年調査の評価の枠組みによると，2018年調査で出題された全ての問題を解くために必要な時間は，日本においては810分であるが，生徒一人の解答時間は2時間である。そこで，一人の生徒には，36種類に分けられた問題フォームの一つを解かせ，どの問題が正答で，どの問題が誤答かという結果，つまり各生徒の項目（問題）に対する反応（正答か誤答か）を「項目反応理論」（Item Response Theory）と呼ばれる統計手法によって分析している。各問題について，その問題が測定する習熟度による正答確率の変化を示す項目特性曲線，つまりその問題の特徴を示す項

付　録

付表 1　PISA 調査対象生徒の学年分布

国名	生徒の学年分布（%）					
	第 7 学年	第 8 学年	第 9 学年	第 10 学年	第 11 学年	第 12 学年以上
OECD 加盟国						
オーストラリア	―	0.1	11.5	81.0	7.4	0.0
オーストリア	0.4	6.8	44.5	48.1	0.2	―
ベルギー	0.4	6.3	27.3	64.8	1.3	―
カナダ	0.3	1.0	9.7	87.7	1.1	0.1
チリ	1.0	4.4	20.6	68.5	5.6	―
コロンビア	4.4	11.3	22.8	43.0	18.5	―
チェコ	0.6	3.3	48.5	47.5	―	―
デンマーク	0.1	16.3	81.7	1.7	―	0.1
エストニア	0.4	21.8	76.4	1.3	0.0	―
フィンランド	0.3	13.9	85.6	0.2	―	―
フランス	0.0	0.5	16.9	79.2	3.2	0.1
ドイツ	0.4	8.1	46.4	44.0	1.1	0.0
ギリシャ	0.1	0.7	3.7	95.5	―	―
ハンガリー	1.7	8.3	71.1	18.9	0.0	―
アイスランド	―	―	―	99.2	0.8	―
アイルランド	0.0	2.0	61.6	27.9	8.5	―
イスラエル	0.0	0.1	16.7	82.4	0.7	0.0
イタリア	―	1.0	13.5	77.8	7.7	―
日本	―	―	―	100.0	―	―
韓国	―	―	16.1	83.8	0.1	―
ラトビア	0.7	9.9	86.9	2.5	0.0	―
リトアニア	0.1	2.4	90.2	7.3	―	―
ルクセンブルク	0.3	10.0	48.3	40.3	1.1	―
メキシコ	0.9	2.9	17.6	77.8	0.6	0.1
オランダ	0.1	2.6	36.8	59.3	1.2	0.0
ニュージーランド	―	―	0.1	6.6	89.0	4.2
ノルウェー	―	―	0.3	99.3	0.4	―
ポーランド	0.3	3.1	95.1	1.4	―	―
ポルトガル	2.8	8.6	20.4	68.0	0.2	―
スロバキア	1.9	4.3	40.8	51.3	1.7	―
スロベニア	0.3	0.7	6.2	92.4	0.4	―
スペイン	0.0	5.9	24.1	69.9	0.1	―
スウェーデン	―	2.1	96.3	1.6	―	―
スイス	0.5	10.2	60.8	27.8	0.7	0.0
トルコ	0.1	0.4	17.7	78.8	2.9	0.1
イギリス	―	―	0.0	1.0	93.4	5.6
アメリカ	―	0.1	7.5	73.6	18.7	0.1
非 OECD 加盟国						
アルバニア	0.2	1.2	36.6	61.5	0.5	0.0
アルゼンチン	2.1	9.8	22.2	64.0	1.8	0.0
バクー（アゼルバイジャン）	0.2	2.8	34.7	61.5	0.7	―
ベラルーシ	0.1	0.9	42.8	56.2	―	―
ボスニア・ヘルツェゴビナ	0.0	0.2	16.2	83.4	0.1	―
ブラジル	4.1	8.1	13.5	33.5	39.3	1.5
ブルネイ	0.0	0.5	6.5	59.7	29.2	4.1
ブルガリア	0.2	2.7	92.8	4.2	0.0	―
香港	1.2	5.9	26.1	66.0	0.8	―
マカオ	1.9	9.4	29.7	57.9	1.0	0.0
北京・上海・江蘇・浙江	0.3	1.5	38.7	58.2	1.3	0.0
台湾	―	0.1	35.7	64.2	0.0	―
コスタリカ	4.8	13.8	36.5	44.7	0.2	―
クロアチア	0.0	0.3	78.9	20.8	―	―
キプロス	―	0.1	4.4	94.4	1.1	―
ドミニカ共和国	6.4	12.5	23.6	43.8	12.6	1.2
ジョージア	0.1	0.5	14.3	84.2	1.0	―
インドネシア	3.4	8.1	33.7	49.2	4.2	1.4
ヨルダン	0.2	1.6	11.2	87.0	―	―
カザフスタン	0.1	1.7	44.0	53.4	0.8	0.0
コソボ	―	0.4	23.2	74.6	1.7	0.0
レバノン	5.3	8.5	16.3	58.2	11.7	0.1
マケドニア	―	0.2	95.8	4.0	―	―
マレーシア	―	―	5.5	94.2	0.3	―
マルタ	―	―	0.1	5.4	94.4	0.1
モルドバ	0.2	6.2	83.2	10.4	0.0	―
モンテネグロ	―	―	3.3	93.8	2.9	―
モロッコ	8.0	13.9	32.1	38.4	7.7	―
パナマ	3.2	6.9	20.6	65.4	3.8	0.0
ペルー	1.8	5.7	14.3	54.5	23.6	―
フィリピン	4.5	12.8	51.1	30.9	0.6	0.0
カタール	1.3	4.5	18.0	63.4	12.9	0.0
ルーマニア	0.9	6.0	77.9	15.1	0.0	―
ロシア	0.4	7.7	81.1	10.7	0.1	―
サウジアラビア	1.2	3.6	14.0	77.5	3.6	0.1
セルビア	0.1	0.8	87.7	11.4	―	―
シンガポール	0.0	1.1	7.6	90.8	0.4	―
タイ	0.2	0.7	19.9	76.6	2.5	―
ウクライナ	―	0.5	41.5	57.3	0.7	―
アラブ首長国連邦	0.3	1.5	9.6	56.8	29.9	1.9
ウルグアイ	4.2	11.2	20.5	63.4	0.6	―
ベトナム	0.3	0.8	4.1	94.9	0.0	―

（注）「―」は生徒のいない学年であることを，「0.0」は割合が 0.05 未満であることを，それぞれ示す。
出所：OECD(2019a) の表から作成。

259

目パラメータが推定される。

　2012年調査までは1パラメータモデルが用いられた。このモデルでは，問題の難易度を示す困難度パラメータのみが各問題の特徴を表す項目パラメータ，すなわち問題によって値が変わるパラメータとして扱われる。なお，これは「正答・誤答」のように採点の形式が二値型の問題に対して用いられたモデルである。採点の形式が「完全正答・部分正答・誤答」のように多値型の問題に対しては，部分採点モデル（PCM）が用いられた。

　前回の2015年調査からは，困難度パラメータに加えて，習熟度の違いがどの程度正答確率に敏感に反映するか，言い換えると，その問題に正答したか否かによって習熟度の違いをどの程度精度高く推定することができるかを示す識別力パラメータも扱う2パラメータモデル（厳密には，新規の問題を2パラメータモデルで扱い，これまでの調査との共通問題については1パラメータモデルで扱われた問題もあれば2パラメータモデルで扱われた問題もある，というハイブリッドモデル）が採用されている。なお，これは「正答・誤答」のように採点の形式が二値型の問題に対して用いられているモデルである。採点の形式が「完全正答・部分正答・誤答」のように多値型の問題に対しては，一般化部分採点モデル（GPCM）が用いられている。

　1パラメータモデルでは得点を構成する全ての問題の習熟度推定における寄与を等しく捉えるのに対して，ハイブリッドモデルでは，識別力の高い問題ほど習熟度推定における寄与が大きいことになる。

　各問題フォームは他の問題フォームと共通する問題を含んでいることから，この共通する問題を用いて問題フォーム間の各問題の項目パラメータを調整し，習熟度を示す共通の尺度上における全ての問題の困難度及び識別力が算出された。ここまでの項目パラメータを推定するステップを，PISA調査では尺度化（scaling）と呼んでいる。

　そして，尺度化で推定された項目パラメータを用いて，生徒が取り組んだ問題群への反応と，性別や社会経済的背景などの質問調査の回答から得られる情報を用いて，それぞれの生徒の習熟度を表す事後分布が推定されている。その習熟度についての事後分布から無作為に値を取り出したものが，個々の生徒の得点（Plausible Value）である（2012年調査までは5個の値，2015年調査では10個の値，2018年調査では10個の値を取り出している）。この得点は，「読解力」については2000年の調査時点，「数学的リテラシー」については2003年の調査時点，「科学的リテラシー」については2006年の調査時点を基準として，OECD加盟国の平均が500，標準偏差が100となるように調整されている。生徒の得点を算出するまでのこのステップを，PISA調査では得点化（scoring）と呼んでいる（詳細については，OECD（2019a）Annex AXを参照）。

　なお，PISA調査では，各国の母集団の習熟度を推定し，分析するために生徒の得点を算出しているが，その得点は生徒個人の知識・技能を判定するのには適切ではなく，個々の生徒の評価などには用いるべきでないとしている。これは例えば，科学的リテラシーの問題が1問も出題されなかった生徒についても科学的リテラシーの得点が付けられていることからも明らかである。

　「項目反応理論」を用いることで，個々の問題の難易度を，生徒の習熟度と同じ尺度で比較することが可能である。PISA調査における個々の問題の難易度として示されているのは，それと同じ値の習熟度の生徒が62％の確率で正答となることを意味している。これは，習熟度が問題の難易度より高い生徒が必ずその問題で正答となるわけではなく，その確率が高いということであり，また，習熟度が問題の難易度より低い生徒も必ずその問題で誤答となるわけではなく，正答となる確率が低いということである。

第2章で述べた読解力の「習熟度レベル」（proficiency level）は，この習熟度の得点を，レベル6が698.32点より上，レベル5が625.61点より上，レベル4が552.89点より上，レベル3が480.18点より上，レベル2が407.47点より上，レベル1aが334.75より上，レベル1bが262.04より上，レベル1cが189.33点より上というように範囲に分けたものである。これが意味するのは，ある習熟度レベルに含まれる問題群（レベル2ならば難易度が407.47点〜480.18点）に対して，そのレベルの最も低い得点（レベル2ならば407.47点）の生徒が平均して50%正答するということである（詳細については，OECDから公表される『PISA 2018 Technical Report』を参照）。

付録3　平均得点の比較について

付録3.1　同じ調査サイクル内における国間の平均得点の比較

第1章1.4「調査の対象者と標本抽出」で述べたように，母集団の推定値である平均値とその標準誤差を用いて，「平均値 ± 1.96 ×標準誤差」の範囲である95%信頼区間が求められる。95%信頼区間とは，母集団から同じ抽出法で何度も抽出して調査を実施した場合，そのたびに信頼区間も計算されるが，それらの信頼区間のうち95%が真の平均を含んでいるということである。

ここから，2国間の平均得点の差について考える場合，ある国（Aとする）とある国（Bとする）の平均得点とその標準誤差が，それぞれ平均aと平均b，標準誤差aと標準誤差bであるとすると，平均得点の差（平均a − 平均b）の絶対値が，その差の標準誤差（$\sqrt{[標準誤差a]^2 + [標準誤差b]^2}$）の1.96倍よりも大きければ，2国間の平均得点の差が統計的に有意であると判断される。

以上は特定の2国間で平均得点を比較した場合であるが，他の多くの参加国との間で同時に平均得点の差を比較する場合，比較を繰り返して行うことによって，差がないものを差が有意であるとする誤りが増大する（このような誤りを「第一種の過誤」と呼ぶ）。このため，分散分析による国別平均値の有意差を確認した上で，各国間の差異は多重比較によって調べ，繰り返しによる誤りの増大を抑制することが求められる。

付録3.2　同じ国における調査サイクル間の平均得点の比較

OECDから公表される国際報告書では，同じ国の調査サイクル間の平均得点の差について考える場合に，これまでの調査においても統計的な不確実性（uncertainty）が存在していたことが，下記のように説明されている。

①調査設計は，生徒がどのように解答するかに対して影響を与え得る。読解力の問題群が，数学的リテラシーと科学的リテラシーの調査の間に30分間の調査として行われるときと，中心分野として1時間で行われたときとでは，生徒の取り組み方が異なるかもしれない。こうしたことが，小さいながらも推定値の不確実性の一部であると考えられる。

②尺度化において，その調査サイクルでの各国から各500名の生徒をランダムに抜き出して推定に用いるサンプル（以下，「推定サンプル」とする）としていた（2006年調査までのPISA調

付　録

査では，さらに推定サンプルが OECD 加盟国の生徒に限定されていた）。推定サンプルがサイクルによって異なると言うことは，サイクル間で共通に用いられている問題であっても，推定される項目パラメータがサイクルによって異なることを意味していた。この変動が，サイクル間の不確実性に影響すると考えられる。

③サイクル間の比較性に関わる不確実性を減らすには，共通問題を増やすことが求められる。しかしながら，例えば，その調査サイクルの中心分野では，評価の枠組みが刷新されるのを反映し，前回その分野が中心分野であったサイクルとの共通問題は全体の一部にとどまる。

調査サイクル間の平均得点の比較において，これらの不確実性を考慮するために，付表 2 に示すリンクエラーという数値が用いられている。ある調査サイクル（A とする）と比較対象の調査サイクル（B とする）の平均得点と標準誤差，及びサイクル A とサイクル B のリンクエラーが，それぞれ平均 a と平均 b，標準誤差 a と標準誤差 b，リンクエラー ab であるとすると，平均得点の差（平均 a － 平均 b）の絶対値が，その差のリンクエラーを考慮した標準誤差（$\sqrt{〚標準誤差 a〛^2 + 〚標準誤差 b〛^2 + 〚リンクエラー ab〛^2}$）の 1.96 倍よりも大きければ，2 サイクル間の平均得点の差が統計的に有意であると判断される（詳細については，OECD（2016a）Annex AT，OECD（2014）Chapter 9，OECD（2009）Chapter 13 を参照）。

付表 2　これまでの調査との比較におけるリンクエラーの推定値（2018 年・2015 年・2012 年調査）

	読解力	数学的リテラシー	科学的リテラシー
2000 年調査と 2018 年調査の比較	4.04		
2003 年調査と 2018 年調査の比較	7.77	2.80	
2006 年調査と 2018 年調査の比較	5.24	3.18	3.47
2009 年調査と 2018 年調査の比較	3.52	3.54	3.59
2012 年調査と 2018 年調査の比較	3.74	3.34	4.01
2015 年調査と 2018 年調査の比較	3.93	2.33	1.51
2000 年調査と 2015 年調査の比較	6.80		
2003 年調査と 2015 年調査の比較	5.39	5.61	
2006 年調査と 2015 年調査の比較	6.61	3.51	4.48
2009 年調査と 2015 年調査の比較	3.43	3.79	4.50
2012 年調査と 2015 年調査の比較	5.25	3.55	3.92
2000 年調査と 2012 年調査の比較	5.92		
2003 年調査と 2012 年調査の比較	5.60	1.93	
2006 年調査と 2012 年調査の比較	5.58	2.08	3.51
2009 年調査と 2012 年調査の比較	2.60	2.29	2.48

出所：2018 年調査 (表上段) は OECD(2019a) の表から，2015 年調査 (表中段) は OECD(2016a) の表から，2012 年調査 (表下段) は OECD(2014) の表から作成。

付録 3.3　得点に関連する 2015 年調査以降の変更点

OECD から公表される国際報告書では，得点に関連して，前回の 2015 年調査ではこれまでの調査からの変更があったことが報告されている。

2015 年の国際報告書では，調査設計に関する変更について，中心分野かそうでないかによって生徒の感じ方が変わらないように，例えばコンピュータ使用型調査かつ協同問題解決能力調査を実施する場合，約 9 割の生徒は科学的リテラシーとその他の分野の計 2 分野のみの調査を受けるように割り付けられ，各分野について 1 時間ずつ調査が行われたことが挙げられている。また，これまでの調査との共通問題の数を増やし，項目パラメータの推定サンプルについても，2006 年調査か

ら 2015 年調査までの，計 4 サイクル分の本調査の全参加生徒，およそ 200 万人分の回答データが用いられたことが報告されている。

同報告書では，これら変更により，2015 年調査と 2018 年以降の調査との比較における不確実性は減少すると報告されている。例えば，推定サンプルに 4 サイクル分のデータを用いる手法は今後も継続され，2015 年調査の推定サンプルと 2018 年調査の推定サンプルは 75% 重なることになる。この重なりによって，項目パラメータの再推定によるサイクル間の比較の不確実性が軽減されると説明されている。

他方，2015 年調査とこれまでの調査との比較における不確実性が増加する可能性があることも指摘されている。

また，2015 年の国際報告書では，更に以下の変更が報告されている。

①調査実施形態が，筆記型調査からコンピュータ使用型調査へ変更されている（詳細については，国立教育政策研究所（2016）第 1 章 1.3.1「調査の特徴その 1：コンピュータ使用型調査への全面移行」及び本報告書の付録 4「モードエフェクトについて」を参照）。

②尺度化において，用いる項目反応理論のモデルを，1 パラメータモデルからハイブリッドモデルへと変更した（詳細については，付録 2「習熟度の尺度化・得点化について」を参照）。

③問題が複数の言語に翻訳されて用いられる PISA のような調査において，例えば，特定の言語に翻訳するのが困難な用語の使用を常に避けることができるわけではなく，結果として，一部の国においてはその他大多数の国と異なった形で機能する問題もある。これまでのサイクルでは，ごく少数の例外（例えば，翻訳や印刷についての不注意なエラーが調査実施後に見つかった場合）を除き，共通の項目パラメータが全ての国に対して用いられてきた。前回の 2015 年調査においては，限定的ではあるが，あるサイクルのある国にユニークな，国際的な共通パラメータとは異なるパラメータを許容している。これによって，得点化に用いる共通問題の数を維持している。

④これまでのサイクルでは，「未到達（not-reached）」の問題（そこから最後の問題に至るまで無解答）について，尺度化では「未実施」，得点化では「誤答」として取り扱っていた。前回の 2015 年調査からは，尺度化，得点化ともに「未実施」扱いとしている。この変更は，時間内に解き終えることができなかった多肢選択式の調査問題をランダムに解答した受験者が，無解答のまま終えた受験者よりも潜在的に有利になる可能性を取り除いた。なお，前回の 2015 年調査からは，「未到達」の問題数を，得点化における背景情報として用いている。

付録 3.4　2015 年調査の尺度化による平均得点とこれまでの調査の平均得点の比較

2015 年調査の尺度化において，各問題の困難度パラメータ，識別力パラメータと同時に，2006 年調査以降のサイクルごとの各国における習熟度の平均値及び標準偏差も他母集団モデルにより推定がなされた。このモデルにより，前回の 2015 年調査の尺度化の方法で算出された 2006 年調査から 2012 年調査までの各国における習熟度の平均値及び標準偏差と，各調査サイクルの結果公表において報告された各国の平均得点及び標準偏差を基に，習熟度を得点に変換する式（得点 $y = b \times$ 習熟度 $x + a$）の切片 a と傾き b が推定された。これを，得点化を完了した最終的な 2015 年調

付　録

査の習熟度に適用することによって，読解力，数学的リテラシー，科学的リテラシーそれぞれにおいて「最初に中心分野であったときの OECD 加盟国の平均が 500，標準偏差が 100」という尺度が 2015 年調査においても保たれている，と OECD は説明している（詳細については，OECD (2016a) Annex AT を参照）。

また，2006 年調査から 2012 年調査までの，前回の 2015 年調査の尺度化の方法で算出された各国の習熟度の仮の平均値と，各調査サイクルの結果公表において報告された各国の平均得点との相関係数として，付表 3 に示す結果が得られている。

付表 3　各国のこれまで公表された平均得点と 2015 年調査の尺度化による習熟度平均値の相関関係（2006 年調査〜 2015 年調査）

	2006 年調査	2009 年調査	2012 年調査	3 サイクル全体
数学的リテラシー	0.9951	0.9960	0.9968	
読解力	0.9840	0.9956	0.9936	
科学的リテラシー	0.9924	0.9943	0.9966	
3 分野全体				0.9938

出所：OECD(2016a)。

付表 3 には，これまで公表された平均得点と 2015 年調査の尺度化による習熟度平均値の高い相関が示されている。これは 2015 年調査で導入された尺度化の方法の変更によっては，各国の PISA 得点の相対的な位置，すなわち順位はほとんど影響を受けないことを示唆している。方法論が異なる推定値間の上記の相関の大きさは，2012 年調査までの連続した PISA 調査間の平均得点の相関の大きさを上回っている。

2006 年調査の科学的リテラシー，2009 年調査の読解力，2012 年調査の数学的リテラシーについて，各国のこれまで公表された平均得点と，2015 年調査の尺度化による習熟度平均値を得点に変換した値を比較したとき，例外はあるものの，ほとんどの国・地域において，その差は信頼区間内であり，すなわち，統計的に有意な差があるとは言えない。

これらの検証によって，OECD は，2015 年調査の結果としての各国の PISA 得点と，2012 年調査以前の PISA 得点は，直接的に比較可能であると説明している（詳細については，OECD (2016a) Annex AT を参照）。また，2018 年調査も 2015 年調査と同じ尺度化を行っているため，2015 年・2012 年調査以前の PISA 得点との直接的な比較は可能である。

付録 4　モードエフェクトについて

筆記型調査からコンピュータ使用型調査へ移行したことに起因する課題として，二つの調査モード間の比較に関する問題，いわゆるモードエフェクトが挙げられる。ここでは，コンピュータ使用型調査への移行に備えて，前回の PISA2015 予備調査において，どのようにモードエフェクトが検証されたのかについて説明する。

前回の PISA2015 予備調査では，57 か国・地域，4 万人を超える生徒のデータが，モードエフェクトの検証に用いられた。そのために，各学校において，生徒は筆記型調査を受ける群とコンピュータ使用型調査を受ける群の 2 群にランダムに割り付けられた。そして，2 群の調査結果を比較することによって，筆記型調査とコンピュータ使用型調査の両方で用いられた共通問題（リンクアイ

テム）が，筆記型調査で出題されたときと，コンピュータ使用型調査で出題されたときとで，同じ問題であると言えるのか，が国際レベル（57か国・地域全体）で検証された。

　この検証は，次の二つの視点からなされた。一つ目の視点は，筆記型調査とコンピュータ使用型調査で，同じスキルを測定しているかというものである。例えば，共通の調査問題であっても，筆記型調査では科学的リテラシー，コンピュータ使用型調査では科学的リテラシーとICTスキルが混合したスキルを測定する問題になっていないか，ということである。二つ目の視点は，筆記型調査とコンピュータ使用型調査で，共通問題の難易度に違いはないか，というものである。

　国際レベルの検証の結果，各調査問題は次の三つのグループに振り分けられた。第1グループは，識別力も困難度も筆記型調査とコンピュータ使用型調査とで同じである，すなわち，筆記型調査で出題されたときとコンピュータ使用型調査で出題されたときとで完全な同等性がある（これをスカラー不変性と言う）と見なされた問題である。第2グループは，筆記型調査とコンピュータ使用型調査とで，識別力は同じであるが，困難度に違いがある（これを計量不変性と言う）問題である。その違いは，数式エディタなどのインターフェイスに起因することも少なくないと考えられた。第3グループは，筆記型調査とコンピュータ使用型調査とで，異なるスキルを測定していると判断された問題である。

　第1グループには，科学的リテラシー61問，数学的リテラシー51問，読解力65問が該当した。これらの問題は，得点化におけるリンク問題（アンカー問題）として，両調査モードに渡る得点比較の基盤とされた。第2グループには，科学的リテラシー24問，数学的リテラシー38問，読解力30問が該当した。これらの問題は，PISA2015本調査でも用いられたが，得点化において，同じ内容の問題であっても筆記型調査とコンピュータ使用型調査とで異なる問題であるとして扱われた。第3グループに属する問題は，前回の2015年本調査では出題されなかった。

　また，母集団の細分化により検証のためのサンプル数が小さくなる問題はあったものの，可能な限りにおいて，性別や国単位の部分母集団レベルでの検証も行われた。筆記型調査とコンピュータ使用型調査の平均得点を比較したところ，統計的に有意な差が確認されたのは，3分野で確認された1か国，科学的リテラシーのみで確認された2か国，数学的リテラシーのみで確認された1か国のみであり，ほとんどの国では統計的に有意な差が確認されなかった。また，国ごとの集計データにおいて，筆記型調査における男女の得点差と，コンピュータ使用型調査における男女の得点差に，統計的な有意差は見られなかった。

　この予備調査におけるモードエフェクトの検証を経て，OECDは，コンピュータ使用型調査による2015年調査の結果は，筆記型調査によるこれまでの調査結果と比較可能であると説明している（詳細については，OECD（2016a）Annex ATを参照）。

　しかしながら，国際報告書では同時に，平均得点のこれまでの調査サイクルからの変化や，国間比較などの群間の差異が見られた時に，ICT機器へのなじみやコンピュータ使用型調査に対するモチベーションがその変化や差異の要因となっている可能性までは取り除かれていないことも指摘されている（詳細については，OECD（2016a）Reader's Guide及びChapter5を参照）。

付録5　指標について

　PISA調査では，数多くの質問項目から構成されたさまざまな指標を用いて結果を分析してい

る。これらの指標の多くは，過去の研究を踏まえて仮定された，潜在的で，直接測定できない値であり，いくつかの質問項目への回答を基にして算出されたものである。

　指標の妥当性は，構造方程式モデル等により，理論的に想定された項目間の構造が，予備調査と本調査の結果をうまく説明するかどうかという観点から吟味されている。

　指標の多くは，それに関連する質問項目群への回答から「項目反応理論」によって，生徒一人ひとりの重み付き最尤推定値（Weighted Likelihood Estimate）が求められている。なお，ほとんどの指標値は，OECD 加盟国での平均値が 0.0 で，標準偏差が 1.0 となるように標準化されている。このため，仮にある生徒がある指標を構成する質問項目群の多くに肯定的な回答をしたとしても，OECD 加盟国の参加生徒全体がそれを上回る多くの肯定的な回答をしていた場合は，この生徒の指標値は負の値になる。逆に，仮にある生徒がある指標を構成する質問項目群の多くに否定的な回答をしたとしても，OECD 加盟国の参加生徒全体がそれを上回る多くの否定的な回答をしていた場合は，この生徒の指標値は正の値になる。つまり，指標値は OECD 加盟国全体における「相対的な位置」を示しているのである。なお，指標によっては，「項目反応理論」を用いずに，回答を基に指標の値に変換したものや，いくつかの下位の指標群に対する主成分分析から上位の指標を構成したものなどもある（詳細については，OECD から公表される『PISA 2018 Technical Report』を参照）。

資　料

資料1　学校質問調査

学校質問調査

PISA調査にご協力いただき、ありがとうございます。
この学校質問調査では、下記について情報提供をお願いしています。
・学校の基本情報
・学校の管理・運営体制
・教員
・成績評価
・多様な生徒への対応
・学校の雰囲気

ご提供いただく情報は、生徒が受けたテストの結果がどのような背景によってもたらされたものかを明らかにするために、学校間の相違をみる上での参考にするもので、例えば、教育の状況が、国内的にまた国際的に生徒の成績にどのような影響を及ぼすか等を調べる際に活用しています。
この学校質問調査は校長、もしくはその指名を受けた方に回答していただくことになっています。回答には約35分を要します。
回答に際し必要であれば、他の教職員の方にご確認ください。
正確にご存じでない場合でも、おそらくこうであろうという推測でご回答していただければ、この調査の趣旨に十分適っています。

次の質問に進むための「次へ」ボタンは、画面の右下にあります。画面上に「次へ」ボタンがない場合は、画面を下にスクロールさせてください。

回答の秘密は厳守いたします。ご協力をお願いいたします。ご回答いただいた内容は集計され、合計値や平均値の算出に用いられますので、あなたの学校が特定されることはありません。

回答上の注意:
この「学校質問調査」は、基本的にPISA調査の対象として選ばれた学科についてお尋ねするものです。したがって、各質問において「学校（学科）」となっている場合は、調査対象学科についてお答え下さい。

SC001　所在地の規模

問1　あなたの学校（学科）が所在する市町村は、次のどれにあたりますか。あてはまるものを一つ選んでください。（東京23区は「人口100万人以上の大都市」を選択してください。）

SC001Q01	人口3000人未満の市町村	○₁
SC001Q02	人口3000人～約1万5000人未満の市町村	○₂
SC001Q03	人口1万5000人～約10万人未満の市町村	○₃
SC001Q04	人口10万人～約100万人未満の都市	○₄
SC001Q05	人口100万人以上の大都市	○₅

SC013　私立か公立か

問2　あなたの学校（学科）は、次のうちどちらですか。あてはまるものを一つ選んでください。

SC013Q01	国立あるいは公立	○₁
SC013Q01	私立	○₂

SC016　学校の財源

問3　通常の年度における、あなたの学校（学科）の財源のうち、次のものがそれぞれ何%を占めていますか。それぞれ該当する欄に数字を入力し、該当しない項目は%欄に0（ゼロ）を入力してください。

		%
SC016Q01	公的資金（国、地方自治体を含む）	▭
SC016Q02	保護者負担の授業料または手数料	▭
SC016Q03	寄付金、遺贈、スポンサー、保護者による基金	▭
SC016Q04	その他	▭
		100%

※質問文中の「財源」とは、「収入（源）」とお考え下さい。
＜基本的考え方＞
・公的資金:県費等
・保護者負担の授業料または手数料:授業料等
・寄付金、遺贈、スポンサー保護者による基金:寄付金
・その他:上記以外

SC017　資源不足の問題

問4　あなたの学校（学科）では、次のような問題で指導に支障をきたすことがありますか。(1)～(8)のそれぞれについて、あてはまるものを一つ選んでください。

		まったくない	ほとんどない	ある程度ある	よくある
SC017Q01	(1)教員の不足	○₁	○₂	○₃	○₄
SC017Q02	(2)教員の能力不足	○₁	○₂	○₃	○₄
SC017Q03	(3)補助員等の不足	○₁	○₂	○₃	○₄
SC017Q04	(4)補助員等の能力不足	○₁	○₂	○₃	○₄
SC017Q05	(5)教材、施設・設備の不足（例:教科書、IT機器、図書館、実験器具）	○₁	○₂	○₃	○₄
SC017Q06	(6)質の低い教材、施設・設備（例:教科書、IT機器、図書館、実験器具）	○₁	○₂	○₃	○₄
SC017Q07	(7)施設・設備の不足（例:校舎、グランド、冷暖房設備、照明・音響設備）	○₁	○₂	○₃	○₄
SC017Q08	(8)質の低い施設・設備（例:校舎、グランド、冷暖房設備、照明・音響設備）	○₁	○₂	○₃	○₄

SC161　進路指導の担当者

問5　あなたの学校（学科）では、高校1年生の進路指導を担当しているのはどなたですか。あてはまるものを一つ選んでください。

SC161Q01	(1)本校（学科）では進路指導を行っていないので該当しない	○₁
SC161Q02	(2)進路指導は全教員の責任で行っている	○₂
SC161Q03	(3)進路指導を兼任する教員（進路指導主任等）がいる	○₃
SC161Q04	(4)本校（学科）は進路指導を専門とする職員を別枠で雇用している	○₄
SC161Q05	(5)本校（学科）は進路指導を専門とする職員に定期的に外部から来てもらっている	○₅

分岐質問:
SC161Q01以外を選択した場合、回答者はSC162を回答することになります。SC161Q01を選択した場合は、進路指導の実施形態についての質問をとばし、SC155へ進みます。

SC162　進路指導の実施形態

問6　あなたの学校（学科）で行われている高校1年生を対象とした進路指導について、次のうちどちらの活動を最も行っていますか。あてはまるものを一つ選んでください。進路指導について行われていなければ、この問題にお答えいただく必要はありません。

SC162Q01	(1)進路指導は希望する生徒を対象に学校で行っている	○₁
SC162Q01	(2)進路指導は校内活動として正式に組み込まれている	○₂

分岐後質問:
この問は、SC161Q01(1)「本校（学科）では進路指導を行っていないので該当しない」を選択した場合は表示されません。

学校質問調査　資料1

SC155　学校のデジタル機器活用の対応

問7　あなたの学校(学科)におけるデジタル機器を利用した学習と指導を向上させる対応について、次のようなことはどのくらいあてはまりますか。(1)～(11)のそれぞれについて、あてはまるものを一つ選んでください。(ここでデジタル機器とは、デスクトップ・コンピュータ、ノート型コンピュータ、タブレット型コンピュータ、電子黒板など様々なものを指します。)

		まったくその通りでない	その通りでない	その通りだ	まったくその通りだ
SC155Q01	(1)インターネットに接続しているデジタル機器の数は十分足りている	○1	○2	○3	○4
SC155Q02	(2)学校のインターネットの処理能力や速度は十分である	○1	○2	○3	○4
SC155Q03	(3)指導のためのデジタル機器の数は十分足りている	○1	○2	○3	○4
SC155Q04	(4)学校のデジタル機器は、コンピュータの処理能力において、十分な性能である	○1	○2	○3	○4
SC155Q05	(5)適切なソフトウエアが十分に提供されている	○1	○2	○3	○4
SC155Q06	(6)教員は、指導にデジタル機器を取り入れるために必要な技術的スキルと教育的スキルを有している	○1	○2	○3	○4
SC155Q07	(7)教員には、デジタル機器を取り入れた授業の準備のために十分な時間がある	○1	○2	○3	○4
SC155Q08	(8)教員がデジタル機器の使い方を学ぶために、有効な専門的資源が提供されている	○1	○2	○3	○4
SC155Q09	(9)オンライン上の有効な学習支援プラットフォームが提供されている	○1	○2	○3	○4
SC155Q10	(10)教員がデジタル機器を指導に取り入れる誘因(インセンティブ)がある	○1	○2	○3	○4
SC155Q11	(11)学校には技術的なサポートをする十分な資格を持った補助員がいる	○1	○2	○3	○4

SC156　デジタル機器の整備方針

問8　あなたの学校(学科)には、次のようなものがありますか。(1)～(8)のそれぞれについて、あてはまるものを一つ選んでください。

		はい	いいえ
SC156Q01	(1)デジタル機器の利用に関する、独自の明文化された指針がある	○1	○2
SC156Q02	(2)特に教育目的のデジタル機器の利用に関する、独自の明文化された指針がある	○1	○2
SC156Q03	(3)特定の教科において、指導や学習のためにデジタル機器を利用するためのプログラムがある	○1	○2
SC156Q04	(4)教育目的のデジタル機器の利用に関する、教員との日常的な意見交換を行っている	○1	○2
SC156Q05	(5)インターネット上での責任ある行動を生徒に指導するための具体的なプログラムがある	○1	○2
SC156Q06	(6)指導と学習における、SNS(ソーシャル・ネットワーキング・サービス:Facebook、LINEなど)の利用に関する具体的な方針がある	○1	○2
SC156Q07	(7)デジタル機器の利用について教員が互いに協力しあうことを促進するための具体的なプログラムがある	○1	○2
SC156Q08	(8)教員がデジタル機器を利用した指導教材や授業での試みを共有、評価、改善するために集まる時間が確保されている	○1	○2

SC011　競合する他校

問9　保護者が子どもの学校(学科)を選ぶ際の選択肢の有無についてお尋ねします。あなたの学校(学科)の通学区域で、生徒が通学可能な学校について、次のうちどれがあてはまりますか。あてはまるものを一つ選んでください。

SC011Q01　本校の通学区域には、保護者が子どもを通わせることのできる本校に匹敵するような学校(学科)が他に2校以上ある	○1
SC011Q01　本校の通学区域には、保護者が子どもを通わせることのできる本校に匹敵するような学校(学科)が他に1校ある	○2
SC011Q01　本校の通学区域には、保護者が子どもを通わせることのできる本校に匹敵するような学校(学科)はない	○3

SC012　入学時の選考方法

問10　あなたの学校(学科)への生徒の入学を認めるにあたって、次の事柄をどのくらい考慮していますか。(1)～(7)のそれぞれについて、あてはまるものを一つ選んでください。

		まったく考慮しない	考慮することがある	常に考慮する
SC012Q01	(1)中学校での学業成績(高校の入学試験を含む)	○1	○2	○3
SC012Q02	(2)中学校の推薦状	○1	○2	○3
SC012Q03	(3)保護者が学校の教育・宗教理念に賛同していること	○1	○2	○3
SC012Q04	(4)特定の課程・学科への志望、興味の有無	○1	○2	○3
SC012Q05	(5)家族に卒業生や在校生がいること	○1	○2	○3
SC012Q06	(6)居住地	○1	○2	○3
SC012Q07	(7)その他	○1	○2	○3

SC042　能力別学級編制

問11　学校(学科)の中には習熟度別、能力別指導を行っている所もあります。あなたの学校(学科)では、高校1年生を対象に次のような指導を行っていますか。(1)と(2)のそれぞれについて、あてはまるものを一つ選んでください。

		すべての教科で	いくつかの教科で	どの教科でも行っていない
SC042Q01	(1)生徒は習熟度別、能力別に異なるクラスに分けられている	○1	○2	○3
SC042Q02	(2)生徒はクラスの中で習熟度別、能力別にグループ分けされている	○1	○2	○3

SC154　成績評価の目的

問12　あなたの学校(学科)では、高校1年生の成績評価を、次の目的のために行っていますか。(1)～(11)のそれぞれについて、あてはまるものを一つ選んでください。

		はい	いいえ
SC154Q01	(1)生徒の学習指導のため	○1	○2
SC154Q02	(2)両親(保護者)に子どもの学習の進歩状況を伝えるため	○1	○2
SC154Q03	(3)生徒の落第・進級を決定するため	○1	○2
SC154Q04	(4)生徒をグループ分けして指導するため	○1	○2
SC154Q05	(5)自校の成績を地域や全国の学校の成績と比較するため	○1	○2
SC154Q06	(6)自校の成績の経年の推移を観察するため	○1	○2
SC154Q07	(7)教員の指導の効果を判断するため	○1	○2
SC154Q08	(8)指導方法やカリキュラムを改善すべきかどうかを判断するため	○1	○2
SC154Q09	(9)指導を生徒のニーズに合わせるため	○1	○2
SC154Q10	(10)自校を他校と比較するため	○1	○2
SC154Q11	(11)生徒が卒業できるかどうかを見定めるため	○1	○2

SC036　成績の公開

問13　あなたの学校(学科)では、以下の説明を行う際に生徒達の成績に関する資料を使っていますか。(1)～(3)のそれぞれについて、あてはまるものを一つ選んでください。
以下の「生徒達の成績」には学校全体あるいは学年全体で集計された試験の点数や評点、あるいは卒業率などが含まれます。

		はい	いいえ
SC036Q01	(1)生徒達の成績は公開されている(例:メディアを通じて)	○1	○2
SC036Q02	(2)生徒達の成績は、教育行政機関に長期的に追跡されている	○1	○2
SC036Q03	(3)生徒達の成績は、親に直接、提供されている	○1	○2

資料

資料1　学校質問調査

SC037　学校改善

問14　あなたの学校（学科）では、質の保証や改善のために、次のような方法を用いていますか。また、その方法を用いているのは、教育委員会や文部科学省によって決められているからですか、それとも学校の裁量で行っているものですか。(1)〜(10)のそれぞれについて、あてはまるものを一つ選んでください。（「ヘルプ」ボタンを使って、「内部評価」及び「外部評価」に関する説明を見ることができます。）

「内部評価」と「外部評価」については下記のように考えてください。
＜内部評価＞学校が指定した評価項目について、学校が行う評価。評価者は学校の一員、又は学校が委託した個人または組織とする。
＜外部評価＞外部機関が行う評価。学校は評価項目を指定しない。

		用いている（教育委員会や文部科学省によって決められているから）	用いている（学校の裁量で行っている）	用いていない
SC037Q01	(1)内部評価／自己評価	○₁	○₂	○₃
SC037Q02	(2)外部評価	○₁	○₂	○₃
SC037Q03	(3)学校のカリキュラムと教育目標を記載した学校概要	○₁	○₂	○₃
SC037Q04	(4)生徒の成績の評価基準を記載した学校概要	○₁	○₂	○₃
SC037Q05	(5)教員の出勤簿や生徒の出席簿、専門性の向上（研修）に関する記録	○₁	○₂	○₃
SC037Q06	(6)生徒のテストの成績や卒業率に関する記録	○₁	○₂	○₃
SC037Q07	(7)生徒からの書面での評価（授業、教員、教材・設備などに関する）	○₁	○₂	○₃
SC037Q08	(8)教員に対する個別の指導	○₁	○₂	○₃
SC037Q09	(9)半年以上にわたる、1人以上の専門家による学校改善のための定期的なコンサルティング	○₁	○₂	○₃
SC037Q10	(10)国語の教育方針の徹底（教員の研修を伴う、共通の指導教材を使ったカリキュラムの採用など）	○₁	○₂	○₃

SC061　生徒と教員の問題行動

問15　あなたの学校（学科）では、生徒の学習に、次のようなことが支障となることが、どのくらいありますか。(1)〜(11)のそれぞれについて、あてはまるものを一つ選んでください。

		まったくない	ほとんどない	ある程度ある	よくある
SC061Q01	(1)生徒が無断欠席すること	○₁	○₂	○₃	○₄
SC061Q02	(2)生徒が授業をサボること	○₁	○₂	○₃	○₄
SC061Q03	(3)生徒による教員への敬意が欠けていること	○₁	○₂	○₃	○₄
SC061Q04	(4)生徒がアルコールや違法な薬物を使用すること	○₁	○₂	○₃	○₄
SC061Q05	(5)生徒が他の生徒を脅したりいじめたりすること	○₁	○₂	○₃	○₄
SC061Q11	(6)生徒が授業に集中しないこと	○1	○2	○3	○4
SC061Q06	(7)教員が個々の生徒のニーズに応えていないこと	○₁	○₂	○₃	○₄
SC061Q07	(8)教員の欠勤	○₁	○₂	○₃	○₄
SC061Q08	(9)改革に対する教職員の抵抗	○₁	○₂	○₃	○₄
SC061Q09	(10)教員が生徒に対して厳格すぎること	○₁	○₂	○₃	○₄
SC061Q10	(11)教員の授業準備が足りないこと	○₁	○₂	○₃	○₄

SC002　生徒数

問16　あなたの学校（学科）の生徒数は何人ですか（2018年5月1日現在）。それぞれ該当する欄に数字を入力し、該当者がいない場合は0（ゼロ）を入力してください。

SC002Q01	男子	☐
SC002Q02	女子	☐

調査を受けた学校（学科）の1〜3年生全員の人数を回答してください。
※大抵の学校は、ここで回答した男子と女子の人数を合計すると、学校質問調査問17(1)「あなたの学校（学科）の高校1年生は全部で何人ですか。（人）」で回答した人数の約3倍になります。

SC004　コンピュータの台数

問17　次の質問は、あなたの学校（学科）における高校1年生の人数及びコンピュータの台数等に関してお聞きするものです。次の(1)〜(7)のそれぞれ該当する欄に数字を入力してください。該当しない場合は0（ゼロ）を入力してください。

SC004Q01	(1)あなたの学校（学科）の高校1年生は全部で何人ですか。（人）	☐
SC004Q02	(2)これらの生徒が、学習のために利用できるコンピュータは全部で何台ありますか。（台）	☐
SC004Q03	(3)そのうち、インターネットに接続しているコンピュータは、何台ですか。（台）	☐
SC004Q04	(4)そのうち、持ち運び可能なコンピュータ（例：ノート型パソコン、タブレット型コンピュータ）は何台ありますか。（台）	☐
SC004Q05	(5)学校（学科）全体で、使用可能な電子黒板は何台ありますか。（台）	☐
SC004Q06	(6)学校（学科）全体で、使用可能なプロジェクターは何台ありますか。（台）	☐
SC004Q07	(7)学校（学科）には、インターネットに接続している教員用のコンピュータは何台ありますか。	☐

SC018　教員の数

問18　あなたの学校（学科）に本務の教員、兼務等の教員がそれぞれ何人いますか。それぞれ該当する欄に数字を入力し、該当者がいない場合は、人数欄に0（ゼロ）と入力してくださ
「本務」とは、1学年度の勤務時間の90％以上を教員として勤務している方で、その他の方はすべて「兼務等」としてください。

		本務	兼務等
SC018Q01	教員の総数	☐	☐
SC018Q02	教員免許を有する者	☐	☐

ここでいう「教員」とは、「通常の仕事として、学習計画に沿った高等学校教育課程又は中等教育学校後期課程に関する指導を、少なくとも一クラスで実施している教員」を指します。校長、教頭や実習助手であって、この定義を満たす場合は、「教員」として計上してください。
非常勤講師につきましては、「兼務等」の「教員」として計上してください。また、部活動の監督及びコーチ並びに指導員につきましては、「講師」として発令されていれば「兼務等」として計上してください（学校基本調査と同様）。

SC025　教員研修参加率

問19　過去三か月間に、あなたの学校（学科）の教員の何％が研修に参加しましたか。スライダーを％の該当する位置に移動させてください。参加者なしの場合は0（ゼロ）を選んでください。

研修とは、指導法や教授法を向上させるための公的な研修を指しますが、必ずしも資格取得を目的とするものではありません。研修日は少なくとも1日あり、指導と教育に焦点を当てたものとします。

研修とは、指導法や教授法を向上させるための公的な研修を指しますが、必ずしも資格取得を目的とするものではありません。研修日は少なくとも1日あり、指導と教育に焦点を当てたものとします。

SC025Q01　あなたの学校の教員全体のうち　　0%　——————————————　100%

※「0」と回答する場合も、必ずスライダーのつまみをドラッグして「0」を表示させてください。数字が表示されないと回答したことになりません。
ここで「あなたの学校の教員全体のうち」の「学校」とは、「学校（学科）」のことを示します。

学校質問調査　資料1

SC159 外国の先生			
問20	あなたの学校（学科）では、外国からの教員を受け入れていますか（例：数日から数か月の受け入れ）。あてはまるものを一つ選んでください。		
SC159Q01	はい		○
SC159Q01	いいえ		○

SC003 クラス規模		
問21	あなたの学校（学科）の高校1年生は、国語の授業を平均何人で受けていますか。あてはまるものを一つ選んでください。	
SC003Q01	15人以下	○₁
SC003Q01	16～20人	○₂
SC003Q01	21～25人	○₃
SC003Q01	26～30人	○₄
SC003Q01	31～35人	○₅
SC003Q01	36～40人	○₆
SC003Q01	41～45人	○₇
SC003Q01	46～50人	○₈
SC003Q01	51人以上	○₉

SC053 課外活動の有無			
問22	本年度、あなたの学校（学科）の高校1年生は次のうちどの活動を行っていますか。(1)～(12)のそれぞれについて、あてはまるものを一つ選んでください。	はい	いいえ
SC053Q01	(1)吹奏楽、合唱	○₁	○₂
SC053Q02	(2)演劇またはミュージカル	○₁	○₂
SC053Q03	(3)卒業アルバム、学校新聞、または雑誌の編集	○₁	○₂
SC053Q04	(4)ボランティアやサービス活動（例：地域活動）	○₁	○₂
SC053Q12	(5)読書クラブ	○₁	○₂
SC053Q13	(6)弁論部やディベート活動	○₁	○₂
SC053Q09	(7)美術部又は美術活動	○₁	○₂
SC053Q10	(8)運動部またはスポーツ活動	○₁	○₂
SC053Q14	(9)講演会またはセミナー（例：作家やジャーナリストなどのゲストを迎えるセミナー）	○₁	○₂
SC053Q15	(10)地域の図書館と共同で行う活動	○₁	○₂
SC053Q16	(11)地域の新聞社と共同で行う活動	○₁	○₂
SC053Q11	(12)伝統芸能に関する活動（例：和太鼓、日本舞踊）	○₁	○₂

SC164 退学率	
問23	昨年度、あなたの学校（学科）の最終学年において、卒業せずに退学した者は何%いましたか。
	スライダーを使って数字を選び、退学者がいない場合は0（ゼロ）を選んでください。
SC164Q01	0% ─────────── 100%

※「0」と回答する場合も、必ずスライダーのつまみをドラッグして「0」を表示させてください。数字が表示されないと回答したことになりません。

SC064 保護者の学校への参加	
問24	昨年度、次の行事や活動に参加した保護者を持つ生徒はどのくらいいましたか。 (1)～(4)のそれぞれについて、スライダーを該当する位置に移動させてください。参加した保護者がいない場合はゼロ(0)%を、すべての保護者が参加した場合は100%を選んでください。
	(1)～(4)のそれぞれについて、スライダーに該当する位置に移動させてください。 参加した保護者がいない場合は0（ゼロ）%を、すべての保護者が参加した場合は100%を選んでください。
SC064Q01	(1)保護者からの働きかけにより、教員と保護者が子どもの学習状況について話し合う　　0% ─── 100%
SC064Q02	(2)教員からの働きかけにより、教員と保護者が子どもの学習状況について話し合う　　0% ─── 100%
SC064Q03	(3)地域の学校協議会（例：保護者会や学校運営協議会）　　0% ─── 100%
SC064Q04	(4)ボランティアとして肉体作業を伴う奉仕活動（例：校舎の清掃、大工仕事、校庭の手入れ）や課外活動（例：発表会、スポーツ活動、遠足）に参加する　　0% ─── 100%

※「0」と回答する場合も、必ずスライダーのつまみをドラッグして「0」を表示させてください。数字が表示されないと回答したことになりません。

SC152 補習授業の有無（国語）		
問25	あなたの学校（学科）では、通常の授業時間内での国語の授業に加えて、国語の追加の授業を行っていますか。あてはまるものを一つ選んでください。	
SC152Q01	はい	○
SC152Q01	いいえ	○

分岐質問：
SC152が「はい」の場合、回答者はSC160を回答することになります。SC152で「いいえ」の場合はSC160をとばし、SC052へ進みます。

SC160 補習授業の種類（国語）		
問26	通常の国語の授業以外に国語の授業をする目的は何ですか。あてはまるものを一つ選んでください。	
	(1)発展的な学習のため	○₁
	(2)補習的な学習のため	○₂
	(3)発展的な学習と補習的な学習の両方	○₃
	(4)生徒の学習到達度に関係なく行っている	○₄

分岐後質問：
この問は、SC152で「いいえ」を選択した場合は表示されません。

SC052 学習支援の有無			
問27	あなたの学校（学科）では、高校1年生に次のような学習支援を行っていますか。(1)～(3)のそれぞれについて、あてはまるものを一つ選んでくださ	はい	いいえ
SC052Q01	(1)生徒が宿題をすることができる部屋（例：図書室、マルチメディア・リソース・センター、空き教室）の提供	○₁	○₂
SC052Q02	(2)宿題を手伝ってくれる教職員やボランティア等がいる	○₁	○₂
SC052Q03	(3)ある生徒が別の生徒に教える個人指導	○₁	○₂

～　ご協力ありがとうございました。　～

資料2　生徒質問調査

生徒質問調査

この生徒質問調査では、次のことについてお聞きします。
・あなた自身、ご家族、ご家庭
・学校での国語の学習
・あなたの読書についての考え
・あなたの生活
・あなたの学校
・学校の時間割と学習時間

各質問を注意深く読んで、できるだけ正確に答えてください。

質問によって異なる回答形式があることに注意してください。

この生徒質問調査には、これが「正しい答え」とか、これが「誤った答え」というものはありません。自分がそうだと思った答えが「正しい答え」なのです。

意味の分からない時や、質問への答え方がわからない時は、調査を監督している先生にたずねてください。

次の質問に進むための「次へ」ボタンは、画面の右下にあります。画面上に「次へ」ボタンがない場合は、画面を下にスクロールさせてください。

回答の秘密は厳守いたします。ご回答頂いた内容は集計され、合計値や平均値の算出に用いられますので、あなたの回答が特定されることはありません。
よろしくご協力ください。

あなた自身・ご家族・ご家庭

ST003　生年月日
問1　あなたの生年月日を西暦で入力してください。年、月、日はそれぞれプルダウンメニューから選んでください。
（平成14年は2002年、平成15年は2003年です。）

ST003Q03	年	選んでください ▼
ST003Q02	月	選んでください ▼
ST003Q01	日	選んでください ▼

※「年」の選択肢は「2002」「2003」、「月」の選択肢は「1月」〜「12月」、「日」の選択肢は「1日」〜「31日」

【補足】あなたの生年月日をすべて入力してください。

ST004　性別
問2
ST004Q01
あなたの性別はどちらですか。あてはまるものを一つ選んでください。

男	○₁
女	○₂

ST005　母親の学歴（中学・高校）
問3　お母さん（もしくはそれに相当する人）が卒業した学校はどれですか。もし答え方が分からない場合は、先生に聞いてください。
あてはまるものを一つ選んでください。

ST005Q01	高等学校普通科	○₁
ST005Q01	高等学校専門学科（職業科など）	○₂
ST005Q01	中学校	○₃

ST006　母親の学歴（大学等）
問4　お母さん（もしくはそれに相当する人）が卒業したことのある学校はどれですか。もし答え方が分からない場合は、先生に聞いてください。
（1）〜（5）のそれぞれについて、あてはまるものを一つ選んでください。

		はい	いいえ
ST006Q01	（1）大学院（博士課程）	○₁	○₂
ST006Q02	（2）大学院（修士課程）	○₁	○₂
ST006Q02	（3）大学	○₁	○₂
ST006Q03	（4）短期大学または高等専門学校	○₁	○₂
ST006Q04	（5）高等学校（専攻科）・短期大学（別科）・大学（別科）	○₁	○₂

【補足】この問いは、親が最後に卒業した教育段階について尋ねるものです。したがって、選択肢にある学校に通っただけの場合は該当しません。
※問6（ST008）父の学歴（大学等）の場合と同様です。

ST007　父親の学歴（中学・高校）
問5　お父さん（もしくはそれに相当する人）が卒業した学校はどれですか。もし答え方が分からない場合は、先生に聞いてください。
あてはまるものを一つ選んでください。

ST007Q01	高等学校普通科	○₁
ST007Q01	高等学校専門学科（職業科など）	○₂
ST007Q01	中学校	○₃

ST008　父親の学歴（大学等）
問6　お父さん（もしくはそれに相当する人）が卒業したことのある学校はどれですか。もし答え方が分からない場合は、先生に聞いてください。
（1）〜（5）のそれぞれについて、あてはまるものを一つ選んでください。

		はい	いいえ
ST008Q01	（1）大学院（博士課程）	○₁	○₂
ST008Q02	（2）大学院（修士課程）	○₁	○₂
ST008Q02	（3）大学	○₁	○₂
ST008Q03	（4）短期大学または高等専門学校	○₁	○₂
ST008Q04	（5）高等学校（専攻科）・短期大学（別科）・大学（別科）	○₁	○₂

【補足】この問いは、親が最後に卒業した教育段階について尋ねるものです。したがって、選択肢にある学校に通っただけの場合は該当しません。
※問4（ST006）母の学歴（大学等）の場合と同様です。

生徒質問調査　資料2

ST011　家庭の所有物

問7　あなたの家には次のものがありますか。(1)～(16)のそれぞれについて、あてはまるものを一つ選んでください。

		はい	いいえ
ST011Q01	(1)勉強机	$\bigcirc_1$	$\bigcirc_2$
ST011Q02	(2)自分の部屋	$\bigcirc_1$	$\bigcirc_2$
ST011Q03	(3)静かに勉強できる場所	$\bigcirc_1$	$\bigcirc_2$
ST011Q04	(4)勉強に使えるコンピュータ	$\bigcirc_1$	$\bigcirc_2$
ST011Q05	(5)教育用コンピュータソフト	$\bigcirc_1$	$\bigcirc_2$
ST011Q06	(6)インターネット接続回線	$\bigcirc_1$	$\bigcirc_2$
ST011Q07	(7)文学作品(例:夏目漱石、芥川龍之介)	$\bigcirc_1$	$\bigcirc_2$
ST011Q08	(8)詩集	$\bigcirc_1$	$\bigcirc_2$
ST011Q09	(9)美術品(例:絵画)	$\bigcirc_1$	$\bigcirc_2$
ST011Q10	(10)学校の勉強に役立つ参考書	$\bigcirc_1$	$\bigcirc_2$
ST011Q11	(11)解説書(例:コンピュータの取扱説明書)	$\bigcirc_1$	$\bigcirc_2$
ST011Q12	(12)辞書	$\bigcirc_1$	$\bigcirc_2$
ST011Q16	(13)美術や音楽、デザインに関する本	$\bigcirc_1$	$\bigcirc_2$
ST011Q17	(14)骨董品・アンティーク	$\bigcirc_1$	$\bigcirc_2$
ST011Q18	(15)来客用寝室	$\bigcirc_1$	$\bigcirc_2$
ST011Q19	(16)自宅警備システム	$\bigcirc_1$	$\bigcirc_2$

ST012　家財の数

問8　あなたの家には次の物が<u>いくつ</u>ありますか。(1)～(8)のそれぞれについて、あてはまるものを一つ選んでください。

		ない	一つ	二つ	三つ以上
ST012Q01	(1)テレビ	$\bigcirc_1$	$\bigcirc_2$	$\bigcirc_3$	$\bigcirc_4$
ST012Q02	(2)自動車	$\bigcirc_1$	$\bigcirc_2$	$\bigcirc_3$	$\bigcirc_4$
ST012Q03	(3)浴室またはシャワー室	$\bigcirc_1$	$\bigcirc_2$	$\bigcirc_3$	$\bigcirc_4$
ST012Q05	(4)携帯電話(インターネット接続有り、スマートフォン含む)	$\bigcirc_1$	$\bigcirc_2$	$\bigcirc_3$	$\bigcirc_4$
ST012Q06	(5)コンピュータ(デスクトップ型、ノート型)	$\bigcirc_1$	$\bigcirc_2$	$\bigcirc_3$	$\bigcirc_4$
ST012Q07	(6)タブレット型コンピュータ(例:iPad®)	$\bigcirc_1$	$\bigcirc_2$	$\bigcirc_3$	$\bigcirc_4$
ST012Q08	(7)電子ブックリーダー(例:アマゾン®・キンドル™)	$\bigcirc_1$	$\bigcirc_2$	$\bigcirc_3$	$\bigcirc_4$
ST012Q09	(8)楽器(例:ギター、ピアノ)	$\bigcirc_1$	$\bigcirc_2$	$\bigcirc_3$	$\bigcirc_4$

ST013　家庭にある本の冊数

問9　あなたの家には本が何冊ありますか。本棚1メートルにつき約40冊の本が入るとします。雑誌、新聞、教科書は数に含めないでください。
あてはまるものを一つ選んでください。

ST013Q01	0～10冊	$\bigcirc_1$
ST013Q01	11～25冊	$\bigcirc_2$
ST013Q01	26～100冊	$\bigcirc_3$
ST013Q01	101～200冊	$\bigcirc_4$
ST013Q01	201～500冊	$\bigcirc_5$
ST013Q01	501冊以上	$\bigcirc_6$

ST014　母親の職業

問10　次の二つの質問はお母さん(もしくはそれに相当する人)の職業に関するものです。

お母さん(もしくはそれに相当する人)の主な職業は何ですか。(例:教師、調理係、販売員)

(今、働いていない場合は、最後についていた職業について答えてください。)

ST014Q01　**職業の名称を入力してください。**　[ ]

お母さん(もしくはそれに相当する人)は、その職業で具体的に何をしていますか。
(例:高校生を教えている、レストランの調理場で補助をしている、販売チームの指揮をしている)

ST014Q02　**今の、または過去の職業の内容を具体的に書いてください。**　[ ]

ST015　父親の職業

問11　次の二つの質問はお父さん(もしくはそれに相当する人)の職業に関するものです。

お父さん(もしくはそれに相当する人)の主な職業は何ですか。(例:教師、調理係、販売員)

(今、働いていない場合は、最後についていた職業について答えてください。)

ST015Q01　**職業の名称を入力してください。**　[ ]

お父さん(もしくはそれに相当する人)は、その職業で具体的に何をしていますか。
(例:高校生を教えている、レストランの調理場で補助をしている、販売チームの指揮をしている)

ST015Q02　**今の、または過去の職業の内容を具体的に書いてください。**　[ ]

ST019　生まれた国

問12　ご両親(もしくは保護者の方)とあなたが生まれた国はどこですか。それぞれについて、あてはまるものを一つ選んでください。

	ST019AQ01	ST019BQ01	ST019CQ01
	あなた	母親	父親
日本	$\bigcirc_1$	$\bigcirc_2$	$\bigcirc_3$
外国	$\bigcirc_1$	$\bigcirc_2$	$\bigcirc_3$

分岐質問:
生徒が日本で生まれた場合、ST021をとばします。生徒の出身が日本ではない場合、ST021へ進みます。それ以外はST125へ進みます。

ST021　日本に来た年令(選択)

→ST019で「あなた」が「日本」ではなかった場合のみ。それ以外はとばしてST125へ進みます。

問13　あなたが日本に来たのは、何才の時ですか。プルダウンメニューから年令を選んでください。生後12か月未満の場合は、0～1才を選んでください。

ST021Q01

[選んでください　▼]

※選択肢は「0～1才」「1才」～「16才」

273

資料2　生徒質問調査

ST125　就学前教育(年令)
問14　あなたは幼稚園や保育所に何才から通いましたか。プルダウンメニューから数字(年令)を選んでください。
ST125Q01

年令　　　選んでください　▼

プルダウンメニュー:
「1才以下」「2才」「3才」「4才」「5才」「6才以上」「幼稚園や保育所に通わなかった」「おぼえていない」の選択肢が表示されます。

ST126　小学校入学年令
問15　あなたは何才の時に小学校へ入学しましたか。プルダウンメニューから数字(年令)を選んでください。
ST126Q01　日本では、満6才で小学校に入学しますので、この質問へは6才と回答してください。
ただし、海外で小学校に入学するなど、個別事情により入学年令が異なる場合には、あてはまる年令を回答してください。

年令　　　選んでください　▼

プルダウンメニュー:
「3才以下」「4才」「5才」「6才」「7才」「8才」「9才以上」の選択肢が表示されます。

ST022　家庭での使用言語
問16　あなたの家では主に何語で話していますか。あてはまるものを一つ選んでください。
ST022Q01

日本語	$\bigcirc_2$
その他の言語	$\bigcirc_1$

ST023　周りの人との使用言語
問17　あなたは普段、以下の人に対して何語で話しますか。
(1)～(5)のそれぞれについて、あてはまるものを一つ選んでください。
もし日本語が家庭で身についた言語の場合は、「ほとんど日本語で話す」を選んでください。

		ほとんど家庭で身についた言語	家庭で身についた言語と日本語とで同じくらい話す	ほとんど日本語で話す	該当しない
ST023Q01	(1)お母さん(もしくはそれに相当する人)	$\bigcirc_1$	$\bigcirc_2$	$\bigcirc_3$	$\bigcirc_4$
ST023Q02	(2)お父さん(もしくはそれに相当する人)	$\bigcirc_1$	$\bigcirc_2$	$\bigcirc_3$	$\bigcirc_4$
ST023Q03	(3)兄弟姉妹(もしくはそれに相当する人)	$\bigcirc_1$	$\bigcirc_2$	$\bigcirc_3$	$\bigcirc_4$
ST023Q04	(4)親しい友達	$\bigcirc_1$	$\bigcirc_2$	$\bigcirc_3$	$\bigcirc_4$
ST023Q05	(5)同級生	$\bigcirc_1$	$\bigcirc_2$	$\bigcirc_3$	$\bigcirc_4$

学校での国語の学習

ST097　国語の授業の雰囲気
問18　学校の国語の授業で、次のようなことはどのくらいありますか。(1)～(5)のそれぞれについて、あてはまるものを一つ選んでください。

		いつもそうだ	たいていそうだ	たまにある	まったく、又はほとんどない
ST097Q01	(1)生徒は、先生の言うことを聞いていない	$\bigcirc_1$	$\bigcirc_2$	$\bigcirc_3$	$\bigcirc_4$
ST097Q02	(2)授業中は騒がしくて、荒れている	$\bigcirc_1$	$\bigcirc_2$	$\bigcirc_3$	$\bigcirc_4$
ST097Q03	(3)先生は、生徒が静まるまで長い時間待たなければならない	$\bigcirc_1$	$\bigcirc_2$	$\bigcirc_3$	$\bigcirc_4$
ST097Q04	(4)生徒は、勉強があまりよくできない	$\bigcirc_1$	$\bigcirc_2$	$\bigcirc_3$	$\bigcirc_4$
ST097Q05	(5)生徒は、授業が始まってもなかなか勉強にとりかからない	$\bigcirc_1$	$\bigcirc_2$	$\bigcirc_3$	$\bigcirc_4$

ST100　国語の先生
問19　学校の国語の授業で、次のようなことはどのくらいありますか。(1)～(4)のそれぞれについて、あてはまるものを一つ選んでください。

		いつもそうだ	たいていそうだ	たまにある	まったく、又はほとんどない
ST100Q01	(1)先生は、生徒一人一人の学習に関心を持っている	$\bigcirc_1$	$\bigcirc_2$	$\bigcirc_3$	$\bigcirc_4$
ST100Q02	(2)生徒が助けて欲しいときは、先生は助けてくれる	$\bigcirc_1$	$\bigcirc_2$	$\bigcirc_3$	$\bigcirc_4$
ST100Q03	(3)先生は、生徒の学習を助けてくれている	$\bigcirc_1$	$\bigcirc_2$	$\bigcirc_3$	$\bigcirc_4$
ST100Q04	(4)先生は、生徒がわかるまで何度でも教えてくれる	$\bigcirc_1$	$\bigcirc_2$	$\bigcirc_3$	$\bigcirc_4$

ST102　国語の授業方法
問20　学校の国語の授業で、次のようなことはどのくらいありますか。(1)～(4)のそれぞれについて、あてはまるものを一つ選んでください。

		いつもそうだ	たいていそうだ	たまにある	まったく、又はほとんどない
ST102Q01	(1)先生は、私たちの学習の目標をはっきりと示す	$\bigcirc_1$	$\bigcirc_2$	$\bigcirc_3$	$\bigcirc_4$
ST102Q02	(2)先生は、私たちが学んだことを理解しているかどうか、確認するための質問を出す	$\bigcirc_1$	$\bigcirc_2$	$\bigcirc_3$	$\bigcirc_4$
ST102Q03	(3)先生は、授業の始めに、前回の授業のまとめをする	$\bigcirc_1$	$\bigcirc_2$	$\bigcirc_3$	$\bigcirc_4$
ST102Q04	(4)先生は、学習する内容を私たちに話す	$\bigcirc_1$	$\bigcirc_2$	$\bigcirc_3$	$\bigcirc_4$

ST211　先生による支援(自信)
問21　過去二回の国語の授業について、次のようなことは、あなたにどのくらいあてはまりますか。
(1)～(3)のそれぞれについて、あてはまるものを一つ選んでください。

		まったくその通りでない	その通りでない	その通りだ	まったくその通りだ
ST211Q01	(1)先生は、国語で良い成績がとれるという自信を持たせてくれた	$\bigcirc_1$	$\bigcirc_2$	$\bigcirc_3$	$\bigcirc_4$
ST211Q02	(2)勉強の仕方について、先生は私の考えを聞いてくれた	$\bigcirc_1$	$\bigcirc_2$	$\bigcirc_3$	$\bigcirc_4$
ST211Q03	(3)先生は私を理解していると思った	$\bigcirc_1$	$\bigcirc_2$	$\bigcirc_3$	$\bigcirc_4$

生徒質問調査　　資料 2

ST212　生徒に合わせた授業（国語）				
問22　　　国語の授業で、次のようなことはどのくらいありますか。（1）～（3）のそれぞれについて、あてはまるものを一つ選んでください。				
	まったく、又はほとんどない	たまにある	たいていそうだ	いつも、又はほとんどいつも
ST212Q01　（1）先生は、クラスの必要やレベルに合わせて授業をする	○₁	○₂	○₃	○₄
ST212Q02　（2）課題を理解するのが難しい生徒に、先生が個別に指導する	○₁	○₂	○₃	○₄
ST212Q03　（3）ほとんどの生徒にとって理解するのが難しいテーマや課題のとき、先生は授業のやり方を変える	○₁	○₂	○₃	○₄

ST104　先生による助言（国語）				
問23　　　国語の授業で、次のようなことはどのくらいありますか。（1）～（3）のそれぞれについて、あてはまるものを一つ選んでください。				
	まったく、又はほとんどない	たまにある	たいていそうだ	いつも、又はほとんどいつも
ST104Q02　（1）先生は、国語における私の長所を教えてくれる	○₁	○₂	○₃	○₄
ST104Q03　（2）先生は、私の改善の余地がある部分について教えてくれる	○₁	○₂	○₃	○₄
ST104Q04　（3）先生は、国語の成績を上げる方法を教えてくれる	○₁	○₂	○₃	○₄

ST213　先生の関心				
問24　　　過去二回の国語の授業について、次のようなことは、あなたにどのくらいあてはまりますか。（1）～（4）のそれぞれについて、あてはまるものを一つ選んでください。				
	まったくその通りでない	その通りでない	その通りだ	まったくその通りだ
ST213Q01　（1）先生は教えることが好きだということがはっきりわかった	○₁	○₂	○₃	○₄
ST213Q02　（2）先生の熱意を感じて、私もやる気が出た	○₁	○₂	○₃	○₄
ST213Q03　（3）明らかに先生は、授業のテーマを論じるのが好きだと思った	○₁	○₂	○₃	○₄
ST213Q04　（4）先生は教えることを楽しんでいるように見えた	○₁	○₂	○₃	○₄

ST150　読みの学習の機会（読むものの種類）				
問25　　　先月、あなたは学校の学習（授業や宿題）のために、次のような文章をどのくらい読まなければなりませんでした。（1）～（4）のそれぞれについて、あてはまるものを一つ選んでください。				
	何度も	2、3回	1回	なし
ST150Q01　（1）図や地図などがある文章	○₁	○₂	○₃	○₄
ST150Q02　（2）フィクション（例：小説、短編集）	○₁	○₂	○₃	○₄
ST150Q03　（3）表やグラフがある文章	○₁	○₂	○₃	○₄
ST150Q04　（4）リンクのついた電子テキスト	○₁	○₂	○₃	○₄

ST152　先生の読みの指導方法				
問26　　　あなたが受けている国語の授業で、先生は次のようなことをどのくらいしますか。（1）～（4）のそれぞれについて、あてはまるものを一つ選んでください。				
	ほとんどない	たまにある	たいていそうだ	いつもそうだ
ST152Q05　（1）先生は文章についての意見を言うよう生徒にすすめる	○₁	○₂	○₃	○₄
ST152Q06　（2）先生は物語と実生活とを関連づける手助けをしてくれる	○₁	○₂	○₃	○₄
ST152Q07　（3）先生は教科書の内容を、すでに持っている知識とどうやって関連づけるかを教えてくれる	○₁	○₂	○₃	○₄
ST152Q08　（4）先生は生徒を積極的に参加させる質問をする	○₁	○₂	○₃	○₄

ST154　読みの学習の機会（最長ページ数）	
問27　　　今年度、国語の授業のために読まなければならなかった文章のうち、最も長いものは何ページありましたか。あてはまるものを一つ選んでください。	
ST154Q01　1ページ以下	○₁
ST154Q01　2～10ページ	○₂
ST154Q01　11～50ページ	○₃
ST154Q01　51～100ページ	○₄
ST154Q01　101～500ページ	○₅
ST154Q01　501ページ以上	○₆

ST153　読みの学習の機会（課題内容）		
問28　　　今年度、国語の授業や宿題で本または本の章を読んだとき、先生は次のような課題をするように指示しましたか。（1）～（9）のそれぞれについて、あてはまるものを一つ選んでください。		
	はい	いいえ
ST153Q01　（1）読んだ本、または読んだ章の要約を書く	○₁	○₂
ST153Q02　（2）主な登場人物を挙げ、簡単な説明を書く	○₁	○₂
ST153Q03　（3）同じ本、または同じ章を読んだ生徒とグループを作って話し合う	○₁	○₂
ST153Q04　（4）読んだ本、または読んだ章の感想を言う（それが好きだったかどうか、その理由など）	○₁	○₂
ST153Q05　（5）読んだ本、または読んだ章についての質問に答える	○₁	○₂
ST153Q06　（6）読んだ本、または読んだ章の内容と、自分の経験を比べる	○₁	○₂
ST153Q08　（7）同じような話題について書かれた他の本や文章と比べる	○₁	○₂
ST153Q09　（8）自分が好き、又は嫌いだった一節を選び、その理由を説明する	○₁	○₂
ST153Q10　（9）読んだことについて文章を書く	○₁	○₂

ST158　デジタルでの読みの学習の機会（学校で学習した内容）		
問29　　　小学校1年生から今日までに、学校で次のような内容を教わったことがありますか。（1）～（7）のそれぞれについて、あてはまるものを一つ選んでください。		
	はい	いいえ
ST158Q01　（1）Google©やYahoo©などの検索サイトにおけるキーワードの使い方	○₁	○₂
ST158Q02　（2）インターネットの情報が信頼できるかどうかを判断する方法	○₁	○₂
ST158Q03　（3）複数のウェブページを比較し、どの情報が学校の勉強により関連しているのかを判断する方法	○₁	○₂
ST158Q04　（4）Facebook©やInsgram©などで情報をオンライン上に公開することの影響を理解すること	○₁	○₂
ST158Q08　（5）検索結果の一覧にある、リンクの下の短い文章の使い方	○₁	○₂
ST158Q09　（6）ある情報が主観的、あるいは偏っていないかどうかを見分ける方法	○₁	○₂
ST158Q10　（7）偽装メールやスパムメールを見抜く方法	○₁	○₂

資料2　生徒質問調査

あなたの読書についての考え

ST160　読みへの関わり
問30　読書について、次のようなことは、あなたにどのくらいあてはまりますか。
（「読書」には本、雑誌、新聞、ウェブサイト、ブログ、メールなどの多様な読み物を含みます。）
（1）～（5）のそれぞれについて、あてはまるものを一つ選んでください。

		まったくその通りでない	その通りでない	その通りだ	まったくその通りだ
ST160Q01	（1）どうしても読まなければならない時しか、読まない	○1	○2	○3	○4
ST160Q02	（2）読書は、大好きな趣味の一つだ	○1	○2	○3	○4
ST160Q03	（3）本の内容について人と話すのが好きだ	○1	○2	○3	○4
ST160Q04	（4）読書は時間のムダだ	○1	○2	○3	○4
ST160Q05	（5）読書をするのは、必要な情報を得るためだけだ	○1	○2	○3	○4

ST167　生徒の読書活動
問31　次のものについて、自分から進んで読むことはどのくらいありますか。
（紙とデジタル機器の両方の読書を含みます。）
（1）～（5）のそれぞれについて、あてはまるものを一つ選んでください。

		まったく、又はほとんどない	年に数回	月に1回ぐらい	月に数回	週に数回
ST167Q01	（1）雑誌	○1	○2	○3	○4	○5
ST167Q02	（2）コミック（マンガ）	○1	○2	○3	○4	○5
ST167Q03	（3）フィクション（例：小説、物語）	○1	○2	○3	○4	○5
ST167Q04	（4）ノンフィクション（例：伝記、ルポルタージュ）	○1	○2	○3	○4	○5
ST167Q05	（5）新聞	○1	○2	○3	○4	○5

ST168　本を読む媒体の好み
問32　本（内容は問わない）を読むことについて、次のうち、あなたにあてはまるのはどれですか。
あてはまるものを一つ選んでください。

1. 本をまったく、又はほとんど読まない	○1
2. 本は紙で読むことの方が多い	○2
3. 本はデジタル機器で読むことの方が多い（例：電子ブックリーダー、タブレット、スマートフォン、コンピュータ）	○3
4. 本は、紙でもデジタル機器でも同じくらい読む	○4

ST175　読書量
問33　あなたは、普段、趣味としての読書をどのくらいしますか。
（「読書」には本、雑誌、新聞、ウェブサイト、ブログ、メールなどの多様な読み物を含みます。）
あてはまるものを一つ選んでください。

1. 趣味として読書はしない	○1
2. 1日30分以下	○2
3. 1日31分～1時間未満	○3
4. 1日1時間～2時間	○4
5. 1日2時間より長い	○5

ST176　デジタルでの読みの活動
問34　次のようなことを、あなたはどのくらいしていますか。
（1）～（6）のそれぞれについて、あてはまるものを一つ選んでください。

		これが何かわからない	まったく、又はほとんどない	月に数回	週に数回	日に数回
ST176Q01	（1）Eメールを読む	○1	○2	○3	○4	○5
ST176Q02	（2）ネット上でチャットをする（例：LINE）	○1	○2	○3	○4	○5
ST176Q03	（3）ネット上でニュースを読む	○1	○2	○3	○4	○5
ST176Q05	（4）ある特定のテーマで調べるためにネットで検索する	○1	○2	○3	○4	○5
ST176Q06	（5）ネット上で討論会またはフォーラムに参加する	○1	○2	○3	○4	○5
ST176Q07	（6）生活情報をネットで検索する（例：スケジュール、イベント、ヒント、料理のレシピ）	○1	○2	○3	○4	○5

ST161　能力の認識/読みの難しさ
問35　次のようなことは、あなたにどのくらいあてはまりますか。
（1）～（6）のそれぞれについて、あてはまるものを一つ選んでください。

		まったくその通りでない	その通りでない	その通りだ	まったくその通りだ
ST161Q01	（1）読むことは得意だ	○1	○2	○3	○4
ST161Q02	（2）難しい文章を理解することができる	○1	○2	○3	○4
ST161Q03	（3）すらすらと読むことができる	○1	○2	○3	○4
ST161Q06	（4）読書をするのは苦痛である	○1	○2	○3	○4
ST161Q07	（5）文章を完全に理解するには、何度か読み返さなければならない	○1	○2	○3	○4
ST161Q08	（6）文章についての質問に答えるのは難しい	○1	○2	○3	○4

ST163　PISAの調査問題における難しさの認識
問36　休憩前のPISA調査では、いくつかの文章を読み、読解力の問題に取り組みました。
あなたは、これらの文章問題についてどう感じましたか。
（1）～（3）のそれぞれについて、あてはまるものを一つ選んでください。

		まったくその通りでない	その通りでない	その通りだ	まったくその通りだ
ST163Q02	（1）わからない言葉が多かった	○1	○2	○3	○4
ST163Q03	（2）自分には難しすぎる文章が多かった	○1	○2	○3	○4
ST163Q04	（3）複数ページを読んでいるうちに、どこを読んでいるのかわからなくなった	○1	○2	○3	○4

生徒質問調査　資料 2

ST164　読みのメタ認知（理解し覚える）
問37　**読解力の課題:文章を理解し、その内容を覚えなくてはなりません。**
　　　　文章を理解し、その内容を覚えるために行う(1)～(6)のそれぞれの方法について、あてはまるものを一つ選んでください。

	1点 まったく役に立たない	2点	3点	4点	5点	6点 とても役に立つ
ST164Q01　(1)理解しやすい部分を集中して読む	○₁	○₂	○₃	○₄	○₅	○₆
ST164Q02　(2)文章を急いで2回通読する	○₁	○₂	○₃	○₄	○₅	○₆
ST164Q03　(3)文章を読んだあと、ほかの人とその内容について話し合う	○₁	○₂	○₃	○₄	○₅	○₆
ST164Q04　(4)文章の重要な部分に下線を引く	○₁	○₂	○₃	○₄	○₅	○₆
ST164Q05　(5)文章を自分の言葉で要約する	○₁	○₂	○₃	○₄	○₅	○₆
ST164Q06　(6)文章を声を出して読み、ほかの人に聞かせる	○₁	○₂	○₃	○₄	○₅	○₆

ST165　読みのメタ認知（要約を書く）
問38　**読解力の課題:アフリカにある湖の水位の変化について書かれた、やや難しい2ページの長い文章を読んだあとに、要約を書かなければなりません。**
　　　　この2ページの文章の要約を書くために行う(1)～(5)のそれぞれの方法について、あてはまるものを一つ選んでください。

	1点 まったく役に立たない	2点	3点	4点	5点	6点 とても役に立つ
ST165Q01　(1)要約を書いてから、すべての段落の内容が要約に含まれているか、段落ごとに確認する	○₁	○₂	○₃	○₄	○₅	○₆
ST165Q02　(2)できるだけ多くの文を正確に書き写す	○₁	○₂	○₃	○₄	○₅	○₆
ST165Q03　(3)要約を書く前に、できるだけ何回もその文章を読む	○₁	○₂	○₃	○₄	○₅	○₆
ST165Q04　(4)文章のもっとも重要な事実が要約に含まれているかどうか、注意深く確認する	○₁	○₂	○₃	○₄	○₅	○₆
ST165Q05　(5)文章を最後まで読み、重要な部分に下線を引く。そのあと、下線を引いた部分を自分の言葉で要約する	○₁	○₂	○₃	○₄	○₅	○₆

ST166　読みのメタ認知（質と信頼性の評価）
問39　**読解力の課題:あなたのメール受信箱に、有名な携帯電話会社からスマートフォンが当選したというメールが届きました。そのメールには、スマートフォンを郵送するために、リンクをクリックして申込書にあなたの情報を入力するよう書かれています。**
　　　　このメールへの対応として、あなたは次の方法はどのくらい適切だと思いますか。
　　　　(1)～(5)のそれぞれについて、あてはまるものを一つ選んでください。

	1点 まったく適切ではない	2点	3点	4点	5点	6点 とても適切である
ST166Q01　(1)メールに返信し、スマートフォンについてより詳しい情報を聞く	○₁	○₂	○₃	○₄	○₅	○₆
ST166Q02　(2)送信者のメールアドレスを確認する	○₁	○₂	○₃	○₄	○₅	○₆
ST166Q03　(3)できるだけ早くリンクをクリックして申込書に入力する	○₁	○₂	○₃	○₄	○₅	○₆
ST166Q04　(4)リンクをクリックしないでメールを削除する	○₁	○₂	○₃	○₄	○₅	○₆
ST166Q05　(5)携帯電話会社のウェブサイトを見て、スマートフォンのプレゼントについての情報があるかどうかを確認する。	○₁	○₂	○₃	○₄	○₅	○₆

あなたの生活

ST016　生活満足度
問40　次の質問は、あなたがあなたの生活にどのくらい満足しているかを、「0」から「10」の数字で聞いています。「0」は「まったく満足していない」を、「10」は「十分
ST016Q01　に満足している」ことを意味します。

全体として、あなたはあなたの最近の生活全般に、どのくらい満足していますか。スライダーを該当する数字に移動させてください。

0　まったく満足していない　　　　　　　　　　　　　　　　　　　　　十分に満足している　10

スライダーバー:
値は0～10（「まったく満足していない」～「十分に満足している」）、1刻み。

ST036　学校の意義
問41　あなたの学校について、次のようなことは、どのくらいあてはまりますか。
　　　　(1)～(3)のそれぞれについて、あてはまるものを一つ選んでください。

	まったくその通りだ	その通りだ	その通りでない	まったくその通りでない
ST036Q05　(1)学校で努力することは、良い仕事につくのに役立つ	○₁	○₂	○₃	○₄
ST036Q06　(2)学校で努力をすることは、良い大学に入るのに役立つ	○₁	○₂	○₃	○₄
ST036Q08　(3)学校で努力することは大切である	○₁	○₂	○₃	○₄

ST225　学歴への期待
問42　あなたは、自分がどの教育段階まで終えると思いますか。あてはまるものをすべて選んでください。

ST225Q02　高等学校専門学科	○₁
ST225Q03　高等学校普通科等	○₂
ST225Q04　高等学校(専攻科)・短期大学(別科)・大学(別科)	○₃
ST225Q05　短期大学・高等専門学校	○₄
ST225Q06　大学・大学院	○₅

ST114　30歳の時の職業
問43　あなたは30歳くらいになったら、どんな職業についていると思いますか。
ST114Q01

職業の名称を入力してください。　　　　　　　　　　　　　　　　　　　　　[　　]

ST181　競争心
問44　次のようなことは、あなた自身にどのくらいあてはまりますか
　　　　(1)～(3)のそれぞれについて、あてはまるものを一つ選んでください。

	まったくその通りでない	その通りでない	その通りだ	まったくその通りだ
ST181Q02　(1)他の人と競争しながら勉強することを楽しむ	○₁	○₂	○₃	○₄
ST181Q03　(2)私にとって、課題を他の人より上手にこなすことは重要である	○₁	○₂	○₃	○₄
ST181Q04　(3)他の人と競争しているとき、一層頑張る	○₁	○₂	○₃	○₄

資料2　生徒質問調査

ST182　作業の熟達度合い

問45　次のようなことは、あなた自身にどのくらいあてはまりますか。
（1）〜（4）のそれぞれについて、あてはまるものを一つ選んでください。

	まったく その通り でない	その通り でない	その通り だ	まったく その通り だ
ST182Q03　（1）全力で取り組むことに満足を覚える	○1	○2	○3	○4
ST182Q04　（2）一度課題をやり始めたら、最後までやり遂げる	○1	○2	○3	○4
ST182Q05　（3）何かに取り組むことの楽しみの一つは、これまでの自分の成果を超えることである	○1	○2	○3	○4
ST182Q06　（4）苦手なことに対して、何か得意なことに逃げたりせずに、それができるまで努力するほうだ	○1	○2	○3	○4

ST183　失敗への不安

問46　次のようなことは、あなた自身にどのくらいあてはまりますか。
（1）〜（3）のそれぞれについて、あてはまるものを一つ選んでください。

	まったく その通り でない	その通り でない	その通り だ	まったく その通り だ
ST183Q01　（1）失敗しそうなとき、他の人が自分のことをどう思うかが気になる	○1	○2	○3	○4
ST183Q02　（2）失敗しそうなとき、自分に十分な才能がないかもしれないと不安になる	○1	○2	○3	○4
ST183Q03　（3）失敗しそうなとき、自分の将来への計画に疑問をもつ	○1	○2	○3	○4

ST184　知能の増加についての考え

問47　次のことは、あなた自身にどのくらいあてはまりますか。
あてはまるものを一つ選んでください。

	まったく その通り でない	その通り でない	その通り だ	まったく その通り だ
ST184Q01　自分の知能は、自分ではほとんど変えることができないものである	○1	○2	○3	○4

ST185　人生の意義

問48　次のようなことは、あなた自身にどのくらいあてはまりますか。
（1）〜（3）のそれぞれについて、あてはまるものを一つ選んでください。

	まったく その通り でない	その通り でない	その通り だ	まったく その通り だ
ST185Q01　（1）自分の人生には明確な意義や目的がある	○1	○2	○3	○4
ST185Q02　（2）自分の人生に、満足のいく意義を見つけた	○1	○2	○3	○4
ST185Q03　（3）自分の人生に意味を与えるのは何か、はっきり分かっている	○1	○2	○3	○4

ST186　主観的幸福

問49　次のような気持ちになることはどのくらいありますか。
（1）〜（9）のそれぞれについて、あてはまるものを一つ選んでください。

	ない	めったに ない	時々	いつも
ST186Q05　（1）幸せ	○1	○2	○3	○4
ST186Q06　（2）怖い	○1	○2	○3	○4
ST186Q07　（3）元気	○1	○2	○3	○4
ST186Q10　（4）惨め	○1	○2	○3	○4
ST186Q09　（5）誇らしい	○1	○2	○3	○4
ST186Q02　（6）心配	○1	○2	○3	○4
ST186Q01　（7）うれしい	○1	○2	○3	○4
ST186Q08　（8）悲しい	○1	○2	○3	○4
ST186Q03　（9）陽気	○1	○2	○3	○4

あなたの学校

ST208　達成目標

問50　学校でのあなたの目標について、次のようなことは、あなたにどのくらいあてはまりますか
（1）〜（3）のそれぞれについて、あてはまるものを一つ選んでください。

	まったくあ てはまら ない	少しあて はまる	だいたい あてはま る	とてもあ てはまる	完全にあ てはまる
ST208Q01　（1）自分の目標は、できる限り学ぶことである	○1	○2	○3	○4	○5
ST208Q02　（2）自分の目標は、授業で出された課題を完全に習得することである	○1	○2	○3	○4	○5
ST208Q04　（3）自分の目標は、できるだけ完璧に授業の内容を理解することである	○1	○2	○3	○4	○5

ST188　粘り強さ

問51　次のようなことは、あなた自身にどのくらいあてはまりますか。
（1）〜（5）のそれぞれについて、あてはまるものを一つ選んでください。

	まったくそ の通りで ない	その通り でない	その通り だ	まったくそ の通りだ
ST188Q01　（1）物事はたいてい何とかできる	○1	○2	○3	○4
ST188Q02　（2）物事を達成すると、自分を誇らしく思う	○1	○2	○3	○4
ST188Q03　（3）同時に複数のことを行うことができる	○1	○2	○3	○4
ST188Q06　（4）自分を信じることで、困難を乗り越えられる	○1	○2	○3	○4
ST188Q07　（5）困難に直面したとき、たいてい解決策を見つけることができる	○1	○2	○3	○4

生徒質問調査　資料 2

資料

ST034　学校生活				
問52	学校生活について、次のようなことは、あなたにどのくらいあてはまりますか。 (1)～(6)のそれぞれについて、あてはまるものを一つ選んでください。			

		まったくその通りだ	その通りだ	その通りでない	まったくその通りでない
ST034Q01	(1)学校ではよそ者だ(またはのけ者にされている)と感じる	○₁	○₂	○₃	○₄
ST034Q02	(2)学校ではすぐに友達ができる	○₁	○₂	○₃	○₄
ST034Q03	(3)学校の一員だと感じている	○₁	○₂	○₃	○₄
ST034Q04	(4)学校は気後れがして居心地が悪い	○₁	○₂	○₃	○₄
ST034Q05	(5)他の生徒たちは私をよく思ってくれている	○₁	○₂	○₃	○₄
ST034Q06	(6)学校にいると、さみしい	○₁	○₂	○₃	○₄

ST123　親の支え				
問53	今年、次のことは、あなたにどれくらいあてはまりますか。 (1)～(3)のそれぞれについて、あてはまるものを一つ選んでください。			

		まったくその通りでない	その通りでない	その通りだ	まったくその通りだ
ST123Q02	(1)親(もしくはそれに相当する人)は、私が勉強で努力していることや達成しようとしていることを応援してくれる	○₁	○₂	○₃	○₄
ST123Q03	(2)親(もしくはそれに相当する人)は、学校で困難な状況に直面したとき助けてくれる	○₁	○₂	○₃	○₄
ST123Q04	(3)親(もしくはそれに相当する人)は、私が自信をもてるように励ましてくれる	○₁	○₂	○₃	○₄

ST205　周りの生徒の競争心				
問54	あなたの学校について、次のようなことはどのくらいあてはまりますか。 (1)～(4)のそれぞれについて、あてはまるものを一つ選んでください。			

		まったくあてはまらない	少しあてはまる	とてもあてはまる	完全にあてはまる
ST205Q01	(1)生徒は競争を重視している	○₁	○₂	○₃	○₄
ST205Q02	(2)生徒は互いに競争している	○₁	○₂	○₃	○₄
ST205Q03	(3)互いに競争することは重要だという意識を生徒は共有している	○₁	○₂	○₃	○₄
ST205Q04	(4)他の生徒と比べられていると生徒は感じている	○₁	○₂	○₃	○₄

学校の時間割と学習時間

ST059　1週間の教科別校時数(入力)	
問55	あなたは、普段、1週間に次の教科の授業を何校時受けていますか。それぞれの教科の1週間あたりの校時数を入力してください。受けていない場合は、0(ゼロ)を入力してください。

ST059Q01	国語の週あたりの校時数	☐
ST059Q02	数学の週あたりの校時数	☐
ST059Q03	理科の週あたりの校時数	☐
ST059Q04	外国語の週あたりの校時数	☐

【インフォメーション画面】
回答できる値の最小値は以下の通りです：0.
回答できる最大値は以下の通りです：100.

ST060　1週間の全校時数	
問56 ST060Q01	あなたは、普段、学校で1週間に全部で何校時の授業がありますか。スライダーを移動させて、1週間あたりの全校時数を選んでください。

授業の全校時数　　　　0校時　　　　　　　　　80校時以上

スライダーバー：
値は「0校時」～「80校時以上」、1校時刻み。
一貫性チェック／10校時未満あるいは60校時より大きい数値には注意が表示されます。

ST061　1校時の時間	
問57 ST061Q01	1校時の授業時間は平均何分間ですか。スライダーを移動させて、1校時の時間数(分)を選んでください。

1校時の長さ(分)　　　　0分　　　　　　　　　120分以上

スライダーの幅は「0分」～「120分以上」。
一貫性チェック／10分未満あるいは80分より大きい数値には注意が表示され、5分刻み。

ST062　授業をサボる				
問58	最近2週間のうち、次のことが何回ありましたか。 (1)～(3)のそれぞれについて、あてはまるものを一つ選んでください。			

		まったくなかった	1～2回	3～4回	5回以上
ST062Q01	(1)学校を無断欠席した	○₁	○₂	○₃	○₄
ST062Q02	(2)授業をサボった	○₁	○₂	○₃	○₄
ST062Q03	(3)学校に遅刻した	○₁	○₂	○₃	○₄

資料2　生徒質問調査

ST038　いじめ (2015)

問59　過去1年間に、あなたは学校で、次のようなことをどのくらい経験しましたか。
（1）～（6）のそれぞれについて、あてはまるものを一つ選んでください。
ソーシャルメディアでの経験も含みます。

		まったく又はほとんどない	年に数回	月に数回	週に1回以上
ST038Q03	（1）他の生徒から仲間外れにされた	○1	○2	○3	○4
ST038Q04	（2）他の生徒にからかわれた	○1	○2	○3	○4
ST038Q05	（3）他の生徒におどされた	○1	○2	○3	○4
ST038Q06	（4）他の生徒に自分の物を取られたり、壊されたりした	○1	○2	○3	○4
ST038Q07	（5）他の生徒にたたかれたり、押されたりした	○1	○2	○3	○4
ST038Q08	（6）他の生徒に意地の悪いうわさを流された	○1	○2	○3	○4

ST207　いじめ (2018)

問60　次のようなことは、あなたにどのくらいあてはまりますか。
（1）～（5）のそれぞれについて、あてはまるものを一つ選んでください。

		まったくその通りでない	その通りでない	その通りだ	まったくその通りだ
ST207Q01	（1）いじめられている生徒を誰も守ってあげないことに腹が立つ	○1	○2	○3	○4
ST207Q02	（2）自分を守れない生徒に手助けすることはいいことだ	○1	○2	○3	○4
ST207Q03	（3）いじめに加わることは悪いことだ	○1	○2	○3	○4
ST207Q04	（4）他の生徒がいじめられているのを見るのは不愉快だ	○1	○2	○3	○4
ST207Q05	（5）いじめられている他の生徒に誰かが味方するのは、いいことだ	○1	○2	○3	○4

ST206　周りの生徒の協力

問61　あなたの学校について、次のようなことはどのくらいあてはまりますか。
（1）～（4）のそれぞれについて、あてはまるものを一つ選んでください。

		まったくあてはまらない	少しあてはまる	とてもあてはまる	完全にあてはまる
ST206Q01	（1）生徒は協力することを重視している	○1	○2	○3	○4
ST206Q02	（2）生徒は互いに協力し合っている	○1	○2	○3	○4
ST206Q03	（3）互いに協力しあうことは重要だという意識を生徒は共有している	○1	○2	○3	○4
ST206Q04	（4）他の生徒と協力し合うようにすすめられていると生徒は感じている	○1	○2	○3	○4

～　ご協力ありがとうございました　～

ICT 活用調査　資料3

ICT活用調査

ここからは、携帯電話、デスクトップ・コンピュータ、ノート型コンピュータ、タブレット型コンピュータ、スマートフォン、ゲーム機、インターネットに接続しているテレビなど、様々なデジタル機器の利用状況についてお聞きします。

IC001　自宅にある機器

問1　　次のもののうち、自宅であなたが利用できる機器はありますか。
　　　　（1）〜（11）のそれぞれについて、あてはまるものを一つ選んでください。

		はい、使っています	はい、でも使っていません	いいえ
IC001Q01	（1）デスクトップ・コンピュータ	○1	○2	○3
IC001Q02	（2）ノートパソコン	○1	○2	○3
IC001Q03	（3）タブレット型コンピュータ（例：iPad®）	○1	○2	○3
IC001Q04	（4）インターネット接続	○1	○2	○3
IC001Q05	（5）ゲーム機（例：sony®のプレイステーション®）	○1	○2	○3
IC001Q06	（6）携帯電話（インターネット接続無し）	○1	○2	○3
IC001Q07	（7）携帯電話（インターネット接続有り）	○1	○2	○3
IC001Q08	（8）携帯音楽プレーヤー（MP3／MP4プレーヤー、iPod®など）	○1	○2	○3
IC001Q09	（9）プリンター	○1	○2	○3
IC001Q10	（10）USB（メモリ）スティック	○1	○2	○3
IC001Q11	（11）電子ブックリーダー（例：アマゾン®・キンドル™）	○1	○2	○3

IC009　学校にある機器

問2　　次のもののうち、学校であなたが利用できる機器はありますか。
　　　　（1）〜（10）のそれぞれについて、あてはまるものを一つ選んでください。

		はい、使っています	はい、でも使っていません	いいえ
IC009Q01	（1）デスクトップ・コンピュータ	○1	○2	○3
IC009Q02	（2）ノートパソコン	○1	○2	○3
IC009Q03	（3）タブレット型コンピュータ（例：iPad®など）	○1	○2	○3
IC009Q05	（4）インターネットに接続している学校のコンピュータ	○1	○2	○3
IC009Q06	（5）無線LANを介したインターネット接続	○1	○2	○3
IC009Q07	（6）自分の文書を保存するフォルダーなど、学校に関係するデータのための保存領域	○1	○2	○3
IC009Q08	（7）USB（メモリ）スティック	○1	○2	○3
IC009Q09	（8）電子ブックリーダー（例：アマゾン®・キンドル™）	○1	○2	○3
IC009Q10	（9）プレゼンテーションなどに使うプロジェクター	○1	○2	○3
IC009Q11	（10）スマートボード®などの電子黒板	○1	○2	○3

IC002　デジタル機器開始年令

問3　　初めてデジタル機器を使ったのは何才のときですか。あてはまるものを一つ選んでください。
　　　　（ここでデジタル機器とは、携帯電話、デスクトップ・コンピュータ、ノート型コンピュータ、タブレット型コンピュータ、スマートフォン、ゲーム機、インターネットに接続しているテレビなど様々なものを指します。）

3才以下	○1
4〜6才	○2
7〜9才	○3
10〜12才	○4
13才以上	○5
これまで使ったことがなかった	○6

分岐質問①：
生徒が「これまで使ったことがなかった」を選んだ場合、以降の質問項目は生徒に該当しないため、この質問調査は終了します。

IC004　インターネット開始年令

問4　　初めてインターネットを利用したのは何才のときですか（携帯電話での利用も含む）。あてはまるものを一つ選んでください。

3才以下	○1
4〜6才	○2
7〜9才	○3
10〜12才	○4
13才以上	○5
インターネットを利用したことはない	○6

分岐質問②：
生徒が「6」（インターネットを使用したことはない）を回答した場合、IC005〜IC007は表示されず、生徒はIC150へ進みます。

IC005　学校でのネット利用時間

分岐後質問：
生徒がIC004で「1」〜「5」を回答した場合のみ表示されます。

問5　　学校のある日に、学校でインターネットをどのくらい利用しますか。あてはまるものを一つ選んでください。

利用しない	○1
1日に1〜30分	○2
1日に31〜60分	○3
1日に1時間より長く2時間まで	○4
1日に2時間より長く4時間まで	○5
1日に4時間より長く6時間まで	
1日に6時間より長い	○6

資料

資料3　ICT活用調査

IC006　学校外でのネット利用時間

分岐後質問：
生徒がIC004で「1」～「5」を回答した場合のみ表示されます。

問6　学校のある日に、学校以外の場所でインターネットをどのくらい利用しますか（携帯電話での利用も含む）。あてはまるものを一つ選んでください。

利用しない	○₁
1日に1～30分	○₂
1日に31～60分	○₃
1日に1時間より長く2時間まで	○₄
1日に2時間より長く4時間まで	○₅
1日に4時間より長く6時間まで	○₆
1日に6時間より長い	○₇

IC007　休日のネット利用時間

分岐後質問：
生徒がIC004で「1」～「5」を回答した場合のみ表示されます。

問7　休みの日に、学校以外の場所でインターネットをどのくらい利用しますか（携帯電話での利用も含む）。あてはまるものを一つ選んでください。

利用しない	○₁
1日に1～30分	○₂
1日に31～60分	○₃
1日に1時間より長く2時間まで	○₄
1日に2時間より長く4時間まで	○₅
1日に4時間より長く6時間まで	○₆
1日に6時間より長い	○₇

IC150　授業でデジタル機器を使う頻度

問8　普段の一週間のうち、教室の授業でデジタル機器をどのくらい利用しますか。（1）～（8）のそれぞれについて、あてはまるものを一つ選んでください。

		利用しない	週に1～30分	週に31～60分	週に60分より長い	この教科を受けていない
IC150Q01	（1）国語	○₁	○₂	○₃	○₄	○₅
IC150Q02	（2）数学	○₁	○₂	○₃	○₄	○₅
IC150Q03	（3）理科	○₁	○₂	○₃	○₄	○₅
IC150Q04	（4）外国語	○₁	○₂	○₃	○₄	○₅
IC150Q05	（5）社会科	○₁	○₂	○₃	○₄	○₅
IC150Q06	（6）音楽	○₁	○₂	○₃	○₄	○₅
IC150Q07	（7）保健体育	○₁	○₂	○₃	○₄	○₅
IC150Q09	（8）美術	○₁	○₂	○₃	○₄	○₅

IC151　授業以外でデジタル機器を使う頻度

問9　普段の一週間のうち、次の教科について授業以外の時間に（学校か家かにかかわらず）デジタル機器をどのくらい利用しますか。
（1）～（8）のそれぞれについて、あてはまるものを一つ選んでください。

		利用しない	週に1～30分	週に31～60分	週に60分より長い	この教科を受けていない
IC151Q01	（1）国語	○₁	○₂	○₃	○₄	○₅
IC151Q02	（2）数学	○₁	○₂	○₃	○₄	○₅
IC151Q03	（3）理科	○₁	○₂	○₃	○₄	○₅
IC151Q04	（4）外国語	○₁	○₂	○₃	○₄	○₅
IC151Q05	（5）社会科	○₁	○₂	○₃	○₄	○₅
IC151Q06	（6）音楽	○₁	○₂	○₃	○₄	○₅
IC151Q07	（7）保健体育	○₁	○₂	○₃	○₄	○₅
IC151Q09	（8）美術	○₁	○₂	○₃	○₄	○₅

IC152　学習や指導でのデジタル機器の使用者

問10　先月、次の教科の授業で、学習や指導のためにデジタル機器は使われましたか。
（1）～（8）のそれぞれについて、あてはまるものを一つ選んでください。

		はい、先生と生徒の両方が使いました	はい、生徒だけ使いました	はい、先生だけ使いました	いいえ	この教科を受けていない
IC152Q01	（1）国語	○₁	○₂	○₃	○₄	○₅
IC152Q02	（2）数学	○₁	○₂	○₃	○₄	○₅
IC152Q03	（3）理科	○₁	○₂	○₃	○₄	○₅
IC152Q04	（4）外国語	○₁	○₂	○₃	○₄	○₅
IC152Q05	（5）社会科	○₁	○₂	○₃	○₄	○₅
IC152Q06	（6）音楽	○₁	○₂	○₃	○₄	○₅
IC152Q07	（7）保健体育	○₁	○₂	○₃	○₄	○₅
IC152Q09	（8）美術	○₁	○₂	○₃	○₄	○₅

ICT 活用調査　　資料3

資料

IC008　学校外でのコンピュータ利用

問11　あなたは、次のことをするために<u>学校以外の場所で</u>デジタル機器をどのくらい利用していますか（携帯電話での利用も含む）。
（1）～（12）のそれぞれについて、あてはまるものを一つ選んでください。

		まったくか、ほとんどない	月に1～2回	週に1～2回	ほぼ毎日	毎日
IC008Q01	（1）1人用ゲームで遊ぶ	○1	○2	○3	○4	○5
IC008Q02	（2）多人数オンラインゲームで遊ぶ	○1	○2	○3	○4	○5
IC008Q03	（3）Eメールを使う	○1	○2	○3	○4	○5
IC008Q04	（4）ネット上でチャットをする（例：LINE）	○1	○2	○3	○4	○5
IC008Q05	（5）SNS（ソーシャル・ネットワーキング・サービス）に参加する（例：Facebook、Twitter）	○1	○2	○3	○4	○5
IC008Q07	（6）SNS（ソーシャル・ネットワーキング・サービス）を介したオンラインゲームで遊ぶ	○1	○2	○3	○4	○5
IC008Q08	（7）インターネットを見て楽しむ（例：YouTube™などのサイトで動画をみる）	○1	○2	○3	○4	○5
IC008Q09	（8）インターネットでニュースを読む（例：時事問題）	○1	○2	○3	○4	○5
IC008Q10	（9）インターネットで実用的な情報を調べる（例：地図、場所、イベントの日程）	○1	○2	○3	○4	○5
IC008Q11	（10）インターネットで音楽や映画、ゲーム、ソフトをダウンロードする	○1	○2	○3	○4	○5
IC008Q12	（11）自分で作ったコンテンツを共有するためにアップロードする（例：音楽、詩、ビデオ、コンピュータ・プログラム）	○1	○2	○3	○4	○5
IC008Q13	（12）携帯電話やモバイル機器に新しいアプリをダウンロードする	○1	○2	○3	○4	○5

IC010　学習のためのデジタル機器

問12　あなたは、次のことをするために<u>学校以外の場所で</u>デジタル機器をどのくらい利用していますか（携帯電話での利用も含む）。
（1）～（12）のそれぞれについて、あてはまるものを一つ選んでください。

		まったくか、ほとんどない	月に1～2回	週に1～2回	ほぼ毎日	毎日
IC010Q01	（1）学校の勉強のために、インターネット上のサイトを見る（例：作文や発表の準備）	○1	○2	○3	○4	○5
IC010Q02	（2）関連資料を見つけるために、授業の後にインターネットを閲覧する	○1	○2	○3	○4	○5
IC010Q03	（3）Eメールを使って学校の勉強について、ほかの生徒と連絡をとる	○1	○2	○3	○4	○5
IC010Q04	（4）Eメールを使って先生と連絡をとり、宿題やその他の課題を提出する	○1	○2	○3	○4	○5
IC010Q05	（5）学校の課題について他の生徒と連絡をとるために、SNS（ソーシャル・ネットワーキング・サービス）を利用する（例：LINE）	○1	○2	○3	○4	○5
IC010Q06	（6）先生と連絡をとるために、SNS（ソーシャル・ネットワーキング・サービス）を利用する（例：LINE）	○1	○2	○3	○4	○5
IC010Q07	（7）学校のウェブサイトから資料をダウンロードしたり、アップロードしたり、ブラウザを使ったりする（例：時間割や授業で使う教材）	○1	○2	○3	○4	○5
IC010Q08	（8）校内のウェブサイトを見て、学校からのお知らせを確認する（例：先生の欠席）	○1	○2	○3	○4	○5
IC010Q09	（9）コンピュータを使って宿題をする	○1	○2	○3	○4	○5
IC010Q10	（10）携帯電話やモバイル機器を使って宿題をする	○1	○2	○3	○4	○5
IC010Q11	（11）コンピュータを使って学習ソフトや学習サイトを利用する	○1	○2	○3	○4	○5
IC010Q12	（12）携帯電話やモバイル機器を使って学習ソフトや学習サイトを利用する	○1	○2	○3	○4	○5

IC011　学校でのデジタル機器利用

問13　あなたは、次のことをするために<u>学校で</u>デジタル機器をどのくらい利用していますか（携帯電話での利用も含む）。
（1）～（10）のそれぞれについて、あてはまるものを一つ選んで下さい。

		まったくか、ほとんどない	月に1～2回	週に1～2回	ほぼ毎日	毎日
IC011Q01	（1）学校でネット上のチャットをする	○1	○2	○3	○4	○5
IC011Q02	（2）学校でEメールを使う	○1	○2	○3	○4	○5
IC011Q03	（3）学校の勉強のためにインターネットを見る	○1	○2	○3	○4	○5
IC011Q04	（4）校内のウェブサイトを見たり、そこからファイルやプログラムをダウンロードやアップロードしたりする	○1	○2	○3	○4	○5
IC011Q05	（5）学校のウェブサイトに課題を提出する	○1	○2	○3	○4	○5
IC011Q06	（6）シミュレーションゲームで遊ぶ	○1	○2	○3	○4	○5
IC011Q07	（7）外国語や数学などのドリルや勉強をする	○1	○2	○3	○4	○5
IC011Q08	（8）学校のコンピュータで宿題をする	○1	○2	○3	○4	○5
IC011Q09	（9）他の生徒と共同作業をするために、コンピュータを使う	○1	○2	○3	○4	○5
IC011Q10	（10）学習ソフトや学習サイトを利用する	○1	○2	○3	○4	○5

IC013　ICTへの関心

問14　デジタルメディアやデジタル機器を使った経験について、次のことはあなたにどのくらいあてはまりますか。
（1）～（6）のそれぞれについて、あてはまるものを一つ選んでください。
（ここでデジタル機器とは、携帯電話、デスクトップ・コンピュータ、ノート型コンピュータ、タブレット型コンピュータ、スマートフォン、ゲーム機、インターネットに接続しているテレビなど様々なものを指します。）

		まったくその通りでない	その通りでない	その通りだ	まったくその通りだ
IC013Q01	（1）時間のたつのも忘れてデジタル機器を使う	○1	○2	○3	○4
IC013Q04	（2）インターネットは、ニュースやスポーツ、辞典など私が興味のある情報を得る上で、優れた情報源である	○1	○2	○3	○4
IC013Q05	（3）インターネット上のソーシャル・ネットワークはとても役に立つ	○1	○2	○3	○4
IC013Q11	（4）新しいデジタル機器やアプリケーションを見つけると興奮する	○1	○2	○3	○4
IC013Q12	（5）インターネットに接続できないと気分が悪い	○1	○2	○3	○4
IC013Q13	（6）デジタル機器を使うのが好きだ	○1	○2	○3	○4

資料3　ICT活用調査

IC014　ICT能力の自己評価

問15　デジタルメディアやデジタル機器を使った経験について、次のことはあなたにどのくらいあてはまりますか。(1)〜(5)のそれぞれについて、あてはまるものを一つ選んでください。
（ここでデジタル機器とは、携帯電話、デスクトップ・コンピュータ、ノート型コンピュータ、タブレット型コンピュータ、スマートフォン、ゲーム機、インターネットに接続しているテレビなど様々なものを指します。）

	まったくその通りでない	その通りでない	その通りだ	まったくその通りだ
IC014Q03　(1)めずらしいデジタル機器を使うのは気分が良い	○1	○2	○3	○4
IC014Q04　(2)友達や家族・親戚が新しいデジタル機器やアプリケーションを購入する際に、アドバイスすることができる	○1	○2	○3	○4
IC014Q06　(3)家でデジタル機器を使っていると気分が良い	○1	○2	○3	○4
IC014Q08　(4)デジタル機器に何か問題が起こっても、それを解決できると思う	○1	○2	○3	○4
IC014Q09　(5)友達や家族・親戚のデジタル機器に何か問題があれば、彼らを助けることができる	○1	○2	○3	○4

IC015　ICTへの態度

問16　デジタルメディアやデジタル機器を使った経験について、次のことはあなたにどのくらいあてはまりますか。
(1)〜(5)のそれぞれについて、あてはまるものを一つ選んでください。

	まったくその通りでない	その通りでない	その通りだ	まったくその通りだ
IC015Q02　(1)新しいソフトウェアが必要になると、自分でインストールする	○1	○2	○3	○4
IC015Q03　(2)デジタル機器に関する情報は、他の人に頼らないで自分で読む	○1	○2	○3	○4
IC015Q05　(3)デジタル機器は自分が使いたいから使う	○1	○2	○3	○4
IC015Q07　(4)デジタル機器に問題があれば、自分の力で解決しようとする	○1	○2	○3	○4
IC015Q09　(5)新しいアプリケーションが欲しいときは、自分で選んでいる	○1	○2	○3	○4

IC016　ICTと友人

問17　デジタルメディアやデジタル機器を使った経験について、次のことはあなたにどのくらいあてはまりますか。
(1)〜(5)のそれぞれについて、あてはまるものを一つ選んでください。

	まったくその通りでない	その通りでない	その通りだ	まったくその通りだ
IC016Q01　(1)デジタル機器について何か新しいことを学ぶために、友達とそれらについて話をするのが好きだ	○1	○2	○3	○4
IC016Q02　(2)デジタル機器の問題を解決するために、インターネットで他の人と意見や情報を交換するのが好きだ	○1	○2	○3	○4
IC016Q04　(3)友達と集まってコンピュータやビデオゲームで遊ぶのが好きだ	○1	○2	○3	○4
IC016Q05　(4)デジタル機器に関する情報を友達と話し合うのが好きだ	○1	○2	○3	○4
IC016Q07　(5)友達や家族・親戚と話をするとデジタルメディアについて多くのことが学べる	○1	○2	○3	○4

IC169　ニュースを読む媒体の好み

問18　ニュース（政治、文化、スポーツ、地元の話題など）を読むことについて、次のうち、あなたにあてはまるものはどれですか。あてはまるものを一つ選んでください。

(1)ニュースにはまったく関心がない	○1
(2)ニュースは見るか聞くかだけである（例：ラジオ、テレビ、ポッドキャスト）	○2
(3)ニュースはデジタル機器で読むことの方が多い（例：タブレット、スマートフォン、コンピュータ）	○3
(4)ニュースは紙で読むことの方が多い（例：新聞、雑誌）	○4
(5)ニュースは紙でもデジタル機器でも同じくらい読む	○5

〜　ご協力ありがとうございました　〜

生きるための知識と技能 7

OECD 生徒の学習到達度調査（PISA）2018 年調査国際結果報告書

2019 年 12 月 9 日　初版第 1 刷発行

編　者：国立教育政策研究所
発行者：大江道雅
発行所：株式会社明石書店
　　　　〒 101-0021
　　　　東京都千代田区外神田 6-9-5
　　　　TEL　03-5818-1171
　　　　FAX　03-5818-1174
　　　　http://www.akashi.co.jp
　　　　振替　00100-7-24505

組版：朝日メディアインターナショナル株式会社
印刷・製本：モリモト印刷株式会社

（定価はカバーに表示してあります）　　　　　　　　ISBN978-4-7503-4950-3

生きるための知識と技能 6

OECD生徒の学習到達度調査（PISA）2015年調査国際結果報告書

国立教育政策研究所 編

A4判／並製／296頁 ◎3700円

世界72か国・地域の15歳児の学力について、読解力、数学的リテラシー、科学的リテラシーの3分野から評価したPISA2015年調査結果をもとに、日本にとって示唆のあるデータを中心に整理・分析。調査結果の経年変化や学習背景との相関についても紹介。

内容構成

- 第1章　PISA調査の概要
- 第2章　科学的リテラシー
- 第3章　読解力
- 第4章　数学的リテラシー
- 第5章　学習の背景

PISA2015年調査 評価の枠組み

OECD生徒の学習到達度調査

経済協力開発機構（OECD）編著
国立教育政策研究所 監訳

A4判／並製／240頁 ◎3700円

常に変化する世界を生きるための知識と技能とは何か？ PISA2015年調査の概念枠組みや評価基準を問題例とともに紹介する。調査分野は、読解力、数学的リテラシー、科学的リテラシーに加え、ファイナンシャル・リテラシーの合計4分野。

内容構成

- 日本語版　序（国立教育政策研究所 国際研究・協力部長　大野彰子）
- 序文
- 第1章　PISA調査とは？
- 第2章　科学的リテラシー
- 第3章　読解力
- 第4章　数学的リテラシー
- 第5章　ファイナンシャル・リテラシー
- 第6章　質問調査

〈価格は本体価格です〉

21世紀のICT学習環境
生徒・コンピュータ・学習を結び付ける

経済協力開発機構(OECD)編著
国立教育政策研究所 監訳

A4判／並製／224頁
◎3700円

21世紀のデジタル世界に求められる情報活用能力とは何か。本書は、PISA2012年調査結果を基に、生徒によるICT活用が近年どのように進展しているのかを分析し、教育制度(国)と学校がICTを生徒の学習体験にどのように組み入れているのかを検討する。

内容構成

第1章　近年、生徒によるコンピュータの利用はどのように変化しているか
第2章　情報通信技術（ICT）を指導と学習に取り入れる
第3章　2012年コンピュータ使用型調査の主な結果
第4章　デジタル読解力におけるナビゲーションの重要性：考えてからクリックする
第5章　デジタル技能の不平等：格差を埋める
第6章　コンピュータは生徒の能力とどのように関係しているのか
第7章　ログファイルデータを用いて、何がPISA調査の成績を左右するのかを理解する（事例研究）
第8章　教育政策と実践に対してデジタルテクノロジーが意味するもの

生きるための知識と技能4
OECD生徒の学習到達度調査（PISA）2009年調査国際結果報告書
国立教育政策研究所編
◎3800円

生きるための知識と技能5
OECD生徒の学習到達度調査（PISA）2012年調査国際結果報告書
国立教育政策研究所編
◎4600円

PISA2009年調査 評価の枠組み
OECD生徒の学習到達度調査
経済協力開発機構（OECD）編著　国立教育政策研究所監訳
◎3800円

PISA2012年調査 評価の枠組み
OECD生徒の学習到達度調査
経済協力開発機構（OECD）編著　国立教育政策研究所監訳
◎4600円

TIMSS2015算数・数学教育／理科教育の国際比較
国際数学・理科教育動向調査の2015年調査報告書
国立教育政策研究所編
◎4500円

諸外国の教育動向 2018年度版
文部科学省編著
◎3600円

諸外国の初等中等教育
文部科学省編著
◎3600円

諸外国の生涯学習
文部科学省編著
◎3600円

〈価格は本体価格です〉

図表でみる教育
OECDインディケータ（2019年版）

経済協力開発機構（OECD） 編著

A4判変型／並製　◎8600円

OECDより毎年発表される国際教育指標の決定版。一連の最新のインディケータ（指標）を豊富かつ国際比較が可能な形で提示する。国際成人力調査（PIAAC）、OECD生徒の学習到達度調査（PISA）、国際教員指導環境調査（TALIS）など、OECD主催の各国際調査の指標も収録。

●内容構成●

A章　教育機関の成果と教育・学習の効果
成人の学歴分布、若年者の就学及び就業状況、最終学歴別の就業状況、教育による所得の増加、教育からの収益、教育投資への誘因、教育の社会的成果

B章　教育機会・在学・進学の状況
初等教育から高等教育までの在学率、幼児教育、後期中等教育卒業率、高等教育進学率、高等教育卒業率、高等教育機関における留学生と外国人学生、博士課程卒業者の特徴と成果

C章　教育支出
在学者一人当たり教育支出、国内総生産（GDP）に対する教育支出の割合、教育支出の公私負担割合、公財政教育支出、高等教育機関の授業料と学生への公的補助、教育支出の使途別構成、教員の給与支出を決定する要因

D章　学習環境と学校組織
初等・中等教育学校の生徒の標準授業時間数、学級規模と教員一人当たり生徒数、教員と学校長の給与、教員の授業時間数及び勤務時間数、教員の構成、高等教育の入学制度

外国人児童生徒受入れの手引【改訂版】

文部科学省総合教育政策局男女共同参画共生社会学習・安全課 著

A4判／並製／72頁　◎800円

増加の一途をたどる外国人児童生徒の教育機会の確保を実現し、そして多文化共生を充実するにはどうするか。学校教職員と管理職、そして教育委員会担当者向けに、学校や地域での具体的な取組の指針をまとめた一冊。近年の制度改正の状況に即応した改訂版。

●内容構成●

序　章　本書のねらいと構成
第1章　外国人児童生徒等の多様性への対応
第2章　学校管理職の役割
第3章　日本語指導担当教師の役割
第4章　在籍学級担任の役割
第5章　都道府県教育委員会の役割
第6章　市町村教育委員会の役割

〈価格は本体価格です〉